W. Gora C. Schulz-Wolfgramm (Hrsg.)

Informationsmanagement

Springer-Verlag Berlin Heidelberg GmbH

Walter Gora
Cornelius Schulz-Wolfgramm (Hrsg.)

Informations Management

Handbuch für die Praxis

Mit 155 Abbildungen

Springer

PROF. DR. WALTER GORA
EDS Deutschland GmbH
Platz der Einheit 1
Kastor Haus
60327 Frankfurt am Main
walter.gora@eds.com

CORNELIUS SCHULZ-WOLFGRAMM
C_sar AG
Barmbeker Str. 2
23303 Hamburg
Cornelius.Schulz-Wolfgramm@csar-ag.com

ISBN 978-3-642-62889-4   ISBN 978-3-642-55653-1 (eBook)
DOI 10.1007/978-3-642-55653-1
Bibliografische Information Der Deutschen Bibliothek
Die Deutsche Bibliothek verzeichnet diese Publikation in der Deutschen Nationalbibliografie;
detaillierte bibliografische Daten sind im Internet über <http://dnb.ddb.de> abrufbar.

http://www.springer.de

© Springer-Verlag Berlin Heidelberg 2003
Ursprünglich erschienen bei Springer-Verlag Berlin Heidelberg New York 2003
Softcover reprint of the hardcover 1st edition 2003

Satz: Reproduktionsfertige Vorlage der Autoren
Umschlaggestaltung: Künkel & Lopka GmbH, Heidelberg

Gedruckt auf säurefreiem Papier   30/3141 5 4 3 2 1 0

Vorwort

Die technischen Details der Informations- und Kommunikationstechnik (IuK) – oder synonym nur „Informationstechnik" (IT) – haben in den letzten Jahren eine solche nahezu unübersehbaren Varianz und ein Hochmaß an Perfektion entwickelt, dass IuK in vielfältigster Ausprägung in fast allen Prozessen von Wissenschaft, Verwaltung und Wirtschaft einen essentiellen Beitrag zur Leistungserfüllung und Produktivität erbringt.

An diese Rolle der IuK haben wir uns längst gewöhnt und halten sie für so selbstverständlich, sodass lediglich der Ausfall der Systeme die Gemüter erregt, denn die Abhängigkeit der Arbeitsplätze durch alle hierarchischen Ebenen ist etabliert.

Bei dieser Entwicklung zeigt sich, dass die Aufrechthaltung der technischen Perfektion durch Verfahren, Methoden und Werkzeuge relativ zufrieden stellend ist und beherrscht wird. Es verwundert nicht mehr wenn Rechnerkomplexe –zigtausende Online-Arbeitsplätze mit Funktionalität versorgen.

Also ist alles in Ordnung?

Leider nicht!

Drei Phänomene führen fortlaufend zu Konflikten und Ärgernissen:

1. Die Kosten des IuK-Einsatzes steigen und werden weiter steigen. Dies erscheint zunächst widersprüchlich, verdoppeln die Elemente der IuK-Technik ihre Leistungsfähigkeit bei gleichen oder niedrigeren Preisen alle fünf Jahre. Jedoch wird diese Kostendegression überproportional konsumiert durch die laufende Funktionsanreicherung der Computeranwendungen auf Host-Rechnern, Servern und PCs und durch die „Ease of Use"-Funktionalität auf allen Ebenen bis zur grafischen Aufbereitung einfacher PC-Anwendungen.
Problem: Der Kostenanstieg ist klar messbar, die Produktivitätsgewinne bei steigender Funktionalität eben nicht.

2. Die Abundanz technischer Variation und spezifischer Anwendungen, die von einem unübersehbaren Heer von Computerfirmen und Softwarehäusern auf vielen Ebenen angeboten wird, hat dazu geführt, dass viele Anwendungsinseln geboren wurden, die zunächst unabhängig operieren, aber fast immer logische Verbindungen zu anderen Anwendungen und Datenbanken aufweisen. Diese Entwicklung wird weiter fortschreiten, denn der technologische Fortschritt ist rücksichtslos und kümmert sich nicht um Verträglichkeit zur vergangenen oder gegenwärtigen Faktenlage.
Wenn z.B. in einer Bank neben den laufenden Bankanwendungen für klassische Bankprozesse hunderte von unabhängigen Servern für das Handelsgeschäft betrieben werden, dann führt dies zur Kostenexpansion.
Ebenfalls, wenn für eine Transaktion -zig IMS-Zugriffe nötig werden, um das Anspruchsniveau der Benutzer zu befriedigen, expandieren die Kosten wegen der immensen gestrigen Funktionsfülle.

3. In einem dynamischen Umfeld erfordert der Erhalt der Wettbewerbsfähigkeit die laufende Anpassung von Prozessen an geänderte Anforderungen oder die Einführung neuer Prozesse. Dies ist immer IuK-relevant. Wer Vertriebsprozesse unterstützen will und CRM einführen möchte, muss als erstes bedenken, welche kundenorientierten Daten in den informations- und kommunikationstechischen Systeme vorhanden sind oder durch Datenminimierungs-Techniken erzeugt werden können.

Wer Tracing und Tracking im Umfeld der Logistik anbieten möchte, braucht dazu Computeranwendungen, die den Verlauf der Ware verfolgen und anzeigen. Und wer sich im Internet bewegen möchte, ist von IuK völlig abhängig. Aber die Mitarbeiter der IT-Abteilungen, die die Anwendung entsprechend betreuen oder erweitern müssen, sind nur in begrenzter Anzahl vorhanden. Sie sind auch und eher auf die Verfügbarkeit der bestehenden Anwendungssysteme fokussiert, denn für Computer- oder Netzausfälle gelten die höchsten „Strafen".

Diese geschilderten Phänomene erfordern ein immer differenzierteres Management der informationstechnischen Funktionen und Kapazitäten, um Wettbewerbsfähigkeit zu erhalten und zu verbessern, gleichzeitig die Produktivität der Anwender zu erhöhen sowie die Leistungsfähigkeit der Informationssysteme und des IT-Kostenverlaufs zu gestalten. Dieser anspruchsvollen Aufgaben des IT-Managements sind die gut zwei Dutzend Beiträge dieses Buches erfahrener Manager, Berater und Autoren gewidmet.

Das Buch gliedert sich in sechs Hauptkapitel, die den „roten Faden" bilden. Das erste Kapitel beschäftigt sich mit den Grundsätzen des Informationsmanagements und Innovationen, die in diesem Kontext erst entstehen. Beispiele hierfür sind die Themen Geschäftsprozesse, CRM, Wissensmanagement und Informationslogistik.

IT-Strategie und IT-Organisation sind die Schwerpunkte des zweiten Kapitels. Wesentliche Fragen umfassen die IT-Strategie als Handlungsrahmen, die Rolle und die Aufgaben des Chief oder auch Corporate Information Officer (CIO) sowie die Optimierung von IT-Organisationen. Kostenreduktion und Konsolidierung sind wesentliche Themen des dritten Kapitels, das auf Methoden des IT-Controllings, Total Cost of Ownership etc. eingeht. In den weiteren Kapiteln werden die Schwerpunkte In-/Outsourcing, Projekt- und Change-Management behandelt. Der letzte Teil beschreibt konkrete Projekte und Erfahrungen mit betrieblichem Informationsmanagement.

Es sei vermerkt, dass es wohl für alle der angesprochenen Themen keinen definierten Königsweg gibt. Dies zeigt sich auch daran, dass zu bestimmten Anliegen durchaus verschiedene Sichten der Autoren bestehen. Die Herausgeber haben dies respektiert und Unterschiede nicht wegredigiert, um die Authentizität der Autoren zu erhalten.

Allen Autoren sagen die Herausgeber ihren ausdrücklichen Dank für Engagement und Mühe bei der Ausfertigung ihrer Beiträge. Besonders bedanken wir uns bei Frau Regine Löhmer-Dittrich für ihr Engagement bei der Koordination und Gestaltung dieses Buches.

Wir hoffen mit den Autoren, dass die Leser praxisorientierte Anregungen erhalten, um die anspruchsvolle Aufgabe des IT-Managements heute und in der Zukunft zu gestalten.

Frankfurt am Main/Hamburg

Dr. Walter Gora, Cornelius Schulz-Wolfgramm

Inhaltsverzeichnis

Informationsmanagement und Innovation

IT als strategischer Wettbewerbsfaktor in der Prozessgestaltung

Edgar Schäfer

Zusammenfassung

Vor dem Hintergrund sich angleichender Produkteigenschaften in den traditionellen Industrien stellen die Erhöhung des Kundenservice und der Effizienz der Ablauforganisation die wesentlichen Potenziale zur Wettbewerbsdifferenzierung dar. Der „Rohstoff", mit dem die Ablauforganisation primär diese Leistungen erstellt, ist Information.

Neben der reinen „Informationsverarbeitung" in bestehenden Abteilungsstrukturen muss zusätzlich durch die strategische Gesamtausrichtung aller Einzelaktivitäten im Sinne der Geschäftsziele die Gesamtleistung im Hinblick auf Kosten, Zeit und Qualität optimiert werden. Das bedeutet, dass die Wettbewerbsposition des Unternehmens im Wesentlichen vom „zielgerichteten" Verarbeiten von Informationen abhängig ist. „Zielgerichtet" bedeutet dabei, die Bereichsziele möglichst identisch zu den Unternehmenszielen auszurichten.

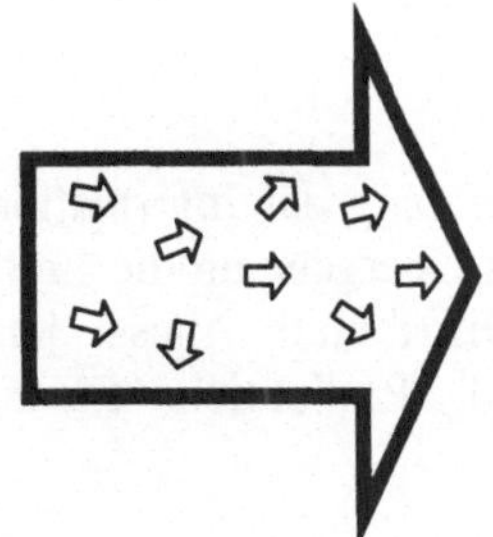

Abb. 1. Unternehmenszielsetzung

Die Strukturierung der Kommunikation auf der Basis der unternehmensspezifischen Prozesse wird dabei immer mehr zu einem bestimmenden Wettbewerbsfaktor. Aufgrund der hohen Automatisierung kommt dabei dem effizienten Einsatz der Hilfsmittel für die Informationsgewinnung, die Informationsverarbeitung und Informationsverdichtung sowie die Informationsverbreitung immer größere Bedeutung zu.

Historische Entwicklung Informationstechnik

Die Informationstechnik (IT) hat sich mit Einführung der Lochkartentechnik erstmalig als eigenständige Technologie etabliert. Nach der Schaffung der Voraussetzungen für die elektronische Datenverarbeitung lag der Schwerpunkt im Zeitraum von 1950 bis 1970 auf technisch-wissenschaftlichen Anwendungen. Im Zeitraum von 1970 bis etwa 1990 entstanden die Applikationen zur Automatisierung von arbeitsintensiven Geschäftsabläufen in Finanz, Materialwirtschaft, Entwicklung und Verkauf. Da die Potenziale aus der reinen „Automatisierung" mittlerweile im Wesentlichen ausgeschöpft sind, liegt der Schwerpunkt der Projekte jetzt auf der Integration der einzelnen Hauptbereiche in einen Gesamtablauf. Dies wird im Wesentlichen unter dem Schlagwort „Prozess – Reengineering" zusammengefasst.

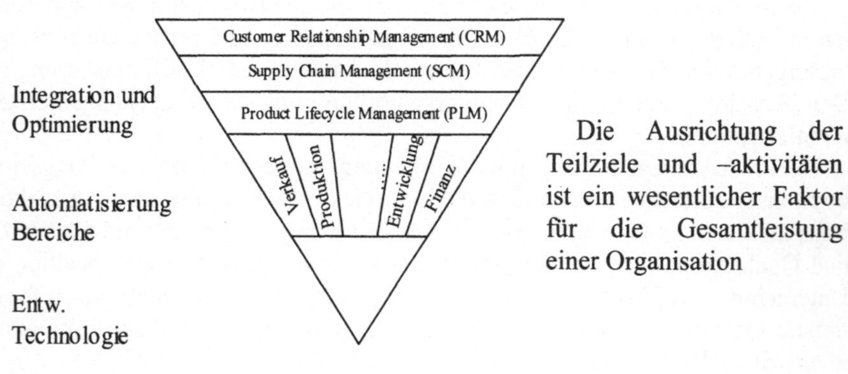

Die Ausrichtung der Teilziele und –aktivitäten ist ein wesentlicher Faktor für die Gesamtleistung einer Organisation

Abb. 2. Ausrichtung

Praktisch bedeutet das eine Umkehrung der Flussrichtung der Information. Statt des „vertikalen" Flusses innerhalb des Verkaufs mit Übergabe an die Produktion und Finanz mit anschließender Informations-Distribution muss jetzt ein „horizontaler" Fluss vom Kunden über Verkauf, Produktion, Finanz und Distribution zurück zum Kunden aufgebaut werden.

Entstehung der Kommunikationsstrukturen in den Unternehmen

Unsere heute existierenden Kommunikationsstrukturen sind historisch mit den Unternehmen gewachsen. Die Basis hierfür waren im Wesentlichen die Hauptfunktionen Produktentwicklung, Verkauf, Produktion und Distribution. Begleitend dazu haben sich die administrativen Funktionen mit zunehmender Unternehmensgröße und steigenden Anforderungen aus Steuer-, Arbeits- und Umweltrecht weiter entwickelt. Ein „Design" der Ablauforganisation, wie es z.B. für Produkte üblich ist, wird bisher nur in Ausnahmefällen durchgeführt.

Die Anfänge unserer formalisierten Unternehmenskommunikation gehen auf den Beginn des 20. Jahrhunderts zurück. Mit der Produktion des Ford Modell „T" im Jahre 1908 wurde die Spezialisierung und Arbeitsteilung der Industrie in den wesentlichen Elementen bereits eingeführt. Mit den damals verfügbaren Mitteln der Datenverarbeitung hatte eine Zusammenfassung der „Informationsverarbeitung" nach Funktionsbereichen erhebliche Vorzüge. So konnte man den im Wesentlichen über Papier realisierten Informationsfluss innerhalb von „kleinen" Zirkeln in überschaubarem Rahmen halten.

Als Hilfsmittel für die Informationsverwaltung beim Aufbau der Strukturen standen im Wesentlichen Karteien zur Verfügung. Diese waren normalerweise manuell zu verwalten.

Bei entsprechender Notwendigkeit konnten Lochkartensysteme für die Grundfunktionen der Informationsverarbeitung Sortieren, Filtern, Zählen usw. eingesetzt werden. Mit dem vergleichbar hohen Aufwand für die Administration war diese Lösung aber nicht sehr verbreitet.

Die Hauptrestriktion bestand aber eigentlich in der Kommunikation. Ohne Kopierer und Fax war die Weitergabe von Informationen extrem eingeschränkt. Die ersten Kopierer wurden 1959 gebaut, die ersten Faxgeräte kamen 1966 auf den Markt. Zu diesem Zeitpunkt war die Arbeitsorganisation der Industrie mit ihrer Spezialisierung und den Kommunikationsstrukturen aber bereits etabliert. Im Wesentlichen sind die Strukturen mit der laufenden Vergrößerung der Unternehmen zwar detailliert und verfeinert worden, aber in den Grundformen auch heute noch vorhanden.

So setzte der Informationsaustausch in der Regel einen Briefaustausch (oder in Sonderfällen Telegramme) voraus, die eine entsprechende Laufzeit hatten.

Es bot sich daher an, die Verdichtung eines „Informationszirkels" als Input für den nächst höheren „Informationszirkel" zu verwenden. Ein „Informationszirkel" umfasst dabei in der Regel einen Block an gleichen Funktionalitäten. So entstanden Produktionsplanung nach Produktbereichen, Fertigungsvorbereitung nach Technologiebereichen, Produktkostenermittlung, Zeitwirtschaftsfunktionen usw. Diese waren in der Regel lokal gruppiert.

Es entstand so ein System von in einander greifenden „Regelkreisen", die die einzelnen Informationszirkel zu einem Gesamtablauf vernetzten.

Jeder dieser Informationszirkel war aufgrund der vorgenannten Restriktionen geschlossen an einem Ort, üblicherweise nahe bei der Produktionseinheit oder der Hauptverwaltung, konzentriert. Aufgrund der modularen Struktur bot sich natürlich die Zuordnung der Informationszirkel zu den jeweiligen Hauptfunktionen an, was eine hohe Übereinstimmung der Aufbauorganisation mit der Ablauforganisation zur Folge hatte.

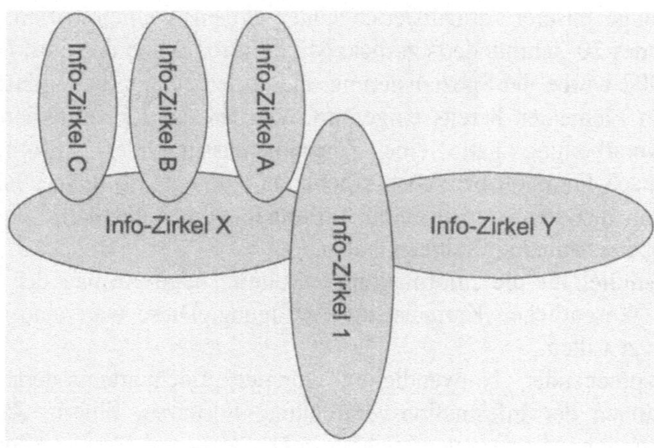

Abb. 3. Schematische Kommunikationsstruktur

Beispiel

Die Strukturen sind in der Automobilindustrie gut nachvollziehbar. Diese hat über einen langen Zeitraum wesentlichen Anteil an der Entwicklung der industriellen Strukturen gehabt und dabei durch die enormen Unternehmensgrößen die Spezialisierung der einzelnen Funktionen sehr hoch ausgebaut.

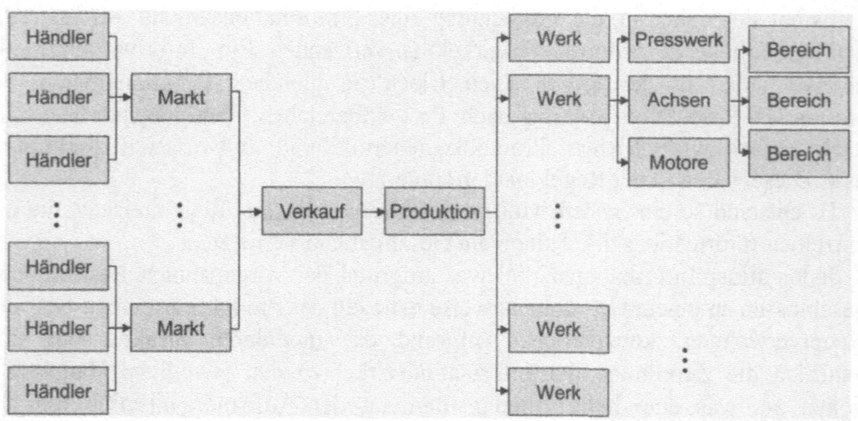

Abb. 4. Beispiel Automobilindustrie

Auf der „Marktseite" erstellen die einzelnen „Märkte", basierend auf der Händlerkommunikation, ihren Absatzplan nach Segment und Modellreihen. Dieser Absatzplan wird dann für einen Markt konsolidiert zusammengefasst. Das Ergebnis dieser Zusammenfassung melden alle Märkte dann an die zentrale

Verkaufskoordination eines Herstellers. Hier werden alle Märkte zu einem Gesamt-Absatzplan verdichtet. Dieser Absatzplan wird jetzt mit der zentralen Produktionsplanung des gleichen Herstellers abgestimmt.

Auf der „Produktionsseite" stellen die Einheiten, ausgehend von den kleinsten Planungseinheiten, den Rahmen ihrer Leistung als „Restriktion" zusammen. Diese werden ebenfalls über die Hierarchieebenen verdichtet und konsolidiert. Das Ergebnis dient der zentralen Produktionsplanung als Kontrollinstrument zur Prüfung der Ausführbarkeit des Rahmenplanes.

Aus der Abstimmung der zentralen Funktionen Verkauf und Produktion entsteht so ein von allen Beteiligten als „ausführbar" akzeptierter Plan, der üblicherweise als „Programm" für einen vorgegebenen Zeitraum als Planungsbasis dient.

Dieser Plan wird jetzt von beiden Seiten der Hierarchie in einen ausführbaren Detaillierungsgrad übersetzt und dient als Rahmen für die Abwicklung des Tagesgeschäftes.

Im laufenden Tagesgeschäft erfolgen jetzt die Kontrollen und Buchungen gegen diesen Plan mit dem Ziel, den Plan möglichst gut zu erfüllen. So versucht der Verkauf, einen möglichst „passenden" Mix an Aufträgen gegenüber dem Plan zu erstellen. Die Produktion versucht, mehr als die versprochenen Mengen zu liefern.

Ist-Struktur der Ablauf-Organisation

Die Aufnahme der Informationsflüsse zeigt dann das bekannte Bild der „Funktionalen Silos" mit entsprechenden Informationsclustern. Dies ist vergleichbar mit dem Straßenverkehr, wobei die „Autobahnen" von den Kernsystemen des Unternehmens gebildet werden, während die Bundes- und Landstraßen den „Nahverkehr" innerhalb eines Bereiches abwickeln.

Unglücklicherweise sind die Autobahnen nicht durchgängig, so dass ein „Durchgangsverkehr" praktisch unmöglich ist. Der Nachteil wird zum großen Teil dadurch kompensiert, dass nur nach fest vorgegebenen Fahrplänen bzw. Terminplänen verkehrt werden darf, so dass trotz der problematischen Infrastruktur keine Staus auftreten.

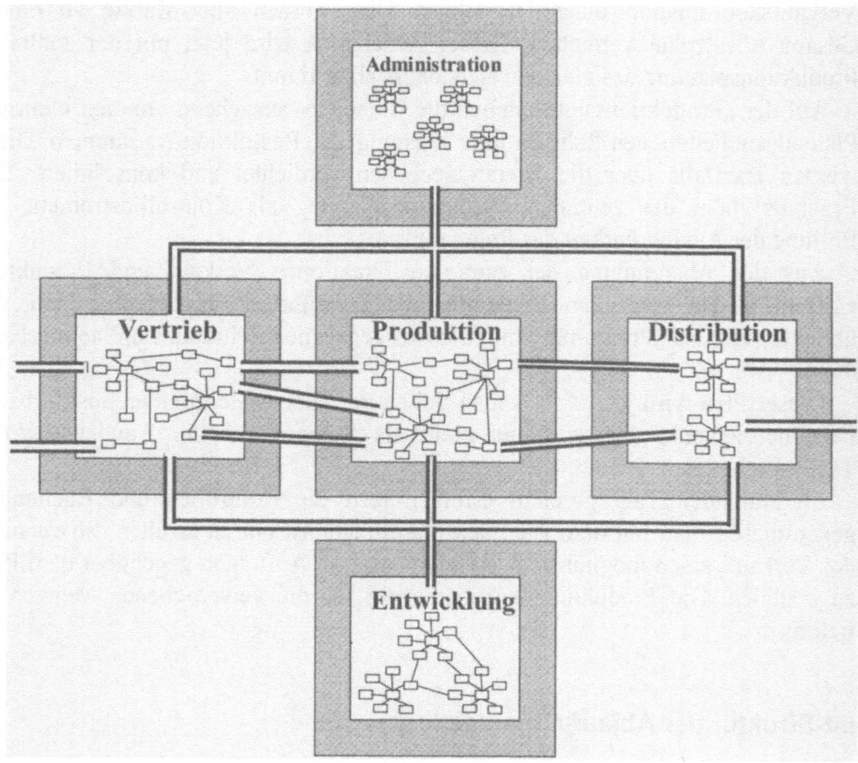

Abb. 5. Struktur und Zusammenhänge

Informationstechnisch betrachtet werden innerhalb jedes Bereiches die Informationen bearbeitet und verdichtet. Die Kommunikation der Bereichsergebnisse erfolgt dann über formell festgelegte Standard-Schnittstellen, die heute zum großen Teil systemgestützt ablaufen. Dieser Austausch erfolgt in fest vorgegebenen Batch-Zyklen, die je nach Prozess üblicherweise im Tages-, Wochen- oder Monatsrhythmus ausgeführt werden.

Diese Ablaufstrukturen haben ihre Funktionsfähigkeit bewiesen und sind über lange Zeiträume hinweg permanent optimiert worden. Sie weisen zudem eine sehr hohe Übereinstimmung mit der Aufbauorganisation auf, so dass sich die Ergebnisverantwortung von Managementfunktionen und die zugehörigen Kommunikationsmittel sehr gut zusammenfassen lassen.

Wesentliche Probleme der Struktur sind die sehr langen Reaktionszeiten und der hohe Zeitaufwand für den Kommunikationsprozess. Da die Märkte sich auf der Produktseite weitestgehend angleichen, gewinnt der Kundenservice als Differenzierungskriterium zunehmend an Bedeutung. Hier führt aber die Durchlaufzeit, die für die Erstellung einer Antwort auf Kundenfragen benötigt wird, zu einem sich laufend vergrößernden Wettbewerbsnachteil.

Ist-Struktur der Systeme

Alle Analysen zu bestehenden Systemstrukturen bestätigen die Erwartung, dass die bestehende Ablauforganisation sich in den dort aufgebauten Systemstrukturen spiegelt. In Großunternehmen wie der Automobilindustrie bestehen die Systeme auch heute noch zum größten Teil aus Eigenentwicklungen. So hat die Produktion Systeme zur Planung, zur Logistikabwicklung, dem Behältermanagement usw. Der Verkauf besitzt eigene Systeme zur Planung, zur Auftragsannahme, zur Überwachung der Auslieferung usw. Eine Verfolgung des Auftragsflusses von Bestellung bis Auslieferung zeigt daher in der Regel die nachfolgende Struktur. Jede Hauptabteilung besitzt eigene System, die von dem „Vorgängerbereich" über Schnittstellen gefüllt werden und nach festen Regeln an die „Folgebereiche" über umfangreiche Schnittstellen weitergeleitet werden.

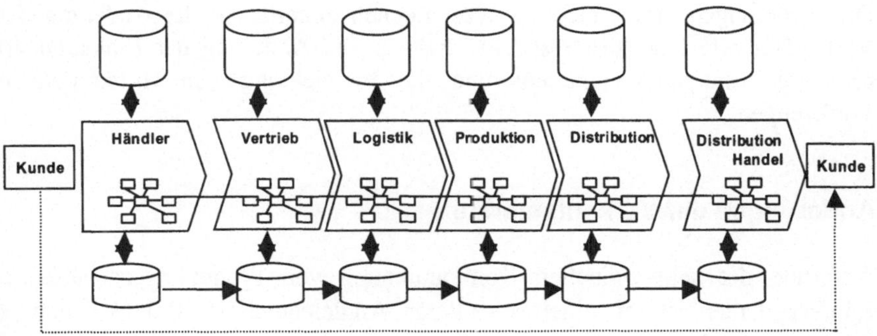

Abb. 6. Systemstrukturen

In der Praxis bedeutet das, dass jedes System seine Aufgaben praktisch eigenständig erledigt und dann über Schnittstellen, die in der Regel im Tages- oder Wochenrhythmus bedient werden, die Information an das nächste System weitergibt. Erschwerend kommt hinzu, dass die Parameter vielfach redundant in den Systemen gehalten und verwaltet werden, weil oft einfach die Kenntnis fehlt, wo welche Daten entstehen und bereits genutzt werden. Als Konsequenz daraus ist die Detailfunktion der Systeme nur von den Fachexperten nachvollziehbar, die mit den Sonderfällen aus den Schnittstellen, insbesondere auch der Kombination von solchen Sonderfällen, vertraut sind.

Da die existierende Organisation in den meisten Fällen keine Verantwortung für die Gesamtabläufe „von Kunde bis Kunde" vorsieht, ist ein Gesamtdesign der Systemlandschaft faktisch nicht möglich. Da die Struktur in Ablauf- und Aufbauorganisation der Fachabteilungen begründet ist, kann auch eine zentrale IT-Organisation das Problem nicht lösen.

Eine analog aufgebaute Verkehrsinfrastruktur würde jeweils eine Autobahn mit schnellem Transport zwischen den Zentren zulassen. Aufgrund der Brüche müsste die Ladung an jeder Bruchstelle umgeladen, vielfach sogar umgepackt werden, um die besonderen Abschnittsbedingungen zu erfüllen. Unglücklicherweise sind manche Güter, d.h. Informationseinheiten, in manchen Gebieten nicht „einpack-bar", weil sie den Rahmen sprengen. Diese müssen dann manuell „außen herum getragen" werden oder fehlen am Ende.

Die wesentlichen Probleme der Struktur für das Gesamtunternehmen ergeben sich aus den relativ langen Durchlaufzeiten der Aufträge, der geringen Flexibilität bei der Handhabung von Sonderfällen sowie der Handhabung von „Rückwärtskommunikation" wie z.B. Kundenaufträge, die nicht ausgeführt werden können. Im Produktentwicklungsbereich ist der wesentliche Problembereich die sehr hohe Entwicklungszeit.

Erwartete Änderungen im Geschäftsumfeld

Die Änderungen lassen sich im Wesentlichen einteilen in die Änderungen der Verkaufsmärkte bzw. des Kundenverhaltens, die Änderung der Einkaufsmärkte bzw. des Lieferantenverhaltens und die Entwicklung von Hilfsmitteln und Werkzeugen.

Änderungen der Verkaufsmärkte

Aufgrund der sehr schnellen Kommunikation von Produkteigenschaften und Käuferverhalten ist mit einer schnelleren Angleichung der Produkte bzw. der Produkteigenschaften zu rechnen. Nimmt man hinzu, dass Technologien im Wesentlichen für alle Marktteilnehmer verfügbar sind, dann fallen die Produkteigenschaften als Differenzierungsmerkmal weitestgehend weg. Der Einfluss der „Marke" wird aufgrund des sehr langen Entwicklungszeitraumes in dieser Betrachtung ausgeklammert. Dieser Faktor stellt aber sicher ein sehr wesentliches Differenzierungsmerkmal dar.

Es bleiben dann nur noch die Servicefunktionen beim Verkauf sowie die Betreuung der Kunden nach dem Verkauf als wettbewerbsrelevantes Kriterium zur Kundenbindung. Wesentlich für diese Funktionen ist aber extrem schnelles Reagieren und damit Kommunizieren sowie höchstmögliche Flexibilität in der Erfüllung der Kundenwünsche.

Zusätzlicher Druck entsteht aus der Vergleichbarkeit mit den Informationen des Wettbewerbs, so dass auch von hier der Druck auf Geschwindigkeit und Qualität der Kommunikation zunimmt.

Änderungen der Einkaufsmärkte

Hier liefern auf der einen Seite globaler Wettbewerb und der Einsatz von Auktionen sehr gut vergleichbare Angebote in sehr kurzen Zeiträumen. Die damit erzielbaren Einsparungen liegen in einer Größenordnung, die für die meisten Industrieunternehmen wettbewerbsrelevant ist.

Andererseits erzwingt die laufende Vergrößerung der Zulieferunternehmen mit entsprechender Kompetenzbildung den Aufbau von strategischen Partnerschaften mit Lieferanten von Schlüsseltechnologien. Das bedeutet in der Konsequenz aber die gemeinsame Entwicklung von Produkten mit den Schlüssellieferanten, wobei die Weitergabe des spezifischen Wissens der Lieferanten nur noch begrenzt kontrolliert werden kann. Hier ist die schnelle Marktreife von Produkten mit ausreichend schnellem Produktlebenszyklus der beste Schutz gegen Konkurrenten.

Entwicklung von Hilfsmitteln und Werkzeugen

Die wichtigste Änderung ergibt sich hier aus der Entwicklung der Informations- und Kommunikationstechnik. Nahezu alle Beschränkungen im Hinblick auf örtliche und zeitliche Verfügbarkeit sind mittlerweile weggefallen. Hinzu kommt, dass Kommunikationsverbindungen kostenseitig kaum noch ins Gewicht fallen.

Für die meisten Funktionen industrieller Ablauforganisationen existieren heute Standardapplikationen, die mit vertretbarem Aufwand implementiert werden können und deren Funktionalitäten ausreichenden Freiraum für die Implementierung neuer Prozessstrukturen bieten.

Die „ideale Prozessstruktur"

Eine solche Struktur muss zusätzlich zu den heutigen Aufgaben sehr viel schneller und mit geringeren Kosten operieren können. Zur Lösung dieses Problems bieten sich die neu erschlossenen Potenziale der Informations- und Kommunikations- technik an. Diese Potenziale wurden bisher extrem hoch eingeschätzt. Die Erfahrungen aus der Mehrzahl von Umsetzungen zeigen aber wesentlich schlechtere Ergebnisse, als aufgrund der Potenziale erwartet wurde.

Hauptgrund dafür ist, dass ein „Aufsetzen" von neuer Technologie die Ablauforganisation nicht wesentlich ändert. Alle Erfahrungen aus implementierten „integrierten Lösungen" zeigen, dass die neuen Technologien in sehr großem Umfang an die existierenden Ablaufstrukturen angepasst werden und damit die Verbesserungspotenziale weitestgehend verloren gehen.

Im Vergleich mit der Verkehrsinfrastruktur bedeutet das, dass zwar die Autobahnen und teilweise auch die untergeordneten Straßen komplett neu gebaut wurden, aber die Infrastruktur nicht verändert wurde. Naturgemäß bleiben damit die Umlade- und Umpackvorgaben weiter erhalten, aber die Gesamttrans- portleistung ist weiterhin von den vorher schon bekannten Engpässen begrenzt.

Die hauptsächliche Voraussetzung zur Erzielung von solchen Verbesserungen liegt daher offensichtlich in der Umstrukturierung der gesamten Ablauf- organisation. Hierbei wird von der funktionalen Struktur auf eine prozess- orientierte Struktur umgestellt. Das wesentliche Kennzeichen dieser Struktur ist, dass die Ablauforganisation an den Prozessflüssen, die im Wesentlichen auch Informationsflüsse sind, ausgerichtet wird. Im Beispiel Verkehrsinfrastruktur bedeutet das, dass zunächst die Haupttransportwege und –mengen ermittelt werden müssen. Anschließend lässt sich auf dieser Basis dann das Autobahnnetz neu planen, wobei die Überbückung von Engpässen nicht unbedingt den Neubau von existierenden Streckenabschnitten voraussetzt.

Die Hauptstruktur Prozesse

Die Grundstruktur der Prozesse ist genau so allgemeingültig wie die Grundstruktur der Hauptfunktionen. Es gibt einen „Kundenauftragsfluss", der vom ersten Kundenkontakt bis zur Auslieferung an den Kunden reicht. Als Voraussetzung dazu existiert ein „Produktentwicklungsprozess", der von der Marktanalyse bis zum Produktionsstart alle Funktionen beinhaltet. Nach Übergabe der Leistung an den Kunden existiert ein „Kundenbetreuungsprozess", der die Kundenbindung über längere Zeiträume sicherstellen soll.

Die administrativen Funktionen wie Finanz, Personal, Planung usw. stützen die Hauptprozesse und stellen die verdichteten Informationen für die Entscheidungsfindung und die Gesamtsteuerung des Unternehmens zur Verfügung. Damit existiert dafür kein eigenständiger „Gesamtprozess", sondern je nach Aufgabenstellung, Prozesse entsprechend der angeforderten Leistung, wie z.B. Einstellung/Entlassung von Mitarbeitern, Planung und Budgetierung nächstes Geschäftsjahr etc.

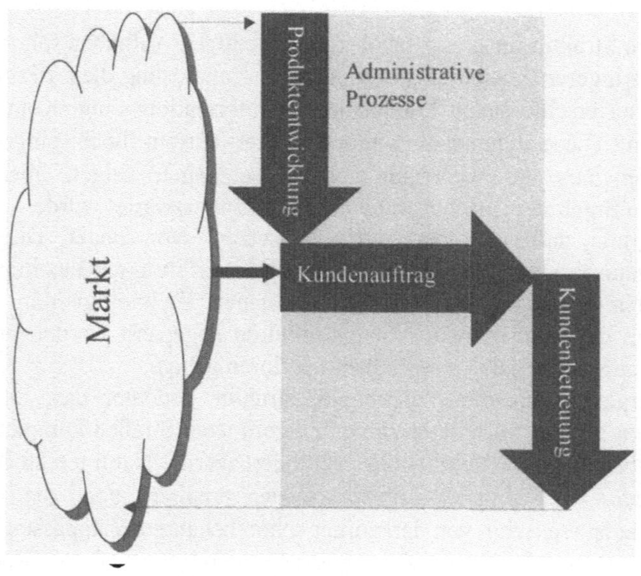

Abb. 7. Grundstruktur und Prozesse

Diese Hauptstruktur ist über mehrere Hierarchieebenen in jeweils kleinere Teilschritte aufgeteilt, die selbst wieder in kleinere Teilschritte auflösbar sind. Organisatorisch gesehen existiert in der gewachsenen Struktur aber keine Gesamtverantwortung für den Prozess. Da auch, abgesehen vom Top Level Management, in der Regel keine Funktion mit einer Aufgabenstellung „Gesamtoptimierung Prozess" existiert, ist eine optimale Lösung für einen der Hauptprozesse eigentlich reiner Zufall.

Verglichen mit dem Beispiel Verkehrsinfrastruktur bedeutet das, dass jede Region ihre eigene Planung betreibt, aber keine Behörde für den Gesamt-Bebauungsplan existiert. In der Praxis führt das durchaus dazu, dass Engpässe nicht behoben werden, um nicht „Mehr Verkehr anzuziehen" bzw. die eigenen Mittel auf die Lösung der „eigenen" Probleme verwandt werden.

In nahezu allen Analysen zeigt sich, dass die Potenziale hinsichtlich Reaktionszeit bzw. Durchlaufzeit, der Prozesse sowie Flexibilität in der Handhabung von Sonderfällen enorm sind. So zeigt die Restrukturierung des Kundenauftragsprozesses bei BMW eine Verbesserung der Durchlaufzeit eines Kundenauftrages von 45 Tagen auf 12 Tage mit Zielsetzung 10 Tage. Gleichzeitig wurde der Zeitraum für Änderungen des Auftrages auf den gleichen Zeitraum reduziert. Hierbei wurde aber nur ein Teil der Supply Chain analysiert, so dass die Gesamtpotenziale mit Sicherheit höher liegen.

Zu den Kosteneinsparungen existieren naturgemäß keine Veröffentlichungen mit Zahlenwerten. Nach allen momentan vorliegenden Informationen haben sich in den abgewickelten Projekten aber deutliche Einsparungen nachweisen lassen.

Prozessorientierte Strukturen

Der wesentliche Unterschied zwischen der funktionalen und der prozessorientierten Struktur besteht in der Form der Zusammenarbeit bzw. der Kommunikation der richtigen Informationen.

Bei der funktionalen Struktur wurde immer eine Funktion abgearbeitet und die Information anschließend weitergegeben. In einer prozessorientierten Struktur muss bei jeder Abarbeitung von Funktionen bereits der Einfluss auf den Gesamtprozess berücksichtigt werden. Im Ergebnis bedeutet das, dass bereits bei Auftragsannahme ein fester Liefertermin zugesagt werden kann, was die Ausführung aller Planungsfunktionen der Prozesskette mit Berücksichtigung der aktuellen Probleme voraussetzt.

Mit der Basisannahme, dass es auch in einer prozessorientierten Struktur keine Mitarbeiter geben wird, die den Gesamtprozess in allen Details so gut beherrschen, dass sie diesen Liefertermin aus eigener Kenntnis ermitteln können, stellt sich automatisch die Frage nach der Strukturierung der Kommunikation bzw. einer ausführbaren Ablauforganisation. Da die Antwort dazu über alle Prozessstrukturen so allgemein wird, dass sich daraus keine konkreten Ansatzpunkte mehr darstellen lassen, wird der Ansatz nachfolgend am Beispiel des Kundenauftragsprozesses dargestellt.

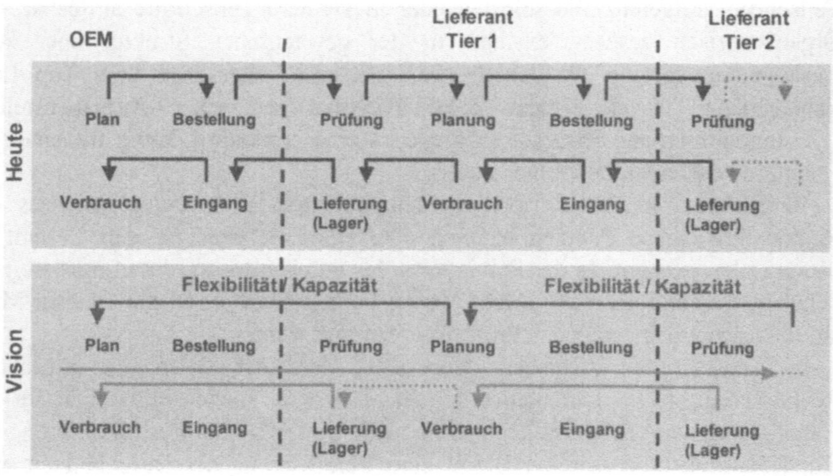

Abb. 8. Prozessorientierung

Anhand der obigen Grafik ist im Teil „Vision" bereits angedeutet, dass hierzu Informationen zurückfließen müssen, die heute vielfach bewusst nicht kommuniziert werden. Für eine schnelle, inhaltlich abgesicherte Aussage zu Lieferterminen, Qualität und Konditionen muss bei der Auftragsannahme aber klar sein, welche Restriktionen zu beachten sind, wie die aktuelle Kapazitätsauslastung und Planung aussieht und welche konkreten Sonderfälle und Probleme gerade existieren.

In der Praxis erfolgt das in der Form, dass Planung, Produktion, Verkauf und Distribution den gleichen Datenbestand verwenden. Zusätzlich werden Informationen zu Restriktionen (max. 30% der Produkte Blau, Anteil Produkt x nicht höher als 30%, usw.), die heute in der Einplanung der Aufträge berücksichtigt werden, schon bei der Auftragsannahme geprüft. Die Konsequenz daraus ist, dass die eigentliche Auftragseinplanung bereits bei der Auftragsannahme erfolgt. Die Aufgabe der Produktionsplaner verschiebt sich dabei im Schwerpunkt auf die Kontrolle und Anpassung der Parameter. Zusätzlich muss hier sichergestellt werden, dass Engpässe, die zu Problemen im Auftragseingang führen, kritisch geprüft und evtl. Projekte zur Engpassbehebung angestoßen werden.

Aus der frühen Terminierung der Aufträge lassen sich jetzt in der Regel Materialbedarfe der Vorlieferanten mit höherer Stabilität und größerer Vorlaufzeit ableiten. Bei ausreichend hohem Auftragsbestand lässt sich so ein erheblicher Anteil der Lagerbestände einsparen und der Anteil von „Feuerwehraktionen" sehr stark reduziert.

Natürlich muss der zentrale Auftragsdatenbestand auch den aktuellen Status von Produktion und Distribution gegenüber dem Plan enthalten. Dabei müssen alle Sonderfälle vom LKW-Unfall bis hin zu Qualitätsproblemen direkt in die aktuellen Planungen einfließen, um ein möglichst realistisches Bild der aktuellen Situation und der Alternativen zu erhalten.

Natürlich gibt es auch in einer prozessorientierten Struktur Unfälle, kurzfristige Kundenanfragen usw. Aufgrund der sehr schnellen Reaktion der Prozesse lassen sich die negativen Auswirkungen aber gegenüber einer funktionalen Orientierung deutlich reduzieren. Am Beispiel BMW lässt sich auch zeigen, dass bei entsprechend schneller Kommunikation viele Restriktionen gegenüber dem Markt nicht mehr existent sind.

Auf dieser Basis sind dann Entscheidungen mit dem bestmöglichen Informationsstand vorbereitet, so dass auch bei Sondersituationen eine für das Unternehmen optimale Entscheidung getroffen werden kann.

Im Vergleich zum Verkehrsbeispiel bedeutet das, dass jemand eine Fahrt auf der Autobahn plant und das zugehörige Leitsystem ermittelt aus den bisher bekannten Informationen die Fahrtroute, Fahrzeit usw., so dass der Adressat sofort eine Antwort erhält. Wenn das Ergebnis akzeptabel ist, wird der Plan zum Auftrag umgewandelt und hilft, die Verkehrslage für die nachfolgenden „Fahrten" einzuplanen. Der wesentliche Teil der Arbeit besteht dabei im Füttern des Leitsystems mit voraussichtlichem Verkehrsaufkommen, Baumaßnahmen, Umgebungsbedingungen usw..

Restrukturieren der Abläufe

Auf der hier beschriebenen Detaillierungsebene stellt sich die Umstellung auf eine prozessorientierte Struktur noch relativ einfach dar. In der praktischen Umsetzung ergibt sich aber in der Detailarbeit eine Vielzahl von Problemen. Allein ein Kundenauftrag kann 500 bis 1000 Informationsfelder bzw. Einzelelemente an Information enthalten. Auf den Kundenauftrag wirken dabei je nach Detaillierung und Dokumentationsmethodik 50 bis 200 verschiedene Prozesse. Diese komplexe Struktur muss jetzt im Tagesgeschäft nach neuer Lösung prozessorientiert gehandhabt werden, wobei die existierenden Stärken eines Unternehmens in jedem Fall erhalten bleiben müssen.

Den stärksten Hebel stellen hierbei die im Betrieb verwendeten Informationen dar. Für jeden der 3 Hauptprozesse existiert zumindest theoretisch ein zentraler Datenbestand. Für den Kundenauftragsprozess ist das offensichtlich der Kundenauftrag einschließlich aller Hilfsinformationen für die Ausführung bis zur Produktübergabe an den Kunden. Im Produktentwicklungsprozess ist das die Produktbeschreibung einschließlich der Informationen zur Produktherstellung, wobei hier zusätzlich zu den kommerziellen Daten auch Geometriedaten in erheblichem Umfang administriert werden müssen. In der Kundenbetreuung steht offensichtlich der Kunde mit allen Hilfsinformationen zur Erhöhung der Kundenbindung im Vordergrund.

Der erste Schritt zum Aufbau des Verständnisses der Soll-Abläufe ist damit die Zusammenstellung einer Arbeitsgruppe mit der Aufgabenstellung, die Hauptdatenbestände bereichsübergreifend aufzubauen. Da die hierfür benötigten

Schlüsselmitarbeiter in der Regel bereits viele Jahre in einem Unternehmen arbeiten und an die Vertretung von Bereichsinteressen in Arbeitsgruppen gewöhnt sind, empfiehlt sich die neutrale Moderation durch unternehmensexterne Spezialisten. Diese sind in der Regel in der Moderation von Arbeitsgruppen ausgebildet und besitzen keine eigenen internen Interessen, so dass sie die Sicht eines „Gesamtvorstandes" einnehmen können.

Der Schwerpunkt der Arbeit liegt hierbei auf der Ablauforganisation und dem Tagesgeschäft der Fachabteilungen, nicht in der Definition von Systemen, Dateien oder Datenbanken. Die Standardannahme lautet daher z.B. für den Kundenauftragsprozess. „Es gibt nur einen zentralen Kundenauftrag für alle Bereiche". Die Fragestellung an alle Mitarbeiter der Arbeitsgruppe ist dann „Welche anderen Funktionen sind wie betroffen, wenn für diesen Auftrag die heutigen Funktionen ausgeführt werden müssen. Heutige Funktionen wären z.B. „Terminänderung wegen Kapazitätsengpass" oder „Einplanung eines neuen Auftrages, usw.

Die Annahme des zentralen Datenbestandes verkürzt dabei die Kommunikationswege am stärksten, da jeder immer mit den aktuellsten Informationen arbeitet. Außerdem existiert damit der Zwang, jede Änderung vor der Ausführung sofort mit den anderen Funktionen abzustimmen. Letztendlich wird damit auch der Rückzug auf die Standard-Position „Machen wir wie heute" erheblich erschwert, weil die funktionale Abgrenzung aufgehoben ist.

Das Ergebnis ist dann im Wesentlichen eine Kernmannschaft mit einem Gesamtverständnis der Abläufe im Unternehmen. Meistens ergeben sich bereits erhebliche Verbesserungen aus der Diskussion und dem Aufbau eines gemeinsamen Verständnisses der Prozessabläufe. Neben diesem schwer messbaren Faktor soll das Ergebnis durch eine Dokumentation der Soll-Prozesse bei zentralem Auftragsdatenbestand nachvollziehbar und kommunizierbar dargestellt werden.

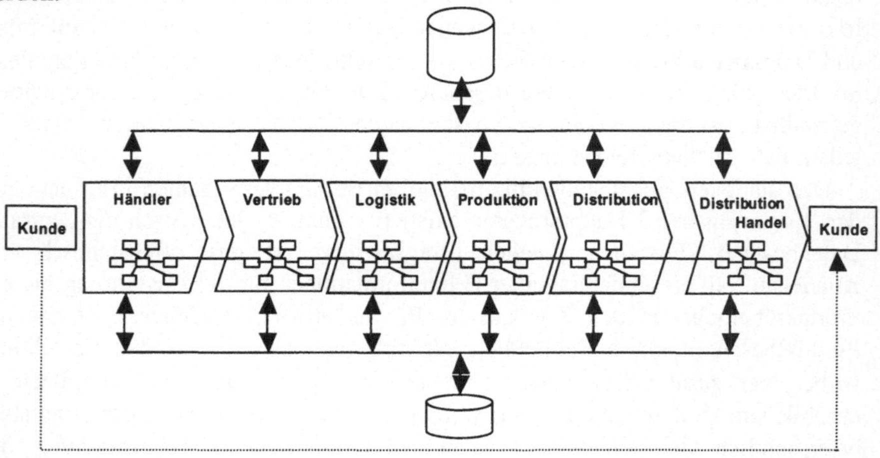

Abb. 9. Soll-Prozesse

Basierend auf den Ergebnissen des ersten Schrittes müssen dann Projekte zur Umsetzung der ermittelten Verbesserungspotenziale detailliert und umgesetzt werden. Wesentlich hierbei ist, dass die Anforderungen an solche Lösungen von der bestehenden Technologie in der Regel problemlos erfüllt werden können.

Da sowohl die interne IT-Abteilung als auch die Fachabteilungen zu diesem Zeitpunkt noch nicht mit großer Mitarbeiterzahl und damit Masse in die neuen Abläufe eingebunden sind, empfiehlt sich auch hier die Einbeziehung von qualifizierten externen Partnern. Schwerpunkt ist dabei die Umsetzung der Geschäftsziele im Sinne einer prozessorientierten Organisation mit „Augenmaß", d.h. in betriebswirtschaftlich sinnvollem Rahmen. Dies setzt voraus, dass die Berater neben der Kenntnis der IT-Strukturen auch ein Verständnis der Abläufe mitbringen.

Bei einer großen Anzahl sogenannter „ERP-Applikationen"(ERP = Enterprise Resource Planning, integrierte Unternehmenslösungen) die aus der Technologie heraus die Anforderungen der Integration erfüllen, waren die erwarteten Verbesserungen nicht erzielt worden. Eine Analyse zeigte, dass nicht eine Gesamtlösung für den Prozessablauf, sondern viele Teillösungen für die Hauptfunktionen, implementiert wurden. De facto war so mit neuer Technologie die bestehende funktionale Struktur neu abgebildet worden. Im Ergebnis ist aber aus einem reinen Technologieaustausch heraus nicht mit wettbewerbsrelevanten Verbesserungen zu rechnen.

Die Ablauforganisation liefert aber nur die „Mechanik" der Gesamtorganisation. Dies ist zwar eine unbedingte Notwendigkeit, um die spezifischen Stärken des eigenen Betriebes weiter auszubauen. Zur Umsetzung der Vorgaben ist das aber noch nicht ausreichend.

Management-Motivation

Das Management eines Unternehmens ist in der Regel als Kollektiv der Träger der Unternehmenskultur. Diese gibt Handlungsspielräume vor, die von Einzelpersonen nicht geändert werden können und in der Regel allgemein akzeptiert sind. Änderungen, die auf eine Optimierung der Prozesse abzielen, erfordern in der Regel einen breiten Konsens und damit in vielen Fällen auch Änderungen der Unternehmenskultur.

Darüber hinaus wird die Management-Motivation über Bonus-Systeme und Zielvorgaben auf Schwerpunkte fokussiert. Traditionell wird dabei ein Manager primär am Ergebnis „seines" Verantwortungsbereiches gemessen, während die Ergebnisvorgaben im Wesentlichen über die Aufbauorganisation detaillierte Unternehmenszielsetzungen darstellen. In der Praxis bedeutet das, dass die Fokussierung des Managements naturgemäß primär auf den „eigenen" Verantwortungsbereich gerichtet ist und damit nur begrenztes Interesse an einer Gesamtoptimierung besteht.

Die Umsetzung von prozessorientierten Lösungen erfordert daher zwingend die Überprüfung und Anpassung der Bonus- und Incentive-Systeme sowie der Mechanismen zur Management-Zieldefinition und –verfolgung.

Zusätzlich muss natürlich eine Gesamtverantwortung für die Prozesse eingeführt werden. Hierbei muss in der Regel zunächst die bestehende funktionale Aufbauorganisation beibehalten werden.

Ein wesentlicher Diskussionspunkt, der sich dann ergibt, ist die Beziehung zwischen Prozessverantwortlichen und Funktionsverantwortlichen. In der Regel müssen die Ergebnisse vom Prozessverantwortlichen getragen werden. Dazu braucht er aber entsprechenden Zugriff auf die Mitarbeiter in der funktionalen Aufbauorganisation, so dass im Übergangszeitraum erheblicher Konfliktstoff innerhalb des Managements existiert.

Das Aufgabengebiet „Management" ist naturgemäß sehr spezifisch für jedes Unternehmen. Die Details einer Lösung könnend daher nur zusammen mit dem Management, das ja zusätzlich auch der Träger der Umstrukturierung ist, unter Berücksichtigung der existierenden Stärken ausgearbeitet werden.

Mitarbeiter-Motivation

Die Mitarbeiter werden im Rahmen ihrer Ausbildung zu „Spezialisten" eines Fachgebietes. Diese Spezialisierung setzt sich im Berufsleben fort und wird auch bei einem Firmenwechsel aus verschiedenen Gründen beibehalten.

Als Teil dieser Spezialisierung bildet sich ein Werteschema heraus, das normalerweise den Bedürfnissen des eigenen Aufgabenbereiches eine deutlich höhere Priorität gibt als den (im Detail sehr wenig bekannten) Problemen der Nachbarbereiche. Eine zusätzliche Verstärkung dieser Situation ergibt sich aus relativ langen Verweilzeiten im gleichen Aufgabenumfeld. Diskussionen zu diesem Themenkomplex zählen daher zum „Tagesgeschäft" eines Managers.

Außerdem wird durch laufende Rationalisierung und Kosteneinsparung der Termindruck so weit erhöht, dass der Spielraum für Eigeninitiative nur noch in sehr geringem Maße genutzt wird.

Zusätzlich verstärkend wirkt das detaillierte Verständnis von Verbesserungen, die sich innerhalb des eigenen Bereiches realisieren lassen, während bei Verbesserungen zugunsten anderer Bereiche auch heute noch häufig auf die (für den eigenen Bereich) nutzlos eingesetzten Ressourcen verwiesen wird.

Ohne entsprechende Unterstützung durch das Management ist eine Motivation für Veränderungen im größeren Ausmaß kaum machbar. Hierbei muss für den Mitarbeiter der Vorzug der neuen Organisation nachvollziehbar dargestellt werden. Zusätzlich wird eine klare Nachricht des Managements gebraucht, dass die Veränderung in diese Richtung gewollt ist. Im Idealfall kann zusätzlich ein generelles Verständnis für den Gesamtprozess vermittelt werden, was dann die Optimierung durch die Experten im Tagesgeschäft ermöglicht.

In der Umsetzungsphase muss eine ausreichende Mitarbeiterbeteiligung sowohl für die Detaillierung der Prozesse als auch die Festlegung der notwendigen Schulungsmaßnahmen sichergestellt werden, um eine möglichst aktive Beteiligung der Mitarbeiter am Veränderungsprozess zu erreichen.

Die Rolle der IT im Veränderungsprozess

Nahezu alle Änderungen in den Zielsetzungen eines Unternehmens führen auch zu Änderungen in der IT-Architektur. Die in der Vergangenheit vielfach übliche „reaktive" Entscheidungsphilosophie, nach der immer nur der über Pflichtenhefte und Projektvolumina vorgegebene Rahmen mit möglichst geringen Kosten entsprechend den Projektaufträgen umgesetzt wurde, ist heute vielfach nicht mehr finanzierbar. Außerdem erfordert eine grundsätzliche Umstellung der Informationsflüsse auf eine andere Geschäftsstrategie teilweise mehrere Jahre.

In der Praxis werden „Reengineering-Projekte" üblicherweise als IT-Projekte gestartet. Im Wesentlichen resultiert dies aus dem Verständnis, dass durch die Restrukturierung der formalisierten Informationsverarbeitung, d.h. der IT-Applikationen, die Haupteinsparungen erzielt werden können. Ergänzend deckt ein Teil der Projekte noch die Restrukturierung der Ablauforganisation im Sinne formalisierter Abläufe und Kommunikationsmittel ab. Hierbei werden formelle Workflow-Restrukturierungsmethoden und -werkzeuge eingesetzt, die im wesentlich auf eine Verbesserung der Mechanik und der Hilfsmittel des Prozesses zielen.

Als wesentliches Problem dieser Vorgehensweise stellt sich vielfach die wirtschaftliche Rechtfertigung der Projekte dar. Die aus der „Automatisierung" resultierenden Einsparungen sind bereits realisiert. Reine „Kommunikationsverbesserungen" im Sinne einer Restrukturierung der Abläufe ergeben keine ausreichenden Einsparungen, um die oftmals grundsätzlich notwendigen Anpassungen in der Organisation und den Systemen zu finanzieren. Häufig wird dann eine finanzierbare, schnelle Lösung implementiert, die zwar das Kernproblem „handhabbar" macht, aber nicht löst.

Im Ergebnis führt das dazu, dass die Summe solcher „suboptimaler Lösungen" ein wahres Dickicht an Sonderfällen und damit natürlich auch Fehlerquellen erzeugt. Selbst einfache Änderungen müssen von Experten der Fachabteilungen und der IT auf Durchführbarkeit geprüft werden, weil die Risiken sonst unkontrollierbar werden. Damit führt die Aneinanderreihung von „Quick and Dirty"-Lösungen dazu, dass die kurzfristig realisierten Einsparungen und Zeitgewinne der Projekte mittel- und langfristig zu extrem hohen Kosten und sehr hohen Reaktionszeiten der Gesamtorganisation führen, wobei die Fehlerrate exponentiell mit der Anzahl der Sonderfälle zunimmt.

Die klassische Rolle der IT als Servicedienstleister mit Schwerpunkt auf Technologie und Applikationen führt daher nicht zu einer Differenzierung gegenüber dem Wettbewerb. Vor diesem Hintergrund wäre die IT als Cost/Savings-Funktion zu betrachten und daher ein Kandidat für eine Outsourcing-Untersuchung.

Auf der Gegenseite ist heute der sogenannte „Normalfall" nahezu vollständig in den Applikationen, die von der IT betreut werden, abgedeckt. Hinzu kommt, dass große Teile der IT zentral, d.h. fachbereichsübergreifend, organisiert sind und zusätzlich im Detail erhebliche Kenntnisse zu Abläufen und „Schleifen" im Kommunikationsprozess vorliegen. Hierbei ist der Begriff der IT neu zu definieren. Neben den klassischen Technologie- und Applikationsbetreuungs-funktionen gehören die Organisationsberater, die die Abläufe der Fachabteilungen im Detail kennen, dazu. Außerdem muss die Rolle von der traditionell untergeordneten „Serviceabteilung" umdefiniert werden als „Änderungsagent". Einige Firmen haben diesen Schritt bereits mit der Ernennung eins Chief Information Officer (CIO) vollzogen, der sich zur Gestaltung eines durchgängigen Informationsflusses auf Vorstandsebene partnerschaftlich mit den Kollegen der Fachabteilungen abstimmen kann. Die wesentliche Anforderung an diese Rolle besteht dabei in der fachbereichsübergreifenden Abstimmung von Zielvorgaben sowie der Optimierung von Gesamtabläufen. Im Idealfall ergibt sich dabei eine vollständige Übereinstimmung der Organisationsteilziele mit den Unternehmenszielen.

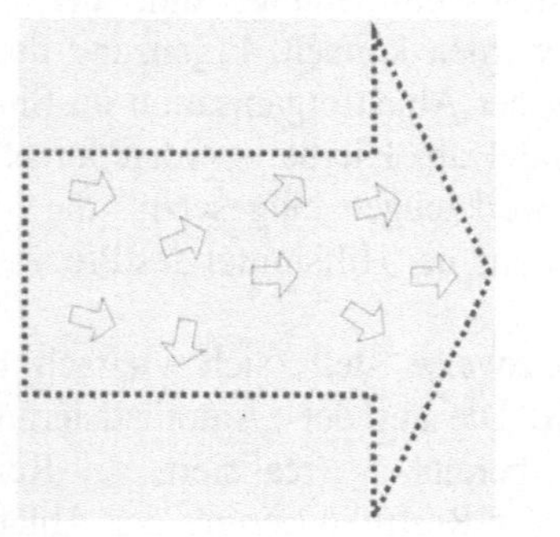 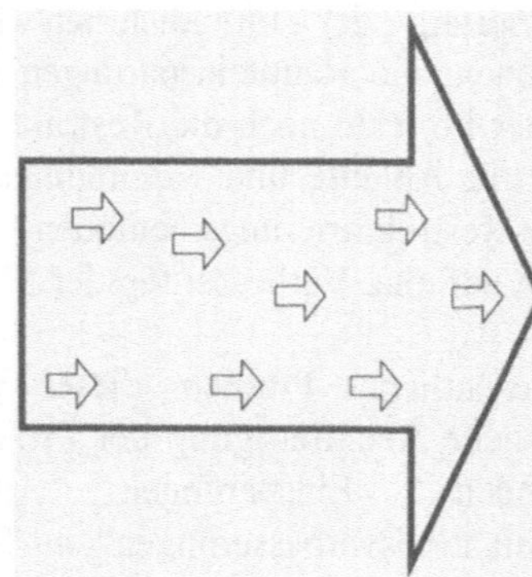

Abb. 10. Ausrichtung

Zusätzlich müssen die Mitarbeiter in der Moderation von Arbeitsgruppen, der Kommunikation von Problemen und Ergebnissen sowie der Analyse und Dokumentation von Abläufen besser ausgebildet werden. Damit verschiebt sich das Anforderungsprofil sehr stark in Richtung „Organisationsberater". Die Funktionen können daher auch von entsprechend qualifizierten Unternehmensberatungen abgedeckt werden. Da während der Umstellungsphasen relativ hohe, kurzfristige Kapazitätsspitzen abgedeckt werden müssen und außerdem eine neutrale externe Sicht die interne Detailkenntnis hervorragend ergänzen kann, bietet sich eine längerfristige Zusammenarbeit mit solchen Beratungsfirmen an.

Technologie

In den letzten Jahren sind unter dem Titel „Enterprise Resource Planning" (ERP) Systeme entwickelt worden, die nahezu die komplette Basisfunktionalität für einen prozessorientierten Ablauf bieten. Insbesondere die Integration der einzelnen Funktionen ist sehr gut ausgebaut.

Hinsichtlich der Kommunikation gibt es nahezu keine wesentlichen Restriktionen mehr. Die Systeme können praktisch von überall her angesprochen werden und erlauben auch problemlos den Austausch von Daten mit Office-Anwendungen und externen Geschäftspartnern. Da die Anzahl der Installationen mittlerweile weit im Tausenderbereich liegt, kann man die Technologie als stabil und geprüft für das Tagesgeschäft klassifizieren.

Nun stellt sich natürlich die Frage, warum nicht alle, die ein solches System installiert haben, einen deutlichen Vorsprung vor Konkurrenten ohne solche Lösungen haben.

Bei genauerer Überprüfung lässt sich leicht feststellen, dass der wesentliche Faktor nicht das System als solches ist, sondern entsprechend der vorstehend geschilderten Kommunikationsstruktur die Nutzung durch die Organisation. In den meisten Fällen lässt sich nun relativ einfach feststellen, dass die Möglichkeiten nicht genutzt werden. Im Wesentlichen wurde bei allen Installationen versucht, die Kosten weitestgehend zu minimieren mit dem Effekt, dass die bestehenden Strukturen möglichst ungeändert blieben. Das führt dazu, dass die Systeme so parametriert werden, dass sie die funktionale und vertraute Arbeitsteilung weitestgehend widerspiegeln. Dies entspricht auch den Analyseergebnissen bei den vorher vorhandenen Eigenentwicklungen.

In Summe bedeutet das, dass mit der Einführung eines ERP-Systems die Technologie zwar gewechselt wird, nicht aber die Ablauforganisation, bzw. die Kommunikationsstruktur innerhalb der Unternehmen.

In Extremfällen gibt es für verschiedene Unternehmensbereiche jeweils eine eigene Installation der entsprechenden Module des ERP-Systems. Da aber die Parametrierung der Systeme damit nicht auf einen durchgängigen Prozess ausgelegt werden kann, existieren am Ende auch technologisch vollkommen unabhängige Systeme, die zufälligerweise alle vom gleichen ERP-Anbieter bezogen wurden.

Zusammenfassend lässt sich daher für die Technologie feststellen, dass sie zwar hervorragende Werkzeuge zur Verfügung stellt, damit das Problem aber nicht lösen kann.

Ausblick

Vor dem Hintergrund fortschreitender Globalisierung gewinnt neben dem Preis der Serviceanteil gegenüber dem Kunden laufend an Bedeutung. Insbesondere im Entwicklungsprozess entscheiden schnelle und effiziente Prozesse vielfach über den Gewinn einer Ausschreibung. Diese einmal gewonnenen Kunden müssen im laufenden Geschäft durch hervorragenden Service bei kürzestmöglicher Reaktionszeit mit höchstmöglicher Flexibilität verstärkt gebunden und abgesichert werden.

Die Umstellung von einer funktionsorientierten auf eine prozessorientierte Ablauforganisation verspricht dabei erhebliche Wettbewerbsvorteile. Diese werden im Wesentlichen durch schnellere und effizientere interne Kommunikation erzielt, die damit qualitativ hoch abgesicherte Aussagen bei sehr kurzen Antwortzeiten erlaubt.

Wesentliches Problem dabei ist, dass die Umstellung erhebliche Anstrengungen im eigenen Management erfordert und durch einen neutralen, externen Partner abgesichert werden muss.

Da die Umstellung von der durchgängigen Definition der Geschäftsziele bis zur Implementierung von Detail-Systemparametern reicht, lassen sich die Umstellungsrisiken durch einen Partner mit entsprechendem Leistungs- und Erfahrungsstand deutlich eingrenzen.

Die Fortsetzung der hier beschriebenen „Internen Kollaboration" ergibt sich dann im durchgängigen Supply Chain Management in Form von Kunden- und Lieferanten-Kollaboration.

Ablauf- und Steuerungsmodell Informationsmanagement

Herbert Wohlfarth

Einführung

Unter dem Begriff „Informationsmanagement" erhält man bei einer Abfrage mit herkömmlichen Suchmaschinen des Internets über 100 000 Begriffs-Rückmeldungen mit sehr unterschiedlichen Bedeutungsinhalten. Einerseits wird die Komponente „Management" als Organisationseinheit, Prozess oder auch Steuerungsfunktion verstanden, andererseits umfasst „Information" Themenfelder von Inter- bzw. Intranetinhalten („Content") über Kommunikation mit Kunden und Marktpartnern bis hin zum ebenso weitläufigen Begriff des „Wissensmanagement" im Sinne einer gelebten Kultur der Pflege von Wissen in Unternehmen. Auch im Sprachgebrauch der begleitenden internen und externen Kommunikation reicht das Spektrum von einer eher rational-nüchternen, technisch orientierten Ausprägung bis hin zu einem Kontinuum synthetischer Bezeichnungen, die die Duden-Redaktion zu einem eigenen „Wörterbuch der New Economy" veranlasst haben. In dieser Begriffswelt ist nicht immer zu unterscheiden, in wie weit sie zur effizienten Verständigung unter Experten dienen oder einfach einen bestimmten „Lifestyle" unterstreichen sollen.

In einem engeren Rahmen wird Informationsmanagement als zielgerichteter Umgang mit Geschäftsprozess-unterstützenden Anwendungen der Informationstechnologie (IT) und ihren Verbindungen untereinander verstanden. In den späten neunziger Jahren hat sich die Bedeutung der IT als reine dienstleistende Unterstützungsfunktion („Rechenzentrum") gewandelt, indem die treibende Rolle der IT zur Steigerung der Wertschöpfung und Innovation und damit ihr Beitrag zum Geschäftserfolg erkannt wurde. Insbesondere wurde in vielen Unternehmen die Notwendigkeit einer engen Verzahnung von Geschäfts- und IT-Strategie, häufig durch Institutionalisierung z.B. in Form des vorstandsnahen Chief Information Officer („CIO") bzw. entsprechende Stabseinheiten mit strategischer Ausrichtung („Informationsmanagement"), abgeleitet.

Ziel dieser Entwicklung ist stets die Steigerung des Unternehmens-Wertbeitrags durch

- die Förderung neuer Geschäftsfelder und -prozesse durch Bereitstellung bzw. Weiterentwicklung geeigneter IT-Instrumente für Kern-, Querschnitts- und Unterstützungsfunktionen, insbesondere auch unter Nutzung neuer Technologien

- die Realisierung von Wertschöpfungspotenzialen durch Entwicklung und Umsetzung einer gemeinsamen IT-Strategie

- die Absicherung einer unternehmensweit koordinierten und kooperativen Abwicklung von IT-Maßnahmen

Hierbei werden je nach Unternehmensausrichtung und –größe unterschiedliche Schwerpunkte gesetzt. Allen gemeinsam ist jedoch die zentrale Steuerungs- und Koordinierungsfunktion aller IT-Aktivitäten eines Unternehmens. Diese sind grundsätzlich mehrdimensional verknüpft und umfassen zumindest die drei Aspekte:

- Was ist zu tun (Aufgaben)?

- Wer tut es (Beteiligte)?

- Wie ist es zu tun (Arbeitsabläufe)?

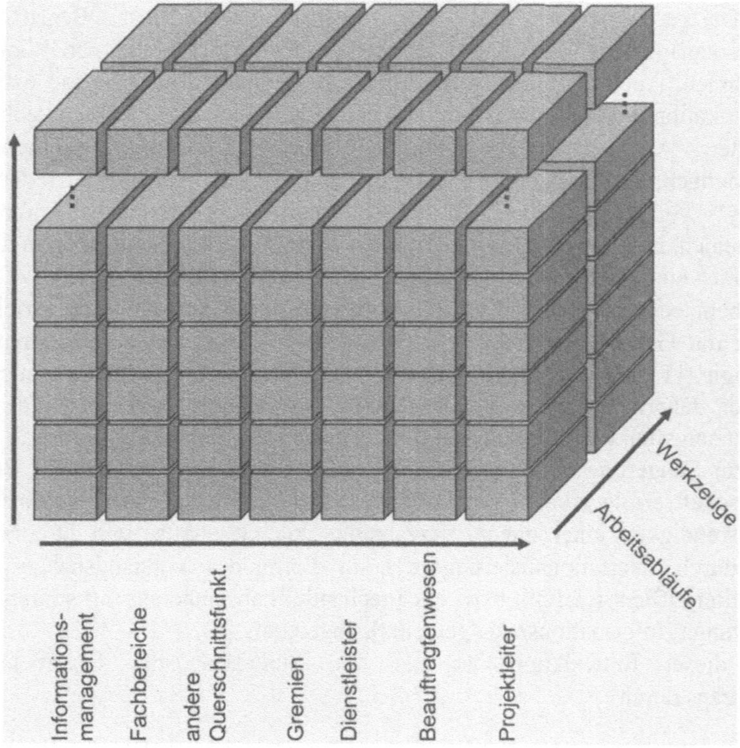

Abb. 11. Dimension des Informationsmanagements

Grundlegende Ansätze, Rahmen- und Umsetzungsbedingungen hierzu umfassen i.A. eine IT-Strategie, festgelegte Ablauf- und Steuerungsprozesse, bestimmte organisatorische Rahmenbedingungen und letztlich geeignete Werkzeuge. Diese Bestandteile werden im Folgenden anhand eines beispielhaften und praxisnahen Ablauf- und Steuerungsmodells beschrieben. Die Aussagen beziehen sich hierbei vorwiegend auf komplexere bzw. größere Unternehmen, die ein institutionalisiertes bzw. formalisiertes Informationsmanagement betreiben müssen, und sollen Anregungen zu dessen konkreter Ausgestaltung auch anhand beispielhafter Arbeitsvorlagen geben.

Aufgaben des Informationsmanagements

Die Rolle der IT im Unternehmen differiert je nach Unternehmensziel, Branche, Größe oder Geschichte (z.B. langjährig konstante Struktur vs. dynamische Fusionsprozesse) z. T. erheblich. Unabhängig davon, ob es sich um eine mehr Geschäftsprozess-unterstützende, konsolidierende oder progressiv treibende Funktion handelt, sind folgende Grundsatzfragen zu beantworten:

- Wo steht die IT heute?

- Wohin (und wohin nicht!) ist sie zu entwickeln?

- Wie ist der Weg zu beschreiten und wie ist mit Risiken umzugehen?

- Wie ist Transparenz und damit Führbarkeit gewährleistet?

Die Absicherung der aus diesen Fragen erwachsenden Aufgaben kann durch das Zusammenwirken der Funktionsblöcke erfolgen.

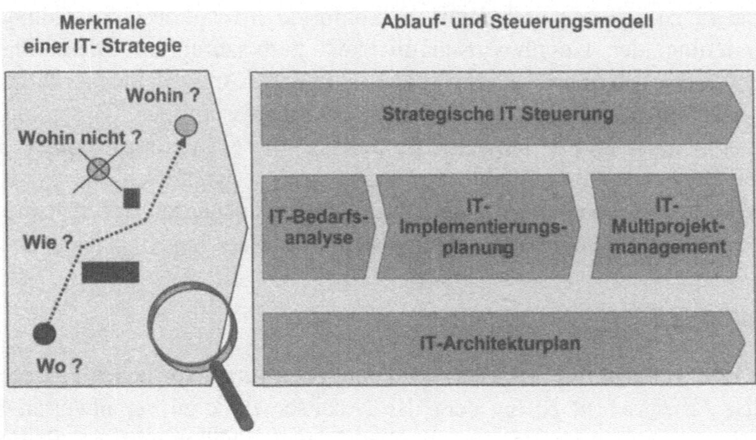

Abb. 12. Aufgaben des Informationsmanagements

Strategische IT-Steuerungen

Die strategische IT-Steuerung richtet sich i. A. auf Effektivität (die richtigen Dinge tun) und Effizienz (die Dinge richtig tun) aus. Wesentliche Eingangsgröße hierfür sind zunächst die aus der Geschäftsstrategie abgeleiteten Zielvorgaben für die Weiterentwicklung der IT. Der Prozess ist einschließlich seiner Inhalte sehr unternehmensspezifisch, verläuft aber in der Regel nicht geradlinig, sondern als iterativer Meinungsbildungsprozess auf oberster Führungsebene und unterliegt einer ständigen Überprüfung und Anpassung. Dieser Sachverhalt hat einerseits prägenden Charakter für einen notwendigerweise dynamischen Zuschnitt des Ablauf- und Steuerungsmodells und ist andererseits Prüfstein für seine Praxistauglichkeit.

Auf dieser Basis ist die Einführung und Sicherstellung einheitlicher Vorgehensweisen und Regelmechanismen, z.B. auch die explizite Formulierung des hier beschriebenen Ablauf- und Steuerungsmodells selbst unabdingbar. Hierdurch ist ein stabilisierender und verbindlicher Handlungsrahmen zu schaffen, der selbstverständlich inhaltlich ausreichenden Raum für den genannten Flexibilitätsanspruch bieten muss und nicht als Selbstzweck erlebt werden darf. Wirkungsvolle Regelmechanismen müssen in jedem Fall den Zielerreichungsgrad verfolgen und bei Abweichungen Eskalationmaßnahmen auf Basis konsolidierter Informationen in Form eines standardisierten Berichtswesens als wesentliches Kriterium für Transparenz und Führbarkeit einleiten.

Bedarfsanalyse

Die Bedarfsanalyse hat das Ziel, IT-Unterstützungsbedarf systematisch und umfassend zu erheben und damit zielkonforme Investitionsentscheidungen zur Maximierung der Gesamtwirtschaftlichkeit herbeizuführen. Diese Phase ist besonders erfolgskritisch, da sie 1. häufig isolierte Anwendungs-Anforderungen einzelner Nutzer(-gruppen) mit den Erfordernissen des Gesamtprozesses integrieren muss und 2. teilweise weitreichende Veränderungsprozesse auslöst. Hierbei sind in der Praxis folgende Basisszenarien anzutreffen, die einzeln oder kombiniert stets unter Beteiligung des Funktionsrechtecks Geschäftsprozess – Prozessbeteiligte – Informationsmanagement - IT-Werkzeug zu behandeln sind:

Einzelbedarf

Neuer oder verbesserter IT-Bedarf wird durch den verantwortlichen Prozessführer, der den Arbeitsschritt zu tun oder das Arbeitsergebnis zu verantworten hat, im Ganzen oder in Teilschritten beansprucht. In vielen Fällen wird der Bedarf auch durch ein woanders bereits existierendes Werkzeug geweckt. Ist ein neues individuelles Werkzeug zu erstellen, besteht die Möglichkeit (aber auch die Gefahr), den Prozess unverändert (und evt. mit ungenutzten Verbesserungspotenzialen) zu übernehmen. Wird hingegen ein bestehendes Werkzeug zum Standard entwickelt bzw. erklärt, bildet dieses in der Regel nicht alle Prozessanforderungen in der ursprünglichen Form ab. Daher muss häufig der Prozess rückwirkend dem IT-Standard angepasst werden. Hierbei nimmt das Informationsmanagement zwangsläufig die Rolle einer Revisionsinstanz ein, die eine verbindliche Umsetzungsentscheidung verantwortet.

Durchgängigkeit und Vernetzung

Im Gegensatz zur traditionell oft vorherrschenden Bildung von Funktions-„Blöcken" in Unternehmen mit abgeschotteten Zuständigkeiten zeichnet sich ein eindeutiger Trend zur Orientierung am durchgängigen Geschäftsprozess ab. Entsprechend folgt das allgemeine Entwicklungsziel der IT-Landschaft in Form einer durchgängigen IT-Unterstützung. Im Vergleich zu früheren isolierten Insellösungen, die bestimmte Teilprozesse abdeckten, rückten diese Inseln mit zunehmender Prozessintegration nahtlos zusammen und werden über Schnittstellen verbunden. Änderungen einer Anwendung haben unmittelbare Auswirkungen auf „benachbarte" Anwendungen. Eine isolierte Interessenverfolgung führt hierbei leicht zur Benachteiligung anderer Belange. Besonders deutlich für alle Beteiligten wird diese wechselseitige Bedingung und Abhängigkeit von Prozess und IT bei Unternehmens-Restrukturierungen oder gar Fusionen.

In der Phase des Abgleichs werden die Prozessführer in der Regel mit unterschiedlichen Rahmenbedingungen, Verfahrensweisen und Umsetzungs-mechanismen konfrontiert. Naturgemäß neigt zunächst jeder auf Grund des oft jahrelang vorausgegangenen Identifikationsprozesses zur Durchsetzung "seines" Ablaufs/Systems. Dies ist kein Nachteil, sondern führt im Idealfall dazu, dass Weiterentwicklung im Sinne "das Beste aus zwei Welten" stattfindet. Da die resultierende IT-Lösung keine Unschärfen akzeptiert, erfordern die einheitlich "ausverhandelten" Prozessvorgaben allerdings einen angemessenen Zeitrahmen.

Bei mehreren Alternativen wird die Lösung in der Regel zwischen anfordernden Nutzern, Anwendungsanbietern und dem Informationsmanagement im positiven Sinne einer Kompromissbildung "erstritten". Das Ergebnis kann gegenüber subjektiven Bewertungskriterien, die gerade durch Verantwortliche geschäftskritischer Prozesse reklamiert werden, sensibel sein. Bereits geringfügige Akzentverschiebungen in der Kriteriengewichtung führen dann zu anderen Lösungen. In diesen Fällen verlagert sich der Schwerpunkt des Informationsmanagements vom rein unterstützenden Dienstleister zur gutachterlichen Beratungsinstanz bis hin zum regelsetzenden Standardisierer.

Parallel zu allen konzeptionellen Entwicklungsbestrebungen steht der Handlungszwang im Tagesgeschäft. Dies muss sich pragmatisch auf bestehende, zum Teil unzureichende und mit Übergangslösungen ergänzte, aber jetzt wenigstens verfügbare Anwendungsbausteine stützen. Besonderer Wert ist auf die effiziente Abwicklung von Kleinmaßnahmen" zu legen, die thematisch sowie vom Kostenrahmen her begrenzt sind und damit vereinfachte Umsetzungswege nahe legen.

Das Zusammenführen bestehender "Altanwendungen", die Erfüllung neuer, in ihrer Anforderung teilweise noch instabiler Anforderungen, die Berücksichtigung der wechselseitigen Abhängigkeit von IT-Systemen sowie pragmatische Zwänge des Geschäftsalltags verdeutlichen, dass die Entwicklung der IT-Landschaft mehr darstellt als eine "von oben" gefällte Entscheidung. Vielmehr handelt es sich hier um einen Prozess, der unter Federführung des Informationsmanagements zu entwickeln ist.

Methodik/Hilfsmittel

Die vielfältigen Wechselwirkungen zwischen Prozessen, beteiligten Prozessverantwortlichen bzw. Organisationseinheiten und IT-Anwendungen dokumentiert die folgende Abbildung. Die Darstellung ist das idealisierte Analyseergebnis abgestimmter, meistens restrukturierter Prozesse und Zuständigkeiten. Der Wechsel von organisationsorientierten Funktionsblöcken zur ablauf-bezogenen Prozess-Fokussierung verdeutlicht Unterstützungslücken sowie Überlagerungen. Diese beschränken sich in den meisten Fällen nicht nur auf die Funktionalität des IT-Werkzeugs, sondern weisen auch auf prozessuale Redundanzen bzw. „Grauzonen" hin. Die objektivierte Dokumentation der komplexen Zusammenhänge öffnet im günstigsten Fall die Sichtweise der Beteiligten und löst eine umfassende Auseinandersetzung mit den Geschäftsabläufen aus. Damit wird die Bedeutung einer systematisierten Bedarfsanalyse einerseits als originärer Funktionsbaustein des Informationsmanagements, andererseits als potenzieller „Katalysator" für Geschäftsprozessanpassungen mit weitreichenden Konsequenzen unterstrichen.

Zur Unterstützung einer Ersterhebung bzw. zur Fortführung ist die Nutzung standardisierter Bedarfsmeldungen sinnvoll. Hierdurch wird das Bewusstsein des Anfordernden für die Implikationen seines Bedarfs bereits in einer sehr frühen Phase unterstützt und gleichzeitig der erforderliche Informationsumfang als Diskussionsgrundlage für die Architektur- und Implementierungsplanung (s.u.) gelegt.

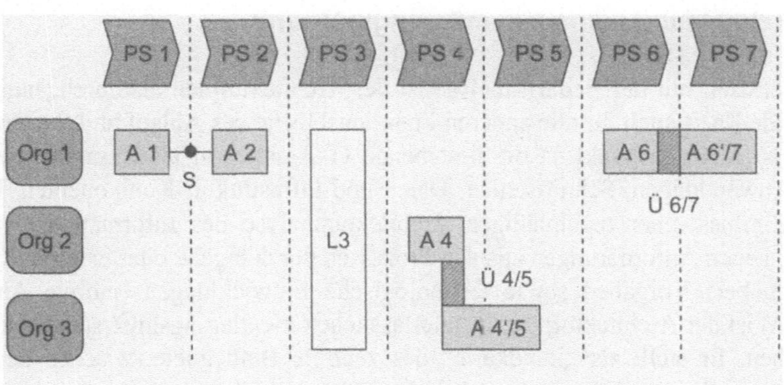

Abb. 13. Methodik Bedarfsanalyse

IT-Bedarfsmeldung

Basisinformationen

Autor	Der Autor der Bedarfsmeldung dient als Ansprechpartner für das Informationsmanagement	Org.-Einheit		Telefon
Titel	Eindeutige, kurze Bezeichnung des Bedarfes			
Kurzbeschreibung	Kurze Beschreibung der zu optimierenden bzw. zu erstellenden Anwendung / Prozesses			
Erstellungsdatum		Abgestimmt mit IT Beauftragter		Abgestimmt mit Fachbereich
Bedarfsnummer				

Bedarfsbeschreibung auf Wunsch in Zusammenarbeit mit dem Informationsmanagement auszufüllen

Bedarfsbeschreibung

Problemstellung (Ist Situation)	Detaillierte Beschreibung der Problemstellung	
Lösungsansatz (Soll Zustand)	Wie kann das beschriebene Problem gelöst werden?	
Nutzen (qualitativ / quantitativ)	Welcher Nutzen kann bei Umsetzung des Bedarfes erreicht werden (qualitativ / quantitativ)? z.B. Einsparung von x €, Einsparung von x Minuten pro	
Voraussetzungen und Randbedingungen	Welche Voraussetzungen müssen erfüllt sein, bevor der Bedarf realisiert werden kann bzw. bevor eine Realisierung den gewünschten Nutzen erbringen kann?	
Risiken (bei Nichtumsetzung)	Welche Risiken bestehen bei Nichtumsetzung des Bedarfes, z.B. Mehrausgaben im Bereich x?	
Beteiligte IT Anwendungen	Welche bestehenden IT Anwendungen werden durch die Realisierung d. Bedarfs angepasst?	
Beteiligte Projekte	Beteiligte Org. Einheiten	
Priorität aus Sicht des FB	Gewünschter Fertigstellungstermin	

Abb. 14. Formular IT-Bedarfsmeldung

2.3 Architekturplan/Implementierungsplanung

Eng verzahnt mit der Bedarfsanalyse ist der Architekturplan als durchgängig begleitende Basis auch für alle anderen Funktionsblöcke des Ablauf und Steuerungsmodells. Ausgangspunkt ist die bestehende IT-Architektur als Zusammenwirken aller Anwendungen, Schnittstellen, Daten und Infrastruktur-Komponenten. Unter dem Einfluss einer regelmäßigen Architekturanalyse des Informationsmanagements, neuen Anforderungen aus den Prozessen durch eigene oder externe (Markt, Gesetzgeber) Vorgaben sowie technologische Entwicklungen (mobile Anwendungen) ist der Architekturplan als unerlässliche Orientierungshilfe ständig fortzuschreiben. Er stellt als „Landkarte" das zentrale Bindeglied zwischen bedarfsorientierter Konzeption und praktischer Umsetzung im Hinblick auf Wirtschaftlichkeit und zeitnaher Realisierung dar. Wie bei der Bedarfsanalyse erweist sich auch hier die Erhebung von Anwendungssteckbriefen als hilfreich bzw. erforderlich, wenn z.B. mehrere hundert Anwendungen betrieben werden.

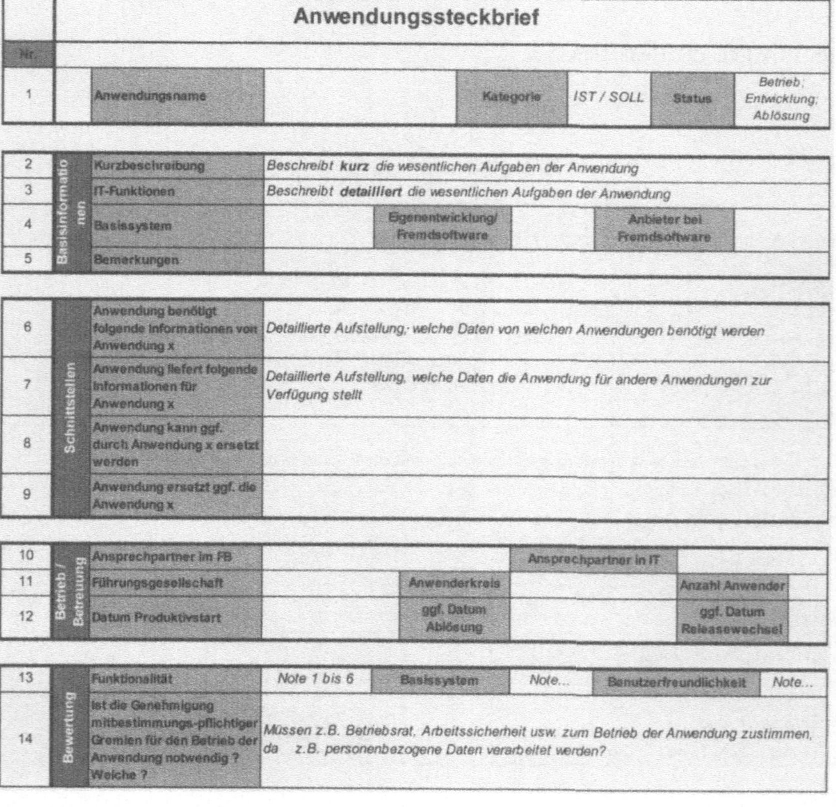

		Anwendungssteckbrief					
Nr.							
1		Anwendungsname		Kategorie	IST / SOLL	Status	Betrieb; Entwicklung; Ablösung
2	Basisinformationen	Kurzbeschreibung	Beschreibt **kurz** die wesentlichen Aufgaben der Anwendung				
3		IT-Funktionen	Beschreibt **detailliert** die wesentlichen Aufgaben der Anwendung				
4		Basissystem		Eigenentwicklung/ Fremdsoftware		Anbieter bei Fremdsoftware	
5		Bemerkungen					
6	Schnittstellen	Anwendung benötigt folgende Informationen von Anwendung x	Detaillierte Aufstellung; welche Daten von welchen Anwendungen benötigt werden				
7		Anwendung liefert folgende Informationen für Anwendung x	Detaillierte Aufstellung, welche Daten die Anwendung für andere Anwendungen zur Verfügung stellt				
8		Anwendung kann ggf. durch Anwendung x ersetzt werden					
9		Anwendung ersetzt ggf. die Anwendung x					
10	Betrieb / Betreuung	Ansprechpartner im FB			Ansprechpartner in IT		
11		Führungsgesellschaft		Anwenderkreis		Anzahl Anwender	
12		Datum Produktivstart		ggf. Datum Ablösung		ggf. Datum Releasewechsel	
13	Bewertung	Funktionalität	Note 1 bis 6	Basissystem	Note...	Benutzerfreundlichkeit	Note...
14		Ist die Genehmigung mitbestimmungs-pflichtiger Gremien für den Betrieb der Anwendung notwendig ? Welche ?	Müssen z.B. Betriebsrat, Arbeitssicherheit usw. zum Betrieb der Anwendung zustimmen, da z.B. personenbezogene Daten verarbeitet werden?				

Abb. 15. Formular IT-Anwendungssteckbrief

Auf Basis des Architekturplans erfolgt die Implementierungsplanung. Sie definiert die Rahmenbedingungen für die Umsetzung einzelner IT-Maßnahmen mit dem Ziel, die Anforderungen und damit die unterlagerte Soll-Architektur umzusetzen. Die Implementierungsplanung beinhaltet die Festlegung neuer Projekte auf Basis klar umrissener Arbeitspakete mit Inhalten und Zielen, zeitlichen Rahmen, Meilensteinen, etc.). Insbesondere sind hier die Einzelprojekte mit dem Gesamt-IT-Projektprogramm abzugleichen, die nicht beliebig vermehrbaren Ressourcen für interne und externe für Mitarbeiter abzuschätzen bzw. zu reservieren und damit insgesamt die Umsetzbarkeit im Grundsatz abzusichern.

Multiprojektmanagement

Die Bearbeitung des Gesamt-IT-Projektprogramms stellt als „Multiprojektmanagement" eine zentrale Kernfunktion des Informationsmanagements im eingangs beschriebenen Sinn dar. Ziel ist die Wahrnehmung von Steuerungs- und Koordinationsaufgaben bezüglich projektspezifischer IT-Fragestellungen. Hierbei ist sicherzustellen, dass traditionell oft isoliert durchgeführte Projekte in ihren Wechselwirkungen identifiziert und berücksichtigt werden. Im Hinblick auf eine systematische Qualitätssicherung werden die jeweils in sich geschlossenen Einzelprojekte übergreifend und standardisiert nach mehreren Kriterien auditiert, wobei sich insgesamt die Merkmale des üblichen Projektmanagements widerspiegeln:

Projektrahmen

Neben den üblichen Basisformalien (eindeutigen Beauftragungslage, präzise Bedarfsformulierung, positiver business-case, bei primär strategisch ausgerichteten Projekten ggf. auch qualitativ) sind insbesondere auch *übergreifende* essenzielle Projektressourcen abzusichern, die aus gegenseitiger Unkenntnis in der Praxis teilweise mehrfach „verplant" werden. Hierzu zählt neben der auch mittelfristig vollständigen Budgetbereitstellung die Verfügbarkeit der Projektmitarbeiter sowie interner und externer Dienstleister.

Bereits in einer sehr frühen Phase ist die Normenkonformität mit übergeordneten Regelwerken zu gewährleisten (Arbeitsschutz/Ergonomie, Datenschutz, Schutzbedarf im Hinblick auf IT-Sicherheit, Mitbestimmungsrechte des Betriebsrats etc.).

Transparenz

Steuerbarkeit erfordert Beobachtbarkeit und damit gerade bei umfangreicheren Projektkomplexen ein hohes Maß an Transparenz. Basis hierfür ist die *projektübergreifende* Statusverfolgung zur Wahrnehmung der eigenen Steuerungsfunktion des Informationsmanagements, aber auch zur Absicherung einer konsolidierten   Auskunftsfähigkeit   gegenüber   den   maßgeblichen

Entscheidungsträgern. Hiermit muss vermieden werden, dass Projekte „in sich" auf Arbeitsebene bzw. in der Expertendiskussion zu lange verharren und sich von der ursprünglichen Intention der Beauftragenden, die auf diese Weise noch stärker in die aktive Verantwortung einbezogen sind, entkoppeln. Andererseits verringert sich die Gefahr von Doppel- bzw. Insellösungen sowie Nacharbeiten deutlich. Entscheidungsbedarf kann nun frühzeitig identifiziert und bei Zielkonflikten mehrerer Projekte eskaliert werden.

Risikomanagement

Da Projektentscheidungen nicht durchgehend auf deterministischer Sachlage basieren, ist der Umgang mit Unwägbarkeiten zu systematisieren. Ziel dieses Risikomanagements ist die einheitliche Kommunikation und damit Bewusstmachung bestehender Risiken, ihrer gemeinsamen Einschätzung und der Ableitung erforderlicher Maßnahmen. Wegen der engen Verzahnung von Geschäftsprozessen und IT gelten hier grundsätzlich vergleichbare Abhängigkeiten wie z.B. veränderlicher Anforderungen des Markts oder des Gesetzgebers, dauerhafte Leistungsfähigkeit von Dienstleistern, etc.. (IT-)Projektspezifisch kommen hierzu beispielsweise konkrete Risiken der Nichtumsetzbarkeit erforderlicher Werkzeuge durch Ressourcenengpässe, die Unsicherheit bzgl. des Zeitpunkts und der Nutzbarkeit am Markt verfügbarer Standardlösungen oder der Software-Produktpolitik einzelner Anbieter insbesondere bei dominierender Marktposition.

Stabilisierend für die erforderlichen Entscheidungen wirkt hier in der Regel die gemeinsame Beschreibung der Risikoszenarien zwischen prozessverantwortlichen Fachbereichen und Informationsmanagement hinsichtlich Eintrittswahrscheinlichkeit und möglicher Konsequenzen. Durch dieses Vorgehen können subjektive Einschätzungen relativiert bzw. auf eine breitere Basis gestellt und tragfähige Handlungsempfehlungen zuverlässiger abgeleitet werden. Der Risikomanagementprozess umfasst hierbei im Einzelnen die Identifikation, Bewertung und Priorisierung sowie die Ableitung erforderlicher Maßnahmen, die Verfolgung und Eskalation von Risiken sowie das entsprechend durchgehende Berichtswesen. Ab einer gewissen Größenordnung dienen die Angaben als Eingangsinformationen für die ohnehin im Rahmen des Gesetzes zur Kontrolle und Transparenz im Unternehmensbereich (KonTraG) zu berichtenden Geschäftsrisiken.

Beteiligte

Die zweite Dimension des Handlungsraums für das Informationsmanagement ist die Zusammenarbeit mit den beteiligten internen und externen Geschäftspartnern. Trotz des gemeinsamen Themas „IT" variieren die Rollen des Informationsmanagement je nach aktueller Beziehung zwischen Entscheider/Steuerer, Dienstleister oder Moderator. Allein diese Vernetzung verdeutlicht die Notwendigkeit einer interdisziplinären Personalausstattung des Informationsmanagements. Die Zusammenarbeit erfordert neben solider IT- und Managementkompetenz sowohl Prozessverständnis (Fachbereiche) als auch Methodenverständnis für andere Querschnittsfunktionen. Akzeptanz bei Führungsgremien und Betriebsvertretungen bedingt außer zuverlässiger und plausibel vermittelbarer Basisarbeit ein ausgeprägtes Gefühl für die spezifischen Regeln und Belange der beteiligten Gruppen. Die Leistungsfähigkeit des Informationsmanagements wird letztlich durch das wirkungsvolle „Handhaben" im Sinne der ursprünglichen Wortbedeutung des Begriffs „Management" bestimmt. Um einerseits dieses „Handhaben" (Steuern) zu ermöglichen, andererseits die entsprechende „Handhabe" (Legitimation, Durchsetzungsfähigkeit als Organisationseinheit) abzusichern, müssen für die Arbeit des Informationsmanagement gewisse Rahmenbedingungen existieren bzw. geschaffen werden.

Dies bedeutet in erster Linie die Vereinbarung und Inkraftsetzung fest definierter Formen der Zusammenarbeit in Form einer verbindlichen Vorgehensweise. Hierzu gehört

- die Verabschiedung eines Basis-IT-Prozesses (z.B. des hier beschriebenen Ablauf- und Steuerungsmodells)

- die Einhaltung der Vorgaben durch alle beteiligten Gremien, Personen und Organisationseinheiten einschließlich der Wege für Entscheidungen, Berichte und Eskalationsmaßnahmen

- die aktive Kooperation bei Identifizierung und Lösung von IT-Fragestellungen

Erfolgsentscheidend ist neben diesen Mindestvoraussetzungen schließlich die praktische Umsetzbarkeit. Hierzu gehört die Nachvollziehbarkeit des Informationsmanagement-Prozesses im Sinne von Transparenz, Plausibilität und inhaltlicher Akzeptanz. Gleichermaßen unerlässlich ist die Klarheit aller Beteiligten über Rollen und Aufgaben, da das Informationsmanagement keine traditionelle Querschnittsfunktion darstellt, sondern meist im Rahmen von Neuausrichtungen geschaffen wird und bisherige Zuständigkeiten verschiebt bzw. neue „Spielregeln" abfordert, deren Institutionalisierung durch die Geschäftsleitung selbstverständlich sein sollte.

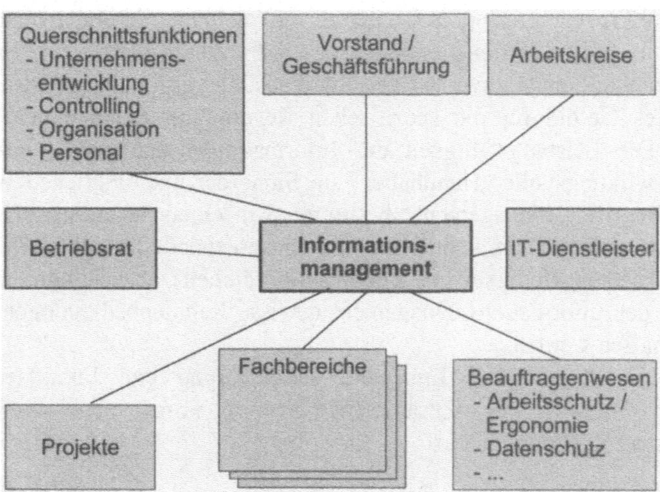

Abb. 16. Interne und externe Geschäftsbeziehungen des Informationsmanagements

Arbeitsabläufe

Funktionale Verbindung und prozessuale Verbindlichkeit zwischen Aufgaben des Informationsmanagements (Abschnitt 2) und beteiligten internen und externen Geschäftspartnern (Abschnitt 3) wird durch die Beschreibung der zugehörigen Arbeitsabläufe hergestellt. Hierzu sind für alle Aufgaben des Informationsmanagements wesentliche Prozess-Schritte, ihre Eingangsgrößen und Ergebnisse sowie die Beiträge der Handlungsbeteiligten zu definieren. Dabei ist darauf zu achten, dass das Vorgehensmodell niemals den Bezug zur praktischen Umsetzbarkeit verliert, d.h. nur so detailliert wie unbedingt erforderlich bleibt, um als Orientierungshilfe und Richtlinie zu dienen. Den beispielhaften Ausschnitt einer Prozessbeschreibung zeigt die folgende Abbildung.
Die Erarbeitung der Abläufe dient in ihrer Konkretisierung

- der Vollständigkeit und Konsistenz aller Teilfunktionen des Ablauf- und Steuerungsmodells im Hinblick auf praktische Umsetzbarkeit (Prozess-Sicht)

- der Klarheit der Rollen und Verantwortlichkeiten aller Beteiligten sowie ihrer Orientierung bzgl. der anstehenden Aufgaben (Beteiligten-Sicht)

- und letztlich ggf. auch als Eingangsgröße zur Umsetzung einer IT-Werkzeug-Unterstützung für die Prozesse des Informationsmanagements selbst.

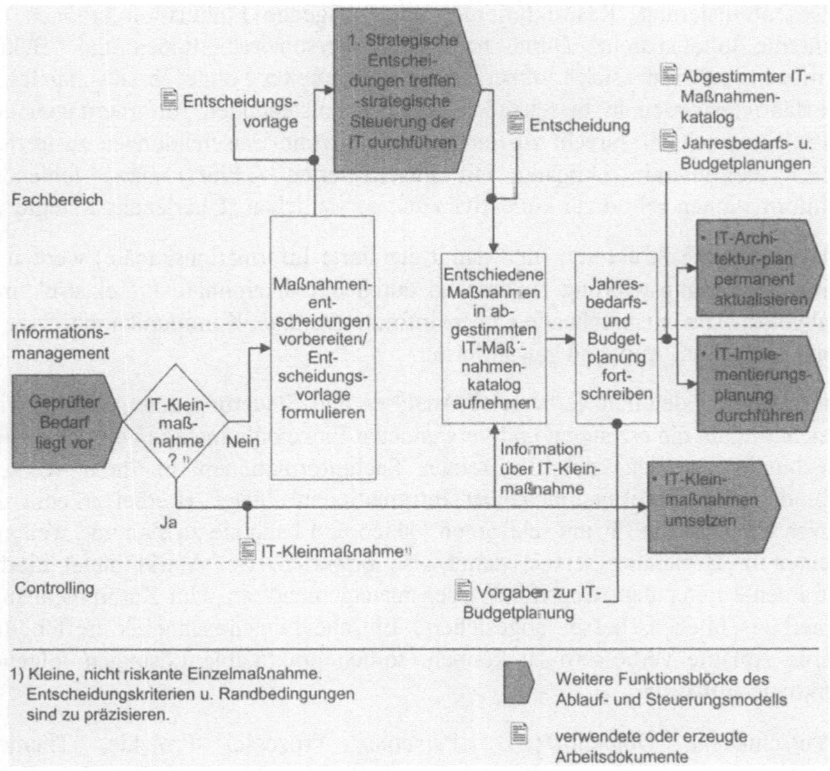

Abb. 17. Ausschnitt Prozessablauf „Bedarfsanalyse"

Werkzeuge

Die angedeutete, zumindest dreidimensionale Ausrichtung des Informationsmanagements wird durch zahlreiche Dokumente unterstützt und begleitet. Zu den
bereits erwähnten Bedarfsmeldungen und Anwendungssteckbriefen kommen
Projektsteckbriefe, Statusmeldungen, Entscheidungsvorlagen, Architektur- und
Implementierungspläne sowie diverse weitere Dokumente in der Tagesarbeit, die
zudem in ihrer inhaltlichen und zeitlich-logischen Verbindung mehrfach
miteinander verknüpft sind. Üblicherweise werden hierfür Standard-Büroanwen-
dungen der Textverarbeitung, Tabellenkalkulation und Präsentation genutzt. Ab
einer gewissen Größenordnung ist die Abstützung ausschließlich auf diese Art der
Dokumentation und Kommunikation auf Grund der gegenläufigen Steigerung von
Komplexität einerseits und Intransparenz andererseits nicht mehr ausreichend:

- Durch zunehmend schnellere externe und interne Innovationszyklen werden
  hohe Anforderungen an die Umsetzungsdynamik von IT-Anforderungen sowie
  deren inhaltliche und IT-bezogene Vernetzung gestellt.

- Dezentralisierung, Restrukturierung und steigende Fluktuation erhöhen die interne Intransparenz. Durch nachhaltige Personalreduktionen und –fluktuationen müssen sich immer mehr Mitarbeiter ohne breit angelegtes Erfahrungswissen in bestehenden und neu entstehenden Anforderungen und Projekten schnell zurecht zu finden, um sinnvolle Entscheidungen zu treffen. Der zielführende Umgang mit unselektierten („Flut") bzw. fehlenden Informationen gehört zur kollektiven und persönlichen „Überlebensstrategie".

- Hierarchische Strukturen (und damit etablierte Informationskanäle) werden in ihrer Steuerungswirkung zunehmend durch interdisziplinäre Projektstrukturen abgelöst. Die entsprechende Linien-Information und -Kommunikation ist z. T. nur mit hohem Aufwand gewährleistet.

Eine qualitativ deutlich verbesserte Analyse- und Steuerungsunterstützung wird erreicht, indem die erzeugten und verwendeten Einzeldokumente in ein Werkzeug eingebunden werden, das die reinen Sachinformationen in ihren Kontext einbindet, also „Informationen über Informationen" bietet. Hierbei erkennt der Nutzer schneller die für ihn relevanten Fakten und kann sie zu sich und weiteren Themen in Beziehung setzen, damit also bewerten. Der Markt bietet hierfür Instrumente unter dem Begriff „Wissensmanagement" an. Um Zusammenhänge schnell erschließen, besser abgesicherte Entscheidungen schneller treffen und interne Abläufe verbessern zu können, sollten praktikable Lösungen folgende Merkmale aufweisen:

- Verschiedene Objekte (z.B. Personen, Prozesse, Projekte, Themen, Dokumente) können modelliert und nach Belieben über definierte Relationen frei miteinander verknüpft werden.

- Die Lösungen können modulartig ausgebaut werden.

- Die Lösungen sind webbasiert, in das Intranet integrierbar und gewährleisten die Einbindung alle gängigen Dateiformate.

- Workflows z.B. eines Ablauf- und Steuerungsmodells sind abbildbar, unterstützten somit seine tatsächliche Umsetzung in der Tagespraxis und vermeiden Parallel- und Mehrfachbearbeitung von vorwiegend administrativen und dokumentarischen Funktionen.

Der Vollständigkeit halber sei darauf hingewiesen, dass auch der Begriff „Wissensmanagement" nicht präzise definiert ist und allgemein verschiedene Modelle zur systematisierten Bereitstellung, Weiterentwicklung und Pflege von Wissensinhalten in Unternehmen und Behörden umfasst. Alle konsequent praktizierten Ansätze berücksichtigen jedoch, dass „Wissensmanagement" einen kulturellen Unternehmenswandel voraussetzt, der soziale Netzwerke, bestimmte organisatorische Rahmenbedingungen und entsprechende IT-Unterstützung als zu integrierende Komponenten berücksichtigt.

Informationsmanagement als Asset- und Innovationsmanagement
Strategien für ein wertorientiertes Informationsmanagement am Beispiel der Medienindustrie

Hansjörg Höltkemeier

Einleitung

Information greift in fast jeden Produktionsprozess ein, indem es die Güterverteilung (besser) koordiniert und damit letztlich reale Güter und Güterbewegungen substituiert. Zentraler Treiber dieser fortwährend dynamischen Entwicklung ist das von Fortschritt und globalem Wettbewerb getriebene, sich laufend verbessernde Preis-/Leistungsverhältnis aller Komponenten in der Informations- und Kommunikationstechnologie. Bei sonst gleichen Rahmenbedingungen induzieren leistungsfähigere Hardware, funktionalere Software und bessere Übertragungsmöglichkeiten effizientere Prozesse und eine Entwicklung der Information zum zentralen Produktionsfaktor in modernen Industrie- und Dienstleistungsunternehmen. Immer mehr Erwerbstätige haben auch in klassischen produzierenden Branchen beruflich mit der Gewinnung, Verarbeitung und Bereitstellung von Informationen, mit dem Informationsmanagement im weiteren Sinne zu tun und immer ausgefeiltere, technische Systeme unterstützen sie dabei.

Eine Branche ist aber augenscheinlich besonders von diesen Entwicklungen betroffen. In der Medienbranche ist „die Information" nicht nur ein Produktionsfaktor, sondern gleichzeitig das Produkt. Produktion und Administration konvergieren auf einheitlichen digitalen Plattformen und versprechen die Potenzierung der Möglichkeiten der neuen Technologien zur Erschließung neuer Marktfelder und neuer Märkte. Medienunternehmen haben deshalb besonders intensiv in die „Neuen Medien" rund um das Internet, aber auch in neue Entwicklungen wie Kundenbindungs- (Customer Relationship Management/CRM) oder Lieferanten- und elektronische Beschaffungssysteme (Supply Chain Management/SCM und e-Procurement) investiert. Sie sind in der klassischen Innovationskurve bereits weit fortgeschritten und sie eignen sich deshalb heute, in einer Phase der (Re-)Fokussierung auf die wertschöpfenden Systeme und Lösungen, besonders für eine kritische Auseinandersetzung mit dem Thema Informationsmanagement.

Die nachfolgende Analyse soll dabei in zwei Richtungen gehen. Zum einen ist offensichtlich, dass sich die hohen Investitionen, die in den vergangenen Jahren im Medienumfeld in neue Technologien und deren Unterhalt investiert wurden, bis heute vielfach nicht rechnen. Es soll deshalb zunächst der Frage nachgegangen werden, wie das Potenzial der im Unternehmen verfügbaren Informationen genutzt werden kann, einen sicheren und schnellen Return on Investment zu erreichen. Zum anderen resultiert aus dem, gemessen an den Erwartungen, bisher dürftigen Erfolgen eine zunehmende Zurückhaltung der Medienindustrie bei neuen, innovativen Lösungen. Der nachfolgende Beitrag zeigt in diesem Sinne die Bedeutung des Informations- als Innovationsmanagement und Strategien zur Realisierung auf.

Informationsmanagement in der Medienindustrie

Grundlagen Informationsmanagement

Als Informationen sollen nachfolgend vereinfachend Erläuterungen, Darlegungen oder Deutungen bezeichnet werden. Diese aus dem Lateinischen „informatio" abgeleitete Definition zeigt, dass es sich bei Informationen nicht nur um Daten oder Zeichen handelt, sondern dass der Informationsbegriff immer auch eine schematische Ebene beinhaltet, auf welcher der Empfänger subjektive und fallspezifische Interpretationen und Selektionen vornimmt.

Im klassischen betriebswirtschaftlichen Sinne führt dieser letzte Aspekt dazu, dass Information nur das Wissen bezeichnen soll, „das ein Entscheider über die künftigen Sachverhalte in der Erfahrungswelt benötigt. Erst dann kann er zielentsprechend entscheiden, also: Einfluss auf die zukünftigen Sachverhalte nehmen" und „Information muss begrenzt werden auf das Wissen über die Wirtschaftlichkeit, das ein Entscheidungsmodell für seine Anwendung voraussetzt."[1]

Unter Informationsmanagement werden je nach Perspektive entweder inhaltliche oder technische, persönliche oder institutionelle sowie pragmatische oder strategische Aspekte des aktiven, zielgerichteten Umgangs mit Informationen betont. Allen Erläuterungen gemein ist aber zumindest die Auffassung, dass Informationsmanagement die Beschaffung, Verarbeitung, Speicherung, Übertragung und Bereitstellung von Informationen umfasst und damit gleichermaßen strategischen wie operativen Zielen folgt. Das Informations-management verwaltet damit den Produktionsfaktor Information. Es ist in einer klassischen Wertschöpfungskette bestrebt, Informationen qualitativ hochwertig (möglichst vollständig und möglichst genau) und gleichzeitig effizient (Informationswert im Verhältnis zu den eingesetzten Mitteln) zu beschaffen, ggfs. „zu lagern" und nachfolgend in die lukrativste Verwendung, also z.B. in interne Entscheidungsprozesse oder die externe Vermarktung einzubringen.

---

[1] Schneider, D.: Geschichte betriebswirtschaftlicher Theorie, München/ Wies, S. 201 f.

Abb. 18. Elemente des Informationsmanagements
(in Anlehnung an Schwarze, Jochen; Informationsmanagement[2])

Kernproblem des Informationsmanagements ist dabei immer weniger die
Beschaffung einer geeigneten Datenbasis und immer mehr die Filterung und das
Handling der „relevanten" Inhalte. Informationen sind deshalb nicht mehr nur als
Kostenfaktor zu managen, Informationsmanagement umfaßt immer mehr auch die
strategische Komponente der Informationsverwendung. Aktuelle Ausprägungen
des Informationsmanagements werden deshalb u.a. auch mit den Begriffen
„Content Management" (Inhalteverwaltung i.w.S.), „Customer Relations
Management" (Kundenverwaltung i.w. S.) und „Supply Chain Management"
(Lieferantenverwaltung i.w.S.) differenziert.

Die Medienindustrie – Märkte und Kerngeschäftsprozesse

Unter dem Begriff der Medienindustrie oder der Medienbranche werden
nachfolgend alle Medienarten von Printmedien über Broadcast-Medien wie
Hörfunk und Fernsehen bis hin zu den neuen digitalen Medien (Internet/Online-
Dienste) verstanden. Lediglich die klassische Tonträgerindustrie wird ausgeklammert, da sie einerseits teilweise anderen Produktionszyklen und Distributionsfor-
men unterliegt und andererseits in der sich abzeichnenden, zukunftsfähigsten
Ausprägung den Online-Medien zugerechnet werden kann.

---

[2] Vgl. Schwarze, Jochen: Informationsmanagement, Herne/Berlin, 1998, S. 54

Das so gekennzeichnete Medienunternehmen agiert typischerweise auf drei Märkten: Es beschafft Informationen und Inhalte auf dem Inhaltebeschaffungsmarkt – bekannte Inhaltebeschaffungsmärkte sind z.B. Film- und Sportrechtemärkte, aber auch Information-Broker und Presseagenturen –, veredelt diese und kreiert daraus ein Produkt, mit welchem dann die Rezipientenmärkte adressiert werden. Die gewonnenen Zuschauer oder Leser werden schließlich anonym als „Reichweite" oder zunehmend auch individualisiert als Zielgruppenkontakte bzw. in jeder beliebigen Qualifizierung dazwischen auf den Werbemärkten vermarktet.

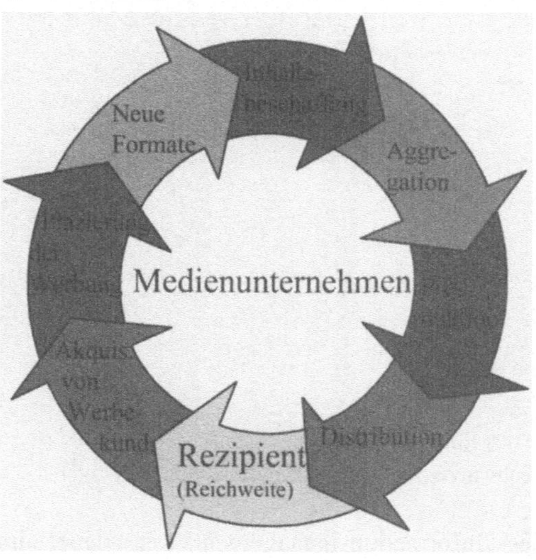

Abb. 19. Wertschöpfung in Medienunternehmen

Einnahmen resultieren je nach Geschäftsmodell aus Einzelverkauf und Abonnements bzw. Zugangsgebühren und/oder aus Werbeeinnahmen, wobei sich zuletzt vor allem für den Rezipienten kostenlose, weil werbefinanzierte Konzepte hervorgetan haben. Auch im Internet, dem am besten für die direkte Vermarktung (und Abrechnung) geeigneten, weil ohne Medienbruch interaktiven Medium scheitern viele Geschäftsmodelle an der mangelnden Bereitschaft der Rezipienten, für Inhalte unmittelbar zu zahlen. Die Kosten entstehen für die Inhaltebeschaffung und Veredelung (First-Copy-Costs) sowie für Vervielfältigung und Marketing/ Distribution[3].

Die Schlüsselerfolgsfaktoren der Medienunternehmen variieren in der Praxis mit der Betonung des einen oder des anderen Marktes bzw. der einen oder anderen unternehmerischen Funktion, aber es ist unmittelbar erkennbar, dass ein erfolgreiches Medienunternehmen in allen drei Bereichen resp. auf allen drei Märkten erfolgreich agieren und diese deshalb intern effizient verknüpfen muß. Es wird deutlich, dass ein effizientes Informationsmanagement als gemeinsame Plattform einen signifikanten Ergebnisbeitrag im Medienumfeld leisten kann.

---

[3] zu den Geschäftsmodellen siehe auch: Wirtz, Bernd: Medien- und Internetmanagement, Wiesbaden 2001

Dass diese Potenziale mitunter so nicht erkennbar werden und derzeit auch namhafte Medienunternehmen wie Bertelsmann oder AOL/Time Warner ihre früheren Investitionen und Initiativen zu Gunsten „klassischer Konzepte" zurückstufen, führt der Autor nach der Prüfung vergleichbarer Fälle aus der Beratungspraxis auf zwei im Medienumfeld vielfach unterschätzte Problemstellungen zurück:

- Die verfügbaren und bereitgestellten Inhalte werden nur partiell, nämlich im klassischen Sinne des Content als Asset erkannt – sonstige Informationen werden zwar aufwändig verwaltet, aber nur wenig genutzt

- und das Innovationspotenzial des Informationsmanagement wird unterschätzt und entsprechend vernachlässigt.

Information Asset Management

Ansatz

Die starke Außenorientierung der Medienbranche und der Ruf des Internets als „Neues Medium" haben dazu geführt, dass die Potenziale der neuen Informationssysteme im Medienumfeld derart überschätzt wurden, dass die entstandenen Aufwände schließlich eine Zeit lang gar keine Rolle mehr spielten, eine Wirtschaftlichkeitsberechnung also nicht stattfand. Heute sind es deshalb genau diese Investitionen in Menschen und Material, die bei realistischer Betrachtung der Erlöspotenziale in keinem vernünftigen Verhältnis zu den kurz- und mittelfristig zu erwartenden Erträgen stehen und die als signifikante Kostenblöcke und Abschreibungen die Ergebnisse der Unternehmen belasten. Je kritischer danach die Ansätze und Technologien hinterfragt werden, desto mehr wird deutlich, dass der Kernprozess „Informationsmanagement" in der Medienindustrie einen neuen Schlüsselerfolgsfaktor, nämlich das effiziente Management der Prozesse, Systeme und Infrastrukturen für das Management der Information als Asset hervorgebracht hat. Hier handelt es sich um ein neues, zielorientiertes Gebilde, welches die Technologie als unterstützende Kraft für die optimale Ausnutzung der Information begreift.

Die Frage lautet nicht mehr allein „Wie kann der Informationsbedarf aller Beteiligten flexibler befriedigt werden und wie können die Informationen effizient beschafft werden?" sondern nachfolgend auch „Wie können die verfügbaren Informationsressourcen und Infrastrukturen optimal genutzt und schließlich vermarktet werden?" Das Information Asset Management betrachtet die Information damit als einen zentralen Produktionsfaktor. Es handelt sich daher um ein neues, um die Aktiva zentriertes, nutzenorientiertes und gleichzeitig flexibles Konzept zur Optimierung der Wertschöpfung in Medienunternehmen.

Grundlage des Information Asset Management ist – wie dargelegt – die Wahrnehmung aller dem Unternehmen zur Verfügung stehenden Informationen als potentielles Asset in der nachfolgenden Wertschöpfungskette. Diese Annahme gilt sowohl für die Inhalte im engeren Sinne als auch für Informationen zu Lieferanten, Kunden oder Märkten, wobei die letztliche Verwendung der jeweiligen stark variieren und in vielen Fällen gar nicht vorab festgelegt werden kann. Konsequenterweise macht es aus der Sicht des Media Asset Management deshalb auch keinen Sinn, diese Informationen vorab unterschiedlichen Datenhaltungen bzw. Datenbanken oder gar verschiedenen Unternehmensbereichen zuzuordnen und damit die potenzielle Verwendung frühzeitig einzuschränken.

Theoretisch optimal ist vielmehr die Strukturierung der Datenbasis nach dem Wert der Inhalte für das Unternehmen und der am Wertschöpfungsprozess Beteiligten. Ein Unternehmen sollte sich auch im Informationsmanagement zunächst auf die werthaltigsten Daten konzentrieren und deren Nutzung und Nutzbarkeit optimieren, bis die Grenzkosten der die Verbesserung tragenden Maßnahmen den Grenznutzen der Erfolge übersteigt. Aus dieser Perspektive wird noch einmal deutlich, wo der substantielle Unterschied zwischen einen klassischen Informationsmanagement und einen Information Asset Management liegt und warum viele frühere Projekte in diesem Umfeld zwiespältig beurteilt werden. Wird das Informationsmanagement nur als unterstützende Funktion begriffen, sind zentrale Elemente der Informationsnutzung durch andere Systeme bereits abgedeckt und der Grenznutzen der Optimierung dadurch von Beginn an stark limitiert. Information Asset Management impliziert eine strategische Sichtweise auf die Realisierung des potentiellen Nutzens einer Information und damit u. U. neue Prozesse und neue Geschäftsmodelle.

In den oben aufgezeigten Marktfeldern der Medienunternehmen sieht das z.B. wie folgt aus:

Ein regionaler Zeitungsverlag verwaltet in einer Kundendatenbank seine Abonnenten und in einer anderen Datenbank seine Werbekunden. In diesem Zeitungsverlag werden damit üblicherweise Maßnahmen zur Kundengewinnung und zur Kundenbindung unterstützt, wobei sich – wenn das Geschäftsmodell nicht geöffnet wird – der realisierte Nutzen allein aus der niedrigeren Kündigungsrate bzw. der Steigerung der Abonnenten- bzw. Käuferzahl sowie des Werbeumsatzes ergibt. Mit relativ großem Aufwand bei der Pflege der Daten werden vergleichbar kleine Ergebnisse erzielt. Ein im Rahmen der weiteren Systemplanung anberaumter Workshop hat dann jedoch erkennen lassen, welchen Wert die beiden Datenbanken darstellen und zu einem Information Asset Management Ansatz geführt. Dieser hat gezeigt, dass kein anderes Unternehmen in der Region über eine solche Datenbasis verfügt und dass die Daten selbst einen vermarktbaren Wert darstellen. Da das Unternehmen nicht als Adressenhändler auftreten wollte, wurden in mehreren Arbeitsrunden verschiedene Modelle für die Umsetzung der Informationspotenziale entwickelt. Der Zeitungsverlag positioniert sich heute entsprechend seiner Assets als zentrale Kommunikationsdrehscheibe mit den zusätzlichen Geschäftsfeldern „Direktmarketing" und „Marktplatz" in der Region und gewinnt damit ein klares Profil gegenüber überregionalen Wettbewerbern und Broadcast-Medien.

Die konsequente Übertragung des Asset Management-Ansatzes auf das Informationsmanagement bedingt also eine gleichermaßen strategische wie kreative Herangehensweise in der Umsetzung, in der sich deshalb, abhängig von den Zielen und der Flexibilität des Unternehmens vielfach auch externe Hilfe mit erprobten Methoden und neuen Gedanken anbietet.

Praktische Umsetzung

Das typische Projekt zum Information Asset Management folgt einem 4-Stufen-Konzept:

1. Zunächst gilt es, die vorhandenen Informationen und Informationsquellen – hier ist natürlich eine dynamische Datenbasis zu Grunde zu legen – zu sammeln und geschlüsselt nach der aktuellen Priorität aufzuführen.

2. Es folgt eine Phase der Vervollständigung (Welche Informationen sind noch sinnvoll/wertvoll?) und – ganz wichtig – der kreativen Neubewertung und Neugewichtung (Was könnte man mit dieser neuen Datenbasis noch anfangen?), bevor eine neue Informationsstruktur feststeht. Hier liegt der Schlüssel für ein erfolgreiches Information Asset Management, denn es hat sich in vielen Fällen als äußerst schwierig herausgestellt, die Gesamtheit der vorhandenen und verfügbaren Informationen zu bearbeiten, ohne vorhandene

Prozesse und Denkschemata zu bemühen. Professionelle externe Begleitung mit erprobten Modellen bietet sich deshalb an.

3. Auf dieser Basis ist die Prozess- und Systemebene als möglichst offenes und flexibles System zu entwickeln und nur in den Prozessen zu fixieren, die nach den rechtlichen und marktlichen Rahmenbedingungen als geschäftskritisch einzustufen sind.

4. Damit ist eine Stufe erreicht, in der die Information und der Informationsfluss wie jeder andere Produktionsfaktor gemanagt und optimiert werden kann. Auf der Einkaufsseite können gezielt operative Aufgaben durch e-Procurement und e-Sourcing-Ansätze vereinfacht und strategisch partnerschaftliche Ansätze an Stelle der Einzeltransaktionen – man denke an die in der Filmindustrie viel diskutierten Filmpakete oder Sportrechte für mehrere Jahre – entwickelt werden, da nachfolgend der Werdegang dieses Faktors kalkulierbar und nachvollziehbar ist. In der Produktion können ganze Wertschöpfungsstufen ausgelagert werden, wenn die Schnittstellen definiert und die Prozesse abgestimmt sind und schließlich eröffnen sich für den Vertrieb neue Erlösquellen aus der neuartigen Verwendung vorhandener Inhalte.

Es ist die strukturierte Vorgehensweise und die Kombination betriebswirtschaftlicher Bewertung mit entsprechender technologischer Unterstützung, die diese Vorgehensweise kennzeichnet und in der Umsetzung so schwierig macht. Je nach „Herkunft" wird oftmals der eine oder andere Aspekt mehr betont und die Bewertung einseitig. Es bietet sich daher an, ein gemischtes Team (gleich starker Leute) oder externe Berater als Vermittler einzusetzen.

Strategische und operative Implikationen

Die strikte Orientierung am Wert der Information für das Unternehmen zieht eine ganze Reihe von Implikationen nach sich, die zu Beginn des Projektes zum Informationsmanagement oftmals gar nicht im Blickfeld der Initiatoren standen. Nachfolgend sollen nur einige als Beispiel genannt werden:

- Die Orientierung am Wert und die Fortführung ganzer Lieferketten auch auf der Inhalte- und Informationsebene führen auch auf den Beschaffungsmärkten zu neuen, flexiblen Abrechnungsmodellen. Die Preise werden dabei zunehmend nicht mehr nach dem subjektiven Erwartungswert, sondern vielfach nach dem realen Wert resp. Umsatz der Information in der weiteren Verwendung gesetzt. Beispielhaft können hier schon heute die Abrechnungsmodelle bei Handy-Klingeltönen genannt werden, bei denen der Lizenzgeber vielfach nur nach den tatsächlichen Abrufen beim Lizenznehmer und zumeist externen Dienstleister entlohnt wird.

- Die Bündelung der Wertschöpfungsstufen um die Informationen und Inhalte herum ermöglichen neue Geschäftsmodelle, aber auch die Auslagerung klassischer, medienunternehmerischer Funktionen an externe Dienstleister. Als

Beispiel seien hier die zunehmenden Services der Presseagenturen im Bereich der kundenspezifischen Zusammenstellung und des kundenindividuellen Layouts ganzer Seiten und Supplements erwähnt. Die Kernleistung des Verlags liegt weniger im Satz der Inhalte als vielmehr in der für die Zielgruppe relevanten Zusammenstellung des Content. Ist dieser ausgewählt, können die Presseagenturen als Dienstleister auch gleich das Layout und die Produktion übernehmen. Für einige Medienanbieter werden die Informationen über Beschaffungs- und Absatzmärkte ausreichen, um als reine Händler ohne eigene Wertschöpfung durch Veredelung eine Marge erzielen zu können.

- Auf der Absatzseite erreichen die Mehrfachvermarktung und die Vernetzung unterschiedlicher Dienstleistungen neue Dimensionen. Dabei dominiert das Prinzip der unmittelbar wertorientierten Vermarktung, welches zu einer Flexibilisierung auch der Absatzseite führen wird. Dominieren heute relativ starre Abläufe, im Filmbereich z.B. vom Kino über die DVD/Video und PayTV zum FreeTV, so werden diese Ketten zukünftig auf der Basis der Markt- und Kundendaten revolvierend geplant und umgesetzt. Das Vermarktungsszenario ist zudem auch auf bisher ungenutzte Daten, ja selbst auf entsprechend aufbereitete Firmendaten übertragbar, die in der Marktforschung, in Beratungsansätzen oder, wie oben aufgezeigt, im Direktmarketing Abnehmer finden könnten.[4]

Die neue, sich im Media Asset Management wieder findende Sichtweise eines informationszentrierten Imformationsmanagement eröffnet damit eine ganze Reihe von Potenzialen zur Optimierung betrieblicher und überbetrieblicher Abläufe, wenn das Konzept professionell entwickelt und durchgehalten wird. Es liefert die Basis für das aktive Arbeiten mit dem zentralen Produktionsfaktor Information.

Zwischenfazit: Information Asset Management

Das Konzept des Information Asset Management ist gerade in informationsintensiven Branchen wie in der Medienindustrie geeignet, zusätzliche Umsatz- und Effizienzpotenziale aufzuzeigen und damit Prozesse und Geschäftsmodelle nachhaltig zu verändern. Der Übergang vom Informations- zum Information Asset Management bedingt dabei eine neue Sichtweise auf die Information als zentralen Produktionsfaktor und die Bereitschaft, Vorhandenes in Frage zu stellen. Gerade dieser letzte Punkt macht es erforderlich, zielgerichtet

---

[4] Der rechtliche Aspekt ist hier zunächst ausgeklammert. Es ist offensichtlich datenschutzrechtlich bedenklich, wenn z.B. Kundendaten ohne Zustimmung der Person weiter vermarktet werden. Aber diese Probleme lassen sich entweder (kostengünstig) lösen oder sie gehen in die Grenzkosten ein und machen die Vermarktungsalternative damit unrentabel.

und nach klaren Vorgaben zu agieren. Und er macht es sinnvoll, sich externer Hilfe mit entsprechenden Erfahrungen und erprobten Methoden nicht nur auf der Technologieseite, sondern vor allem auch im Change Management zu bedienen.

Informationsmanagement und Innovation

Ansatz

Innovationen kennzeichnen grundsätzlich „wissenschaftlich-technische, kulturelle oder soziale Elemente (z.B. Erfindungen, Institutionen, Ideen, Verhaltensmuster) sowie deren Einführung oder Verbreitung, die als Neuerung die soziale Struktur einer Gesellschaft verändern". Sie sind aus betriebswirtschaftlicher Sicht ein wesentlicher Treiber des wirtschaftlichen Handelns, denn mit Hilfe von Innovationen suchen sich Unternehmer einerseits neue Märkte (typisch: Neuproduktentwicklung) und andererseits Wettbewerbsvorteile in bestehenden Märkten (typisch: Technologiemanagement), um langfristig ein profitables Geschäft zu sichern. Das Innovationsmanagement umschreibt deshalb „geplante und gelenkte Veränderungen eines Systems" als elementares Anliegen erfolgreicher Unternehmen. Innovation basiert auf menschlichem Kombinieren und Entdecken und auf neuen, eben nicht vorhersehbaren Ideen. Die Nicht-linearität des Innovationsprozesses macht diesen an sich nicht direkt planbar. Unternehmen sind vielmehr allenfalls in der Lage, ein Umfeld für die Entstehung und die Umsetzung von Innovationen zu schaffen. Dabei spielt das Informationsmanagement in der klassischen Ausprägung ebenso wie als Information Asset Management bisher nur in wenigen Bereichen eine seinen Potenzialen entsprechende Rolle.

Die bisherige Abhandlung hat gezeigt, dass Informationsmanagement – auch in der umfassenderen Auslegung des Information Asset Management – vor allem auf die Bereitstellung und optimale Verwertung werthaltiger Informationen abzielt, also i.d.R. auf solche, die definierte Fragestellungen beantworten oder unmittelbar vermarktbar sind. In Branchen mit einem hohen Anteil an Forschungs- und Entwicklungsaufgaben ist das durchaus auch mit dem Begriff der Innovation verknüpfbar, wenn die Forscher qualifizierten Zugriff zu einer möglichst umfassenden Datenbasis erhalten. Das System befriedigt hier aber primär Informationsbedürfnisse zur Entwicklung und Realisierung der analytisch vorweg genommenen Innovation, so dass letztlich nur ein Bruchteil der verfügbaren Informationen, also z.B. Daten über Inhaltsstoffe etc. relevant sind und ihr Innovationspotenzial entfalten können.

In weniger forschungsintensiven Funktionen oder Branchen mit öffentlich zugänglichen und entsprechend leichter kopierbaren Produkten wie im Marketing oder in der Medienindustrie kommt dagegen vor allem der Initialisierung von neuen Produkten und der „time-to-market"-Komponente eine größere Bedeutung

zu. Diese Branche ist weniger durch Analytik als vielmehr durch „Kreative"
geprägt, die neue Ideen hervorbringen und in Agenturen und Unternehmen zur
Marktreife entwickeln. Hier gilt es, Informationssysteme und -prozesse so zu
nutzen, dass Einfälle durch die möglichst zwanglose Kombinierbarkeit der
vorhandenen Daten inspiriert und die Umsetzung dann entlang der
wirtschaftlichen Rahmenbedingungen geplant und gesteuert werden kann.

Das informationsbasierte Innovationsmanagement verbindet damit kreative und
analytische Komponenten. Je nach Anlage werden durch ein entsprechend
gestaltetes Informationsmanagement neue Ideen generiert, Ideen gefiltert oder
unterfüttert oder Prozesse zur Realisierung der Ideen unterstützt. Dazu ist es aber
notwendig, in der Realisierung fallweise oder dauerhaft neue kreative
Komponenten innerhalb des Informationsmanagements vorzusehen.

Umsetzung eines kreativen Informationsmanagements

Neue Ideen entwickeln sich vielfach aus der Abwandlung und Weiterentwicklung
vorhandener Ansätze. Dieses erfolgt überwiegend frei assoziativ. Kreativitäts-
techniken setzen deshalb zumeist darauf, zunächst viele Ideen ohne Vorab-
Einschränkungen zu sammeln, diese erst nachfolgend zu qualifizieren und durch
Interaktion weiter zu entwickeln. Das Schlüsselelement der kreativen
Ideenfindung ist demnach die Loslösung von vorhandenen Denk- und
Handlungsschemata, resp. die Einbringung neuer, ungewöhnlicher Ideen. Dieses
ist im Übrigen auch der Grund, weshalb z.B. kaum ein Bereich derart von
externen Beratern und Werbeagenturen dominiert ist wie der Kreativbereich.
Externe können sich besser aus vorhandenen Denkschemata lösen.

Auch die vorhandene Informationsbasis des Unternehmens wird zwar vor und
nach der Kreativphase zur Eingrenzung des Problems und zur Validierung der
Lösungen, selten jedoch als Innovationspotenzial genutzt. Das Informationsmanagement i.e.S. liefert die Informationen, die in der klassischen, linearen
Denkweise von Bedeutung sind. In einem kreativen Prozess der „Neue-Ideen-
Generierung" sind aber mitunter auch gerade die Informationen wichtig, die im
klassischen Informationsmanagement als nicht relevant gefiltert werden bzw. als
nicht kombinierbar gelten. Ein auf Innovation ausgelegtes Informationsmanagement geht dagegen davon aus, dass allen, einem Unternehmen zur
Verfügung stehenden Informationen ein Innovationspotenzial innewohnt.

Hier bilden sich in der Praxis zwei alternative Strategien zur Umsetzung eines
kreativen Informationsmanagements heraus. Im ersten Fall werden, z.B. als
Abfallprodukt des Information Asset Management – Prozesses, einmalig oder
periodisch die vorhandenen und insbesondere auch die vermeintlich weniger
relevanten Informationen logisch, aber zufällig kombiniert und dann mit den
bekannten Kreativ- und Szenariotechniken bewertet. Im zweiten Fall erfolgt
systemgestützt ein laufendes Screening der ebenfalls jeweils logisch verknüpften
Datenbasis und bei signifikanten Veränderungen in einzelnen Bereichen wird

dann ein kreativer Prozess um alle diesen Bereich tangierenden Denkmodelle angestoßen. Ein Beispiel aus dem Medienumfeld soll dieses verdeutlichen:

> Ein Fernsehsender mit starker Internetpräsenz unterhält auch ein CallCenter. In dem CC werden sowohl Fragen zum Programm als auch zu den Internet-Angeboten beantwortet. Die Inhalte werden gesammelt, kategorisiert und schließlich ausgewertet, um Kundenwünsche und Veränderungen im Kundenverhalten besser nachvollziehen zu können. Natürlich wird auch das Aufkommen an sich protokolliert und zur Einsatzplanung der Telefon-Agents verwendet. Um der Datenflut Herr zu werden, sollte nun ein integriertes Informationsmanagement eingeführt werden, welches die relevanten Informationen aus dem CallCenter mit anderen Informationen so zusammenführt, dass quasi alle entscheidungsrelevanten Informationen in einem Management-Informationssystem zur Verfügung stehen. In der Konzeptionsphase entbrannte dann ein Streit über den Wert der einen oder anderen Information. Diskussionen der verschiedenen Abteilungen für den Verbleib der täglichen Call-Verteilung im Management-System führten noch während des Workshops zu neuen Schlussfolgerungen und ersten Ideen für neue cross-mediale Formate. Diese sollen gezielt Büroarbeiter ansprechen, nachdem sich herausgestellt hat, dass die Gruppe derjenigen, die im Büro das Internet und dabei das Medienangebot des Senders nutzt, rapide zugenommen hat. Heute werden regelmäßig Kreativworkshops auf der Basis zufällig zusammengetragener Informationen durchgeführt und im nächsten Schritt sollen Indikatoren im Information Management die Gestalter gezielt auf die Felder lenken, in denen sich aus Veränderungen u.U. neue Marktchancen ableiten lassen.

Zwischenfazit Information und Innovation

Naturgemäß sind die Implikationen dieser auf zusätzliche Ideen angelegten Initiativen auch im kreativen Umfeld der Medien nicht so zwingend, wie dieses bei der Veränderung von Kernprozessen im Information Asset Management ist. Analog zu anderen Produktionsprozessen lassen sich aber auch hier klare Schlussfolgerungen für das Innovationsmanagement ziehen.

- Mit steigender Wettbewerbsintensität wird auch die Suche nach Innovationen als Alleinstellungsmerkmal immer komplexer. Wettbewerbsvorteile lassen sich immer weniger allein aus linearen Verbesserungen ableiten, sondern bedürfen zunehmend auch unorthodoxer Lösungen. Die Informationen im Unternehmen bilden einen geeigneten Ausgangspunkt auch für kreative Initiativen und die Systeme werden zunehmend weiterentwickelt, diese Ausgangspunkte selbstständig zur Verfügung zu stellen.

- Der Verzicht auf ein umfassendes Informationsmanagement vermag kurzfristig zu Kosteneinsparungen und Effizienzsteigerungen zu führen. Mittel- und langfristig ist die Innovationsfähigkeit des Unternehmens eingeschränkt und nur noch durch externe Hilfe wieder zu erlangen. Es ist deshalb gerade in auf Kreativität bedachten Branchen zu empfehlen, bei der Einführung eines auf Effizienz ausgelegten Informationsmanagements auch das kreative Potenzial zu berücksichtigen und System wie Prozesse darauf abzustimmen.

- Auch und gerade im originären Prozess nicht relevante Informationen können aus der Sicht des Innovationsmanagements Ansatzpunkte für neue ungewöhnliche Lösungen sein.

Ein professionelles Informationsmanagement bietet also nicht nur Unterstützung für linear-analytische Problemstellungen, es kann und sollte auch gezielt zur Unterstützung kreativer Initiativen genutzt werden

Zusammenfassung/Fazit: Folgerungen für das Informationsmanagement in der Medienbranche

Gerade in informations-intensiven Branchen wie in der Medienindustrie ist eine neue, umfassendere Sichtweise auf das Informationsmanagement notwendig. Information und nicht nur Content ist als der zentrale Produktionsfaktor der Branche zu begreifen.

Diese neue Sichtweise manifestiert sich im Information Asset Management, welches neben der Bereitstellung der notwendigen Informationen vor allem auch die effiziente Verwaltung und bestmögliche Verwendung aller vorhandenen Informationen zum Ziel hat. Dazu ist es notwendig, die Informationsbasis einerseits ganzheitlich zu erfassen und andererseits potenzialorientiert zu bewerten und zu verwenden. Aus dieser Änderung der Priorisierung ergeben sich nachhaltige Möglichkeiten zur Differenzierung und zur Ertragssteigerung für jedes Medienunternehmen, aber auch zunehmender Wettbewerbsdruck durch fortschrittliche Mittbewerber. Erste Entwicklungen in diese Richtung zeichnen sich in der aktuell durch schwache Werbeumsätze ohnehin vielfach angeschlagenen Branche schon ab.

Ein besonderes und gleichzeitig im Medienumfeld besonders wenig genutztes Potenzial des Informationsmanagement ist dabei das Innovationsmanagement. Informationen sind ein Produktionsfaktor und eine Ware, sie liefern – richtig eingesetzt - aber auch Hinweise auf mögliche Neuerungen nach innen (Geschäftsprozesse) wie nach außen (Produkte). Dabei kommt es – entgegen der klassischen Sichtweise auf das Informationsmanagement – nicht auf die Strukturierung und Priorisierung, sondern vielmehr auf die kreative Kombination der vorhandenen *Informationen* ab, um Denkanstöße für Innovationen zu erhalten. Allerdings bedarf es auch hier eines geeigneten Prozesses und mitunter professioneller Unterstützung, um aus der Masse der generierbaren Ideen zielgerichtet Innovationen zu entwickeln.

Das Informationsmanagement steht damit gerade in der Medienbranche an der Schwelle zu einer neuen Ausbaustufe. Es gilt jetzt, bei allen zukünftigen Investitionen in die Informationstechnologie und entsprechende Funktionen des Informationsmanagements den erweiterten Ansatz des Information Asset Managements aufzugreifen und zu implementieren.

Geschäftsprozesse – Herausforderung für die Praxis

Wolfgang Bosch

Innovationsstrategien im Supply Chain Management

Fünfzehn Jahre nachdem die ersten prozessorientierten Unternehmenskonzepte veröffentlicht wurden, wird das Geschäftsprozessmanagement eine zweite Welle erleben – nach eher unternehmensinternen Überlegungen wird man sich angesichts problematischer Schnittstellen zu Lieferanten und Kunden nunmehr sehr gezielt den unternehmensübergreifenden Anwendungen zuwenden.

Viele Unternehmen haben in den vergangenen Jahren ihre Abläufe – häufig im Zuge der Einführung von Enterprise Resource Planning-Systemen (ERP) – neu gestaltet und unter Produktivitätsaspekten verschlankt. Offenbar besteht jedoch nicht nur aus Beratersicht, sondern auch ganz unmittelbar bei den Unternehmensverantwortlichen weiterhin großer Handlungsbedarf. Eine im Mai veröffentlichte Studie der IDS Scheer AG ergab, dass in die Verbesserung aller Kerngeschäftsprozesse, vor allem aber in Vertrieb und Marketing, in 2002 mehr investiert werden soll als im Vorjahr. Jedes dritte befragte Unternehmen plant außerdem höhere Investitionen bei Beschaffung, Auftragsabwicklung und Controlling. Oberstes Ziel dieser Ausgaben sei die Verbesserung der Kundenzufriedenheit gaben die 150 befragten Unternehmen an.

Obwohl in der öffentlichen Diskussion die firmenübergreifenden Prozesse breiten Raum einnehmen, fokussieren die Unternehmen derzeit noch vorrangig die Optimierung ihrer betriebsinternen Abläufe. Heute erst auf Platz 8 der Prioritätenliste steht die Integration von Prozessen, die Firmengrenzen überschreiten. Doch genau hier liegen nicht nur die großen Herausforderungen, hier wird sich entscheiden, wer auch in Zukunft am Markt erfolgreich agieren kann. Besonders deutlich wird dies im Bereich Logistik, einem der großen globalen Wachstumsmärkte.

In diesem noch sehr jungen Jahrhundert sehen sich Unternehmen aller Branchen mit einer Vielzahl neuer Herausforderungen konfrontiert. Zum einen ergeben sich gravierende Änderungen auf der Nachfrageseite: Produkte und Dienstleistungen müssen immer schneller entwickelt werden, um den Bedürfnissen der immer anspruchsvoller werdenden Kunden erfolgreich zu begegnen. Die Flut von gesetzlichen und regulatorischen Anforderungen macht ein erfolgreiches Agieren auf dem Markt nicht leichter. Nicht zuletzt verändert sich der Wettbewerb: Neben der Tatsache, dass Preise tendenziell sinken und auf der anderen Seite die Kosten steigen, fordert auch der immer globaler werdende Wettbewerb von den Unternehmen neue Konzepte. Diese vielfältigen von außen an die Betriebe herangetragenen Notwendigkeiten führen dazu, dass sich das Management neuen Herausforderungen sowohl auf der betriebswirtschaftlichen Seite als auch im Bereich der unternehmensübergreifenden Prozesse stellen muss.

Das Management von Geschäftsprozessen

Grundsätzliche Überlegungen

Auch wenn es zunächst provozierend klingen mag, das Durchdenken neuer Prozesse und das Messen bestehender Prozesse ist nicht selten wichtiger als der Wertschöpfungsprozess selbst - denn ohne diese Vorarbeit wird Wertschöpfung nicht wirklich stattfinden!

Grund genug, sich diese Prozesse und ihr Management sehr genau anzusehen.

Geschäftsprozessmanagement lässt sich, einmal auf den Punkt gebracht, in drei Begriffen beschreiben:

- Process Design/Engineering

- Process Execution

- Process Controlling

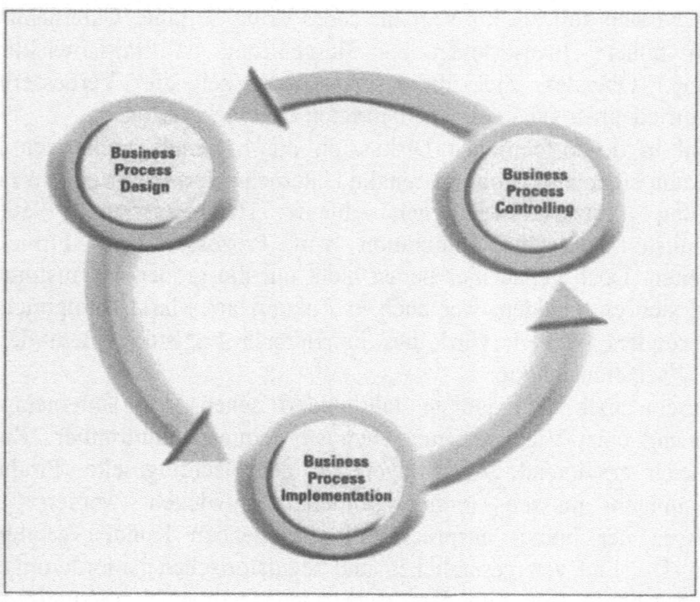

Abb. 20. Business Process Lifecycle

Die Interdependenzen dieser drei Schritte lassen sich am Besten mit Hilfe des hier abgebildeten Business Process Lifecycle darstellen. Durch diesen „closed loop" stehen den Verantwortlichen in Unternehmen die Mittel und Wege zur Verfügung, die Umsetzung und die Folgen ihrer Entscheidungen kontinuierlich zu kontrollieren. Da dies heute auch im laufenden Prozess möglich ist, kann sehr kurzfristig auf veränderte Anforderungen des Marktes oder auch auf Performance-Veränderungen selbst reagiert werden. Störfaktoren für die Wertschöpfungskette können so eliminiert werden, bevor ein Schaden entsteht.

Was aber sind die wichtigen Erfolgsfaktoren für eine stabile Wertschöpfungskette?

Die Erfahrung zeigt, dass nur bei belastbar quantifizierten Zielen sich der Zielerreichungsgrad wirklich messen lässt. Nur so ist auch das notwendige „Nutzeninkasso" möglich. Ziele müssen ehrgeizig sein. So ergibt sich eine Art sportliche Herausforderung für die Akteure im Unternehmen. Dabei müssen diese Ziele auch erreichbar sein, will man sicherstellen, dass sie nicht zum Motivationskiller werden.

Sichergestellt sein muss auch, dass der verantwortliche Prozesseigner eindeutig die Kompetenz zur Prozessveränderung hat.

Unerlässlich für den Erfolg ist zudem, dass die Ziele klar und verständlich sein müssen. Die kontinuierliche Begleitung der Veränderung ermöglicht, dass der abgeschätzte Nutzen Zug um Zug realisiert werden kann, ein tatsächliches „Nutzeninkasso" möglich wird.

Einen weiteren Erfolgsfaktor stellt das Top-Management-Commitment dar. Nur wenn das Top-Management bedingungslos hinter den Veränderungen steht, haben die Mitarbeiter auch einen überzeugenden Grund, sich hinter das Vorhaben zu stellen.

Prozesse erfolgreich zu verändern und sie zuverlässig messbar zu machen erfordert auch in vielen Fällen die Änderung der Aufbauorganisation: Ein Mitarbeiter wird nur dann einen Wertschöpfungsprozess ändern wollen und können, wenn er dafür verantwortlich ist und an der Prozess-Zielerreichung gemessen wird. Nicht selten wird – und das gilt branchenübergreifend - der Fehler gemacht, dass die Prozessorganisation parallel oder quer zu einem verantwortlichen Organisationsleiter arbeitet. Dies birgt nicht nur erhebliche Konfliktpotenziale im Unternehmen, sondern ist tödlich für eine optimale Wertschöpfungskette.

Die ganzheitliche Betrachtung muss zudem weitere Faktoren einbeziehen, denn Prozessgestaltung betrifft - sollen die Ziele zuverlässig erreicht werden - nicht nur die Aufbau- und Ablauforganisation, sondern auch den Einsatz von IT und das Verhalten der Mitarbeiter. Eine eindimensionale Betrachtung würde hier zwangsläufig den Weg zum Erfolg verstellen.

Ein weiterer wichtiger Punkt sei angemerkt: Prozesse können nur so erfolgreich sein wie die eingesetzten Controllinginstrumente, denn Prozesse werden nur durch die kontinuierliche Messung und Anpassung, durch kontinuierliche

Verbesserungen, wirklich auf Dauer tragen. Die Zauberformel sind hier die Key Performance Indicators (KPI), denn sie machen die Effizienz von Prozessen transparent. Der Mehrwert ist eindeutig: Ein etabliertes Prozesscontrolling vermeidet radikale Richtungsänderungen - kontinuierlicher, langsamer und damit stabiler Fortschritt wird möglich....und genau dieser berechenbare Fortschritt ist notwendig, um dem Wettbewerb stand zu halten!

Fallbeispiel Supply Chain Management – komplexe Prozesse entlang der Wertschöpfungskette optimieren

Vorbei sind die Zeiten, als die besten Produkte den Geschäftserfolg bestimmten, heute entscheidet das Logistik-Netzwerk. Diese Erkenntnis ist nicht bei jedem Unternehmen rechtzeitig gereift, der Nachholbedarf in der Prozessoptimierung ist immens:

In den vergangenen Jahren haben Unternehmen ihre internen Logistikprozesse optimiert. Unter dem Stichwort (internes) Supply Chain Management (SCM) wurden dazu Systeme eingeführt, die von der strategischen bis hin zur operativen Planung zum Beispiel auf das Pull-Prinzip hin ausgerichtet sind. Durch diese interne Maßnahme sind Unternehmen heute in der Lage, schnell auf die - an der Kundenauftragsschnittstelle - einlaufenden Bedarfe zu reagieren und diese so effizient wie möglich zu befriedigen.

Tatsächlich sind Unternehmen jedoch Teil eines globalen Supply Chain-Netzwerks (SCN) bestehend aus Kunden, Händlern, Logistikdienstleistern, Partnern und Lieferanten. Die Herausforderung der Zukunft liegt somit im Management solcher SCN, die aus verschiedensten Unternehmen bestehen. Um dieser neuen Aufgabe gerecht zu werden, schließen sich Firmen unter Austausch von Informationen zusammen. In diesen sogenannten. kollaborativen Gemeinschaften werden alle Bereiche, von der gemeinsamen Produktentwicklung über die globale Beschaffung bis hin zur direkten Belieferung des Endkunden gesteuert und überwacht. Damit dies funktioniert, müssen natürlich zunächst Vorurteile und Misstrauen abgebaut werden.

Bei der Gestaltung der Netzwerkprozesse müssen zwei Faktoren besonders berücksichtigt werden:

- Die Ausrichtung der Supply Chain Prozesse am Kundennutzen sowie

- die Realisierung von Synergien durch Outsourcing bestimmter Prozesse unter Einbindung externer Dienstleistungen - wie z.B. bestehender Marktplätze - in die eigene Unternehmensstrategie.

Die realisierten Prozesse müssen dann allerdings von den Beteiligten im Netzwerk gemeinsam durch geeignete Werkzeuge gestaltet, implementiert und betrieben werden. Wichtig ist auch die permanente Überprüfung im Hinblick auf Effektivität und Effizienz.

Von der Logistikkette zum globalen Netzwerk

Unternehmen befinden sich heute in einem Umfeld zunehmend steigender Komplexität. Das in der Abbildung „Vereinfachte Darstellung der Unternehmensbeziehungen" aufgezeigte Netzwerk stellt nur eine vereinfachte Sicht der Unternehmensbeziehungen dar – jedes der dargestellten Unternehmen kann die gleiche Art von Beziehungen zu mehreren Unternehmen überall auf der Welt unterhalten, es ergibt sich ein globales Supply Chain-Netzwerk. Zugleich ist die Anzahl und Vielfalt der aufgeführten Schnittstellen der in den Unternehmen verwendeten Softwaresysteme meist um ein Vielfaches höher.

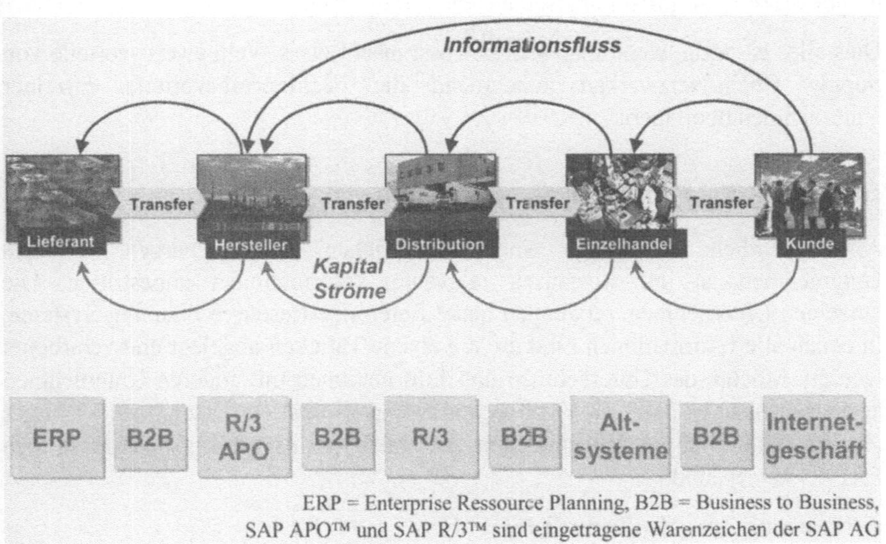

ERP = Enterprise Ressource Planning, B2B = Business to Business,
SAP APO™ und SAP R/3™ sind eingetragene Warenzeichen der SAP AG

Abb. 21. Vereinfachte Darstellung der Unternehmensbeziehungen

Ziel eines Unternehmens wird es daher sein, sowohl die eigenen Beziehungen in dem aktuellen Logistiknetzwerk ständig zu optimieren als auch die zugehörigen Schnittstellen zwischen den darin verwendeten Systemen so weit wie möglich zu standardisieren und so effizient wie möglich zu halten. Methoden zur Beherrschung dieser Netzwerke werden als (externes) Supply Chain Management bezeichnet. Durch ein gelungenes SCM werden in einem zunehmend virtuellen und zugleich transparenten Markt letztlich die entscheidenden Wettbewerbsvorteile erreicht. Damit stellt SCM nach der Gestaltung der unternehmensinternen Geschäftsprozesse den nächsten Schritt für die Unternehmensführung dar. Basierend auf der rasanten Entwicklung der Internet- und Mobilfunktechnologie, gilt es, Geschäftsprozesse über die Grenzen der einzelnen Unternehmen hinweg zu gestalten und umzusetzen. Im Vordergrund stehen bei dieser Aufgabe weniger die technischen Fragen als vielmehr die nachhaltigen betriebswirtschaftlichen Verbesserungen. Folgende Grundregeln gelten für erfolgreiche Veränderungen in der Supply Chain:

- Backoffice-Systeme (ERP) in Ordnung bringen

- Interne und externe Kompetenzen definieren

- Alte Mauern einreißen: mit Lieferanten und Kunden zusammenarbeiten

- IT-Infrastruktur mit Web- und Internetfunktionalitäten veredeln

- Digitale Marktplätze in der eigenen Strategie berücksichtigen – Anwendungen mit entsprechenden Schnittstellen versehen

- Softwarelieferanten und Berater in die Pflicht nehmen

- Transformationsprozess aufsetzen und vorantreiben

Dies alles ist nötig, wenn man sich bewusst macht, dass Wettbewerbsvorteile von Supply Chain-Netzwerken zunehmend die Wettbewerbsvorteile einzelner Unternehmen überlagern.

Backoffice-Systeme in Ordnung bringen

Als wesentliche Grundlage einer erfolgreichen Zusammenarbeit zwischen Unternehmen ist der Austausch relevanter Informationen unbestritten. Die einzelnen Unternehmen verwenden heute Enterprise Resource Planning-Systeme, in denen alle Informationen rund um die eigene Tätigkeit abgelegt und verarbeitet werden. Möchte das Unternehmen nun Informationen mit anderen Unternehmen austauschen, so ist dafür die Qualität und Kompatibilität der Daten noch wichtiger als für reine Inhouse-Anwendungen. Beispielhafte Anpassungsbedarfe in den ERP-Systemen sind:

- Harmonisierung der Stammdaten

- Abgleich der Bedarfe aller Kunden in der Supply Chain mit den Kapazitäten aller Lieferanten, um realistische Termine zu erhalten

- Abgleich der Bedarfe aller Kunden in der Supply Chain

Interne und externe Kompetenzen definieren

Ist das Unternehmen sicher, dass es mit seinen eigenen Daten nach außen gehen kann, so ist die wichtige Frage zu stellen, welche Teile in der gesamten Wertschöpfungskette zu den eigenen Kernkompetenzen zu zählen sind. In der Automobilproduktion beträgt eine typische Wertschöpfung beim Hersteller nur noch ca. 10-15%, während die Lieferanten zum Großteil bereits Systemlieferanten sind, die ihrerseits von den Sublieferanten mit zahlreichen Materialien beliefert werden. Jedes einzelne Unternehmen führt dabei die Tätigkeiten aus, die die jeweiligen Kernkompetenzen darstellen und die somit im eigenen Hause besser durchgeführt werden können als von Dritten. Alle anderen Fertigungsstufen können an andere Firmen übertragen werden, wobei sowohl die klassische

Lieferung oder das Contract Manufacturing Möglichkeiten darstellen. Die entscheidende Frage für ein gelungenes Outsourcing muss sein, ob die von Dritten erbrachte Leistung

- kostengünstig (design to cost)

- termingetreu (just in time)

- und mit der erforderlichen Qualität (six sigma)

erbracht wird.

Alte Mauern einreißen: mit Lieferanten und Kunden zusammenarbeiten

Sobald Partner und Lieferanten feststehen und ihre Anteile am SCN definiert sind, gilt es, eine gemeinschaftliche Strategie für die Zusammenarbeit zu entwickeln. Mit dem Anspruch, eine win-win Situation für alle Beteiligten zu erreichen, werden Szenarien entwickelt, um die bestehende Situation durch eine engere Zusammenarbeit zu verbessern. Wichtig ist es dazu, all diejenigen Partner mit einzubinden, die die entscheidenden Informationen zum erfolgreichen Betrieb des SCN beisteuern können. So können außer den Lieferanten insbesondere die Kunden einen entscheidenden Beitrag zur Verbesserung der Abläufe liefern.

Im Bereich der Konsumgüterindustrie tragen zum Beispiel Point-of-sales (POS) Daten, die bis zu den Lieferanten durchgereicht werden, wesentlich zum Erfolg von Collaborative Planning Forecasting and Replenishment (CPFR) bei. Bei der Fahrzeugindustrie sind es die Prognosen und Rückmeldungen auf Bedarfe, deren Qualität einen entscheidenden Einfluss auf die Reaktionsfähigkeit im Netzwerk haben.

In jedem Fall dient der verbesserte Informationsfluss im SCN allen Beteiligten dazu, eine klare Vorstellung über zukünftige Bedarfe und die Wege zu deren effizienter Erfüllung zu entwickeln.

IT-Infrastruktur mit Web- und Internetfunktionalitäten veredeln

Waren Benutzer von IT-Systemen noch vor wenigen Jahren gewohnt, an textorientierten Bildschirmen Ihre Angaben in unüberschaubaren Masken einzugeben, bieten heutige, auf Internetstandards basierende Masken sehr viel mehr Möglichkeiten.

Mit einem Browser und einer sog. web-fähigen Oberfläche können Informationen unabhängig von Zeit und Ort erfasst werden. Dem User ist es damit möglich, seine aktuellen Informationen komfortabel und benutzerfreundlich mit nahezu jedem beliebigen Endgerät – bis hin zum Telefon – einzugeben. Bereits heute ist es möglich, dass der User an all diesen Endgeräten eine direkte Antwort aus dem Backend System erhält. So kann beispielsweise ein Vertriebsmitarbeiter bereits bei einem Kundengespräch während der Eingabe seiner aktuellen Aufträge vom System eine Bestätigung des Liefertermins erhalten, oder einen Hinweis auf mögliche Engpässe direkt an den Kunden weiterreichen.

Digitale Marktplätze in der eigenen Strategie berücksichtigen – Anwendungen mit entsprechenden Schnittstellen versehen

Nicht immer muss ein Unternehmen die Lösung einer betriebswirtschaftlichen Anforderung mit eigenen Systemen umsetzen, es können auch Systemlösungen bei potenziellen Partnern genutzt werden. Dabei reicht die Bandbreite von der Nutzung betriebswirtschaftlicher Funktionen auf den Systemen des Partners bis hin zur Nutzung gemeinsamer Plattformen, wie z.B. Marktplätze oder Supply Chain Hubs.

In der Abbildung ist beispielhaft ein Gesamtszenario dargestellt, das die Bandbreite heute gängiger Möglichkeiten zum Betreiben von SCN zeigt. Die einzelnen Unternehmen haben darin die Möglichkeit, entweder direkt miteinander betriebswirtschaftliche Informationen auszutauschen, oder sie verwenden verschiedene digitale Marktplätze, um bestimmte Aufgaben effizienter oder kostengünstiger abwickeln zu können.

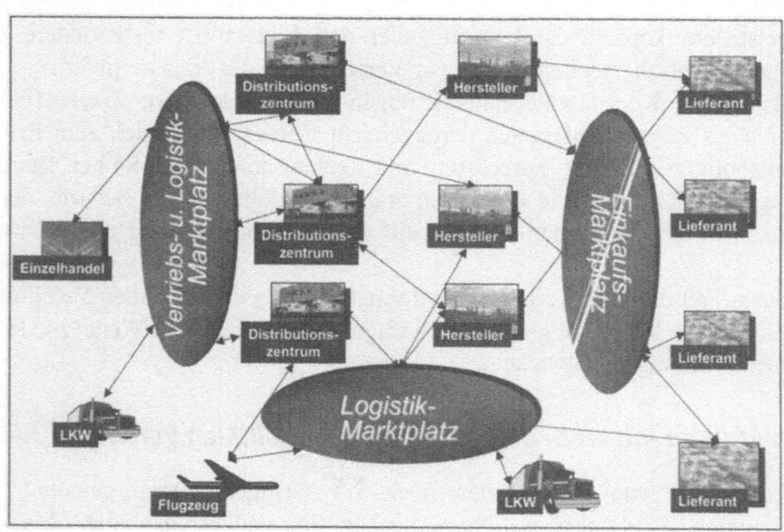

Abb. 22. Szenario mit verschiedenen Marktplätzen

Im gezeigten Beispiel ist dies zunächst ein Einkaufsmarktplatz, der die Bündelung von Bedarfen und die breitere Auswahl von möglicherweise günstigeren Lieferanten ermöglicht. Beispiele für solche internationalen „Einkaufsgemein-schaften" im Business-to-Business - Bereich sind Covisint (Automobilbereich), Eutilia (Utility) oder ec4ec.com (Anlagenbau). Nach Gary C. Valade, Vorstand Global Procurement & Supply von DaimlerChrysler, realisierte der Konzern im letzten Jahr eine Kostensenkung in der Beschaffung von ca. 17% bei über 500

Teilen und Dienstleistungen und einem Einkaufsvolumen von über € 220 Mio. über Covisint.

Zum zweiten ist ein Logistikmarktplatz zu sehen, der die effiziente Planung und Durchführung von Transporten aller Art - so z.B. auch für Leergut oder Transportvorrichtungen – unterstützt. Auch das Tracking ist ein wichtiger Bestandteil, der es erlaubt, den Status einer Sendung zu überprüfen, um Entscheidungen daraus abzuleiten. Häufig wird in diesem Zusammenhang auch von eLogistics gesprochen. Schließlich hat der skizzierte Vertriebs- und Logistikmarktplatz zum Vertreiben und Versenden der Ware neben der Marktkomponente ähnliche Funktionen wie ein reiner Logistikmarktplatz und bietet potenziellen Kunden Kataloge, Produkt-Konfiguratoren, eine individuelle Preisfindung sowie das Bestimmen von Lieferterminen.

Beim Betrachten der dargestellten Landschaft wird offenkundig, dass den Schnittstellen zwischen den Systemen der beteiligten Unternehmen ein immer höherer Stellenwert zukommt. Neben den Kosten für die einmalige Errichtung dieses SCN ist zu klären:

* Wie gut lässt sich ein neuer Partner in das Netzwerk einbinden?

* Welche Aufwände müssen aufgebracht werden, um an einem dieser Marktplätze teilzunehmen?

Standardisierungen können helfen, diese kritischen Punkte weiter zu entschärfen. Im Vordergrund muss jedoch der betriebswirtschaftliche Nutzen stehen, ohne den die systemtechnische Integration sinnlos ist.

Softwarelieferanten und Berater in die Pflicht nehmen

In diesem Zusammenhang ist eine weitere Gruppe von Partnern besonders wichtig: Die Hersteller von Softwaresystemen und die Systemintegratoren. Während die Softwarehersteller beim Design ihrer Systeme angehalten sind, sog. offene Systeme zu gestalten, die eine leichte und effiziente Vernetzung der SCN-Partner und der Marktplätze erlauben, müssen die Systemintegratoren eine breite Fülle von Aufgaben erfüllen. So ist es wichtig, dass die Berater von der betriebswirtschaftlichen Seite über den Prozessablauf bis hin zu der Integration der einzelnen IT-Systeme ihren Kunden eine methodische und fachliche Unterstützung bieten können. Dabei muss der betriebswirtschaftliche Nutzen des Kunden im Vordergrund stehen und dieser Nutzen muss sich mit den angestrebten Systemen umsetzen lassen. Ein vollständig voneinander losgelöstes Design der betriebswirtschaftlichen Prozesse und der zu ihrer Realisierung vorgesehenen Systemlandschaft wäre hier kritisch.

Transformationsprozess aufsetzen und vorantreiben

Um die angestrebten Veränderungen auf den Weg zu bringen, ist eine strukturierte und zielgerichtete Vorgehensweise sinnvoll und notwendig. Unter dem Stichwort Supply Chain Intelligence wurde bei der IDS Scheer AG ein Ansatz entwickelt, der die Transformation eines SCN in jeder Phase unterstützt und bis zu einer erfolgreichen Umsetzung begleitet.

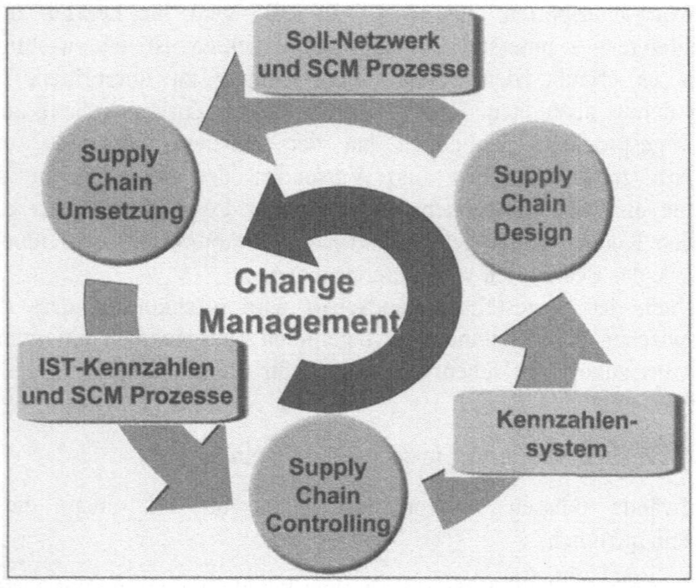

Abb. 23. Vorgehensmodell zur Transformation des Supply Chain-Netzwerks

Ausgehend von der vorhandenen betriebswirtschaftlichen Situation zeigt das Supply Chain Controlling Stärken und Schwächen auf. Dabei wird untersucht, inwiefern das bestehende SCN und die darin ablaufenden Prozesse den Unternehmenszielen entsprechen und ob die gesteckten Ziele damit erreicht werden können. Ein strategisch angewendetes Supply Chain Controlling besteht im Ermitteln und Aufbereiten strategisch relevanter Informationen wie:

- Logistikstrategie

- Untersuchungen anhand der SCOR Referenzstrukturen

- Aufstellen relevanter Kenngrößen (Key Performance Indicators)

- Durchführen interner und externer Benchmarks

- Ableiten operativer Zielgrößen

Ein operatives Supply Chain Controlling umfasst zusätzlich den Aufbau und die Erfassung von Supply Chain-Kennzahlensystemen:

- Operationalisierung der ermittelten Zielgrößen

- Aufstellung einer gültigen Kennzahlenstruktur für alle weiteren Schritte

- IT-gestützte Erfassung der Kennzahlen (Data Warehouse; Process Performance Management Systeme, Reporting)

- Konsolidierung der Ergebnisse in einer Balanced Scorecard zur Umsetzung in der Organisation

- Integration in das bestehende Unternehmenscontrolling

Ist das Potenzial analysiert und der Weg für die Transformation vorgezeichnet, sollte in den beteiligten Unternehmen der eigentliche Transformationsprozess vorangetrieben werden. Ein geeignetes Mittel, um möglichst frühzeitig alle Beteiligten auf die Veränderung einzuschwören, ist ein professionelles Change Management. Es nimmt bestehende Bedenken und Ängste ernst und baut sie durch entsprechende Maßnahmen ab. Das Ziel ist es, dass alle Partner an einem Strang ziehen und die Veränderung zügig vorantreiben, um den vollen Nutzen für alle Seiten zu gewährleisten.

Getragen vom Support aller Beteiligten werden in der Phase des Supply Chain Design die Weichen für die konkrete Transformation gestellt. Basierend auf den ausgewählten Kennzahlen werden alle Prozesse und Organisationen so umgestaltet, dass sie im Zusammenspiel mit den Systemen die Zielprozesse optimal erfüllen und damit zu einer signifikanten Verbesserung der angestrebten Kennzahlen führen. Dabei ist es wichtig, die Organisation des SCN nicht zu überfordern. Es sollten sinnvolle Inkremente für die Transformation bestimmt werden, die dem maximalen Nutzen folgend umgesetzt werden können. Dazu sollte ein Supply Chain Design Partner:

- die Branche kennen

- Logistik verstehen

- in Prozessen denken

- aufzeigen, wo wirklich ein Nutzen liegt

- die Unternehmensstrategie einbeziehen

- alle Aktivitäten auf die vereinbarten Kennzahlen ausrichten

- das gesamte Supply Chain - Netzwerk betrachten

- wissen, wie die Organisation angepasst werden muss

- die IT überblicken und beherrschen

- Grenzen aufzeigen können

- die Vorteile von SCOR gezielt einsetzen

Standards gehören der Zukunft

Angesichts der Herausforderungen durch Globalisierung und der damit wachsenden Komplexität von Supply Chains wird der Standardisierung die Zukunft gehören müssen.

Schon heute lassen sich die zur Verfügung stehenden Standards pragmatisch zu einem universellen Vorgehensmodell kombinieren. Beispielsweise haben Intel, Siemens und IDS Scheer gemeinsam ein solches Modell für Entwurf und Implementierung unternehmensübergreifender Geschäftsprozesse definiert. Es basiert auf Festlegungen des Supply Chain Council (SCC) und RosettaNet und bezieht das ARIS Toolset für die Umsetzung mit ein. Die Integration der angesprochenen Standards sichert eine effiziente und effektive Umsetzung, da zum einen der Qualitätsstandard hochgehalten wird und zum anderen durch die firmenübergreifend einheitliche Vorgehensweise die Projektrisiken minimiert werden.

Wichtigste Komponente und Leitfaden eines solchen Vorgehensmodells sollte das seit 1996 entwickelte Supply Chain Reference Model (SCOR) sein, das weltweit von hunderten von Unternehmen - darunter Intel, Siemens oder der BASF – eingesetzt wird. Es dient als Fundament für eine effektive und effiziente Kommunikation von Supply Chain-Themen sowie zur Optimierung der anhängigen Geschäftsprozesse, indem in durchgängiger Form die entsprechenden Supply Chain-Strukturen und -Abläufe nebst zugehöriger Kennzahlen definiert und kommuniziert werden.

Das Geschäftsprozess-Referenzmodell SCOR umfasst sämtliche Supply Chain-Aktivitäten vom Zulieferer des Zulieferers bis zum Kunden des Kunden, die in drei Detaillierungsebenen dargestellt werden. Die erste Ebene (Prozesstypen) definiert hierzu Umfang und Inhalte der Lieferkette in Form von fünf Prozessen (Planung, Beschaffung, Fertigung, Lieferung und Rücklieferung). Auf der zweiten Ebene, der Konfigurationsebene (Prozesskategorien), werden nun Prozesskategorien wie „Make-to-Stock", „Make-to-Order", „Engineer-to-Order" oder „Produktionsdurchführung" festgelegt. Und auf der dritten Ebene (Prozesselementebene) werden in einem weiteren Detaillierungsschritt die Vorgehensweisen eines Unternehmens, inklusive der Unterstützung von „Best Practices" behandelt. Auf einer nicht von SCOR definierten vierten Ebene können Unternehmen nun im Anschluss die Implementierung angehen.

Im Unterschied zum Supply Chain Council legt die von der Hightech-Industrie ins Leben gerufene RosettaNet-Gruppe den Schwerpunkt auf die Entwicklung von Kooperationsmodellen zwischen Unternehmen und definiert eine Drei-Ebenen umfassende Geschäftsprozessarchitektur, die sämtliche zur Abwicklung von unternehmensübergreifenden Transaktionen erforderlichen Aktivitäten, Entscheidungen und Interaktionen unterstützt. Außerhalb der Hightech-Industrie verfolgen im Übrigen andere Organisationen wie OAG (Open Application Group) oder BPMI (Business Process Management Initiative) vergleichbare Ziele. Da in den genannten Industriestandards auch Struktur und Format von Geschäftsdokumenten definiert sind, liegen für den Austausch der Informationen bereits XML-Versionen („Best Practices") vor.

Der Vorteil von Standards bei der Aufstellung eines universellen Vorgehensmodells ist, dass eigene Aufgaben klar bestimmt und vor allem mit anderen Bereichen sowie externen Partnern abgestimmt sind. Darüber hinaus werden standardmäßig KPIs (Key Performance Indicators) zur Verfügung gestellt, um die Performance der Supply Chain (auch im unternehmensübergreifenden Vergleich) bewerten zu können. Der Verwendung von Industrie-Standards wie SCOR kommt dabei eine zentrale Rolle zu, weil die Qualität der Modelle weltweit akzeptiert und der Inhalt damit als Grundlage für Verbesserungsprojekte anerkannt ist. Dies ist insbesondere bei unternehmensübergreifenden Projekten bedeutend, da die „gleiche" Sprache langwierige Grundsatzdiskussionen über Begriffe oder ähnliches verhindert.

Zusammenfassung

Die immer härteren Anforderungen der Märkte stellen für die meisten Unternehmen eine täglich neue Herausforderung dar. Im Zuge der zunehmenden Globalisierung gilt es, die eigenen Beziehungen zu anderen Unternehmen immer wieder neu zu hinterfragen und vor dem Hintergrund des betriebswirtschaftlichen Nutzens umzugestalten. In sogenannten Supply Chain - Netzwerken schaffen Unternehmen einen Mehrwert für alle beteiligten Partner dieses Netzwerks, indem Prozesse optimal im Netzwerk aufgeteilt und durch Informationsflüsse unterstützt werden. Der Transformationsprozess und die zugehörige Umstellung von Systemen und deren Schnittstellen, aber auch die Suche nach verbindlichen Standards, sind entscheidende Faktoren auf dem Weg zum dauerhaften Erfolg der einzelnen Unternehmen.

CRM als Teil des Informationsmanagements

Ulrike Hausmann, Holger Reichardt

Vorwort

Zunehmender Konkurrenzkampf, Globalisierung, Konzentration und kritischere Kunden, die einen maximalen Nutzen aus individualisierten Dienstleistungen und Produkten erwarten - dies sind nur einige der Herausforderungen, denen sich Unternehmen heute über alle Branchen hinweg ausgesetzt sehen.

Wie kann man in diesen immer anspruchsvolleren Märkten bestehen?

Diese Frage ist gerade für Unternehmen, die in der Vergangenheit mit einer produktfokussierten Ausrichtung sehr erfolgreich waren, von entscheidender Bedeutung.

Im Folgenden soll der Weg der Heidelberger Druckmaschinen aufgezeigt werden, in der Wandlung vom "Produktverkäufer" zu einem Unternehmen, bei dem der Kunde im Mittelpunkt steht.

Einer der Haupterfolgsfaktoren für diesen Wandlungsprozess ist dabei ein Informationsmanagement, welches das Unternehmen in die Lage versetzt, durch umfassende Informationen optimal auf die Kundenbedürfnisse eingehen zu können und den Customer Lifetime Value zu maximieren.

Heidelberg hat sich für die Einführung eines umfassenden Customer Relationship Managements (CRM) entschieden, um den Herausforderungen des Marktes zu begegnen.

Grundlagen bei Heidelberg

Das Unternehmen

Die Heidelberger Druckmaschinen AG blickt auf eine über 150jährige Tradition als deutsches Maschinenbauunternehmen zurück. In dieser Zeit hat sich das Unternehmen als Marktführer im Bereich der Offset-Druckmaschinen[5] etabliert. Heute beschäftigt Heidelberg mehr als 24.000 Mitarbeiter weltweit und hat Vertriebsniederlassungen in 190 Ländern der Erde. Der Umsatz betrug im Geschäftsjahr 2002 über fünf Milliarden Euro.

---

[5] Offset = Druckverfahren, beruht auf dem Prinzip der Abstoßung von Wasser durch Fett.

Abb. 24. Strategische Entwicklung

Besonders im Laufe der letzten zehn Jahre hat das Unternehmen sein Produktportfolio durch horizontale Diversifikation erweitert, sowie seinen Anteil an der Wertschöpfungskette "Druck" durch die Übernahme von ehemals selbstständigen Vertriebsorganisationen vergrößert. Analog dazu hat sich auch die strategische Ausrichtung des Unternehmens geändert.

Heidelberg war noch zu Anfang der neunziger Jahre ein klassischer "Produktverkäufer", d.h. das Unternehmen hatte sich vorrangig auf den Verkauf von Druckmaschinen an selbstständige Vertriebspartner beschränkt.

Ein weiteres Wachstum des Unternehmens war langfristig aber nur durch die bereits oben erwähnte Ausweitung des Produktportfolios zu erreichen. Deswegen hat sich Heidelberg in der Zeit zwischen 1996 und 2000 als Systemanbieter etabliert: Heute bietet Heidelberg eine Produktpalette von der Druckvorstufe (z.B. Druckplattenbelichter) über die eigentlichen Druckmaschinen bis hin zur Drucknachbearbeitung (z.B. Falzmaschinen) und Workflow Software an.

Neuausrichtung: Der Kunde im Fokus

Die Aufstellung als Systemanbieter war, der Tradition der historischen Unternehmensentwicklung folgend, sehr stark produktorientiert. Diese produktfokussierte Ausrichtung war über viele Jahre hinweg sehr erfolgreich.

Allerdings unterlag auch die graphische Industrie einem Wandel. Nicht mehr der Verkäufermarkt allein ist vorherrschend. Es ist ein Käufermarkt mit entsprechenden Folgeerscheinungen entstanden: zunehmender Wettbewerbsdruck aus mehr kundenorientierten Kulturen und abnehmende Kundentreue bei unzureichender Kundennähe[6].

Vor diesem Hintergrund hat der Vorstand der Heidelberger Druckmaschinen AG die strategische Entscheidung getroffen, das Unternehmen als *Lösungsanbieter* am Markt zu etablieren. Nicht mehr einzelne Produkte sollen dem Kunden angeboten werden, sondern vielmehr komplette Lösungen für spezifische, die den ganzen Prozess vom Konzept bis hin zu dem fertigen Druckerzeugnis, inklusive Service und Ersatzteile beinhalten.

Zusammenfassend kann man die Zielsetzung wie folgt beschreiben:

- Heidelberg muss die Kundenbedürfnisse erkennen und sie in seinen Produkten umsetzen.

- Markt und Kunde sind die kritischen Erfolgsfaktoren.

Um diese Anpassung an die Kundenbedürfnisse auch real im Unternehmen zu verankern, wurde im Frühjahr 2001 eine neue kundenorientierte Organisation von Heidelberg beschlossen.

In der neuen Organisation steht der *Kunde im Mittelpunkt*, mit den einzelnen Vertriebsregionen (*Market Center;* z.B. NA =North America) als Schnittstellen. Als Unterstützung der Regionen fungiert das Market Network, das z.B. Aufgaben des globalen Marketings wahrnimmt. Dahinter stehen die einzelnen Solution Center, die den Kundenbedürfnissen entsprechende Lösungen entwickeln und produzieren.

---

[6] Vgl. Payne, A./Rapp, R.: Handbuch Relationship Marketing. München 1999, S. V.

Abb. 25. Kundenorientierte Organisation

Im Rahmen dieser Reorganisation wurde deutlich, dass die Entwicklung von Lösungskonzepten unbedingt die *weltweite Erfassung* und *Analyse* aller *Kunden- und Marktinformationen* erfordert, sowie ein globales Zusammenspiel aller kundenorientierten und marktgesteuerten Konzepte und Prozesse notwendig ist.

Um die Voraussetzungen für eine erfolgreiche Verwirklichung des Lösungsanbieterkonzeptes zu schaffen, wurden vier strategische Initiativen gestartet, die auf die spezifischen Kundengruppen entlang der Wertschöpfungskette "Druck" abzielen.

- *Security & Convenience:* die Schaffung einer Vertrauensbasis zwischen dem Unternehmen und seinen Kunden, so dass der Kunde sich sicher fühlt, den richtigen Partner für seinen Erfolg gewählt zu haben.

- *Customer Database:* die Etablierung eines einheitlichen Standards für die Heidelberg Gruppe mit dem Ziel, sämtliche relevanten Informationen über die Kunden bereit zu stellen, um ihn jederzeit optimal hinsichtlich seiner Bedürfnisse betreuen zu können.

- *Customer Relationship Management* (Schlüsselkonzept, das die Zielsetzung aller Initiativen bündelt und erweitert)

- *Marketing Intelligence:* das Sammeln, Analysieren, Elaborieren und Kommunizieren von zentralen Daten über Kunden, Märkte und Wettbewerber an alle.

Bei der Betrachtung dieser vier Initiativen wird deutlich, dass "Informationen" ein zentraler Erfolgsfaktor für das Unternehmen darstellt. Besonders die Initiativen "Customer Database" und "Marketing Intelligence" zielen darauf ab.

Abb. 26. Schlüsselprojekt CRM

CRM als integraler Bestandteil des Informationsmanagements

Bevor im Weiteren auf das Projekt "Customer Relationship Management" eingegangen wird, sollen nochmals die beiden oben genannten Initiativen "Marketing Intelligence" und "Customer Database" etwas detaillierter betrachtet werden, welche die Grundlagen für das Customer Relationship Management bilden.

Marketing Intelligence

Gerade in einem weltweit tätigen Unternehmen ist die Gefahr groß, dass Informationen in einzelnen Unternehmenseinheiten vorhanden sind, aber andere Teile des Unternehmens nichts von der Existenz dieser Informationen wissen. Genau an diesem Punkt setzt das Projekt Marketing Intelligence (MI) an.

Das Ziel des MI Projektes bei Heidelberg ist es, zentrale Marktinformationen, d.h. Informationen über *Kunden, Märkte* und *Wettbewerber* zu sammeln, zu verarbeiten und innerhalb der Heidelberg Gruppe zu *kommunizieren*. Konkret beinhaltet das die Verfügbarkeit von Informationen für Unternehmenseinheiten zur Bewältigung ihrer Aufgaben.

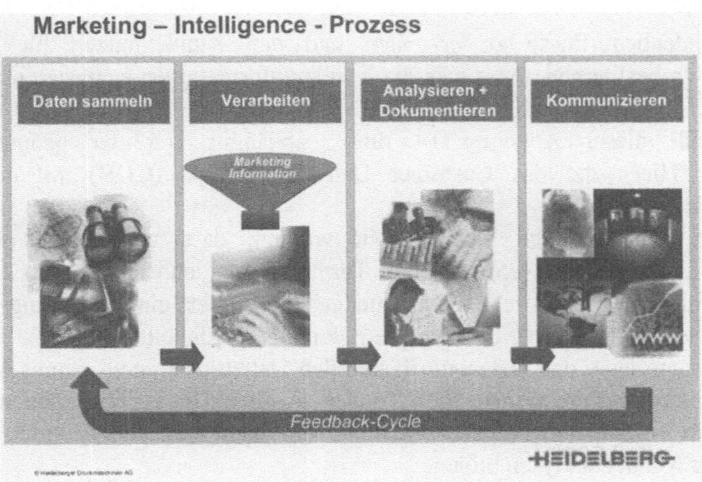

Abb. 27. Marketing Intelligence Prozess

Wie kann dieses Ziel erreicht werden?

Heidelberg hat sich für eine Netzwerkstruktur entschieden. Das Netzwerk setzt sich aus einem Core Team und Koordinatoren zusammen.

Das Core Team ist eine auf Corporate-Ebene angesiedelte Gruppe, die das ganze Projekt koordiniert und steuert, die gesammelte Information verarbeitet und dafür sorgt, dass sie kommuniziert werden. Die Koordinatoren-Gruppe besteht aus Mitarbeitern aus jedem einzelnen Heidelberg Market Center und Solution Center. Dadurch wird sichergestellt, dass alle innerhalb der Heidelberg Gruppe vorhanden Informationen zusammen getragen werden können und ein multidirektionaler Informationsfluss durch alle Unternehmenseinheiten entsteht.

In einem ersten Arbeitsschritt wurde innerhalb des Netzwerks der Informationsbedarf der Heidelberg Gruppe definiert. Hierbei wurde zwischen spezifischen Informationen unterschieden, die von keinem Allgemeininteresse für die Heidelberg Gruppe sind und nichtspezifischen Informationen die Heidelberg-übergreifend wichtig sind.

Auf diesen Vorgaben aufbauend entwickelt das Core Team ein Reportsystem, das die nichtspezifischen, allgemein relevanten Informationen beinhaltet und diese dann periodisch als Bericht dem entsprechenden Empfängerkreis in den einzelnen Heidelberg- Einheiten zur Verfügung stellt.

Innerhalb dieser Netzwerke gibt es für die Hauptprozesse hochrangige Verantwortliche, welche die kontinuierliche Prozessoptimierung vorantreiben.

Alle Prozesse orientieren sich in erster Linie am Kundennutzen.

Customer Database

Um die Kundenbedürfnisse zu erkennen und den Kundennutzen für das Unternehmen zu bestimmen, muss man die Kundeninformationen analysieren und klassifizieren.

Die Qualität dieser Analysen ist direkt abhängig von der genutzten Datenqualität. Hier setzt das Customer Database Projekt (CDB) mit einer Standarddefinition an.

Durch diesen Standard soll sichergestellt werden, dass unternehmensweit vergleichbare Daten genutzt werden und die Terminologie identisch ist. Der CDB-Standard definiert die global relevanten Kundendaten, liefert eine Erklärung der Bedeutung eines jeden Wertes und gibt den Heidelberg-Einheiten Prozesse vor, welche die Datenpflege, den Datenzugriff und den Datenfluss regeln. Somit wird gewährleistet, dass Informationen über Kunden in allen Unternehmensteilen in vergleichbarem Format und in hoher Qualität vorhanden sind und dadurch das Fundament für Kundenanalysen bilden.

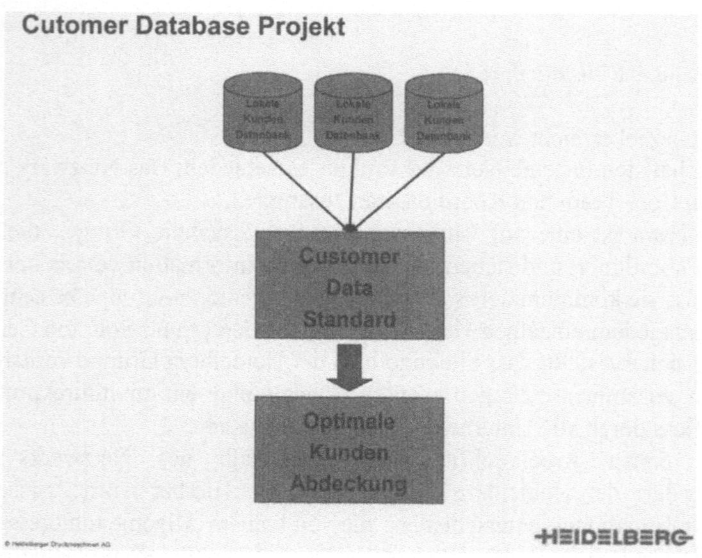

Abb. 28. Customer Database Projekt

Das Kernprojekt CRM

Die Projekte Marketing Intelligence und Customer Database sorgen dafür, dass vorhandene Informationen genutzt werden können und intern kommuniziert werden. Wie können nun Informationen, im Besonderen natürlich Informationen über bestehende und potentielle Kunden, kontinuierlich gewonnen werden? Durch den Einsatz von Customer Relationship Management.

Mit CRM stellt Heidelberg sicher, dass kontinuierlich und umfassend Informationen über die Kunden gesammelt werden und somit in jeder Phase des Kundenbetreuungszyklus eine optimale Kundenansprache gewährleistet ist.

**Marketing Intelligence und Customer Database sind zwei
Grundlagen für Customer Relationship Management**

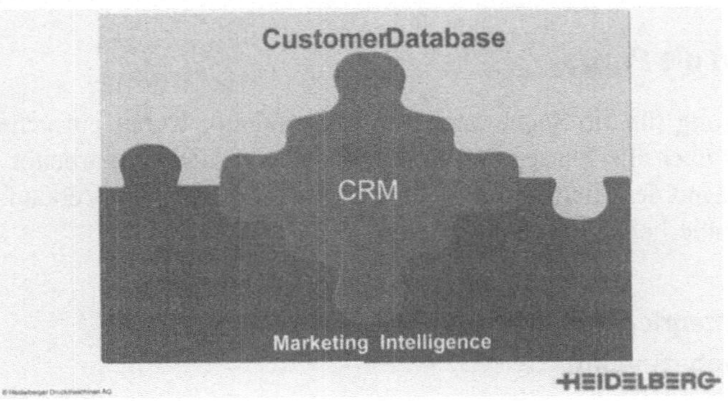

Abb. 29. MI/CDB/CRM

Was ist CRM für Heidelberg?

Das Projekt CRM wurde von einem kleinen Projektteam aus dem globalen Marketing gestartet. Die Zielsetzung war, auf Basis einer umfassenden Situationsanalyse einen strategischen Rahmen für CRM bei der Heidelberger Druckmaschinen AG bereitzustellen.

In einer Zeit, in der der Begriff CRM ähnlich inflationär verwendet wird wie die Begriffe TQM (Total Quality Management) oder BPR (Business Process Reengineering) einige Jahre zuvor, war es zunächst unerlässlich, die konkrete Bedeutung des Begriffs für das Unternehmen zu definieren.

Das Projektteam sammelte anfangs die vorhandenen Ansätze zu CRM bei Heidelberg.

Das wichtigste Ergebnis dieser Analyse war die Tatsache, dass CRM vor allem als IT-Tool gesehen wurde und man meinte, dass durch die Installation eines entsprechenden Softwarepaketes bereits ein voll funktionsfähiges CRM-System implementiert sei.

In Zusammenarbeit mit Mitarbeitern aus allen Bereichen der Heidelberg Organisation wurde die folgende Begründung und Definition von CRM bei der Heidelberger Druckmaschinen AG erarbeitet:

- Durch CRM wird der Tatsache Rechnung getragen, dass die Erträge, Marktanteile und Gewinne des Unternehmens nur einen Ursprung haben: den Kunden.

- CRM ist ein Managementprozess zum Aufbau und Erhalt von nachhaltigen Beziehungen zu Zielkunden. Er steuert sämtliche Austauschprozesse mit dem Kunden über alle Phasen der Beziehung der Kunden mit der Heidelberger Druckmaschinen AG.

Mit dieser Definition war der Grundstein für ein *gemeinsames Verständnis* innerhalb der Heidelberg Gruppe gelegt. Darauf aufbauend wurde als nächster Schritt die Identifikation von konkreten Handlungsfeldern zur Umsetzung des CRM-Ansatzes geplant.

Umsetzung in die Praxis

Als Voraussetzung für die Suche nach Handlungsfeldern wurde ein generischer Kundenprozess über alle Phasen der Kundenbeziehung hinweg erarbeitet. Dieser Prozess beginnt mit dem Interesse des Kunden und führt über den Verkaufszyklus zu einem kontinuierlichen Betreuungszyklus.

CRM integriert alle Interaktionen in allen Phasen der Kundenbeziehung

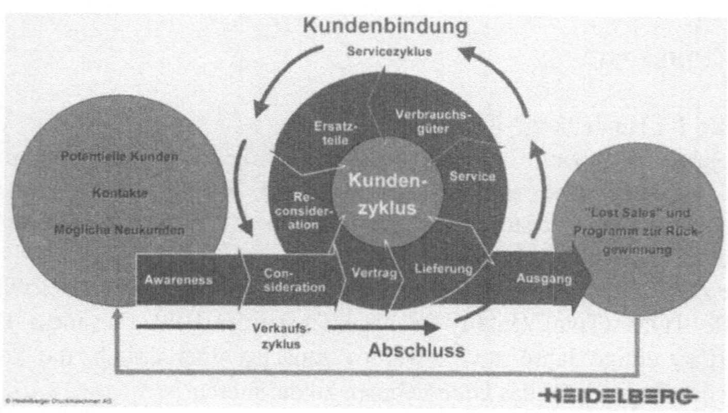

Abb. 30. Kundenprozess

In einer Analyse wurden für jede Phase dieses Kundenzyklusprozesses die relevanten Erfolgsfaktoren ermittelt. Z.B.: Das Erkennen der Bedürfnisse des Kunden während der Phase des „Interesses", die Verhandlung in der Phase des "Vertrages" oder die Vorbeugung von Maschinenausfallzeiten in der "Service"-Phase.

Im Anschluss machte sich das Projektteam daran, diesen Idealprozess mit den bestehenden Strukturen bei Heidelberg zu vergleichen. Bei der Analyse wurden einige Lücken zwischen dem durchgehenden Modellprozess und dem real bestehenden Prozess offenbar.

Dies bedeutet konkret, dass im Laufe einer Kundenbeziehung viele Faktoren, die den Erfolg dieser Beziehung maßgeblich bestimmen, nicht voll durch die bestehenden Strukturen und Prozesse bei Heidelberg abgedeckt werden und somit für das Unternehmen nicht ganz kontrollierbar sind.

Auf Basis dieser Erkenntnisse wurden für die CRM-Umsetzung Handlungsfelder definiert. Insgesamt konnten sieben Felder gemeinsam mit Beteiligten aus den Market Centern (Vertriebsregionen) und dem Market Support Network (globales Marketing) identifiziert werden (z.B. "Weltweit durchgängiger Auftragsprozess").

In Workshops wurden spezifische Maßnahmen zu diesen sieben Handlungsfeldern erarbeitet, die im Hinblick auf ihre Auswirkungen und Durchführbarkeit evaluiert wurden. Als letzter Schritt wurden die Maßnahmen mit Durchbruchscharakter zur Umsetzung ausgewählt.

Die Implementierung des CRM erfolgt nun stufenweise. In einem Testmarkt werden die Maßnahmen umgesetzt und dort auf Ihre Wirksamkeit überprüft. Erst danach erfolgt ein globaler Roll-Out in allen Market Centern.

In dem Testmarkt wurden in Projektteams zu jeder der spezifischen Maßnahmen *Best Practice* Verfahren erarbeitet, die einen durchgängigen Kundenprozesszyklus ermöglichen sollen. Wichtig ist hierbei, dass wieder Beteiligte aus allen betroffenen Bereichen (d.h. aus der lokalen Vertriebsorganisation und aus dem globalen Marketing) in den Teams integriert sind.

Ausschlaggebend für eine Beurteilung des CRM-Projektes ist eine Erfolgsmessung. Hierzu verwendet Heidelberg ein Key Performance Indikatoren System. Operative Kenngrößen wie Konversionsrate, Preissensibilität, Fehlerquote bei Adressen u.ä. werden zu strategischen Kenngrößen wie Neukundenakquisitionsrate, Kundenbindungsrate oder Kosteneffizienz aggregiert, die somit als CRM-Schlüsselkenngrößen eine Erfolgsmessung aller Aktivitäten ermöglichen. Entsprechend des Balance Scorecard Ansatzes wurde darauf geachtet, dass die Indikatoren die Finanzebene, Kundenebene, Prozessebene und die Informationsebene berücksichtigen.

Die Key Performance Indikatoren werden in zwei Testniederlassungen und einer Kontrollniederlassung des Pilotmarktes gemessen. Dieses Vorgehen ermöglicht einen Vergleich der Leistungsfähigkeit der neu definierten CRM Prozesse (die in den Testniederlassungen angewandt werden) mit den bisherigen Prozessen (die unverändert in der Kontrollniederlassung angewandt werden).

Schlüsselkenngrößen messen die Wirkungen von CRM

Abb. 31. Kennzahlensystem für CRM-Erfolgsmessung

CRM-Prozessbeispiele

Abschließend sollen noch exemplarisch einige CRM-Teilprozesse vorgestellt werden, die bei der Heidelberger Druckmaschinen AG bereits im Einsatz sind.

Direct Marketing Center

Durch die sogenannten Direct Marketing Center (DMC), die mit Call Centern vergleichbar sind, unterstützt Heidelberg zurzeit in 7 Ländern auf 3 Kontinenten die Kundenbetreuung. Weitere Direct Marketing Center befinden sich im Aufbau.

Zu den typischen Einsatzgebieten der DMCs gehört die telefonische Betreuung der "C" und "D" Kunden, d.h. derjenigen Kunden, die nach einer ABC-Klassifizierung 70% des Kundenstamms ausmachen, aber nur zu 30% des Umsatzes beitragen. Durch die telefonische Betreuung dieser Kunden durch die DMCs bleibt den Außendienstmitarbeitern mehr aktive Verkaufszeit für die "A" und "B" Kunden und zur Neuakquisition.

Außerdem werden die Direct Marketing Center im Dialogmarketing für Produkt & Eventkampagnen eingesetzt, sowie zum Verkauf so genannter

Verbrauchsgüter (z.B. Druckfarbe) und im Beschwerdemanagement bzw. als Support Hotline.

Online Shop

Er soll den Kunden einen zuverlässigen, leicht benutzbaren und informativen Kontaktpunkt zu Heidelberg bieten. Die momentanen Möglichkeiten des Online Shops enthalten die Möglichkeit zur Ersatzteilbestellung, den Bestellstatus und die Produktverfügbarkeit, Anzeige des Rechnungsstatus, technische Unterstützung und Produktinformationen.

Natürlich ist der Online Shop auch eine wichtige Informationsquelle über unsere Kunden. Aufgrund der Bestellhistorie ist es möglich, Kundenprofile zu entwickeln und die Kunden mit individualisierten Angeboten anzusprechen. Nach einer erfolgreichen Testphase in den USA wird der Online Shop jetzt auch weltweit zum Einsatz gebracht.

Kundenzufriedenheitsumfrage

Als eine der wichtigsten Informationsquellen über die Wahrnehmung des Unternehmens Heidelberg aus Sicht der Kunden, hat sich die Kundenzufriedenheitsumfrage entwickelt. Seit 1996 werden periodisch alle zwei Jahre in den für Heidelberg wichtigsten Märkten bis zu 6000 Heidelberg- und Wettbewerbskunden befragt. Die Ergebnisse geben deutliche Rückschlüsse über die Stärken und Schwächen von Heidelberg und die der Wettbewerber.

Zusammenfassung

Die Heidelberger Druckmaschinen AG unterzieht sich einem konsequenten Wandel von einem produktzentrierten traditionellen Maschinenbauunternehmen hin zu einer kundenorientierten Organisation, da nur so eine erfolgreiche Anpassung an sich ändernde Rahmenbedingungen möglich ist. Dieser Wandel drückt sich in dem Bestreben aus, gegenüber den Kunden als Lösungsanbieter aufzutreten. Als kritische Erfolgsfaktoren wurden Markt und Kunde identifiziert.

Nur durch ein konsequentes Informationsmanagement kann das Unternehmen den Bedürfnissen der Kunden gerecht werden. Das Schlüsselprojekt dabei ist das Customer Relationship Management.

CRM wird bei Heidelberg wie folgt definiert:

CRM ist ein Managementprozess zum Aufbau und Erhalt von Beziehungen zu Zielkunden. Er steuert alle Austauschprozesse mit dem Kunden über alle Phasen seiner Beziehung mit der Heidelberger Druckmaschinen AG.

Anhand eines Soll-Ist-Vergleichs zwischen einem durchgängigen optimalen Kundenzyklusprozess und dem real bestehenden Prozess werden Handlungsfelder definiert. Für jedes dieser Handlungsfelder werden dann Best Practice Verfahren ermittelt. Die aktive Einbindung der betroffenen Mitarbeiter und eine Erfolgsmessung der CRM-Aktivitäten sind kritische Erfolgsfaktoren.

Informationsdarstellung als Werkzeug der Unternehmenskommunikation

Onnen Godow, Rudi Grimm

Unternehmenskommunikation

Der Begriff der Unternehmenskommunikation bezeichnet generell die Kommunikation einer Institution, bei der die verschiedenen Kommunikationsdisziplinen, wie Public Relations (PR), Marketing, Werbung, Corporate Identity (CI), in ein Gesamtkonzept gebracht, miteinander koordiniert und aufeinander abgestimmt werden. Die Unternehmenskommunikation im weiteren Sinne umfasst den gesamten Austausch von Informationen innerhalb eines Unternehmens sowie den Informationsaustausch über alle Kanäle hinweg zwischen Unternehmen und Kunden, Partnern, Lieferanten, Aktionären, Analysten, Presse und anderen Zielgruppen. Folgende Ziele werden hierbei im Allgemeinen verfolgt:

- Steigerung des Bekanntheitsgrades eines Unternehmens,

- Marketing für Dienstleistungen und Produkte,

- Imageprofilierung durch Öffentlichkeitsarbeit bzw. Public Relations (PR),

- Kundenkommunikation,

- Dialog zwischen einzelnen Organisationseinheiten eines Unternehmens bzw. deren Mitarbeitern.

Die veränderten Bedingungen neuer Organisationsformen wie Gruppenarbeit oder Lean Production wirken sich nicht unerheblich auf die Unternehmenskommunikation aus. Grundlegende Ziele dieser Organisationsformen sind flache Hierachien in einer dezentralen Struktur, hochqualifizierte Mitarbeiter, absolute Kundenorientierung, totales Qualitätsmanagement, steigende Produktivität, sowie Einflussfaktoren, die in der Mentalität und im erlernten Kommunikationsverhalten der Mitarbeiter, Kunden und sonstigen Bezugsgruppen eines Unternehmens zu suchen sind. Insgesamt ist hierbei von Interesse, wie einzelne Informationsprozesse zur Erreichung dieser Ziele zu steuern sind.

In diesem Zusammenhang zeigt sich, dass Unternehmenskommunikation längst nicht mehr nur ein unterstützendes Marketing- und PR-Instrument, sondern zudem ein eigenständiges Instrument der Unternehmensführung darstellt und als solches strategisch eingesetzt wird. Innerhalb der internen Unternehmenskommunikation ist daher dem Management von Informationsprozessen ebenfalls eine grundlegende Bedeutung beizumessen. Hierbei lassen sich folgende Prämissen herausheben:

- Informationen werden fortlaufend generiert und sowohl außerhalb als auch innerhalb einer Organisation weitergegeben.

- Die Nutzung von Informationen setzt deren Speicherung und Zugänglichkeit voraus.

- Die Kodifizierung, in der Informationen elektronisch gespeichert und zur Verfügung gestellt werden, spielt eine erhebliche Rolle.

Vor allen Dingen ist in dem hier betrachteten Zusammenhang die Frage von Bedeutung, mit welchen Medien und damit Werkzeugen Unternehmen innerhalb der Unterkommunikation Informationen darstellen. Um ihre Zielgruppen sowohl im externen als auch im internen Bereich systematisch anzusprechen, müssen Unternehmen neue und in der strategischen Planung verbesserte Formen der Unternehmenskommunikation und der Werkzeuge suchen.

Unternehmen sind darauf angewiesen, ihre einzelnen Kommunikationswerkzeuge so aufeinander abzustimmen, dass eine effektive Informationsdarstellung sowohl im externen Kundenkontakt als auch intern zwischen Organisationseinheiten und Mitarbeitern stattfinden kann. Bei der Informationsdarstellung werden daher verstärkt elektronische Medien bzw. Multimediatechniken eingesetzt, um Informationen umfassender, aktueller und transparenter unter dem Einsatz netzbasierter Dienste im Intranet und Internet zugänglich zu machen.

Der Begriff Intranet umschreibt organisatorisch die innerbetriebliche auf der Internettechnologie basierende geschlossene Nutzung von Computernetzwerken, wobei die räumliche Ausdehnung mehrere Standorte bzw. Filialen umfassen kann. Dies schließt die Anbindung von Außendienstmitarbeitern und Telearbeitern ein. Das Intranet kann weiterhin über den eigentlichen Unternehmensbereich hinausgehen, wenn externe Mitarbeiter, enge Partner, Kunden und Lieferanten eingebunden werden und auf Informationen des Intranets zugreifen. Diese besondere Ausprägung des Intranet wird daher auch als Extranet bezeichnet.

Während das Internet generell öffentlich ist und damit einem breiten sowie unbekannten Personenkreis zur Verfügung steht, stellen Intranet und Extranet Netze dar, die einem geschlossenen und bekannten Personenkreis den Informationsaustausch über elektronische Medien ermöglichen.

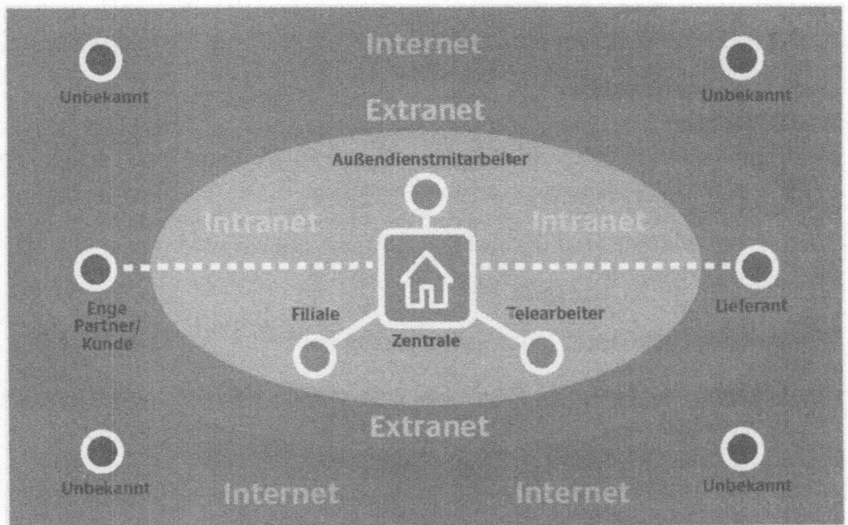

Abb. 32. Informationsaustausch unter Nutzung der Internettechnologie[7]

Der vorliegende Beitrag beschäftigt sich mit der Informationsdarstellung in elektronischen Medien bzw. der computervermittelten Kommunikation (cvK) zur Unternehmenskommunikation. Es werden dabei vor allem die auf der Grundlage von Computernetzen arbeitenden Kommunikationsmedien betrachtet.

Werkzeuge zur Informationsdarstellung

Durch den Wandel von der Produktions- zur Informationsgesellschaft nimmt die Nutzung unterschiedlicher Werkzeuge zur Informationsdarstellung innerhalb der Unternehmenskommunikation einen immer höheren Stellenwert ein, wobei vermehrt elektronische Medien in Computernetzen zum Einsatz kommen.
Die am häufigsten eingesetzten Dienste und Standards sind:

- WWW-Browser: Sie stellen die Schnittstelle zwischen den Benutzern und den bereitgestellten Informationen im Internet, Intranet bzw. Extranet dar.

- HTML: Steht für "HyperText Markup Language" und ist das Dateiformat, das von Internetbrowsern gelesen wird.

- HTTP: Das "HyperText Transfer Protocol" ist das Übertragungsprotokoll für die HTML-Dateien.

---

[7] Entnommen aus: Intranet und Extranet - Ein Leitfaden für kleine und mittlere Unternehmen (2001). Bundesministerium für Wirtschaft und Technologie (Hrsg.). S. 16.

- SMTP: Das Transportprotokoll "Simple Mail Transfer Protocol" dient zum Austausch von elektronischen Nachrichten - sowohl im Internet als auch in verschiedenen Netzwerken.

- CGI: Das "Common Gateway Interface" ist eine Schnittstelle zwischen HTML Dateien und serverbasierten Anwendungen. Weiterhin ermöglicht CGI Informationen über Datenbanken bereitzustellen.

Es lassen sich folgende Dimensionen des Informationsaustausches klassifizieren[8]:

- Zeit: synchron oder asynchron

- Darstellung: audiovisuell, auditiv oder textbasiert

- Verbindung: one-to-one (2 Personen), one-to-many (beliebig viele Personen), many-to-many

- Speicherung: keine, verteilt, zentral

Die Bandbreite des Informationsaustausches reicht dabei von textbasierter Massenkommunikation durch Darstellung im WWW bis hin zur individuellen E-Mail-Nutzung. Generell spielen die Aufgabe und der Kontext, in dem elektronische Medien zur Informationsdarstellung eingesetzt werden, eine erhebliche Rolle. So eignen sich zur Darstellung eines komplexen Sachverhaltes eher textbasierte Medien, die individuell bei Bedarf durch den Nutzer rezipiert werden können. Bei diesen Pull-Medien greift der Nutzer selektiv auf die für ihn interessante Information zu. Pull-Systeme sind damit passive Systeme, bei denen der Nutzer aktiv einen Zugriffsvorgang startet, um aus einem allgemeinen Informationspool die ihn betreffenden Informationen zu erhalten. In erster Linie betrifft dies Unternehmenspräsentationen im World Wide Web bzw. im Intranet und auf multimedialen CD-ROMs. Der Vorteil liegt darin, dass Informationen nur einmal erstellt werden müssen und für alle Nutzer im Internet bzw. bei entsprechenden Zugriffsrechten einer bestimmten Nutzergruppe im Intranet verfügbar sind.

Push-Medien dienen dagegen der monologischen Informationsdarstellung. Informationen werden hierbei regelbasiert automatisch vom System bereitgestellt und weitergeleitet. Die einfachste und doch wirksamste Form der Push-Kommunikation sind individuelle E-Mail-Nachrichten oder Serien-Mails, doch treten auch themenspezifische E-Mail-Newsletter, die in regelmäßigen Abständen aktuelle Nachrichten verteilen, immer mehr in den Vordergrund. Als weiteres Informationsmedium werden multimediale Push-Kanäle eingesetzt, die Nachrichten auf dem Bildschirm des Kommunikationspartners unabhängig von einer momentanen Nutzung eines E-Mail-Programms oder eines Internet-Browsers anzeigen.

Folgende Tabelle stellt Kommunikationsanwendungen, die zur Informationsdarstellung in Computernetzen eingesetzt werden, in Abhängigkeit zu den

---

[8] Boos, Magarete, Jonas, Kai J., Sassenberg, Kai (2000): Sozial- und organisationspsychologische Aspekte computervermittelter Kommunikation. In: Boos, Magarete, Jonas, Kai J., Sassenberg, Kai (Hrsg.): Computervermittelte Kommunikation in Organisationen. Göttingen u.a. S. 2.

Dimensionen des Informationsaustauschs Zeit, Darstellung, Verbindung und Speicherung dar:

Tabelle 1. Kommunikationanwendungen abhängig zu den Dimensionen des Informationsaustauschs[9]

Kommunikations-anwendung	Zeit	Dar-stellung	Verbindung	Speicherung
E-Mail	asynchron	Text	one-to-one one-to-many	verteilt
Audio-Mail	asynchron	Audio	one-to-one one-to-many	verteilt
Video-Mail	asynchron	Video	one-to-one one-to-many	verteilt
Discussion List	asynchron	Text	many-to-many	verteilt
Newsgroup	asynchron	Text Audio	many-to-many	zentral
Instant Message	synchron	Text	one-to-one	keine
Telephony Voice over IP	synchron	Audio	one-to-one	keine (Mitschnitt möglich)
Broadcast	synchron	Audio (Radio) Video (TV)	one-to-many	senderseitig
Text Chat	synchron	Text	many-to-many	verteilt und zentral z.T. möglich
Audio Conferencing	synchron	Audio	many-to-many	keine
Video Conferencing	synchron	Video	many-to-many	keine

Externe und interne Unternehmenskommunikation

Die Richtung der Unternehmenskommunikation lässt sich generell in die Bereiche extern und intern klassifizieren. Der Bereich der externen Unternehmens-kommunikation beschreibt die Informationsdarstellung, die außerhalb des Unternehmens stattfindet, der Bereich der internen Unternehmenskommunikation alle Informationsprozesse, die innerhalb des Unternehmens stattfinden. Die Ziele liegen in der Gewährleistung

- des optimalen Informationsflusses zwischen allen Unternehmensbereichen und

---

[9] Vgl. Kommunikation. Elektronische Publikation:
http://acpc165.ac.unilandau.de:8080/telemap/academy/design/ict_tools/communication;internal&action=buildframes.action. Stand 10.09.2002.

- der reibungslosen Kommunikation zwischen dem Unternehmen und seinen externen Geschäftspartnern und der Öffentlichkeit.

Folgende Vorteile können bei der Informationsdarstellung im Bereich der netzbasierten Medien für die externe und interne Unternehmenskommunikation beschrieben werden:

- Durch einen zielgruppenorientierten Dialog können Informationen zielgruppenspezifisch aufbereitet und dargestellt werden.

- Unterschiedliche Daten (Texte, Bilder, Videos etc.) können auf der Basis einheitlicher Standards zur Verfügung gestellt werden.

- Multi-Channel-Publishing ermöglicht die Informationsdarstellung auf verschiedenen Kanälen unter Vermeidung von Medienbrüchen zwischen Print und Online. Die Publikation auf unterschiedlichen Portalen im Internet und Intranet sowie der Direktversand per E-Mail, SMS oder auf das Handheld können in einem Arbeitsgang erfolgen.

- Workflow-Strukturen sorgen dafür, dass alle Richtlinien bei der Publikation von Informationen berücksichtigt werden und tragen insgesamt zur Kostensenkung bei.

Hauptzweck der externen Unternehmenskommunikation ist vor allem die zielgruppenspezifische Darstellung des Unternehmens und seiner Produkte, um im Wettbewerb wahrgenommen zu werden und um nach außen wie nach innen das Unternehmensimage zu stützen. Zu den Mitteln der externen Unternehmenskommunikation gehören Werbung sowie Presse- und Öffentlichkeitsarbeit (Public Relations), bei börsennotierten Unternehmen zudem die Börsenkommunikation und die Investor Relations. Der Kontakt zu allen Zielgruppen, der etwa über Mailings, redaktionelle Beiträge, Geschäftsberichte, Messeauftritte, Presse-, Analystenkonferenzen oder andere Veranstaltungen hergestellt wird, sollte einheitlichen Richtlinien bzw. der Corporate Identity des Unternehmens folgen, um das Unternehmen als homogenes Gebilde erscheinen zu lassen. Als wichtigste Zielgruppen der externen Unternehmenskommunikation sind die Kunden und die Medien als Vermittler zwischen dem Unternehmen und der Öffentlichkeit zu sehen.

Ziel der internen Unternehmenskommunikation ist es, die Produktivkraft des Unternehmens zu erhalten und zu stärken. Moderne Ansätze gehen davon aus, dass dies vor allem durch präzise und umfassende Information und damit Motivation der Mitarbeiter erreicht wird. Im Zentrum stehen dabei Informationen zum Unternehmen selbst (Struktur, Produkte, strategische Ziele etc.), zu den Arbeitsbedingungen (Aus- und Weiterbildung, betriebliches Vorschlagswesen, Sozialleistungen etc.) und zum Unternehmensumfeld (Märkte, Mitbewerber). Die interne Unternehmenskommunikation sorgt im Idealfall für Transparenz zwischen Unternehmensführung und Mitarbeitern, aber auch zwischen den Mitarbeitern selbst (Abteilungen, Standorte, Betriebsrat, soziale Gruppen etc.), indem über die Tätigkeiten, Arbeitsbedingungen und Entscheidungen informiert wird. Auch die interne Unternehmenskommunikation sollte sich nach einer verbindlichen CI richten.

Die interne Unternehmenskommunikation findet in der Regel über zwei Informationskanäle statt. Einerseits werden Informationen über formelle Wege beispielsweise in regelmäßigen Mitarbeiterbesprechungen ausgetauscht, andererseits über informelle Kanäle wie dem direkten Kontakt zwischen einzelnen Mitarbeitern. Der Informationsaustausch erfolgt hierbei mediengestützt oder im direkten face-to-face-Kontakt. Mitarbeiter eines Unternehmens bzw. Teile einer Organisation beklagen in diesem Zusammenhang jedoch häufig, dass Informationen nicht vorhanden oder nur schwer zugänglich sind. Gerade räumliche Entfernungen können den Informationsaustausch und damit eine effiziente Kommunikation zwischen einzelnen Organisationseinheiten erschweren. Besonders bei der Erbringung von Leistungen eines Unternehmens an unterschiedlichen Standorten, die im Extremfall weltweit verteilt sind, kann sich dieser Umstand negativ auf den Kommunikationsfluss auswirken. Dies äußert sich nicht zuletzt auch in einer vermehrten Reisetätigkeit von Mitarbeitern zur Übermittlung von Informationen innerhalb derartiger Organisationen[10].

Damit unterschiedliche Tätigkeiten innerhalb eines Unternehmens auf ein gemeinsames Ziel zulaufen, ist zur Aufrechterhaltung des Informationsaustauschs ein nicht unerheblicher Aufwand zu betreiben. Unternehmensrelevante Daten und Fakten müssen so aufbereitet werden, dass sie zu nützlichen Informationen und einsetzbarem Wissen für die Mitarbeiter werden.

Informationsdarstellung in der internen Unternehmenskommunikation

Zur Informationsdarstellung in der internen Unternehmenskommunikation können Medien des Intranets sowie Wissensdatenbanken in Intranets eingesetzt werden. Die interne Informationsdarstellung über Intranets hat insgesamt zum Ziel, den innerbetrieblichen Informationsaustausch schneller und effizienter abzuwickeln sowie die Informationen einer Organisation insgesamt für alle Mitarbeiter transparenter und unmittelbarer bereitzustellen.

Generell sollten organisatorische Voraussetzungen der Informationsdarstellung in der internen Unternehmenskommunikation in einem Intranet betrachtet werden. Folgende Aspekte sind in diesem Zusammenhang zu berücksichtigen[11]:

---

[10] Vgl. Batinic, Bernard (2000): Einführung und Nutzungmöglichkeiten eines Intranet. In: Boos, Margarete, Jonas, Kai J., Sassenberg, Kai: Computervermittelte Kommunikation in Organisationen. Göttingen u.a. S.165.

[11] Vgl. Wilkesmann, Uwe: Wissensmanagement in Großorganisationen. Elektronische Publikation: http://www.ruhr-uni-bochum.de/km/VortragB.pdf. Stand:18.09.2002. S. 6.

- Mitarbeiter einer Organisation verhalten sich in Intranets und in netzbasierten Szenarien eher passiv und beobachten häufig nur die Aktivitäten ihrer Kollegen (sog. „Lurking-Phänomen").

- Es ist zu berücksichtigen, dass eine aktive Teilnahme und Einbindung der Mitarbeiter an der Bereitstellung und Nutzung elektronischer Publikationswege obligatorisch ist und mit den Informationen der Mitarbeiter steigt.

- Die Effektivität des Intranets hängt maßgeblich davon ab, inwieweit den Rezeptionsgewohnheiten der Nutzer Rechnung getragen wird.

Hinsichtlich der Nutzungsmöglichkeit eines Intranets lassen sich mit

- dem Abruf von Informationen

- der Publikation von Informationen sowie

- dem Informationsaustausch

drei Informationsprozesse beschreiben.

Informationen liegen zumeist im Unternehmen bereits vor, sind hingegen häufig unstrukturiert bzw. nicht auffindbar. Datenbankanwendungen und Dokumenten Management Systeme helfen, Informationen allen Nutzern eines Intranet zugänglich zu machen und nutzerspezifisch darzustellen. Datenbankanwendungen mit elektronischen Suchsystemen unterstützen die Nutzer dabei, Informationen zeitnah abzurufen. Entscheidend ist dabei, dass Suchformulare und –funktionen selbsterklärend sind, um Nutzern mit unterschiedlichem Hintergrund und Wissen die Suche zu erleichtern. Dokumentenmanagementsysteme helfen, Informationen unter der Beteiligung mehrerer Mitarbeiter weiterzuverarbeiten und dabei gleichzeitig den Informationsfluss steuern und optimieren zu können.

Die Publikationen von Informationen werden grundsätzlich zentral und dezentral organisiert. Bei einer zentralen Organisation wird die Pflege und Erweiterung der Informationen durch eine Instanz (z.B. PR-Abteilung) im Unternehmen geleistet. Diese entscheidet, welche Informationen den Mitarbeitern zur Verfügung gestellt werden, was einerseits einen gewissen Qualitätsstandard garantiert, andererseits aber auch einen erheblichen Koordinierungsaufwand zwischen einzelnen Fachabteilungen eines Unternehmens voraussetzt[12]. Bei der dezentralen Organisation werden Informationen verteilt durch mehrere Abteilungen bzw. alle Mitarbeiter im Unternehmen publiziert.

Der Informationsaustausch unterscheidet sich in der Regel jeweils nach den Kriterien Darstellung (textbasiert oder multimedial), Aktionszeit und Reaktionszeit (synchron oder asynchron) sowie der Anzahl der Beteiligten. So wird der Informationsaustausch per E-Mail über ein Medium durchgeführt, das in

---

[12] Vgl. Batinic, Bernard (2000): Einführung und Nutzungmöglichkeiten eines Intranet. In: Boos, Margarete, Jonas, Kai J., Sassenberg, Kai: Computervermittelte Kommunikation in Organisationen. Göttingen u.a. S.170.

seiner Darstellung überwiegend textbasiert und hinsichtlich der Reaktionszeit asynchron genutzt wird. Der Empfänger einer E-Mail entscheidet, wann und wie oft die jeweilige E-Mail rezipiert wird.

Folgende Eigenschaften der Informationsdarstellung über das unternehmensinterne Intranet lassen sich hervorheben:

- Die Zentralität der Daten erlaubt es den Mitarbeitern, auf eine einheitliche Datenbasis zuzugreifen.

- Eine plattformunabhängige Nutzung ist durch die Browser-Technologie gegeben.

- Die Integration aller im Unternehmen eingesetzter Informationsdienste ist möglich.

- Unter Nutzung von Standardprotokollen und -applikationen können unterschiedliche Medien in ein Netzwerk integriert werden.

- Mit Hilfe von Groupwareanwendungen stehen zusätzlich zu den Informationen eines Intranets sämtliche Daten aus den Unternehmensaktivitäten (z.B. Briefvorlagen, Termine, Mitarbeiterzeitungen etc.) allen berechtigten Mitarbeitern zur Verfügung. Alle Informationen werden in Datenbanken abgelegt, in denen die Mitarbeiter nach Dokumenten suchen können.

Bei Betrachtung der Nutzungshäufigkeit von Intranet-Anwendungen zeigt sich, dass vorwiegend die direkte Kommunikation über E-Mail genutzt wird, sowie die Verarbeitung von Informationen mit Hilfe des Dokumenten-Management im Vordergrund steht. Nach einer Erhebung von Hoffmann verteilt sich die Häufigkeit des Einsatzes von Intranet-Anwendungen zur Informationsbeschaffung im Vergleich zu anderen Medien wie folgt:

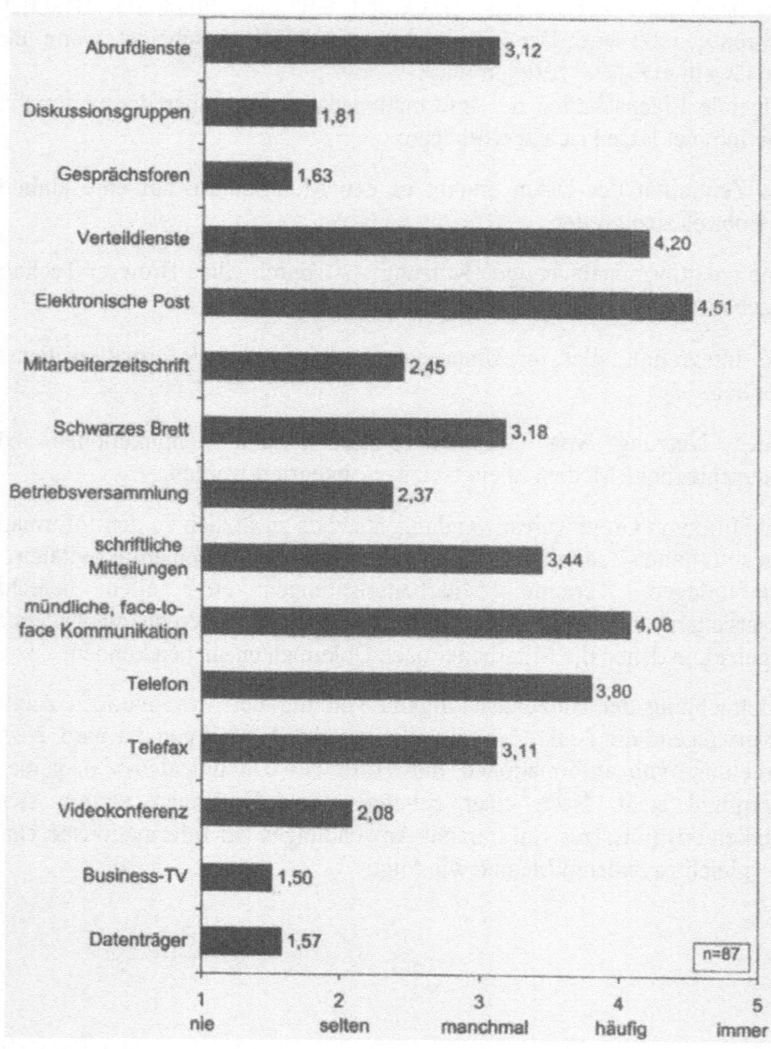

Abb. 33. Einsatz von Intranet-Anwendungen zur Informationsbeschaffung im Vergleich zu anderen Medien[13]

---

[13] Entnommen aus: Hoffmann, Claus (2001): Das Intranet: ein Medium der Mitarbeiterkommunikation. Konstanz. S. 207.

Einführung eines Intranets

Wie lässt sich ein Intranet in einem Unternehmen einführen bzw. aufbauen? Grundsätzlich ist zu berücksichtigen, dass die Kommunikation und Organisation jedes Unternehmens miteinander verknüpft sind. Jedes Unternehmen setzt sich aus unterschiedlichen Hierarchieebenen zusammen, die sich hinsichtlich ihrer Rechte und Aufgaben unterscheiden. Hierdurch wird bestimmt, welche Mitarbeiter untereinander Informationen austauschen. Daher ist vor der Einführung des Kommunikationssystems eine Analyse der Kommunikationsabläufe obligatorisch. Insgesamt lassen sich fünf Phasen zur Einführung eines Intranet beschreiben[14]:

1. Die Planungs- und Konzeptionsphase bildet die wesentliche Grundlage für den Erfolg eines funktionierenden Intranets. Die Einbeziehung der Mitarbeiter in das Vorhaben und in die Planung des Netzwerks steht hierbei im Vordergrund. Je weniger Informationen und Mitbestimmungsmöglichkeiten Mitarbeiter erhalten, desto skeptischer werden sie dem neuen Medium gegenüberstehen.

2. Während der Implementierungsphase sollten eine technisch reibungslose Einführung und ein stabil arbeitendes System bereitgestellt werden. Zeitplan der Arbeiten und der Grad, in dem Mitarbeiter in ihren Arbeitsabläufen gestört werden, sind zu berücksichtigen.

3. Die Phase der Etablierung dient der Heranführung der Mitarbeiter an das System. Durch gezielte Mitarbeiterschulungen werden die Grundvoraussetzungen für den späteren erfolgreichen Einsatz des Intranets auf der Anwenderseite geschaffen.

4. Die Anwendungsphase dient der konkreten Nutzung des Mediums Intranets zum Informationsaustausch. Eine kritische Reflektion des Einsatzes im Arbeitsalltag unter Einbeziehung sowohl der Unternehmensführung als auch der Mitarbeiter des Unternehmens ist durchzuführen.

5. Die fünfte Phase dient der Evaluation, Modifikation und Setzung neuer Ziele. Unternehmensleitung und Mitarbeiter bilanzieren die bisher gemachten Erfahrungen. Zukunftsperspektiven und Anwendungsfelder des Intranets sollten diskutiert werden.

---

[14] Vgl. Batinic, Bernard (2000): Einführung und Nutzungmöglichkeiten eines Intranet. In: Boos, Margarete, Jonas, Kai J., Sassenberg, Kai: Computervermittelte Kommunikation in Organisationen. Göttingen u.a. S.167 ff.

Informationsdarstellung in der externen Unternehmenskommunikation

Wie schon ausgeführt ist die Informationsdarstellung in der externen Unternehmenskommunikation unter Nutzung der Internetdienste nicht isoliert von der internen Unternehmenskommunikation zu sehen. Sie ist vielmehr Bestandteil eines konkreten und umfassenden Informationskonzeptes. Generell müssen innerhalb der externen Unternehmenskommunikation die Informationsinhalte nicht geändert, sondern in ihrer Darstellung und Zusammenstellung den Nutzerpräferenzen angepasst werden.

Ein Vorteil ist, dass Informationsinhalte wie Produktkataloge eines Unternehmens nur einmal zur elektronischen Darstellung aufbereitet werden müssen und zudem externen Nutzern über die Website des betreffenden Unternehmens zugänglich gemacht werden können. Der Nachteil besteht darin, dass Unternehmen im Gegensatz zum internen Unternehmensbereich in der Regel nicht automatisch wissen oder steuern können, wer welche Informationen im externen Bereich abruft. Die Informationen werden generell einem breiten und unbekannten Nutzerkreis zur Verfügung gestellt.

Die Informationsdarstellung über Internetdienste innerhalb der externen Unternehmenskommunikation wird durch folgende Umstände beeinflusst[15]:

- Unternehmenskommunikation erfolgt nicht nur durch Menschen, sondern zunehmend durch Softwareagenten.

- Die zunehmenden Informationsüberschüsse im Internet führen bei konstant bleibenden kognitiven Kapazitäten zu einer Verlagerung von der Quantitäts- hin zur Qualitätsprämisse: Informationen und Kommunikation sollten maßgeschneidert und zielgruppengerecht aufbereitet sein, um Aufmerksamkeit zu erregen und damit wahrgenommen zu werden.

Das Bedürfnis nach Individualisierung von Informationen und der Beziehungspflege zu den Kunden gehört mittlerweile zu den grundlegenden Merkmalen der externen Unternehmenskommunikation. Zur Informationsdarstellung in der externen Unternehmenskommunikation werden derzeit vor allem Konzepte zur Personalisierung von Informationen (engl. „Customizing") verfolgt, um die Informationsdarstellung nutzerspezifisch und damit individuell anpassen zu können[16].

Die bedürfnisorientierte Informationsdarstellung erfordert daher möglichst umfassende Informationen über die Zielgruppe(n) der externen Unternehmenskom-

---

[15] Vgl. Geissler, Ulrike, Will, Markus (2002): Verändert das Internet die Unternehmenskommunikation? Elektronische Publikation: http://www.communicationsmgt.org/modulespub/view.php/communicationsmgt-12. Stand 20.09.2002. S. 5.

[16] Vgl. Grimm, Rudi, Jüstel, Matthias, Klotz, Michael (2001): Methoden der Personalisierung im M-Commerce. In: Gora, Walter, Röttger-Gerigk, Stefanie (Hrsg.). Handbuch Mobile-Commerce. Berlin u.a. S. 177-190.

munikation. Diese hierzu notwendigen Informationen werden durch die Sammlung, Analyse und Interpretation der Daten der betreffenden Zielgruppe(n) mittels Data Warehouse und Data-Mining generiert. Die auszuwertenden Daten können hier vor allem durch das Nutzerverhalten und die Nutzerpräferenzen innerhalb der unternehmenseigenen Internetdienste gewonnen werden. Durch Data-Mining ist es möglich, Profile von Organisationen und Zielgruppen zu modellieren und damit die Kommunikation bzw. die Informationsdarstellung zu personalisieren. Durch eine entsprechende Personalisierung durch Eingabe eines Benutzersnamens und eines Passwords besteht somit die Möglichkeit, Informationen nach den Interessen und Neigungen des Nutzers bereit- und darzustellen.

In diesem Zusammenhang ist auf die Möglichkeit der weitgehenden Automatisierung der Kommunikationsbeziehungen durch Internettechnologien hinzuweisen. Als Beispiel kann der Einsatz von E-Mail-Verwaltungssystemen bzw. Newsletter-Redaktionssystemen angeführt werden, die es erlauben, dem Nutzer individuelle an seine Präferenzen angepasste Informationen bereitzustellen. So ist es möglich, Kunden nur die für sie relevanten Produktinformationen des Unternehmens bereitzustellen.

Ausblick

Für die externe und interne Unterkommunikation wird die Informationsdarstellung innerhalb netzwerkbasierter Intranets und des Internets zukünftig an Bedeutung gewinnen. Durch die netzbasierte Informationsdarstellung wird es Unternehmen zunehmend möglich sein, Unternehmensprozesse deutlich zu beschleunigen, da wichtige Informationen sowohl für interne als auch externe Nutzer beispielsweise über Datenbankabfragen jederzeit zugänglich sind.

Es konnte gezeigt werden, dass die Informationsdarstellung durch Kommunikationsmedien auf der Basis von Computernetzen die Rahmenbedingungen der Unternehmenskommunikation modifiziert. Während dabei die Kommunikationsziele und -inhalte insgesamt konstant bleiben, hat die Nutzung von Internetdiensten, insbesondere der Aufbau eines Intranet zur internen Unternehmenskommunikation, erheblichen Einfluss auf die Kommunikationsstrukturen eines Unternehmens. So müssen Inhalte teilweise anders aufbereitet und zusammengestellt werden, um beispielsweise innerhalb von Datenbanken dem potenziellen Nutzer zur Verfügung zu stehen.

Durch die Einführung eines Intranets kann außerdem der Kundenservice verbessert werden, da die Mitarbeiter in der Lage sind, Anfragen schneller und kompetenter zu bearbeiten. Zudem schafft die Informationsdarstellung innerhalb eines firmeneigenen Netzes mehr Transparenz. Gerade Unternehmen mit verschiedenen Standorten und Filialen profitieren davon.

Mit dem Einzug von Internettechnologien zur Informationsdarstellung innerhalb der Unternehmenskommunikation bleiben zwar die Ziele unverändert, die Aufgabenfelder sowohl der externen als auch internen Unternehmenskommunikation ändern sich jedoch deutlich. Diese liegen generell in der Automatisierung der Kommunikationsprozesse innerhalb der Unternehmenskommunikation, die durch die Begriffe Aktualität, Schnelligkeit und Individualisierung gekennzeichnet sind.

Literatur:

Batinic, Bernard (2000): Einführung und Nutzungmöglichkeiten eines Intranet. In: Boos, Margarete, Jonas, Kai J., Sassenberg, Kai (Hrsg.): Computervermittelte Kommunikation in Organisationen. Göttingen u.a. S. 165-174.

Boos, Margarete, Jonas, Kai J., Sassenberg, Kai (2000): Sozial- und organisationspsychologische Aspekte computervermittelter Kommunikation. In: Boos, Magarete, Jonas, Kai J., Sassenberg, Kai (Hrsg.): Computervermittelte Kommunikation in Organisationen. Göttingen u.a. S. 1-10.

Geissler, Ulrike, Will, Markus (2002): Verändert das Internet die Unternehmenskommunikation? Elektronische Publikation: http://www.communicationsmgt.org/modules/pub/view.php/communicationsmgt-12. Stand 20.09.2002.

Grimm, Rudi, Jüstel, Matthias, Klotz, Michael (2001): Methoden der Personalisierung im M-Commerce. In: Gora, Walter, Röttger-Gerigk, Stefanie (Hrsg.). Handbuch Mobile-Commerce. Berlin u.a. S. 177-190.

Hoffmann, Claus (2001): Das Intranet: ein Medium der Mitarbeiterkommunikation. Konstanz.

Intranet und Extranet - Ein Leitfaden für kleine und mittlere Unternehmen (2001). Bundesministerium für Wirtschaft und Technologie (Hrsg).

Kommunikation. Elektronische Publikation: http://acpc165.ac.uni-landau.de: 8080/telemap/academy/design/ict_tools/communication;internal&action=buildframes. action. Stand 10.09.2002.

Wilkesmann, Uwe: Wissensmanagement in Großorganisationen. Elektronische Publikation: http://www.ruhr-uni-bochum.de/km/VortragB.pdf. Stand: 18.09.2002.

Europäische Telekommunikationspolitik - Ausgewählter Überblick über die aktuelle Telekommunikations- und Datenschutzpolitik in der Europäischen Union

Erika Mann, Sebastian Fairhurst

Einführung

Die politischen Initiativen im Bereich der Informations- und Telekommunikationspolitik in der Europäischen Union (EU) führten in den Jahren 2001/2002 zu einer weiteren Liberalisierung und Harmonisierung, die im Jahre 1990 mit der Richtlinie für Mehrwertdienste[17] begonnen hatte, und die 1998 mit einer weitreichenden Liberalisierung des Telekommunikationsmarktes fortgesetzt wurde. Im Frühjahr 2002 wurde das so genannte *Telekommunikationspaket* verabschiedet, welches einen, dem zunehmenden Wettbewerb angepassten, neuen Rechtsrahmen für elektronische Kommunikationsnetze und -dienste schafft.

Im vorliegenden Artikel werden wir uns im Wesentlichen auf die Veränderungen konzentrieren, die sich aus der Rechtsetzung des Telekommunikationspakets ergeben.

Nach der Verabschiedung im Plenum des Europäischen Parlamentes am 12. Dezember 2001 hat der EU-Ministerrat am 14. Februar 2002 in zweiter Lesung den Maßnahmen zugestimmt. Der Verabschiedung waren viele Debatten zwischen den Institutionen vorangegangen, vor allem auch im so genannten Informellen Trilog zwischen Mitgliedern des Europäischen Parlamentes, der Europäischen Kommission und des Rates, repräsentiert durch die belgische Ratspräsidentschaft.

Das Telekommunikationspaket besteht aus 5 Richtlinien sowie einer Entscheidung. Im Einzelnen sind dies die Rahmenrichtlinie[18], die Zugangsrichtlinie[19], die Universaldienstrichtlinie[20], die Genehmigungsrichtlinie[21], die

---

[17] Richtlinie 90/387 EWG

[18] Richtlinie über einen gemeinsamen Rechtsrahmen für elektronische Kommunikationsnetze und -dienste (Rahmenrichtlinie), 2002/21/EG.

[19] Richtlinie über den Zugang zu elektronischen Kommunikationsnetzen und zugehörigen Einrichtungen sowie deren Zusammenschaltung (Zugangsrichtlinie), 2002/19/EG.

[20] Richtlinie 2002/22/EG des Europäischen Parlamentes und des Rates vom 7. März 2002 über den Universaldienst und Nutzerrechte bei elektronischen Kommunikationsnetzen und -diensten (Universaldienstrichtlinie), veröffentlicht am 24.4.2002 im Amtsblatt der EG, L 108/51-77

[21] Richtlinie 2002/20/EG des Europäischen Parlamentes und des Rates vom 7. März 2002 über die Genehmigung elektronischer Kommunikationsnetze- und Dienste

Datenschutzrichtlinie[22] sowie die Entscheidung zur Frequenzpolitik[23]. Die vier zuerst genannten Richtlinien müssen bis zum 25. Juli 2003, die Datenschutzrichtlinie bis zum 31. Oktober 2003 in nationales Recht umgesetzt werden.

Nachdem die erste Marktöffnung (1990: Richtlinie für Mehrwertdienste) die bestehenden Monopole im Bereich der Telekommunikationsnetze und Dienste aufgebrochen und der Telekommunikationssektor weitgehend den freien Marktkräften ausgesetzt war, wurde eine Novellierung notwendig, um der sich anbahnenden Konvergenz zwischen Telekommunikation, Rundfunk und Informationstechnologien Rechnung zu tragen und so die neu zu regulierenden Märkte an die Grundsätze des europäischen Wettbewerbsrechts heranzuführen[24]. Bislang existierten für unterschiedliche Netze und Dienste verschiedene europäische Regelungen, die durch den neuen Rechtsrahmen (Telekommunikationspaket) harmonisiert werden.

Im Bereich der Telekommunikationsindustrie galt für die Regulierungspolitik eine ex - ante Regulierung, die sich aus dem früheren Monopol und dadurch weitgehendem Fehlen von Wettbewerbern erklärte, die es den nationalen Regulierungsbehörden erlaubte, flexible Mechanismen bei der Bewertung der Marktmacht zu nutzen. Konnten die nationalen Regulierungsbehörden nach dem Rechtsrahmen von 1998 Unternehmen als Unternehmen mit beträchtlicher Marktmacht bezeichnen, wenn sie einen Marktanteil von 25% hatten, sieht der neue Rechtsrahmen flexiblere Mechanismen vor. Regulierende Märkte müssen nun im Sinne des Europäischen Wettbewerbsrechts zunächst geprüft werden. Sollte sich bei der Überprüfung ergeben, dass ein Unternehmen in einem

---

(Genehmigungsrichtlinie), veröffentlicht am 24.4.2002 im Amtsblatt der EG, L 108/21-32.

[22] Richtlinie des Europäischen Parlamentes und des Rates über die Verarbeitung personenbezogener Daten und den Schutz der Privatsphäre in der elektronischen Kommunikation (Datenschutzrichtlinie), veröffentlicht am 31.7.2002 im Amtsblatt der EG, L 201/37-47.

[23] Entscheidung Nr. 676/2002/EG des Europäischen Parlamentes und des Rates vom 7. März 2002 über einen Rechtsrahmen für die Funkfrequenzpolitik in der Europäischen Gemeinschaft (Frequenzentscheidung), veröffentlicht am 24.4.2002 im Amtsblatt der EG, L 108/1-6.

[24] Siehe „Leitlinien der Kommission zur Marktanalyse und Ermittlung beträchtlicher Marktmacht nach dem gemeinsamen Rechtsrahmen für elektronische Kommunikationsnetze und -dienste" (Leitlinien), 2002/C 165/03, ABl. C 165/6 vom 11.7.2002. Es ist darauf hinzuweisen, dass mit Konvergenz die Annäherung aller verschiedenartigen Kommunikationsnetze und -dienste gemeint ist. Auf die jeweilige technische Plattform kommt es daher nicht an. Eine von der Europäischen Kommission in Auftrag gegebene Studie zur Analyse der Telekommunikationsmärkte Market Definitions for Regulatory Obligations in Communications Markets der Anwaltskanzlei Squire, Sanders and Dempsey wurde vor kurzem im Internet veröffentlicht, http://www.europa.eu.int/information_society/topics/telecoms/regulatory/studies/index_e n.htm.

gegebenen Markt über beträchtliche Marktmacht verfügt, können ex-ante Verpflichtungen auferlegt werden. Die Neuerungen und Veränderungen werden im folgenden Abschnitt erläutert.

Die Datenschutzlinie gehört zwar ebenfalls zum Telekommunikationspaket, ist aber von den anderen vier Richtlinien getrennt behandelt worden. Nicht zuletzt wegen heftiger politischer Kontroversen über die Regelung der Versendung von elektronischer Werbung und der Forderung der Mitgliedstaaten, die Datenvorratsspeicherung zu polizeilichen Ermittlungszwecken zu ermöglichen, kam es bei der Verabschiedung der Richtlinie zu einer zeitlichen Verzögerung. Wegen der tragischen Ereignisse in den USA am 11. September 2001 konnte dies nicht zum selben Zeitpunkt verabschiedet werden. Grundsätzliche Fragen konnten bei der Überarbeitung der Richtlinie 97/66/EG im Europäischen Parlament und im Rat erst nach zähen Diskussionen geklärt werden.

Diese Regelung sichert eine bessere Transparenz und hat den Vorteil, den Markteintritt von Wettbewerbern vor Ort schneller und besser zu beurteilen. Die Heranführung and die Grundsätze und Verfahren des Wettbewerbsrechts vereinheitlicht zum einen die Beurteilung der relevanten Märkte und zum anderen die Bewertung, ob Unternehmen auf den betreffenden Märkten über beträchtlicher Marktmacht verfügen.

Die folgenden Ausführungen beschränken sich vornehmlich auf die Rahmen- und die Datenschutzrichtlinie.

Telekommunikationspaket

Richtlinie über einen gemeinsamen Rechtsrahmen für elektronische Kommunikationsnetze und -dienste

Die Rahmenrichtlinie ist das Herzstück des gesamten Pakets, da sie den gemeinsamen Anwendungsbereich der anderen Richtlinien, die zum Telekommunikationspaket gehören, definiert und den nationalen Regulierungsbehörden (NRB) allgemeine Grundsätze und Ziele vorgibt. Unter den Anwendungsbereich der Richtlinien fallen die in der Rahmenrichtlinie aufgeführten elektronischen Kommunikationsnetze und -dienste. Der Begriff der elektronischen Kommunikationsnetze ist in Artikel 2 (a) legal definiert. Er umfasst Übertragungssysteme und gegebenenfalls Vermittlungs- und Leitwegeinrichtungen sowie anderweitige Ressourcen, die die Übertragung von Signalen über Kabel, Funk, optische oder andere elektromagnetische Einrichtungen ermöglichen, einschließlich Satellitennetze, feste und mobile terrestrische Netze, Stromleitungssysteme, soweit sie zur Signalübertragung genutzt werden, Netze für Hör- und Fernsehfunk sowie Kabelfernsehnetze, unabhängig von der Art der übertragenen Informationen.

Unter elektronischen Kommunikationsdiensten im Sinne von Artikel 2 c) der Rahmenrichtlinie sind solche Dienste zu verstehen, die gewöhnlich gegen Entgelt erbracht werden und die ganz oder überwiegend in der Übertragung von Signalen über elektronische Kommunikationsnetze bestehen, einschließlich Telekommunikations- und Übertragungsdienste in Rundfunksendungen. Für die Qualifizierung als Kommunikationsdienst kommt es demnach auf den Transportcharakter der Dienstleistung an.

Die Rahmenrichtlinie und die anderen Richtlinien des Kommunikationspakets regulieren die Übertragung von Daten aber nicht die Inhalte. Die im Rahmen des elektronischen Handels angebotenen Dienste, Rundfunkinhalte oder spezielle Mobilfunkdienste werden von den erwähnten Richtlinien nicht erfasst. der Rahmen lässt folglich alle Maßnahmen unberührt, die auf Gemeinschaftsebene oder im Einklang mit dem Gemeinschaftsrecht auf der Ebene der Mitgliedstaaten in Bezug auf diese Dienste getroffen werden, um die kulturelle und sprachliche Vielfalt zu fördern und die Wahrung des Pluralismus der Medien sicherzustellen[25].

Aufgaben und Pflichten der nationalen Regulierungsbehörden (NRB)

Die NRB sollen den in Artikel 8 Absätze 2, 3 und 4 der Rahmenrichtlinie genannten *politischen Zielen* Rechnung tragen. Dabei werden drei Kategorien unterschieden[26]:

Förderung eines offenen und wettbewerbsfähigen Marktes für elektronische Kommunikationsnetze und -dienste sowie zugehörige Einrichtungen, Entwicklung des Binnenmarktes und Förderung der Interessen der europäischen Bürger.

Zur Erfüllung der politischen Ziele, sehen die Maßnahmen einige Aufgaben und Pflichten der NRB vor:

- Definierung der relevanten Produkt-/Dienstmärkte und der räumlichen Märkte auf nationaler Ebene

- Analyse der relevanten Märkte in Zusammenarbeit mit den nationalen Wettbewerbsbehörden

- Möglichkeit der Marktregulierung bei uneffektivem Wettbewerb

- Streitschlichtung bei Antragstellung einer der Parteien

- Recht auf Anforderung von Informationen von Unternehmen (unter bestimmten Voraussetzungen).

---

[25] Siehe auch Erwägungsgrund 5 der Rahmenrichtlinie. Der Rechtsrahmen für den elektronischen Handel wurde im Übrigen bereits durch die Richtlinie 2000/31/EG vom 8. Juni 2000 gesetzt.

[26] Leitlinien, Nr. 15

Die NRB dürfen grundsätzlich nur dann marktregulierend eingreifen, wenn der Wettbewerb auf den relevanten Märkten als nicht wirksam angesehen wird, weil es Unternehmen mit einer der Beherrschung gleichkommenden Stellung im Sinne von Artikel 82 EG-Vertrag[27] gibt (Artikel 14 der Rahmenrichtlinie). Stellt die NRB fest, dass auf einem relevanten Markt die Bedingungen für einen wirksamen Wettbewerb fehlen, ermittelt sie Unternehmen mit beträchtlicher Marktmacht nach den in Artikel 14 der Rahmenrichtlinie festgelegten Kriterien und erlegt diesen geeignete spezifische Verpflichtungen auf (Artikel 16 der Rahmenrichtlinie).

Marktdefinitionsverfahren

Die NRB muss in einem ersten Schritt im so genannten *Marktdefinitionsverfahren* den relevanten Markt, auf dem kein Wettbewerb mehr herrscht, ermitteln (Artikel 15 der Rahmenrichtlinie). Diesem Verfahren sind insbesondere eine *Empfehlung in Bezug auf relevante Produkt- und Dienstmärkte* (Empfehlung) sowie die *Leitlinien zur Marktanalyse und zur Bewertung beträchtlicher Marktmacht* (Leitlinien) zugrunde zulegen (Artikel 15 (1) und (2) der Rahmenrichtlinie). Die Kommission hat bereits nach Anhörung der Öffentlichkeit und der nationalen Regulierungsbehörden die Empfehlung in Bezug auf relevante Produkt- und Dienstmärkte erlassen[28]. Diese Empfehlung wird diejenigen Märkte für Kommunikationsprodukte und -dienste aufführen, deren Merkmale die Auferlegung der in den Einzelrichtlinien dargelegten Verpflichtungen rechtfertigen können. Dabei hat die Kommission die Märkte im Einklang mit den Grundsätzen des Wettbewerbsrechts zu definieren[29]. Ein Entwurf einer Empfehlung der Kommission über relevante Produkt- und Dienstmärkte des elektronischen Kommunikationssektors ist bereits am 7. März 2002 vorgelegt worden[30]. Die Empfehlung zielt darauf ab, diejenigen Produkt- und Dienstmärkte

---

[27] In der Rechtsprechung des Gerichtshofs wurde der Begriff einer beherrschenden Stellung als eine Situation wirtschaftlicher Stärke definiert, die es einem Unternehmen gestattet, sich in beträchtlichem Umfang unabhängig von Mitbewerbern, Kunden und letztlich Verbrauchern zu verhalten.

[28] Nach Artikel 15 (2) der Rahmenrichtlinie ist die Kommission verpflichtet gewesen, spätestens zum Zeitpunkt des Inkrafttretens der Rahmenrichtlinie Leitlinien zur Marktanalyse und zur Bewertung beträchtlicher Marktmacht zu veröffentlichen. Dieser Verpflichtung ist sie bereits nachgekommen. Die Leitlinien sind am 11.07.2002 im Amtsblatt der Gemeinschaften veröffentlicht worden, 2002/C 165/03, Seiten 6-31.

[29] Artikel 15 (1) der Rahmenrichtlinie

[30] Im Internet ist der Entwurf unter
http://europa.eu.int/information_society/topics/telecoms/regulatory/publiconsult/index_e
abrufbar

festzulegen, die für eine Vorabregulierung in Betracht kommen[31]. Im Anhang der Empfehlung sind beispielsweise im Bereich der *Endkundenmärkte* der Zugang zum öffentlichen Telefonnetz an einem festen Standort und im Bereich der *Großkundenmärkte* der Verbindungsaufbau im öffentlichen Telefonnetz an einem festen Standort oder etwa der Großkunden-Ortsanschluss zur Erbringung von Breitband-Internetdiensten zu erwähnen.

Marktanalyseverfahren

In einem zweiten Schritt hat die NRB sobald wie möglich nach der Verabschiedung der Empfehlung oder deren etwaigen Aktualisierung unter weitest gehender Berücksichtigung der Leitlinien eine Analyse der relevanten Märkte durchzuführen *(Marktanalyseverfahren)*[32]. Kommt die NRB zu dem Schluss, dass auf einem relevanten Markt kein wirksamer Wettbewerb besteht, ist sie verpflichtet, Unternehmen mit beträchtlicher Marktmacht im Sinne von Artikel 14 der Rahmenrichtlinie zu ermitteln und diesen Unternehmen geeignete spezifische Verpflichtungen aufzuerlegen, bei bereits bestehenden Verpflichtungen zu ändern bzw. beizubehalten oder aufzuheben[33].

Sachlich relevanter Markt

Nach den von der Kommission veröffentlichten Leitlinien zur Marktanalyse kommt der Feststellung, ob ein Unternehmen über beträchtliche Marktmacht verfügt, der Definition des relevanten Marktes grundlegende Bedeutung zu, da echter Wettbewerb nur unter Bezugnahme auf einen solchen relevanten Markt gewürdigt werden kann[34].

Die Bestimmung des sachlichen Marktes ist nicht eigens in der Rahmenrichtlinie geregelt. Die NRB müssen daher auf die allgemeinen Grundsätze des europäischen Wettbewerbsrechts zurückgreifen[35]. Nach ständiger Rechtsprechung gehören dem sachlich relevanten Markt sämtliche Produkte an, die hinreichend austausch- bzw. substituierbar sind, und zwar nicht nur wegen ihrer objektiven

---

[31] Siehe Erwägungsgrund 3 des Entwurfs der Empfehlung der Kommission über relevante Produkt- und Dienstmärkte des elektronischen Kommunikationssektors vom 7. März 2002; es ist darauf hinzuweisen, daß die Zugangs- und Universaldiensterichtlinie bereits bestimmte Marktsegmente definieren, die zusätzlich zu den in der Empfehlung aufgeführten Märkten von den nationalen Regulierungsbehörden zu analysieren sind

[32] Artikel 16 (1) der Rahmenrichtlinie; die Mitgliedstaaten haben dabei dafür zu sorgen, dass die nationalen Wettbewerbsbehörden gegebenenfalls an dieser Analyse beteiligt werden

[33] Artikel 16 (4) der Rahmenrichtlinie

[34] Leitlinien, Nr. 34

[35] Schütz/Attendorn, Das neue Kommunikationsrecht der EU, Beilage MMR 4/2002, S. 13

Merkmale, sondern auch wegen der vorliegenden Wettbewerbsbedingungen[36].
Dienen die Produkte demselben Verwendungs- bzw. Endzweck, gehören sie auch
demselben Markt an. Können also unterschiedliche Infrastrukturen, wie Kabel-
und Satellitenverbindungen für denselben Zweck, wie zum Beispiel Internet,
verwendet werden, müssen sie demselben Produktmarkt zugerechnet werden.
Auf Grund der technologischen Konvergenz verschiedener elektronischer
Kommunikationsdienste wird die Austauschbarkeit in Zukunft sicherlich
zunehmen.

Die europäische Kommission hat im Bereich der elektronischen Kommunikation eine Aufteilung auf mindestens zwei relevante Märkte vorgenommen. Sie
definiert den Dienstleistungsmarkt, das heißt den Markt für Dienstleistungen, die
beim Endbenutzer erbracht werden, und den Zugangsmarkt, welcher den Markt
für den Zugang zu den Einrichtungen bezeichnet, die für die Erbringung der
Dienstleistung erforderlich ist[37].

Geographisch relevanter Markt

Der für die Beurteilung der Wettbewerbssituation *relevante geographische Markt*
ist nach ständiger Rechtsprechung ein Gebiet, in dem die Unternehmen bei den
relevanten Produkten an Angebot und Nachfrage beteiligt sind und die
Wettbewerbsbedingungen einander gleichen oder hinreichend homogen sind und
von Nachbargebieten unterschieden werden können, in denen erheblich andere
Wettbewerbsbedingungen bestehen[38]. Bei der Definierung des geographischen
Marktes ist es nicht notwendig, dass die Wettbewerbsbedingungen zwischen
Anbietern und Händlern vollkommen homogen sind. Es reicht bereits aus, dass
sich diese Bedingungen einander gleichen oder hinreichend homogen sind.

Im Bereich der elektronischen Kommunikation werden zur Bestimmung des
relevanten geographischen Marktes bisher zwei wesentliche Kriterien
herangezogen:

- dem von einem Netz erfassten Gebiet[39] und

---

[36] Die Definition wurde aus Verständnisgründen vereinfacht wiedergegeben. Zur exakten
Definition siehe Rechtssache 85/76, Hoffmann La-Roche/Kommission, Slg. 1979, 461,
Rn. 23, welches eines der erste Urteile war, in dem der sachlich relevante Markt so
umschrieben wurde

[37] Siehe Leitlinien, Nr. 63ff. Schütz/Attendorn, S.13

[38] Siehe verbundene Rechtssachen C-68/94 und C-30/95, Frankreich und
andere/Kommission, Slg, I-1375 und Leitlinien Nr. 56

[39] Im Normalfall ist dies das dem Betreiber zugewiesene Gebiet. So kann der räumliche
Markt ein lokaler Markt sein, wenn das angemeldete Gemeinschaftsunternehmen über
eine Lizenz verfügt, die sich auf ein Stadtgebiet beschränkt, siehe Nr. COMP/M.1650 -
ACEA/Telefónica

• den bestehenden Rechts- und anderen Verwaltungsinstrumenten.

Mit Hilfe der beiden wesentlichen Kriterien können die geographischen Märkte als lokal, regional, national oder länderübergreifend für Gebiete, die sich auf zwei oder mehrere Länder erstrecken, bezeichnet werden (z.B. pan-europäische, europaweite oder globale Märkte)[40].

Beträchtliche Marktmacht

Zur Ermittlung von Unternehmen mit beträchtlicher Marktmacht im Sinne der Rahmenrichtlinie müssen drei Fälle unterschieden werden[41]:

1. Alleinige Marktbeherrschung

2. Gemeinsame Marktbeherrschung[42]

3. Unternehmen mit beträchtlicher Marktmacht in benachbarten Gebieten[43].

Die NRB sollen bei der Beurteilung der Frage, ob zwei oder mehrere Unternehmen auf einem Markt gemeinsam mit anderen eine beherrschende Stellung einnehmen, im Einklang mit dem Gemeinschaftsrecht die von der Kommission veröffentlichten *Leitlinien zur Marktanalyse und zur Bewertung beträchtlicher Marktmacht[44]* vornehmen. Der neue Rechtsrahmen hat damit die Definition der beträchtlichen Marktmacht in Einklang mit der Definition des Europäischen Gerichtshofs zur beherrschenden Stellung im Sinne von Artikel 82 EG-Vertrag gebracht[45]. Dies hat zur Folge, dass die NRB bei der Anwendung der Definition der beträchtlichen Marktmacht ihre Entscheidungen mit der Fallpraxis der Kommission und der einschlägigen Rechtsprechung des Gerichtshofs und des Gerichtshofs erster Instanz abstimmen müssen.

---

[40] Leitlinien, Nr. 60. Zu den sogenannten Substitutionsketten siehe Leitlinien Nr. 62

[41] Artikel 14 (2) der Rahmenrichtlinie: Ein Unternehmen gilt als ein Unternehmen mit beträchtlicher Marktmacht, wenn es entweder allein oder gemeinsam mit anderen eine der Beherrschung gleichkommende Stellung einnimmt, d.h. eine wirtschaftliche starke Stellung, die es ihm gestattet, sich in beträchtlichem Umfang unabhängig von Wettbewerbern, Kunden und letztlich Verbrauchern zu verhalten

[42] Bei der Beurteilung, ob eine gemeinsame Marktbeherrschung vorliegt, sollen die NRB die in Anhang II der Rahmenrichtlinie aufgeführten Kriterien heranziehen. Eine Marktbeherrschung in diesem Sinne wird selbst bei Fehlen struktureller oder sonstiger Beziehungen zwischen Unternehmen angenommen, wenn die Marktmacht als förderlich für koordinierte Effekte beurteilt wird

[43] Gemäß Artikel 14 (3) der Rahmenrichtlinie kann davon ausgegangen werde, dass wenn ein Unternehmen auf einem bestimmten Markt über beträchtliche Marktmacht verfügt, es „auch auf einem anderen Markt beträchtliche Marktmacht besitzt, wenn die Verbindungen zwischen beiden Märkten gestatten, diese von dem einen auf den anderen Markt zu übertragen und damit die gesamte Marktmacht des Unternehmens" verstärkt

[44] Artikel 14 (2) der Rahmenrichtlinie

[45] Leitlinien Nr. 70

Im Gegensatz zur Wettbewerbsbehörde, die bei der Beurteilung des Sachverhalts eine ex-post Analyse im Sinne von Artikel 82 EG-Vertrag vornimmt, bedarf es bei der Ermittlung der beträchtlichen Marktmacht nach ex-ante Kriterien eine andere Methode. Die Marktanalyse erfolgt hauptsächlich auf Prognosen[46].

Verpflichtungsauflagen durch die NRB

Liegt einer der drei oben genannten Fälle und damit kein wirksamer Wettbewerb auf einem relevanten Markt vor, hat die NRB dem davon betroffenen Unternehmen eine geeignete und angemessene spezifische Verpflichtung aufzuerlegen. Diese Regulierungsinstrumente sind in den verschiedenen Richtlinien des Telekommunikationspakets verstreut aufgeführt.
So kann die NRB Maßnahmen ergreifen, wie zum Beispiel

- Zugangspflicht (Artikel 12 Zugangsrichtlinie)

- Entgeltkontrolle (Artikel 13 Zugangsrichtlinie, Artikel 17 Universaldiensterichtlinie)

- Bereitstellung von Mietleitungen (Artikel 18 Universaldiensterichtlinie).

Veto-Recht der Kommission

Wegen des weiten Ermessensspielraums der NRB können die Entscheidungen weitgehende Folgen für die weitere Entwicklung des Binnenmarktes haben[47]. Um jedoch nachteilige Auswirkungen der in den Mitgliedstaaten getroffenen Entscheidungen der NRB auf das Funktionieren des Binnenmarktes zu vermeiden, sind die NRB verpflichtet, sich im Interesse eines "level-playing field" eng zu koordinieren und mit den nationalen Wettbewerbsbehörden sowie der Kommission zusammenzuarbeiten.
Die Gefahr, dass die Entscheidungen der NRB der weiteren Verwirklichung des einheitlichen Binnenmarktes entgegenstehen könnten, konnte durch ein *zweifaches Veto-Recht* der Kommission eingedämmt werden. Bis zuletzt war zwischen dem Ministerrat auf der einen Seite und dem Europäischen Parlament sowie der Kommission auf der anderen Seite das Machtverhältnis zwischen Kommission und den nationalen Regulierern im Falle von Uneinigkeit hinsichtlich individueller Regulierungsentscheidungen sowie bei der Marktdefinition oder Marktanalyse umkämpft[48]. Der Rat gab schließlich sein Vorhaben auf, den Einfluss der Kommission in dieser Frage zu beschränken.

---

[46] Leitlinien, Nr. 70

[47] Leitlinien, Nr. 23

[48] Schütz/Attendorn, S.7

Im Sinne der Harmonisierung des Binnenmarktes kann die Kommission eine geplante Maßnahme der NRB um zwei Monate blockieren bzw. die NRB innerhalb der zweimonatigen Frist auffordern, den Entwurf zurückzuziehen[49]. Sie kann dies tun, wenn der Maßnahmeentwurf ein Hemmnis für den Binnenmarkt schaffen würde oder sie ernsthafte Zweifel an der Vereinbarkeit mit dem Gemeinschaftsrecht und insbesondere den in Artikel 8 der Rahmenrichtlinie genannten politischen Zielen hat.

Dies setzt voraus, dass die NRB die Produkt- und Dienstemärkte anders als in der Kommissionsempfehlung im Sinne von Artikel 15(1) definiert hätte oder indem sie für eines oder mehre Unternehmen eine beträchtlich Marktmacht gemäß Artikel 16(3), (4) oder (5) festlegt hätte.

Verpflichtung auf internationaler Ebene - WTO

Auf internationaler Ebene sind die EU und die Mitgliedstaaten im Rahmen der WTO durch das GATS-Abkommen Verpflichtungen in Bezug auf Unternehmen eingegangen, die bedeutende Anbieter von grundlegenden Telekommunikationsdiensten sind, was zur Folge hat, dass letztere sich im Bereich von grundlegenden Telekommunikationsdiensten WTO-konform verhalten müssen[50]. Der neue Rechtsrahmen stellt sicher, dass die NRB die relevanten Verpflichtungen in Übereinstimmung mit den Zusagen der Gemeinschaft und ihrer Mitgliedstaaten im Rahmen der WTO weiterhin auf Unternehmen anwenden, die bedeutenden Anbieter sind[51].

Die EU hat am 1. Juli 2002 im Rahmen der aktuellen WTO-Verhandlungen ihre Verhandlungsposition[52] für verbesserten Marktzugang bei Dienstleistungen eingereicht. Es werden eine Restriktion der Handelsbarrieren und ein Ausbau der Dienstleistungen auf WTO-Ebene in verschiedenen Sektoren gefordert. Die Reduzierung der Marktpreise in einigen Märkten und die gestiegene Wettbewerbssituation innerhalb der EU erfordern eine ähnliche Marktöffnung und -entwicklung[53]. Kernpunkt ist die Forderung nach vollem Wettbewerb auf den Telekommunikationsmärkten unter Beachtung einer Reihe von Prinzipien, wie zum Beispiel der Unabhängigkeit der Regulierungsbehörden und der Annahme von Wettbewerbsregeln.

---

[49] Siehe Artikel 7(4) und Artikel 22(2) der Rahmenrichtlinie

[50] Im Rahmen der WTO wurde 1997 wurde nach dreijähriger Verhandlung Marktzugang zu grundlegenden Telekommunikationsdiensten vereinbart, Anhang zum 4. GATS Protokoll. Siehe http://www.wto.org

[51] Leitlinien, Nr. 125

[52] Auf englisch „initial request"

[53] Siehe Summary of the EC's Initial Request to Third Countries in the GATS Negotiations vom 1. Juli 2002, unter VI. d), http://europa.eu.int/comm/trade/services/gats_sum.htm

Datenschutzrichtlinie über einen gemeinsamen Rechtsrahmen für elektronische Kommunikationsnetze und Dienste

Hauptziel der Neuregelung ist die Anpassung der bestehenden Telekommunikationsdatenschutzrichtlinie 97/66/EG an die aktuellen Markt- und Technologieentwicklungen. Die neue *Richtlinie über die Verarbeitung personenbezogener Daten und den Schutz der Privatsphäre im Bereich der elektronischen Kommunikation* ist am 25. Juni 2002 durch den Rat angenommen worden und muss von den Mitgliedstaaten bis zum 31. Oktober 2003 umgesetzt werden. Das Europäische Parlament hatte in zweiter Lesung am 30. Mai 2002 sein Credo zu der in vielen Punkten umstrittenen und kontrovers diskutierten Richtlinie gegeben[54].

Die folgenden Aspekte sind besonders relevant:

Netzwerksicherheit[55]

Die Diensteanbieter elektronischer Kommunikation müssen angemessene technische und organisatorische Maßnahmen vornehmen, um die Sicherheit ihrer Dienste zu gewährleisten. Darüber hinaus sind sie verpflichtet, ihre Kunden über etwaige Sicherheitsrisiken zu informieren. Sollten die Risiken außerhalb des abdeckbaren Risikos liegen, müssen sie die Kunden auf eventuelle Wiedergutmachung hinweisen.

Vertraulichkeit[56]

Die Mitgliedstaaten sind verpflichtet sicherzustellen, dass die Vertraulichkeit der Kommunikation und der Verkehrsdaten geschützt sind. Das Abhören, die Speicherung sowie andere Arten der Überwachung sind verboten, es sein denn, dass es eine gesetzliche Ausnahme des Grundsatzes gibt. Das Verbot erstreckt sich nicht auf technisch notwendige Speicherung für die Aufrechterhaltung der Geschäftskommunikation und rechtmäßig autorisierte Aufzeichnung von Geschäftsdaten zu Beweiszwecken.

---

[54] Abstimmungsergebnisse zu finden unter
http://www.europarl.eu.int/plenary/default_de.htm
[55] Artikel 4 der Datenschutzrichtlinie
[56] Artikel 5 der Datenschutzrichtlinie

Cookies[57]

Während des legislativen Meinungsbildungsprozesses über den Gebrauch von sogenannten Cookies gab es mehrere Lösungsvorschläge. Durchgesetzt hat sich
letztlich die Variante, die die Benutzung elektronischer Kommunikationsnetze für
die Speicherung von Informationen oder den Zugriff auf Informationen, die im
Endgerät eines Teilnehmers oder Nutzers gespeichert sind, nur unter der Bedingung gestattet [ist], dass der betreffende Teilnehmer oder Nutzer zuvor gemäß
der Richtlinie 95/46/EG klare oder umfassende Informationen insbesondere über
die Zwecke der Verarbeitung erhält und auf das Recht hingewiesen wird, diese
Verarbeitung durch den für die Verarbeitung *Verantwortlichen zu verweigern*[58].

Verkehrsdaten[59]

Die Verarbeitung von Verkehrsdaten ist für den Zweck der Gebührenabrechnung
und der Bezahlung von Zusammenschaltungen erlaubt, soweit dies erforderlich
ist[60]. Die Betreiber öffentlich zugänglicher elektronischer Kommunikationsdienste
können Verkehrsdaten zum Zwecke der Vermarktung elektronischer
Kommunikationsdienste verarbeiten, sofern der Teilnehmer oder der Nutzer, auf
den sich die Daten beziehen, seine Einwilligung gegeben hat[61].

Unerbetene Nachrichten[62]

Die gesetzliche Regelung bezüglich unerbetener aber legitimer elektronischer
Werbenachrichten (sogenanntes Spamming war und ist ohnehin verboten) war im
Europäischen Parlament sehr umstritten. Es gab vor allem zwei Hauptlösungs-
ansätze: Die sogenannte „opt-in", die bereits in Deutschland besteht und unerwünschte Werbung nur dann erlaubt, wenn der Empfänger zuvor sein Einver-
ständnis gegeben hat und die sogenannte „opt-out" Lösung, die vor allem von
Luxemburg und Großbritannien unterstützt wurde. Die opt-out Lösung sieht vor,
dass unerwünschte elektronische Werbung versendet werden kann, solange der
Empfänger dagegen keinen Einspruch erhoben hat bzw. nicht auf einer
sogenannten Robinson-Liste verzeichnet ist. Im Grundsatz hat das Europäische

---

[57] Artikel 5(3) der Datenschutzrichtlinie

[58] Konsolidiertes Legislativdokument des Standpunktes des EP. Der Gemeinsamer
Standpunkt des Rates vom 28. Januar 2002 zu Artikel 5(3) beinhaltete noch die
Formulierung Auskunft

[59] Artikel 6 der Datenschutzrichtlinie

[60] Gemeinsamer Standpunkt des Rates vom 28. Januar 2002, Artikel 6(1)

[61] Gemeinsamer Standpunkt vom 28. Januar 2002, Artikel 6(3) der Datenschutzrichtlinie

[62] Artikel 13 der Datenschutzrichtlinie

Parlament den Gemeinsamen Standpunkt des Rates angenommen und sich für die erste, die „opt-in" Variante entschieden. Demnach gilt grundsätzlich ein EU-weites Verbot, unerbetene elektronische Werbenachrichten an potentielle Kunden zu versenden, soweit *vor* der Versendung keine Einwilligung erteilt worden ist[63]. Jedoch wurde ein wichtiger Kompromiss hinzugefügt. Hat eine natürliche oder juristische Person bereits die e-Mail Adresse von Kunden in Zusammenhang mit den Erwerb eines Produkts oder einer Dienstleistung gemäß der Richtlinie 95/46/EG[53] erhalten, so können diese Einzelheiten zur Direktwerbung für eigene ähnliche Produkte oder Dienstleistungen verwendet werden. Voraussetzung ist, dass die Kunden klar und deutlich die Möglichkeit erhalten, eine solche Nutzung der Mail-Daten sowohl bereits bei deren Erhebung als später auch bei jeder Übertragung gebührenfrei und problemlos abzulehnen[64].

Pflichtspeicherung von Daten[65]

Die Mitgliedstaaten können Rechtsvorschriften erlassen, die die Rechte und Pflichten beschränken, sofern eine solche Beschränkung gemäß Artikel 13 Absatz 1 der Richtlinie 95/46/EG für die nationale Sicherheit oder die Verhütung, Ermittlung, Feststellung und Verfolgung von Straftaten oder des unzulässigen Gebrauchs von elektronischen Kommunikationssystemen in einer demokratischen Gesellschaft notwendig, angemessen und verhältnismäßig ist. Zu diesem Zweck können die Mitgliedstaaten unter anderem durch entsprechende Rechtsvorschriften vorsehen, dass die Daten aus den aufgeführten Gründen während einer begrenzten Zeit aufbewahrt werden[66].

Es gab bereits vor der Verabschiedung sowohl im Europäischen Parlament als auch im Ministerrat heftige Debatten über die Frage der Aufbewahrung von Daten zum Schutz der nationalen Sicherheit sowie der Verhütung und Verfolgung von Straftaten. Diese Ausnahme für Rechtsvorschriften zur zeitweiligen Vorratsspeicherung soll es den Behörden ermöglichen, Telekom- und Internetanbieter auch ohne konkreten Verdacht zur Aufbewahrung von Geschäftsdaten zu verpflichten. Diese Ausnahme ist für die Mitgliedstaaten nicht bindend (Kann-Regelung). Allerdings hatte die gefundene Zustimmung auf europäischer Ebene unmittelbare Signalwirkung für die Mitgliedstaaten, nationale Regelungen zu erlassen[56].

Die zunehmende Verbreitung von kriminellen Inhalten im Internet sowie die unbeobachtete Kommunikation über das Internet haben die Befürworter von mehr

---

[63] Artikel 13(1) Datenschutzrichtlinie
[64] Artikel 13(2) Datenschutzrichtlinie
[65] Artikel 15(1) der Datenschutzrichtlinie
[66] Zunächst als Erwägungsgrund zu Artikel 15, Ratstext vom 29. Juni 2002, 10451/01, ECO 202, CODEC 677

staatlichen Überwachungsbefugnissen gestärkt. Nach den Attentaten des 11. September 2001 in den USA ist in allen Staaten die Sorge gestiegen, dass sich besonders Mitglieder von terroristischen Netzwerken ungehindert im Internet austauschen können. Das Europäische Parlament hat wichtige Einschränkungen für die zur Strafverfolgung möglichen rechtlichen Ausnahmen hinzugefügt. Die Ausnahmemaßnahmen müssen *in einer demokratischen Gesellschaft notwendig, angemessen und verhältnismäßig* sein und in Übereinstimmung mit dem Gemeinschaftsrecht, der Europäischen Menschenrechtskonvention als auch mit deren Auslegung durch das Europäische Gericht für Menschenrechte stehen.[67]

Die Mitgliedstaaten der europäischen Union sind bemüht, nationale Regelungen zur Vorratsspeicherung von Kundendaten zu erlassen.

In *Deutschland* hat der Bundesrat sich daher in seiner Abstimmung zum *Entwurf eines Gesetzes zur Verbesserung der Ermittlungsmaßnahmen wegen des Verdachts sexuellen Missbrauchs von Kindern und der Vollstreckung freiheitsentziehender Sanktionen*[68] für die zwingende Einführung einer entsprechenden Vorschrift ausgesprochen[69]. Der Vorschlag zur Änderung des Teledienstedatenschutzgesetzes[70] nach Artikel 4 des Entwurfs sieht vor, dass eine Rechtsverordnung für die Zwecke der Strafverfolgung und der Gefahrenabwehr und für die Erfüllung der gesetzlichen Aufgaben der Verfassungsschutzbehörden des Bundes und der Länder, des Bundesnachrichtendienstes, des Militärischen Abschirmdienstes sowie des Zollkriminalamtes erlassen werden kann. Dabei sind Mindestfristen für die Speicherung von Bestands-, Nutzungs- und Abrechnungsdaten festzulegen[71]. Neben den verfassungsrechtlichen Bedenken, dass nun bei der Nutzung des Internets der „gläserne Surfer" unterwegs ist, befürchten vor allem die größeren Unternehmen in Deutschland wegen der im Raume stehenden Speicherungspflicht einen immensen finanziellen Aufwand im zwei- bis dreistelligen Millionenbereich[72]. In *Spanien* ist eine Vorschrift zur verlängerten

---

[67] Artikel 15,1 und Erwägung 11 der Datenschutzrichtlinie

[68] Drucksache 275/02 vom 31.05.02 des Bundesrates

[69] Ob und wann der Bundestag über das Gesetzesvorhaben entscheiden wird, ist gegenwärtig ungewiss. Die Stellungnahme der Bundesregierung ist dem Bundestag zwar am 10. Juli 2002 zugestellt worden. Die letzte Sitzung des Bundestages vor der Bundestagswahl am 22. September 2002 findet am 12./13. September 2002 statt. Dieses Gesetzesvorhaben ist jedoch nicht auf die Tagesordnung gesetzt worden. Wegen des gültigen sogenannten Diskontinuitätsprinzips kann sich der neu gewählte Bundestag nicht mehr befassen, nicht abgeschlossene Gesetzesverfahren dürfen nicht mehr weiterverfolgt werden. Der Vorschlag müsste daher erneut vom Bundesrat beschlossen und übermittelt werden

[70] Einfügung eines neuen Artikels 6a

[71] Dies ist eine Umkehrung der jetzigen Situation: Nach geltender Rechtslage müssen Diensteanbieter sogenannte Nutzungsdaten die Löschung frühestmöglich, spätestens nach der jeweiligen Nutzung löschen. Daten, die zu Abrechnungszwecken gespeichert werden, müssen spätestens nach 80 Tagen gelöscht werden. Siehe § 6 TDDSG

[72] Im Internet droht totale Kontrolle, FTD vom 30.5.2002; eine Studie der Gesellschaft für Konsumforschung gab es im vorigen Jahr 24,2 Millionen Internetnutzer in Deutschland

Datenspeicherung im Rahmen der Umsetzung der sogenannten e-Commerce-Richtlinie eingefügt worden[73]. Internet-Diensteanbieter sind demnach verpflichtet, Daten von Internetnutzern ein Jahr lang aufzubewahren, die für Kriminalermittlungen herangezogen werden können. Auch in Spanien haben Kritiker verfassungsrechtliche Bedenken geäußert.

Eine Initiative der *englischen Regierung*, die mit am schärfsten für die Abänderung in der EU-Datenschutzrichtlinie gefochten hat, sieht ebenfalls eine extensive Vorratsspeicherung vor im Zusammenhang mit der Umsetzung der umstrittenen Regulation of Investigatory Powers Act. Ein kürzlich eingebrachter Vorschlag musste jedoch aufgrund scharfer Proteste, der Opposition und Bürgerrechtsgruppen wieder zurückgezogen werden. Das Gesetzesvorhaben hätte es nicht nur der Polizei, sondern auch zahlreichen untergeordneten mehreren englischen Behörden, wie zum Beispiel dem Gesundheitsdienst, der Finanzdienstleistungsagentur oder dem Amt für Nahrungsmittelstandards, Polizei oder den Zollbehörden, erlaubt ohne richterliche Anordnung erlaubt, Telekommunikations- und Internetdaten von Diensteanbietern abzurufen[74].

Die tragischen Terrorangriffe in den Vereinigten Staaten am 11. September 2001 haben verdeutlicht, dass unter Zuhilfenahme der traditionellen und der neuen Technologien kriminelle Netzwerke und Organisationen weltweit agieren können. Das Internet kann ein ideales Medium für die Verbreitung von kriminellen Inhalten sein. Maßnahmen zur besseren Überwachung der Telekommunikation sind daher grundsätzlich zu begrüßen, solange sie nicht zu einer Aushöhlung der demokratisch legitimierten Grundrechte und Freiheiten des Einzelnen führen[75].

---

[73] Gesetz vom 27. Juni 2002. Siehe
http://www.siliconvalley.com/mls/siliconvaley/news/editorial/3556967.htm

[74] http://www.guardian.co.uk/internetnews/story/0,7369,739959,00.html; The Guardian, 11 June 2002 Gesetz vom 27. Juni 2002. Siehe
http://www.siliconvalley.com/mls/siliconvaley/news/editorial/3556967.htm

[75] Siehe Artikel 8 der Charta der Grundrechte der EU. Ferner die Rspr. Des Europäischen Gerichtshofs für menschenrechte in den Rechtssachen Aman, 16.2.2000, und Rotaru, 4.5.2000

Wissensmanagement im Mittelstand - vom Rohstoff Information zum Treibstoff Wissen

Jürgen Karad

Vorbemerkung

Die typischen Fragen eines Mittelständlers:

- Was habe ich davon, wenn meine Mitarbeiter mehr wissen?

- Wozu brauche ich Wissensmanagement?

Eine einfache Antwort auf diese scheinbar einfache Frage ist nicht so ohne weiteres möglich. Deshalb scheitern viele Versuche einer Einführung von Wissensmanagementprozessen im mittelständischen Unternehmen schon an dieser Stelle.

Es gibt m.E. keine globale Antwort, die dazu führt, dass der Unternehmer sein Portemonnaie ohne Murren für Wissensmanagementprojekte öffnet. Trotzdem erwartet er natürlich, dass sein Werkmeister die Maschinen und die ihm unterstellten Mitarbeiter beherrscht, dass der Vertriebsleiter die Auftragsbücher füllt, dass das Zahlenwerk des Buchhalters stimmt und dass sein Entwickler verkaufbare, gewinnbringende Produkte auf den Weg bringt.

Dabei läuft der Wissensvermittlungsprozess doch schon - auch ohne dass er mit hochtrabenden Begriffen wie Wissensmanagement oder Knowledge-Management umschrieben wird. Aber der Prozess vollzieht sich eben in der Regel unstrukturiert, eher zufällig. Die Anschaffung z.B. einer neuen Textverarbeitung ist in der Regel auch verbunden mit einem kurzen Kurs für den Bediener bzw. die Bedienerin.

Der/die Ärmste soll nun nach dieser Kurzeinführung - neudeutsch wird er/sie nun zum „Poweruser" - den anderen beibringen, wie es geht und der Chef erwartet selbstverständlich, dass er/sie das technische Hilfsmittel nun völlig beherrscht. Was typischerweise folgt sind Frust und Leerlauf. Reibungsverluste, die vermieden werden könnten, wenn Entscheidungsträger und Fachverantwortlicher Lernen und Wissensvermittlung mit der gleichen Brille betrachten würden, wenn eben Wissensvermittlung nach einem bestimmten Plan und entsprechend den individuellen Bedürfnissen ablaufen würde.

Wissensmanagement ist ein Prozess, der nur erfolgreich sein kann, wenn er beim Unternehmer selbst beginnt.

Der Vater-Sohn-Konflikt

Ein typisches Beispiel ist der Generationenkonflikt. Der über mehrere Jahrzehnte erfolgreiche Unternehmer soll nun seinem Sohn/seiner Tochter die Verantwortung. für das Unternehmen übergeben. Wie viele Beispiele kennen Sie, bei denen das reibungslos funktioniert hat?

Viele Elemente des erfolgreichen Wissensmanagement könnte man jetzt an diesem Beispiel beschreiben:

1. Zielbestimmung

- Was soll, was muss der neue Unternehmensleiter wissen und können, um die ihm zugedachte Aufgabe zu erfüllen?

- (Die Idee/der Wunsch/Sollkonzept)

2. Was kann der Neue schon und wo hat er Lücken?

- (Wissenslandkarte/Bedarfs-/Istanalyse)

3. Wie und wo kann er die Erfahrungs- und Wissenslücken schließen?

- (Der Vorgehensplan)

- Welche Alternativen gibt es?

- Wie viel Zeit wird dafür verbraucht?

- Welche Hilfsmittel können/müssen unterstützend eingesetzt werden?

- Was kostet das?

- Wo liegen die Hauptrisiken?

- Welches wäre der optimale/suboptimale Weg?

4. Wie motiviert man den Firmenerben, diesen Weg zu gehen?

- (Die Realisation)

5. Wie bringt man den Firmengründer dazu, den geplanten Übergang auch tatsächlich zu akzeptieren und zur gegebenen Zeit auch mitzugehen?

- (Meilensteinplan/Kostenkontrolle/Coaching/Endabnahme/Rollout/Wirkbetrieb/ Weiterentwicklung)

Was für den Firmenerben gilt, sollte eigentlich auch für den Rest des Betriebes gelten.

1. Kaum ein Mitarbeiter ist so aus- und vorgebildet, dass er jeder Situation vollkommen gerecht werden kann. Dies gilt insbesondere in Zeiten des ständigen, sprunghaften Wandels.

2. Dauerhafte Wissensanpassung ist Bestandteil des Wirtschaftens.

3. Arbeitnehmer und Unternehmen sind gleichermaßen in der Pflicht der ständigen Nachbesserung.

4. Um Wildwuchs zu vermeiden und Ressourcen zu schonen empfiehlt sich das planmäßige Vorgehen: Wissensmanagement.

Was will, was kann man mit Wissensmanagement erreichen?

These: Wissen ist unvermittelbar!
Wissen ist nicht vermittelbar. In dieser apodiktischen Aussage lassen sich die Erkenntnisse der aktuellen wissenschaftlichen Gehirnforschung zusammenfassen. Getragen wird die Diskussion vor allem von den Vertretern des sog. „Konstruktivismus" (E. v. Glasersfeld, H. v. Foerster, P.Watzlawick, H. Maturana u.a.).

Wissen entsteht nach diesem Theorieansatz dadurch, dass im Gehirn Muster entstehen, die mit der Umgebung verglichen und ggf. angepasst werden. Was von außen auf den Menschen einwirken, ist nur in den seltensten Fällen, das was im Gehirn ankommt und noch seltener, was dort länger verweilt.

Die Unzufriedenheit mit den Ergebnissen herkömmlicher Projekte wird häufig damit kommentiert, dass angeblich mangelnde Kooperation der Wissensträger, unzureichende Unterstützung durch die Geschäftsleitung, unpassende Unternehmenskultu, fehlende Zeit, mangelnde technische Unterstützung usw. die Ursache für Schwierigkeiten sind.

Solche Argumente haben sicherlich ihre Berechtigung. Folgt man den Überlegungen der modernen Gehirnforschung in Verbindung mit den Vorstellungen der Konstruktivisten, so bleiben Zweifel, dass der Versuch Wissen quasi per Unternehmerentscheidung weiterzuleiten, in zufriedenstellendem Maße gelingen kann.

Denn die im Ansatz ja richtige Entscheidung, Wissen aus den Köpfen der Erfahrungs- und Kenntnisträger auf mehrere Schultern zu verteilen und so das Gesamtunternehmen stärker und unabhängiger werden zu lassen, basiert auf der Annahme, dass Wissen lehrbar bzw. vermittelbar sei. Dem stimmen die Vertreter des Konstruktivismus aber nur sehr bedingt zu.

Die Abbildung: *„Wie erfolgreich ist Wissenstransfer?"* zeigt auf, dass die Weitergabe von Wissen unterschiedliche Erfolgsquoten erzeugt und nur in einem sehr individuellen Mix aus verschiedenen Lehr- und Lernmethoden wirklich erfolgversprechend sein kann.

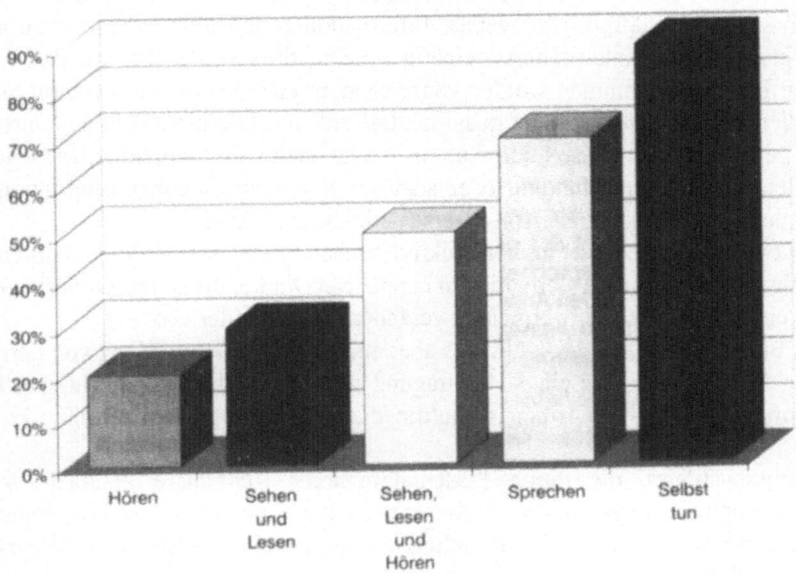

Abb. 34. Wie erfolgreich ist Wissenstransfer?

Grundlage sind drei Lernmodelle, die unterschieden werden können:

1. Lernen durch Verstärkung (Behaviorismus)

2. Lernen durch Einsicht (Kognitivismus)

3. Lernen durch Erleben und Interpretieren (Konstruktivismus).

Insbesondere „Lernen durch Verstärkung" hat sich über Generationen als pädagogisches und didaktisches Grundkonzept behauptet. Der Lehrer kennt sein Stoffgebiet, er weiß, was der Lerner wissen muss, er kann durch Sprache und Bild sein Wissen auf den Lernenden übertragen, durch sequentielle Stoffvermittlung kommt er zu einem prüfbaren Ergebnis. Der Lernende nimmt den Stoff mehr oder weniger passiv auf und speichert das Lehrerwissen in seinem Gehirn ab. Diese Methode wird häufig als sog. „Nürnberger-Trichter-Didaktik" bezeichnet. Die meisten von uns dürften in ihren Schul- und Lehrjahren mit dieser Methode ausgebildet worden sein. Die Nachhaltigkeit des Gelernten ist jedoch sehr zweifelhaft. Wir erleben mit Informationen vollgestopfte Menschen, deren Kenntnisse gerade bis zur nächsten Prüfung reichen und dann versiegen.

Der kognitivistische Ansatz betrachtet Lernen als einen vielschichtigen Prozess der Informationsverarbeitung, der Interpretation und der Bewertung des Informationsangebotes. Verändertes Verhalten basiert auf der intensiven Beschäftigung mit einem Thema. Die Wahrscheinlichkeit einer längerfristigen Reflexion eines so verarbeiteten Fachgebietes ist voraussichtlich höher als im ersten Fall.

Der konstruktivistische Ansatz betrachtet das Gehirn als relativ geschlossenes, sich selbst organisierendes System. Dieses System ist zu einem großen Teil mit sich selbst beschäftigt. Nur wenige Informationen und Reize werden von außen aufgegriffen und interpretiert. Wichtig scheint, dass von außen auf das Gehirn kein Einfluss genommen werden kann, sondern das Gehirn selbst nimmt Schallwellen oder Sinneseindrücke quasi neutral auf und interpretiert bzw. konstruiert sie permanent neu. Diese Interpretation erfolgt nach völlig individuellen Gegebenheiten, die aus Vorerfahrung oder sozialen Rahmenbedingungen herrühren und demnach von Person zu Person unterschiedlich sein können.

Etwas lernen bedeutet im konstruktivistischen Sinne: das Gehirn konstruiert aus Wahrnehmungen und Informationen eigene Netzwerke, die es mit vorherigen oder zukünftigen Eindrücken vergleicht, verändert, anpasst oder verwirft.

„In letzter Konsequenz heißt dies aber auch, dass die Vermittlung von Lernstoff oder Wissen im Sinne einer Übertragung nicht möglich ist." (F. Thissen, Lerntheorie und ihre Umsetzung in multimedialen Lernprogrammen, Manuskript S. 18).

Wissensträger, die durch Präsentation ihrer Kenntnisse glauben, Wissen weiterzugeben, verkennen nach Ansicht der konstruktivistischen Forschung und Lehre die wahren Abläufe im Gehirn des potentiellen Wissensempfängers. Ihr Einsatz führt nur zufälliger Weise zu einem annähernd erwünschten Ergebnis.

Aus dem Gesagten könnte man leichtfertigerweise schließen, dass die Pawlowsche Methode bzw. das Modell des Nürnberger Trichters doch die beste sei, weil sie kurzfristig erkennbare Erfolge zeigt. In einer Welt, in der Entscheidungszyklen immer kurzatmiger werden, kurzfristige Meilensteinerreichung mehr gilt als langfristige Unternehmens- oder gar Persönlichkeitsentwicklung, könnte dies die Reaktion auf die ungewöhnlichen Vorstellungen der konstruktivistischen Denkansätze sein.

Wenn Wissen tatsächlich unvermittelbar sein sollte, dann dürfte es Wissensmanagementprojekte, die von einem herkömmlichen Wissenstransfer ausgehen, in naher Zukunft nicht mehr geben. Denn ein Projekterfolg müsste dann von vornherein in Frage gestellt werden.

Aber seien wir nicht pessimistisch, sondern optimistisch. Ergreifen wir die Chancen des Konstruktivismus in der Kombination von realer und virtueller Welt. Nutzen wir doch das „Lernen wollen" aus, indem wir ein virtuelles Lernsystem zur Verfügung stellen, das nicht mehr eine führende und anleitende Funktion hat, sondern Anlässe, Anregungen, Hilfen bietet, das Berater und Begleiter im Lernprozess ist, das komplexe Umgebungen zur Verfügung stellt, mit deren Hilfe der Lernende sein Wissen und seine Fertigkeiten aufbauen und vertiefen kann. Ein System, das ganzheitliches Lernen ermöglicht, das sich nicht als Informationsanbieter versteht, sondern authentische Erfahrungen und Begegnungen mit einem Thema inszeniert und auf diese Weise dem Lernenden ein hohes Maß an Lernfreiheit aber auch an Eigenverantwortung für das Lernergebnis bietet. (F.Thissen, a.a.O., S. 18).

Niemand kann daran gelegen sein, dass Aus- und Weiterbildungsmaßnahmen der Betriebe, insbesondere wenn es um so komplexe Fragen des unternehmensspezifischen Wissenstransfers geht, nur zu Scheinergebnissen führten. Wobei Schein hier durchaus mehrdeutig gemeint ist. Was nutzt das schönste Zertifikat, wenn am Ende doch nur Teilwissen, Verwirrung oder sogar Ratlosigkeit steht, die übrigen Arbeitskollegen oder/und der Lernende selbst in mühsamer Kleinarbeit das Ausbildungsziel nacharbeiten oder die Ausbildungsinhalte als weiterer Aktenordner mit buntem Schriftzug im Aktenschrank verschwinden. Wer an seine Schulzeit denkt und den zeitlichen Aufwand mit der Nachhaltigkeit des gelernten Stoffes im Alltag vergleicht, wird dem Begriff der Scheinwirklichkeit sicher eher zugeneigt sein. Während Schule aber als relativ kostenlos gilt, wird Aus- und Weiterbildung im Betrieb Teil der Gewinn- und Verlustrechnung.

Das Architekturmodell virtuelles Lernen

Die moderne Informations- und Kommunikationstechnik erlaubt es, den Ansatz des konstruktivistischen Lernens erfolgreich in die Betriebe zu tragen. *Das „Architekturmodell des virtuellen Lernens"* (Schaubild 2: Architekturmodell) unterstützt die Lernwilligen, Betreuer aber auch die Entscheidungsträger bei der sach- und kostengerechten Umsetzung.

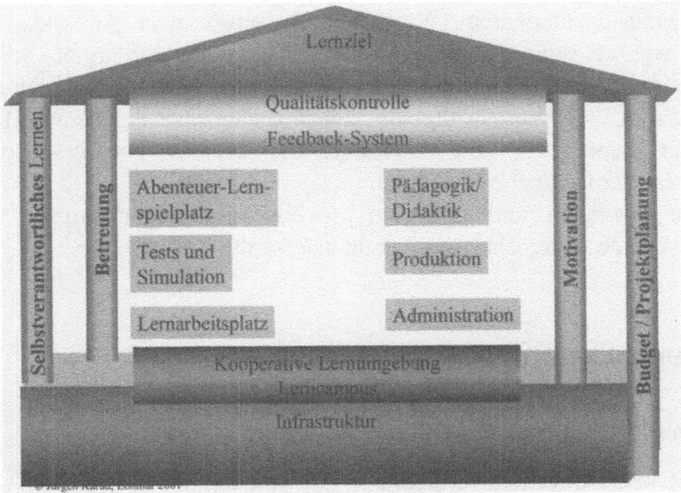

Abb. 35. Architekturmodell virtuelles Lernen

Der Begriff „Architektur" ist nicht ohne Grund gewählt. Aus der Sicht des Lehrstoffanbieters bedeutet es, einen Bauplan entwickeln und nutzen, der zu einem fertigen, funktionierenden Gebäude führt, das wiederum vom Lernenden, entsprechend seinen individuellen Wünschen und Möglichkeiten genutzt werden kann. Ist das Architekturmodell weitgehend allgemeingültig, so kann es im

übertragenen Sinne zum Erbauen eines Einfamilien-, Mehrfamilien-, Geschäfts-
hauses oder einer Produktions- und Lagerhalle genutzt werden. Dabei sollte
sowohl Konfektions- als auch Einzelfertigung möglich sein.

Wie in der klassischen Architektur müssen auch bei der Entwicklung von
Lehrstoffen die anerkannten aber keinesfalls unveränderbaren Regeln der
Bauforschung beachtet werden. Baustoffe müssen vorgegebenen Belastungen
genügen wie beispielsweise ein Sprachentraining den grammatikalischen
Grundregeln. Darüber hinaus müssen z.B. Badezimmereinrichtungen vom Käufer
genauso bezahlbar sein wie die Entwicklungs- und Nutzungskosten eines
Simulationstrainingsprogrammes für angehende Chirurgen.

Als pädagogisches Rahmenmodell wird der konstruktivistische Lernansatz
gewählt. Dieser geht in seinen Grundzügen davon aus, dass jeder Mensch seine
eigene Wirklichkeit, seine eigene Sicht der Dinge hat bzw. aufbaut und sich
Erfahrungen, Verhaltensweisen, Wissen in der Person selbst entwickeln und nicht
von außen „aufgezwungen" werden können. Der Lernende lernt durch das Suchen
nach Wahrheit, durch Erweiterung und Veränderung seiner Sichtweisen.
Konstruktivismus wird deshalb auch als Wahrheitsforschung bezeichnet.

Das Architekturmodell kann nur versuchen einen optimalen Rahmen zu
schaffen, in dem sich der Lernende bewegt. Auch können Hilfen angeboten
werden, die es ermöglichen, erkennbare Irrwege zu minimieren („das Lernen
lernen").

Mit dem konstruktivistischen Lernansatz wird das bisherige Denk- und
Handlungsmuster umgedreht. Nicht der Wissensbesitzer soll sich Gedanken
machen, wie er seine Kenntnisse und Erfahrungen weitergibt, sondern der
Lernende und seine Betreuer müssen – gemeinsam mit den bekannten oder noch
zu identifizierenden Wissensträgern – Wege finden, ihre eigene Wirklichkeit zu
entwickeln, dabei aber den ökonomischen, sozialen und gesellschaftlichen
Ansprüchen (der Geldgeber) genügen.

Wissen gewinnen und umsetzen ist ein langfristiger Prozess, der eine
vorausschauende Unternehmensstrategie unterstellt.

Ziel: Verhaltensmuster vorprägen

Was wir aus der Welt der Wissenschaft mitnehmen können:

1. Es gibt keine allgemeinverbindliche Antwort auf die Frage, wie wir unsere
   Mitarbeiter am besten auf die Herausforderungen des betrieblichen Alltages
   vorbereiten. Dies gilt umso mehr, je weniger wir über die zukünftigen
   Herausforderungen selbst wissen.

2. Jedes Individuum bildet seine eigenen Wissenswelten. Jeder Mensch erkennt
   die Welt vor seinen Sinnesorganen anders und reagiert nach eigener Intuition.
   Diese Mustererkennung und Musterbehandlung basiert u.a. auf
   unterschiedlichsten Vorerfahrungen, Verhaltensmustern, sozialen Ausprägungen. Ist Ausdruck seines Temperaments, persönlicher Risikobereitschaft,

unterschiedlicher Anspruchsverhalten, Erwartungen, Hoffnungen, Wünschen, Träumen, physischen und psychischen Bedingungen.

3. Jedes Individuum bedarf einer individuellen Betrachtung seines Zielsystems und der Wege zu diesem Ziel. Der anfangs beschriebene Generationenkonflikt mit der planmäßigen Vorgehensweise bei der Zielerreichung gilt genauso für jeden anderen Mitarbeiter.

Ausgangspunkt sollte das jährliche Personalgespräch sein:

1. Zielbestimmung

- Was soll, was muss der Mitarbeiter wissen und können, um die ihm zugedachte Aufgabe zu erfüllen?

- (Die Idee/der Wunsch)

2. Was ist ihm vertraut und wo hat er Lücken?

- (Wissenslandkarte/Bedarfsanalyse)

3. Wie und wo kann er die Erfahrungs- und Wissenslücken schließen?

- (Der Vorgehensplan)

- Gemeinsame Festlegung des Wissenszieles und des Weges dorthin.

4. Wie schafft man die notwendigen Freiräume zur Zielerfüllung?

- (Die Realisation)

- Wie gelingt eine dauerhafte Motivation der Mitarbeiter, aber auch:

- wie verhindert man, dass Alltagsprobleme die Zielerfüllung verhindern?

5. Wie schafft man ein einfaches Controlling-Instrument, um den Plan zu kontrollieren und um Fehlentwicklungen zu vermeiden

- (Meilensteinplan/Kostenkontrolle/Coaching/Weiterentwicklung)?

6. Wie schafft man es, aus dem individuellen Ansatz einen gesamtbetrieblichen Wissensentwicklungsprozess (Wissensspirale) zu gestalten?

7. Welche technischen Hilfsmittel unterstützen diese Prozesse wirklich?

Gerade die Informations- und Kommunikationstechnik hält eine Fülle an Möglichkeiten bereit. Im Mittelstand dürften einfache, kostengünstige Lösungen auf Intranetbasis immer mehr Freunde finden.

Mustererkennung/Musterverarbeitung

Ich habe versucht deutlich zu machen, dass der einzelne entsprechend seinen individuellen Gegebenheiten auf bestimmte Muster reagiert.
Die hier zu stellende Frage lautet:

Werden ihm in der jeweiligen Situation die richtigen Muster (Daten, Informationen, externalisiertes Wissen, Emotionen, Motivatoren) angeboten, um im Sinne des erfolgreich wirtschaftenden Unternehmens „richtig" zu agieren?

Wertschöpfendes Wissen

Zunächst möchte ich beschreiben, dass zwischen Information und Wissen doch ein erheblicher Unterschied besteht und dass Wissen noch nicht gleich *wertschöpfendes* Wissen ist.

Der Rohstoff „Information" wird erst dann zum Treibstoff „Wissen", wenn er in die unternehmerische Wertschöpfungskette einfließt.
Ein Beispiel:

Der Unternehmer selbst besucht einen Kunden. Er lässt sich die Kundendaten zusammenstellen, so z.B. veröffentlichte Wirtschaftsdaten, besondere Lieferkonditionen, gemeinsamen Umsatz, Offene Posten, Kundenreklamationen usw. Leider unterbleibt die dem Vertrieb durchaus bekannte Information, dass der Gesprächspartner Dr. h.c. sei und sehr großen Wert auf die entsprechende Ansprache legt. Das Kundengespräch ist freundlich, aber nicht erfolgreich.

Daten - Informationen - explizites Wissen (alle Vorbereitungen) nutzen nichts, weil sich der Vertriebsmann nicht in die Karten hat schauen lassen oder -positiv- keine Gelegenheit gefunden hat, um dieses wichtige Detail transparent zu machen.
Anderes Beispiel:

Ihr altgedienter Werkmeister kennt die Stärken und Schwächen „seiner" Maschinen. Er weiß, an welchen Rädchen und Schrauben er zu drehen, wie er „seine" Mitarbeiter zu nehmen hat, um die Produktion ohne großen Ausschuss in Gang zu halten.

Er geht in Pension, sein Nachfolger ist ein frischausgebildeter, hochmotivierter Dipl.-Ingenieur. Plötzlich stockt die Produktion. Keiner kann sich die signifikante Zunahme fehlerhafter Produkte erklären.

In beiden Fällen wurde der Faktor „implizites" also nicht nachvollziehbares, weil in den Köpfen befindliches Wissen unterschätzt oder nicht gesehen. Beide Beispiele zeigen, wertschöpfendes Wissen ist kein Mengenproblem, sondern eine Frage des individuellen Zuschnitts. Die richtige Information, das notwendige abrufbare Wissen zur richtigen Zeit am richtigen Platz bzw. als Ziel: im richtigen Kopf. Dies ist ganz sicher keine Frage der Daten- und Informationsmengen, die im Betrieb oder außerhalb des Betriebes vorhanden sind. In Zeiten der Informationsüberflutung ist dies eher eine Frage, nach der Reduktion auf das Wesentliche.

Nachdem wir in der ersten Runde die einzelnen Mitarbeiter nach ihren Kenntnissen und Erfahrungen gefragt hatten und ihre Wissensziele im jährlichen

Personalgespräch definiert und überprüft haben (Wissenslandkarte/Bedarfs-
analyse), gilt es nun in einer zweiten Runde anhand der Position und Rolle des
Mitarbeiters im Betrieb festzustellen, welche Daten, Informationen, welches
wertschöpfende Wissen er zur erfolgreichen Bewältigung im Alltagsbetrieb
benötigt und welches Wissen bei einer vernetzten Betriebsbetrachtung nützlich
sein könnte.

Wissensbedarfsplan

Wie wir durch Befragung der Mitarbeiter zu einer sog. Wissenslandkarte
gekommen sind, so können wir auch durch Positions- und Rollenbeschreibungen
einen Wissensbedarfsplan erzeugen.

Dieser dient als Anhaltspunkt für eine Optimierung der Informations- und
Wissenspräsentation. Die moderne Informations- und Kommunikationstechnik hat
eine Vielzahl von Angeboten, die dabei helfen die notwendigen Informationen
sachgerecht bereitzuhalten. Vom einfachen Excel-Sheet bis hin zum hochkom-
plexen Datawarehouse oder Anwendungen der Künstlichen Intelligenz. Small is
beautiful gilt auch in diesem Falle.

Wo eine einfache Grafik, abgeleitet z.B. aus Daten der Finanzbuchhaltung
ausreicht, muss nicht extra ein teures Grafiktool angeschafft werden, das am Ende
doch keiner bedienen kann. Zudem ersetzt die hochkomplexe Technik nicht das
Gespräch zwischen den Mitarbeitern und die Kenntnis über die Bedarfe und
Notwendigkeiten anderer Aufgabenträger.

So hat sich z.B. in einem mittelständischen Unternehmen die Etablierung eines
kleinen Gesprächskreises zwischen Vertrieb, Produktion und Entwicklung als sehr
zielführend erwiesen. Mit Hilfe von Metaplanspielen oder beispielsweise durch
Einsatz von Simulationsmodellen wie ithink kann eine geänderte Sichtweise
erreicht werden.

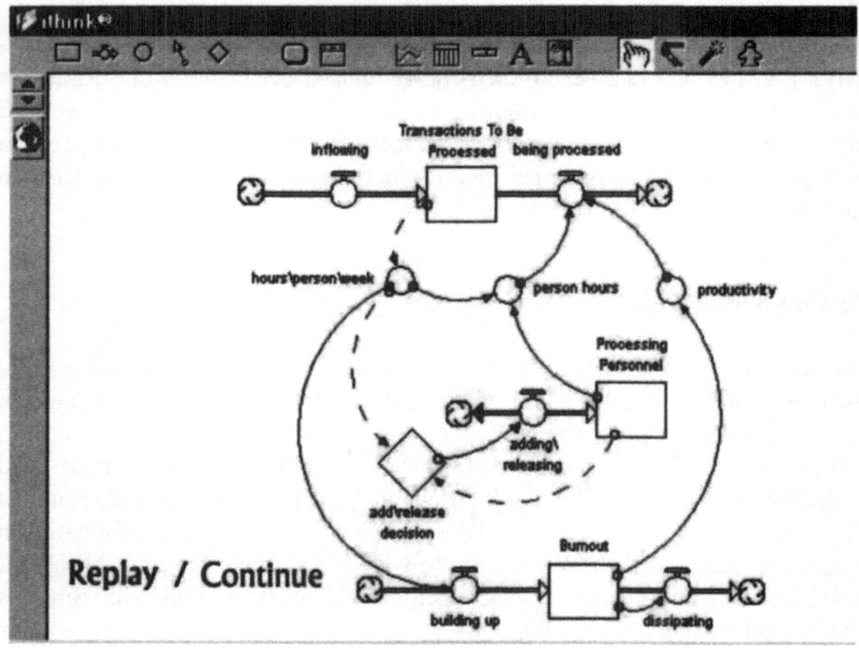

Abb. 36. ithink

Verständnis für die Belange und Bedürfnisse anderer gewinnen, über den Tellerrand hinausschauen, bei der eigenen Wissensverarbeitung/Mustererkennung quasi automatisch berücksichtigen, was das für andere bedeutet und wie man sie in das eigene Verhalten bzw. die eigene Arbeitsweise einbindet. Wenn jetzt noch die Bedürfnisse und Erwartungen der Kunden und Zulieferer in diese Betrachtung mit einfließen, dann haben wir schon ein fast perfektes System.

Die technische Unterstützung eines solchen Informationsgebildes wäre z.B. ein einfaches Intranet. Der Vertrieb dokumentiert dort beispielsweise die laufenden und geplanten Projekte, die Entwicklungsabteilung prüft, ob sie die gewünschten Anforderungen im gegebenen Zeitrahmen erfüllen kann, Produktion und Einkauf stellen sich auf die kommenden Aktivitäten ein, das Rechnungswesen überprüft seine Liquiditätsplanung, der Buchhalter macht geltend, dass bei einem bestimmten Kunden die Zahlungsfähigkeit in Frage gestellt ist usw.

Vorgänge, die aufgrund eines einfachen Word-Dokuments (im HTML-Format vom jeweiligen Sachbearbeiter im Server abgelegt) angestoßen wurden, weil Wissenstranfers und Mustererkennung auf einer gemeinsamen Schiene und im gegenseitigen Verständnis ablaufen.

Die Beispiele setzen allerdings eine Unternehmens- und Wissenskultur voraus, die leider nicht immer gegeben ist.

Das liegt wahrscheinlich auch daran, dass andere Unternehmensprozesse in der Vergangenheit für eine gute Wettbewerbsposition gesorgt haben. Im Zeitablauf wurden zunächst die Produkte und Dienstleistungen optimiert. War dieses

Themenfeld ausgereizt, begann die Phase der Prozessoptimierung. Auch auf diesem Feld ist in den letzten Jahren eine Menge geschehen.

Nicht umsonst kann der Mittelstand auf hohe Flexibilität und Produktinnovation verweisen. Die besonders erfolgreichen Unternehmen, die ihre Spitzenposition behaupten wollen, bemühen sich nun, aus der Veränderung ihrer Strukturen Wettbewerbsvorteile zu ziehen.

Wissensmanagement ist sehr eng mit der Frage der Strukturveränderung verbunden. Ich bin allerdings davon überzeugt, dass wir bei der Suche nach dem optimalen Weg für jede einzelne Firma auch und zunächst die Themenfelder Produkte/Dienstleistungen und Unternehmensprozesse in Augenschein nehmen sollten. Insgesamt reden wir bei Wissensmanagement über drei große Fragenkomplexe, die ineinandergreifen:

1. über die Unternehmenskultur, also über das Zusammenspiel von Mitarbeiter zu Mitarbeiter, zu und zwischen den Vorgesetzten, sowie zu den Kunden und Lieferanten,

2. die Organisation der unternehmerischen Abläufe,

3. das Funktionieren einer zeitgemäßen und angemessenen Informations- und Kommunikationstechniken.

Da hinter allem die Frage steht, „was nützt mir das Ganze?", möchte ich mit einem einfachen Beispiel beginnen. Bevor ich mich danach den komplexeren Fragen stelle. Die Problemstellung heißt:
Geringe Wertschöpfung in der klassischen Vorgangsbearbeitung.
Bei den Ablauforganisationsanalysen müssen wir immer wieder feststellen, dass bei Verwaltungsprozessen nur ca. 10 % der Tätigkeit im eigentlichen Sinne produktiv sind.

Der Rest verteilt sich auf das ach so geliebte Suchen eines Vorgangs oder einer Information, der notwendigen Rückfragen, der Transport eines Vorgangs zwischen den einzelnen Bearbeitungsstationen, die Überwindung von Schnittstellen, die sich aus der Benutzung unterschiedlicher Techniken ergeben und dem mühsamen, möglichst sachgemäßen Archivieren von Dokumenten.

Wobei das Kopieren von Unterlagen immer noch zu den beliebten Tätigkeiten in den Unternehmen gehört. Papierlos ist das heutige Büro ganz sicherlich noch nicht. Die gleichen Vorgänge wie bei der klassischen Vorgangsverwaltung wird es auch in der technikunterstützten, vernetzten Welt geben, aber in einer anderen Verteilung und Ausprägung. Mit dem Vorteil einer höheren Produktivität, mit dem wohl unvermeidlichen Nachteil der höheren Technikabhängigkeit und –anfälligkeit. Die neuen Schlagworte höherer Produktivität heißen:

1. Groupware, also das gemeinsame, gleichzeitige Bearbeiten eines Vorgangs durch mehrere Personen;

2. Dokumenten Management System (DMS), also die elektronische Archivierung und das einfache Wiederfinden gespeicherter Daten, Informationen und explizitem Wissens;

3. Workflow, die Verknüpfung von Aufgaben und Prozessen zu standardisierten, technikgestützten Vorgängen und letztlich

4. E-Mail-Kommunikation, also der elektronische Brief, die elektronische Rechnung, die Konstruktionszeichnung, die Druckvorlage, verschickt über das weltweite Internet oder über geschlossene Netzwerke (Intranet).

Von den Produktverkäufern aber auch aus der Wissenschaft wird behauptet, dass durch den Einsatz dieser Techniken und der effektiven Nutzung von Wissen eine *Produktivitätssteigerung von ca. 30 %* erreicht werden kann.

Was hinter diesen Techniken und Anwendungen steht ist genau das Wissen, mit dem wir uns hier und heute beschäftigen. Das wir uns erarbeiten müssen, das wir beherrschen müssen *und* das wir um das Erfahrungs- bzw. nicht dokumentierte Wissen ergänzen müssen. Wissen managen bedeutet hier nicht mehr und nicht weniger als diese Techniken beherrschen und die Beteiligten in die Lage versetzen, diese Techniken und Methoden auch effizient einzusetzen. Bei der Umsetzung stoßen wir in der Regel auf drei wesentliche Herausforderungen:

1. den Nürnberger Trichter

2. die Personalknappheit

3. den globalisierten Wettbewerb

Der Zeittakt der Wirtschaft hat sich durch die modernen Techniken erheblich verkürzt. Mit den veränderten technischen Möglichkeiten hat sich auch die Erwartungshaltung der Kundschaft verändert. Dies gilt sowohl für die Privatkundschaft ebenso wie für die Geschäftskundschaft.

Wer heute seine Ferienreise schon lange im Voraus bucht gehört fast schon zu einer Minderheit, heute gilt das Last-Minute-Angebot als schick.

Im Firmenverbund gilt „just-in-time" als Muss, selbst das Ersteigern von Aufträgen im Zuliefererbereich über das Internet ist schon Realität.

In vielen nicht nur mittelständischen Betrieben sind allerdings der Beschleunigung von Prozessen Grenzen gesetzt. Diese Grenzen sind in der Regel sehr rasch ausgemacht: Der Unternehmer selbst und seine Führungskräfte sind es, die einer Beschleunigung der Taktrate im Wege stehen. (Nürnberger Trichter)

„Kein Vorgang verlässt das Haus, bevor ich ihn nicht gesehen habe!" oder auch: „Das haben wir schon immer so gemacht".

Erfolgreiches Wissensmanagement hat hier eine schwere Hürde zu überwinden. Vielleicht ist diese Hürde erst mit dem Generationswechsel zu meistern.

Problem: Personalknappheit

Das Wissen, die Fachkompetenz, die Führungserfahrung und die Sozialkompetenz ruhen in den Händen weniger Personen, denen der Unternehmer vertraut. Der ungeplante Ausfall einer Säule kann das gesamte Unternehmen gefährden. Fachkompetenz ist gepaart mit Erfahrungen, unstrukturierten Kenntnissen, Schubladenwissen und informellen Beziehungsgeflechten.

Verlässt eine Führungskraft das Unternehmen, sind in der Regel auch diese für das Unternehmen wesentlichen Eigenschaften verloren. Das Beziehungsgeflecht des Unternehmers und seiner Führungskräfte lässt sich auch mit Wissensmanagement nicht nachbilden. Die Mitgliedschaft im Golfclub oder im Ingenieursverband oder bei den Rotarier lässt sich nicht einfach übertragen.

Wichtig ist aber, dass zumindest die formalen Ansatzpunkte dokumentiert werden, so dass ein Nachfolger zumindest die Chance hat, den Kontakt weiterzupflegen bzw. wieder neu aufzubauen. Wenn man den Forschern glauben kann, ist ca. 50 % des Wissenspotenzials einer Unternehmung ausschließlich in den Köpfen der Mitarbeiter zu finden. Außerdem stoßen wir hier wieder an einen Punkt, der sich durch alle Argumentationsketten hindurchzieht: *Zeitmangel*.

Nach der Umfrage der Deutschen Bank über „Wissensmanagement im Mittelstand" ist die größte Barriere eines effektiven Wissenstransfers die Zeitknappheit. 62 % der befragten Unternehmen gaben an, dass sie für Wissenstransfer keine Zeit haben. Mit erheblichem Abstand folgte die Aussage, dass nur geringe Kenntnisse über den Wissensbedarf anderer vorhanden sind, immerhin 38 % waren dieser Meinung. Übrigens geben nur 36 % der Befragten zu, dass sie Wissen als Machtfaktor ansehen.

Nachdem die mittelständischen Betriebe mehr oder weniger notgedrungen auch auf die letzten personellen Reserven verzichten, ist es klar, dass man in einigen Fällen am Rande des Abgrundes arbeitet. Stillschweigendes, verstecktes Wissen aktivieren, Mustererkennungsprozesse vorbereiten, das hat aber auch etwas mit *Zeit haben, Zeit nehmen* zu tun. Wichtige Sachverhalte müssen dokumentiert werden. Wissensaustausch organisiert sein, Arbeitsgruppensitzungen konzentriert vorbereitet und abgewickelt werden.

Wenn durch Wissensmanagement-Elemente der Verkaufserfolg sofort steigen würde, die Produktqualität sich unmittelbar verbessern oder die Entwicklungszeiten sogleich für alle erkennbar kürzer würden, dann gäbe es sicherlich kein Zeit- und auch kein Motivationsproblem. Leider ist Wissensmanagement ein längerfristiger Prozess, dessen Erfolg erst im mehrjährigen Verlauf erkennbar wird, deshalb ist die Einführung so schwierig, weil Tagesaktualität Wissensmanagement in den Betrieben sicherlich nicht hat.

Wird dem Thema „Wissen managen" keine Zeit eingeräumt, dann wird es schwierig, die Herausforderung durch die Globalisierung des Wettbewerbes erfolgreich anzunehmen.

Der bisher überwiegend lokale Markt wird durch Internationalisierung von Markt und Wettbewerb untergraben. Gewachsene Lieferanten-Kunden-Beziehungen werden zunehmend in Frage gestellt. Kundenwünsche werden individueller und sprunghafter. Der Markt wird insgesamt schwieriger. Das Werben um den Kunden aufwendiger. Moderne Informations- und Kommunikationstechniken stärken die Trends. Um diesem Beschleunigungsprozess und der Sprunghaftigkeit des Marktes zu begegnen sind formale Hierarchien herkömmlicher Prägung außerordentlich hinderlich. Team- und Projektarbeit, prozessorientiertes Denken, statt formale Abläufe, Nutzung und Zusammenführung des jeweils benötigten Wissens sind angesagt.

Erfolgreiche, marktprägende Unternehmen haben zunächst ihre Produkte bzw. Dienstleistungen optimiert, dann die Prozesse verfeinert und geschliffen und beziehen nun ihren Wettbewerbsvorteil aus der Veränderung ihrer Strukturen. Diese Strukturveränderung gelingt nur, wenn alle Beteiligten über das richtige Wissen zur richtigen Zeit verfügen. Zielgerichtet Wissen managen ist Basis des Erfolges. Keine leichte Aufgabe, mit vielen Reibungspunkten und Fallstricken.

Wissensmanagement-Portfolio

Oftmals ist es ganz sinnvoll, wenn man anhand einer einfachen Übersicht gezeigt bekommt, wo man selbst in der Entwicklungsstufe im Vergleich zur Konkurrenz steht. Diesem Anliegen dient das Wissensmanagement-Portfolio (Schaubild 4).

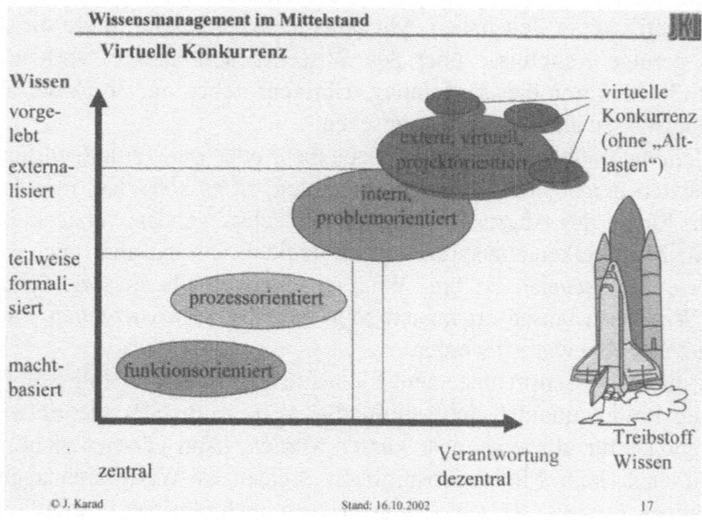

Abb. 37. Wissensmanagement im Mittelstand

Wissensmanagement ist sowohl ein Prozess des bewussten Hebens und Einsetzens von Wissens und Erfahrungen, der Ausbildung von Erfahrungs- und Verhaltensmustern als auch ein Prozess der zunehmenden Dezentralisierung von Verantwortung.

Vom Wollen zum Tun

Wissen managen, Wissen gezielt vermitteln und als Erfolgsfaktor im harten Wettbewerb einzusetzen, also aus dem Rohstoff „Information" den Treibstoff „Wissen" werden lassen, das kostet zunächst Überwindung und Einsicht bei den Wissensbesitzern. Im zweiten Schritt kostet es Zeit, Personalressourcen und Geld. Erst im dritten Schritt spart es Zeit und Geld, schafft zufriedene Mitarbeiter, zufriedene Kunden, verringert Reibungsverluste/Ausschuss, schafft interne Konkurrenz, erhöht Firmenwert, ermöglicht schnelle Reaktion in Krisensituation, erlaubt lernende Firma zu werden, ist niemals Stillstand, sondern immer kritische Betrachtung der Gegenwart und Zukunft.

Informationslogistik oder Kundennutzen statt DMS, CMS, DRT und WM[76]

Oliver Berndt

Seit über zehn Jahren wird die Reduktion des Papiers im Büro propagiert, die sich über den Einsatz von elektronischen Archiven, Dokumenten-Management- und Workflow-Systemen realisieren lässt. Nach einem Boom Anfang der 90er Jahre und trotz immer noch großer Potenziale, ist auch in diesem Markt mittlerweile eine Rezession eingetreten. Dafür gibt es mehrere Ursachen und einige davon sind „hausgemacht". Einer dieser hausgemachten Gründe für die Zurückhaltung ist die immer noch vorhandene Technologieorientierung der Anbieter, die sich im Erfinden neuer Begriffe für Systemkategorien (DMS, CMS, DRT, WM etc. und deren Langformen) hervortun, anstatt sich mit der Situation beim Kunden zu beschäftigen. Da die Begriffe außerdem kaum voneinander abgegrenzt wurden, sondern die Anbieter ihre Produkte eher nach modischen Gesichtspunkten etikettiert haben, ist eine effiziente und passende Produktselektion für den unbedarften Anwender kaum durchführbar.

Orientierung an den Kundenbedürfnissen

Der Autor hat deshalb schon vor einigen Jahren in einem Fachbuch[77] vorgeschlagen, sich dem Thema von der Seite der Kundenbedürfnisse zu nähern. Die damals vorgeschlagene Dreiteilung hat bis heute ihre Gültigkeit bewahrt. Damals wie heute gibt es primär drei Motivationen für die Beschäftigung mit dieser Technologie:

1. *Informationsmenge: Bewältigung der aufzubewahrenden Informations- und Papierberge*
   Aufbewahrungsprobleme aufgrund der Menge aufzubewahrender Papiere stehen im Vordergrund. Belegung teuren Büroplatzes, Schaffung von Archivräumen (z.B. bei Neubauten und Umzügen), Sicherheitsbedenken und eingeschränkter Arbeitsplatzkomfort aufgrund von internen oder externen Aufbewahrungspflichten gehören zu den typischen Merkmalen eines entsprechenden Leidensdrucks.

2. *Informationsvielfalt: Effiziente Nutzung der Informationen, d.h. Beherrschung der Informationsflut*

---

[76] DMS = Dokumenten Management Systeme, CMS=Content Management Systeme, WM = Wissensmanagement, DRT=Document Related Technologies

[77] Berndt/Leger, Dokumenten Management Systeme, Luchterhand-Verlag 1994

Die wesentlichen Informationen mit möglichst geringem Aufwand aus den verfügbaren Informationsmengen herauszufiltern ist spätestens seit der allgemeinen Verbreitung des Internet das Hauptproblem aller „Wissensarbeiter". Hier können moderne Systeme mit Volltextindexierung, kombinierten Suchbegriffen etc. wertvolle Hilfe leisten. Ob es sich dabei wirklich um „Wissensmanagement" handelt ist mehr eine akademische Diskussion.

3. *Organisationsaufwand: Optimierung der Vorgangsbearbeitung durch Automatisierung von trivialen Routineaufgaben*
In einer zunehmend komplexeren und arbeitsteiligeren Arbeitswelt sind der Austausch von Informationen und die Abstimmung von (Teil-)Ergebnissen mit Zugriffen auf unterschiedlichste Informationsbestände und dem zeit- und ortsunabhängigen Austausch dieser Informationen verbunden. Herkömmliche Verfahren auf Basis von Papierakten stellen dabei ein erhebliches Hindernis dar, weil die Notwendigkeit der physikalischen Verfügbarkeit eines Dokumentes zu aufwändigen und mehrfachen Aktivitäten für Zugriff, Kopie, Transport, Ablage bei den Beteiligten führt. Dafür benötigte Zeiten und Aufwendungen lassen sich durch entsprechend ausgerichtete Systeme drastisch reduzieren.

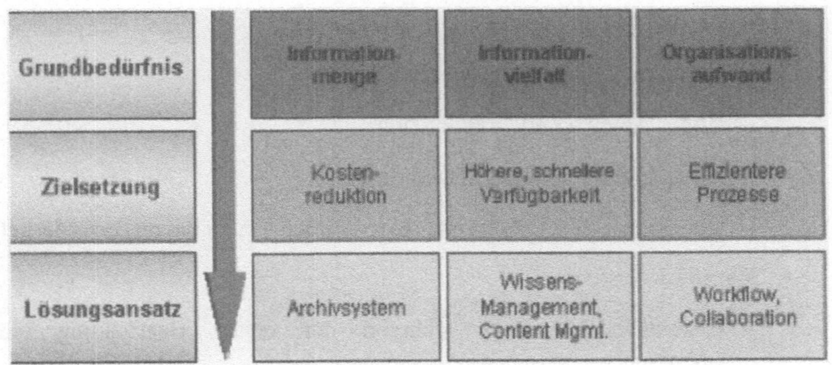

Abb. 38. Lösungsansätze

Kategorisierung der Lösungsansätze

Die Erfahrung aus mehr als 12 Jahren Beratung in diesen Themenstellungen zeigt, dass jedes Projekt einen Schwerpunkt in einer dieser Kategorien hatte. Ausgehend von diesen Grundbedürfnissen lassen sich somit Zielsetzungen und typische Lösungsansätze (mit immanenten funktionalen Anforderungen) ableiten.

- Ist die Menge das Problem, ist das Ziel diese Volumina möglichst kostengünstig zu archivieren. Hier passt der Archivbegriff und sollte auch Verwendung finden. Auch COLD[78]-Lösungen gehören in diese Kategorie.

- Liegt die Herausforderung in der Vielfalt, muss die schnellere und bessere Verfügbarkeit das Ziel sein. Entsprechende Lösungen werden i.a. als Wissens- oder Content Management bezeichnet.

- Minimierung des Organisationsaufwandes in der Vorgangsbearbeitung verlangt effizientere Prozesse als Ziel. Entsprechende technische Lösungsansätze nennen sich Workflow oder Collaboration.

  - Archivsystem

    - Primär Papierentsorgung

    - Vorhaltung für den Eventualfall

    - Archivierung nach Bearbeitung

    - Geringe Zugriffshäufigkeit

  - Wissensmanagement

    - Effiziente Nutzung der Informationen

    - Hoher Anteil ad hoc Recherchen

    - Komplexe Suchabfragen erforderlich

    - Übernahme der Altbestände (bzw. großen Teilen davon) erforderlich

  - Workflow-System

    - Unterstützung bereits während der ersten Bearbeitung eines Dokuments

    - Integration mit operativer Software

    - Elektronische Akten, hierarchische Ablagen

    - Alle Funktionen am Arbeitsplatz

Bereits durch diese Kategorisierung wird das große Angebot an Systemen, Funktionen und Begriffen deutlich überschaubarer. Aufgrund der uneinheitlichen Verwendung der Begriffe auf Anbieterseite ist zwar immer noch eine kritische Hinterfragung notwendig, aber vieles lässt sich deutlich schneller zuordnen.

Bestimmte Lösungsansätze bieten sich an und viele Funktionen können aus der Betrachtung herausgenommen werden, wenn klar ist, dass sie bei der Zielerreichung nicht helfen können. Wenn eine reine Archivlösung gefordert ist,

---

[78] COLD=Computer Output on Laser Disc umfasst die Archivierung von EDV-Listen und anderen strukturierten Datenbeständen auf optischen Platten.

die per Definition kaum Zugriffe hat, lohnt es sich weder über Volltext, noch über Workflow-Funktionalität nachzudenken. Umso wichtiger können aber Funktionen zur Optimierung des Scan-Prozesses sein, weil in diesem Fall häufig sehr große Mengen zu bewältigen sind.

Zu berücksichtigen ist lediglich, dass bei vielen Kunden zunächst ein Archivproblem (d.h. „tote" Dokumente) im Vordergrund steht, die Beschäftigung mit der Situation aber sehr schnell zeigt, dass der eigentliche Nutzen durch Einbeziehung der Vorgangsbearbeitung, d.h. der „lebenden" Dokumente, entsteht.

Zielfindung je Einsatzbereich

Es hat sich daher bewährt, anhand von 10 Kriterien und zunächst ohne exakte Quantifizierung ein Profil zu erstellen, das auf Übereinstimmung mit den typischen Profilen der o.a. Zielkategorien testet. Die Situationsanalyse kann dann bereits zielgerichteter erfolgen.

Zielfindung je Einsatzbereich

Abt./Prozess: Ablage/Archiv.

Nr. Kriterium	sehr gering 2	gering 4	hoch 6	sehr hoch 8	Quantifizierung/Erläuterung
1 Dokument- und Datenvolumina	Z			A, R	
2 Anteil Papier	R		A, Z		
3 Gesetzliche Vorschriften	R, Z		A		
4 Interne Vorschriften	R, Z		A		
5 Ad-hoc-Recherchen (nicht vorhersehbare Suchkriterien)	A, Z			R	
6 Zugriffshäufig-keit	A		R, Z		
7 Wiederholungs-rate gleich-artiger Zugriffe	A, R			Z	
8 Zeitkritikalität der Info			A	R, Z	
9 Zugriffe auf Dok. Alter 3 Monate	Z	A	R		
10 Bereichsüber-greifende Nutzung		A	R	Z	

Abb. 39. Toolgestützte Zuordnung zur Zielkategorien (Beispielhafte Ziele: Z = Zusammenarbeit optimieren, R = Rechercheaufwand reduzieren, A = revisionssicher Archivieren)

Je nachdem welche Zielkategorie im Vordergrund steht, lassen sich bereits frühzeitig kritische Punkte identifizieren. Beispielsweise sind bei reinen Archivanwendungen die quantifizierbaren Einsparungen häufig nicht groß genug, weil - per Definition - kaum Zugriffe stattfinden. Bei einem reinen Archiv müssen schon sehr große Mengen oder bestimmte organisatorische Gegebenheiten zusammenkommen, um alleine über Raum- und Materialeinsparungen einen ausreichenden ROI errechnen zu können.

Sofern das System die Vorgangsbearbeitung unterstützt, ist der Nachweis der Wirtschaftlichkeit deutlich leichter. Allerdings sind die Unterstützungsfunktionen detailliert zu definieren und als spezifisches Problem stellt sich nun meist der Integrationsbedarf zu den Fachanwendungen heraus.

Systeme, die die „Wissensschätze" heben sollen, sind auch nicht unproblematisch, weil ihr Nutzen von dem Vorhandensein einer kritischen Masse an Informationen abhängt. D.h., die - häufig sehr aufwändige - Altbestandsübernahme wird zwingend notwendig. Weiterhin entsteht bei diesen Systemen häufig der Bedarf nach einer übergreifenden Ablagestruktur (Aktenplan), die - aufgrund unterschiedlicher Interessen der Beteiligten - organisatorisch häufig nur schwer umzusetzen ist. Zwar bietet die elektronische Variante hier Möglichkeiten, die mit Papierablagen nicht verfügbar sind (z.B. Links), als bereichsübergreifender Einigungsprozess bleibt die einheitliche Strukturierung für viele Unternehmen und Behörden eine große Herausforderung.

Eine Reihe weiterer Erfahrungswerte lassen sich aus der Kategorisierung ableiten, sprengen aber den hier vorgesehen Rahmen. Vielleicht der größte Nutzen der Kategorisierung liegt in der möglichen Vorselektion von Anbietern und Produkten.

Anbieter und Systeme

Da die Hersteller und Systeme meist auch eine Historie mitbringen, die sie mehr für die eine oder andere Kategorie prädestiniert, ist schließlich auch die Produktauswahl wesentlich einfacher möglich. Die Etikettierung der Anbieter ist allerdings meist eher irreführend oder doch zumindest hinderlich, weil hier Marketingargumente im Vordergrund stehen.

Sofern keine Erfahrungen mit dem Anbieter und seinen Schwerpunkten vorliegen, bleibt hier nur die Gegenüberstellung von funktionalen Anforderungsprofilen zu Leistungsprofilen. Wie schon erwähnt, ist die Kategorisierung auch bei der Erstellung der Anforderungsprofile hilfreich, der Abgleich mit den Systemen ist jedoch nicht trivial.

Da - auf den ersten Blick - fast alle Anbieter die gleiche Funktionalität offerieren, fällt die Orientierung zunehmend schwerer. Alle scheinen alles anzubieten und das obwohl erhebliche Preisunterschiede nach wie vor bestehen.

Erst bei sehr detaillierter Hinterfragung werden die Unterschiede deutlich und entpuppen sich die Aussagen häufig als "mehr Schein als Sein". Die Schwerpunkte der Diskussion liegen denn auch sehr oft bei technischen Details, anstatt bei den sich ergebenden organisatorischen Potenzialen und notwendigen Veränderungen. Obwohl die zugehörige Technik bisher sicher nicht "problemlos" ist, verwundert dies, denn die hohe Bedeutung der organisatorischen Konzeption von DMS-Lösungen gilt mittlerweile als Binsenweisheit.

Rein organisatorische Maßnahmen

Zu dieser "organisatorischen Konzeption" gehört allerdings mehr als nur die Überlegung wo der Scanner installiert werden soll. Viele Problemaspekte lassen sich durch rein organisatorische Maßnahmen in den Griff bekommen. So reduzieren sich die anfallenden Dokumentvolumina teilweise bereits erheblich, wenn man sich intensiv mit der jeweiligen Aufbewahrungswürdigkeit und der operativen Relevanz (für das Tagesgeschäft) auseinandersetzt (siehe folgende Abbildung). Kopier- und Verteilaufwand lassen sich verringern, wenn bestimmte Informationen nicht mehr als Bring-, sondern als Holschuld definiert werden.

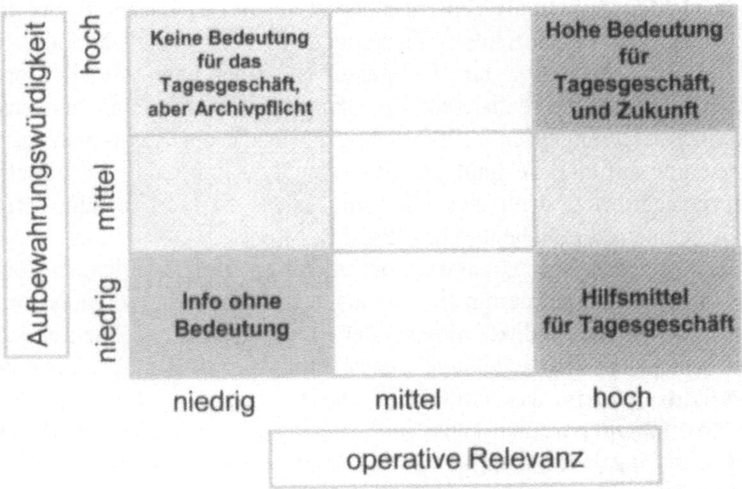

Abb. 40. Dokumentbewertung führt zu Behandlungsregeln[79]

Maßnahmen bzgl. der bestehenden IT-Systeme

Dies sind nur zwei von vielen Beispielen wie die Papierflut auch ohne ein neues IT-System eingedämmt werden kann. Weitere Möglichkeiten liegen in Veränderungen an den bestehenden informationstechnischen Systemen. Viele Informationen sind heute schon über die Bildschirme verfügbar. Häufig ist es gar nicht so schwierig, die Informationen, die heute noch viele Aktenzugriffe erforderlich machen, auch in diese Systeme einzubringen. Zusätzliche Ansätze zur Reduktion der Papiervolumina liegen in der beleglosen Erfassung (z.B. mit Stift-

---

[79] Bewertung erfolgt toolgestützt. Aufbewahrungswürdigkeit und operative Relevanz wird jeweils über mehrere Einzelkriterien bestimmt.

Computern), dem Einsatz von elektronischen Signaturen (mittlerweile mit Beweiskraft) und dem elektronischen Dokumentenaustausch (EDI).

Die Aufstellung macht bereits deutlich, dass teilweise neue, elektronische Objekte entstehen, die evtl. keine Dokumente im klassischen Sinn mehr sind, aber dennoch ordnungsgemäß verwaltet werden müssen. Die Implementierung eines entsprechenden Systems ist jetzt dennoch deutlich einfacher, weil über die erwähnten Maßnahmen der Papieranteil reduziert wird und damit Wirtschaftlichkeit im Betrieb deutlich leichter zu erreichen ist.

Dokumenten-Management und anderes

Dokumenten-Management als Teil einer organisatorischen Gesamtlösung und mit gezieltem Einsatz ergänzender Technologien wie z.B. Barcode, OCR, Volltextrecherche, Workflow und E-Signatur ist in der Lage, Geschäftsprozess-optimierung wirklich zu realisieren. Erst damit lassen sich dann nennenswerte Produktivitätssteigerungen erzielen. Wichtig ist in diesem Zusammenhang, dass keine Fixierung auf eine Technologie und keine 1:1-Umsetzung der bestehenden Abläufe versucht wird, denn dies führt mindestens zu ineffizienten Verfahren, eventuell aber auch zum Scheitern des Projekts.

Soll der Ansatz der Geschäftsprozessoptimierung verfolgt werden, entstehen erhebliche Integrationsanforderungen, da aus technischen und organisatorischen Gründen verschiedene Produkte miteinander zu integrieren sind. Die Integrationsfähigkeit ist aber bei den heute angebotenen Produkten häufig noch ungenügend. Auch die Aussage, dass das DMS offen und erweiterbar ist und außerdem das Produkt XY integriert werden kann, hilft in der Praxis nicht weiter. Der Teufel steckt hier im Detail beziehungsweise in der jeweiligen Definition des Begriffs "Integration".

Potenzialanalyse

Speziell bei unternehmensweiten Ansätzen entsteht das Problem, dass mehrere Einsatzbereiche mit unterschiedlichen Anforderungsprofilen den Bedarf für eine „eierlegende Wollmilchsau" aufzeigen. Da diese Specie nicht verfügbar ist, kann nur bereichsweise vorgegangen werden. Dies birgt das Risiko der Beschaffung unterschiedlichster Lösungen und damit DV-technischer Inseln mit nicht mehr beherrschbarem Integrationsaufwand. Zur Vermeidung sollte eine „Potenzialanalyse" vorgeschaltet werden, die auf dem Papier ein unternehmensweites System - aber grob - konzipiert, um frühzeitig unterschiedlichste Anforderungen berücksichtigen zu können. Die Potenzialanalyse dient sehr häufig als Entscheidungsvorlage, weil sie bereits die absehbare Wirtschaftlichkeit der Lösung bewertet.

Gerade unter Wirtschaftlichkeitsaspekten ist auch darüber nachzudenken, kein System zu kaufen, sondern die Leistungen im Outsourcing zu beziehen.

Zumindest für reine Archivierungslösungen, bei denen kaum Integrationsbedarf besteht, ist dies eine reizvolle Alternative. Langfristig gesehen geht es dabei weniger um Kosteneinsparungen als vielmehr um die Entlastung von Aufgaben, die nicht zum Kerngeschäft gehören. Auch solche Varianten können in einer Potenzialanalyse untersucht werden.

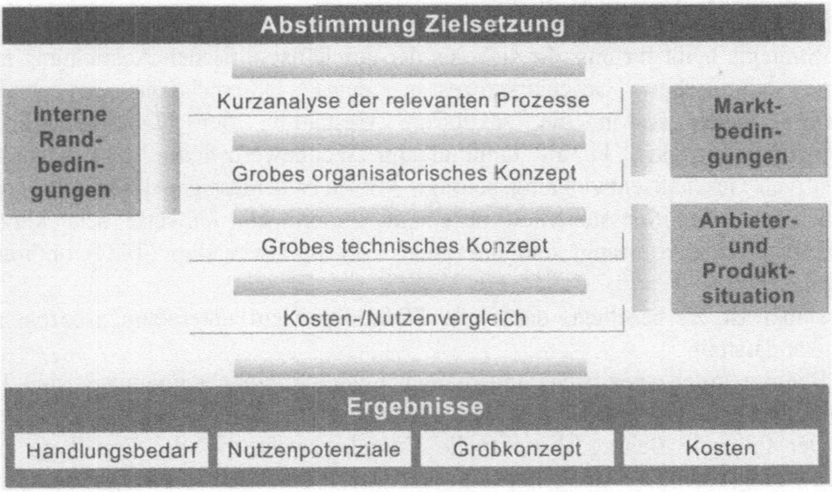

Abstimmung Zielsetzung

Interne Rand-bedin-gungen

Kurzanalyse der relevanten Prozesse

Grobes organisatorisches Konzept

Grobes technisches Konzept

Kosten-/Nutzenvergleich

Markt-bedin-gungen

Anbieter- und Produkt-situation

Ergebnisse

Handlungsbedarf   Nutzenpotenziale   Grobkonzept   Kosten

Abb. 41. Potenzialanalyse

Fazit

Trotz - oder gerade wegen - der großen Dynamik, die derzeit den DMS-Markt kennzeichnet, ist also eine (Rück-)besinnung auf die wirklichen Bedürfnisse und organisatorischen Konsequenzen unabdingbar. Die von den drei Grundbedürfnissen ausgehenden Zielsetzungen und entsprechend definierten Lösungskategorien helfen sehr bei der effizienten Projektdurchführung und der Lösungskonzeption. Trotz vorhandener Erhebungsbögen, Bewertungstools etc. können sie aber natürlich nur eine Richtschnur bilden. Die konkrete Ausgestaltung muss zusammen mit den Betroffenen und der Org/IT-Abteilung Schritt für Schritt erfolgen.

Zum Schluss möchten - trotz der vorhandenen Inflation - noch ein eigener Beitrag zur Begriffsvielfalt, der zwar nicht unbedingt trendy ist, dafür unseres Erachtens aber das Thema besser trifft: Im wesentlichen geht es bei den geschilderten Ansätzen darum, die richtige Information, zur richtigen Zeit, zum richtigen Ort zu bringen. D.h. es handelt sich um „Informationslogistik".

IT-Strategie und -Organisation

IT-Strategieentwicklung – worauf kommt es an?

Alfons Rissberger, Michael Radtke

IT-Strategie heißt für uns, die sich aus der geschäftspolitischen Ausrichtung und den strategischen Geschäftsprozessen eines Unternehmens ergebenden Anforderungen so in die zukünftige Gestaltung der IT-Landschaft zu transformieren, dass IT als unmittelbarer Wettbewerbsfaktor zur nachhaltig positiven Geschäftsentwicklung beiträgt. Mit einer schlüssigen IT-Strategie soll außerdem Investitionssicherheit in einem Umfeld mit teilweise sehr kurzen Innovationszyklen erlangt und die Total Cost of Ownership (TCO) optimiert werden.

Dabei ist zu beachten, dass jede IT-Strategie ein unternehmensbezogenes Unikat darstellt.

Bedingt durch spezifische innere und äußere Rahmenbedingungen sind IT-Strategien anderer Unternehmen nicht übertragbar.

Der folgende Beitrag skizziert die Vorgehensweise bei der Erstellung und Umsetzung einer IT-Strategie speziell auch mit Blick auf die Tatsache, dass die heute oft noch vorherrschende Abgrenzung von Unternehmens- und IT-Strategie nicht mehr verantwortbar ist.

Einführung

Die IT-Strategie[80] in deutschen Unternehmen ist oft immer noch nicht integraler Bestandteil der Unternehmensstrategie. Was treffen wir in der Praxis an? Auf unsere Frage, ob eine IT-Strategie vorhanden ist, hören wir oft ein „ja". Beim Nachfassen stellen wir jedoch fest, dass diese vergleichbare Überlegung nur im Kopf des CIO existiert. Zur immer wieder beabsichtigten Verschriftlichung war bedingt durch das Tagesgeschäft keine Zeit.

Aber nur eine schriftliche Form kann als Entscheidungsgrundlage für die Geschäftsführung dienen und führt zu einer angemessenen Akzeptanz und Identifikation durch die Mitarbeiter.

Doch was ist eigentlich eine IT-Strategie?

Raymond Tischendorf, Senior Consultant der Meta Group definiert IT-Strategie als: „eine in jeder Hinsicht umfassende Vorgehensweise, um ein mittel- bis langfristiges Ziel zu erreichen. Eine IT-Strategie betrachtet die gegebenen

---

[80] Informationstechnologie schließt für uns den Begriff Kommunikationstechnologie als Untermenge mit ein.

Randbedingungen, schätzt potentielle Einflüsse ab, bewertet die Risiken und beschreibt schließlich das geeignete Vorgehen zur Strukturierung, Positionierung und Organisation der gesamten Informationstechnik, also von der Hardware, Software, IT-Prozessen, Mitarbeiter und Managementaufgaben."[CW 15/2002].

In der Praxis ergeben sich daraus die folgenden drei Bestandteile einer IT-Strategie:

1. Auf der Unternehmensstrategie basierende Ziele des IT-Einsatzes im Unternehmen.

2. Die im Unternehmen festgeschriebenen Rahmenvorgaben für die IT-Architektur, die Anwendungssysteme und die Modalitäten zur Durchführung von IT-Projekten.

3. Der konkrete Umsetzungsplan mit Prioritätenliste, Zeit- und Ressourcenplanung bzw. konkretem Projektportfolio und den entsprechenden Controllinginstrumenten.

Allerdings stellt sich in diesem Zusammenhang sogleich die nächste Frage: Welcher Zeitraum soll überhaupt betrachtet werden?

Die IT-Märkte der Vergangenheit waren aus heutiger Sicht relativ überschaubar und homogen. IT unterstützte Geschwindigkeit und Qualität des Geschäfts und war teilweise ein starker Rationalisierungsfaktor. Innovationen im IT-Bereich, wie der Übergang von Großrechnern zu Client/Server-Systemen oder die Ablösung traditioneller Programmiersprachen durch objektorientierte, hatten wenig unmittelbare Auswirkungen auf das Kerngeschäft derjenigen, welche die IT nutzten. Die Entwicklung neuer IT-Produkte (Methoden, Werkzeuge, Systeme, usw.) und deren Etablierung am Markt zog sich meist über mehrere Jahre.

IT-Strategien konnten daher verhältnismäßig zuverlässig für einen längeren Zeitraum festgelegt werden.

Aktuelle Entwicklungen auf den IT-Märkten sind durch zunehmende Globalisierung und fortschreitende Heterogenisierung der Technologien gekennzeichnet. Die unüberschaubare Vielzahl an Standardisierungsbemühungen für verschiedene Technologien ist für den Außenstehenden kaum zu überblicken. Immer häufiger werden neue Technologien bereits wieder abgelöst, bevor sich die jeweiligen Standards am Markt etabliert haben. Zusätzlich haben bestimmte Technologien, z.B. in den Bereichen Supply Chain Management, e-Commerce oder Customer Relation Management, direkte Auswirkungen auf die unternehmenseigenen Geschäftsprozesse, da IT-Technologie und Fachanwendung teilweise untrennbar miteinander verbunden sind [Oberweis 2000]. Langfristige Planungen im IT-Bereich sind daher mit großen Unsicherheiten verbunden, die Zweifel am Erfolg einer langfristig angelegten IT-Strategie aufkommen lassen.

Unter diesem Eindruck wird die Lebensdauer detaillierter IT-Strategien teilweise mit 12-18 Monate angegeben.

Aber solche kurzlebigen Zyklen sind problematisch, wenn die typischen Zeitkonstanten für die Entwicklung, die Einführung und den anschließenden

Betrieb eines IT-Systems betrachtet werden, zumal sich die IT-Strategie insbesondere großer Unternehmen nicht derartig kurzfristig ändern lässt.

So beträgt der Zeitumfang eines typischen Individualprojektes in einem Unternehmen bis zu zwei Jahre. Die Anpassung von Standardsoftware sollte diesen Zeitrahmen ebenfalls nicht übersteigen. Die Einführung von neuer Software inklusive der nötigen Migration der alten Systeme beträgt im Durchschnitt ein bis eineinhalb Jahre. Und für den Betrieb eines Systems wird im Allgemeinen wieder mit zwei Jahren gerechnet.

Eine strategische Ausrichtung umfasst alle diese Projekte als verschiedene Stadien.

Deshalb sollte beim Entwurf einer IT-Strategie eine Zykluszeit von fünf bis sieben Jahren geplant werden, um Anwendungs- und Infrastrukturentwicklern eine verlässliche Richtung aufzuzeigen. In einem Abstand von ca. eineinhalb Jahren sollte die Strategierichtung jedoch in Form eines Reviews kritisch hinterfragt werden, um eventuell noch korrigierend eingreifen zu können.

Allerdings ergibt sich das Problem, dass viele Manager nicht ausreichend informiert sind, um derart weitreichende Entscheidungen treffen zu können. Oft fehlt Ihnen, teilweise aus Unkenntnis der heutigen IT-Einsatzmöglichkeiten, der Bezug zwischen den IT-Maßnahmen und den Unternehmenszielen.

Unserem Verständnis von IT-Strategie entspricht es jedoch, dass IT Chefsache ist. Zum einen liegt dies darin begründet, dass sich im Laufe der letzten Jahre eine immer größere Schnittmenge der vormals noch getrennten Bereiche Management, Organisation und Informationstechnik gebildet hat.

Zum anderen haben Entwurf und damit die angestrebte Umsetzung der IT-Strategie so weitreichende Konsequenzen, dass sie als Grundsatzentscheidung nicht delegiert werden können.

Von daher besteht auch von Seiten der Führungskräfte ein Nachholbedarf in Sachen IT: Sie benötigen Kenntnis der grundlegenden Begriffe, Zusammenhänge und Trends sowie der für Sicherheit und Datenschutz entscheidenden Fragen, auf deren Beantwortung sie als Organschaft bestehen müssen, um nicht „mit einem halben Bein im Gefängnis zu stehen"[81].

Strategische Optionen

In den 80er Jahren des letzten Jahrhunderts unterstützte IT ausgewählte Geschäftsprozesse. In den 90er Jahren wurden bestimmte Geschäfte durch neue Technologien erst möglich. Seit der weltweiten Verfügbarkeit des Internets ist Informationstechnologie ein integraler Bestandteil des Geschäfts.

Branchenbezogen und in Abhängigkeit von der Betriebsgröße hat dies zur Folge, dass die Trennung der Entwicklung von Unternehmensstrategie und IT-Strategie immer mehr aufgehoben wird. Die Unternehmensstrategie ist zugleich

---

[81] Vgl. auch http://www.rissberger.de/pages/checkliste.html, Die 10 IT-Todsünden von Führungskräften

IT-Strategie und umgekehrt. Idealerweise trägt die IT-Strategie zum Erreichen der Unternehmensziele bei und ordnet sich ihnen unter. Allerdings gehen gerade in der Praxis oft Impulse von neuen IT-Technologien aus, aus denen eine Neugestaltung der Geschäftsprozesse und Kundenbeziehungen im Hinblick auf Kostensenkungen, Qualitätsverbesserungen oder optimierte Durchlaufzeiten resultieren.

Die sich durch die Informationstechnologie ergebenden strategischen Optionen beschränken sich dabei nicht nur auf die Unterscheidung zwischen Kostenführerschaft und Differenzierung.

Einflussfaktoren

Bei der Erstellung einer IT-Strategie sollte konsequenter Weise eine Top Down Vorgehensweise gewählt werden, wobei folgende Aussagen im Vordergrund stehen:

- IT unterstützt die Geschäftsprozesse

- IT ist ein Servicebereich

- IT-Service wird nur benötigt, wenn ein qualitativer oder quantitativer Nutzen offensichtlich ist

- Schlechter, teurer und unpünktlicher Service wird nicht akzeptiert

Die folgenden Einflussfaktoren bestimmen hierbei die generelle Ausrichtung:

Die Unternehmenspolitik

Je nach strategischer Ausrichtung der Unternehmenspolitik, z.B. mit dem Ziel der

- Kostenführerschaft

- Technologieführerschaft

- Differenzierung

- Spezialisierung

oder hybrider Strategien, leitet sich daraus die grundlegende Richtung der IT-Strategie ab. So liegt es auf der Hand, dass ein Unternehmen, welches sich zur Abgrenzung von den Wettbewerbern die Technologieführerschaft auf die Fahnen geschrieben hat, auch im Rahmen seiner eigenen IT-Ausstattung und der verwendeten Technologien auf dem neuesten Stand sein muss.

Kernkompetenz

Generell stellt sich in diesem Zusammenhang die Frage, inwieweit Mitarbeiter eigenes Know-how einbringen müssen, um geschäftskritische Prozesse nicht unter Federführung Dritter ablaufen zu lassen (Risikominimierung) und ab wann es sinnvoll ist, unkritischere Prozesse auszulagern (Outsourcing) bzw. gezielt Wissen einzukaufen. Auch bei der Beurteilung von Technologietrends fehlt in den kleineren Unternehmen auf Grund der aus Gründen der Personalkapazität nicht konsequent durchzuführenden Arbeitsteilung üblicherweise entsprechend ausgebildetes oder erfahrenes Personal, um kompetent die notwendigen Unterscheidungen treffen zu können. Erschwerend kommt hinzu, dass die einzelnen Technologien nicht unabhängig von einander bewertet werden können, da sie oft voneinander abhängig sind (Wireless LAN, Intranet, EAI, Data Warehouse, Data Mining, ERP-System, Group Ware). Deshalb ist zur Qualitätssicherung von IT-Entscheidungen und IT-Projekten der Einsatz von externem Know-how oft unabdingbar.

Allerdings steht man in diesem Fall wieder vor der Entscheidung, ob auf Berater zurückgegriffen wird, die sich im Kerngeschäft auskennen, oder ob durch eine branchenneutrale Beratung mögliche durch „Betriebsblindheit" existierende Mauern aufgerissen werden.

Investitionsschutz

Im Rahmen der Erarbeitung einer IT-Strategie stellt sich auch immer wieder die Frage: Evolution oder Revolution?

Im Regelfall ist der evolutionäre Weg das Mittel der Wahl, da der Investitionsschutz der bestehenden IT-Landschaft, die weitere Nutzung der existierenden Softwarelösungen sowie Zeit- und Kostengründe einen vollständigen Neubeginn nicht zulassen.

Die Kunst der erfolgreichen strategischen IT-Konzeption besteht in diesem Fall darin, durch den Einsatz passender Technologien und Lösungen genau den richtigen Schnittpunkt zwischen „der alten Welt" und „der neuen" zu finden.

Aber oft ist es jedoch auch richtig, den nötigen Mut aufzubringen, um sich von in der Sackgasse gelandeten Altanwendungen zu befreien und im Zuge einer konsequenten Systemintegration neue Entwicklungen voranzutreiben.

Optimierung der Geschäftsprozesse

Um der Zielstellung einer optimalen Unterstützung der Geschäftsprozesse gerecht zu werden, stellen diese einen wichtigen Ansatzpunkt dar, um eine entsprechende IT-Strategie abzuleiten. Falls im Unternehmen noch keine Dokumentation der Geschäftsprozesse erfolgte, kann in einem ersten Schritt aus der Aufbau- und

Ablauforganisation des Unternehmens eine Grobstruktur abgeleitet werden. Basierend auf einer Integrationsübersicht der Aufgabengebiete (vgl. Abbildung) hat sich die Bewertung der einzelnen Bereiche nach Tabelle 1 bewährt: Dazu werden gezielt die einzelnen Unternehmensbereiche betrachtet und entsprechend klassifiziert um einen Überblick über die existierenden Schwachstellen zu gewinnen.

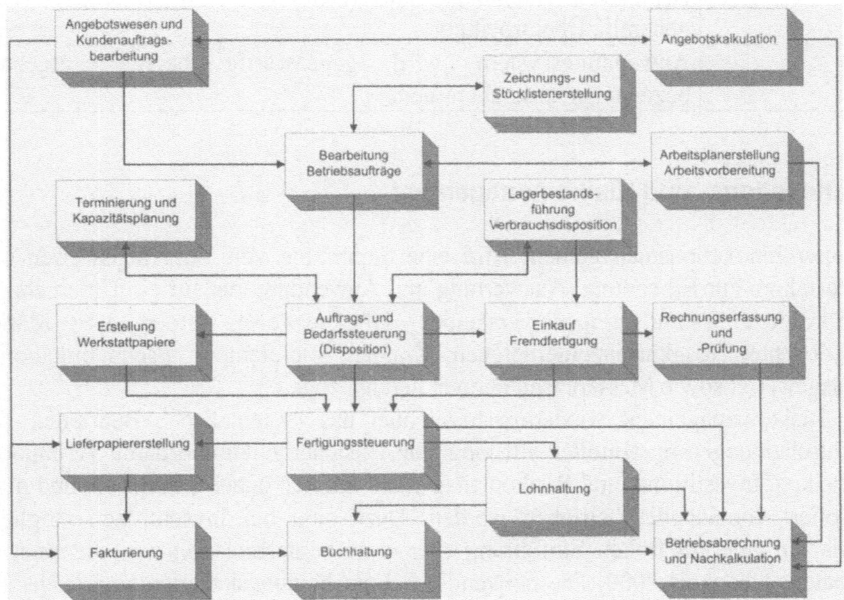

Abb. 42. Darstellung der Integration und Abhängigkeiten von Aufgabengebieten in einem Industrieunternehmen

Bei der weiteren Auswahl der unternehmensbezogenen IT gibt es zwei Handlungsoptionen. Zum einen können die eigenen Geschäftsprozesse adäquat in einem nur auf das Unternehmen zugeschnittenen IT-System abgebildet werden. Zum anderen besteht die Möglichkeit, die eigenen Prozesse auf am Markt befindliche IT-Systeme abzustimmen. Bei der letztgenannten Vorgehensweise geht allerdings immer ein Aufschrei durch die Unternehmen, da „die Prozesse schon immer so gelebt wurden und von daher optimal und ganz spezifisch sind".

In der Praxis zeigt sich jedoch, dass der kostenoptimale und effiziente Lösungsweg darin besteht, die optimale Balance der Abstimmung zwischen Geschäftsprozessen und IT zu finden und so zu einem adaptierten „Standard-System" zu kommen. Diese Vorgehensweise zeigt oft die eigenen Schwachstellen auf, welche mit der Einführung des Systems korrigiert werden können, woraus allerdings meist auch Änderungen in der Organisationsstruktur sowie der Ablauforganisation resultieren.

Tabelle 2. Bewertung des Standes der IT-Systeme

Wertigkeit	Einschätzung
0	Kein Handlungsbedarf in den nächsten vier bis fünf Jahren
1	In den nächsten zwei bis drei Jahren ok
2	In den nächsten zwei bis drei Jahren sind einige größere Veränderungen/Erweiterungen nötig
3	Dringender Handlungsbedarf (Neuentwicklung beziehungsweise generelle Überarbeitung)
4	Anwendungssystem wird gegenwärtig bereits aufgebaut beziehungsweise überarbeitet

Innovations- und Risikomanagement

Unter Innovationsmanagement wird eine Sammlung von Vorgehensweisen und Verfahren zur Erkennung, Auswertung und Anwendung der für ein Unternehmen relevanten IT-Innovationen verstanden. Üblicherweise werden dazu Märkte beobachtet (Konkurrenzunternehmen, Kunden, Lieferanten), Fachpublikationen ausgewertet sowie Messepräsentationen herangezogen.

Risikomanagement wiederum bezeichnet das systematische Beurteilen von Entscheidungen im Hinblick auf mögliche Unsicherheiten und damit verbundene Risiken. Investitions- und Risikomanagement müssen dabei gemeinsam und nicht isoliert voneinander betrieben werden. Dazu sind bei Investitionen mögliche Risiken einer zu frühen Einführung ebenso zu berücksichtigen wie die einer zu späten [Oberweis 2000] Die notwendigen Entscheidungskriterien sind in der IT-Strategie entsprechend festzulegen.

Markt- und Technologieentwicklung

Zentrale Aufgabe in diesem Zusammenhang ist der Umgang mit der Unsicherheit bezüglich der Markt- und Technologieentwicklung. Bedingt durch die von Forschung und Konkurrenzkampf getriebene permanente Entwicklung neuer Technologien im IT-Bereich sind deren langfristige Bedeutung und mögliche Auswirkungen auf die Unternehmen im Allgemeinen schwer abzuschätzen.

Generell kann zwischen langfristigen Trends und kurzfristigen Modeerscheinungen unterschieden werden. Die Einschätzung, ob und wenn ja welchen Einfluss derartige Entwicklungen auf die IT-Strategie eines Unternehmens haben, gelingt erst, wenn neben den Kostenfaktoren (Beschaffungs-, Lizenzierungs-, Umstellungs- und Betriebskosten) auch der beispielsweise entgangene Nutzen bei Nicht-Umstellung sowie die Zusatzkosten bei zu früher oder zu später Umstellung berücksichtigt werden. Dabei ist speziell die monetäre Bewertung dieses Nutzens äußerst schwierig und kann üblicherweise nur näherungsweise vorgenommen werden.

Die bereits aufgeworfene Frage nach dem optimalen Zeitpunkt der Einführung einer neuen Technologie lässt sich nur klären, wenn zuvor eindeutige Kriterien festgelegt wurden. Das bedeutet, dass im Vorfeld die Migration der vorhandenen Technologie in die neue Technologie ebenso geklärt wurde, wie die Probleme der möglicherweise unvermeidbaren aber üblicherweise vorübergehenden Koexistenz von alter und neuer Technologie [Oberweis 2000] (vgl. auch Innovationsschutz).

Strategie-Inhalte

Unter Berücksichtigung der bereits aufgeführten Einflussfaktoren lässt sich die Gesamtstrategie in einzelne Teilstrategien aufteilen, für die einzelne, aber notwendigerweise aufeinander abgestimmte Strategien zu entwerfen sind [Krcmar 1990].

IT-Infrastrukturstrategie

IT-Infrastruktur ist ein in verschiedenen Zusammenhängen oft benutzter Begriff. Oft werden mit ihm die Hardwarekomponenten wie Server, Clients, Netze und Endgeräte adressiert. Dabei wird der Begriff der IT-Infrastrukur auf genau diejenige Hardware einschließlich der zur Signalverarbeitung notwendigen Software reduziert, die notwendig ist, um Rechner und Nutzer miteinander zu verbinden.

Andere Definitionen schließen im Begriff IT-Infrastruktur alles mit ein, was die Übertragung von Daten und Informationen ermöglicht. Unserem Verständnis nach umfasst IT-Infrastruktur genau die Ressourcen, die zur Bereitstellung von Anwendungen benötigt werden aber unabhängig von den verwendeten Anwendungen sind.

Daraus folgt, dass die IT-Infrastruktur im weiteren Sinne nicht nur aus Hard- und Software besteht, sondern auch logische und organisatorische Beziehungen sowie grundsätzliche Dienste, welche die Nutzung von Netzen erst möglich und sinnvoll machen, mit einschließt.

Zur IT-Infrastruktur gehören also neben Servern, Clients, den Netzwerk-komponenten wie Switches, Router oder Firerwalls auch Datenbanken und Dienste wie z.B. E-Mail, ein Verzeichnis- oder ein Verschlüsselungsdienst (vgl. Tabelle 2).

Da die IT-Infrastruktur letztendlich das Fundament darstellt, auf dem erfolgreich informationstechnische Lösungen zur Unterstützung von Prozessen implementiert werden sollen, ist neben Stabilität, Flexibilität und Sicherheit auch der wirtschaftliche Betrieb ein entscheidendes Eignungskriterium.

Tabelle 3. Komponenten der IT-Infrastruktur

Hardwarekomponenten	• Dezentral oder zentral betriebene Server • Netzwerkdrucker • Netzwerke und Ihre Komponenten • Endgeräte am Arbeitsplatz (PC, Drucker, Scanner usw.)
Systemnahe Software	• Betriebssysteme • Administrationswerkzeuge • Datenbanksysteme
Übergreifende Standardsoftware	• Bürokommunikation, Office-Produkte, Browser usw.
Dienste	• Kommunikations- und Informationsdienste (Mail, Intra- und Internet, Verzeichnis- und Signaturdienste) • Middleware • Sicherheitsdienste (Verschlüsselung, Authentisierung, Virenschutz, Firewall)
Entwicklungswerkzeuge	• Entwicklungsumgebungen
Organisatorische Elemente	• Organisationsrichtlinien • Projektrichtlinien • Sicherheitsrichtlinien • Ergonomie

IT-Anwendungsstrategie

Das Vorgehen zum Erstellen der IT-Anwendungsstrategie [Kargl 2000] orientiert sich an folgenden grundlegenden Schritten:

1. Ermittlung der IT-Unterstützung der bestehenden Geschäftsprozesse z.B. entlang der Wertschöpfungskette des betrachteten Unternehmens um ein Ist-Portfolio heutiger Anwendungssysteme zu erhalten (vgl. Optimierung der Geschäftsprozesse).

2. Erstellung eines Soll-Portfolio der zukünftig benötigten Anwendungssysteme durch die Ableitung und Definition künftiger Geschäftsprozesse aus der Unternehmensstrategie.

3. Festlegung der strategischen Anwendungssystemprojekte zum Schließen der durch einen Soll-Portfolio – Ist-Portfolio Vergleich deutlich gemachten Soll-Ist Lücke.

IT-Organisationsstrategie

Bedingt durch die Einführung neuer Anwendungen sowie durch das Bestreben nach deren effektiven und effizienten Betrieb wird eine strategiekonforme Anpassung der IT-Aufbau- und Ablauforganisation notwendig werden. Aus strategischer Sicht stellt sich in diesem Zusammenhang insbesondere die Frage, welche IT-Leistungen in Zukunft intern und welche extern bezogen werden sollen. Dies setzt zuerst eine Definition der zu berücksichtigenden Leistungen voraus, wie z.B. IT-Beschaffung durchführen, IT-Infrastruktur bereitstellen, IT-Infrastruktur pflegen, IT-Infrastruktur betreiben, IT-Anwendungen einführen, IT-Anwendungen pflegen, IT-Anwendungen betreiben, IT-Hotlinedienst leisten, IT-Anwender betreuen usw.

Darauf aufbauend werden die zu realisierenden IT-Prozesse definiert, an denen sich schließlich die Aufbauorganisation der IT-Abteilung orientiert, um möglichst eine ganzheitliche Bearbeitung der IT-Prozesse und die Bündelung von entsprechendem Know-how zu realisieren.

IT-Technologiestrategie

In ihr werden Aussagen über die zukünftig vom Unternehmen zu berücksichtigenden Hardware- und Softwaretechnologien getroffen. Dazu ist eine permanente Beobachtung und Bewertung relevanter Produkte und Trends notwendig, um rechtzeitig mögliche Auswirkungen auf Unternehmen, Markt und Kunden abschätzen zu können (vgl. Tabelle 3).

Tabelle 4. Beispiele für Technologietrends und deren Auswirkung auf ein Unternehmen

Technologietrend		Wertschöpfung für das Unternehmen
Mobile Computing	Verstärkte Nutzung von PDA's und Notebooks	Verbesserung der Steuerung und der Prozesse zwischen Innen- und Außendienst (Achtung: Sicherheitsproblem!)
Wireless LAN	Bereitstellung von Standards zum Aufbau von Funknetzwerken	Einfacher Arbeitsplatz-Standortwechsel innerhalb des Unternehmens möglich, Vereinfachung der Kommunikation mit Peripheriegeräten
Voice over IP	Übertragung von Sprache über IP-Datennetze (Corporate Network)	Sprachübertragung über eigene Netze, Erschließen von Zusatznutzen (Verknüpfung von Anwendungen und Telephonie), bessere Erreichbarkeit der Mitarbeiter
EAI (Enterprise Application Integration)	Konzeption eines EAI Backbones als zentrale Infrastruktur zum Anschluss aller	Reduzierung der Schnittstellenkomplexität auf einen überschaubaren und festen Satz von Leistungsbeziehungen, geringere Redundanzen durch

	Applikationen	Modularität, niedrigere Kosten, erhöhte Flexibilität, verkürzte Projektlaufzeiten

Unterstützung der IT-Strategieumsetzung

Darstellung im IT-Masterplan

Ein Instrumentarium zur Darstellung der inhaltlichen und zeitlichen Strukturen im Zuge der IT-Strategieverwirklichung ist der IT-Masterplan [Anwander 2000]. Der Masterplan besteht aus dem Masterchart sowie der Masterdokumentation und ist verbindliche Grundlage für das Verwirklichungsmanagement.

Im Masterchart werden die inhaltliche Dimension (Gestaltungsfelder) sowie die zeitliche Dimension visualisiert. Anwander geht in diesem Zusammenhang noch einen Schritt weiter und benutzt so genannte Integrationslinien, um Orientierungszeitpunkte vorzugeben, zu denen definierte übergeordnete Ergebnisse aus den unterschiedlichen Gestaltungsfeldern vorliegen müssen, bevor gemeinsam mit der nächsten Phase begonnen werden kann.

Diese übergeordneten Ergebnisse können durch die Definition von Zwischenergebnissen weiter differenziert werden. Die dadurch entstehenden Ergebnisketten vereinfachen die Synchronisation und Abstimmung der unterschiedlichen Geschäftsfelder und zeigen Abhängigkeiten zwischen den einzelnen Prozessen auf.

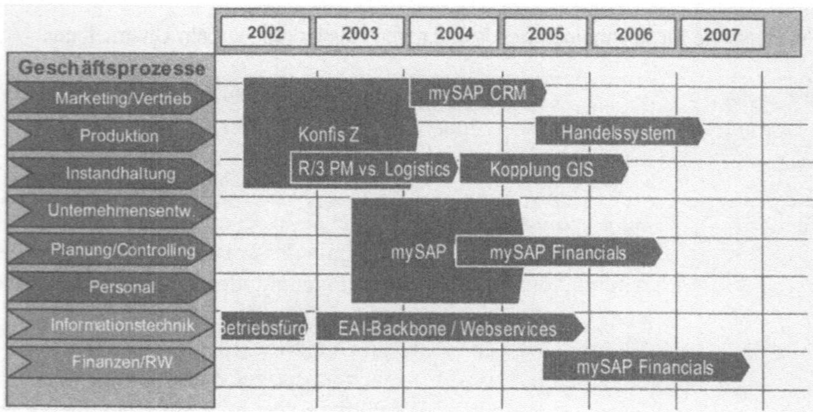

Abb. 43. Masterchart

Die Masterdokumentation ergänzt das Masterchart. Sie beschreibt den detaillierten Gesamtzusammenhang und liefert damit eine verständliche Zusammenfassung des Idealverlaufs, der wesentlichen Ergebnisketten und der kritischen Punkte des Prozesses.

Um dem Masterplan das nötige Gewicht und die entsprechende Autorität zu verleihen, wird er als Führungsinstrument zur Aktivitäten-, Prozess- und Projektsteuerung eingesetzt. Damit sorgt er für die notwendige Übersicht und dient als Frühwarnsystem für Abweichungen und Zielkonflikte.

In Tabelle 4 sind die notwendigen Schritte zur Erstellung eines IT-Masterplans beschrieben.

Tabelle 5. Vorgehensweise zur Erstellung des Masterplans

Schritt 1	Rahmendaten sammeln
	Welche feststehenden Termine und Maßnahmen gibt es? Welche Gestaltungsfelder sind voranzutreiben? Welche Kennzahlen für den Fortschritt im Prozess gibt es?
Schritt 2	Rückwärtsplanung
	Ausgehend vom Zielzustand, welche Ergebnisse müssen bis wann erreicht sein?
Schritt 3	Vorwärtsplanung
	Die Vorwärtsplanung erfasst, welche strategierelevanten Ergebnisse vom heutigen Zeitpunkt an bereits geplant sind.
Schritt 4	Integration
	Zusammenführung und Integration der bisher gesammelten Daten
Schritt 5	Ressourcenschätzung
	Einschätzung über den finanziellen und personellen Ressourcenbedarf
Schritt 6	Abstimmung
Schritt 7	Dokumentation
Schritt 8	Freigabe
	Die gemeinsame Verabschiedung des Masterplans (Master-Chart und Master-Dokumentation) aller wesentlichen Akteure schafft Verbindlichkeit und Identifikation

Methode der Balanced Scorecard

Aufgrund der Tatsache, dass Strategien auf sehr allgemeine Weise formuliert werden, sind sie üblicherweise noch nicht zur Steuerung geeignet. Deshalb kommt an dieser Stelle das strategische Controlling zum Einsatz, welches die Transformation der Strategie in konkrete Steuerungsgrößen vornimmt. Bewährt hat sich in diesem Zusammenhang besonders die Balanced Scorecard [Kaplan 1996].

Das ursprüngliche Ziel dieser Methode liegt darin begründet, die in Unternehmen überwiegend anhand von finanziellen Größen gemessene Leistungsfähigkeit durch geeignete Informationen über die Kunden, die internen Geschäftsprozesse sowie die Anpassungsfähigkeit des Unternehmens zu ergänzen.

Basierend auf der Annahme, dass eine eindimensionale Beschreibung und Steuerung eines Unternehmens unabhängig davon, welche Dimension Verwendung findet, der Realität nicht gerecht wird, sollen die wesentlichen Dimensionen eines Unternehmens abgebildet und die für die Steuerung des Unternehmens benötigten Informationen verfügbar gemacht werden.

Dazu werden für jeden der vier in Tabelle 5 dargestellten Aspekte, unter denen das Unternehmen betrachtet wird, die strategischen Ziele formuliert. Diese Aufgabe ist durch die Unternehmensführung zu erfüllen.

Nachdem die Formulierung der strategischen Ziele abgeschlossen ist, sind in jedem Bereich geeignete Maßgrößen, die eine Messung des Zielerreichungsgrades zulassen, abzuleiten. Zu den im Einzelnen verwendeten Maßgrößen sind im Rahmen der Operationalisierung der strategischen Ziele konkrete Zielgrößen vorzugeben und auf der Balanced Scorecard auszuweisen. Letzter Schritt ist eine verbale Umschreibung der zur Erreichung der einzelnen strategischen Ziele ergriffenen Initiativen.

Tabelle 6. Ausprägung einer IT-Balanced Scorecard

Geschäftsbeitrag (wie sieht das Management die eigene IT-Abteilung) *Mission:* Erzielen eines Geschäftsbeitrages aus IT-Investitionen *Mögliche Strategien:* • Steuerung der IT-Ausgaben • Nutzwert (Geschäftswert) von IT-Projekten • Erschließung neuer Geschäftsfelder	*Benutzersicht* (wie sehen interne/externe Benutzer die IT-Abteilung) *Mission:* bevorzugter Ansprechpartner sein *Mögliche Strategien:* • bevorzugter Lieferant von Anwendungen sein • bevorzugter Lösungsanbieter sein • Partnerschaften mit Kunden/Nutzern eingehen • Kundenzufriedenheit sicherstellen
Betriebliche Fähigkeiten (wie effektiv und effizient sind die IT-Prozesse) *Mission:* effektive und effiziente IT-Anwendungen und Dienstleistungen bieten *Mögliche Strategien:* • effizient und effektiv entwickeln • effizient und effektiv ausführen	*Zukünftige Orientierung* (wie gut ist die IT für die Zukunft gerüstet) Mission: Möglichkeit bieten, zukünftige Herausforderungen anzunehmen *Mögliche Strategien:* • Training/Schulung der Angestellten • Experten einstellen • Forschung vorantreiben • Leistungsportfolio „up to date" halten

Koordination der Projekte zur Strategieumsetzung

Bei vielen Beratungseinsätzen stellen wir fest, dass sehr oft zu viele Projekte generiert werden, die nicht ausreichend priorisiert sind. Im Ergebnis klagen Anwender berechtigt über Projekte, die seit Jahren nicht beendet sind. Unsere Erfahrung zeigt deutlich, dass hier der Mut aufgebracht werden muss, eine entsprechende Priorisierung vorzunehmen.

Bewährt hat sich eine einfache Unterteilung in die drei Kategorien sehr wichtig, wichtig und weniger wichtig, wobei in einem ersten Schritt die Konzentration der Kräfte nur auf die sehr wichtigen Projekte erfolgt.

Genauso wichtig ist, dass dreimal pro Jahr vor dem Management ein maximal halbstündiger Statusbericht präsentiert wird. Ziel ist es, die Unternehmensleitung über Erreichung oder Delta der Teilziele zu informieren.

Allein dieses Bewusstsein führt zu einer höheren Motivation der Projektbeteiligten und es wird vermieden, dass beispielsweise bei zwei Jahren Projektlaufzeit nach dem ersten Jahr noch alle Ampeln auf Grün stehen, obwohl das Projekt keinen Schritt weitergekommen ist – mit der Begründung, dass noch ein Jahr Zeit ist, um alles zu richten.

Zusammenfassung

1. Unternehmensstrategie und IT-Strategie bedingen sich wechselseitig und können nicht mehr voneinander getrennt werden.

2. Die IT-Unternehmensstrategie ist ein Unikat.

3. IT-Strategie ist Chefsache. Dazu ist eventuell neues bzw. erweitertes Know-how in Sachen IT zu erwerben.

4. Die Entwicklung einer effizienten und zugleich zukunftsorientierten IT-Strategie bedarf in kein- und mittelständischen Unternehmen im Regelfall externer Begleitung.

5. Die Erstellung einer systematischen IT-Strategie basiert üblicherweise auf einer umfassenden Schwachstellenanalyse der zu unterstützenden Prozesse.

6. Das Management-Summary der IT-Strategie (maximal 3 Seiten) muss für die Geschäftsleitung nachvollziehbar beschrieben sein.

7. Mit ihrer Unterschrift verleiht die Geschäftsführung der IT-Strategie die notwendige Wirkung im Unternehmen.

8. Die auf der Grundlage der IT-Strategie zu realisierenden Projekte müssen priorisiert und die Anzahl der laufenden Projekte jeweils höchster Priorität in Relation zur verfügbaren Personalkapazität so begrenzt werden, dass die Projektziele sicher erreicht werden.

Literatur

[Anwander 2000]   Anwander, A.: Strategien erfolgreich verwirklichen. Berlin, Heidelberg 2000.

[CW 15/2002]   Tischendorf, R.: Strategie: Inflation eines Begriffs. Computerwoche 15/2002 vom 12.04.2002, S. 48.

[Hax/Wilde 1999]   Hax, A. C.;Wilde, D. L.:The Delta Model: Adaptive Management for a Changing World. In: Sloan Management Review, 40 (1999) 2, S. 11-28.

[Kaplan 1996]   Kaplan, R. S.; Norton, D. P.: Balanced Scorecard – Translating Strategies into Action. 1996. Deutsche Ausgabe: Balanced Scorecard. Stuttgart 1997.

[Kargl 2000]   Kargl, H.: IV-Strategie. In: v. Dobschütz u.a. (Hrsg.): IV Controlling. Wiesbaden, 2000, S.39-74.

[Krcmar 1990]   Krcmar, H.: Bedeutung und Ziele von Informationssystem-Architekturen. In: Wirtschaftsinformatik, 32.Jg., 1990, Heft 5, S. 395-402.

[Oberweis 2000]   Oberweis, A.; Stucky, W.: Zur Rolle der Informatikstrategie in Zeiten schnellen technologischen Wandels im I&K-Bereich., url: http://www.promatis.de/forschung/oberweis_stucky.pdf

Corporate Information Officer – Warum und wofür?

Cornelius Schulz-Wolfgramm

IT zwischen den Fronten

Die IT-Abteilung, die Informationssysteme (IS) für das Unternehmen entwickelt und betreibt, hat sich immer zwischen den Fronten der Executives und der IS-Anwender bewegt. Heiß geliebt ist IT weder bei diesen, noch bei jenen. Historisch ist das u.a. darin begründet, dass die IT-Fraktion eine zum Teil unverständliche Sprache spricht und jahrelang den Usern kontingentierend Verfahren und Informationen zugeteilt hat: "Wir wissen schon, was Ihr braucht".

Das Vordringen der IT in die Operationstiefen des Unternehmens verursachte bei den Executives Unwohlsein. Einerseits verstand man, dass man Informationstechnik brauchte, um operationell zu sein, andererseits blieb der Nutzen des IT-Einsatzes recht unspezifiziert. Daraus ergab sich, dass man das Augenmerk im Vorstand häufig auf die IT-Kosten reduzierte. Die Dominanz von IT verstärkte sich zunehmend, so dass die Wettbewerbsfähigkeit des Unternehmens mehr und mehr von der IT-Funktion abhängig wurde. Dies wurde ganz deutlich im Rahmen von eBusiness, wo der Erfolg von den IT-Fähigkeiten völlig abhängig ist.

Des Weiteren wurde die Flexibilität der Informationssysteme durch den immer weiter steigenden Bestand alter, so genannter Legacy Systems, reduziert, weil jede gewünschte Erneuerung zur Interoperabilität den alten Systemen angepasst werden musste.

Wenn neue Bedarfe auftraten, fungierte IT mehr und mehr als Bedenkenträger, denn das höchste Ziel der IT-Operation ist hohe Verfügbarkeit der Anwendungssysteme und jede Neuerung gefährdet zumindest in der Anfangsphase den Erhalt dieser hohen Verfügbarkeit.

Die Anwender nennen die IT-Fraktionen deshalb auch "Spaßverderber".

Aus der Sicht der Executives geriet IT mehr und mehr in eine kritische Einschätzung, denn die positive Resonanz der Anwender hielt sich in Grenzen. Die IT-Kosten stiegen und steigen schnell und keiner kennt ein Rezept, um diesen Kostenanstieg zu bremsen.

Bei Banken und Versicherungen ist die Position von IT relativ unangefochten, da diese ihre Leistungen auf der „Werkbank" IT produzieren. Deshalb hat der IT-Chef dort üblicherweise einen Sitz im Vorstand und kann für den Interessenausgleich zwischen Kosten und Nutzen sorgen. Bei anderen Unternehmen, im Handel oder in der Fertigung, ist es um die Wertigkeit der IT schlechter bestellt. In der Vorstandsetage dominiert die Kostenbetrachtung.

Üblicherweise berichtet der IT-Chef hier an den Vorstandsvorsitzenden oder an den Chef für Finanzen.

Dies ist nur eine Hilfslösung.

Mit dem weiteren Vordringen von IS-Verfahren zur Unterstützung der operativen Prozesse haben sich die Konfliktpotenziale eher verstärkt. Die Nutzerseite argumentiert, dass IT nicht zeitgerecht die richtigen Anwendungen erstellt, während die IT-Fraktion der Gegenseite vorwirft, die Bedarfe nicht richtig artikulieren zu können oder die Funktionalität der angebotenen Systeme nicht richtig zu nutzen.

Die "Revolution" der unverstandenen Anwender fand mit dem Vordringen der PCs statt, von denen man erwartete, endlich ohne die Zwänge der IT-Abteilung eigene Lösungen zu erschließen. Dies wurde natürlich von der PC-Industrie und den sich hieran anschließenden Software-Unternehmen vollmundig propagiert.

Es dauerte eine Zeit, bis sich die Erkenntnis durchsetzte, dass nur wenige PCs ohne die Interoperabilität mit den Anwendungen des IT-Hauses richtig nutzbar sind. Wer einmal eine Datenbank auf dem PC gebaut hat und aktuelle Daten nutzen will, weiß, wie schwierig es ist und bemüht sich in Zukunft darum, zentrale Datenbanken zu nutzen. Damit entstand die hochkomplizierte Welt des Client/Server-Computings, die an das System Management sehr hohe Anforderung stellt und diese Aufgabe deshalb dem IS-Haus übertragen möchte.

Dies gelingt nicht immer und es gibt Beispiele, z.B. im Kreditwesen, wo sich die Computerunterstützung des Handelsgeschäftes wegen des überschnellen Wechsels von Anforderungen und Verfahren verselbständigt hatte. Hunderte von Anwendungen auf Hunderten von Servern haben sich dort entwickelt und der IT-Abteilung wurde die Verantwortung für die Performance der losgelösten Systeme übertragen. Dies ist ein Beispiel dafür, dass der mangelnde Konsens zwischen IT-Fraktion und Anwendern nicht zeitgerecht hergestellt werden konnte und damit zu unerträglichen Situationen führte.

Neuer Koordinationsbedarf

Das Wort Koordination wird immer dann verwendet, wenn man in der Organisation klare Zuständigkeiten nicht erzeugen kann oder will. Abhilfe suchte man hierfür durch das Einsetzen von Gremien, in denen die Anwender und die IT-Abteilung kooperativen Konsens erzeugen sollen. Da gibt es den „IS-Investitionsausschuss", den „Ausschuss der IS-User", den „IS-Lenkungsausschuss" und vieles mehr. Sicher ein Schritt in die richtige Richtung, aber nur ein koordinierendes Improvisorium, welches Konfliktpotenzial mindern aber nicht beseitigen kann.

Dabei muss bedacht werden, dass zum Beispiel bei einem Automobilproduzenten der Chef des Entwicklungsprozesses gänzlich unterschiedliche Anforderungen an IT hat, als sein Kollege für den Vertrieb. Aus Sicht der Automobilindustrie liegt der Schwerpunkt in der Entwicklung im Computer Aided Design oder im Digital Mock Up, während der Vertriebschef das

Order Management und die Steuerung der Salesorganisation im Vordergrund sieht. Dies führt schließlich zu einer Zerklüftung der Interessenlage dieser Fraktionen und zum Willen, eigenständige Meinungen zu haben und durchzusetzen.

Extrem ausgeprägt ist dieses Phänomen in Mischkonzernen, wo die gemeinsame Produktidee als Einigungspotenzial nicht besteht. Wenn jemand Strom und Wasser erzeugt, ist die Kluft zwischen diesen beiden Diensten schon groß genug, wenn dann noch ein professioneller Fertigungsbetrieb zum Verbund gehört, ist die jeweils eigene IT fast unabdingbar.

Bei Fusionsvorhaben werden Firmen zusammengekauft, die eigene IT-Operations betreiben. Wer sorgt hier für die nötigen Synergien und Kosteneinsparungen, wenn die jeweiligen IT-Chefs an die Chefs ihrer Firma berichten? Sicher könnte hier durch Zusammenlegung der RZ-Funktionen einiges erreicht werden. Aber der größere Anteil der Kosten entsteht nicht im "Running der Infrastruktur" sondern in der Anwendungs- und Userbetreuung. Zudem ist in solchen Situationen nicht einmal die gemeinsame Definition der IT-Kosten vorhanden, so dass sich das Unwohlsein der Chefetage über den IT-Kostenanstieg verstärkt.

Auch hier wird versucht durch Arbeitsgemeinschaften der IT-Chefs Synergien und Produktivität zu erzeugen. Aber wer soll die Rolle des Treibers in den Arbeitsgemeinschaften übernehmen, wenn alle Teilnehmer vordergründig oder verdeckt auf die Wahrung ihrer eigenen Interessen ausgerichtet sind?

Eine andere Variante, dem Übel zu begegnen, wurde dadurch versucht, einer Stabs- und Planungsabteilung die Formulierung einer gemeinsamen IT-Strategie zu übertragen. Es ist kaum ein Beispiel bekannt, wo dies gelungen ist, denn selbst wenn eine IT-Strategie ansatzweise formuliert werden konnte, bleibt sie sehr generisch und findet in der multiplen Zusammensetzung der Entscheider kein gemeinsames Commitment.

Wenn diese Konfliktsituationen in internationalen oder global agierenden Unternehmen auftreten, wird der Ruf nach einem Koordinationsinstrument lauter und dies ist dann die Geburtsstunde des CIO (Corporate oder Chief Information Officer), dem die Verantwortung übertragen wird für den Interessenausgleich zwischen IT-Nutzern und IT-Kosten zu sorgen.

Die Verantwortlichkeiten des CIO

Dem CIO wird die Aufgabe übertragen, den Interessenausgleich zwischen IT-Kosten des Unternehmens und den Belangen der Anwendungsnutzer zu betreiben. Dafür benötigt der CIO zunächst eine Übersicht der IT-Operations hinsichtlich deren Zielstellung, Organisation, Ausstattung und Pläne. Diese Transparenz ist nicht immer leicht zu erzeugen, denn üblicherweise hat der CIO anfangs mit großen Vorbehalten zu kämpfen.

Die Kunst des CIO besteht darin, die Vorbehalte/Vorurteile abzubauen und die IT-Community einer neuen gemeinsamen Zielsetzung zu zuführen. Dies erfordert ein hohes Maß von Emphatie, der Fähigkeit, sich in das Denken und der Vorhaben der Partner einzufühlen.

Wenn Gleiches zur Durchsetzung der neuen Struktur notwendig ist, so ist es doch noch nötig, dass der CIO an den Vorsitzenden des Vorstandes oder an entsprechende Funktionen im Konzern berichtet. Er hat keine Kommandogewalt, sondern muss durch Überzeugung wirken. Es besteht zwar eine Eskalationsmöglichkeit an seinen Chef, der dann als Linienchef anordnen kann, aber dieses Mittel sollte nur in Ausnahmefällen angewendet werden, um nicht neues Konfliktpotenzial aufzubauen.

In diesen Zusammenhang wird der Begriff „IT-Governance" verwendet. Dieses Wort bedarf einer angemessenen Interpretation: während die ursprüngliche Übersetzung „Herrschen oder Regieren" lautet, ist in dem hier beschriebenen Umfeld die Einflussnahme und Steuerung zu verstehen. Unter IT-Governance verstehen wir also: Die Beeinflussung aller IT-Operations, um Wettbewerbsfähigkeit zu erzeugen und den Unternehmenserfolg zu sichern.

Der CIO muss die Kernthemen der IT-Operation kennen, beeinflussen und zusammenführen, wo auch immer möglich. Dabei zählen die folgenden Punkte zu seinen Kernkompetenzen:

1. IT-Budgetplanung- und Kontrolle

2. Wichtige IT-Projekte

3. Technische IT-Architektur

4. Standards, Methoden und Verfahren

5. Performance Management

6. Systems Management

7. Service Management und Produkt Management

8. Skill und Competencies

9. Security

10. Safety

11. In- und Outsourcing

12. Technologische Entwicklung

Diese 12 Themen können auch anders gruppiert und zusammengefasst werden, aber die handwerklichen Elemente bedürfen einer separaten und ausgeprägten Verfolgung. Der Begriff IT-Strategie wurde hier absichtlich nicht aufgeführt, weil es sich dabei eher um einen generischen Oberbegriff handelt, während die 12 aufgeführten Punkte manifeste Handwerklichkeit umschreiben.

Gern wird unter IT-Governance auch der Begriff Anwendungsbebauungsplan verstanden, aber es sei an dieser Stelle zur Vorsicht geraten: ob es jemals gelingen kann, zum Beispiel mehrere Tausende von Anwendungen eines Automobilproduzenten zusammenfassend abzubilden und in die Zukunft zu projizieren, scheint eher fraglich. Hierbei muss sich in der Bescheidenheit der Meister zeigen, in dem nur die Anwendungen oder Anwendungsgruppen für die Kernkompetenzen der Operations betrachtet werden.

Bei der Durchsicht der aufgeführten IT-Kernkompetenzen ergibt sich eine mögliche Zuordnung zu den drei Interessensgruppen, nämlich Vorstand, Fachbereich und IT: Dem Vorstand wird das Budget, die IT-Projekte, sicher auch das Sourcing interessieren, welche unmittelbaren Einfluss auf die IT-Kosten haben, aber auch die Beobachtung der technologischen Entwicklung; denn häufig werden durch neue verfügbare Technologien neue Geschäftsfelder erschlossen. Den Fachbereichen werden über die vier ersten Punkte genannten Kategorien hinaus das Performance Management, System Management sowie Safety und Security interessieren, während für die IT-Fraktion technische Architektur, Standards, Methoden und Verfahren, Skill und Competencies sowie Systems Management höchste Priorität verkörpern.

Ein erfolgreiches Agieren des CIO beruht im Wesentlichen also darauf, die Inhalte für IT-Governance auszuwählen und konsequent zu verfolgen. Dabei muss bei allen Beteiligten der Eindruck erweckt und durch Fakten bewiesen werden, dass unmittelbarer Nutzen erzielt wird.

Der CIO sollte sich deshalb von Anfang an darum bemühen die Messbarkeit des Erfolges der einzelnen Kompetenzen wo immer möglich heraus zu stellen. Der Versuch über Kontrolle Einigkeit zu verfolgen wird leicht Fehlschlagen. Meist ist das Selbstbewusstsein der Betroffenen groß genug, um sich gegen Kontrolle und Einflussnahme wehren zu wollen.

Der CIO wird nicht eine Makroabteilung für die Verfolgung seiner Anliegen verfügbar haben, er muss nach Kenntnis der Gegebenheiten ausgewählte Skills der IT-Bereiche für einzelne Themen zum Nutzen Aller aktivieren. Dies wird auch das Gemeinsamkeitsgefühl in den IS-Gruppierungen stärken, weil Einzelne, Aufgaben übertragen bekommen, die Allen nützen.

Die IT-Kernkompetenzen

Im folgenden sollen die Kernkompetenzen weder ganzheitlich noch im Detail beschrieben werden, es geht viel mehr darum, aus Erfahrungen wesentliche Punkte herauszustellen, die beachtet werden müssen, um erfolgreich zu agieren.

IT-Budgetplanung und -kontrolle

Fast überall kursiert eine Zahl über die Höhe der IT-Kosten oder über das IT-Budget, aber ebenso häufig findet sich eine ungenaue Definition, was im Einzelfall darunter zu verstehen ist. Sicherlich gehört dazu das Budget der IT-Abteilungen, aber im Umfeld von Client/Server-Computing fallen vielerlei Kosten zusätzlich außerhalb der IT-Abteilung an. Diese Kosten sind selten transparent und die Motivation sie aufzudecken, hält sich in Grenzen, weil die

Fachabteilungen ihre Selbständigkeit erhalten wollen. Wenn zum Beispiel Finanzdienstleister ihre Anwendungen von einem Serviceprovider betreiben lassen, verbleiben häufig die Mitarbeiter der ehemaligen IT-Abteilung in anderen IT-Funktionen zur Betreuung der Anwendungen vor Ort. Ein Beispiel aus der Öffentlichen Verwaltung zeigt, das neben dem gemeinsamen Anwendungsentwicklungsprozess fast genauso viele Mitarbeiter zur Koordination der Fachabteilungswünsche in den Fachabteilungen verbleiben wie in der gemeinsamen IT-Abteilung für die zentralisierte Anwendungsentwicklung aufgewendet werden.

Die Kosten lassen sich in etwa wie folgt aufteilen:

1. Kosten der Anwendungsentwicklung und -betreuung. Hierzu zählen wir die Mitarbeiter, die in der Anwendungsabteilung der IT tätig sind, sowie deren Betriebsmittel um Anwendungen zu entwickeln und zu pflegen. Hier müssen auch die Budgets eingeschlossen werden, die für die Vergabe an andere Firmen entstehen. Dies gilt für alle anderen Kostenarten ebenfalls.

2. Kosten der Infrastruktur: Hierunter verstehen wir die Kosten, die für Hardwareeinrichtungen im Rechenzentrum, im Netz und an den Arbeitsplätzen entstehen. Es handelt sich also um die Leasingraten oder Abschreibungen. Technische Einheiten, die schon abgeschrieben sind, aber noch sinnvoll genutzt werden, sollten mit einem kalkulatorischen Ansatz eingebracht werden, damit nicht Sprungkosten bei Neuanschaffung anfallen.

3. Softwarelizenzen: Hierzu zählen die Kosten für alle Betriebssysteme, auch die Lizenzkosten für Anwendungssysteme.

4. Kosten für Systembereitstellung und Operating: Die Systemprogrammierung, das Personal für das Operating zentraler und dezentraler Systeme, die Versorgung der Druckausgabe etc. zählen zu dieser Kategorie.

5. Kosten des Netzbetriebes LAN-Infrastruktur, Sprach- und Datenkommunikationsdienste, Betriebs- und Accounting-Kosten, Netzmanagement.

6. Kosten für Räume, Raumbetreuung und Energie.

7. Overhead-Kosten für Management, Planung, Verwaltung und Kontrolle: Diese Overheadkosten sind sorgfältig zu trennen von den o. g. Kostenarten, weil sich in dieser Kategorie häufig undifferenzierte Aktivitäten verstecken.

Die Transparenz aller Kosten ist wichtig für das monatliche und jährliche Tracking. Besondere Bedeutung erlangt diese Transparenz dann, wenn Outsourcing-Aktivitäten erwogen werden und man die eigenen Kosten mit denen eines Anbieters vergleichen möchte. Gleiches gilt für die Evaluierung von IT-Konsolidierungen mehrerer IT-Komplexe, um Einsparungen aus der Zusammenlegung von IT-Komplexen zu ermitteln.

Maßzahl: Kostenverläufe in den 7 Kostenarten.

Wichtige IT-Projekte

Zunächst bedarf es hier einer Definition des Projektbegriffes. Üblicherweise wird eine Maßzahl von mindestens 3 bis 6 Mann-Monaten Aufwand angewendet. Zur Definition eines Projektes gehören Ziel, geplanter Aufwand, geplante Kosten und Laufzeit. Während man früher häufig große Projekte im Anwendungsentwicklungsbereich vorfand, tendiert man heute eindeutig zu kleineren, überschaubaren Projekten. Es gab viele Fälle, wo sich im Verlauf mehrerer Jahre für ein Projekt die Verhältnisse sich so geändert hatten, dass die Nutzer das endlich fertiggestellte Ergebnis nicht mehr gebrauchen konnten oder aber die Anwender versorgten sich während der Projektlaufzeit mit eigenen PC- oder Serveranwendungen und unterliefen so das gemeinsam geplante Projekt.

Jedes Projekt sollte in seinen Teilschritten dem Nutzer funktionellen Nutzen sicherstellen. Hierfür werden heute Return on Investment (ROI)-Betrachtungen angewendet, die fordern, dass alle Projekte einen ROI innerhalb von einem bis drei Jahren erbringen.

Die Verfolgung des Projektfortschrittes erfolgt nicht nach verbrauchtem Aufwand, sondern anhand von Zwischenergebnissen oder Projektschritten sowie Meilensteinen.

Eine besondere Schwierigkeit liegt darin, dass der Anteil von Projektressourcen für neue Entwicklungen tendenziell kleiner wird, weil die Pflege und Wartung des steigenden Bestandes von Altanwendungen den größeren Teil der verfügbaren Ressourcen verbraucht. Es gibt Situationen, wo 10-20 Neuentwicklungen in Projekten betrieben und kontrolliert werden, während Pflege und Maintenance in einem Projekt summiert werden, welches dann aber über 2/3 der verfügbaren Ressourcen verbraucht. Das heißt mit anderen Worten: Auch der Bereich Pflege und Maintenance muss in Projekte zergliedert werden, entsprechend dem Reliefplan für jede einzelne Anwendung.

Das Projektportfolio ist einer fortlaufenden Kontrolle unterzogen, um Transparenz über den Fortschritt zu erhalten.

Man wird nicht umhin kommen bei einer projektorientierten Organisation den Begriff des Projektleiters zu definieren und seine Kompetenzen festzulegen, welche häufig im Widerspruch zur hierarchischen Gliederung einer Organisation stehen. Projektleiter können aus allen hierarchischen Ebenen ausgewählt werden und ihre Funktion endet mit dem Ende des Projektes. Das gleiche gilt für Projektmitarbeiter, die aus verschiedenen Funktionen einem Projekt verfügbar gemacht werden. Diese Projektkultur muss unabdingbar neben den hierarchischen Disziplinen aufgebaut und gepflegt werden.

Maßzahl: Genereller Kostenverlauf, Planeinhaltung und verfügbare Ressourcen für neue Projekte außerhalb Maintenance.

Technische Architektur

Die Definition der technischen Architektur erfolgt, um vielfältige IT-Aktivitäten auf eine gemeinsame technische Plattform zu bringen und den Skillbedarf zu steuern. Dies ist sowohl für Neukonzeption von Anwendungen, als auch für das Change Management von elementarer Bedeutung. PCs können eben nicht - wie man weiß - zentral mit gemeinsamer Software versorgt werden, wenn sie unterschiedlich konfiguriert sind oder mit unterschiedlicher Betriebssoftware gefahren werden.

Die Festschreibung der OS/390-Software inklusive der verwendeten Datenbanksoftware fällt meist relativ leicht, während die Softwaredefinition im Userumfeld mit unterschiedlichen Anforderungen für Server und PCs eine anspruchsvollere Aufgabe darstellt.

Zur Definition der technischen Architektur gehört auch die Festlegung der Netzcharakteristika und Übertragungsprotokolle.

Es ist selbstverständlich, das die fortlaufende Fortschreibung der technischen Architektur unumgänglich ist, um einerseits technische Innovationen einzubringen, andererseits etablierte Standards zu sichern sowie obsolete Komponenten zu eliminieren.

Die Kompetenz für die technische Infrastruktur muss im Rahmen von Changemanagement auch Migrationpläne für die Bereiche entwickeln und verfolgen, die andere Architekturkomponenten verwenden, aber in die gemeinsamen Architekturstandards überführt werden sollen.

Maßzahl: Anzahl der Komponenten und Varianten

Standards, Methoden und Verfahren

Die zuvor gemachten Aussagen zur technischen Architektur könnten dieser Kompetenz zugerechnet oder aber unabhängig betrieben werden. Des Weiteren zählt zu diesem Kapitel das Anforderungsprofil für die neuen Anforderungen, um die Wünsche der User frühzeitig mit Prototyping oder anderen Tools zu spezifizieren. Anwendungsprojekte werden dann in einzelnen Projektphasen von der Spezifikationen bis zum Modul Aufbruch betrieben. In diesen Bereich gehören ebenfalls Aussagen zu angewandten Tools für Entwicklung und Dokumentation sowie Programmiersprachen.

Des Weiteren werden Spezifikationen für das User-Handbuch sowie der technischen Dokumentation benötigt.

Ebenfalls sind zu erwähnen die Spezifikationen der Test- und Übernahmeprozeduren. Weiterhin ist festzulegen, wer die Verantwortung für das Austesten von Neuentwicklungen hat sowie wann und wie der Launch der Rechner freigegeben und vorgenommen wird.

Maßzahl: Verfügbare Beschreibungen für Standards, Methoden und Verfahren

Performance Management

Der Dissens über Verfügbarkeit zwischen Rechenzentrum und Arbeitsplätzen muss einer Lösung zugefügt werden: Während das Rechenzentrum mit Verfügbarkeiten über 99% am Ausgang des Rechenzentrums argumentiert, ist dies für den Arbeitsplatz keine relevante Größe, weil dieser von vielen weiteren Komponenten im Netz abhängig ist. Letztlich gilt aber nur die Verfügbarkeit, die am Arbeitsplatz anfällt und diese muss gemessen und gestaltet werden. Hierbei ergibt sich die Schwierigkeit, die Dienste von Netzbetriebsgesellschaften, die sich häufig vertraglich nicht auf Verfügbarkeitsparameter einlassen wollen, zu steuern. Dessen ungeachtet muss die Performance am Arbeitsplatz erfasst werden. Dies geschieht meist mit der Messzahl „Anzahl der Transaktionen" sowie des „Antwortzeitverhaltens des Systems". Sub-Second-Responce-Time gilt hierbei nach wie vor als Leitgröße. Beide Zahlen werden häufig auch im Service Level Agreement festgeschrieben, dem Vertrag zwischen Leistungserbringer und -empfänger. Sie dienen auch der Leistungsverrechnung.

Da im höchst komplexen Umfeld von IT-Architekturen immer damit zu rechnen ist, dass das Ganze oder Teilsysteme ausfallen, hat das für die Fehlerbehebung und Wiederanlaufzeit steigende Bedeutung. Hierzu soll ein Beispiel dienen, wo ein Serviceprovider, der 50.000 Terminals betreibt, aufgrund der Komplexität des Anwendungsportfolios trotz aller präventiven Maßnahmen durchschnittlich alle 1,6 Tage einen Teilabbruch des System erfolgt. Sicherlich wäre es in diesem Fall ideal, die Durchschnittszahl maßgeblich zu reduzieren, aber mit gleicher Energie muss die Geschwindigkeit der Fehlerbehebung und das Recovery (die Wiederherstellung) betrieben werden.

Sehr schwierig wird diese Thematik im Umfeld von Serverfarmen. Diese sind häufig dadurch entstanden, dass Anwender eigenständig Anwendungen erworben und etabliert haben, die dann im Rechenzentrum laufen. Hiermit fällt dann dem Rechenzentrum nolens-volens die Verantwortung für die Verfügbarkeit zu, ohne das Wissen um die Anwendungen zu haben. Dieses Thema muss im Rahmen einer Serverkonsolidierung für zeitkritische Anwendungen bearbeitet werden und Bedarf des umfangreichen Einsatzes für Tools zur Messung und Dokumentation.

Maßzahl: Verfügbarkeit vor Ort, Antwortzeitverhalten

Systems Management

Der Bereich des Systems Managements in komplexem Umfeld bedarf zunächst einer sorgfältigen Prozessanalyse und –dokumentation, in welcher festgelegt wird, wer, wo, für welche Prozessinhalte verantwortlich ist. Dies klingt einfach, ist aber im komplexen Umfeld eine sehr anspruchsvolle Aufgabe und mit reichlich Literatur belegt.

Hilfe bieten hierbei vordefinierte IT-Prozessmodelle, die am Markt angeboten werden und die für die individuellen Verhältnisse adaptiert werden müssen. Solche System-Management-Projekte können nur gemeinsam zwischen IT-

Abteilung und Nutzervertretungen betrieben werden. Die Arbeiten beginnen mit der Beschreibung von Prozessgruppen, bedürfen dann aber einer mehrfachen Dekomposition, häufig bis auf einzelne Arbeitsplätze herab. Alle technischen Komponenten wie Rechner, Betriebssysteme, Datenbanken, Prozeduren im Netz, Leistungserbringung von Server und Funktionserbringung von Arbeitsplatzrechnern müssen einbezogen werden. Das Ergebnis solcher Projekte ist die Festlegung aller Aktionen und Verantwortlichkeiten zwischen dem IT-Haus und dem lokalen Betrieb.

Maßzahl: Anzahl der im Detail beschriebenen Prozesse und Verantwortlichkeiten, Ausfall von Komponenten oder Komponentengruppen sowie Wiederanlaufzeit.

Service Management

Unter Service Management verstehen wir all jene Tätigkeiten die dazu dienen, dem Anwender-Nutzen zu verschaffen und durch Benutzerfreundlichkeit Zufriedenheit zu gewährleisten. Hierzu zählen die folgenden Aktivitäten:

1. Demand Management: Es muss ein System geschaffen werden, welches die Kundenwünsche für Erneuerung, Verbesserung oder Neuerstellung erfasst und katalogisiert. Dieser Katalog muss allen zugänglich sein. In einem Bewertungsprozess wird dann gemeinsam entschieden, welcher Aufwand für die einzelnen Positionen anfällt und ob diese Aktionen wichtig genug für die Durchführung sind. Da die Anforderungen der Nutzer meistens die verfügbaren Ressourcen um ein mehrfaches übersteigen, erfolgt eine Priorisierung von Vorhaben und die Ablehnung unerfüllbarer Wünsche. Die Entscheidung durch ein Priorisierungsgremium muss dann unverzüglich dem Initiator einer Anforderung mitgeteilt werden. Diese Fristeinhaltung ist zu überwachen, um konstruktiven Dialog zu erhalten.

   Maßzahl: Offene Anfragen und Zeit für Beantwortung.

2. Produkt Management: Seitens IT muss ein IT-Produktportfolio definiert und fortgeschrieben werden, welches die Services des IT-Hauses spezifiziert. Dieses vertreten Produktmanager, die sich für die einzelnen IT-Produkte von der Wiege bis zur Bahre verantwortlich fühlen. Sie bilden das Interface zwischen Benutzergruppen und Anwendungsentwicklung und -betreuung.
   Dieses Produktmanagement ist auch Grundlage für das Service Level Agreement, vor allem aber auch für die Preisfestsetzung und der Abrechnung der erbrachten Leistungen.
   Das Produkt Management wahrt ebenfalls die Interaktion und Interoperabilität innerhalb des gesamten Anwendungsportfolios sowie die Schnittstellen und die Verwendung von Datenbanken und Datenbankteilen. Das Produktmanagement überwacht die Einführung und die Veränderung von IT-Projekten zwischen dem Endbenutzer und der technisch ausführenden Abteilung.

Maßzahl: *Anzahl Produkte, deren Lebenszyklen und Anzahl Change Requests*

3. First und Second Level-Support: Im User Help Desk erfolgt die Bearbeitung aller technischen und anwendungsorientierten Probleme der User. Hier ist eine solche Fertigkeit anzustreben, dass 80% aller Anfragen sofort beantwortet werden können. Dies muss im Problem Ticket Management gestaltet und gemessen werden. Anfragen, die nicht im First Level Support befriedigend erledigt werden können, werden einer nachgelagerten Abteilung, zum Beispiel der Anwendungsentwicklung, übergeben. Diese erarbeitet in kontrollierter Zeit eine Lösung, die dem Anfrager durch den User Help Desk übermittelt wird. Hierfür ist das Problem Ticket Management besonders wichtig, um nachzuhalten, in welcher Zeit eine Lösung erstellt wurde oder wie viele offene Tickets es zu jedem Zeitpunkt gibt.

Maßzahl: *Anzahl Probleme und Zeit zur Behebung*

4. Das Performance Management, wie oben beschrieben, kann auch unter dieser Funktion des Servicemanagement gezählt werden.

Maßzahl: *Anzahl der sofortigen Fehlerbehebund in UHD, der offenen Tickets und Antwortzeit.*

Skill und Competencies

Die Expansion der technischen Entwicklung gewinnt zunehmend an Breite und Tiefe. Längst nicht mehr kann einer Vieles oder gar Alles beherrschen. Die Spezialisierung von Fähigkeiten scheint geboten. Dies geschieht am einfachsten durch virtuelle Competency Centers, die in kleineren Einheiten, als Competence Teams fungieren oder in großen IT-Einheiten oder IT-Verbünden auch Abteilungscharakter erhalten können. Generell eignen sich die folgenden Skillbereiche für die Bildung solcher Competence Centers wie zum Beispiel bei der Einführung von SAP, Email und Lotus Notes, eBusiness, Netzen, Datawarehouses, Dokument Management etc.

Die hierzu gezählten Competencies betreffen in hohem Maße mehrere oder alle Anwender und sind deshalb zur Spezialisierung geeignet.

Für unterschiedliche Branchen können dann spezifische Competencies wichtige Bedeutung erlangen wie zum Beispiel Computer Aided Design in der Fertigungsindustrie oder Warenwirtschaftssysteme im Handel.

Der Leiter des Competence Centers hat auch die wichtige Aufgabe, neben der zur Verfügungsstellung von spezifischer Hilfeleistung für die Fortentwicklung der Competency zu sorgen.

Maßzahl: *Anzahl der Anforderungen und Einsätze der Competence Center Mitarbeiter*

Security

Vorweg sei vermerkt, dass sich das Thema Security grundlegend von der nachfolgenden Thematik Safety unterscheidet: Security ist die Sicherstellung vor unberechtigten Zugriff auf Daten, während Safety die Absicherung der IT-Operations vor Katastrophen beinhaltet.

Zu Security gehört somit die Klassifizierung von Nutzern für den Zugriff auf Programm- und Datenbankteile. Hierbei muss unterschieden werden, wer die ausgewählten Bereiche lesen oder wer darin auch Daten verändern darf.

Selbst in einer SAP-Buchhaltung in einem mittelständigen Unternehmen stehen hierzu wichtige Entscheidungen an, wie zum Beispiel: der Bearbeiter und Freigeber von Kreditoren-Rechnungen hat keinen Zugriff auf die Datenbank für Kreditoren mit den Angaben zur Bezahlung der Rechnungen. Damit dieser Bearbeiter keine Möglichkeit hat, Zahlungsströme zu manipulieren, muss die Separation of Duties durch die Zugriffsklassisierung gewahrt werden.

In global vernetzten Systemen entstehen hieraus umfangreiche Verzeichnisse für multiplen Zugriff. Diese sind kaum ohne die entsprechenden Tools gestaltbar.

Eine besondere Problematik in diesem Umfeld ist das Änderungsmanagement. Durch Umbesetzungen und Umzüge etc. entsteht ein hohes Änderungspotenzial, welches auch nur mit einer detaillierten Prozesslandkarte transparent gehalten werden kann.

Dass die Absicherung gegen Viren mit entsprechend fortgeschriebenen Antivirenprogrammen sowie der Schutz vor Hackerangriffen kontinuierlich betrieben werden muss, ist heute Gang und Gäbe. In diesem Umfeld hat auch der Schutz personenbezogener Daten eine hohe Bedeutung, welcher neben der Klassifizierung der Nutzer auch durch die Klassifizierung von Datenbankteilen sichergestellt werden muss.

Bedeutsam ist für diese Thema, dass die Zugriffsverwaltung zentral dokumentiert aber dezentral durch die Fachabteilung initiiert und kontrolliert werden muss; denn dort liegt das notwendige Fachwissen, welcher Mitarbeiter für seinen Arbeitsplatz welche Zugriff benötigt.

Maßzahl: Anzahl der Zugriffsberechtigungen in unterschiedlichen Klassen.

Safety

Die Absicherung der IT-Infrastruktur beginnt mit der Gebäudesicherung und endet mit der mitlaufenden Übung des Katastrophenfalles und dem Wiederanlauf der Computer Operations auf einem anderen Computerkomplex. Dies wird natürlich durch zeitnahe Spiegelung der Datenbestände erleichtert, wie heute bei Finanzdienstleistern allgemein angewendet.

Es gibt vielerlei Lösungsansätze, den Backup-Komplex nicht nur Hot Stand By, sondern auch für den Tagesbetrieb zu nutzen, um die Backup-Kosten zu limitieren.

Vorangehen muss immer eine Risikoanalyse, welche Anwendungen so zeitkritisch sind, dass ein Ausfall den Unternehmenserfolg tangieren könnte.

Ein weiteres Kapital ist die Auslegung des Netzzuganges. Dabei muss der Netzverlauf im Detail analysiert werden, weil es durchaus Fälle gab, wo ein Netzbetreiber zwar zwei Ausgänge aus dem Rechenzentrum vorhielt, aber auf der gegenüberliegenden Straßenseite die beiden Netzausgänge zusammenfügt, um sie für den Zugriff des Baggers zu zentralisieren.

Zum Bereich Safety gehört auch die tägliche Absicherung und die Verwahrung der Daten für einen erneuten Zugriff im Katastrophenfall.

Es sei abschließend davor gewarnt, den Ausfall von Rechnern für einige Zeit später nachfahren zu wollen, denn die hierfür benötigten Kapazitäten sind häufig nicht darstellbar oder gestaltbar.

Maßzahl: Ausfall von IT-Komponenten durch äußere Entwicklung.

In- und Outsourcing

Die eingangs geschilderten Probleme mit IT implizieren häufig den Gedanken, die IT-Leistung einem professionellen IT-Dienstleister zu übertragen, um sich auf die unternehmerische Kernkompetenz zu konzentrieren.
Es müssen drei Ebenen von Outsourcing unterschieden werden:

1. Das Outsourcing ganzer Geschäftsprozesse. wie zum Beispiel Einkauf, Buchhaltung, Lohn- und Gehaltsabrechnung etc.

2. Outsourcing von Anwendungen oder Lösungen; d.h. branchenspezifische Anwendungen oder Teilbereiche der IT-Funktion wie zum Beispiel Anwendungsentwicklung und -wartung.

3. Outsourcing von Infrastruktur - dies kann sich auf den Netzwerkbetrieb, den RZ-Betrieb oder das Client-/Server-Management beziehen.

Wichtig für die Evaluierung eines Outsourcing-Partners ist die Transparenz der genannten Kernkompetenzen Punkte 1 - 12.
Eine der häufigsten Enttäuschungen bei Outsourcing-Projekten stellt sich meist erst über längere Zeit ein. Der Outsourcer pflegt im Wettbewerb für die erste Zeit des Vertrages preiswert anzubieten, in der Hoffnung die Profitabilität des Vertrages in den Folgejahren herzustellen. Dies führt dann zu einer verhaltenen Neuerung der Weiterentwicklung der Dienste und damit zu einem Qualitätsabfall.
Leistungsbeschreibungen müssen sehr detailliert verfasst werden und füllen häufig einen breiten Ordner. Genauso wichtig wie die Detaillierung am Start ist dann aber auch die Fortschreibung von Veränderungen, vielleicht um noch nach Jahren eine transparente Leistungszuordnung zu erhalten.

Die Übernahme des eigenen IT-Personals durch den IT-Serviceprovider ist häufig eine sehr kritische Komponente und schafft no way of return, weil die eigene IT-Kompetenz abhanden gekommen ist. Outsourcing-Top oder Flop: Dies bedarf deshalb einer laufenden Verfolgung.

Maßzahl: Fortschreibung von Vertragskomponenten.

Technologische Entwicklung

Die Betrachtung der Entwicklung der IT-Technologie geschieht häufig im Zusammenhang mit Kompetenz-Nr. 3; technische IT-Architektur. Wichtig ist hierfür, dass eine eindeutige Verantwortlichkeit besteht und nicht beliebige Heerscharen auf Messen und Ausstellungen fahren. Wichtig und schwierig ist hierbei außerdem, dass nicht nur IT-infrastrukturtechnische Entwicklungen beobachtet werden, sondern auch jene Innovationen, welche die Geschäftsziele der Unternehmensfunktionen beeinflussen können. In diesem Zusammenhang sei nur an Geldautomaten oder die Funktion des Internet-Bankings erinnert. Wichtige Entwicklungen zeigen sich ebenfalls im Kartengeschäft ab, wo die Interaktionsfähigkeit der Karten erheblich erweitert und in der nächsten Zeit ausgebaut wird.

Maßzahl: Anzahl der evaluierten Technikinnovationen und Zeitbedarf bis zur Entscheidung über deren Einsatz.

Der aufgeführte Katalog von Verantwortlichkeiten des CIO ist also ebenso breit wie tief. Er umfasst praktisch alle Bereiche des IS-Betriebes und gewinnt laufend ein höheres Anspruchsniveau. Der CIO muss durch geschickte Delegation die Teilbereiche verfolgen, behält aber die Verantwortung für den Fortschritt.

Die vorliegende Aufzählung erhebt nicht den Anspruch auf Vollzähligkeit oder fachliche Detaillierung. Vielmehr sollten die Punkte herausgestellt werden, die aus Erfahrung erfolgsrelevant sind.

Der CIO aus dem Blickwinkel des Business

Maria Sackarendt

Der CIO als IT-Manager und Business Stratege

Informationen sind ein elementarer Bestandteil und eine immer wichtiger werdende Ressource in Unternehmen. Ihre Bedeutung wächst ständig, gerade vor dem Hintergrund der Virtualität von Unternehmen und der rasanten Entwicklung im Bereich der Informations- und Kommunikationstechnologien. Mittlerweile ist die Informationstechnologie aus den Prozessen der Unternehmen nicht mehr wegzudenken. Information wird gleichgesetzt mit Vorsprung. Um sie effizient zu nutzen, muss sie von einer zentralen Managementinstanz geplant, verwaltet und gepflegt werden.

Für diese Aufgabe gibt es die Rolle des Chief oder auch Corporate Information Officers (CIO). Der Begriff stammt aus dem angelsächsischen Sprachraum, dort steht der Begriff CIO für eine Top-Management-Position für die IT im Vorstand. Entgegen der wörtlichen Übersetzung ist der CIO i.d.R. weniger der „Manager von Informationen", sondern vielmehr der „Chef der Informationstechnologien". Der Focus in diesem Artikel wird jedoch nicht auf das Managen einzelner IuK-Technologien gesetzt, sondern auf das Managen des Gesamtkomplexes IT aus dem Blickwinkel des Business.

Im deutschen Sprachraum orientiert sich das Aufgabengebiet und die Rolle CIO's oftmals am angelsächsischen, ist jedoch unschärfer und umschreibt teilweise je nach Ausgestaltung auch das Aufgabengebiet des (früheren) DV-Leiters, Informationsmanagers oder IT-Managers. Das Aufgabengebiet richtet sich im Wesentlichen am Informationsmanagement aus, das mit geeigneten IuK-Technologien unterstützt wird. Die Aufgaben der Informationsbeschaffung, -verarbeitung und -bereitstellung sind in den Unternehmen ohne eine leistungsfähige technologische Basis und die entsprechende organisatorische Umgebung nicht mehr leistbar, mittlerweile ist der Einsatz der IT vielfach Voraussetzung der Geschäftätigkeit, durch IT wird das Geschäft erst möglich (Bsp.: E-Business). Die IT muss deshalb in zukunftsorientierten Unternehmen inhaltliche Basis und Bestandteil der Unternehmensstrategie sein.

Das Aufgabengebiet des CIO umfasst Führungsaufgaben, Systeme und Arbeitsprozesse, die sich gezielt mit Informationen und Kommunikation befassen. Die Bedeutung und die Notwendigkeit eines CIO, und damit auch seine Stellung in der Organisation hängt von der Bedeutung der Ressource Information für die Unternehmensstrategie, die Geschäftsfelder und -prozesse im Unternehmen ab.

Die verschiedenen Facetten und Anforderungen an die Rolle des CIO sollen in diesem Beitrag untersucht werden.

Aufgabengebiet

Mit fortschreitender Entwicklung der modernen Informations- und Kommunikationstechnologien kommt der Information als Produktionsfaktor wachsende Bedeutung zu. Damit stellt sich auch die Frage nach der strategischen Relevanz des Produktionsfaktors Information [Bu01]. Für das Management dieses Produktionsfaktors wurde deshalb die Position des Chief Information Officers implementiert.

Management bedeutet Planung, Steuerung und Kontrolle von Aktivitäten, Funktionen und Ressourcen einer Unternehmung. Im Folgenden werden Grundlagen des Informationsmanagement und des IT-Management als Basis des Aufgabengebietes des CIO kurz vorgestellt.

Informationsmanagement

Das Informationsmanagement hat dafür zu sorgen, dass Informationen in der Unternehmung effektiv (zielgerichtet) und effizient (wirtschaftlich) ausgewählt, beschafft und eingesetzt werden.

Informationsmanagement ist die optimale Gestaltung des Informationsgeschehens in einem Anwendungsgebiet durch Informations- und Kommunikationstechnologien. Das Informationsmanagement verfolgt also folgende Zielsetzungen:

- (Technisch unterstützte) „relevante" Informationsgewinnung, Informationsverarbeitung und Informationsübertragung, die Führungskräften und Mitarbeitern bei deren Arbeit dienlich sind.

- Die Verbesserung der Effektivität (Wirksamkeit) und der Effizienz (Wirtschaftlichkeit) des Unternehmens durch Erhöhung der Wettbewerbsvorteile und Steigerung der Wettbewerbsfähigkeit.

Strategisches Informationsmanagement

Das strategische Informationsmanagement umfasst die effiziente Verwertung, Entfaltung und Steuerung des potenziellen Informationsangebotes des Unternehmens mittels geeignetem Aufbau und Nutzung von Informationsinfrastrukturen. Dies bewirkt im Ergebnis die Umwandlung zu wertvollem Wissen, welches direkten oder indirekten Einfluss auf kritische Wettbewerbsfaktoren hat.

Operatives Informationsmanagement

Die operative Aufgabenebene befasst sich mit der Planung, Überwachung und Prozesssteuerung der virtuellen Komponenten der Informationsinfrastruktur (z.B. Datenbanken, Vernetzungen, Internet-Zugang usw.)

Zu den Aufgabenbereichen des operativen Informationsmanagements gehört demzufolge auch die Aufrechterhaltung und Weiterentwicklung der Informationsinfrastruktur in möglichst effizienter Art und Weise. Gestaltet man diese grundsätzlichen Überlegungen weiter aus, so lässt sich das Aufgabengebiet aufgliedern in:

Strategie:

- Entwicklung von Visionen über geschäftliche Potenziale der IT (z.B. durch die Einführung geeigneter neuer Business-Modelle, wie bspw. e-Commerce, Supply Chain Management, M-Commerce o.ä.)

- Entwicklung umfassender organisatorischer Konzeptionen (Kooperationen, Prozesse ...)

- Strategische Planung der IT-Ressourcen in Abstimmung mit Kernprozessen

Pflege:

- Koordination der internen IT-Services, Fachbereiche und externen IT-Partner

- Beratung von Business Units und Top-Management

- Verantwortung für Daten- und Netzwerksicherheit

- Weiterentwicklung der Organisation

Operativ:

- Realisierung einer flexiblen, reibungslosen IT-Infrastruktur nach innen und nach außen (Service, Betrieb)

- Durchführung der ausgewählten, strategischen IT-Projekte

- Entwicklung von Leitlinien und Standards für Einsatz der IT-Ressourcen (Regulierung)

IT-Management

Das IT-System ist ein Mittel, das einen Teil der Informationen eines Unternehmens zur Verfügung stellt. Das IT-System stellt die Gesamtheit der technischen und organisatorischen Komponenten und ihrer Beziehungen dar, die zur Unterstützung der Informationswirtschaft eines Unternehmens notwendig sind. Es besteht aus Hardware-, Software- und Organisationskomponenten, die Gegenstand der IT-Leistungsprozesse sind. Das IT-Management umfasst damit das Management aller Aktivitäten, die mit der Konzipierung, der Bereitstellung und dem Einsatz des IT-Systems in einem Unternehmen zu tun haben [Ge01].

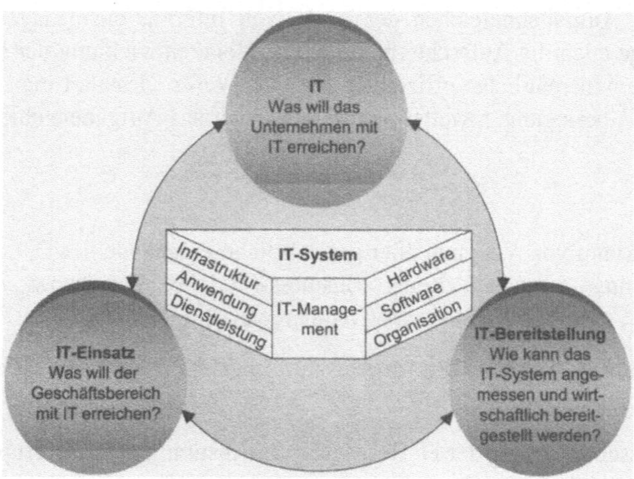

Abb. 44. Kernfragen des IT-Management (Quelle: [Ge01], S.38)

Die Aufgaben des CIOs bestehen also vordringlich in taktischen, strategischen und planerischen Aufgaben, die von hoher Bedeutung für den Unternehmenserfolg sind, während operative Tätigkeiten (das "Tagesgeschäft" im Sinne des reinen Betriebes der IT-Systeme) in den Hintergrund rücken sollten. Der CIO ist somit Dienstleister, Stratege und Manager in einer Person.

Job Description CIO

Das Marktforschungs- und Beratungsunternehmen Meta Group veröffentlichte Anfang 2001 die Studie "The CIO Desk Reference", die das Aufgabengebiet des CIOs genauer definieren helfen sollte. Dazu liefert die Studie ausführliche "Job Descriptions" für die Position des Chief Information Officers. Danach hat der CIO idealtypischerweise u.a. folgende Aufgaben [Qu01]:

- Entwicklung einer Strategie für das Technik-, Wissens- und Informations-Management des Unternehmens

- Ermittlung von Lösungen für komplexe Geschäftsprobleme

- Zusammenstellung und Betreuung von Business- und Technikteams, deren Projekte die angestrebten strategischen Ziele erreichen

- Identifikation von "Best practices" für die gesamte Organisation und Implementation dieser im Unternehmen

- Definition technischer Unternehmensstandards

- Werte, Visionen und Zweck der IT eindeutig zu halten

- Kommunikation zwischen allen IT-Gruppen und den Kunden der IT, d.h. den Anwendern

In der Fortführung dieser Studie, der Mitte 2002 erschienenen "CIO Desk Reference" der Meta Group ("Critical Competencies Every CIO Must Master") [Me02] wird auf die Schwerpunktsetzung für den CIO eingegangen. Es wird angeregt, der CIO solle sich die Portfolio Management-Philosophie des Business Managements zu Eigen machen und diese entsprechend auf die IT anwenden. Die Performance der IT-Investitionen soll durch ein entsprechendes Portfolio-Management der IT optimiert werden, das damit beiträgt den Mehrwert der IT-Investitionen für das eigentliche Unternehmensziel zu unterstützen [Me02].

Vor dem Hintergrund der aktuellen wirtschaftlichen Entwicklung, nämlich der zunehmenden Bedeutung der IT als strategischen Produktionsfaktor einerseits, dem steigenden Kostendruck auf die IT andererseits, sollen im Folgenden zwei wichtige Kernkompetenzen des CIO genauer betrachtet werden:

- Der CIO als Unterstützer der Business Strategie und

- der CIO als Entwickler von Strategien zur Kostensenkung.

Kritische Kernkompetenzen

Unterstützer der Business Strategie

Eine generelle Schwierigkeit mit der IT und damit auch der Rolle des CIO liegt darin, den Return on Investment der IT auszumachen, also abzuschätzen, welchen tatsächlichen monetären Gewinn oder welche Kostenersparnis man von den in IT-Investitionen geflossenen Beitrag erhält. Solange der Nutzen der IT-Abteilung dem Management nicht klar wird, wird sie i.d.R. lediglich als Cost Center betrachtet.

Je nachdem, welche Rolle die Informations- und Kommunikationstechnologie in einem Unternehmen spielt, impliziert dies auch unterschiedliche Thesen über den CIO und dessen Beitrag für die Business Strategie. Die folgende Tabelle zeigt anhand zweier grundsätzlich polarisierender Annahmen diesen Zusammenhang auf.

Tabelle 7. Thesen zum Beitrag des CIO zur Business Strategie

	IT ist ein Instrument	**IT ist strategischer Faktor**
Welchen Beitrag leistet die IT für das Unternehmen?	IT wird lediglich als Supportinstrument für die unterschiedlichsten Aufgaben gesehen.	IT ist Treiber bzw. Facilitator strategischer Geschäftsprozesse.
Wie wichtig ist IT für das Kerngeschäft?	IT wird nur als Instrument zur Unterstützung für das Tagesgeschäft angesehen.	IT ist Bestandteil und Treiber strategischer Geschäftsprozesse.
Wie sieht die IT-Strategie aus?	Historisch gewachsene Vielfalt von IT-Anwendungen, nicht unbedingt strategisch abgestimmt. Individuelle Arbeitsaufgaben werden genauso unterstützt wie abteilungsübergreifende Prozesse.	Der strategische Einsatz von IT wird in die Management-Überlegungen einbezogen. Die IT-Projekte werden auf wenige, strategisch wichtige Key-Projekte fokussiert.
Wie erfolgt die Planung für die IT?	Die Planung wird durch fachliche IT-Experten vorgenommen, die oftmals außerhalb des Managements stehen	Die Planung ist Bestandteil der strategischen Geschäftsplanung
Wie sieht das Management/der Vorstand die Rolle der IT?	Die Rolle der IT beschränkt sich auf die Unterstützungsposition einiger Geschäftsprozesse	IT spielt eine strategische Rolle zur Unterstützung der Kernprozesse und der Ausrichtung und Unterstützung der Business Strategie
Was wird vom CIO erwartet?	Der CIO ist IT-Spezialist und „Abteilungsleiter" der IT-Abteilung	Der CIO ist Bestandteil des (TOP-)Managements und in erster Linie der strategischen Geschäftsphilosophie verpflichtet.

Eine Bedingung für den Erfolg des CIO besteht darin, IT-Investitionen mit der Strategie des Unternehmens verbinden zu können. Dies kann im Extremfall soweit gehen, keine eigene IT-Strategie, sondern nur Unternehmens- bzw. Marktstrategien zu entwickeln, die durch geeignete IT-Projekte unterstützt werden. Letzlich geht es in Bezug auf die Strategie darum, Mehrwert für das Unternehmen zu schaffen, insbesondere vor dem Hintergrund, dass die IT selbst immer mehr zur Grundlage der Geschäftstätigkeit wird, wie es sich z.B. bei E-

Business, M-Commerce usw. zeigt. Um die so identifizierten strategischen IT-Projekte und Applikationen für das Unternehmen gewinnbringend einsetzen zu können, bedarf es einer geeigneten Position und guter Beziehungen des CIO in der Organisation. Nur bei Kenntnis der Strategien und Kommunikation derselben mit der Führungsebene kann der CIO seine IT-Projekte richtig auswählen, dem Management verkaufen und somit richtig platzieren.

Die Strategie-Kompetenz des CIO erweist sich demzufolge darin, im Rahmen der strategischen IT-Planung diejenigen Applikationen auszumachen, die die Business Strategie wirkungsvoll unterstützen können.

Entwickler von Kostensenkungsstrategien

Die IT befindet sich unter kontinuierlich steigendem Kostendruck. Die Kosten einerseits zu senken, aber anderseits die Leistungsfähigkeit der IT zu steigern, dieses Dilemma zu lösen ist im zunehmenden Maße Aufgabe des CIO. Er steht vor der Aufgabe, intelligente Strategien zur Kostensenkung zu entwickeln. Diese dürfen aber auf der anderen Seite nicht zu Lasten der Qualität und des Umfangs der von der IT erwarteteten Leistungen gehen[Be02]. Das heißt, es geht nicht um simple Kostensenkungsmaßnahmen in Form undifferenzierter Budgetkürzungen, sondern um die Entwicklung intelligenter Kostensenkungsstrategien.

Erster Schritt zur Entwicklung einer Kostensenkungsstrategie ist das Schaffen von Kostentransparenz. Dazu müssen das Leistungsportfolio und die geplanten Investitionen einer genauen Prüfung und Kategorisierung unterzogen werden. Ziel ist es, die vorhandenen Mittel effizienter und zielgerichteter einzusetzen. IT-Kosten sind dann transparent, wenn

- sie planbar sind,

- Entstehung und Zusammmensetzung klar sind,

- eine verursachungsgerechte Verteilung möglich ist. [Be02]

Strategien zur Kostensenkung können in den Bereichen IT-Anwendungen, IT-Infrastruktur und IT-Management/IT-Organisation entwickelt werden.

IT-Anwendungen

Historisch gewachsen, ist die Anwendungslandschaft in vielen Unternehmen oftmals fragmentiert, ein buntes Potpourri von Anwendungen. Kostensenkungen lassen sich erzielen, wenn die Anwendungslandschaft an der geschäftlichen Strategie ausgerichtet und konsolidiert wird. Der CIO arbeitet hier eng mit den Fachbereichen zusammen. Der jeweilige IT-Kostenverantwortliche eines Bereiches sollte zunächst prüfen, ob Umfang und Qualität der bislang in Anspruch genommenen IT-Leistungen für das angestrebte geschäftliche Ergebnis überhaupt benötigt werden. Oftmals mag der Einsatz einer 80/20-Lösung auf Basis von

Standardsoftware zur Erreichung des angestrebten Ziels genügen. Auch eine bedarfsorientierte Anpassung und Reduktion des Anwendersupports kann Kostensenkungspotenziale eröffnen.

IT-Infrastruktur

Bei der Infrastrukturbereitstellung durch die internen IT-Abteilungen bzw. entsprechende externe IT-Dienstleister besteht die Aufgabe des CIO darin, die Governance Rolle wahrzunehmen, d.h.: er sollte klare Kostenziele vorgeben, Optimierungsmaßnahmen vorschlagen, Risikobewertungen durchführen und die Umsetzung kontrollieren. Auf der Bedarfsseite können standardisierte IT-Produktkataloge Möglichkeiten zur Verwirklichung von Kostenvorteilen bieten.

IT-Management/IT-Organisation

IT-Management ist Kernaufgabe des CIO und somit liegt es in dessen Verantwortung, hier Kostensenkungspotenziale zu identifizieren. Dies beginnt mit der Entwicklung einer IT-Strategie, die auch Kostengesichtspunkte berücksichtigt. Ein Teil davon ist die strategische und kostenorientierte Neuausrichtung des Projektportfolios der IT-Projekte im Unternehmen in Bezug auf ihre strategische und kostenorientierte Relevanz. Zum Management–Verständnis des CIO sollte die Aufstellung der internen oder externen IT-Einheiten als professionelle IT-Dienstleister gehören. Dazu zählt z.B. das Aufstellen einer verursachungsgerechten Kosten- und Leistungsverrechnung, also der Aufbau eines Kunden-Lieferanten-verhältnisses zwischen den IT-Nutzern und Bereitstellern. Auf der IT-Beschaffungsseite lassen sich Kostensenkungspotenziale durch ein „Right-Sizing" der Verträge erwirken, indem der CIO in enger Zusammenarbeit mit der Einkaufsabteilung sowohl bestehende als auch neue Beschaffungsverträge überprüft und optimiert.

Durch Marktentwicklungen, interne organisatorische Veränderungen, Firmen-zusammenschlüsse usw. ändern sich die Rahmenbedingungen, die wieder neue Kostenfaktoren in der IT einbauen. Kostensenkungsstrategien unterliegen also, wie alle Strategien, der Anforderung nach ständiger und zeitnaher Aktualisierung. Dies impliziert die Nähe zum IT-Controlling. Die Aufgabenstellung des IT-Controllings ist es, die IT-Kosten und -Budgets zu überwachen, zu steuern und zu prognostizieren. Deshalb ist eine Affinität zum Controlling und zum IT-Controlling im Speziellen von Vorteil im Kompetenzportfolio des CIO.

Organisatorische Einbindung

Aktuellen Studien zufolge erfüllen mehr als die Hälfte aller IT-Manager lediglich operative Aufgaben. In ca. 64 Prozent aller Unternehmen ist die IT-

Abteilung nicht im Top-Management repräsentiert [Ho01]. Doch umso höher die Bedeutung des Produktionsfaktors Information und der IT für den strategischen Unternehmenserfolg eingeschätzt wird, desto höher sollte die Stellung des CIO sein. Demzufolge kann der CIO auf unterschiedlichen Ebenen eingebunden werden, sei es als Mittler zwischen den Fachabteilungen, der Unternehmensleitung sowie der Organisations- bzw. DV-Abteilung, bis hin zum Vorstandsmitglied. Dass der CIO nicht immer unbedingt im Vorstand anzutreffen ist, mag in der Technikphobie mancher Vorstände oder Manager begründet liegen, aber auch darin, dass der Stellenwert der Information oftmals verkannt wird oder nur schwer abzuschätzen ist. Egal was die IT-Abteilung wirklich zum Unternehmenserfolg beiträgt, sie wird solange als Cost Center angesehen werden, solange der CIO den Wert der IT nicht effektiv an die Geschäftsleitung und die Fachbereiche kommunizieren kann.

Auf welcher Ebene der CIO angesiedelt ist und mit welchen Kompetenzen diese Position ausgestattet ist, wird somit in der realen Ausgestaltung vom Stellenwert der Informationstechnologie im Unternehmenskontext abhängen. Wird der IT eher eine administrative oder Dienstleistungsfunktion zugebilligt, so wird der CIO nicht zwangsläufig im Top-Management vertreten sein. Dem stehen andere Meinungen gegenüber, demzufolge der CIO nicht tiefer als bis auf die erste Berichtsebene des Vorstandes oder der Geschäftsführung sinken sollte. Je höher seine Position, desto besser sind seine Möglichkeiten, die IT-Strategie und –Infrastruktur des Unternehmens mitzugestalten. Die Position des CIO richtet sich auch nach dem Zentralisierungsgrad des Unternehmens. Je dezentraler die Firmenstruktur, desto stärker übernimmt der CIO Koordinationsaufgaben.

Bei hoher strategischer Bedeutung der IT, sowohl für die Geschäftsfelder als auch für die zukünftige Unternehmensentwicklung, ist nicht nur die organisatorische Nähe zum Vorstand notwendig, sondern auch die persönliche Beziehung. Der CIO sollte dann eingebunden werden in die Besprechungen des Managements. Nur so kann er die Strategie-Überlegungen mitbekommen und mit seinen Ideen für geeignete IT-Projekte zur Unterstützung der Business Strategie verbinden. Hierbei sind persönliche Kommunikationsstärken des CIO als Soft-Skill von wesentlicher Bedeutung.

Skills/Anforderungsprofil

Die vorangegangenen Ausführungen zeigen, dass der CIO im Normalfall wesentlich mehr als nur ein Verwalter der IT ist, vielmehr nimmt er eine wichtige Rolle im Management ein. Sein Aufgabengebiet, das Managen der Informationen und Informationstechnologien, stellt hohe Anforderungen, denn es ist eine intellektuelle Zusammenführung von unterschiedlichem Fach- und Betriebswirtschaftswissen, unter Einbeziehung der dazugehörenden Management- und Führungsaufgaben. Erfolgreiche CIO's werden i.d.R. ebenso für ihr Business-Denken wie für ihr IT-Knowledge wertgeschätzt.

Der ideale CIO verfügen über Leadership und Sozialkompetenz ebenso wie über Management- und Strategiekompetenz. Neben fachliche Skills treten Anforderungen an die persönlichen Führungsfähigkeiten des CIO. Wie sollte das Anforderungsprofil des idealen CIO also aussehen?

Strategisches Denken:
Strategisches Denken zeigt sich in der Fähigkeit, die strategischen Unternehmensziele zu erkennen und die Anforderungen an das Informationsmanagement damit zu verknüpfen. Damit ist auch das Ausrichten an den Bedürfnissen der Kunden gemeint. Um diesen Beitrag leisten zu können, ist es notwendig, dass der CIO über Eigenschaften wie "business thinking" (wirtschaftlich-strategisches Management-Denken) verfügt. Letzlich geht es um das Erreichen einer von der Führungsebene mitgetragenen Vision der Rolle der IT.

Management und Führung:
Grundsätzliche Managerqualitäten zeigen sich im unternehmerischen Denken und Handeln des CIO. Das bedeutet, mit der Unsicherheit über Märkte, Kundenwünschen, Kapitalfluss, der Motivation von Mitarbeitern oder einer zunehmend kritischer werdenden Reaktion der Öffentlichkeit erfolgreich umzugehen. Unternehmerisch Denken und Handeln hat eine Verbindung zu Risikobereitschaft, setzt darüber hinaus jedoch insbesondere Verantwortungsübernahme und Kundenorientierung voraus.

Controlling-Fähigkeiten:
Da der IT-Etat oftmals unter den ersten Plätzen auf der Skala der Unternehmensausgaben steht, ist eine gewisse Controlling-Affinität auch für den CIO unabdingbar. Denn schließlich muss der CIO den Sinn der IT-Investitionen auch gegenüber der Geschäftsführung und den Mitarbeitern belegen können. Aufgrund der Notwendigkeit des Nachweises der Wirtschaftlichkeit sowie des steigenden Kostendrucks auf die IT wird IT-Controlling eine zunehmend wichtigere Aufgabe, für die der CIO ebenfalls fundiertes Controlling-Know-how benötigt.

Teamfähigkeit:
Da die oftmals sehr komplexe Struktur von Problemen einen zur Problemlösung unverzichtbaren Austausch von Informationen erforderlich macht, werden Entscheidungen in zunehmendem Maße im Team getroffen. Gruppenarbeit gewinnt in Unternehmen an Bedeutung. Dies macht den CIO auch auf Management-Ebene zum Teamplayer.

Kommunikative Fähigkeiten:
Sie sind notwendig, um strategische IT-Ideen neu platzieren zu können, sie gegenüber dem Vorstand und dem Management zu "verkaufen" und natürlich, um mit seinem Mitarbeiterstab Projekte erfolgreich abwickeln zu können. Wer kommunikationsfähig ist, kann Botschaften klar und deutlich formulieren und die Botschaften anderer richtig interpretieren. Als kommunikationsfähig erweist sich derjenige, der mit anderen "gut kann". Die Kommunikationsfähigkeit des CIO ist auf allen Ebenen wichtig. Einerseits, um die "Botschaften" des Vorstandes richtig

verstehen zu können und andererseits seine Botschaften, Ideen und Visionen an den Vorstand, die Fachbereiche und die Mitarbeiter zu vermitteln.

Technologie und Tools:
Und last, but not least: Der CIO muss über Fachwissen zu geeigneten Technologien und Tools, die sowohl die strategische Zielsetzung als auch die Geschäftsprozesse des Unternehmens unterstützen, verfügen. Um die Bedeutung und den Nutzen der IT-Projekte abschätzen zu können, und die geeigneten Tools bzw. die strategisch relevanten Business-Modelle (z.B. B2B, e-business, M2B), auswählen zu können, muss der CIO über entsprechende IT-Fachkenntnisse verfügen. Zu den Managementfähigkeiten des CIO zählt in diesem Zusammenhang auch, beurteilen zu können, welchen Sinn neuere IT-Modethemen, von denen „success stories" existieren, für das eigene Geschäft haben, also die Eignung der Business-Modelle für das eigene Geschäft beurteilen zu können.
Die folgende Abbildung stellt diese Anforderungen zusammenfassend dar:

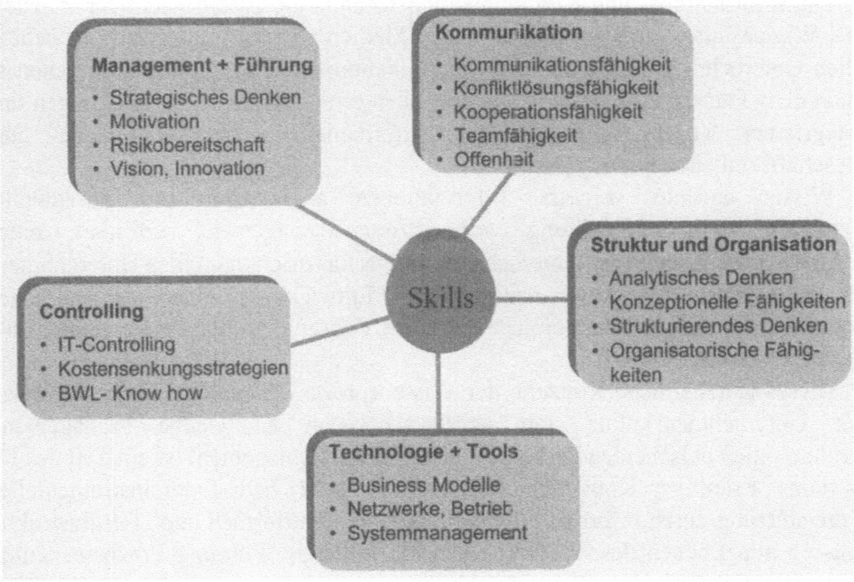

Abb. 45. Skills des CIO

CIO und Knowledge Management

Gegenwärtig sind neben der Tendenz zu starkem Kostensenkungsdruck im IT-Umfeld auch auf Seiten der Wettbewerbs- und Innovationsfähigkeit von

Unternehmen steigende Anforderungen zu beobachten, die ihren Einfluss auf das IT-Management und damit auf die Arbeit des CIO haben. Unternehmen müssen:

- immer kürzere Zyklen bei der Entwicklung, Erstellung und Vermarktung von immer stärker kundenorientierten Leistungen beherrschen,

- strategische Ziele und Maßnahmen in operative Prozesse und neue, oft IT-gestützte Business-Modelle umsetzen,

- eine (lernende) Organisation aufbauen, die schneller als die Wettbewerber auf äußere und innere Veränderungen reagieren kann.

Diese Anforderungen führen dazu, dass wettbewerbsfähige Unternehmen in Zukunft mehr denn je lernende Systeme und Wissensunternehmen sein werden. Die Innovationskraft eines Unternehmens wird bestimmt durch ein entsprechend ausgestaltetes *Knowledge Management*, die Lernfähigkeit der Mitarbeiter und des Unternehmen als Ganzes.

Die Informations- und Kommunikationstechnologie ist ein wichtiger Baustein des Wissensunternehmens. Elektronische Medien werden mittlerweile in nahezu allen Unternehmen als Standard-Kommunikationsmittel eingesetzt und dienen so auch dem Transfer von Wissen. Datenbanken ermöglichen den vollständigen und integrierten Zugriff auf relevante Informationen, über Funktions- und Geschäftseinheiten hinweg [No99].

Wissen bedeutet vernetzte Informationen, angereichert mit individueller Erfahrung. Die Einführung von Wissensmanagement erfordert einen tiefgreifenden Wandel im Unternehmen. Die Neuausrichtung eines Unternehmens als Knowledge Company erfordert die Entwicklung eines ganzheitlichen Ansatzes, der sich auf die Bereiche Strategie, Führung, Kultur, Prozesse und IuK-Systeme bezieht. [Go00]

Dieses ganzheitliche Konzept, der Wissensprozess als solcher findet auf Basis der Unternehmenskultur statt, wird aber von Knowledge Management-Technologien entscheidend gefördert. Knowledge Management ist ein Teil des IT-Systems. Effektives Knowledge Management (KM) bedarf der instrumentellen Unterstützung durch Informationstechnologie. IT-Plattformen und IT-Infrastruktur müssen alle Ebenen des Ansatzes, also die Strategie, Führung Prozesse, Kultur und den Content, im Kontext abbilden und mit geeigneten IT-KM-Tools unterstützen. Die IT-Systemplattform für das Knowledge Management muss sich flexibel in vorhandene IT-Strukturen integrieren lassen [Er02].

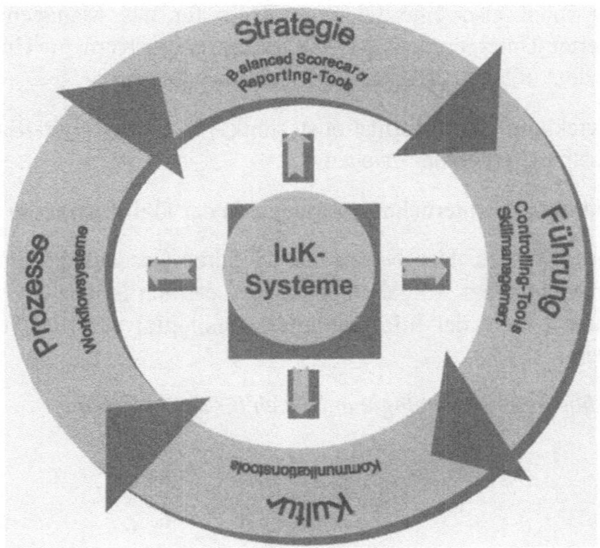

Abb. 46. Der CIO als Enabler eines effektiven Knowledge Management

Hier kommt der CIO ins Spiel. Er entwickelt die unternehmensweite Informationsinfrastruktur und spielt eine der Hauptrollen für den Aufbau einer unternehmensweit gültigen Wissensstruktur zur Ablage des relevanten Wissens. Der CIO ist somit für die Ausrichtung eines Unternehmens als Wissensunternehmen mitverantwortlich und mithin als Enabler eines effektiven Knowledge Management anzusehen. Folgerichtig unterstützt der Chief Information Officers damit auch einen weiteren kritischen Erfolgsfaktor eines Unternehmens, die Innovationsfähigkeit. Der Aufbau eines IT-gestützten Innovations- und Knowledge Management ist somit als Bestandteil der Aufgabenkomponenten des CIO mit besonderer strategischer Relevanz anzusehen.

Fazit

Die Komplexität der IT nimmt weiter zu. Dies führt zu einem kontinuierlichen Anstieg des Aufwandes für den Betrieb und die Bereitstellung der IT-Systeme. Dadurch steigen die Anforderungen an das IT-Management und zwingen zu neuen Vorgehensweisen. Diesen Herausforderungen muss sich das Unternehmen stellen, wenn es auch zukünftig im Wettbewerb bestehen will. Mit der strategisch steigenden Bedeutung der Ressource Information und der IT für die Geschäftsprozesse sind die Aufgaben und Kompetenzen des IT-Managers, in der Unternehmung gestiegen, aber auch die Anforderungen an ihn: Er soll zugleich interner Dienstleister, Strategieunterstützer, IT-Controller und Manager sein.

Der CIO spielt also eine wichtige Rolle für das Management moderner, wissensbasierter Unternehmen. Als CIO muss er im Kern im Unternehmen vor allem folgende Aufgaben erfüllen, um erfolgreich zu sein:

- Die Entwicklung der Informationstechnik für die (Weiter-)Entwicklung der Geschäftsstrategie nutzbar machen

- die Abbildung der Unternehmensstrategie in der IT-Infrastruktur sicherstellen.

Mit anderen Worten: Den Nutzen der IT durch Geschäftserfolge zu beweisen, ist einer der wichtigsten Aufgaben des CIO. Letztlich ist der CIO in erster Linie dem "Business", nicht der Information(-stechnologie) verpflichtet, oder auf den Punkt gebracht:

Der CIO übersetzt Technologie in Nutzen für das Geschäft.

Literatur

[Be02] Bechtolsheim, Brabandt, Driller 2002: Was macht eigentlich der CIO? In: Computerwoche 36/2002. S. 38

[Bu01] Buhl, Hans Ulrich/Kreyer, Nina/Wolfersberger, Peter: Die Rolle des Chief Information Officer (CIO) im Management. In: WIRTSCHAFTSINFORMATIK 43 (2001) 4, S. 408-420, Online Archiv: http://www.wirtschaftsinformatik.de

[Er02] Erl, Hans Peter: Ein hohes Ziel: die lernende Organisation. In: Computerwoche 34/2002. S. 36f.

[Ge01] Gernert, Christiane/ Ahrend, Norbert: IT-Management: System statt Chaos: ein praxisorientiertes Vorgehensmodell. München, Wien, Oldenbourg Verlag, 2001

[Go00] Gora, Walter/Scheid, Eva Maria: Organisation auf dem Weg zur Virtualität. In: Gora, Walter/Bauer, Harald (Hrsg.): Virtuelle Organisation im Zeitalter von E-Business und e-Government: Einblicke und Ausblicke. Hrsg. Walter Gora; Harald Bauer. – Berlin, Heidelberg; New York; Springer 2001, S. 9-24.

[Ho01] Hoffmann, Jürgen/Klopp, Tina: IT-Chefs in den Vorstand? - Schön wär's. In: Computerwoche 40/2001, Abruf aus dem Online Archiv Computerwoche, http://www.computerwoche.de

[Me02] Meta Group: The CIO Desk Reference. Critical Competencies every CIO Must Master. Produktbeschreibung der Studie; Internet Abruf vom 24.09.2002, url: http://www.metagroup.de/products/inforum/3_pdf/b_CD2.pdf

[No99] North, Klaus: Wissensorientierte Unternehmensführung: Wertschöpfung durch Wissen. – 2., aktualisierte und erw. Aufl. Wiesbaden: Gabler Verlag, 1999

[Qu01] Quack, Karin: Der CIO: Zuerst Leader, dann Technologe. In: Computerwoche 15/2001: Abruf aus dem Online-Archiv Computerwoche, http://www.computerwoche.de

Optimierung von IT-Organisationen

Walter Gora, Stefanie Röttger-Gerigk

Einleitung

Durch die Einführung zukunftsfähiger Informations- und Kommunikationstechnologien können insbesondere auch in den IT-Organisationen selbst
organisatorische Abläufe vereinfacht und der Aufbau angepasst werden, wodurch
der Personaleinsatz optimiert wird.

Eine Neuausrichtung und Optimierung der IT-Organisation kann in den
seltensten Fällen ausschließlich aufgrund interner Impulse erfolgen. Zu stark sind
die einzelnen Führungskräfte und Mitarbeiter in ihrer alten Organisation verhaftet.
Zu einem entschlossenen Handeln im Sinne einer Reorganisation des IT-Bereiches
kommt es nur dann, wenn massiver äußerer Druck besteht. Ein externer Berater
kann hier wichtige Aufgaben, wie das objektive Hinterfragen der heutigen
Leistungsbereitstellung, die Moderation sowie das Coaching von Führungskräften
und Arbeitsgruppen übernehmen. Darüber hinaus ist er nicht direkt betroffen und
kann insofern den Prozess „unbefangen" unterstützen und vorantreiben.

Das nachfolgend dargestellte allgemeine Vorgehensmodell zu einer
umfassenden IT-Organisationsuntersuchung wurde auf Grundlage von
Projekterfahrungen und unter Berücksichtigung der Erkenntnisse/Entwicklungen
im Organisationsumfeld entwickelt. In diesem Modell wird davon ausgegangen,
dass die Arbeiten im Rahmen der Optimierung in einem Projekt mit Unterstützung
durch externe Berater durchgeführt werden.

Vorgehensweise

Auf Grund der in der Abbildung aufgeführten Vorgehensweise wird sichergestellt,
dass alle Meilensteine in der geforderten Ausprägung bearbeitet werden sowie
eine systematische und ergebnisorientierte Betrachtung aller relevanten Bereiche
erfolgt.

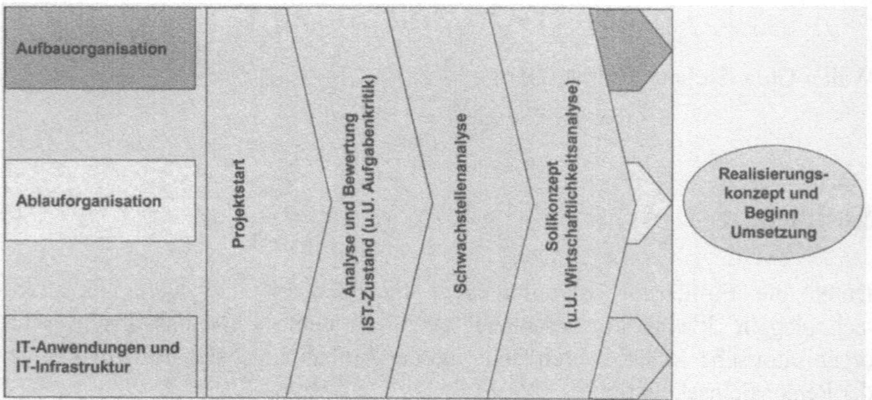

Abb. 47. Übersicht über die Vorgehensweise

Die verschiedenen zu betrachtenden Aspekte einer Neuausrichtung und Weiterentwicklung der IT-Organisation lassen sich in die folgenden Untersuchungsbereiche gliedern:

- Aufbauorganisation (Aufgaben- und Personalbestand/Sachmittel – „Betrachtung im Ruhezustand")

- Ablauforganisation (Prozesse – „Betrachtung dynamisierter Systeme")

- Anwendungen und IT-Infrastruktur

Erfolgskritisch ist dabei eine von Anfang an enge Zusammenarbeit zwischen den untersuchten Bereichen und den externen Beratern. Die Motivation für eine kooperative Zusammenarbeit und spätere Akzeptanz der Ergebnisse wird zu einem großen Teil durch offene Kommunikation (Vorgehensweise, Zwischenergebnisse, Ziele) und damit frühzeitige Einbindung aller Beteiligten bestimmt.

Projektstart

Vor Beginn der Ist-Aufnahme muss eine detaillierte Vorbereitung der Arbeiten in enger Abstimmung mit dem Auftraggeber erfolgen. Um schon zu Beginn der Untersuchungen einen möglichst umfassenden Überblick über die derzeitigen Arbeiten und Stimmung in den zu betrachtenden Organisationseinheiten zu gewinnen, sollte ein Kick-Off-Workshop abgehalten werden, an dem möglichst viele vom Reorganisations-Projekt betroffene Mitarbeiter teilnehmen sollten. Insbesondere müssen alle Untersuchungsbereiche personell beim Kick-Off-Workshop vertreten sein.

Tabelle 8. Zusammenfassung

Zusammenfassung	
Arbeitspakete:	• Detaillierung Projektziele, Projektaufbauorganisation • Sichtung und Bewertung vorhandener Unterlagen • Vorbereitung Kick-Off-Workshop • Durchführung und Nachbereitung Workshop
Methoden:	• Workshop, Moderation, Metaplan
Teilnehmer AN:	• Projektleiter und Projektteam
Teilnehmer AG:	• Projektmitarbeiter aus allen involvierten Organisations-einheiten, sofern möglich
Ziel:	• Einstieg in das Projekt (AG und AN) • Festlegung/Kommunikation Projektorganisation, Projekt-ablauf und -plan. • Übersicht über den Stand der derzeitigen für die Untersuchung relevanten IT-Projekte und die eingesetzte Technik
Ergebnis:	• Detaillierter Projektplan, identifizierte Aufgabenstellung/Randbedingungen • Vereinbarte Regeln für Projektablauf • Workshop-Protokoll/Ergebnisse • Lenkungsausschuss, Projektmitarbeiter und Betriebs-/Personalrat sind über die Ergebnisse informiert

In der Projektstartphase wird die Projektplanung mit der Projektleitung des Auftraggebers (AG) abgestimmt und der Kick-Off-Workshop vorbereitet. Dies beinhaltet:

- Detaillierung der Projektziele
  Zusammen mit der Projektleitung des AG werden die Ziele auf eventuelle Änderungen/Ergänzungen abgefragt, ggf. detailliert und in einer Zielbeschreibung dokumentiert.

- Projektaufbauorganisation
  Die vorgeschlagene Projektaufbauorganisation und damit verbunden die Berichts- und Informationswege wird zusammen mit der Projektleitung des AG endgültig festgelegt.

- Sichtung vorhandener Unterlagen und Bewertung hinsichtlich des Verwendungsgrades für die durchzuführende Untersuchung.

- Vorbereitung Kick-Off-Workshop

  - Organisation des Kick-Off-Workshops, d.h. Festlegung: Termin, Ort, Teilnehmer, Planung des Veranstaltungs-Ablaufs

  - Inhaltliche Festlegung der Themen des Workshops

- Darstellung Projektorganisation

- Vorbereitung Spielregeln

Durchführung Workshop

Vorbehaltlich der Erkenntnisse aus der Vorbereitung sollte die Kick-Off-Veranstaltung folgende Inhalte haben:

- Einleitung (Auftragnehmer-Projektleiter AN-PL)

- Vorstellung (alle)

- Darstellung des Status quo, wesentlicher Rahmenbedingungen und Zieldefinition des Projektes (AN-PL)

- Vorstellung von Projektorganisation, Aufgaben- und Zeitplan (AG-PL)

- Aufnahme der Vorstellungen der Teilnehmer inkl. Stimmungsbild über die derzeitige Situation der Aufgabenwahrnehmung (Moderation AN)

- Diskussion, Abgleich der Inhalte (Moderation AN)

  - Gemeinschaftliche Definition von „Spielregeln" für die Projektarbeit (AG-PL)

- Zeitplanung

Im Rahmen der Terminplanung ist die Durchführung des Kick-Off-Workshops in der 2. Kalenderwoche nach Aufnahme der Projektarbeit vorzusehen. Spätestens zu diesem Zeitpunkt sollten alle Workshop-Teilnehmer vom AG benannt worden sein und für die Teilnahme zur Verfügung stehen.

Nachbereitung

Protokollierung und Verteilung der Workshop-Ergebnisse.

Analyse und Bewertung Ist-Zustand

Das Ziel der Erhebung des Ist-Zustandes ist eine Aufnahme, Darstellung und Bewertung der in diesem Zusammenhang relevanten organisatorischen Aspekte (Aufbauorganisation/Aufgaben- und Personalbestand, Ablauforganisation) sowie der Anwendungen und IT-Infrastruktur. Hierbei ist es erforderlich ein ausgewogenes Maß der Detaillierung zu verfolgen, da eine umfangreiche und aufwändige IST-Erhebung der Prozesse dann unsinnig ist, wenn nach relativ kurzer Zeit klar ist, dass Abläufe, Zuständigkeiten und Verantwortlichkeiten massiv gerändert werden müssen.

Tabelle 9. Zusammenfassung

Zusammenfassung	
Ziel:	• Analyse und Bewertung im Hinblick auf die Organisation und die eingesetzte Technik (Hardware, Software, Netzwerk) • Bewertung der bisher eingesetzten und absehbaren Anwendungen unter organisatorischen und IT-Gesichtspunkten
Ergebnis:	• Detaillierte Ist-Beschreibung und kritische Beurteilung aller betrachteten Untersuchungsbereiche inkl. Abnahme • Abnahme der Meilensteine • Lenkungsausschuss, Projektmitarbeiter und ggf. Mitarbeitervertretung sind über die Ergebnisse informiert

Ein wesentlicher Aspekt des Ist-Zustandes innerhalb einer IT-Organisation sind die Zusammenhänge, die sich aus einem evtl. vorliegenden Betriebskonzept ergeben. Insbesondere dann, wenn kein oder nur ein Teil-Betriebskonzept vorliegt, das die betrieblichen Prozesse und Regelungen in Beziehung auf den IT-Einsatz festschreibt, ist es von vordringlicher Notwendigkeit, die undokumentierten betrieblichen Abläufe, Maßnahmen und Regelungen zu erfassen, zu bewerten und zusammenzufassen.

Die Erhebung des Ist-Zustandes im erforderlichen Detaillierungsgrad über alle Untersuchungsbereiche hinweg bildet die Grundlage für die Schwachstellenanalyse und das sich schließlich daraus kristallisierende Optimierungskonzept. Es folgen gesonderte Betrachtungen für jeden Untersuchungsbereich.

Aufbauorganisation

Zielsetzung dieser Phase ist die Ist-Aufnahme der bestehenden Aufbauorganisation und des Aufgaben- und Personalbestandes. Hierzu werden die organisatorischen und fachlichen Abgrenzungen der Verantwortlichkeiten innerhalb der IT-Bereiche, an den Schnittstellen zwischen den IT-Bereichen und den Fachbereichen sowie an den Schnittstellen zwischen den IT-Bereichen und den externen Betriebsverantwortlichen aufgenommen und bewertet. Dies beinhaltet auch die Aufnahme und Bewertung der Personalsituation an den entsprechenden Stellen, wobei sowohl das IT-Personal als auch das mit IT-Aufgaben betraute Fachpersonal betrachtet wird. Im Einzelnen werden folgende Punkte betrachtet:

- Leitungs- und Organisationsstruktur, Leitungsspanne

- Koordinierungsprozesse

- Aufgabenbestand (interne und externe Dienstleistungen)

- Aufgabenverteilung auf die Organisationseinheiten

- Personalstruktur, Qualifikation, Altersstruktur, Stellenkegel

- Personalkosten inkl. Personalgemeinkosten

- Kompetenzverteilung (Delegation)

- Anzahl der Organisationseinheiten

- ggf. bestehende Besonderheiten der Organisation

- Integration der IT-Funktionsträger (System-/Nutzerbetreuer, Sicherheitsbeauftragter)

Tabelle 10. Zusammenfassung

Zusammenfassung	

Arbeitspakete:	• Analyse und Dokumentation der Aufbauorganisation
	  – Sichtung relevanter Unterlagen
	  – Vorort-Termine und Interviews
	  – Abstimmungsgespräche, Workshop
	• Bewertung der Aufbauorganisation

Methoden:	• Erhebung Ist-Zustand, Workshop, Moderation, Metaplan
Teilnehmer AN:	• Mitglieder Teilprojekt Aufbauorganisation
Teilnehmer AG:	• Projektmitarbeiter Aufbauorganisation
Ziel:	• Beschreibung und Bewertung Aufbauorganisation
Ergebnis:	• Detaillierte Ist-Beschreibung der Aufbauorganisation sowie des Aufgaben- und Personalbestandes inkl. Abnahme • Kritische Beurteilung des Ist-Zustandes der Aufbauorganisation sowie des Aufgaben- und Personalbestandes (Stärken und Schwächen) inkl. Abnahme

Ablauforganisation

Das Ziel der Ist-Aufnahme der Ablauforganisation ist die Erhebung der Prozesse aller IT-Organisationseinheiten. Hierbei werden die Ist-Prozesse im erforderlichen Detaillierungsgrad dargestellt. Zu erfassende Angaben sind:

- Prozess-Owner

- Prozessphasen und je Phase durchzuführende Aktivitäten bzw. Aufgaben

- Input und Output (Produkte)

- Kommunikationsbeziehungen/Informationsflüsse

- Erforderliche Ressourcen (auch Personal) und Tools (IT)

- Erforderliche und vorhandene Qualifikation

- Bearbeitungsdauern, Durchlaufzeiten etc.

- Bestehende organisatorische Regelungen (z.B. Datensicherheit, Back-up, Service Management)

- Schnittstellen (intern und extern), insbesondere

  - vertikale und horizontale Zusammenarbeit innerhalb des Unternehmens/der Behörde

  - Schnittstellen zu anderen Unternehmen, Behörden und Einrichtungen

  - sonstige Schnittstellen zu Externen

- Fremdvergebene Leistungen

An die Erhebung der Ablauforganisation schließt sich die kritische Betrachtung der Aufgaben an (Aufgabenkritik). Hierbei ist zu prüfen, ob alle heute ausgeführten Aufgaben zur Erreichung der Prozessziele bzw. zur Erfüllung des IT-Auftrags zielgerichtet sind bzw. auch weiterhin ausgeführt werden müssen. Die Aufgaben werden insbesondere unter folgenden IT-spezifischen Aspekten geprüft:

- Verkürzung von Laufzeiten zur Verschlankung von komplexen Abläufen

- Bestehende Redundanzen

- Reduktion von Bearbeitungsintensität

- Aufgabendefinitionen

- Überflüssige/mehrfache Abstimmungsaufwände

- Art der Abstimmung mit externen Dienstleistern

- Aufgabenerfüllung durch externe Dienstleister

- Einfluss von Beschlüssen oder Verwaltungsvorschriften auf die Komplexität von Abläufen

Tabelle 11. Zusammenfassung

Zusammenfassung	
Arbeitspakete:	• Analyse und Dokumentation der Ablauforganisation sowie der Kommunikationsbeziehungen zwischen dem IT-Bereich bzw. IT-Bereichen und den Fachbereichen – Sichtung relevanter Unterlagen – Vorort-Termine und Interviews – Abstimmungsgespräche, Workshop • Bewertung der Prozesse und der Informationsflüsse • Erstellung eines Produktkataloges der internen und externen IT-Dienstleistungen
Methoden:	• Erhebung Ist-Zustand, Prozessoptimierung, Workshop, Moderation, Metaplan
Teilnehmer AN:	• Mitglieder Teilprojekt Ablauforganisation
Teilnehmer AG:	• Projektmitarbeiter Ablauforganisation
Ziel:	• Beschreibung und Bewertung der Ablauforganisation
Ergebnis:	• Detaillierte Ist-Beschreibung der Ablauforganisation sowie der Aufgaben inkl. Abnahme • Kritische Beurteilung des Ist-Zustandes der Ablauforganisation (Stärken und Schwächen) inkl. Abnahme • Aufgabenkritik

Anwendungen und IT-Infrastruktur

Zur Beurteilung der aktuellen Anwendungen und IT-Infrastruktur im Rahmen der Aufgabenerfüllung ist es unbedingt notwendig, einen genauen Überblick über die Ist-Situation zu erhalten. Genau wie bei der organisatorischen Gestaltung müssen die einzelnen Aufgaben und ihre Zielsetzungen, die dabei zu beteiligenden Stellen und die Ablaufsteuerung als Maßgabe zu Grunde gelegt werden.

Zielsetzung der Ist-Erhebung bezüglich des IT-Einsatzes ist die Aufnahme und Bewertung

• des gesamten Bereichs der Bürokommunikation, hierzu zählen:

– alle Standardanwendungen

– die zentrale und lokale Datenerfassung

– der Datenaustausch innerhalb und zwischen den einzelnen Standorten

– die Datenverwaltung, die Datennutzung und der Datenzugriff

– der Zugang und die Schnittstellen zu externen Datennetzen

- sämtlicher Anwendungen inkl. der eingesetzten Dokumentenmanagementsysteme (DMS) sowie der Tools zur Datenauswertung

- der zu Grunde liegende IT-Infrastruktur mit

  - dem Zentralrechner bzw. der Rechenzentrums-Infrastruktur

  - den lokalen Systemen inkl. der Arbeitsplatzrechner

  - den Speichersystemen (Storage Area Network etc.)

  - den eingesetzten Betriebs- und Datenbanksystemen

  - den zur Administration eingesetzten Managementsystemen

  - der Netzinfrastruktur (LAN, WAN, Internet, sonstige kommunikationsbezogene Netze)

  - den Netzprotokollen

  - den Schnittstellen zu externen Systemen

- aller Engpässe, Schwierigkeiten und Störungen, die bei der Datenaufnahme, –verwaltung, -verarbeitung und –verteilung auftreten, sowohl aus Sicht der Anwender als auch aus Sicht der Anwendungsbetreuer

- aller Maßnahmen, die zur Gewährleistung von Datensicherheit und Datenschutz durchgeführt werden, hierzu zählen u.a.:

  - Vorhandene Firewall-Systeme

  - Einsatz von Verschlüsselungssystemen bei der Datenübertragung und bei der Datensicherung

  - Einsatz elektronischer Signaturen

  - Backup-Systeme

  - Zugangssicherungssysteme

Die Bewertung der Anwendungen und der IT-Infrastruktur erfolgt in erster Linie in Bezug auf ihre Zukunftsfähigkeit. Hierbei werden je nach Bewertungsobjekt die folgenden Fragen gestellt und analysiert:

- Sind die Anwendungen bzw. die Technik noch zeitgemäß?

- Genügen sie den fachlichen Anforderungen?

- Besteht Ausbaufähigkeit?

- Entsprechen Anwendungen und Technik den organisatorischen Anforderungen eines effektiven und wirtschaftlichen Betriebes?

- Gibt es Alternativen, die zeitgemäßer, entwicklungsfähiger und ausbaufähiger sind, gleichzeitig den fachlichen Anforderungen genügen und den spezifischen organisatorischen Rahmenbedingungen besser entsprechen?

Tabelle 12. Zusammenfassung

Zusammenfassung	

Arbeitspakete:	• Analyse, Dokumentation und Bewertung der Anwendungen und IT-Infrastruktur inkl. Engpässe, Störungen, Schnittstellen zu externen IT-Infrastrukturen
	  – Netzwerk, Hardware, Software
	  – Büroanwendungen, Bürokommunikation
	  – Dokumentenmanagementsysteme
	  – Zentralrechnersysteme (kaufmännisch, technisch etc.)
	• Trendanalyse (zukünftige Entwicklungen und Anforderungen)

Methoden:	• Workshop, Moderation, Metaplan, Interviews
Teilnehmer AN:	• Mitglieder Teilprojekt Anwendungen und IT-Infrastruktur
Teilnehmer AG	• Projektmitarbeiter Anwendungen und IT-Infrastruktur
Ziel:	• Vollständige Beschreibung und Bewertung der derzeitigen Anwendungen und IT-Infrastruktur sowie Darstellung von Trends
Ergebnis	• Detaillierte Ist-Beschreibung der Anwendungen und IT-Infrastruktur inkl. Abnahme • Beschreibung der für die Untersuchung relevanten Trends und Entwicklungen

Schwachstellenanalyse

Die Schwachstellenanalyse dient dem Aufdecken von Fehlern und Verlustquellen. Hierfür stehen verschiedene Methoden wie z.B. „Self-Assessment" zur Verfügung. Self-Assessment ist die Selbstbewertung einer Organisation. Sie steht am Anfang eines regelmäßig stattfindenden strategischen bzw. operativen Planungsprozesses und hat die Aufgabe, eine kontinuierliche Verbesserung sicherzustellen. Neben einer Selbstbewertung wird eine Zielfindung erarbeitet, so dass sich anhand dieses Vergleichs die spezifischen Schwachstellen herausfiltern lassen.

Mit Hilfe von FTA sollen sämtliche Ausfälle sowie deren Ursachen, die zu einem unerwünschten Ereignis führen, identifiziert werden. Diese sehr universell einsetzbare Methode kann sowohl korrektiv zur Ursachenfindung bereits vorhandener Probleme, als auch präventiv zur Analyse der Erfüllung spezieller Anforderungen angewandt werden.

Tabelle 13. Zusammenfassung

Zusammenfassung	
Arbeitspakete:	• Schwachstellenanalyse bezüglich der Aufbauorganisation • Schwachstellenanalyse bezüglich der Ablauforganisation • Schwachstellenanalyse bezüglich der Anwendungen und IT-Infrastruktur
Methoden:	• Interviews, ggf. Self-Assessment
Teilnehmer AN:	• Projektteam
Teilnehmer AG	• Repräsentative Projektmitarbeiter (sporadisch)
Ziel:	• Schwachstellenanalyse aller betrachteten Untersuchungs- und Aufgabenbereiche inkl. Aufgabenkritik
Ergebnis	• Detaillierte Beschreibung der ermittelten Schwachstellen aller betrachteten Untersuchungs- und Aufgabenbereiche inkl. Abnahme • Lenkungsausschuss, Mitarbeiter und Personalrat sind über die Ergebnisse informiert

Aufbauorganisation/Aufgaben- und Personalbestand

Im Mittelpunkt der Schwachstellenanalyse der Aufbauorganisation sowie des Aufgaben- und Personalbestandes stehen die Kriterien Zuständigkeiten, Verantwortlichkeiten, Schnittstellen und Koordinierung. Dabei werden insbesondere folgende Aspekte betrachtet:

• Sinnhaftigkeit/Effektivität der bestehenden Aufbauorganisation

• Aufgabenerledigung

• Doppelarbeiten, redundante Tätigkeiten

• Möglichkeiten zur Nutzung von Synergien

• Planung und Koordinierung von Projekten

• Aufgabendefinition und Arbeitszufriedenheit

• Führung und Entscheidung

• Vertretungsregelungen

• Abnahme von durchgeführten Arbeiten

• Personelle Aufwände für die einzelnen Aufgaben

Ablauforganisation

Für die Schwachstellenanalyse hinsichtlich der Ablauforganisation ist es wesentlich, vor dem Hintergrund der beiden Kriterien

- Prozesse

- Kommunikation

die folgenden Aspekte zu untersuchen:

- Sinnhaftigkeit/Effektivität der bestehenden Ablauforganisation

- Informationsflüsse (Zeitbedarf, Vollständigkeit)

- Komplexität (Beteiligte, Zersplitterung von Zuständigkeiten, Verfahrensregelungen)

- Meldungen von Betriebsstörungen (Störungsprotokoll, Reaktionszeit)

- Überschneidungen von Prozessen, die durch Veränderung der Abläufe vermieden werden können

- Personelle Aufwände für die einzelnen Abläufe bzw. Prozesse

Anwendungen und IT-Infrastruktur

Ausgehend von der aktuellen Situation bezüglich des IT-Einsatzes müssen folgende Kernpunkte im Rahmen der Schwachstellenanalyse betrachtet werden:

- Ist die Leistungsfähigkeit der bestehenden IT-Infrastruktur den zukünftigen Aufgaben gewachsen?
  Dabei müssen die Komponenten der IT-Infrastruktur sowohl jede für sich als auch in ihrer Gesamtheit auf ihre Leistungsfähigkeit und auf ihre Integrationsfähigkeit hin geprüft werden.

- Lassen sich mit den eingesetzten Anwendungen und Tools langfristig gesehen die fachlichen Anforderungen umfassend erledigen?

- Lässt sich die IT-Infrastruktur in ihrer heutigen Ausprägung in einen zukunftsfähigen, effektiven und wirtschaftlichen IT-Betrieb integrieren bzw. welche Komponenten verhindern heute einen solchen Betrieb?

- Lassen sich mit der vorhandenen IT-Infrastruktur die Sicherheitsanforderungen in Bezug auf den Datenschutz und die Datensicherheit erfüllen?

Grundsätzlich muss bei der Untersuchung nach Schwachstellen beim IT-Einsatz immer auch die Frage nach der Notwendigkeit und Zweckmäßigkeit gestellt werden. Weiterhin ist zu hinterfragen, ob der betriebene Aufwand dem erreichten Nutzen gerecht wird.

Ziel der Schwachstellenanalyse ist es, die grundsätzlichen Schwachstellen bzgl. Anwendungen und IT-Infrastruktur aufzudecken und zu beschreiben. Hierzu ist u.a.:

- unzureichende Software zu benennen,

- Engpässe bei der Informationsverarbeitung, wie

  - veraltete und langsame Technik,

  - fehlende Bandbreiten,

  - vorhandene Medienbrüche,

  - fehlende oder unzureichende Schnittstellen zwischen den verschiedenen Systemen,

  - Inkompatibilitäten von Systemen

  aufzufinden und zu beschreiben.

Darüber hinaus wird

- die unzureichende Ausnutzung vorhandener Ressourcen und Synergien hervorgehoben,

- die Zukunftssicherheit von Hard- und Software überprüft,

- Lücken in der Datensicherheit und im Datenschutz aufgezeigt,

- unzureichende Verfügbarkeiten von Diensten begründet und

- Komponenten und Komponentengruppen, die einen hohen Supportaufwand erzeugen, benannt und die Zusammenhänge dargelegt.

Sollkonzept inkl. Wirtschaftlichkeitsanalyse

Auf der Basis des bewerteten Ist-Zustandes und der Schwachstellenanalyse werden für alle drei Untersuchungsbereiche Optimierungsansätze erarbeitet, die anschließend einer übergreifenden Wirtschaftlichkeitsanalyse unterzogen werden, bevor ihre Umsetzung empfohlen werden kann. Dabei kann der monetäre Nutzen im Bereich der IT-Anwendungen und –Infrastruktur relativ genau bestimmt werden, während bei der Aufbau- und Ablauforganisation überwiegend nur qualitative Aussagen über das Optimierungspotenzial getroffen werden können. Die Konzeption der Aufbau- und Ablauforganisation basiert – ebenso wie die zuvor durchgeführte Analyse – auf der Methodik der Prozessoptimierung. Wesentliche Eckpfeiler dieses Reengineering-Ansatzes sind eine verstärkte „Kundenorientierung", der Abbau von Grenzen, die Neuausrichtung der Führung, die permanente Weiterentwicklung der Organisation sowie die stärkere Eigenverantwortlichkeit der Mitarbeiter. Im Vordergrund der Veränderungen stehen Qualität, Wirtschaftlichkeit und Effizienz der Prozesse und deren für den Kunden bzw. Anwender sichtbaren Ergebnisse. Die (Erfolgs-)Kontrolle von Einzelergebnissen folgt erst mit zweiter Priorität.

Zusammenfassung	
Arbeitspakete:	• Optimierungsansätze hinsichtlich Aufbauorganisation/ Aufgaben- und Personalbestand • Optimierungsansätze hinsichtlich Ablauforganisation • Optimierungsansätze hinsichtlich Anwendungen und IT-Infrastruktur • Übergreifende Wirtschaftlichkeitsanalyse über alle Konzepte • u.U. Entwicklung bzw. Anpassung des Betriebskonzeptes • Entwurf des Endberichts inkl. aller Teilergebnisse • Abstimmung des Entwurfs • Erstellung des endgültigen Berichts
Methoden:	• Ist-/Plan-Vergleich, IZBED-Methode (Informieren, Zustimmen, Beraten, Entscheiden, Durchführen)
Teilnehmer AN:	• Projektteam
Teilnehmer AG	• Repräsentative Projektmitarbeiter (sporadisch)
Ziel:	• Erarbeitung von kostenmäßigen und technischen Verbesserungsvorschlägen • Vorschlag für eine optimierte IT-Organisation und IT-Koordinierung
Ergebnis	• Abgestimmte Umsetzungsempfehlungen inkl. Maßnahmenkatalog • Abnahme der Meilensteine • Abgestimmter und abgenommener Endbericht inkl. kurze Zusammenfassung, angewandte Methoden und Techniken • Lenkungsausschuss, Mitarbeiter und Betrieb sind über die Ergebnisse informiert

Aufbauorganisation/Aufgaben und Personalbestand

Im Sollkonzept werden Aussagen und Vorschläge für die Optimierung aller relevanten Aspekte getroffen. Hierbei werden die Untersuchungsaspekte aus der Ist-Analyse berücksichtigt und um weitere wichtige Aspekte ergänzt.

• Leitungs- und Organisationsstruktur inkl. Anzahl der Organisationseinheiten, die zukünftig mit Aufgaben der IT betraut sind unter Berücksichtigung der Grundtypen der Aufbauorganisation (insbesondere Projekt- vs. Linienstruktrur)

- Aufgabenbestand (interne und externe Dienstleistungen) inkl. Empfehlungen zur externen Vergabe von IT-Dienstleistungen unter Berücksichtigung von einschlägigen Kennzahlen

- Aufgabenverteilung auf die Organisationseinheiten, sachgerechte Aufteilung nach Verrichtung und Funktionen unter Berücksichtigung des Kundennutzens

- Koordinierungsprozesse zwischen den IT- und Fachbereichen

- Grundsätze der Personalausstattung

- Erforderliche Personalausstattung (IT-Personal und Fachpersonal) vor dem Hintergrund der Empfehlungen für eine Leitungs- und Organisationsstruktur sowie der bestehenden Personalstruktur, Qualifikation und Altersstruktur

- Zukünftige Personalkosten inkl. Personalgemeinkosten soweit möglich

- Erforderliche Fach-/Methoden- und Sozialkompetenz, Abgleich mit aktuell vorhandenen Kompetenzen, Möglichkeiten zur Erreichung der erforderlichen Kompetenzen, Personalentwicklung

- Integration der IT-Funktionsträger (System-/Nutzerbetreuer, Sicherheitsbeauftragter)

- Empfehlungen zur Organisation von IT-Projekten (Ausschüsse, Gremien zur Planung, Projektmanagementstrukturen, Projektcontrolling, Reviews, Audits etc.)

Ablauforganisation

Bei der Sollkonzeption für die Ablauforganisation werden die Ergebnisse aus der Ist-Analyse, der Aufgabenkritik und Schwachstellenanalyse berücksichtigt und um weitere wichtige Aspekte ergänzt. Die Prozessbeschreibung ist eine zentrale Grundlage für die Optimierungsbemühungen. Ihre Erarbeitung erfolgt in drei Schritten:

1. Prozesse abgrenzen

2. Prozessbewertungskriterien abstimmen

3. Prozesserstellungsstruktur (Ablauf) erarbeiten

Die Prozesse bilden insgesamt eine Prozesslandschaft und unterscheiden sich in strategische Prozesse, Kernprozesse und Supportprozesse. Eine Organisation ist dann am wirksamsten, wenn alle Kräfte abgestimmt in die gleiche Richtung (Ziel) wirken. Die Beschreibung eines Prozesses erfolgt unter Heranziehung folgender Fragestellungen:

- Wer ist der Kunde?

- Was erwartet der Kunde?

* Woraus leitet der Kunde Qualität und Leistung ab?

* Was ist das Ergebnis des einzelnen Prozesses?

* In welchen Stufen (Phasen) wird das Ergebnis erreicht?

* Welche Aufgaben sind zur Ergebniserreichung notwendig?

Die Prozessbeschreibungen enthalten Aussagen zu:

* Prozess-Owner

* Prozessphasen und je Phase durchzuführende Aktivitäten

* Input/Output (Produkte)

* Optimierung der Kommunikationsbeziehungen und Informationsflüsse

* Erforderliche Ressourcen (auch Personal) und Tools

* Erforderliche Qualifikation

* Prognostizierte Bearbeitungsdauern und Durchlaufzeiten

* Sonstige Regelungen

* Schnittstellen (intern und extern), insbesondere, Vertikale und horizontale Zusammenarbeit, Schnittstellen zu anderen Unternehmensteilen, sonstige Schnittstellen zu Externen

* Fremdvergebene Leistungen

* Qualitäts- und Leistungskriterien für die Bewertung der Prozessergebnisse

Prozessoptimierung ist dabei ein Einschwingvorgang in eine kontinuierliche Verbesserung. Eine Verbesserung ist nur dann sinnvoll, wenn sie vom Kunden spürbar ist. Es ist nicht wichtig, wie gut eine einzelne Aufgabe erfüllt wird, sondern ob die Verbesserung am Ende des Gesamtprozesses "ankommt"!

Eine Untermenge aller IT-bezogenen Prozesse ist das IT Service Management. Als defacto-Standard für das IT-Service Management hat sich in den letzten Jahren ITIL (IT-Infrastructure-Library) herausgestellt. ITIL ist im Auftrage der britischen Regierung, genauer von der CCTA – der Central Computer & Telecommunications Agency - erarbeitet worden und beinhaltet eine umfassende und öffentlich verfügbare fachliche Dokumentation zur Planung, Erbringung und Unterstützung von IT-Serviceleistungen. An der Entwicklung dieses international anerkannten Standards waren IT-Dienstleister, Mitarbeiter aus Rechenzentren, Lieferanten, Berater und Ausbilder beteiligt. ITIL gewährleistet einen einheitlichen Sprachgebrauch und stellt fachliche Anleitungen zur Verfügung, die auf „best practice" beruhen.

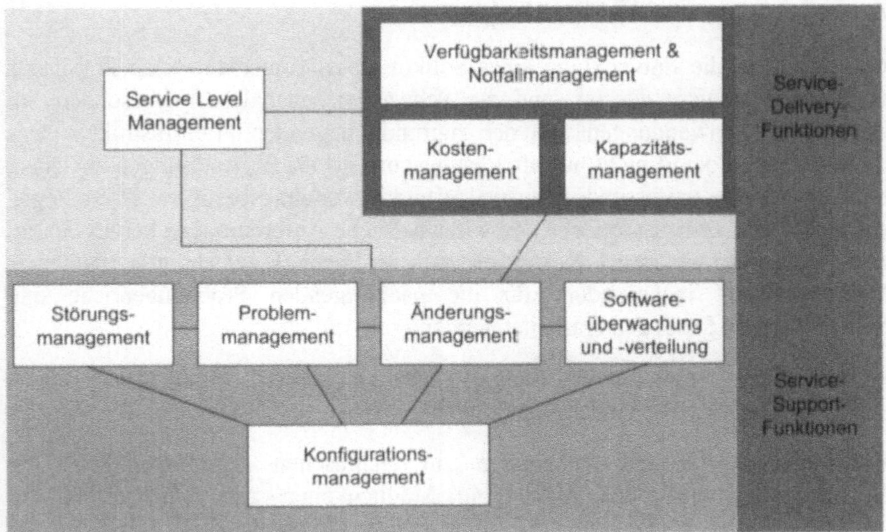

Abb. 48. Das ITIL-Modell

Durch den ITIL-Standard werden unter anderem folgende IT-Serviceprozesse abgedeckt:

- Help Desk, d.h. die Bearbeitung von Fragen bzw. Störungsmeldungen der Anwender

- Problem Management, d.h. die Ermittlung von Problemursachen, deren Beseitigung sowie die Bereitstellung von Managementinformationen

- Change Management, d.h. die Sicherstellung der Vorbereitung und des Ablaufs von notwendigen Änderungen, sei es bei den IT-Prozessen oder bei der Einführung neuer Produkte oder Dienstleistungen

- Configuration Management, d.h. die Verwaltung aller Komponenten und Systeme der IT-Infrastruktur

- Service Level Management, d.h. die Steuerung der IT-Servicequalität in der Form von Dienstleistungsvereinbarungen zwischen dem IT-Bereich und seinen Kunden (z.B. definierte Reaktionszeiten)

- Financial Management, d.h. Feststellung bzw. Berechnung der Dienstleistungskosten sowie Weiterverrechnung an die Kunden.

Im Rahmen der Optimierung der IT-Prozesse sollte daher der ITIL-Standard soweit wie möglich eingehalten bzw. sich daran orientiert werden.

Anwendungen und IT-Infrastruktur

Grundlage für die Entwicklung eines Sollkonzeptes zum optimierten IT-Einsatz sind die Ergebnisse der Ist- und der Schwachstellenanalyse, insbesondere im Bereich der Anwendungen und der zugrunde liegenden IT-Infrastruktur. Das Sollkonzept ist damit nicht nur als Lösungskonzept für Einzellösungen zu sehen, sondern als eine umfassende langfristige und anwendungsbezogene IT-Strategie, die technische, organisatorische und wirtschaftliche Anforderungen berücksichtigt und aufeinander abstimmt. Es müssen auch im Hinblick auf ein zukunftsfähiges Betriebskonzept insbesondere für die nachfolgenden Problembereiche und Schwachstellen Lösungen erarbeitet werden.

- Integration neuer Anwendungen und Verfahren, Optimierung bzw. Reengineering bestehender Applikationssysteme

- Netzwerke, d.h. die Konzeption zur technischen Zusammenlegung der Netzwerke, aber auch praktikable Möglichkeiten zum Outsourcing des Netzbetriebes prüfen, wobei die Anforderungen an die Datensicherheit und den Datenschutz berücksichtigt werden.

- Support-Leistungen
  Eine Vielzahl von Anwendungen und unterschiedlichen Systemen erfordern einen hohen Support-Aufwand. Im Hinblick auf die Reduzierung von Support-Leistungen kann z.B. geprüft werden, ob die Einführung einer Thin-Client-Architektur zu einer Verbesserung der Situation führt. Dabei wird auch die Frage gestellt, wie eine optimale Architektur für die Organisation aussehen muss, um eine größtmögliche Verfügbarkeit der Anwendungen zu gewährleisten.

- Zentralrechnersystem
  Das Zentralrechnersystem ist in aller Regel überlastet. Daher werden Möglichkeiten geprüft, durch dezentrale Erledigung von Teilaufgaben eine Entlastung zu erzielen.

Auf der Grundlage des Sollkonzeptes wird dann das Realisierungskonzept unter Berücksichtigung der im Unternehmen bzw. in der Behörde gegebenen Rahmenbedingungen (personell, finanziell) und Prioritäten für eine Umsetzung erarbeitet.

Projektabschluss und Start der Umsetzung

Mit der Erstellung eines Abschlussberichtes ist zwar der theoretische Teil der Arbeit getan, der aufwändige Teil, die Umsetzung in die Praxis und damit auch das Change Management folgt erst noch. Generell sollte die Konzeptionsphase durch einen formalen Projektabschluss beendet werden. Gleichzeitig sollte dieser konzeptionelle Projektabschluss das „Kick-off" für die Umsetzungsphase sein.

Ohne eine entsprechende Führungs- und Entscheidungsbasis, die auch die Grundlage für Meilensteine sowie abgestimmte Qualitäts- und Leistungsmerkmale ist, wird das konzeptionelle Gebäude in der Umsetzungsphase „verpuffen" bzw. am Widerstand der Bedenkenträger scheitern. Dies impliziert insbesondere für die Realisierungsphase einen Leistungs- und Qualitätsdruck, auf dessen Basis die gewünschten Verbesserungen erst erzielt werden können.

Tabelle 14. Zusammenfassung

Zusammenfassung	
Arbeitspakete:	• Projektabschluss/Abschlusspräsentation
Teilnehmer AN:	• Projektteam
Teilnehmer AG	• Führungskräfte, Personal-/Betriebsrat, Mitarbeiter, Datenschutzbeauftragter
Ziel:	• Umfassende Information inkl. Beantwortung aller ggf. noch aufgetretenen Fragen • Startschuss für die Umsetzungsphase
Ergebnis	• Lenkungsausschuss, Mitarbeiter und Betriebsrat sind über die Untersuchungsergebnisse und die wesentlichen Ergebnisse informiert • Die Umsetzung wird gestartet

Kostenreduktion und Konsolidierung

Hebel zur IT-Konsolidierung

Lothar Dietrich

Auswirkungen der Unternehmensstrategie auf die IT-Konsolidierung

Die IT-Konsolidierung lebt im Wechselspiel zwischen der Unternehmensstrategie, den Zielen von Führungskräften und Mitarbeitern in den Fachbereichen und der Wahrnehmung der Bedeutung von IT bei den Mitarbeitern im Unternehmen. Als Voraussetzung für die Konsolidierung der IT sollte bekannt sein, in welche Richtung die IT überhaupt zu konsolidieren ist. Hierzu müssen die jeweilige Strategien bekannt sein wie z.B. die Marktstrategie, aus der wiederum abzuleiten sind die Unternehmens-, Entwicklungs-, Produktions- und in Folge die IT-Strategie.

In dieser Phase scheitern bereits viele Unternehmen, weil diese Strategien in vielen Unternehmen nicht ausreichend definiert bzw. bekannt sind und evtl. vorhandene Strategien wenig aussagefähig formuliert sind. Notwendig ist daher die Ableitung der kritischen Erfolgsfaktoren aus der Unternehmensstrategie. Danach sollen sich auch die Schwerpunkte der IT richten.

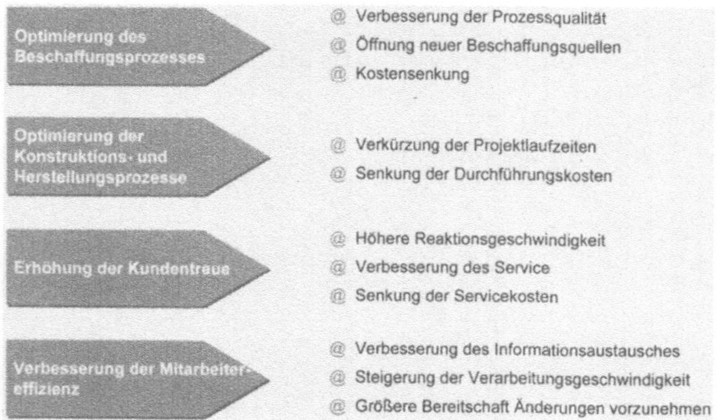

Abb. 49. IT-Ziele mit Schwerpunkt auf Kerngeschäftsprozesse

Wenn z.B. Kosten und Lieferzeit entscheidende Kriterien für den Erfolg des Unternehmens am Markt bzw. bei den Kunden sind, müssen diese Themen auch durch entsprechende IT-Systeme unterstützt werden.

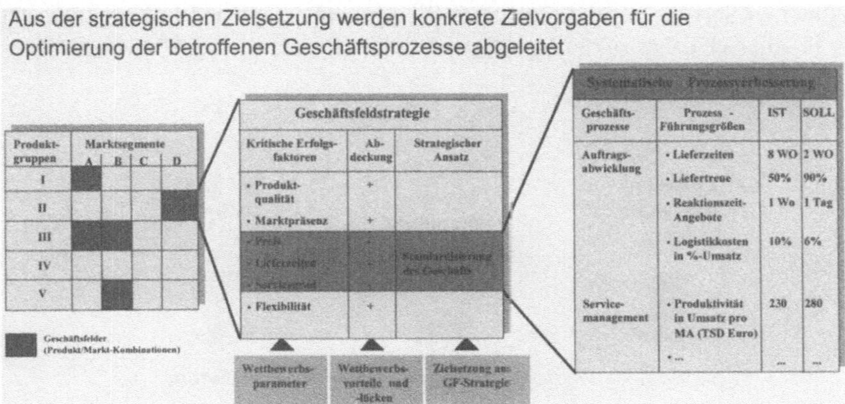

Abb. 50. Die richtigen Prozessführungsgrößen sind ausschlaggebend

Da diese Vorgaben oft fehlen, versuchen IT-Leiter die IT-Services in breiter Form anzuheben, was in einigen Prozessbereichen zu einer Über- (Kosten sind zu hoch) und in anderen zu einer Unterdimensionierung führt (Prozess ist nicht ausreichend erfolgreich). Unternehmensleitungen wundern sich dann darüber, dass die „Performance" der IT zu schlecht ist und die Kosten zu hoch sind.

Ein weiteres Thema ist die Frage des Zusammenspiels zwischen IT und den Fachbereichen bzw. um es deutlicher zu formulieren, die Möglichkeit des Durchgriffs der IT: Hier existiert oft das Problem, dass ein Fachbereich nur seinen eigenen Teilprozess betrachtet, und damit die Konsequenzen in Vor- und Folgeprozessen keine ausreichende Berücksichtigung finden. Oft wird von Fachbereichen argumentiert, dass z.B. Auswertungen mit Excel oder Lotus Notes schnell zu machen sind; diese Zahlen führen dann jedoch zu nicht ausreichend durchgängigen Betrachtungen. Der IT-Bereich wiederum ist eine der wenigen Stellen im Unternehmen, die die Chance haben die gesamte Prozesskette zu übersehen. Oft ist die IT jedoch nur passiver Dienstleister mit der Folge, dass jeder Fachbereich andere Teillösungen in Auftrag gibt bzw. implementiert. Noch schlimmer ist die Situation, wenn Dienstleistungen der IT von Fremdfirmen erbracht werden (Outsourcing), ohne dass eine ausreichende Steuerung des Partners durch eigene Fachleute erfolgt. Diese Lieferanten haben in der Regel kein Interesse an wenigen durchgängigen Standards, weil an jedem zusätzlichen Programm und damit auch an zusätzlichen zu programmierenden Schnittstellen verdient wird.

Wie ist der Konflikt zwischen Fachbereich und IT zu lösen?

Wichtig ist die Entwicklung der IT zu einem aktiven internen Dienstleister, der die Interessen des Fachbereichs vertreten kann. Dies ist jedoch nur möglich, wenn

IT-Mitarbeiter erforderliches Prozessverständnis haben. Daher gilt die Forderung, IT-Mitarbeiter zukünftig stärker von der Bit-and-Byte- zur Prozessorientierung zu entwickeln. Eine Hauptstrategie könnte daher z.B. sein, Leistungen von Rechenzentren und Softwareentwicklungen von externen Partnern mit konkret definierten Service Level Agreements (SLA´s) einzukaufen. Die Kernkompetenz der IT soll sich daher zukünftig stärker dem Prozessmanagement zuwenden.

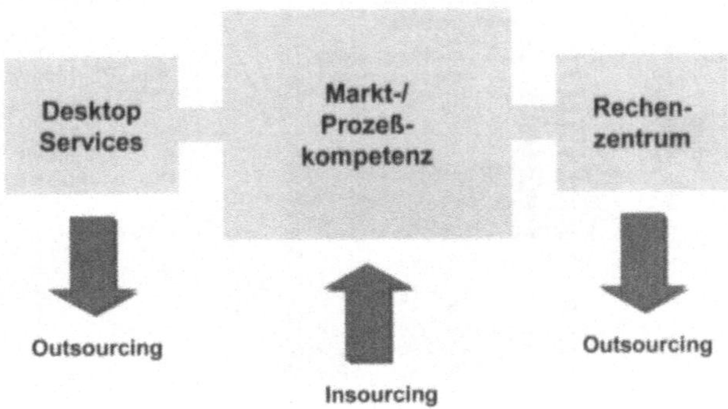

♦ **Stärkung der Prozesskompetenz der IT**

→ Reengineering von Prozessen

→ Aufbau eines Competence Center für strategische Planung, Kernprozesse, Umstrukturierung

♦ **Überlassung von operativem IT-Personal an Outsourcing Partner**

Abb. 51. Kern-Kompetenzen müssen im Unternehmen bleiben!

Auf jeden Fall muss die Prozesskompetenz im eigenen Unternehmen bleiben. Dies bedeutet auch, dass es in der Mitarbeiterstruktur zu Veränderungen kommen muss, indem weniger Computer- und stattdessen mehr Prozess-Experten im IT-Bereich vorhanden sind.

Mit Standards zum Unternehmenserfolg

Eine häufige Schwierigkeit stellt die Tatsache dar, dass viele Mitarbeiter eines Fachbereichs davon ausgehen, dass ihre jeweiligen Anforderungen durchgesetzt werden müssen. Der IT-Bereich wird oft nur als erfüllender Dienstleister gesehen. Mit dieser Sichtweise fordern dann die Mitarbeiter in den Fachbereichen unterschiedliche Hersteller von Hardware (PCs und Drucker) sowie Software. Die Analyse in folgender Abbildung zeigt ein solches Beispiel, aus dem hervorgeht, dass über 100 Anwendungen jeweils nur von 2 bis 4 Anwendern betrieben werden, dagegen im gleichen Unternehmen nur 3 Software-Anwendungen von mehr als 100 Usern benutzt werden.

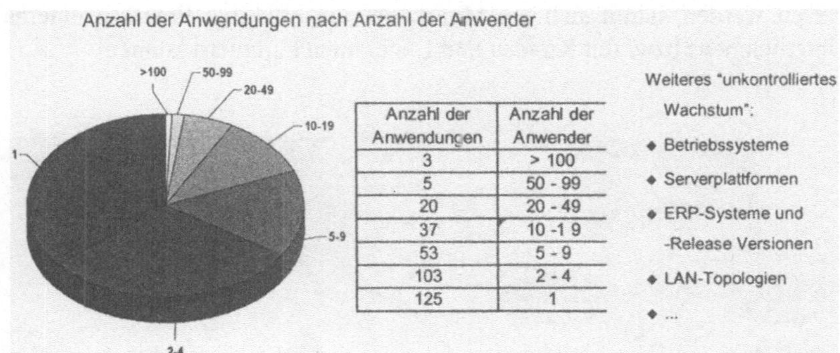

Anzahl der Anwendungen	Anzahl der Anwender
3	> 100
5	50 - 99
20	20 - 49
37	10 -1 9
53	5 - 9
103	2 - 4
125	1

Abb. 52. Fehlende Software-Standards führen zu kostenintensivem Wildwuchs

Die Unternehmensleitung soll hier der IT konsequent die Entscheidungshoheit für Hardware und Software zuordnen. Dass hier die Fachbereiche Wünsche hinsichtlich ihrer Prozess-Anforderungen äußern können, ist eine Selbstverständlichkeit, jedoch muss das Ziel der IT sein, die Zahl der unterschiedlichen Systeme und damit auch die Kosten auf das absolut notwendige Maß zu beschränken. Hierzu ist die absolute Durchsetzungskompetenz des CIO eine unabdingbare Voraussetzung! Durch diesen Ansatz kann viermal Geld gespart werden, und zwar durch:

1. Höheres Einkaufsvolumen und damit höhere Rabatte bei einem Lieferanten anstatt niedriger Rabatte bei mehreren Lieferanten.

2. Verringerung von notwendigen Schnittstellen zwischen unterschiedlichen Softwarelösungen (Reduzierung von Entwicklungskosten).

3. Konzentration von Know-how auf wenige Anwendungen (Verringerung von Schulungskosten)

4. Reduzierung von Supportkosten

Wichtig ist dabei, den Mitarbeitern in den Fachbereichen die Effekte zu verdeutlichen, weil sie oft die Zusammenhänge nicht sehen können. Hierfür ist ebenfalls ein gutes Beispiel, dass die PC-Kosten in der Regel nur 10 bis 15 % der Gesamtkosten darstellen. D.h. 85 % der Restkosten entstehen durch den Support. In diesem Fall ist es nicht hilfreich, einen PC anstatt nach 3 Jahren erst nach 4 Jahren auszutauschen, weil in diesem 4. Jahr erfahrungsgemäß die Supportkosten überproportional hoch sind. Im Klartext: Anstatt drei „Bastelstunden" zu verwenden, um die schlechte Performance des PCs oder die Unverträglichkeit mit bestimmten Anwendungen zu verbessern, kann es unter Berücksichtigung aller Kosten deutlich billiger sein, direkt einen neuen PC zu beschaffen. Es muss daher die Aufgabe des CIO bzw. IT-Leiters sein, diese Kostenzusammenhänge transparent zu machen.

Der IT-Bereich soll mit Hilfe von wenigen Standards von „Bastelarbeiten" befreit werden, damit sich die Mitarbeiter um effektive Prozesse innerhalb des Unternehmens bzw. mit Kunden und Lieferanten kümmern können.

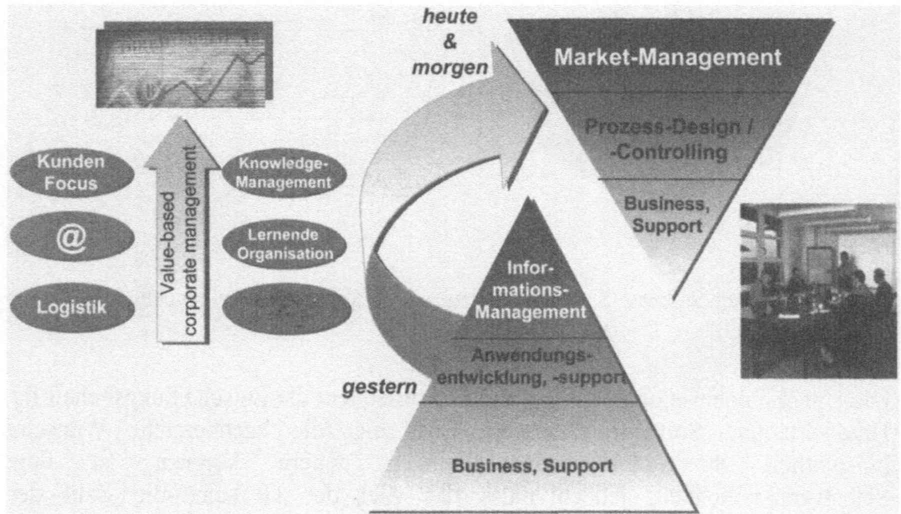

Abb. 53. Zukunftsorientierung der IT: von Bit und Byte hin zu Markt- und Prozessmanagement

Dazu gehört ebenfalls, möglichst keine eigene Softwareentwicklung mehr zu betreiben. Dies mag an dem Beispiel deutlich werden, dass ein Softwarelieferant eine Software mehrere hundert Mal verkaufen muss, um einen positiven Return on Investment zu erhalten. Wieso kann dann ein Unternehmen glauben, mit einer einmaligen Entwicklung erfolgreich sein zu wollen? Diese Sonderfälle von Softwareentwicklung sollen auf absolute Ausnahmen beschränkt bleiben.

Anforderungen der Unternehmen dürften zukünftig nicht nur stärker in der Integration von internen Prozessen liegen, sondern vor allen Dingen auch in der Integration von Prozessen mit Kunden und Lieferanten. Damit dies ohne deutliche Steigerung von IT-Kosten möglich ist, muss mittels Standards von Hard- und Software eine Reduzierung von Aufwand im IT-Bereich erreicht werden, um die frei werdenden Kapazitäten stärker für Aufgaben der Prozessgestaltung nutzen zu können. Mit dem konsequenten Einsatz von Standards wird neben der Kostenreduzierung auch eine höhere Betriebssicherheit erreicht, die Arbeitsqualität der Mitarbeiter ist höher und die Prozesse sind auch für die internen und externen Kunden nachvollziehbarer und beherrschbar.

Kurzfristmaßnahmen

Mit „Kurzfristmaßnahmen" sind die Aktivitäten gemeint, die zu schnell wirksamen Effekten auf der Kostenseite führen können. Hierzu zählen insbesondere:

1. Überprüfung und Verhandeln aller bestehenden Verträge mit Lieferanten (z.B. Service, Wartung, Consulting).

2. Überprüfen aller laufenden Projekte hinsichtlich Notwendigkeit und Prioritäten generell sowie Risiken der Termin- und Kosteneinhaltung.

3. Sofern möglich, Verträge umstellen von Consulting (Dienstleistungsvertrag) auf Festpreis (Werkvertrag).

4. Sammeln aller einzeln abgeschlossenen Lizenzverträge und Bündeln zu Unternehmens- bzw. Konzernlizenzverträgen (Rabattvereinbarungen mit Lieferanten abschließen); und auch Bündeln von ähnlichen Anwendungen verschiedener Lieferanten zu einem Standard bei einem Lieferanten.

5. Überprüfen von Leistungen durch alternative Outsourcing-Angebote (für Themen, die nicht zur Kernkompetenz gehören); ggf. Überleiten eigener Mitarbeiter zum Outsourcer (z.B. für Rechenzentren und PC-Support).

6. Bündeln des Einkaufs von Hard- und ggf. auch Software bei einem Lieferanten.

7. Überprüfen des Outputmanagements (Drucken, Faxen und Kopieren) und evtl. Ersetzen durch seitenbezogene Festpreisangebote von Lieferanten.

8. Umstellen von dezentralen Einzeldruckern auf Netzwerkdrucker bzw. Einbinden von Kopierern in das Gesamtkonzept; Reduzieren von Druckern und evtl. Ersetzen von relativ teuren Tintenstrahldruckern.

9. Überprüfen des Asset Managements (Mengenverwaltung von PCs, Druckern, Software); diese fehlt oft in den Unternehmen bzw. auf Grund (von Wildwuchs der Vergangenheit gibt es mehr Hardware und Software, als das Management glaubt. Überprüfung der Reduzierung! Die Fachbereiche sehen oft nur die 15 % Anschaffungskosten, aber nicht den großen Teil von Support-, Software- und Netzwerkkosten.

10. Überprüfen der Möglichkeit der Reduzierungen von Bandbreiten im Netzwerk (LAN und WAN) und Möglichkeit des Entfalls von Anschlüssen von Arbeitsplätzen bzw. Gesellschaften an den Netzen.

Mit den genannten Maßnahmen ist keinesfalls gemeint, die Unterstützung der wichtigen Geschäftsprozesse in den Fachbereichen zu entziehen. Im Gegenteil sind Einsparungen für Investitionen für wirklich wichtige IT-Themen und Prozesse zu nutzen.

Wichtig ist, die Einsparungen zu dokumentieren und gegenüber den Fachbereichen auszuweisen. „Kosten" sind meistens die Argumente, die – wenn sie nachgewiesen werden können – eine sehr gute Akzeptanz bei Geschäftsführern und Vorständen finden. Über diesen Hebel erhält die IT eher eine Unterstützung als über reine strategische oder technische IT-Argumente.

Maßnahmen für den langfristigen Erfolg

Um den langfristigen Erfolg abzusichern ist es notwendig, die Erfolge der Kostensenkung zu dokumentieren. Dabei ist jedoch nicht nur auf die Kosten, sondern mehr auf die Leistungen und positiven Effekte für das Unternehmen zu achten.

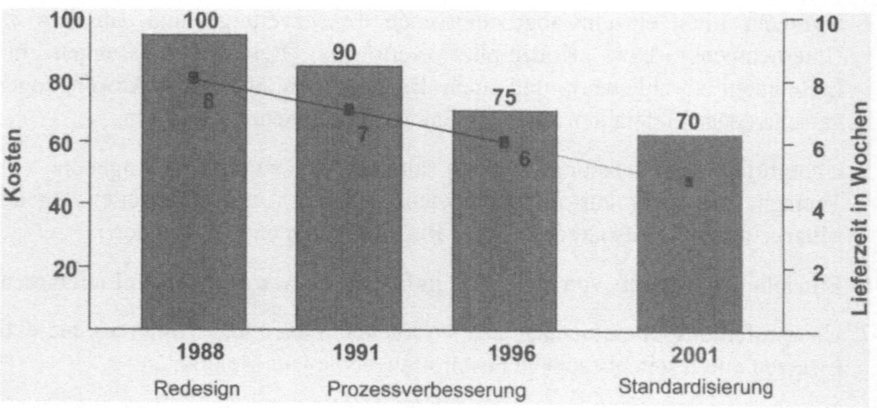

Abb. 54. Erschließen von Potenzialen durch systematische Prozessintegration

Nachdem die Kurzfristerfolge realisiert wurden, soll eine „mittelfristige Roadmap" erstellt werden, aus der – am besten abgeleitet aus der Unternehmensstrategie – die Prioritäten für die Maßnahmen bzw. Projekte der nächsten 2 bis 3 Jahre erkennbar sind. Dies können z.B. Projekte sein für die Absatzplanung oder Kundenauftragsabwicklung oder Materialdisposition und Produktionslogistik.

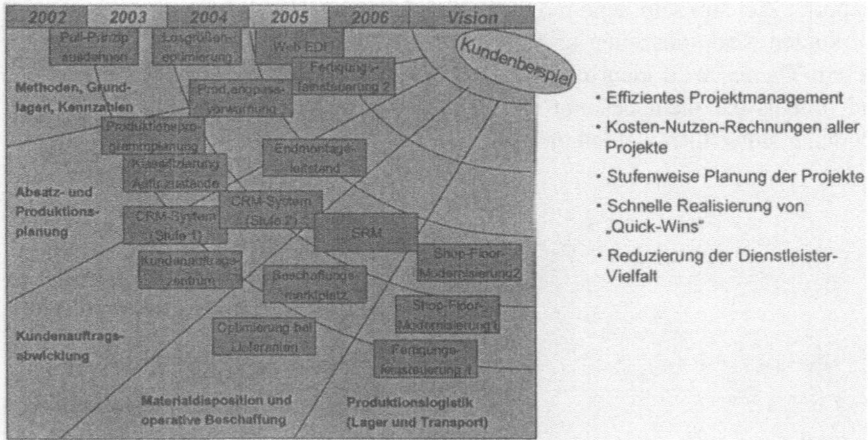

Abb. 55. Nach Nutzenanalyse und Priorisierung werden die Projekte in eine „mittelfristige Roadmap" eingebunden

Aus dieser strategischen Planung lässt sich dann auch relativ leicht die IT-Budgetplanung ableiten. Dieser Punkt ist sicherlich in den meisten Unternehmen der größte Schwachpunkt, weil oftmals nur reagiert statt agiert wird und die Wechselwirkungen zwischen Unternehmensstrategie und IT-Strategie nicht ausreichend im Bewusstsein vieler Führungskräfte sind.

Wichtig ist, dass die Unternehmensleitung sich hinter diese Planung stellt. Die Fachbereiche sollen diese Planungen kennen, damit die Zielsetzungen und Inhalte unterstützt werden können.

Wertschöpfung in den internen Prozessen der IT

Prozessbetrachtungen werden häufig nur entlang der internen Wertschöpfungskette (Vertrieb, Entwicklung, Produktion, Versand) betrieben. Zukünftig wird noch mehr als bisher im Vordergrund stehen, nicht nur die internen Prozesse zu betrachten, sondern auch diejenigen der „Supply Chain" vom Lieferanten über das eigene Unternehmen bis zum Kunden, und evtl. auch nachgelagerte Prozesse wie Recycling und Entsorgung unter dem Gesichtspunkt der „Life-Cycle-Betrachtung". Hier stehen Geschwindigkeit und Effektivität im Vordergrund. Bereits vorher wurde ausgeführt, dass das Know-how der Mitarbeiter stärker darauf ausgerichtet werden muss, sich auf diese Prozesse zu konzentrieren (siehe auch im Kapitel „Standardisierung von Prozessen").

Was oft vergessen wird, ist die Tatsache, dass auch innerhalb des Unternehmens stabile Prozesse für die IT selbst notwendig sind, wie z.B. für die Auslieferung und den Support von PCs. Man soll sich hier Gedanken machen hinsichtlich der User Help Desk-Organisation mit einem „first- und second-level-support". Ziel soll sein, eine möglicht gute Anwender-Unterstützung zu erreichen mit kurzen Reaktionszeiten und hoher Stabilität der Systeme. Widmet man sich diesem Thema, wird man oft feststellen, dass es teure Nebenorganisationen gibt und oftmals gar nicht bekannt ist, wie viele Systeme (Hardware und Software) überhaupt unterstützt werden müssen.

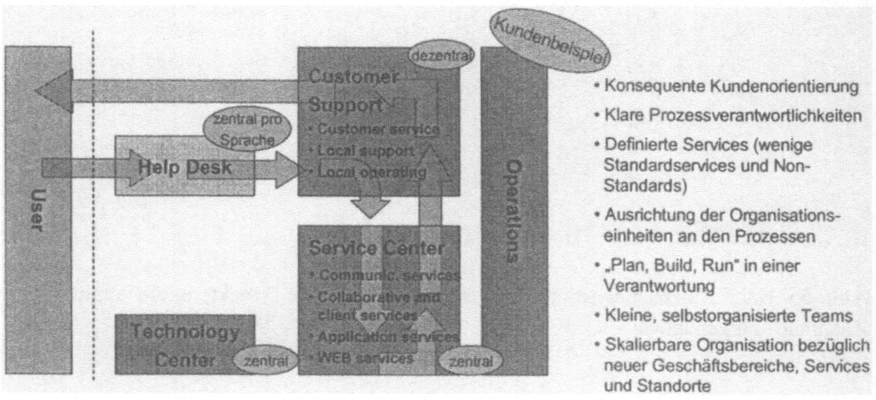

Abb. 56. Kostengünstige und effiziente IT-Services erfordern schlanke Prozesse

Definiert werden müssen klare Prozessverantwortlichkeiten, Servicelevels, die die Frage von „Plan, Build, Run" in eine Verantwortung legen. Es soll auch klar sein, welche Systeme und Prozesse eine höhere oder weniger hohe Verfügbarkeit (sprich mehr oder weniger Support) haben müssen. Die folgenden Abbildungen zeigen das Beispiel einer „User-Help-Desk-Organisation". Die Prozesse der Bedarfsmeldungen und Lieferung von Leistungen und deren Kontrolle und Zuständigkeiten sollen in klaren Prozessen definiert sein. Damit wird gleichzeitig die Mentalität in vielen Unternehmen unterbunden, Leistungen *„auf Zuruf"* zu liefern – d.h. ohne Einhaltung von Standards und ohne kontrollierbar zu sein - die i. d. R. zu hohen versteckten Kosten führen.

Eine hohe Bedeutung für die Kostenreduzierung kommt der Automatisierung von internen IT-Prozessen, z.B. durch „Remote Installationen" oder automatische Überwachung, zu. Hier liegt in den meisten Unternehmen noch ein hohes Einsparpotenzial.

Hindernisse zur Durchsetzung von Standards und konsequenter IT

Die Umsetzung von Standards ist eine wichtige Voraussetzung für den optimalen Nutzen von Prozessen, das Senken von Kosten und die Betriebssicherheit von IT-Systemen. Geregelte Betriebsabläufe sind für jeden Mitarbeiter besser nachvollziehbar und beherrschbar. Aber warum werden Standards in vielen Unternehmen nicht umgesetzt? Es gibt dafür eine Reihe von Gründen, die sich insbesondere das Management bewusst machen soll, um auf eine bessere Akzeptanz hinzuwirken. Viele gute Projektansätze werden nicht konsequent bis zum Ende umgesetzt.

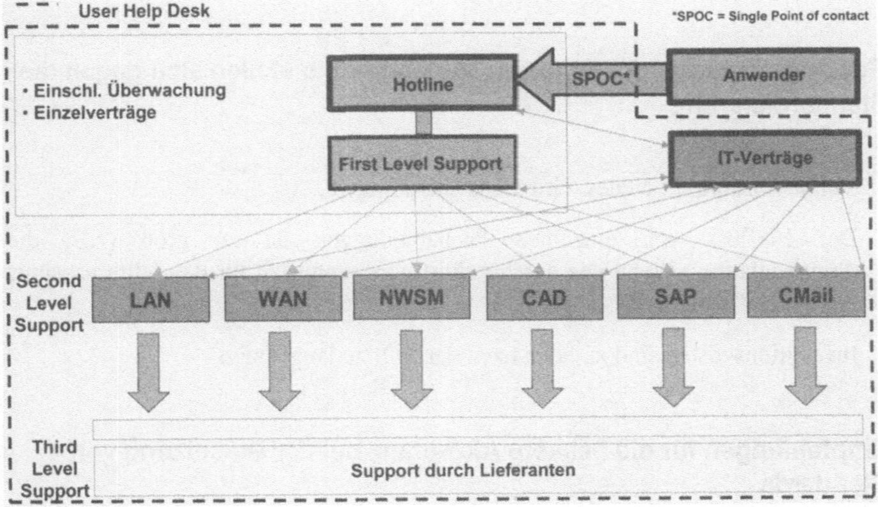

Abb. 57. Ein gut funktionierendes Bestands-Management ist Voraussetzung für ein effektives Kosten-Controlling

Fachabteilungen stellen sich gegen die Standardisierung

- Liebgewonnene Hard- und Software will nicht aufgegeben werden.

- Einfluss auf den Betrieb wird vermindert oder verhindert.

- Man sieht möglicherweise eine Verschlechterung für den eigenen Teilprozess und will oder kann den Nutzen für das Unternehmen im Gesamtprozess nicht sehen.

Techniker des Rechenzentrums und Anwendungsentwickler stellen sich gegen die Standardisierung

- Langjährig erworbene Kenntnisse und Beherrschung von Hardware, Software, Betriebssystemen und Datenbanken werden nicht mehr benötigt.

- Da man Neues nicht kennt oder man sich aber damit nicht ausreichend befasst hat, sieht man eher die Risiken als den Nutzen.

- Man sieht den eigenen Arbeitsplatz gefährdet.

- Standards bedeuten auch eine größere Unabhängigkeit des Arbeitgebers von einzelnen Mitarbeitern

Geschäftsleitung oder Teile des Managements stellen sich gegen die Standardisierung

- Verantwortung für Neues wird nicht übernommen.

- Der Einfluss von einzelnen Fachabteilungen ist zu groß (z.B. die Argumentation „Wenn das durchgeführt wird, kann ich für das Jahresergebnis nicht mehr garantieren").

- Investitionskosten sind zu hoch bzw. der ROI zu langfristig.

Empfehlungen für die bessere Akzeptanz bei der Umsetzung von Standards

Für den Erfolg bei der Umsetzung von Standards ist insbesondere die Einbeziehung der Mitarbeiter einschließlich der stärksten Kritiker von hoher Bedeutung. Die Maßnahmen müssen von einem sogenannten „Change-Management" begleitet werden. Im ersten Schritt ist hierfür wichtig, das Top-Management hinter diese Entscheidungen zu stellen, was auch bedeutet, dass es keine Ausnahmen gibt – auch nicht für die Geschäftsführung selbst. Oftmals ist festzustellen, dass sich Geschäftsführer hinter die Entscheidung des Standards gestellt haben, um dann wenige Tage später für die Geschäftsführung selbst eine Anschaffung „am Standard vorbei" zu tätigen. Für die Auswahl von Produkten wie z.B. Hardware oder Software müssen Mitarbeiter der Fachabteilungen aller betroffenen Unternehmen einbezogen sein und die Entscheidung muss auch später noch nachvollziehbar sein (Schritte: Anforderungen festlegen und die Prioritäten gewichten; Punktbewertung der Alternativen mit mehreren Mitarbeitern aus IT und Fachbereichen durchführen). Entscheidungsvorschläge an den Vorstand sind möglichst gemeinsam zu treffen, und nach der Entscheidung darf es keine Ausnahmen mehr geben.

Aus Gründen der Finanzierbarkeit der Umstellung ist zu empfehlen, möglichst frühzeitig zu veröffentlichen, auf welche Standards umgestellt werden soll und dafür z.B. eine Zeitspanne von z.B. zwei Jahren zu definieren. Dies bedeutet, Neuinvestitionen sofort mit den neuen Standards zu beginnen und Umstellungen von Altsystemen auf den neuen Standard mit einem größeren Zeitraster durchzuführen, was den Fachbereichen auch ausreichend Zeit für die Umstellung lässt. Die Erfahrung zeigt oft sogar in den Fachbereichen eine große Dankbarkeit dafür, wenn spezielle Teams einmal die Auswahl durchführen (selbst in Konzernen werden oftmals Entscheidungen mehrfach in verschiedenen Gesellschaften unabgestimmt und teilweise parallel neu durchgeführt, was unnötig hohe Kosten erzeugt) und dann eine klare Entscheidung vorgegeben wird.

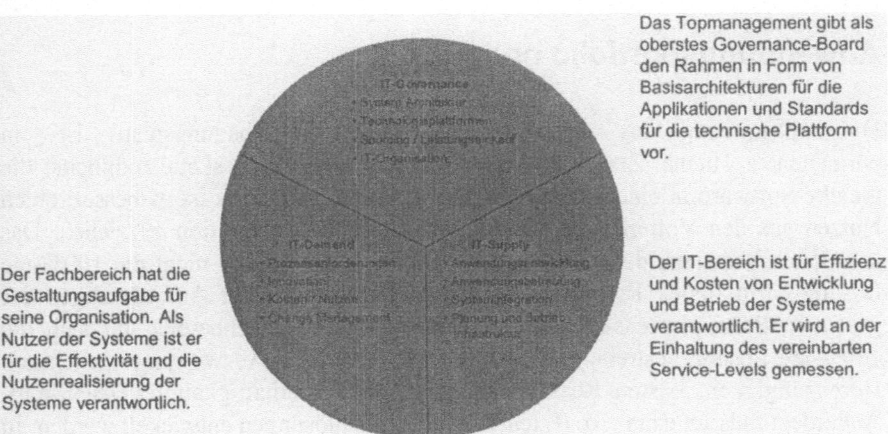

Abb. 58. IT ist eine unternehmensweite Aufgabe, in der verschiedene Aufgaben wahrgenommen werden müssen

Wichtig ist auch, die Liste der freigegebenen Standards im Unternehmen öffentlich zu machen (z.B. im Intranet) und einmal erworbene Standards nicht aufweichen zu lassen. IT-Management und Vorstand bzw. Geschäftsführung müssen sich also sehr konsequent hinter diese Entscheidung stellen!

Nicht unerwähnt bleiben soll die Tatsache, dass erfolgreiche Standards ein gutes Zusammenspiel von Mitarbeitern, Prozessen und Technik voraussetzt. Hierzu ist wichtig, dass Standards vor der Freigabe für den Fachbereich ausreichend getestet werden müssen. Eine neue Software oder sogar ein neues Release können alleine gut funktionieren, aber möglicherweise nicht mehr im Zusammenspiel mit anderen Komponenten. Das problemlose Funktionieren sollte deshalb vor dem Ausrollen der Software im Unternehmen getestet werden, anstatt Reparaturen erst danach „auf dem Rücken der Anwender" durchzuführen. Weiterhin ist das Begleiten der Veränderungsprozesse mit ausreichenden Schulungsmaßnahmen bei den Anwendern von hoher Bedeutung, weil auch dies die Akzeptanz deutlich verbessert.

Ein weiterer wichtiger Punkt ist neben der Standardisierung von Hard- und Software auch die Standardisierung von Prozessen. Zunächst ist wichtig festzustellen, für welche Unternehmensteile gemeinsame Prozesse gelten sollen. Es macht sicherlich keinen Sinn, z.B. Standardprozesse eines Industriebereichs für einen Unternehmensteil gelten zu lassen, der sich mit Handel befasst. Hier kann allenfalls die Festlegung eines gleichen monatlichen Berichtswesens sinnvoll sein, jedoch nicht die Kernparameter zur Steuerung der Unternehmen. In gemeinsam sinnvollen Prozessketten eines Unternehmens sollen jedoch die Prozesse durchgängig standardisiert werden. Auch hier gelten die gleichen Gründe der Hemmnisse wie sie bereits oben dargestellt wurden und daher gibt es auch für dieses Thema die gleichen Lösungsansätze – sprich Vorgehen im Team gemeinsam mit allen betroffenen Fachbereichen.

Anwendungsportfolio optimieren

Die Optimierung des Anwendungsportfolios (IT-Bebauungsplan) ist ein permanentes Thema. Ziel muss dabei sein, für eine Prozesskette möglichst die gleiche Software in einem Unternehmen zu nutzen. Meistens ist es besser, einen Nutzen aus den Vorteilen der durchgängigen Prozessintegration zu ziehen. Das kann auch bedeuten, dass ein einzelner Fachbereich für sich nicht die 100%-ige Lösung darin findet. Es muss aber gelten: Besser 95% der Anforderungen der gesamten Prozesskette sind erfüllt, anstatt dass jeder Fachbereich für sich die 100%-ige Lösung anstrebt, was zu einer katastrophalen Auswirkung hinsichtlich Durchgängigkeit, Kosten, Reaktionsfähigkeit und Fehlerhaftigkeit der Daten führt. Außerdem müssen dann i. d. R. teure Schnittstellenlösungen entwickelt werden. In jedem Unternehmen gibt es meistens Themenbereiche wie Basissysteme, Kommunikation, Logistik, Abrechnung und Berichtswesen, Technische IT (CAD-CAM) und Lösungen für die Fertigung. Lösungen für dieses Anwendungsportfolio sind mit den Fachbereichen zu entwickeln und transparent zu machen. Hüter dieser Standards zu sein ist keine leichte Aufgabe, weil Fachbereiche viele Gründe finden, um immer wieder andere und neue Lösungen zu fordern. Ablehnungen auszusprechen erfordern daher oft „Rückgrad" und auch gute Begründungen, was ein sehr gutes Prozessverständnis der IT-Fachleute erfordert.

Auch organisatorisch sind hier Regelungen zu treffen, indem z.B. Fachbereiche Veränderungen oder Erweiterungen von Standards an einer Stelle (z.B. IT) beantragen müssen. Es hat dann nicht nur eine Budgetfreigabe zu erfolgen, sondern auch eine fachliche Prüfung. Dies bedeutet gleichzeitig, dass die IT eine größere Verantwortung hinsichtlich der Prozesse erhält. Dabei bleibt die Verantwortung für einen Teilprozess im Fachbereich, jedoch die Begleitung des Gesamtprozesses ist ideal durch den IT-Bereich möglich, weil i. d. R. nahezu niemand im Unternehmen die Gesamtsicht hat. Das wiederum erfordert eine hohe fachliche Prozesskompetenz der Mitarbeiter des IT-Bereichs. Veränderungen hinsichtlich Qualifikation und personeller Besetzung in der IT sind daher in vielen Unternehmen zukünftig zwangsläufig.

Ein Anwendungsportfolio soll sich beziehen z.B. auf Netzwerksoftware, Security, Betriebssysteme, kommerzielle Anwendungen, Bürokommunikation, CAD-CAM, e-Business-Anwendungen, Datenbanken, Programmiersprachen, etc..

IT-Einkauf optimieren

Nachfolgend seien einige Ansätze zu Konsolidierung für den IT-Einkauf genannt:

1. Konzentration von Einkaufsvolumina

2. Standardisierung von Hardware und Software (dreimal sparen: durch Einkauf von konsolidierter Menge, Vermeiden von Schnittstellensoftware und Konzentration von Know-how auf wenige Anwendungen)

3. Standardisierung von Einkaufsprozessen (z.B. Einsatz von Warenkörben für C-Teile wie z.B. Büromaterial und PCs)

4. Make- und Buy-Entscheidungen überprüfen

5. Einführen von Vergabe- und Bewertungsrichtlinien

6. Nutzen von Synergieeffekten

Eine enge Zusammenarbeit von IT-Bereich und Einkaufsabteilung ist von hoher Bedeutung. Oftmals wird der Einkauf von der IT zu spät eingeschaltet oder Fachabteilungen bestellen über den Einkauf, ohne die IT einzuschalten. Beides zu verhindern ist nur mittels einer sehr engen Allianz zwischen CIO/IT-Leiter und dem Einkaufsleiter möglich. Vom ersten Tag an soll der Einkauf informiert sein. Am Anfang werden die fachlichen Prüfungen stärker vom IT-Bereich gesteuert und in der Endphase in Richtung Vertragsgestaltung und Preisverhandlung stärker vom Einkauf. Dies bedeutet auch nicht, dass beide Abteilungen ständig einbezogen sind, sondern sie übernehmen in enger Abstimmung ihre jeweiligen Schwerpunkte. Also ist auch hier Teamarbeit angesagt!

Infrastruktur konsolidieren

Die Festlegung der Infrastruktur ist eine sehr wichtige Thematik, weil von ihr auch in hohem Maße die Frage der Sicherheit (Zugriffssicherheit, Virenschutz etc.) abhängt. Es gilt auch hier, den Wildwuchs z.B. in Form der Anbindung einzelner Zugänge (z.B. Modems) an externe Netze zu vermeiden. Sicherheit ist nur dann gegeben, wenn die Sicherheitsmaßnahmen nicht unterlaufen werden. Weiterhin muss auch in diesem Punkt angestrebt werden, auf Standards zu setzen. Dabei gilt es auf Produkte zu setzen, die marktgängig sind (Investitions- und Servicesicherheit). Die klare und möglichst langfristige Definition der Basistechnologien (z.B. Betriebssysteme, Methoden, Tools) ist deshalb wichtig, weil davon auch alle weiteren Zukunftsinvestitionen insbesondere hinsichtlich eines guten Funktionierens aller Komponenten untereinander abhängen.

Wichtig kann auch die Konsolidierung von Servern sein, indem z.B. die Notwendigkeit überprüft wird und evtl. viele kleine und eventuell überalterte Server durch wenige leistungsstarke Server ersetzt werden. Dies erhöht auch die Managebarkeit und Kostenzuordnung der Systeme.

Nachfolgend sind einige der möglichen Ansätze dargestellt.

1. Rechenzentren konsolidieren und Outsourcing überprüfen

2. Anwendungssupport überprüfen und ggf. outsourcen

3. Netzwerkoptimierung

4. Standards und Plattformen definieren

5. Stillsetzen veralteter Software

6. Migrationskonzept zum Ersatz von veralteter Software durch Standards erstellen

7. Konsolidieren von ähnlichen Applikationen

8. Eindeutige Betriebskonzepte incl. Kontrollparameter für SLAs erstellen

9. Konsolidierung heterogener IT-Infrastruktur (PCs, Server, Netze, Software)

10. Konsolidierung von vielen kleinen veralteten Servern zu wenigen leistungsstarken und kontrollierbaren Servern (Komplexitätsreduktion); alte leistungsschwache Server sind meistens relativ teurer als neue Server

11. Anpassen des Technologie-Mix auf eine geringere Zahl von Plattformen (z.B. NT / Unix)

12. Assetmanagement einführen (Mengen-Bestandsführung von Hard- und Software)

13. Archivieren von alten Datensystemen

14. Konsolidieren der Druckerlandschaft (insbesondere teurer Tintenstrahldrucker) durch Einführung von Outputmanagement unter Einbeziehung von Faxgeräten und Kopierern und gegebenenfalls Outsourcing lokaler Druckleistungen (z. B. Abrechnung nach Preisen pro Seite)

15. Koordination von einheitlichen Archivsystemen

In allen Fällen soll dargestellt werden, wie sich die Kosten unter dem Gesichtspunkt der Konsolidierung entwickeln und wie hoch sie sein würden, wenn diese Maßnahmen nicht getroffen werden. Kosten- und Nutzendarstellungen sind gegenüber dem Management stets ein Hauptargument für Akzeptanz.

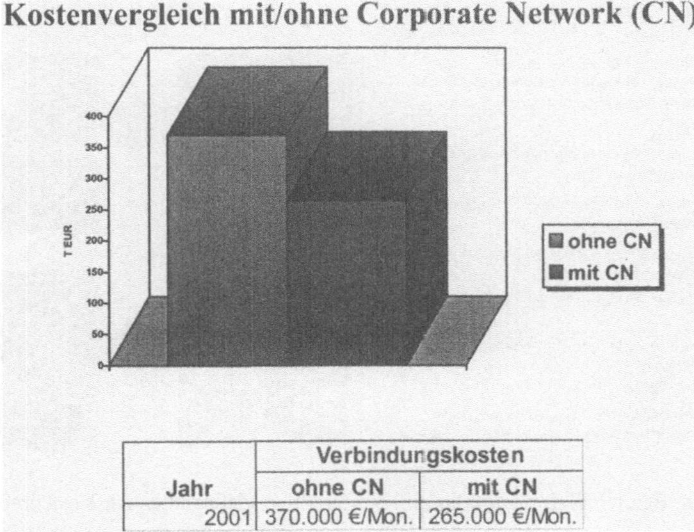

Jahr	Verbindungskosten	
	ohne CN	mit CN
2001	370.000 €/Mon.	265.000 €/Mon.

Abb. 59. Wirtschaftlichkeitsbetrachtungen (am Beispiel WAN)

Die folgende Abbildung zeigt ein Beispiel für ein Benchmarkergebnis. In diesem Fall haben einige Unternehmen einen viel zu hohen Aufwand im Bereich „User Help Desk". Die Ursachen (evtl. Überalterung der PCs oder zu komplexe Software Anwendungen oder nicht ausreichende Schulungen der Anwender) müssen im Einzelfall beurteilt werden.

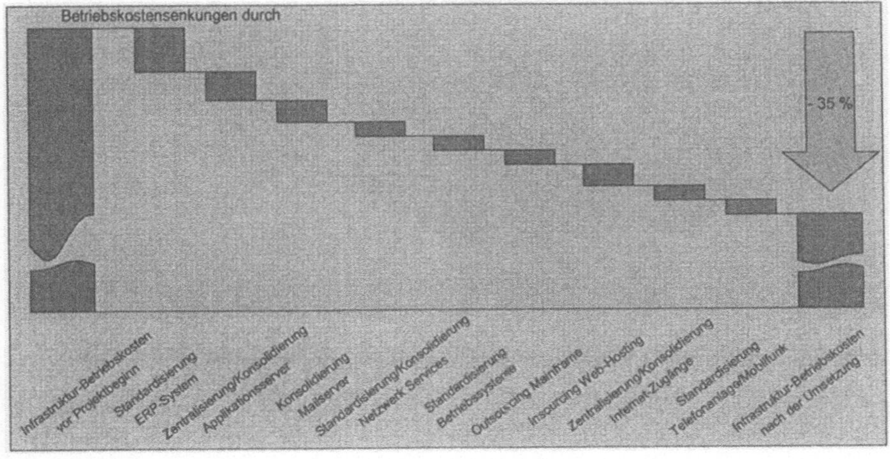

Abb. 60. Kundenbeispiel für Kostensenkungen der IT-Infrastruktur

Die Erfolge und die Verteilung der Kosteneffekte bzgl. einzelner IT-Themenbereiche stellen die folgenden Abbildungen dar.

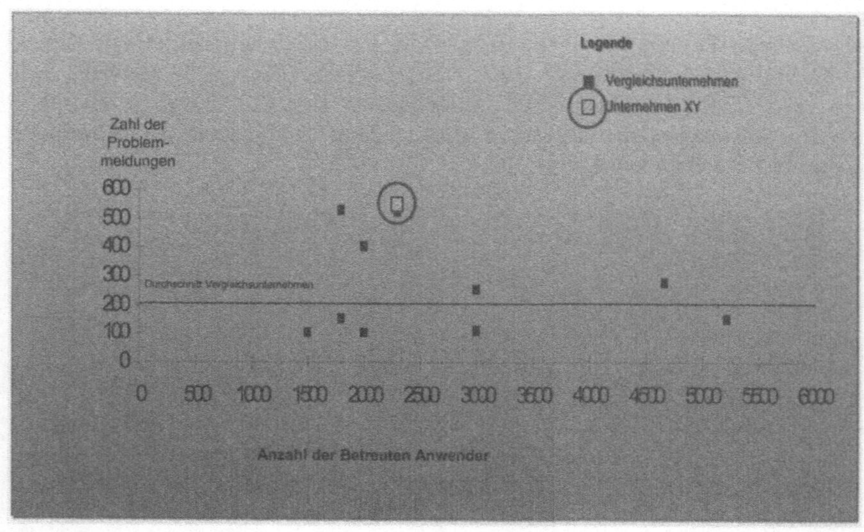

Abb. 61. Im Bereich IT-Infrastruktur gibt es vielfältige Maßnahmen zur Kostenreduzierung

Abb. 62. Vergleichendes Benchmarking kann Hinweise auf Problemfelder aufzeigen

Projekte optimieren

Im Bereich Projektmanagement gibt es ebenfalls vielfältige Ansätze zur Konsolidierung. Hier heißt das Hauptthema „Konzentration auf das Wesentliche". Damit ist gemeint, bei den Projekten das Augenmerk nicht gleichgewichtig auf alle Projekte, Teilprojekte und Inhalte zu legen, sondern Prioritäten zu setzten hinsichtlich Risiken, Kosten und Auswirkungen auf das Unternehmen. Das Thema „Risikomanagement von Projekten" ist recht umfassend, so dass nachfolgend beispielhaft nur einige Kernpunkte aufgeführt werden.

1. Projektstatus durch Reviews und Audits ermitteln und Maßnahmenplan erstellen

2. Projektcontrolling und Risikobewertungssystem aufbauen

3. Anforderungskataloge überprüfen und ggf. ausdünnen

4. Projektorganisation implementieren

5. Einrichten eines Qualitätsmanagements

6. Definition eines Vorgehensmodells

7. Kapazitätsmanagement einführen

8. Konzentration auf die Risiko-Themen hinsichtlich Kosten und Zeit

9. Beschneiden oder Stoppen unnötiger Projekte

10. Priorisieren von Projekten nach Einsparpotenzial

Wie bei vielen anderen Themen sind die wesentlichen zu steuernden Merkmale von Projekten zu visualisieren – z.B. Darstellung der Risiken unterteilt „nach Ampelfarben". Dadurch werden die Punkte schnell erkennbar, auf die man sich konzentrieren soll. Darüber hinaus soll auch der Return on Investment dargestellt werden, um evtl. Projekte, deren Nutzen zu schlecht ist, zu stoppen.

Maßnahmencontrolling
Fachkonzept Umfangserweiterungen

a = Angepasst   k = kritisch   j = Im Plan   p = Probleme   e = Erledigt

*) nicht Voraussetzung für Produktivstart

Nr.	Aktivität	Veranntw.		W 43	W 44	W 45	W 46	W 47	W 48	W 49	W 50	W 51	W 52	W 01	W 02	W 03	W 04	W 05
U1	Schnittstelle X		Plan															
			Ist	e														
U2	Fertigungssteuerung Halle 1 - 6 mit Mat.bereitstellung Einzelteile		Plan	a	a	a	a	a	a									
			Ist	p	p	k	k											
U3	Bestandsführung Halb-fabrikate inkl. Schnittstelle LFS		Plan	a	a	a	a	a	a									
			Ist	p	p	k	k											
U4	Bestandsführung Halb-fabrikate (u.a. Datenübernahme)		Plan					a	a	a								
			Ist	k			k											
U5	Schnittstelle Y		Plan															
			Ist	e														
U6*	Schnittstelle Z		Plan	a	a						a	a			a	a	a	
			Ist	k	k													
U7*	PS Cash Management		Plan	a	a	a	a	a	a	a	a							
			Ist	k	k	k	k											
U8	Konstruktionsstundenrückmeldung		Plan	a	a													
			Ist		e													
U9*	Mehrstufige Freigabe Bestellanforderungen über Workflow		Plan															
			Ist	e														
U10*	Datenrückfluss aus der Logistik in die Grunddaten		Plan															
			Ist	p	p	e												

Abb. 63. Projektverfolgung mit Meilensteinplan

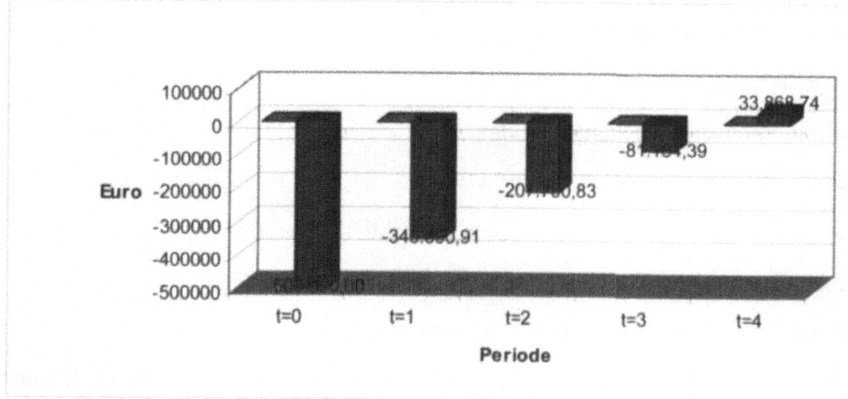

Abb. 64. Cash Flow für Netzwerk und IP-Telefonie

Anpassen von Leistungen und Mengen

In der Regel wird von Mitarbeitern der Fachbereiche unterschätzt, dass auch Geräte, die „nur auf dem Tisch stehen" laufende Kosten erzeugen (z.B. Netzwerkkosten oder Lizenzkosten) Daher ist bedeutend, eine sehr enge Bestandsführung für Hard- und Software zu haben. Nur über diesen Weg lassen sich auch Kosten bis auf eine einzelne Anwendung „herunterbrechen" und in ein TCO („Total Cost of Ownership") führen.

Damit ist gemeint, dass Fachbereiche wissen müssen, wie hoch die Gesamtkosten für eine Anwendung sind, einschließlich Lizenz-, Wartungs-,

System-, Netzwerk- und Personalkosten. Nur dann entsteht ein ausreichendes Kostenbewusstsein. Z.B. ist den meisten Nichtfachleuten unbekannt, dass die reinen Hardwarekosten eines PCs nur ca. 10 bis 15 % der Gesamtkosten entsprechen, aber über 80 % durch Supportkosten entstehen. Damit kommt der Reduzierung der Anzahl von Endgeräten eine sehr hohe Bedeutung zu. Die permanente Überprüfung der Mengen soll daher eine ständige Aufgabe sein. Sie kann unter Umständen nicht einfach sein, weil Mitarbeiter ihre Geräte auch in andere Räume mitnehmen oder mit Kollegen tauschen, so dass schnell der Überblick verloren gehen kann.

Daher ist zu empfehlen, dass derartige Arbeiten (IMAC = Installieren, Move = Transportieren; Add = Hinzufügen; Change = Verändern) nur durch autorisierte Fachleute der IT übernommen werden. Dies ist gleichbedeutend mit einem Verbot jeglicher Veränderungen durch den Anwender selbst. Auch die Überprüfung der Höhe von Anforderungen (SLAs) kann Einsparungen bringen, wenn sich herausstellt, dass auch eine Verringerung der Leistungen für den Fachbereich ausreicht. Leider gibt es meistens das Phänomen, dass Fachbereiche extreme Leistungen dann fordern, wenn Ihnen die Kosten hierfür nicht bekannt sind. Kosten sind in der Regel der Schlüssel für die Bereitschaft zum Verzicht – oft reichen auch geringere Leistungen aus. Zu berücksichtigen ist allerdings, dass die Reduzierung der Mengen nicht gleichzeitig ein lineares Senken der Kosten bedeutet, weil i.d.R. ein Fixkostenblock auf eine geringere Menge verteilt werden muss. Dadurch steigen die Einzelkosten je Anwendung. Nachfolgend einige Beispiele für sinnvolle Überprüfungen zur Anpassung von Leistungen und Mengen:

1. Reduktion von Endgeräten

2. Reduktion von eingesetzter Software bzw. Lizenzen

3. Überprüfen des Lizenzstatus hinsichtlich Raubkopien

4. Optimieren von Hardwarekosten (sinken bei längerer Laufzeit) und Servicekosten (steigen bei längerer Laufzeit)

5. Anpassen von Service Level Agreements

6. Überprüfen der Auslastung von Netzen (z.B. bzgl. Bandbreiten)

7. Überprüfen des Nutzungsgrads von Anwendungen und Datenbanken

8. Differenzierung von Nutzeranforderungen durch ein Supportmodell (mit unterschiedlichen Preisen für unterschiedliche Leistungen)

9. „Nice-to-have-Lösungen" erkennen und reduzieren

10. Lizenz- und Wartungsverträge kritisch prüfen, ggf. kündigen oder alternativ ersetzen

11. Mieten oder Leasen anstatt Kaufen von Hardware

Organisation und Prozesse

Dem Thema „Organisation und Prozesse" wird ebenfalls zu wenig Aufmerksamkeit gewidmet. Dies ist auch deshalb ein schwieriges Thema, weil verschiedene Fachbereiche nur unter starkem Druck des Top-Managements bereit sind, sich auf gleiche und durchgängige Prozesse zu einigen. Dies funktioniert nur dann, wenn Management, IT-Bereich und Fachbereiche ein gemeinsames Projekt führen mit dem Ziel der Erarbeitung von gemeinsamen und akzeptierten Standard-Prozessen (sogenannten Templates).

Weiterhin kommt auch der Überprüfung der Effektivität der Prozesse eine hohe Bedeutung zu. Hierzu dienen z.B. sogenannte Key Performance Indicators (Parameter zur Beurteilung der Leistungsfähigkeit installierter Prozesse) bzw. Balanced Scorecard (Parameter zur Beurteilung der Leistungsfähigkeit installierter Prozesse), auf die man sich einigt, und die zur Steuerung des Unternehmens wesentlich sind. Sie sollen regelmäßig hinsichtlich ihrer weiteren Bedeutung und auch Ergebnisse überprüft werden. Nachfolgend sind eine Reihe von Beispielen aufgeführt, die zur Steigerung der Effektivität von Organisation und Prozessen sinnvoll sein können. Auch hier gilt, dass die IT mit ihren Werkzeugen (Hardware und Softwarelösungen) nur Hilfsmittel ist. Die Konzentration soll hier den betrieblichen Prozessen selbst gelten:

1. Überprüfen der Ausrichtung der IT-Strategie an der Unternehmensstrategie

2. Einführen einer unternehmensweiten IT-Strategie

3. Überflüssige Prozessschnittstellen abschaffen

4. Aufwendige Prozesse identifizieren und abschaffen oder vereinfachen

5. Wertlosen Dokumentationsaufwand identifizieren und abschaffen

6. Auslastungsgrad von Mitarbeitern optimieren

7. IT-Kostentreiber identifizieren

8. Kosten bzgl. Outsourcing und alternativ Insourcing prüfen

9. Prüfen ob Servicelevel vereinbart sind und diese eingehalten werden

10. Return-On-Investment Rechnungen für Neuanschaffungen und Projekte anwenden

11. Changemanagement einführen zur Verbesserung der Akzeptanz

12. Einführung von Key Performance Indicators bzw. Balanced Scorecard

13. Einführen von Standards (Templates) hinsichtlich der Abbildung von Prozessen mittels Software (z.B. SAP R/3–Template für alle Gesellschaften eines Geschäftsfelds)

14. Kernfunktionen identifizieren und darauf konzentrieren

15. Überprüfen der wirklich notwendigen Anforderungen der Fachbereiche mit dem Leistungsportfolio der IT

16. Optimieren des „magischen Dreiecks" von Sicherheit, Wirksamkeit und Wirtschaftlichkeit (Motto: Vieles ist wünschenswert, aber nicht bezahlbar)

17. Ggf. Definition von IT-Verantwortlichen in den Fachbereichen zur Durchsetzung von Standards und Überprüfung deren Einhaltung

18. Verbessern der Services durch Einführen von Service-Level-Management

Abschließend muss auch die Organisation der IT selbst überprüft werden. Es soll hier gelten, in der Zentrale eine schlanke IT-Organisation aufzubauen, die für die Festlegung von Standards und die Steuerung wichtiger übergreifender Projekte zuständig ist, und dort auch einige wichtige Fachleute vorhält, die sich nicht unbedingt jeder Fachbereich leisten kann. Außerdem sollen dort auch IT-Controlling-Aufgaben liegen. Jeweilige tägliche Supportaufgaben (z.B. PC-Support) sollen möglichst geschäftsnah (dezentral) organisiert sein, weil zu große zentrale Abteilungen oft die Eigenschaft haben, nicht nah genug am Bedarf der Praxis zu arbeiten. Hier ist sicherlich für eine Mischorganisation mit zentraler Führung zu plädieren. Die Art des Konzeptes ist hier auch abhängig von der jeweiligen Größe des Unternehmens.

IT-Controlling

Die Aufgabe des IT-Controllings besteht in einer Reihe von Aufgaben wie z.B.:

1. Aufbau eines Projektcontrollings

2. Verrechnungen der Bereitstellung von Services einführen

3. Entwickeln eines Modells „Total Costs of Ownership" mit dem IT-Kosten jeweils als Gesamtheit (Lizenzen, Hardware, Software, Betrieb, Personal, Beratung etc.) auf Anwendungen bezogen werden, mit dem Ziel „Kosten je Arbeitsplatz" darzustellen

4. Überwachen der Kostentreiber durch Geschäftsprozess-Management erreichen

5. Performancemanagement aufbauen

6. Internes und externes Benchmarking einführen

7. Vorgabe von Kostensenkungszielen

8. Überprüfen bzw. Benchmarken von Relationen, z.B. Zahl von zu betreuenden PCs je Support-Mitarbeiter oder z.B. Zahl der Mitarbeiter (Anwender) je Drucker mit dem Ziel des Einsatzes von Bereichsdruckern

9. Einführung von Monitoring (Überwachung von Systemen und Leistungen)

Der Aufbau eines IT-Controllings ist eine wesentliche Begleitung für die Konsolidierung.

Neben dem Aufbau eines Projektcontrollings ist die Entwicklung eines Verrechnungs-Modells für alle Leistungen mit dem Ziel „Total Cost of Ownership" notwendig. D.h. ein Anwender soll für jede Anwendung, die er benutzt, alle Leistungen bezahlen, die dieser Anwendung zugerechnet werden können; für Sonderleistungen, die vom Standard abweichen, muss ggf. mehr bezahlt werden. Dies kann z.B. auch beinhalten, dass Standards günstigere Preise aufweisen als Einzellösungen. Dadurch wird zusätzlich der Druck erhöht, zukünftig auf Standards zu wechseln.

◆ Preis je Anwendung u. Arbeitsplatz Jahr /Monat (z. B. f. PC, SAP, CAD, etc.)
  → Hardware, Netzwerk (LAN; WAN)
  → Softwarelizenz
  → Wartung
  → Personal
    • Extern (Beratung, Entwicklung)
    • Intern
      → Z. B. 30 % Kapazität für Projekte (wettbewerbsgerechtes. Angebot)
      → Z. B. 70 % für laufende Systembetreuung
        » Zeiten (Personalkosten) für Systembetreuung wie Netze, Datenbanken, LAN etc.) werden nach Anwendungen getrennt zugeordnet

Abb. 65. „Total cost of Ownership"-Kostenstruktur

			Kosten je Jahr und	
Leistung	**Anzahl**	**Einheit**	**Einheit**	**Kosten/Jahr**
R/3 Operativ	19	User	5.800,00 EUR	110.200,00 EUR
R/3 Info	23	User	3.500,00 EUR	80.500,00 EUR
R/3 HR	0	User	1.160,00 EUR	0,00 EUR
Mail	5	User	490,00 EUR	2.450,00 EUR
EDI	0	Systemanteile [%]	770,00 EUR	0,00 EUR
BDV	56	User	1.900,00 EUR	106.400,00 EUR
PDS	1	System	36.800,00 EUR	36.800,00 EUR
CAQ	18	User	1.070,00 EUR	19.260,00 EUR
CAD-CAM	15	Systemanteile [%]	1.350,00 EUR	20.250,00 EUR
PC-Betrieb	105	PC	1.660,00 EUR	174.300,00 EUR
Basis PC + Betriebssystem	77	PC	800,00 EUR	61.600,00 EUR
MS-Office	49	PC	310,00 EUR	15.190,00 EUR
Netports	11	Anzahl	150,00 EUR	1.650,00 EUR
Support Drucker	53	Anzahl	430,00 EUR	22.790,00 EUR
Summe				651.390,00 EUR

Abb. 66. Cost Accounting in der Umsetzung (Voraussetzung ist ein wirksames Asset Management)

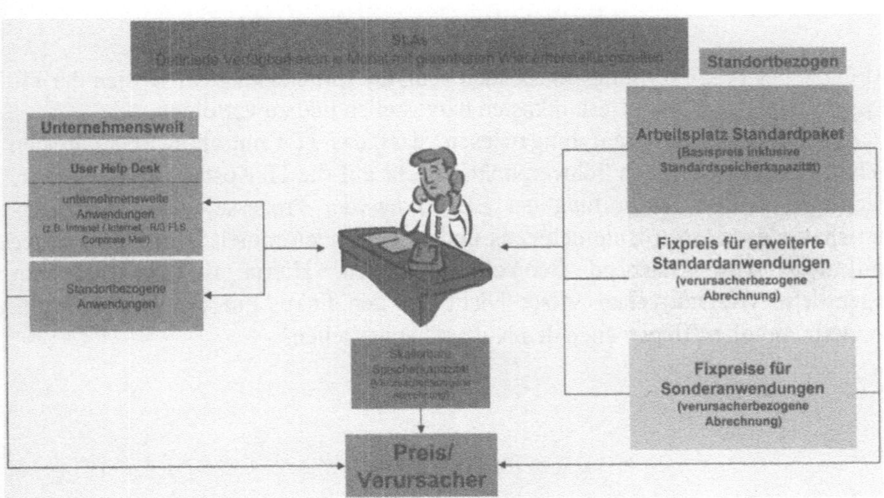

Abb. 67. Verursachungsrechte IT-Abrechnung der Anwendungen

Da die Kosten je Anwendung meistens von der Anzahl der Mitarbeiter abhängen, die diese Anwendung nutzen, kommt es darauf an, ein Modell zu finden, das einigermaßen stabile Verrechnungspreise über das Jahr hinweg ermöglicht. Eine

Einbeziehung jeder kleinen Veränderung von Mitarbeiterzahlen soll man vermeiden. Diese Kostentransparenz erhöht erfahrungsgemäß auch die Akzeptanz von IT-Leistungen deutlich, und sie bildet eine gute Basis für die Planung seitens der Fachbereiche! Entsprechend sind eine Art interne Dienstleistungsverträge aufzubauen.

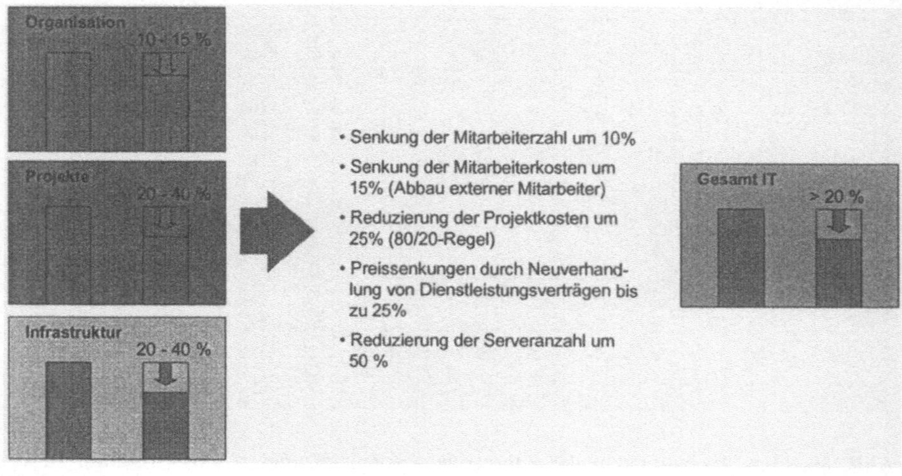

Abb. 68. In vielen Fällen lassen sich die IT-Kosten bei gleicher und gesteigerter Effizienz um 20 Prozent und mehr senken

Aufgabe des IT-Controllings muss auch sein, die Entwicklung der Kosten der IT-Applikationen mit ihren Gesamtkosten darzustellen und zu verfolgen.

Abschließend sei darauf hingewiesen, dass das IT-Controlling nicht in den Fehler verfallen soll, den Schwerpunkt zu sehr auf die IT-Kosten zu setzen. Viel wichtiger ist die Überprüfung der Effektivität der Prozesse vom Lieferanten, innerhalb des eigenen Unternehmens und zum Kunden mittels Key Performance Indicators bzw. Balanced Scorecard-Methoden. Hierin ist sicherlich der eigentliche Wert zu sehen. Also: Nicht nur den Fokus auf die Kosten legen, sondern vor allen Dingen auch den Nutzen herausstellen.

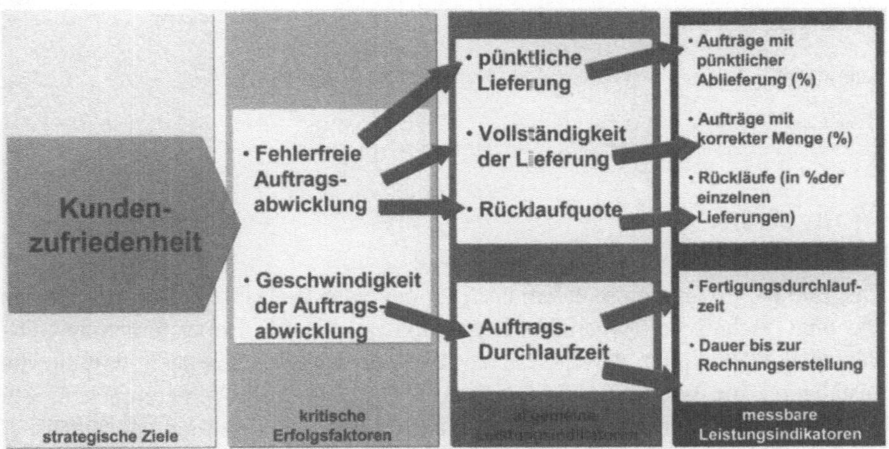

Abb. 69. Vom strategischen Ziel zum messbaren KPI

Setzen Sie nur 50 % der dargestellten Ansätze um! Schon damit allein werden Sie eine höchst effektive und akzeptierte IT-Konsolidierung erreichen und die vielleicht leidvolle Vergangenheit schnell vergessen! Oder sollen Sie zu denjenigen gehören, die bereits gestern alle genannten Ansätze umgesetzt hatten? Dann herzlichen Glückwunsch!

Prozesssteuerung in Rechnernetzwerken

Michael Neubauer

Motivation

Der Betrieb großer Kommunikationsnetze mit einer Vielzahl von Serversystemen ist eine technische, organisatorische und personelle Herausforderung. Die dezentralen Strukturen dieser Systeme führen in vielen Fällen dazu, dass für die Installation, die Wartung und die Störfallbeseitigung lange Wege zurückzulegen sind. Aber nicht nur die Wegekosten, sondern auch die vielen Komponenten mit eigenen Stromversorgungen, Steckverbindungen und Betriebssystemen führen zu einer höheren Gesamtausfallwahrscheinlichkeit als bei zentralisierten Konzepten der Vergangenheit.

Dem steht gegenüber, dass (bei einer klugen Konzeption) bei Ausfall einer Komponente deren Aufgabe von anderen autonomen Systemen übernommen werden kann. Verteilte Systeme lassen sich in vielen Fällen auch leichter ersetzen, da es i.d.R. einfacher möglich ist, Innovationen schrittweise einzuführen.

Eines ist in den letzten Jahren mehr und mehr klar geworden: Dezentrale Systeme sind nur scheinbar preiswert und flexibel. Wenn man auch administrative Kosten betrachtet (sog. TCO – Total Cost of Ownership), sind dezentrale Systeme tendenziell teurer als zentrale Systemkonzepte. Und auch im Hinblick auf die Systemverfügbarkeit sind zentrale Systeme meist überlegen.

Die hier angedeuteten Schwächen sind aber sicher nur zum Teil prinzipieller Natur. Während die Ausfallwahrscheinlichkeit auch in anderen Bereichen wesentlich von der Zahl der Komponenten abhängt, ist nicht erkennbar, dass dezentrale Computerstrukturen notwendigerweise zu höheren Kosten führen müssen. Schließlich lassen sich beinahe alle Funktionen eines Rechners heute ortsunabhängig steuern.

Die Softwareindustrie bietet aus dieser Erkenntnis heraus viele Produkte an, die das Systemmanagement von großen Kommunikationsnetzwerken erleichtern sollen. Doch obwohl diese Software seit Jahren zur Verfügung steht, sind die Betriebskosten und die Verfügbarkeit von Zentralsystemen nach wie vor unerreicht.

Dieser Artikel zeigt auf, dass Erfahrungen aus der Großrechnerwelt und aus anderen Disziplinen, wie z.B. der industriellen Fertigung, durchaus auf den Betrieb von großen Kommunikationsnetzwerken anwendbar sind. Der Schlüssel zum Erfolg liegt aber nicht in der Einführung teurer und komplexer Managementsoftware, sondern in der konsequenten Organisation der für den Betrieb der Systeme erforderlichen Geschäftsprozesse.

Die beiden folgenden Abschnitte zeigen die Rahmenbedingungen auf, unter denen heute Geschäftsprozesse automatisiert werden und versuchen zu zeigen, dass dem Menschen und der Organisation nach wie die Hauptrolle zukommt.

Daran anschließend stelle ich eine Methode vor, die bei der Entwicklung einer systematischen Prozesssteuerung unterstützt. Sie ist stark an ein Konzept angelehnt, das bei Toyota seit vielen Jahren erfolgreich im Einsatz ist [1]. Da einiges an die Besonderheiten der IT angepasst wurde, habe ich sie nicht Toyota-Methode sondern Toy-Methode genannt. Der Name dokumentiert zum Einen den Ursprung und zum Anderen soll die Assoziation mit dem englischen Wort für Spielzeug den spielerischen Ansatz wiedergeben, auf den später noch eingegangen wird.

Maschine, Mensch, Maßnahme

Was sind die Erfolgsfaktoren für eine leistungsfähige IT-Infrastruktur? Hier lassen sich sicher viele Punkte anführen. Von zentraler Bedeutung sind aber:

- Die Eigenschaften der eingesetzten Systeme (Performanz, Sicherheit etc.)

- Die Art der Leistungserbringung (Verfügbarkeit, Wiederanlaufzeit etc.)

- Die Fähigkeit, schnell auf veränderte Anforderungen zu reagieren (Skalierbarkeit, Innovationsfähigkeit etc.)

- Die Verfahren zum Betrieb der Systeme (Betriebs-, Messkonzepte etc.)

- Das Know-how der Mitarbeiter

Nach meiner Erfahrung wird den ersten drei Punkten eine besondere Bedeutung beigemessen. Das liegt zu einem guten Teil daran, dass sie wesentlich von den eingesetzten Produkten abhängen. Mit anderen Worten: sie lassen sich kaufen und sind daher zu einem wesentlichen Teil von der Finanzkraft einer Organisation abhängig.

Die Entwicklung von individuellen Betriebskonzepten erfordert mehr. Es ist eine Analyse der eigenen Geschäftsprozesse erforderlich. Doch das ist in aller Regel frustrierend. Denn in der IT ist Organisation in vielen Fällen Fremdwort. Jeder arbeitet so, wie es ihm gerade in den Sinn kommt. Definierte und dokumentierte Abläufe sind auch heute noch die Ausnahme. Dass viele IT-Abteilungen nicht im Chaos versinken, liegt meist nicht an der Organisation, sondern am Engagement von einzelnen Leistungsträgern oder an gut eingespielten Teams, die sich auf Zuruf verstehen. Entsprechend destabilisierend wirkt dann auch der Weggang eines Leistungsträgers.

Die mangelnde Organisation korrespondiert auch mit dem letzten Punkt der obigen Aufzählung. Wenn die Qualität der Arbeit vom Einzelnen abhängt, dann kann er nicht hoch genug qualifiziert sein. Hoch qualifizierte Mitarbeiter neigen aber dazu, sich selbst eher als „Künstler" oder „Individualisten" zu fühlen: Sie lassen sich daher nur schwer in eine straffe IT-Organisation einbinden.

Ein weiteres Problem stellt sich bei der Prozesssteuerung: Die Tendenz zur „Überautomatisierung". In der Verwaltung oder in der Fertigung ist Automatisierung das Ergebnis von langen Organisations- und Standardisierungsprozessen. In der IT findet das Gegenteil statt. Die oben angeführten Werkzeuge zum Systemmanagement ermöglichen die Automatisierung von IT-Abläufen und führen – im günstigsten Fall – zu einer Organisation und Standardisierung von Prozessen. Da aber der Weg von einer unstrukturierten – wenn nicht chaotischen – Organisation in eine vollständig automatisierte Welt nur selten erfolgreich ist, geraten viel ambitionierte Projekte in diesem Bereich ins Stocken, wenn es darum geht, nachhaltig Automatisierungen zu erreichen.

Grenzen der Automatisierung

Selbst wenn Sicherungsläufe von selbst starten, Fehler erkannt und automatisiert behoben werden, Datenübertragungen operatorlos ablaufen, dann gibt es immer wieder eine Ebene, auf der der Mensch analysieren und eingreifen muss. Eine vollständige Automatisierung ist nicht möglich. Schlimmer noch: Fehlertolerante Systeme müssen noch intensiver überwacht werden, weil ihnen i.d.R. kein konsistentes Fehlermodell zu Grunde liegt. Längere Zeit unentdeckte und durch Fehlertoleranz überdeckte Fehler können im Verborgenen zu Inkonsistenzen führen, die nur schwer oder gar nicht aufzulösen sind.

Der Mensch ist also schon aus theoretischen Überlegungen zumindest für die Überwachung von Fehlersituationen unersetzlich. Doch die wirkliche Aufgabe in der Produktionssteuerung liegt an einer anderen Stelle:

- *Schnelle Reaktion:* Es gibt immer wieder Anforderungen an den Systembetrieb, die schnell – wenn nicht sofort ausgeführt werden müssen. Eine mühevolle Spezifikation und Programmierung wäre in diesem Fall abwegig.

- *Der Mensch ist intelligent, der Computer ist dumm:* Noch so intelligente Programme ersetzen nicht die Flexibilität und Kreativität des Menschen. Der Mensch ist da unersetzlich, wo sich Rahmenbedingungen ständig ändern oder wo es keine expliziten Regeln für die Prozesssteuerung gibt. Es ist klar, dass sich diese Grenzen ständig verschieben. Heute ist nicht abzusehen, dass der Mensch jemals in der Systemsteuerung überflüssig wird.

All das ist nicht neu. In der Fertigungssteuerung nimmt der Grad der Prozessautomatisierung seit Jahren stetig zu. Doch parallel dazu wird die Kontrolle der Abläufe ebenfalls anspruchsvoller. Die Attitüde manches IT-Leiters, den Menschen in seiner Wichtigkeit für den Systembetrieb zu negieren, kommt sicher daher, dass ein IT-Prozess (scheinbar ausschließlich) aus Programmen besteht. Diese müssen sich doch durch eine zusätzliche Ebene von Programmen wieder selbst automatisch steuern lassen. Dabei wird übersehen, dass IT-Prozesse auch auf eine physische Infrastruktur aufsetzen, die aus Leitungen, Routern,

Rechnern, Druckern etc., aber vor allem aus vielen externen Ereignissen (z.B. erfasst durch Sensoren) und durch menschlichen Input gebildet wird.

Zielsetzung von Prozesssteuerung

Grundsätzlich dient Prozesssteuerung in der IT den gleichen Zielen wie jede andere Tätigkeiten im Unternehmen: Der IT-Betrieb soll immer schneller (Leistung), besser (Qualität) und preiswerter (Kosten) abgewickelt werden. Schnelligkeit bezieht sich dabei heute nur in Ausnahmefällen auf die Berechnungsgeschwindigkeit. Diese steht durch den Technologiefortschritt preiswert zur Verfügung. Schnelligkeit bedeutet in der IT fast immer mehr Flexibilität. Mit anderen Worten: Flexibilität steht in einem Zielkonflikt zu Qualität und Kosten.

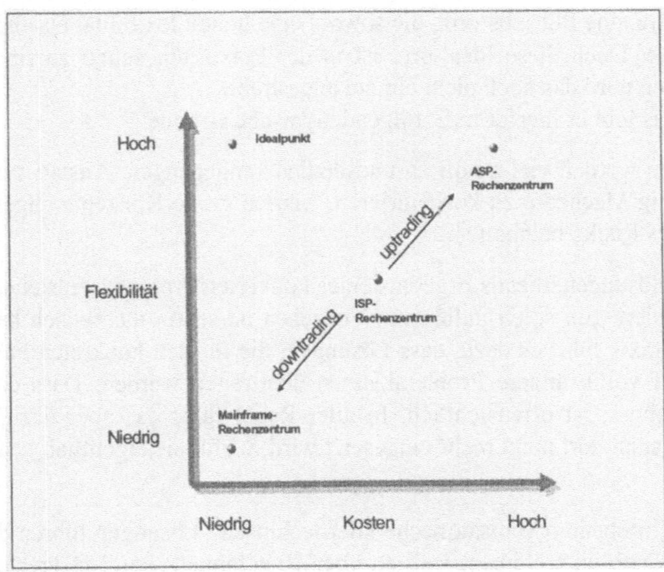

Abb. 70. Typische Betriebsformen

Die obige Abbildung versucht für einige typische Betriebsformen die Bezüge zu Flexibilität und Kosten zu verdeutlichen. Betrachtet man typische Betriebsformen für komplexe IT-Anwendungen, so sind klassische Rechenzentren, die im Wesentlichen noch Mainframes einsetzen, sicher ausgesprochen kostengünstig. Das liegt zum großen Teil daran, dass sich das Systemumfeld lange Zeit nur wenig geändert hat. Die Mitarbeiter sind in vielen Fällen angelernte Kräfte, die klare, formalisierte Arbeitabläufe benötigen. Beides führt zu statischen aber hochgradig optimierten Abläufen.

Das andere Extrem sind Rechenzentren, die über ein heterogenes Systemumfeld verfügen. Die vielen unterschiedlichen Systeme, Anwendungen und Basiskomponenten (Datenbanken, Applikationsserver etc.) führen dazu, dass die kritische Masse für eine nachhaltige Standardisierung von Verfahren fehlt. Die Qualität der Betreuung kann nur durch den Einsatz von vielen hoch qualifizierten Mitarbeitern erfolgen. Das treibt nicht nur die Kosten in die Höhe, sondern führt dazu, dass der Druck zu formalisierten Betriebskonzepten sinkt, da die hohe Qualifikation der Mitarbeiter ein Improvisieren leicht macht.

Im Zentrum der Darstellung liegen Internet Service Provider (ISP), die in der Regel über sehr viele aber sehr ähnliche Serversysteme verfügen. Der starke Wettbewerbsdruck zwingt sie aber trotzdem, ständig neue Dienstleistungen anzubieten, so dass auch sie i.d.R. nicht die Zeit finden, Betriebskonzepte zu optimieren. Außerdem unterliegen sie der latenten Gefahr, sich durch ein Up- oder Downtrading inhaltlich zu einem ASP- oder klassischen Rechenzentrum zu entwickeln.

Ideal wäre eine Betriebsform, die sowohl eine hohe Flexibilität als auch geringe Kosten böte. Doch diese Idealform ist in der Praxis nur selten zu finden. Ja in vielen Fällen wird das noch nicht einmal angestrebt.
In der Praxis gibt es hierfür m.E. folgende typische Gründe:

- Probleme werden viel zu oft „grundsätzlich" angegangen. Anstatt sich auf das kurzfristig Machbare zu konzentrieren, werden große Konzepte angestrebt, die ein hohes Risiko beinhalten.

- Problemlösungen, die als Ergebnis eines konkreten Problems entstehen, werden generalisiert. Ein solch induktives Vorgehen ist schon theoretisch bedenklich. In der Praxis führt es dazu, dass Lösungen, die für den konkreten Fall gedacht sind, auf völlig andere Problemklassen übertragen werden. Dass das „schief gehen" muss, ist offensichtlich. In aller Regel führt das aber dazu, dass die Lösung auch dort nicht mehr eingesetzt wird, wofür sie eigentlich gedacht war. [2]

- Festgeschriebene organisatorische oder technische Lösungen führen dazu, dass Innovationen unterbleiben, weil an alten Regelungen „stur" festgehalten wird. Auf der anderen Seite werden Innovationen nach kurzer Zeit de facto von der operativen Ebene außer Kraft gesetzt werden, weil diese sie für nicht mehr anwendbar hält.

Obwohl in jedem der obigen Punkte der Wille zur systematischen Lösung enthalten ist, wird im Ergebnis kein wirklicher Fortschritt erzielt. Die folgende Methode soll dabei helfen.

Die Toy-Methode

Alle Vorüberlegungen aus den beiden vorhergehenden Abschnitten sollen eines zeigen:

- Wer sich bei der Steuerung von IT-Prozessen ausschließlich auf den Computer verlässt, wird scheitern.

- Der Mensch und die Organisation sind der eigentliche Schlüsselfaktor für einen professionellen Systembetrieb.

Doch wie kann ein IT-Betrieb erfolgreich organisiert werden? Gibt es allgemeine Ziele, die angestrebt werden sollen? Gibt es Standardabläufe, die sich immer wieder gleich verwenden lassen? Auf keine dieser Fragen kann ich eine einfache Antwort geben. Zu unterschiedlich sind die verschiedenen Disziplinen in der Systembetreuung. Zu unterschiedlich sind die Anforderungen und Rahmenbedingungen. Zu schnell ändert sich die Technologie, als dass Regeln aus dem letzten Jahr heute noch gültig wären.

Trotzdem hilft die schon angesprochene Toy-Methode, die oben gestellten Fragen in jedem Einzelfall durch ein abgestuftes Paket von Maßnahmen zu beantworten. Diese Methode ist nicht die Lösung für die oben angedeuteten Probleme, sondern ein Vorgehensmodell, das bei der Suche nach validen Lösungen hilft.

Das Vorgehen wird anhand eines praktischen Beispiels erläutert. Auch wenn das eine oder andere technische Detail für die Entwicklung des Beispiels erforderlich ist, so dient dies nur als realistischer Hintergrund zur plastischen Darstellung des Ansatzes. Es geht nicht um die Lösung des technischen Problems selbst. Aus diesem Grund sind die technischen Zusammenhänge nur vergröbert dargestellt.

Beispiel: Rechnerabsturz

Ein Rechner fällt gegen 22:00 Uhr aus. Er übernimmt seit einigen Wochen die Rolle eines FTP-Servers. Der Kunde ist ein Fachanwender. Er ruft um ca. 23:00 die Hotline der Systembetreuung an. Vorher hatte er ½ Stunde vergeblich versucht, zu dem System eine Verbindung aufzubauen. Der Fehler wurde nicht bemerkt, weil die zur automatischen Überwachung eingesetzten Systemmanagementkomponenten auf dem System nicht installiert waren. Der Diensthabende an der Hotline versucht, den Rechner neu zu booten. Es ist ein Intel-PC-System in einem 19"-Zoll-Schrank. Weil das System erst seit kurzer Zeit installiert ist, gibt es keine Sicherung der Systemplatte. Die Nutzdaten liegen auf einem SAN (Storage Area Network) und können von einem neu installierten System wieder verwendet werden. Wegen der fehlenden Sicherung ist eine Neuinstallation für die Hotline nicht möglich. Der Mitarbeiter entscheidet daher nach Rücksprache mit dem Kunden, dass es reicht, wenn das System am nächsten Tag durch einen Linux-Experten neu installiert wird. Er schreibt eine entsprechende E-Mail an den Experten.

Am nächsten Morgen beginnt der Linux-Experte um 9 Uhr mit der Arbeit. Seine E-Mail liest er erst um 9^{45} Uhr. Er beginnt mit seiner Analyse um 10 Uhr. Sie ergibt einen irreparablen Defekt der Systemfestplatte. Er ruft daher einen Mitarbeiter aus der Instandsetzung an, der eine neue Systemplatte einbauen soll. Mittlerweile ist es 11 Uhr. Um 13 Uhr ist dann die Hardware wieder operabel und die Linux-Installation kann beginnen. Die erforderliche Debian-Distribution liegt nicht als CD vor. Aus diesem Grund muss die Installation über das Internet erfolgen. Da auch keine Paketliste für den Rechner vorhanden ist und die um diese Zeit zur Verfügung stehende Bandbreite relativ gering ist, dauert dieser Vorgang weitere 1½ Stunden. Nach einer weiteren Stunde (die Installation der SAN-Treiber sowie die Rücksicherung der Benutzerrechte macht Probleme) steht der Rechner um ca. 16 Uhr wieder zur Verfügung. Die Wiederanlaufzeit betrug rund 17 Stunden.

Natürlich ist diese Wiederanlaufzeit nicht akzeptabel. Das Service Level Agreementt (SLA) beträgt 4 Stunden innerhalb der Zeit von 7-19 Uhr. Der Leiter der Serviceabteilung analysiert daher diesen Fall. Eine Untersuchung des Systemausfalls ergibt, dass es in folgenden Bereichen Probleme gibt:

- Das Sicherungskonzept ermöglicht z.Z. kein vollautomatisches Backup des Linux-Systems auf den vorhandenen Bandroboter.

- Eine Speicherung der Systemdaten auf das SAN-System scheitert daran, dass es nicht gelang, das Linux-System von dort zu booten.

- Eine Reinstallation des Systems noch in der Nacht ist nicht möglich, weil die Mitarbeiter der Hotline lediglich Windows-Systeme neu installieren können. Eine entsprechende Ausbildung der Hotline-Mitarbeiter ist in der Vergangenheit gescheitert, weil sie offensichtlich nicht über die erforderliche Grundqualifikation verfügen.

- Kopien der Benutzerdaten und der Paketliste liegen auf Diskette bei dem Mitarbeiter, der den Rechner ursprünglich installiert hatte. Er war am Tag des Defekts krank. Eine Analyse dieser Daten zeigt aber, dass auch diese Dateien längst nicht mehr aktuell sind.

Bis auf das letzte Problem lässt sich keines kurzfristig beseitigen. Die Speicherung von wichtigen Konfigurationsdaten auf einer Diskette ist zwar eine pragmatische Lösung, der vorliegende Fall zeigt aber auch, dass es schwierig ist, die Daten im produktiven Betrieb aktuell zu halten.

Missstände akzeptieren

Der oben skizzierte Fall ist nicht konstruiert. Es geht auch nicht um die konkrete technische oder organisatorische Lösung des Problems, sondern es geht darum zu zeigen, dass viele Probleme im Rechnerbetrieb das Ergebnis von sehr grundsätzlichen Mängeln sind. Dieser Umstand führt dazu, dass viele Manager dazu neigen, auch nach einer grundsätzlichen Lösung zu suchen. Diese benötigt aber Zeit. In der Zwischenzeit bleiben die Probleme bestehen. Sie brechen immer wieder auf und müssen kurzfristig beseitigt werden. Da dies wieder Mitarbeiter bindet, die eigentlich eine grundsätzliche Lösung erarbeiten sollen, entsteht ein Teufelskreis, der zu immer mehr Problemen führt und im Extremfall zu Resignation oder zur Akzeptanz von chaotischen Zuständen.

Warum also nicht einfach den gegenwärtigen Zustand akzeptieren und versuchen, über kleine, kontinuierliche Verbesserungen zum Ziel zu gelangen? Ausgangspunkt für diese Überlegung ist eine stufenweise Analyse eines Sachverhalts gemäß der im folgenden Bild vorgestellten Grafik.

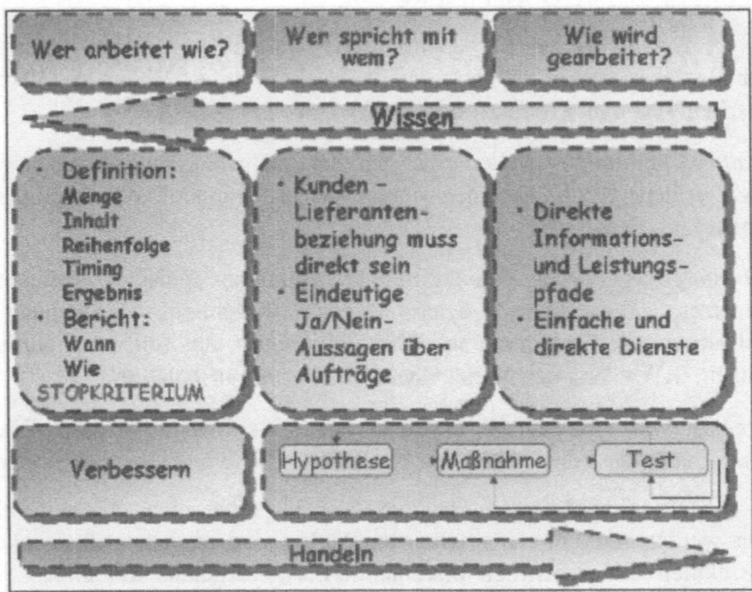

Abb. 71. Übersicht

Mitarbeiter

Der Verbesserungsprozess beginnt zunächst beim einzelnen Mitarbeiter. Ist seine Aufgabe im Hinblick auf

- Menge,

- Inhalt,

- Reihenfolge,

- Timing und

- Ergebnis

spezifiziert? Das erscheint auf den ersten Blick trivial. Die Praxis zeigt aber, dass die meisten Manager keine Vorstellung haben, was ihre Mitarbeiter konkret tun. Interessanterweise nimmt diese Unkenntnis (über die Tätigkeit der Mitarbeiter) zu, wenn es um sehr hoch qualifizierte Mitarbeiter geht. Viele Manager vertreten die Auffassung, dass diese Mitarbeiter einer expliziten Führung nicht bedürfen. Eine Fehleinschätzung, die m.E. einer der wesentlichen Ursachen dafür ist, dass viele IT-Bereiche schlecht organisiert sind.

Beispiel:
Zur Konkretisierung dieser Überlegung sollen die obigen Punkte anhand des aufgeführten Störfalles verdeutlicht werden.

- *Menge:* Wie oft werden Server installiert? Wie ist die prozentuale Aufteilung nach Betriebssystemen? Wenn Server installiert werden: Wie ist die Verteilung zwischen Test- und Produktivsystemen?

- *Inhalt*: Ist bei der Installation eines Servers klar, was genau installiert werden muss? Welche Konfigurationen werden genau verändert? Was verändert sich während des Betriebs?

- *Reihenfolge und Timing*: Wie läuft die Installation ab? Beispiel: Festlegung des Subnetzes, Beantragung einer freien IP-Adresse, Festlegung des Rechnernamens, Eintragung ins DNS, Installation der Software, Aufbau im Testnetz ...Wie lang dauert eine (systemkonforme) Installation?

- *Ergebnis*: Wie wird getestet, ob die Installation systemkonform ist? Wie wird sichergestellt, dass das System mit bereits installiertem System interoperiert?

Diese wenigen Fragen zeigen deutlich, was alles bei einer Serverinstallation bedacht werden muss. In den seltensten Fällen sind auch nur die wichtigsten Punkte aktuell und schriftlich dokumentiert. Als Ergebnis kommt es z.T. zu skurrilen Situationen. Dem Autor ist ein Fall bekannt, in dem die Administration in einigen Fällen auf die Installation von Manual-Dateien verzichtet hatte. Wenn nun Systemarbeiten an der Konsole erforderlich waren, musste ein Mitarbeiter immer wieder den Rechnerraum verlassen, um an seinem Arbeitsplatz in das Onlinemanual zu schauen.

Auf die Frage, warum die Manual-Dateien nicht installiert wurden, erklärte der zuständige Mitarbeiter, er habe Plattenplatz sparen wollen. Die Ersparnis betrug ca. 100 MB bei einer freien Plattenkapazität von ca. 300 GB.

Kommunikation

Viele Arbeiten in der IT werden als Selbstzweck angesehen. Entsprechend selbstherrlich gehen manche Mitarbeiter mit ihren Aufgaben um. Wenn eine Festplatte defekt ist, wird eine neue eingebaut und getestet, ob sich Datenblöcke schreiben und lesen lassen. Das Einspielen des Betriebssystems übernimmt ein weiterer Mitarbeiter. Datenbank und Anwendung werden von einem dritten Mitarbeiter installiert. Mit ein wenig Glück funktioniert der Rechner nach einiger

Zeit. Doch was passiert, wenn die Datenbank auf Grund von I/O-Fehlern keinen Index aufbauen kann? Dann wird vermutet, dass der Plattentreiber nicht funktioniert und es wird der Betriebssystemfachmann angerufen. Dieser schaut kurz vorbei und diagnostiziert, dass die Platte defekt ist. Diese wurde aber erfolgreich getestet. Das Ganze beginnt von vorne. Selbstverständlich haben die drei Mitarbeiter nie zusammen vor dem Rechner gestanden. Es wäre eine kommunikative Glanzleistung, wenn es eine gemeinsame Konferenzschaltung gegeben hätte. In der Regel wurden alle Absprachen per E-Mail getroffen. Schnell, effizient, unpersönlich und vor allen Dingen nicht zielführend.

Für einen erfolgreichen Verbesserungsprozess müssen Liefer- und Leistungsbeziehungen klar definiert, eindeutig und einfach sein. Das Ergebnis muss in seiner Qualität definiert sein, so dass die Erledigung einer Aufgabe durch eine Ja/Nein-Aussage bestätigt werden kann. Viel zu oft sind Kommunikationsbeziehungen indirekt. Informationen laufen über den „Dienstweg" die Hierarchie hinauf und hinunter. Nicht die Experten sprechen miteinander, sondern deren Abteilungsleiter. Die Konsequenz sind unzureichende Informationsübermittlung („Stille Post") und langwierige Abstimmungsprozesse. Klare Lieferbeziehungen sind einmal zwischen Kunden (z.B. Nutzer des Rechners) und Lieferanten (z.B. PC-Administrator) erforderlich. Aber auch zwischen „Subunternehmern" (z.B. die Servicetechniker) und dem Lieferanten. Wichtig ist dabei, dass nicht Institutionen in einer Lieferbeziehung stehen, sondern Personen. Nur so ist gewährleistet, dass jeder Beteiligte persönlich Verantwortung übernimmt. Die Praxis zeigt, dass, sobald Institutionen (z.B. PC-Administration und Instandsetzung allgemein) in einer Lieferbeziehung stehen, es eine Tendenz gibt darauf zu hoffen, dass der Kollege die Aufgabe bearbeitet oder dass sich ein Problem „von selbst" erledigt.

Ebenso wichtig ist eine klare Auftragsbeschreibung. Ein Mitarbeiter aus der Hotline kann den Einbau einer Festplatte bei der Instandsetzung telefonisch beauftragen. In diesem Fall ist es nicht unwahrscheinlich, dass die Platte nicht passt oder nicht funktioniert. Die Kunst besteht darin, Aufgaben genau so detailliert zu beschreiben wie nötig. Werden Aufgaben „überspezifiziert", so steigt der Aufwand und die Flexibilität sinkt. Werden sie häufig schlecht und nicht termingerecht ausgeführt, entsteht auch hier mittelfristig eine Teuerung. So wird es bei einem drei Jahre alten PC schwer fallen, den gleichen Festplattentyp aufzutreiben. Was im Einzelnen relevant ist, kann nicht allgemein festgelegt werden.

Einfache Arbeitsabläufe

Der dritte Punkt, der beim Design von IT-Prozessen zu berücksichtigen ist, dass Arbeitsabläufe einfach und direkt sein müssen. Sie dürfen keine Wiederholungen, Zyklen oder Gabelungen enthalten. Denn derartige Prozesse sind hinsichtlich der Dauer, des Endes und der Qualität nur schwer mess- und kontrollierbar.
Beispiel:

Was bedeutet das für unser Beispiel? Nun, jeder erforderliche Bestandteil einer Neuinstallation muss explizit benannt sein und auf einem einfachen und direkten Weg herangeführt werden. Eine Festplatte wird z.B. nicht aus einem anderen PC ausgebaut, sondern vom Lagerverwalter dem Lager entnommen, in der Warenwirtschaft ausgebucht und dem Techniker persönlich übergeben. Dieser inventarisiert zunächst die Festplatte und baut sie in das System ein. Die alte Platte wird mit einem wasserfesten Filzstift mit der Aufschrift „defekt" versehen und an den Sachbearbeiter für Reparaturen und Anlagenbuchhaltung gesendet. Er entscheidet darüber, ob sich eine Reparatur lohnt oder ob die Festplatte aus dem Anlagenbestand ausgebucht wird.

Das obige Vorgehen erscheint auf den ersten Blick selbstverständlich. Die Praxis zeigt aber, dass z.B. nur selten defekte Baugruppen markiert werden. Wenn es geschieht, liegt es im Ermessen des Mitarbeiters, ob er einen Post-it-Zettel anbringt, einen Klebezettel befestigt oder eine Notiz schreibt. Ein Rundgang in den meisten IT-Abteilungen fördert in der Regel eine große Zahl von Disketten, CDs, und Hardwarekomponenten zu Tage, deren Zustand (funktioniert oder ist defekt) meist auch für den Besitzer nicht mehr nachvollziehbar sind.

Auch die Installation des Rechners mit „irgendwelchen" CDs oder aus dem Internet (wer weiß, ob die Daten zwischen gestern und heute nicht modifiziert wurden), sind Beispiele für eine Verletzung der obigen Regel.

Systematisch verbessern

Schon in der Einführung wurde darauf verwiesen, dass in vielen Fällen nicht ein fiktives Ideal anzustreben ist, sondern die konkrete Verbesserung. Doch wie kann eine kontinuierliche Verbesserung umgesetzt werden?

Ausgangspunkt dabei ist eine wissenschaftliche Methodik, die mit einer Hypothesenbildung beginnt. Für diese Hypothese werden Maßnahmen ergriffen, die eine Verbesserung erwarten lassen. Gleichzeitig wird festgelegt, wie die Verbesserung zu messen ist. Nur wenn nach einem Test eine wirkliche, messbare Verbesserung eingetreten ist, ist die Hypothese bestätigt. Anderenfalls muss eine neue Hypothese gefunden werden.

Diese Vorgehensweise als solche ist nicht neu und wird sicher auch an vielen Stellen in der Praxis angewendet. Doch wenn eine Hypothese einmal messbar bestätigt wurde, neigt man dazu, sie für alle Zeit als bewiesen zu betrachten. Tatsächlich ändern sich aber die Rahmenbedingungen ständig. Eine Hypothese, die gestern noch korrekt war, kann heute schon falsch sein. Aus diesem Grund besteht ein permanenter Verbesserungsprozess nur zum Teil aus dem Versuch, Abläufe und Dienste ständig zu verbessern. Mindestens ebenso wichtig ist der ständige Test, ob eine Hypothese noch gültig und eine Maßnahme noch wirksam sind.

Wie eine Hypothese sinnvollerweise zu fassen ist, ist in vielen Fällen offensichtlich. So kann in unserem Beispiel eine Hypothese lauten, dass die Installation eines defekten Rechners nicht mehr als vier Stunden dauern soll. Bei genauerem Hinsehen wird aber deutlich, dass solch eine Hypothese viel zu allgemein und zu unspezifisch ist. Denn eine Maßnahme zur Bestätigung dieser Hypothese müsste für alle Fehler, alle Betriebsysteme und zu allen Zeiten gelten. Die Maßnahmen wären sehr kompliziert. Sie ließen sich vermutlich nicht mit den zu Beginn genannten Phasen (Mitarbeiter steuern, direkte Kommunikation fördern und Abläufe einfach gestalten) in Einklang bringen.

Beispiel:

Hypothesen müssen daher konkreter gefasst werden. Im vorliegenden Beispiel könnte das Problem bei der Installation eines Linux-Systems wie folgt beschränkt werden:

- Die Installationszeit wird nur während der Kernarbeitszeiten von 8-16 Uhr gemessen.

- Das System muss eine Intel-Architektur besitzen.

- Der Ausfallgrund ist ein Hardwarefehler.

- Das System muss stets auf die gleiche Weise installiert werden.

Jede dieser Bedingungen führt dazu, dass es realistischer wird, ein Maßnahmenbündel zu erarbeiten, das eine Reparaturzeit von vier Stunden möglich macht. Gleichzeitig bedeuten die Bedingungen auch, dass ein weniger ambitioniertes Ziel angestrebt wird. Gelänge es aber, dieses vergleichsweise einfache Ziel zu erreichen, so würde sich die Ausfallzeit im vorliegenden Fall von 17 Stunden auf 13 Stunden reduzieren. Bei einem Ausfall um acht Uhr morgens wäre die Reduktion von acht auf vier Stunden sogar eine Verbesserung um 100%.

Was bedeuten die oben genannten Restriktionen für die zu ergreifenden Maßnahmen?

- Die Bereitschaftszeiten müssen nicht ausgeweitet werden. Die Maßnahmen sind daher im personellen Bereich kostenneutral.

- Die Bevorratung von Ersatzteilen ist ebenfalls relativ einfach und preiswert, wenn das Maßnahmenbündel auf Intel-Systeme beschränkt wird. In diesem Fall genügt es, ein Disk-Image für die Installation bereit zu halten.

- Hardwarefehler lassen sich in aller Regel schnell finden und mit Ersatzteilen aus dem Lagerbestand beseitigen. Viele andere Fehler, die sich z.B. aus Kommunikations-, Timing- oder Konfigurationsproblemen ergeben, können auch de facto zu einem Systemausfall führen. Sie lassen sich aber wesentlich schwerer diagnostizieren und führen daher dazu, dass eine garantierte Wiederanlaufzeit nur schwer zu erreichen ist.

- Wenn alle Systeme (in einem noch zu definierenden Sinne) gleich ausgelegt sind, verringert sich die Gesamtkomplexität erheblich.

Nach diesen Vorüberlegungen fällt es leicht, ein Maßnahmenpaket zu schnüren:

- Von der Systemplatte wird ein Image erstellt. Das Image wird für jeden Mitarbeiter erreichbar auf einem Webserver zur Verfügung gestellt.

Änderungen werden dort dokumentiert. Neue Versionen werden auch bei den kleinsten Änderungen dort hinterlegt.

- Die erforderlichen Konfigurationen werden nach jedem Einloggen des Administrators automatisch auf das SAN übertragen. Das entsprechende Script wird auf allen Linux-Servern installiert.

- Es werden alle Komponenten des Systems im Ersatzteillager bevorratet. Damit die Kosten nicht unnötig steigen, werden alle vorhandenen Linux-Systeme in Bezug auf die Grafik-, Netzwerk- und SCSI-Karte auf jeweils ein Fabrikat umgestellt.

- Es wird ein neues Konzept für die Beschaffung von Hardware eingeführt. Im Kern ist das ein Formular. Darauf ist eine Bestellung nur noch von Standardkomponenten möglich. Außerdem wird schon bei der internen Bestellung festgelegt, ob auf das System ein Linux-System installiert werden soll. Der Rechner wird dann sofort von der Systembetreuung standardkonform installiert und ins Netz eingebunden. Ausgenommen hiervon sind nur Testsysteme, die in eine isolierte Netzumgebung integriert werden.

Nach diesen Vorarbeiten wird ein Ausfall simuliert und geprüft, in welcher Zeit der Wiederanlauf erfolgt. Der Zeitraum von vier Stunden lässt sich nun problemlos einhalten.

Es wird vereinbart, dass ab jetzt bei jeder Neuinstallation eines bestehenden oder neuen Linux-Systems der Zeitaufwand gestoppt und ebenfalls auf dem oben genannten Web-Server dokumentiert wird. Die Erfahrungen sollen regelmäßig auf einer Besprechung erörtert werden. Dazu treffen sich Mitarbeiter der Systembetreuung, der Hotline, der Anwendungsentwicklung und der Datenbank-Administration.

Das Finden der „richtigen" Hypothese ist ein kreativer Akt. Es wird nur selten gelingen, auf Anhieb zum Ziel zu gelangen [3]. Es gehört daher eine gewisse Experimentierfreude zur Anwendung der Toy-Methode. Auch aus diesem Grund müssen einfache und schnelle Lösungen angestrebt werden. Denn häufige Fehlversuche sind nur dann akzeptabel, wenn die daraus erwachsenden Kosten überschaubar bleiben. Mitarbeitern, die Fehler um jeden Preis vermeiden wollen, die mehr Spaß am Theoretisieren als am Umsetzen haben oder die einen falsch verstandenen Perfektionsdrang haben, fällt die Anwendung der Methode schwer. Demgegenüber fällt es kreativen, positiv denkenden und praktisch veranlagten Mitarbeitern leichter, in kleinen Schritten zu denken und deren Erfolg objektiv zu prüfen.

Ich stelle aus diesem Grund in dieser Phase die positiven Aspekte stärker heraus als die zweifellos nicht völlig unberechtigte Sorge, dass nur Teillösungen möglich sind oder dass auf diese Weise wirklich bahnbrechende Verbesserungen schwer fallen. Das war auch mit ein Grund dafür, die Assoziation zum Spielen und zum Spielzeug mit dem englischen Begriff „Toy" herzustellen.

An dieser Stelle sollen noch einmal die Besonderheiten der Toy-Methode deutlich herausgestellt werden.

- Es werden nicht einfach irgendwelche Maßnahmen ergriffen, sondern es werden zunächst die ersten drei Phasen durchlaufen. Hierbei wird der Geschäftsprozess auf seine tatsächliche Struktur hin untersucht und dann anhand von Grundregeln (direkter und einfacher Ablauf) optimiert.

- Die Suche nach Lösungen verläuft strukturiert. Hierzu werden Hypothesen aufgestellt und geprüft, ob sie sich in kurzer Zeit und anhand von Messergebnissen verifizieren oder falsifizieren lassen.

- Hypothesen werden nur dann akzeptiert, wenn es Maßnahmen gibt, die einen Nachweis der Gültigkeit zweifelsfrei ermöglichen.

- Nur wenn eine Hypothese als gültig nachgewiesen wurde, wird das Problem für erledigt erklärt. Anderenfalls wird nach neuen Hypothesen gesucht.

- Nachdem eine Maßnahme umgesetzt wurde, wird permanent überprüft, ob das Messergebnis weiter bestehen bleibt. Mit anderen Worten: Nach dem ersten Nachweis der Gültigkeit wird ständig geprüft, ob die Hypothese auch gültig bleibt.

Gerade die Prüfung der Validität einer Maßnahme ist in der Praxis eher die Ausnahme. Sie ist auch zugegebener Weise nicht immer leicht. Doch kann es z.B. richtig sein, wenn nach einem Netzwerkausfall und einer Umkonfigurierung des Routers davon ausgegangen wird, dass das Problem gelöst ist, wenn doch nur das Phänomen nicht mehr besteht? Natürlich nicht. Doch wer hat den Mut (oder die Muße am Wochenende) den alten Zustand wiederherzustellen, um dann zu prüfen, ob der alte Fehler wieder auftritt?

"Halt" wird der eine oder andere Leser sagen, "wer sagt denn, dass am Wochenende die gleichen Bedingungen wie in der Woche gelten?" Nun das ist wirklich nicht klar. Aber gerade aus diesem Grund ist es nicht zulässig, wenn aus der Abwesenheit eines Phänomens geschlossen wird, dass ein Problem beseitigt wurde.

Doch selbst wenn genau geprüft wurde, ob die Hypothese richtig war, so ist damit nicht sichergestellt, dass sie auch zukünftig unter veränderten Randbedingungen gültig bleibt. Hier setzt die Toy-Methode mit einer weiteren Maßnahme an und setzt eine permanente Messreihe auf, die prüft, ob eine Maßnahme weiter Gültigkeit behält. In unserem *Beispiel* wurde aus diesem Grund vereinbart, die Dauer der Installation festzuhalten und die mit der Installation verbundenen Maßnahmen auf einem Webserver zu publizieren. Übrigens auch eine Maßnahme, die im Einklang mit der vorher geforderten direkten Kommunikation steht. An dieser Stelle setzen wird das Beispiel fort.

Beispiel:

Zunächst funktioniert das Vorgehen sehr gut. Es gibt zwar immer wieder kleinere Probleme bei der Installation, diese können aber schnell durch Überarbeiten des System-Images behoben werden. Nach vier Monaten stellt sich heraus, dass mehrere Installationen länger als 4 Stunden dauern. Eine Analyse zeigt, dass diese Systeme mit FireWire-Festplatten ausgerüstet sind. Der entsprechende Treiber ist auf dem CD-Image nicht vorhanden.

Interessant an diesem Fall ist nicht so sehr, dass die vorgegebene Standardkonfiguration für PCs nicht eingehalten wurde, sondern wie es dazu kam. Ein Mitarbeiter aus der Datenbank-Administration hatte in einer Zeitschrift gelesen, dass es eine neue, leistungsfähigere Form der Plattenanbindung gab. Kurz entschlossen überzeugte er seinen Bereichsleiter davon, zum Test solch ein Gerät zu bestellen. Der Einkauf meldete, dass es sich hier nicht um eine Standardkonfiguration handle. Da das System für den Test bestimmt war, wies der Bereichsleiter Datenbanken den Einkauf an, das System trotzdem zu kaufen. Das System war dann in der Testumgebung installiert und über mehrere Wochen getestet worden. Es sollte nun einen anderen Server ersetzen, der eine schlechte Plattenleistung zeigte.

Der Bereich Datenbanken hatte zunächst darauf bestanden, dass der Rechner unverändert vom Testfeld in das Produktionsnetz übernommen wurde. Man wollte sich die aufwändige Installation der Datenbank und der Anwendungskomponenten sparen. Die Systembetreuung hatte nachgefragt, ob denn das System nach dem Standardverfahren installiert wurde. Da man im Bereich Datenbanken nicht mehr genau wusste, wie das System installiert wurde, bestand man auf einer Neuinstallation. Die Installation vom System-Image scheiterte, weil die Treiber für das FireWire-System Fehler aufweisen und daher jedes Mal neu aus dem Internet geladen werden.

Das Beispiel zeigt deutlich, dass der letzte Schritt der Hypothesenbildung besonders anspruchsvoll ist. Obwohl viele technische und organisatorische Aspekte stark vereinfacht wurden, gibt es weit mehr mögliche Hypothesen als vorgestellt. So ist z.B. die Messgröße Installationsdauer völlig willkürlich gewählt. Ebenso gut könnte man die Ausfallwahrscheinlichkeit für Linuxrechner reduzieren oder eine zeitnahe Sicherung und die Dauer der Rücksicherung als Messgröße nehmen (hierdurch wäre die Installationszeit vollständig uninteressant geworden).

Die Toy-Methode hilft in diesem Sinne nur bei der Strukturierung von Prozessabläufen. Die eigentliche Aufgabe des Managers, kreative Lösungen zu suchen und zu erkennen, bleibt aber.

Fazit

Eine flexible, preiswerte und bessere Prozesssteuerung im Netzwerk- und Rechnerbetrieb ist nicht eine Frage der Managementsoftware. Sie ist das Ergebnis eines langwierigen Prozesses, der in der Praxis mehr zufällig durchlaufen wird. Die hier vorgestellte Toy-Methode hilft bei der systematischen Verbesserung von technischen und organisatorischen Abläufen.

- Die Phase 1 (Tätigkeiten der Mitarbeiter) dient in diesem Zusammenhang der genauen Analyse. Sie stellt sicher, dass konkrete und an den handelnden

Personen orientierte Lösungen umgesetzt werden. Die fatale Neigung, mit Patentrezepten an Probleme heranzugehen, wird durch diese Vorgehensweise zumindest schwieriger.

- Die Phasen 2 und 3 (direkte und einfache Abläufe und Beziehungen) dienen der Suche nach einfachen Lösungen, die eindeutig beschreibbar und messbar sind. Der Schlüssel zum Erfolg liegt darin, komplizierte Probleme nicht einfach hinzunehmen oder gar mit komplizierten Lösungen zu beantworten, sondern so zu zergliedern, dass sie überschaubar werden.

- Die Phase 4 (Hypothesenbildung) dient der systematischen Verbesserung von Prozessen. Sie geht dabei nicht von abstrakten Problemen aus, sondern von Hypothesen, die einer praktischen Beweisführung unterzogen werden. Diese Phase sieht auch vor, dass Lösungen in Zukunft regelmäßig (wenn nicht ständig) auf Validität überprüft werden.

Diese Vorgehensweise ist in der Fertigungssteuerung häufig dort anzutreffen, wo ein ausgesprochen hoher Automatisierungsgrad erreicht wurde (z.B. Automobilindustrie und chemische Industrie). Die Konzentration auf eine schnell umsetzbare, organisatorische Lösung steht daher einer weiteren softwaretechnischen Optimierung nicht im Wege. Im Gegenteil: Sie ist eine Voraussetzung für eine nachhaltige Umsetzung von modernen Systemmanagementkonzepten. Die Toy-Methode wird seit mehr als 10 Jahren in verschiedenen Unternehmen erfolgreich eingesetzt [4]. Neben dem Bereich des Systemmanagements gibt es erfolgreiche Beispiele aus dem Bereich der Softwareentwicklung, dem Projektmanagement und dem Krisenmanagement.

Literatur

[1] Spear, S. und Browen, H.K., „ Decoding the DANN of the Toyota Production System",
    Harvard Business Review, September-October 1999
[2] Dörner, D. (1989), Die Logik des Misslingens, Strategisches Denken in komplexen
    Situationen, rororo Verlag Hamburg 1996
[3] De Bono, E. (1996), Serious Creativity, Schäffer Poeschel, 1996
[4] Neubauer, M. (2002), "Krisenmanagement in Projekten" 2. Auflage, Springer Verlag
    Berlin New York Tokio, 2002

IT-Controlling

Bernd Steinke

Einführung

Die hohe Komplexität der Informationstechnik, die schnelle technologische Entwicklung und nicht zuletzt die Abhängigkeit aller Unternehmensbereiche von der IT haben ihr eine unangefochtene und nur schwach kontrollierte Position im Unternehmen beschert.

Die Computertechnik hat sich in den vergangenen Jahrzehnten mit einem atemberaubenden Tempo entwickelt. Die Leistungsfähigkeit der Systeme hat dabei in unvergleichlicher Weise zugenommen, während deren Kosten in ebenso unvergleichlicher Weise abgenommen haben. Computer sind in immer neue Bereiche der Unternehmen vorgedrungen und die Rolle der Informationstechnik hat sich von einem Anhängsel der Buchhaltungs- oder Organisationsabteilungen zu einem internen Dienstleistungszentrum gewandelt.

Vergleicht man nun die Anstrengungen, die unternommen werden, um ein neues Produkt in den Markt einzuführen mit der Einführung eines neuen IT-Systems, so schien der Zwang zur Wirtschaftlichkeit in der IT lange Zeit weniger hart zu sein. Während bei Neuprodukteinführungen mit Hilfe von Marktsegmentierung, Fokusgruppen, Target Costing, Testmärkten, Break-even Analysen etc. eine ganze Reihe von wissenschaftlich fundierten Verfahren zur Verfügung steht, mit denen sich das Risiko der Investition minimieren lässt, gab es im IT-Bereich nur wenige vergleichbare Mechanismen. Kosten-/Nutzen-Analysen wurden häufig nicht durchgeführt. Test- oder Demoversionen gaben nur unzureichende Auskunft über die Leistungsfähigkeit eines fertigen Informationssystems, an dem mehrere hundert Benutzer gleichzeitig arbeiten und lieferten keine quantitativen Aussagen über die Wirtschaftlichkeit des neuen Systems. In letzter Zeit mehren sich deshalb die Stimmen, die auch für den IT-Bereich eine stärkere Orientierung an der Wirtschaftlichkeit fordern. Spektakuläre Fehlschläge, wie die aktuellen Bekanntgaben gescheiterter e-commerce-Vorhaben, haben immer wieder gezeigt, dass Investitionen in IT keine Garanten für den wirtschaftlichen Erfolg eines Unternehmens sind.

Der zunehmende Kostendruck, der rasante Wandel in den IT-Szenarien sowie die wachsenden Anforderungen an das Management steigern die Notwendigkeit des Einsatzes von IV[82]-Controllinginstrumenten.

Das IT-Controlling übernimmt eine zentrale Unterstützungsfunktion, indem es dem IT-Management die benötigten Informationen zur Planung, Steuerung und Kontrolle aller strategischen und operativen Aufgaben der IT liefert. Zur Erfüllung

---

[82] IV = Informations-Verarbeitung (Synonym für IT)

dieser Aufgaben werden Controllinginstrumente eingesetzt. Die Hauptaufgabe dieser Werkzeuge, Methoden oder Maßnahmen besteht darin, dem IT-Management Informationen auf hohem Niveau zu liefern, und damit die erfolgreiche Führung des IT-Bereiches sicherzustellen.

In der Literatur findet sich eine Vielzahl von Beschreibungen und Zusammenstellungen zu den unterschiedlichsten IT-Controllinginstrumenten. Eine Vielzahl von Elementen des allgemeinen Controllings lassen sich auf das Objekt "IT" anwenden; daneben gibt es IT-typische Verfahren.

Für diesen Beitrag wurden einige aktuelle IT-Controllinginstrumente hinsichtlich ihrer Praxistauglichkeit betrachtet:

- Leistungsverrechnung

- Total Cost of Ownership

- Prozesskostenrechnung

- Balanced Scorecard

Diese Ausführungen erheben nicht den Anspruch auf Vollständigkeit. Sie sollen vielmehr dem Leser einen kompakten Einblick in die Controlling-Thematik sowie die Möglichkeiten der IT-Steuerung geben.

Leistungsverrechnung

Transparenz wird gefordert!

Wie viel ist IT den Fachabteilungen wert? Nur eine deutliche Gegenüberstellung von Kosten und Leistungen hilft dem IT-Manager, seine Position im Unternehmen zu festigen.

Keine Abteilung im Unternehmen entgeht dem Kostendruck. Je undurchsichtiger die Leistung der einzelnen Abteilung ist, desto eher drohen pauschale Einschnitte. Bei den Kosten für die IT wird insbesondere in Rezessionsphasen gerne gespart. Durch eine verursachungsgerechte Abrechnung könnte den einzelnen Kunden/Abteilungen genauer dargestellt werden, wie die Kosten zustande gekommen sind. Die Transparenz der Leistungen und der damit zusammenhängenden Kosten ist das Hauptargument in den Unternehmen, wenn eine Leistungsverrechnung eingeführt werden soll.

IT-Leistungsverrechnung als unternehmenspolitisches Steuerungsinstrument

Tatsächlich sind die Auswirkungen durch die Einführung einer Leistungsverrechnung weitreichender. Das Verrechnungskonzept beeinflusst sowohl die Art der Inanspruchnahme der Leistungen als auch die Leistungserstellung durch den IT-Bereich.

Wenn Kosten und Leistungen transparent sind, richtet sich das Nachfrageverhalten stärker am konkreten Nutzen der IT für den Fachbereich aus. Wie alle anderen bezogenen Leistungen wird der Einsatz der IT-Ressourcen nach Wirtschaftlichkeitsaspekten geplant. Die nachvollziehbare Relation zwischen Leistungen und Kosten ermöglicht den Fachbereichen, gezielt ihre IT-Kosten zu beeinflussen, indem das Benutzerverhalten darauf abgestellt wird. Deshalb ist es wichtig, das Konzept für die Leistungsverrechnung immer unter Berücksichtigung der Ziele zu erstellen, die aus Gesamtunternehmenssicht erreicht werden sollen. Beispielsweise kann eine ungünstige Leistungsartendefinition dazu führen, dass im Fachbereich zwar punktuell IT-Kosten eingespart werden, jedoch zu Lasten der Gesamteffizienz.

Anders als bisher werden die Fachbereiche ihre Anforderungen präziser formulieren und die Leistungsqualität kritischer bewerten, wenn konkrete Preise für jeden Service zu entrichten sind. Damit etabliert sich mittelfristig ein Auftraggeber-Auftragnehmer-Verhältnis, indem die Fachbereiche als Auftraggeber die Struktur des Serviceportfolios festlegen. Um diesen Prozess zu steuern und um die Angemessenheit der IT-Kosten zu belegen, empfiehlt es sich, gleichzeitig mit der Leistungsverrechnung auch ein Service Level Management einzuführen. Andererseits beeinflusst das Verrechnungskonzept auch die Leistungserstellung.

Der IT-Bereich wird in die Lage versetzt, die Kosten den generierten Leistungen zuzuordnen. Damit ist er in der Lage, die Effizienz des Leistungsportfolios zu beurteilen: Welche Leistungen sind „teuer" und welche wirtschaftlich? Diese Erkenntnis kann für die Optimierung des Portfolios genutzt werden. Ebenfalls ermöglicht sie den Kostenvergleich für adäquate Leistungen. Damit sind die Grundlagen für Kostenoptimierung und Effizienzsteigerung gegeben. Es ist möglich, die Optimierungspotenziale und Reserven aufzudecken und Prozesse und Ressourceneinsatz wirtschaftlich zu gestalten.

Kluft zwischen Anspruch und Wirklichkeit

Die genannten Vorteile und Möglichkeiten der Leistungsverrechnung werden in vielen Unternehmen nicht voll ausgeschöpft. Die Praxis zeigt die Kluft zwischen Anspruch und Wirklichkeit, weil

- Overhead-Kosten häufig über die CPU-Nutzung abgerechnet werden

- Fast jedes vierte Unternehmen auch die Kosten der Anwendungsentwicklung über die CPU-Nutzung verrechnet

- Als Leistungsgrößen hauptsächlich technische Größen (CPU-Zeit, Druckseite, Disk I/O, Band I/O, Speicherplatz etc.) eingesetzt werden

- Keine Differenzierung der Verrechnungssätze nach unterschiedlichen Service Leveln vorgenommen wird

- Kosten für dezentrale Systeme so gut wie gar nicht verrechnet werden und in vielen Fällen auch nicht explizit bekannt sind

Unter den Unternehmen, die ihre IT-Leistungen bereits verrechnen, gibt es wahrscheinlich keine zwei, die die gleiche Verrechnungsmethode anwenden. Erst allmählich setzt sich die Erkenntnis durch, dass sich die meisten IT-Services in den Unternehmen aus einem Standard-Portfolio ableiten lassen und die Verrechnung nach standardisierten Prozessen erfolgen kann. Erschwerend kommt hinzu, dass viele eigenentwickelte Programme eingesetzt werden, die nicht flexibel anpassbar sind und keine Schnittstellen zu Finanzsystemen oder Konfigurationsdatenbanken aufweisen.

Leistungsverrechnung ist Chefsache

Auch wenn Standardisierungen im Portfolio und in den Prozessen möglich sind, sollte doch die Definition der Grundsätze wegen ihrer unternehmenspolitischen Relevanz Chefsache sein.

Es geht darum, grundlegend die Position der IT im Unternehmen zu definieren. Welche Rolle spielt die IT: Cost Center oder Profit Center? Eine Frage, die sich häufig in Konzernen stellt und die nachhaltig die Preisbildung, die Marktsicht, das Kundenverhältnis und das Leistungsspektrum beeinflusst.

Was soll die IT anbieten und was nicht? Nicht die Einzelleistungen, aber die Leistungsbereiche sollten durch die Unternehmensführung definiert werden. In diesem Zusammenhang sollte auch geklärt werden, ob Leistungsanbieter (z.B. unterschiedliche IT-Bereiche im Konzern), unternehmensintern konkurrieren dürfen. Haben die Leistungsempfänger uneingeschränktes Wahlrecht zwischen internen und externen Anbietern, oder sind interne stets zu präferieren oder bekommt die interne IT den „last call"? Auch hier sind Spielregeln erforderlich. Die andere Seite: Dürfen die IT-Bereiche ihre Leistungen extern anbieten? Wie sind die Prioritäten in diesem Fall?

Welches Verhalten soll die Leistungsverrechnung auf Seiten der Leistungsempfänger unterstützen? Der Druck, die IT-Kosten zu senken, führt in den Anwenderbereichen mitunter zu kontraproduktivem Verhalten. Die Nutzung von Listen statt Onlineabfragen führt zu Kundenschlangen am Bankschalter. Statt ein Problem durch einen Anruf im Help-Desk zu klären, beschäftigen sich mehrere Kollegen längere Zeit im „trial & error"-Verfahren damit.

Ebenso ist festzulegen, welche Steuerungsinstrument und Kennzahlen aus Managementsicht notwendig sind, um die wirtschaftliche Leistungserstellung und die Inanspruchnahme transparent und steuerbar zu machen.

Ein stets diskutiertes Thema ist die Angemessenheit der definierten Preise. Auch hier ist Guidance durch die Unternehmensleitung notwendig. Nach welchen Grundsätzen erfolgt die Preisbildung: Vollkosten, politische Preise? Sind Subventionen zulässig oder erwünscht? Müssen über die Preise Vorlaufinvestitionen der IT gedeckt werden?

Es ist sinnvoll, diese Fragen zu Beginn der Konzeptionsphase klären, da sie grundlegenden Einfluss auf die Struktur der Leistungsverrechnung haben.

Grundlegende Funktionen der Leistungsverrechnung

Die Leistungsverrechnung im Unternehmen hat vier grundlegende Funktionen, die sich wechselseitig beeinflussen: Strukturieren, Erfassen, Zuordnen und Steuern.

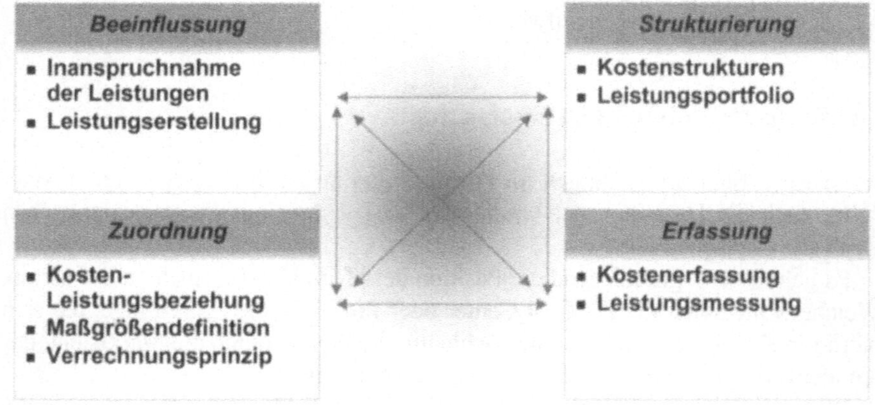

Abb. 72. Grundlegende Funktionen

Nahe liegend ist mit der Einführung einer Leistungsverrechnung eine Strukturierung und Definition des Leistungsportfolios und der Kostenstrukturen verbunden. Um die Kosten verrechnen zu können, ist es notwendig, die Kosten, nach verschiedenen Kriterien strukturiert, zu erfassen. Genauso müssen die generierten Leistungen gemessen und nachgewiesen werden. Die Zuordnungsfunktion besteht in der Definition der Kosten-Leistungsbeziehung und in der Aufteilung der Leistungen auf die verschiedenen Leistungsempfänger, jeweils über nachvollziehbare Maßgrößen. Die vierte ist die „strategische" Funktion der Steuerung des Verhaltens der Leistungsempfänger und der Leistungsersteller.

Die Kosten- und Leistungsstruktur

Die Kostenstruktur bildet ab, welche Kosten an welchen Stellen im Unternehmen entstehen und wofür die Kosten aufgewendet werden. Welche Kosten im Prozess der Leistungserstellung prinzipiell anfallen können, wird über die Kostenarten definiert. Wo im Leistungserstellungsprozess welche Kostenarten auftreten, wird über Kostenstellen abgebildet. Kostenträger schließlich definieren, wofür die Kosten aufgewendet werden, umfassen also die Leistungen oder Produkte.

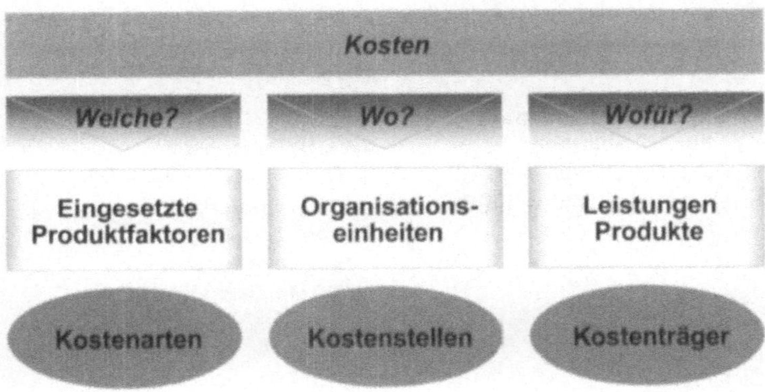

Abb. 73. Struktur

Schwerpunktmäßig kann man sich im ersten Ansatz auf wenige Kostenarten konzentrieren. In den sieben folgenden Kostenarten können nach dem TCO-Ansatz alle relevanten Kosten einer internen IT-Organisation subsumiert werden:

* Personalkosten

* Hardwarekosten

* Softwarekosten

* Gebäude-/Infrastrukturkosten

* Kommunikationskosten

* Externe Leistungen

* Sonstige Kosten

Die Subsummierung muss unternehmensspezifisch detailliert werden, um festzulegen, welche Kostenpositionen welcher Kostenart zugeordnet werden. Wichtig ist, dass die Kostenarten zu den im Unternehmen üblichen Kostenartenstrukturen passen.

Die Kostenstellenstruktur kann nach verschiedenen Kritierien aufgebaut werden. Die wohl wichtigsten Kostenstellen sind Organisationskostenstellen, die beschreiben, welche Stellen im Unternehmen an der Leistungserstellung direkt

(Primärkostenstellen) oder unterstützend (Sekundärkostenstellen) beteiligt sind. Daneben ist oft die Einführung von Verrechnungskostenstellen sinnvoll. Die Kostenstellenstruktur steht in starker Wechselwirkung mit der Leistungsartenstruktur.

Häufig werden die definierten Leistungarten als Kostenträger festgelegt. Leistungsempfänger und Leistungserbringer haben unterschiedliche Sichten auf dieselbe Leistung. Der Leistungsempfänger nimmt sie komplex in seinem fachlichen Kontext wahr, der Dienstleister sieht die Vielzahl der Einzelleistungen und involvierten Ressourcen.

Kunde	IT-Dienstleister
■ Gehaltsabrechnung für 800 Mitarbeiter ■ 5 MA in Gruppe Gehalt ■ 5 Arbeitsplätze mit SAP R/3	■ 2 Std. CPU-Zeit ■ 2 GB Plattenplatz ■ 4 Std. Arbeitsvorbereitung ■ 2 Std. Operating ■ 4 Std. Druck und Kuvertierung ■ 700 MB Daten WAN

Abb. 74. Sichten

Für die Definition der Leistungsarten haben sich einige Grundsätze etabliert:

- Leistungsarten sollen die Kundensicht widerspiegeln, nicht die Aufwendungen des Leistungserbringers

- Leistungsarten müssen eine einfache Erfassung und Zuordnung erlauben

- Leistungsarten als Erlösträger sind i.a. die Kostenträger

- Für jede Leistungsart muss es eine nachvollziehbare Leistungsmengeneinheit geben

- Die Anzahl der Leistungsarten soll nicht zu hoch sein

- Für die Leistungsarten sollen Service Level definiert werden

Grundsätzlich empfiehlt es sich, die Leistungsarten im Dialog mit den Leistungsempfängern abzustimmen. Dies sichert Verständlichkeit und Akzeptanz auf der Kundenseite.

Die Kosten- und Leistungserfassung - Nur was man messen kann, kann man steuern!

Die Erfassung der Leistungen und der Kosten bestimmt häufig, wie aufwändig die Implementierung und Durchführung der Leistungsverrechnung wird. Pro

Leistungsart und pro Kostenart müssen geeignete Kenngrößen definiert werden. Prinzipiell können verschiedene Level für die Verrechnung gewählt werden.

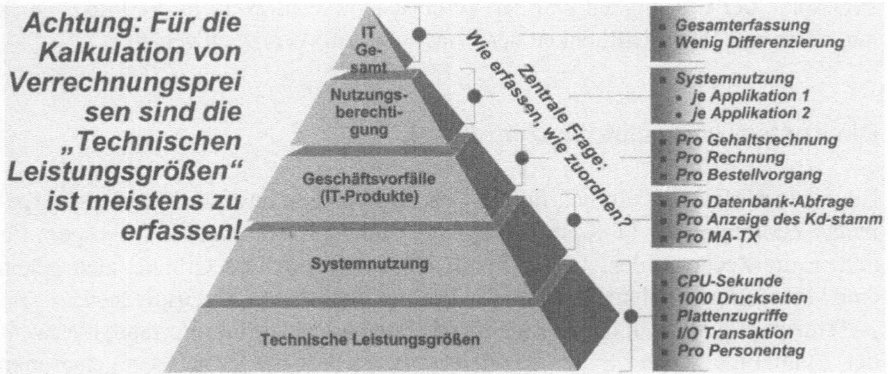

Abb. 75. Pyramide der Verrechnungslevel

Pyramide der Verrechnungslevel

Die einfachste Form ist die Subsummierung aller IT-Kosten auf einer Stelle und die Verteilung per Umlageschlüssel. Dies erlaubt wenig Differenzierung hinsichtlich der Kostenverursachung. Der nächste Level ist die Applikationsebene, wo z.B. über die vergebenen Nutzungsberechtigungen eine „statische" Zuordnung getroffen werden kann. Der Erfassungsaufwand ist relativ gering und die Erfassungsintervalle sind relativ lang. Der nächstdetaillierte Level sind die Geschäftsvorfälle. Die Anzahl der Objekte in den Geschäftsvorfällen, wie z.B. geschriebene Rechnungen, Anzahl der Bestellungen etc. wird erfasst und verrechnet. Dieser Level generiert bereits einen erheblichen Aufwand und schwankende Leistungsmengen. Er ist kundenfreundlich, da nachvollziehbare Leistungsmengen verursachergerecht verrechnet werden. Noch detaillierter ist die Erfassung auf Systemebene, wo jede Transaktion oder Abfrage erfasst wird. Neben der großen Datenflut entsteht hier häufig das Problem der Zuordnung. Gerade Legacy-Anwendungen sind nicht in der Lage, automatisch Benutzerinformationen zu übertragen.

Der nachträgliche Programmieraufwand zur Implementierung eindeutiger Verursacherkennzeichen übersteigt den prognostizierten Nutzen meist um ein Vielfaches. In der Vergangenheit und bis heute gern genutzt werden die technischen Leistungsgrößen (CPU-Sekunden, Speicherplatz, I/O-Zugriffe usw.). Sie lassen sich bei zentralen Systemen relativ einfach erfassen. Entsprechende Accountingsysteme, die sehr detailliert Daten protokollieren können, werden durch die Hersteller zur Verfügung gestellt. Die Kenngrößen sind für die Kunden allerdings intransparent und nicht nachvollziehbar. Die Verfügbarkeit der technischen Kenngrößen gewährleistet zudem noch nicht die Auswertbarkeit und korrekte Zuordnung.

Die technischen Möglichkeiten der Leistungserfassung und Zuordnung haben in praxi ebenfalls einen erheblichen Einfluss auf die Leistungsartendefinition. Dabei kommt es oft zu einem Zielkonflikt zwischen der Wirtschaftlichkeit der Erfassung, der Genauigkeit und der Verursachergerechtigkeit. In der Praxis ist es angeraten, der Wirtschaftlichkeit der Erfassung den Vorrang zu geben.

Die Kosten- und Leistungszuordnung

Ein oft formulierter Anspruch für die Leistungsverrechnung ist die verursachergerechte Zuordnung der IT-Kosten. Das ist verständlich, wer möchte schon gern für andere die Zeche zahlen. In der Praxis existieren durchaus Gründe, sich gegen eine vollständige Implementierung des Verursacherprinzips auszusprechen.

Prinzipiell werden in der Leistungsverrechnung mehrstufige Verfahren verwendet. Einmal müssen auf Seiten des Leistungserstellers die Kosten den generierten Leistungen zugeordnet werden. Die relevanten Kostenarten werden den betreffenden Kostenstellen zugeordnet und die Kosten der Kostenstellen anteilig den jeweiligen Leistungen. Normalerweise werden auf jeder Kostenstelle verschieden Kostenarten subsumiert und sind an der Erstellung jeder Leistung diverse Kostenstellen beteiligt. Über geeignete Maßgrößen für die Inanspruchnahme der Leistungen sollen dann die Kosten für die Leistungen den einzelnen Leistungsempfängern zugeordnet werden.

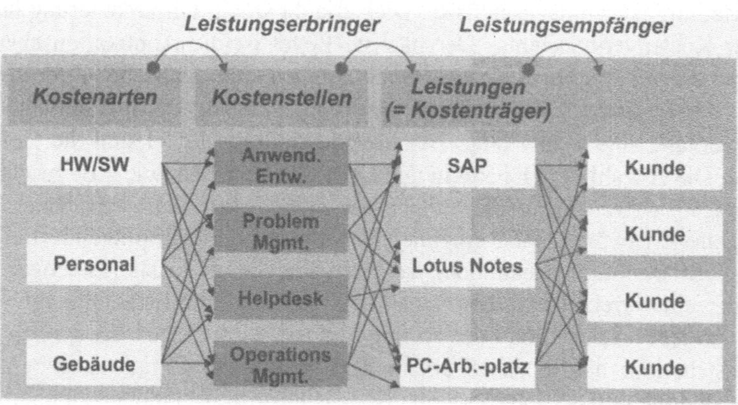

Abb. 76. Zuordnung

Zuordnungsprinzip

Für die Zuordnung werden in der Literatur zwei grundlegende Prinzipien unterschieden: das Verursachungsprinzip und das Anlastungsprinzip. Das

Verursachungsprinzip rechnet die ausgewiesenen Kosten anhand belegbarer Beziehungen einzelnen Kalkulationsobjekten (Kostenstelle, Produkt, Kunde) zu. Das Anlastungsprinzip steht für eine Zurechnung ohne kausalen Zusammenhang zwischen Kosten und Kalkulationsobjekten. In diese Gruppe gehören das Proportionalitätsprinzip (Anzahl SAP-Nutzer einer Abteilung, ohne Beachtung der tatsächlichen Nutzungsintensität), das Durchschnittsprinzip (Kosten werden gleichmäßig auf alle Abteilungen verteilt) oder das Tragfähigkeitsprinzip (der Bereich mit dem höchsten Profit erhält auch die höchsten IT-Kosten zugeordnet, unabhängig von der Verursachung).

Welches Zurechnungsprinzip im Unternehmen gewählt wird, ist abhängig davon, welche Handlungsbeeinflussung gewollt ist, wie die Kosten und Leistungen definiert sind und welche Einfassungsmöglichkeiten bestehen. Meistgebräuchlich ist das Anlastungsprinzip in der Ausprägung als Proportionalitätsprinzip. Angewendet wird es bei allen Umlageschlüsseln über eine Vergleichsgröße (Anzahl Mitarbeiter, Anzahl Arbeitsplätze, Anzahl Standorte usw.). Auch das Durchschnittsprinzip kann aus Unternehmenssicht sinnvoll sein. Ein Beispiel ist die Anbindung von Zweigstellen an die Zentrale. Wenn es Unternehmensstrategie ist, in der Fläche präsent zu sein, werden allen Zweigstellen die gleichen Kosten angelastet, unabhängig wie weit sie von der Zentrale entfernt sind, um entlegene Standorte nicht zu benachteiligen.

Wo sinnvoll möglich, sollte das Verursacherprinzip eingesetzt werden. Allerdings ist Vorsicht geboten. Problematisch sind schwankende Leistungsabnahmen bei Vollkostenrechnung. Ändert sich die bezogene Leistungsmenge, z.B. die Anzahl der Transaktionen pro Monat, so müsste bei verursachergerechter Verrechnung der Dienstleister mit Über-/oder Unterdeckung arbeiten oder die Preise müssten im selben Rhythmus angepasst werden. Beides verkompliziert die Budgetierung und die Verrechnung, speziell da durch die interne Leistungsverrechnung kein Mehrwert geschaffen, sondern nur virtuelles Geld transferiert wird.

Ein anderes Problem der verursachergerechten Zuordnung ist die induzierte Art der Inanspruchnahme. Wird zum Beispiel jeder Help-Desk-Anruf separat kostenwirksam, werden unter Kostendruck diese Anrufe vermieden. Der Nutzer versucht zuerst selbst, dann unter Einbeziehung seiner Kollegen, das Problem zu lösen. Dies ist falsche Sparsamkeit, da gleichzeitig ein Vielfaches an Produktivität verschwendet wird.

Deshalb haben sich einige Praxis-Leitsätze herauskristallisiert, deren Befolgung zu einem unternehmensspezifischen Kompromiss führt.
Grundsätzlich ist immer anzustreben:

- Alle anfallenden Kosten zu verrechnen

- Über möglichst „benutzernahe" Leistungsgrößen zu verrechnen

- Die Verrechnung soweit sinnvoll nach dem „Verursachungsprinzip" zu organisieren

- Stets das resultierende Nutzerverhalten zu berücksichtigen

- Bei schwankenden Leistungsmengen das Verursachungsprinzip auf der Basis der gemittelten Verursachung zu implementieren

- Die Ermittlung des Verrechnungspreises für den Kunden (Fachbereich) transparent und nachvollziehbar zu gestalten

- Den Detaillierungsgrad der Abrechnung an den Zielen der Leistungsverrechnung zu orientieren

- Die Verrechnung automatisiert mit einer Schnittstelle zum Rechnungswesen zu implementieren

- Den Aufwand so gering wie möglich zu halten

Abstriche müssen gemacht werden, wenn noch keinerlei Erfahrungen mit einer internen Leistungsverrechnung bestehen und erst die notwendigen Voraussetzungen geschaffen werden müssen. Dann empfiehlt es sich, mit wenigen Leistungsarten und einfachen Verfahren der Zuordnung zu starten. Man erhält ein Gefühl für die Mengengerüste, kann eine Datenbasis aufbauen, die sukzessive zur Verfeinerung der Leistungsverrechnung genutzt wird. „Keep it simple" hilft beiden Seiten, sich an das neue Instrument zu gewöhnen und die richtigen Anforderungen zu formulieren.

Die Preisbildung als Steuerungsfunktion

Im letzten Abschnitt wurde bereits auf die Wirkung der Leistungsarten und es Zurechnungsprinzips als Steuerungsfunktionen eingegangen. Eine andere wesentliche Steuerungsgröße ist die Art der Preisbildung für die IT-Services. Grundsätzlich gibt es für die Preisbildung drei Möglichkeiten:

- Marktorientierte Verrechnungspreise

- Unternehmenspolitische Verrechnungspreise

- Kostenorientierte Verrechnungspreise

Marktorientierte Verrechnungspreise implizieren eine IT, die als Profitcenter mit Gewinnverantwortung geführt wird. Die veranschlagten Preise orientieren sich an den Preisen, die am Markt durch externe Anbieter für vergleichbare Leistungen verlangt werden. Die Preisbildung erfolgt durch Angebot und Nachfrage. In der Kalkulation ist sicherzustellen, dass die Preise kostendeckend sind, wobei Subventionen durchaus möglich sind. Die Preiskalkulation muss nicht zwangsläufig offen gelegt sein. Die Höhe der Gewinnspanne wird durch den Anbieter festgelegt. In diesem Modell müssen Kunde und Lieferant Zugang zum externen Markt haben, um „gerechte" Verhältnisse zu schaffen. Oftmals gibt es einen Zielkonflikt mit dem Versorgungsauftrag interner Dienstleister. Bei marktorientierten Preisen muss der Dienstleister die Möglichkeit haben, Aufträge abzulehnen, die unwirtschaftlich sind.

Unternehmenspolitische Preise werden aus Sicht der Gesamtunternehmung ohne Bezug zur Verursachung definiert. Quersubventionierung wird in Kauf genommen oder ist beabsichtigt. Kostentransparenz und Kostensteuerung sind schwierig zu realisieren.

Kostenorientierte Verrechnungspreise sind transparente Preise auf der Basis der tatsächlichen, nachweisbaren Kosten für den innerbetrieblichen Ressourcenverbrauch bzw. die Ressourcennutzung. Die IT ist als Cost Center strukturiert. Die anfallenden Kosten werden Leistungen zugeordnet und über die Inanspruchnahme Kunden zugeordnet.

In den meisten Fällen sind die Verrechnungspreise Kompromisse aufgrund mehrerer Einflussfaktoren. Ein Faktor ist die Unternehmenspolitik, die Ausnutzung der Steuerungsfunktion des politischen Preises. Beispielsweise könnten Standardlösungen preislich attraktiv gestaltet werden im Vergleich zu Sonderlösungen, um so deren Einsatz zu fördern. Andere Einflussfaktoren sind der Aufwand für die Kalkulation und Abrechnung, die Genauigkeit der Zurechnung und der Aufwand für die Leistungserfassung.

Planung und Budgetierung

Mit der Einführung des Verrechnungssystems sollten gleichzeitig die entsprechenden Abläufe etabliert werden. Regelmäßige Abstimmung zwischen Leistungsempfänger/Auftraggeber und Leistungserbringer/Auftragnehmer ist für beide Seiten die Grundlage für Planungssicherheit und Kontinuität. Wie ein Regelkreis sollte ein periodisch durchlaufener Prozess die Anpassung der Leistungserstellung und –verrechnung an den aktuellen Bedarf der Leistungsempfänger gewährleisten.

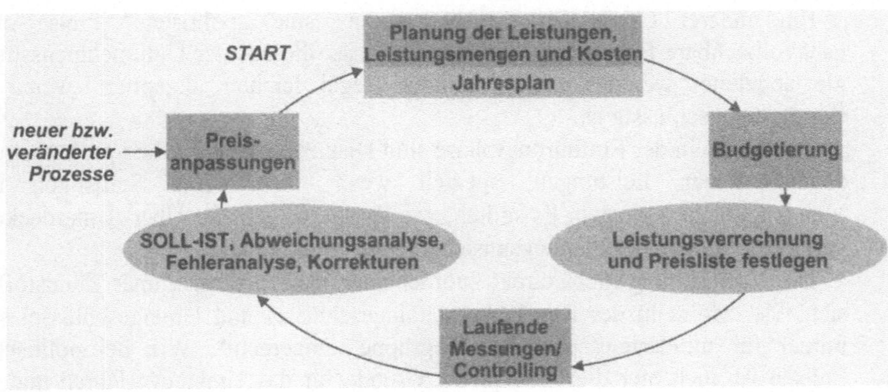

Abb. 77. Ablaufzyklus

Jährlich sollte die Planung und Abstimmung der Leistungen, Leistungsmengen und voraussichtlichen Kosten stattfinden. Der resultierende Jahresplan ist die

Basis für die Budgetierung auf Kundenseite. Im Ergebnis der Abstimmung liegen die Leistungsverrechnungsparameter und die Preisliste für den Planungszeitraum vor. Während des Leistungszeitraums sollten laufende Messungen und Auswertungen durch das Controlling erfolgen.

Aus dem SOLL-IST-Vergleich und der Abweichungsanalyse wird eventueller Korrekturbedarf ersichtlich, der sich in entsprechenden Maßnahmen niederschlägt: Plankorrekturen, Preisanpassungen. Gleiches gilt, wenn neue oder veränderte Produkte oder Prozesse eingeführt werden. Die Periodizität des Prozesses wird in Abstimmung mit den Kunden vereinbart. Jährliche Zyklen sorgen bei nicht extrem schwankenden Leistungsprofilen für Kontinuität und Planungssicherheit. Die Abweichungsanalyse sollte quartalsweise erfolgen. Regeln für Über-/Unterdeckung werden im Rahmen der Jahresplanung vereinbart bzw. aktualisiert, sodass Preisanpassungen möglichst nicht unterjährig notwendig werden. Die quartalsweisen Auswertungen sollten relevante Trends aufzeigen. Die Qualität der Planung wird sich in der Zeit nach der Einführung am stärksten verbessern bis sie einen eingeschwungenen Zustand für etablierte IT-Services erreicht.

Fußangeln und Risiken

Die Einführung einer IT-Leistungsverrechnung birgt Fußangeln und Risiken in sich, auf die man sich von vornherein einstellen sollte.

Manche Projekte scheitern an dem falschen Ehrgeiz, von Anfang an eine 100%-Lösung implementieren zu wollen. Der Aufwand für die Konzipierung und Entwicklung übersteigt die geplanten Mittel, das System wird immer komplexer, die Systemressourcen reichen nicht aus, zusätzliches Personal wird erforderlich und das System wird aufgrund der Komplexität von den Anwendern nicht akzeptiert.

Ein anderer Grund für die Inakzeptanz sind „politische" Preise ohne nachvollziehbare Begründung. Politische Preise, die aus der Unternehmensstrategie abgeleitet werden, werden in der Regel leichter akzeptiert, wenn die Begründung schlüssig ist.

Ein Risiko in der Einführungsphase sind Diskrepanzen zwischen geplanten und abgenommenen Leistungen, speziell wenn noch keine Statistiken und Mengengerüste vorliegen. Es sollten, wie gesagt, Regeln für Über-/Unterdeckung vereinbart werden um Planungsunsicherheiten zu minimieren.

Die Verrechnung nicht direkt zuordenbarer Kosten birgt immer Zündstoff in sich. Sie erfolgt in der Regel über Umlageschlüssel und Umlageschlüssel sind immer für mindestens eine Kundengruppe „ungerecht". Wie bei politischen Preisen ist auch hier die Lösung, die Gründe für das Umlageverfahren und die Wahl des Schlüssels offenzulegen und dialogbereit zu sein.

Ähnliches gilt für die „Mitbenutzung" von shared ressources wie Hosts, Netze, Call Center etc. Da selten homogene, zeitlich konstante Nutzungsprofile vorliegen, werden häufig Kompromisse in Form von Umlagen gewählt. Hier gilt dasselbe, wie im letzten Abschnitt gesagt.

Personalkosten sind ein erheblicher, meist der größte Kostenblock der IT-Kosten. Die Zuordnung zu Leistungen erfolgt in der Regel über Zeiterfassungsverfahren. Mitunter gibt es Probleme mit der Einführung dieser Verfahren. Die Empfehlung ist, den Betriebsrat/Personalrat so früh wie möglich zu informieren und einzubinden, um einen Konflikt zu vermeiden.

Gleiches gilt auf anderer Ebene für das Rechnungswesen, das mitunter Änderungen des Kostenstellenplans blockiert. Auch hier ist Einbeziehung und Darstellung der Nutzen für das Unternehmen der richtige Lösungsweg.

Last but not least ist ein wahrgenommenes Missverhältnis zwischen Leistungsqualität und Leistungspreis ein Stein des Anstoßes. Deshalb ist es optimal, zusammen mit der Leistungsverrechnung ein Service Level Management einzuführen. Dieses sorgt für eine verständliche und umfassende Beschreibung der einzelnen Leistungen, für die Überwachung und Steuerung der Leistungsqualität und die Anpassung des Leistungsportfolios an die Anforderungen der Kunden. Abgestufte Service Level und eindeutig formulierte Serviceparameter sowie ein kundenfreundliches Reporting sorgen für ein gutes Gefühl der Kunden, dass sie das erhalten, wofür sie bezahlen.

Total Cost of Ownership in der IT-Praxis: Mythos oder Methode?

Bernd Steinke

Einstimmung

Total Cost of Ownership (TCO) ist das Schlagwort schlechthin für Kostenbetrachtungen speziell im IT-Bereich. Die Erwartungen an TCO-Projekte sind entsprechend hoch:

- TCO erfasst alle IT-Kosten

- TCO macht die IT-Kosten vergleichbar

- TCO senkt die IT-Kosten

- TCO hat die betriebswirtschaftliche Betrachtung der IT-Kosten popularisiert

Kann der TCO-Ansatz dem gerecht werden? Ist TCO Mythos oder Methode?

Motivation für die Einführung von TCO-Konzepten:

Die IT-Kosten sind in der betrieblichen Praxis stark fragmentiert und verstreut abgebildet. Der Anwender sieht meist nur sein Investitionsbudget und reduziert die IT-Kosten auf Hard-/Software-Kosten. Es ist schwierig alle Kostenanteile konsistent zu erfassen und zu analysieren. Erschwerend kommt hinzu, dass der professionelle Einsatz und Betrieb einer komplexen IT-Infrastruktur mit dem heimischen PC verglichen wird und der „ALDI-Preis" für den Hobby-PC zum Vergleichsmaßstab genommen wird.

Die auf den reinen Anschaffungspreis reduzierte Sichtweise schafft wenig Verständnis für die seitens der IT ihren Kunden offerierten Verrechnungspreise oder Umlagen, die häufig in ihrer Zusammensetzung nicht transparent waren oder sind. Letztendlich geht die Debatte immer wieder um die Angemessenheit der IT-Kosten und um die Notwendigkeit von IT-Investitionen.

Abhilfe soll die TCO-Methodik bringen, indem sie

- eine umfassende Kostensicht auf die IT ermöglicht, speziell auf die sich ausbreitenden dezentralen Systeme,

- eine strukturierte Erfassung und Auswertung der diversen Kostenanteile bietet,

- die gesamten IT-Kosten für bestimmte Systeme in einer übersichtlichen Kennzahl zusammenfasst und

- die Vergleichbarkeit von IT-Kosten über verschiedene Unternehmen hinweg unterstützt.

TCO-Evolution

Der Begriff TCO wurde 1987 durch die Gartner Group populär gemacht. Gartner startete mit einem einfachen TCO-Modell für Einzel-PC und vier grundlegenden Kostenkategorien: Kapitalkosten, IT-Support, IT-Administration, Endbenutzeraufwand und Downtime.

Seitdem wurde die TCO-Thematik kontinuierlich weiterentwickelt, getrieben durch zwei Faktoren: Zunehmende Diversifikation der Unternehmen im globalen Wettbewerb und zunehmende Komplexität der IT-Infrastruktur verbunden mit mehr Eigenbestimmung durch die Nutzer.

Damit wird die Vergleichbarkeit von Unternehmen schwieriger und die vergleichende Betrachtung verlangt die Abbildung in immer komplexeren Modellen. So existieren heute Kosten-Modelle für Mainframe, verteilte Systeme, Handhelds, LANs, TK-Einrichtungen, Call Center, Anwendungsentwicklung usw.

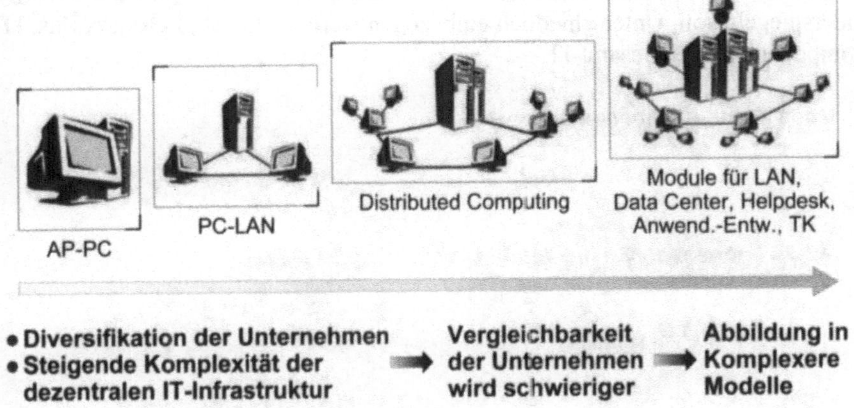

Abb. 78. TCO-Evolution

TCO-Definition

Der Begriff der „Total Cost of Ownership" ist nicht eindeutig definiert. Vielmehr hat jeder, der auf diesem Gebiet tätig ist, eine eigene Auffassung entwickelt. Auch jede Firma hat im Laufe der Entwicklung die Definition angepasst, wie das Beispiel von Interpose/Gartner zeigt.

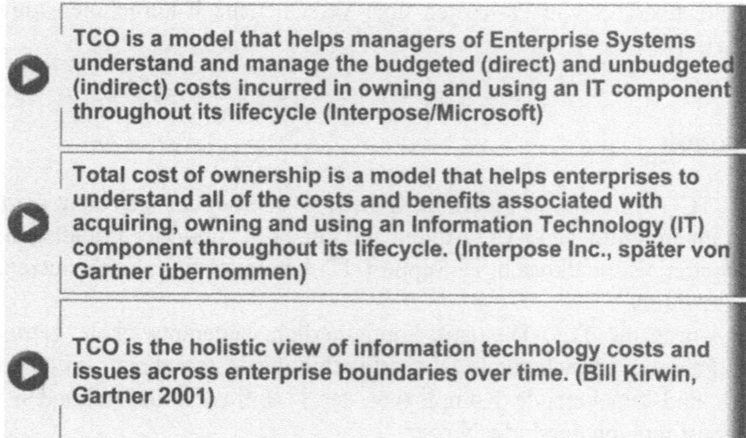

Abb. 79. TCO-Modell

Die Gemeinsamkeit ist, das die TCO-Methodik ein Modell darstellt, das möglichst umfassend die mit dem Einsatz der IT verbundenen Kosten (und Nutzen) widerspiegeln soll. Unterschiedlich einbezogen werden Nutzen, Lebenszyklus, IT-Komponenten oder Gesamt-IT.

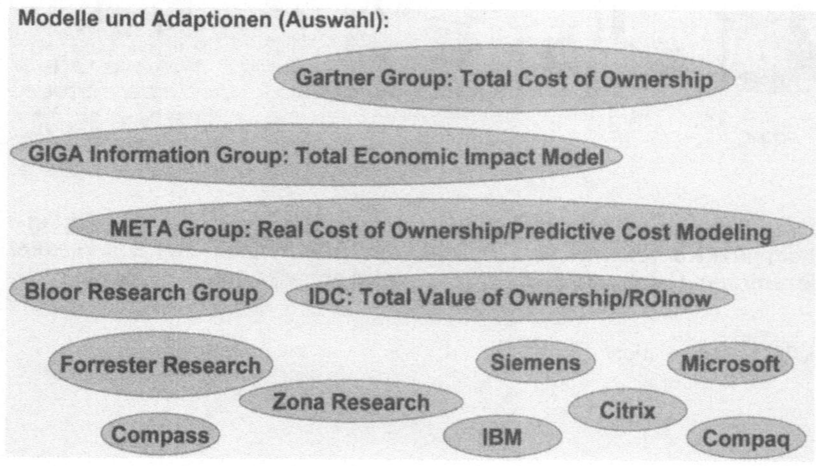

Abb. 80. Varianten

Es gibt also nicht „das" TCO-Modell. Gartner's Ur-Modell folgten „Me too Modelle" und eigene Varianten verschiedener Research-, Beratungs- und Herstellerfirmen. Insbesondere Hersteller sind auf den Zug aufgesprungen, ihre Produkte unter dem Markenzeichen „TCO" zu vermarkten. Um ihre Produkte entsprechend vorteilhaft präsentieren zu können, werden die betrachteten Kostenbestandteile und die Art der Berücksichtigung mitunter ergebnisbezogen selektiert.

Funktionalitäten der TCO-Modelle

Ein klassisches TCO-Modell liefert mindestens drei Funktionalitäten:

1. Es bietet eine Strukturierung der Kosten durch vorgegebene Kostenkategorien. Unter diesen Kostenkategorien sind wiederum modellspezifisch viele Kostenarten subsummiert.

2. Es liefert Aufschluss über die IT-Kosten vergleichbarer Unternehmen und erlaubt somit ein Benchmarking der eigenen Position und daraus abgeleitet die Definition von Zielgrößen. Um der Vergleichbarkeit gerecht zu werden, müssen die Modelle gewisse Unternehmensspezifika berücksichtigen können.

3. Und schließlich sind meistens noch Ratschläge in Form von „Best Practices" Bestandteil: Empfehlungen und Maßnahmen, wie die IT-Kosten gesenkt werden können, bezogen auf die betrachtete Kostenstruktur. Oft lassen sich auch Szenarien über den Einsatz der Best Practices simulieren. Je nach Promoter - Research-/Beratungsunternehmen oder Hersteller – liegt der Focus mehr auf der Methodik (Kostenstruktur, Benchmarking) oder auf dedizierten Best Practices unter Einsatz bestimmter Produkte.

Kostenstruktur	Vergleichbarkeit	Reduzierungsansätze

• Vorgegebene Kategorien
 	
• Unter den Kategorien modellspezifisch vielfältige Kostenarten subsummiert
	• Möglichst glaubwürdiger Vergleichswert
	
	• Komplexe Modelle, Berücksichtigung Unternehmens-spezifika
	
	• Benchmarks zur Festlegung der Zielgrößen
		• Best practices:
		
		  ▪ Methoden zur Reduzierung der Kosten
		
		  ▪ Wirkung auf die Kostenkategorien
		
		• Simulation verschiedener Szenarien

Abb. 81. Struktur und Funktionalität

Kostenstrukturierung

Das Grundprinzip der TCO-Betrachtung ist, alle einem IT-System zurechenbaren Kosten in zwei große Gruppen zu teilen:

Direkte Kosten sind budgetierbare Kosten

- z.B.: HW/SW-Lizenz-/Leasingkosten, Entwicklungs-, Wartungs-, Support-, Administrations-, Ausbildungs-, Kommunikationskosten
- Direkt in monetären Einheiten messbar

Indirekte Kosten sind nichtbudgetierbare Kosten

- z.B.: Ausfallzeiten
  - HW-/SW-Fehler, Bedienungsfehler
  - Messbar, aber nicht direkt in monetären Einheiten
- z.B.: Unproduktivität
  - Peer Support, Reconfiguration, Self support, Learning by doing, User Scripting, Games, Surfen
- Nicht direkt messbar, nicht zweifelsfrei monetär bewertbar

Abb. 82. Kosten

Die direkten Kosten - das sind alle Kosten, die budgetierbar sind. Direkten Kosten ist gemeinsam, dass sie direkt in monetären Einheiten messbar sind. Hierunter fallen in erster Linie Anschaffungs-, Lizenz- oder Leasingkosten für Hard- und Software, Entwicklungs- und Wartungskosten, Personalkosten für Support und Administration der Systeme, Ausbildungskosten, Kosten für Kommunikation, Gebäude und sonstige Infrastruktur sowie externe Leistungen, wie z.B. Beratung.

Die zweite große Gruppe sind indirekte, nicht budgetierbare Kosten, die wiederum in zwei Subkategorien zerfällt. Einmal die Ausfallzeiten, als die Zeiten, in denen die untersuchten Systeme planmäßig oder unplanmäßig nicht benutzbar sind. Planmäßige Ausfallzeiten sind hauptsächlich Wartungszeiten innerhalb der Nutzungszeiten. Außerplanmäßige Ausfälle sind „echte" Ausfälle aufgrund von Hard- und Softwarefehlern oder Fehlbedienungen. Diese Zeiten sind messbar, aber nicht direkt in monetären Einheiten. Zur monetären Bewertung ist eine nicht unumstrittene Umrechnung über „unnütz" gezahltes Gehalt oder entgangenen Umsatz notwendig. Zweite Subkategorie sind die „unproduktiven" Endbenutzeraktivitäten. Dazu zählen unter anderem Selbsthilfe, gegenseitige Hilfe, formales und informelles Lernen, Datenverwaltung und Sicherung, Spiele, Surfen usw.

Ein Teil dieser Kosten wurde zeitweilig unter dem berühmten Futz-Faktor *("Futz"- jüdisch für Verschwendung)* zusammengefasst, der allerdings aus neueren Modellen auf Grund der diffusen Definition wieder verschwunden ist. Diese Kosten sind weder direkt messbar noch zweifelsfrei monetär bewertbar.

Die indirekten Kosten betragen in einigen Untersuchungen mehr als 50% der Gesamtkosten. Aufgrund der Schwierigkeit der Nachweisbarkeit und der Schwierigkeit der monetären Bewertung, beruhen die Werte häufig auf Annahmen über die vermutete Unproduktivität

Es gibt leider keine einheitliche Struktur für die TCO-Daten, da keine Inititative oder Organisation für die Koordination existiert. In jeder Kostenkategorie sind modellspezifisch viele Kostenarten erfasst. Somit haben auch gleichklingende Kostenkategorien unterschiedliche Inhalte, je nachdem was erfasst wird und was nicht. Zudem wurden die Strukturierungen über die Zeit weiterentwickelt.

	Compass	GARTNER	GARTNER neu (Interpose)	Forrester	IBM	CITRIX
Direkte Kosten	Hardware	Kapitalkosten	HW & SW	Hardware	Kapital	Kapital
	Software	Administration	Management	Software	Asset Mgmt.	Management
	Direct FTEs	Endsupport	Development	Training	Technical	Support
	Miscellanous		Communication fees	Management • Prevention • Recovery • Desktopadministration and tools • Enduser downtime • Co-worker		
		End User Suppor	Support			Anwender
Indirekte Kosten						Andere Bereiche
			Downtime			
	End User Effort	End User Operation	End User Operation		End user	

Abb. 83. Kostenkategorien

Eine weitere Problematik ist der unterschiedliche Focus der Modelle: Manche berücksichtigen nur einen Teil der IT-Landschaft und vernachlässigen dadurch bestimmte Anteile der Gesamtkosten, z.B. Data Center, Anwendungsentwicklung, administrative Funktionen (Personal, Buchhaltung, Revision etc.). Andere Modelle beziehen nicht alle Kostenarten in die Betrachtung ein. Aus welchem Grund bestimmte Kosten betrachtet werden und andere nicht, wird im Allgemeinen nicht dargestellt.

Vergleichbarkeit

Die Vergleichbarkeit der Ergebnisse ist aufgrund des unterschiedlichen Fokus der Modelle häufig schwierig. Daraus resultiert eine unterschiedliche Berücksichtigung der einzelnen Kostenarten, wie in der folgenden Abbildung deutlich wird.

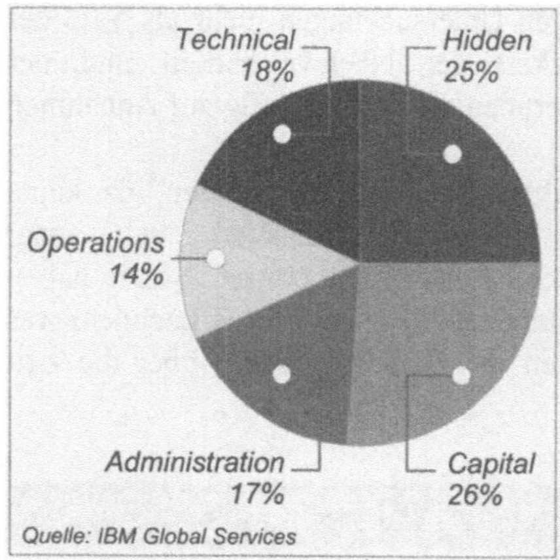

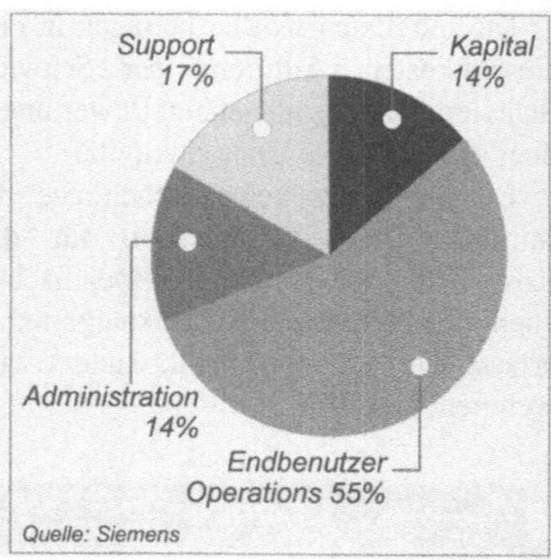

Abb. 84. Kostenverteilung

Kostenarten, die besonders häufig spezifisch ausgelegt werden, sind z.B. Kommunikationskosten, Kosten der durch IT genutzten Gebäudeinfrastruktur, die Kosten für Anwendungsentwicklung oder auch die berühmten „indirekten Kosten".

Dies führt dazu, dass Angaben verschiedener Quellen zu denselben IT Systemen kaum (oder nur schwierig) vergleichbar sind. Für einen LAN-PC veröffentlichte Gartner TCO-Werte zwischen 9.000 und 12.000 USD während Metagroup 2800 USD prognostizierte. Ein anderes Beispiel ist die Server based Computing Technologie. Hier hat Gartner Einsparungen von ca. 22% durch den Einsatz von Server based computing errechnet und Zona Research, die von Citrix beauftragt wurden, Reduzierungen um –57%.

Selbst der nachvollziehbare Vergleich von verschiedenen Unternehmen mit einem Modell gestaltet sich immer aufwändiger. Zahlreiche Parameter müssen berücksichtigt werden, um wirkliche Vergleichbarkeit zu gewährleisten, z.B. Branche, Unternehmensgröße, Unternehmensstrategie und Marktposition, Anwender-Typen und viele mehr. Es muss bewertet werden, wie signifikant jeder Parameter die Vergleichbarkeit beeinflusst. Hier verwendet jedes Modell andere Algorithmen, die nicht immer transparent sind.

Reduzierungsansätze

Vorschläge zur Reduzierung der IT-Kosten über Best Practices sind die dritte Funktionalität, die TCO-Modelle bieten. Ansatzpunkte der Best Practices sind Prinzipien, Personen, Prozesse und Technologien. Beispielhaft ist Best Practices in den einzelnen Sektoren dargestellt.

Standards/Sourcing Einkauf/Lieferanten Kostenverantwortung Ease of use	**Prinzipien**	**Personen**	Anreizsysteme Job enrichment (UHD) IT Personal Training End User Training
Service Mgt. (SLA) Problem, Change SW-Verteilung Test & Validierung	**Prozesse**	**Technologien**	Asset/Config.-Mgt. SW Licence Control Backup/Recovery Remote Management

Abb. 85. Bereiche

Vielfach werden Best Practices bei toolbasierter Beratung durch das Tool „mitgeliefert" oder sie werden durch Hersteller propagiert, die eine TCO-Betrachtung benutzen, um die Vorteile ihrer Produkte zu quantifizieren. Oft stehen deshalb Technologien im Vordergrund der Empfehlungen. Zu bedenken ist hier, dass allein technologiegetriebene Initiativen meist weder Leistungssteigerungen noch Kostenvorteile bringen.

Die größte Nachhaltigkeit haben personenzentrierte Maßnahmen, die das Verhalten der Menschen hin zu einem höheren Kostenbewusstsein beeinflussen. Nächstfolgend ist die Wirksamkeit von unternehmensweiten Prinzipien, wie Standards, dezentrale Kostenverantwortung oder konsequente Ausrichtung aller IT-Lösungen auf einfache Bedienbarkeit. Optimierte Prozesse und innovative Technologien ergänzen das Spektrum an Best Practice Empfehlungen.

Die Anwendung von Best Practices führt nicht automatisch zu best results. Oberster Grundsatz bei jeder Kostenreduzierung muss sein, dass die notwendige Geschäftsunterstützung mit dem notwendigen Servicelevel nicht beeinträchtigt wird.

Weiterhin muss berücksichtigt werden, dass die Kostenfaktoren sich gegenseitig beeinflussen:

• Personalreduzierungen ohne effektivere Abläufe und technologische Unterstützung führen nur zu Service Level-Verletzungen.

• Preiswerte Hardware zu Niedrigstpreisen wird erhöhte Administrations-, Wartungs- und Ausfallkosten zur Folge haben

Wie bereits erwähnt, zeitigen auch Einzelaktionen keine großen Erfolge. Die Umsetzbarkeit im konkreten Unternehmensumfeld und die entstehenden Migrations- und Zusatzkosten müssen ins Kalkül gezogen werden. Letztendlich ist auch die Unternehmensstrategie, Zentralisierung/Eigenständigkeit und das Maß an verträglicher Veränderung in der Organisation zu berücksichtigen.

Pro und Contra TCO

Über die TCO-Methodik ist seit langem eine fast emotionale Debatte im Gang, die mal intensiver, mal weniger die Fachpresse füllt.

Fest steht, dass TCO ein eingeführter Begriff ist und das Umdenken der Kostenbetrachtung in der IT ausgelöst hat. Management und Mitarbeiter sind sensibilisiert worden, dass IT-Kosten mehr als Hard- und Software sind. Erstmals wurde das Augenmerk auf versteckte Kosten gelenkt.

Auch die Kostenallokation auf Technologien, Tätigkeiten und Produktivität ist ein Verdienst, genauso wie das Aufzeigen von Kostenrelationen, Best Practices und Vergleichswerten als Zielgrößen. Bei aller Vorsicht bezüglich der Glaubwürdigkeit der Benchmarks, liefert die TCO-Methodik doch ein ausgereiftes Werkzeug, die Wirksamkeit der Maßnahmen im eigenen Unternehmen zu verfolgen, indem quasi ein interner Benchmarktest zur Erfolgskontrolle durchgeführt wird. Ein umfangreiches Beratungsangebot am Markt und entsprechend viele komfortable Softwareprodukte machen es Unternehmen einfach, die Thematik intern zu adressieren.

Natürlich gibt es genauso kontroverse Stimmen zu TCO-Analysen. Verfahren und Definitionen der TCO sind nicht standardisiert, dadurch sind Benchmarks nur eingeschränkt verwendbar. Indirekte Kosten sind schwierig messbar (Anteil 30->50%). TCO bewertet nur Kosten, die Wirtschaftlichkeit jedoch erfordert Kosten und Nutzen zu betrachten. Die „Total Cost of Ownership" ist nicht total, da mitunter nur Ausschnitte der Gesamtkosten ins Kalkül einbezogen werden. Die Kostendynamik durch den technologischen Fortschritt mindert den Nutzen von Historiendaten. TCO berücksichtigt nicht die spezifische Geschäftssituation. Die „managementfreundliche" Zusammenfassung in einer Kennzahl birgt die Gefahr der Fehlinterpretation. TCO liefert keine Aussagen über Kosten-Entwicklungen.

Die Anbieter toolbasierter Beratung sind dabei, die Modelle weiter auszubauen, um in der Vergangenheit bemängelte Schwächen der TCO-Betrachtung zu eliminieren. Alle führenden Anbieter integrieren Simulationen, Prognosen, Nutzenbetrachtungen, komplexere Anpassungsalgorithmen usw. Beispielhaft seien hier IDC genannt, die TCO in eine ROI-Ermittlung integrieren, Metagroup, die mit predictive Cost Modelling die Prognose in den Vordergrund stellen, GIGA Group, die ein anpassbares Chart of Acounts eingeführt haben oder auch wieder Gartner mit erweiterten Kontextinformationen und dem TCO-Index, der mehrdimensionale Interpolationen ermöglicht. Allerdings: die Inkompatibilität der Modelle wird bleiben.

TCO-Fazit

TCO hat die IT-Kostenbetrachtung verändert und ein Umdenken ausgelöst. Als erste umfassende IT-Kostenbetrachtung liefert TCO einen Rahmen für Kosten-/Nutzenstrukturierung. Es gibt nicht „das" beste TCO-Modell, es gibt auch keine direkte Vergleichbarkeit zwischen den Modellen. Stets wichtig ist, nicht nur auf

Kosten zu schauen, sondern auch den Nutzen zu betrachten. Benchmarks sollten nicht überbewertet werden. Die Benchmarkwerte sind stets auf gleiche Rahmenbedingungen zu prüfen. Veränderungen relativ zur Ausgangssituation im Sinne einer Fortschrittskontrolle im eigenen Unternehmen sind dagegen gut messbar. Die Bewertung indirekter Kosten ist umstritten, die Erfassung schwierig. Es sind viele komplexe Tools im Einsatz.

Bei all dem sollte man die Anwendung des gesunden Menschenverstands nicht vergessen und dem Grundsatz folgen:

So einfach wie möglich und lösungsbezogen!

Einsatz der TCO-Methodik in Beratungsprojekten

In der Praxis sind TCO-Analysen meist Bestandteil komplexer Projekte.

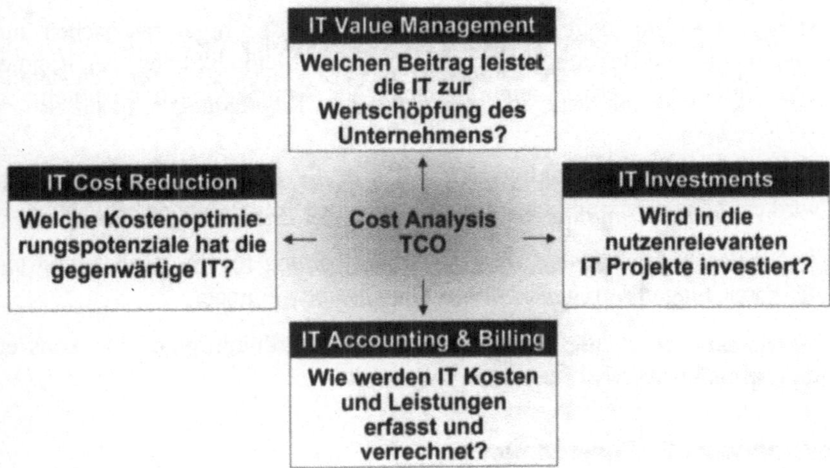

Abb. 86. Aspekte der TCO-Methodik

Für Unternehmen geht es darum, Kosten zu senken, Investmententscheidungen transparent zu machen, Kosten transparent zu verrechnen oder den Beitrag der IT zur Wertschöpfung des Unternehmens darzustellen.

Der TCO-Ansatz ist dafür eine wertvolle methodische Hilfe. Die C_sar AG setzt die TCO-Methodik ein, um konkrete, auf die aktuelle Unternehmenssituation bezogene Lösungen zu erarbeiten. Unser TCO-Modell lässt sich durch die folgenden Merkmale charakterisieren:

- Es ist ein Vollkostenansatz. Top down werden ausgehend vom Gesamtbudget die Kosten und Nutzen detailliert.

- Die Detaillierung wird individuell auf das Untersuchungsfeld zugeschnitten.

- Damit ergibt sich eine mehrdimensionale Matrix deren Detaillierung den konkreten Zielstellungen entsprechen justierbar ist und die einen Drill down erlaubt.

- Die spezifischen Kontextinformationen des Klienten finden starke Berücksichtigung in der Analyse und Bewertung, da der Focus in der Regel eher auf konkreten Vorschlägen zur Verbesserung der Unternehmenssituation als auf Benchmarkwerten liegt.

- Die generierte Zahlenbasis ist vollkommen transparent und für den Klienten zugänglich, sodass über die Nachvollziehbarkeit der Zahlen Vertrauen und Akzeptanz geschaffen wird.

- In der Regel konzentriert sich die Untersuchung auf direkte Kosten und Nutzen, indirekte Kosten und Nutzenbetrachtungen sind jedoch problemlos integrierbar.

- Starkes Gewicht liegt in den Projekten auf der organisatorischen und technologischen Beratungskompetenz, die TCO-Methodik liefert den Rahmen und die Mengengerüste, um die fachlichen Empfehlungen quantitativ zu untermauern.

- Durch konsequent interaktives Vorgehen in der Erarbeitung der Ergebnisse wird ein hohes Commitment zur Umsetzung der Empfehlungen erreicht.

- Auf Wunsch des Klienten wird die Verantwortung für die Realisierung und die Erreichung des prognostizierten Nutzens übernommen.

Im Folgenden wird die Integration der TCO-Philosophie in konkrete Beratungsprojekte an zwei Beispielen vorgestellt.

Praxisbeispiel 1: IT-Investments

Erstes Praxisbeispiel ist die Erstellung einer Konsolidierungsstudie für mehrere IT-Dienstleister in der Pre-Merger-Phase. Die Aufgabenstellung umfasste das Designen von Konsolidierungsszenarien, den Nachweis der prinzipiellen technischen Realisierbarkeit und die Bewertung der wirtschaftlichen Folgen mit der der Darstellung der resultierenden Synergiepotenziale.

Eingesetzt wurden die Szenariotechnik für den technisch-organisatorischen Teil und ein TCO-basierter Business Case für die Kosten/Nutzen-Betrachtung. Zur Strukturierung der IT-Kosten werden sie in sieben Kostenarten unterteilt.

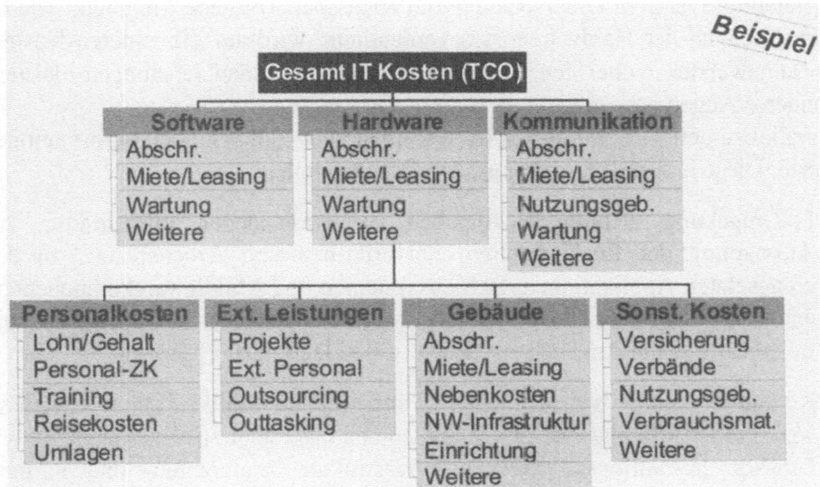

Abb. 87. Aufgliederung der Kosten

Jede Kostenart subsumiert eine Anzahl weiterer Kostenarten, die allerdings nicht primär technologischen Komponenten oder Betriebsprozessen wie Benutzerunterstützung oder Systemadministration zugeordnet sind.

Die grundlegenden Kostenarten werden nach kundenspezifischen Kriterien gegliedert, das können z.B. sein: eingesetzte Technologien oder Produkte, Standorte, Regionen, Länder-Organisationseinheiten, Unternehmen oder Konzernbereiche.

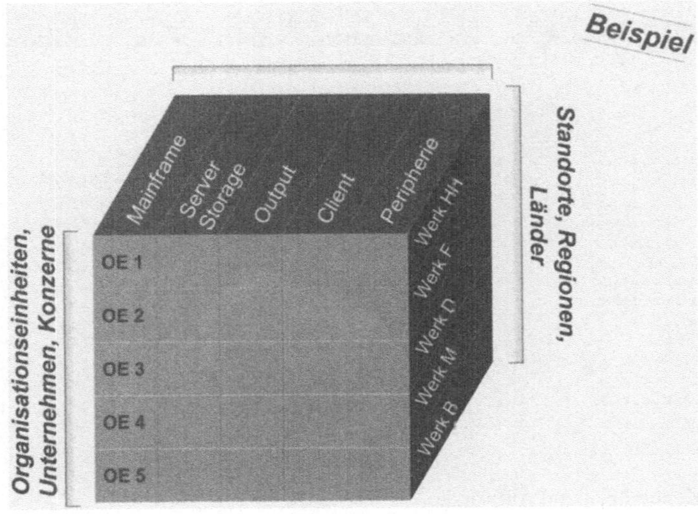

Abb. 88. Kostenwürfel

Die Detailtiefe ist dem Untersuchungsziel anpassbar. Dieselbe Methodik, wie im Beispiel anhand der Hardwarekosten verdeutlicht, wird auf die anderen Kostenarten angewendet, wobei den Personalkosten und externen Leistungen meistens besonderes Augenmerk gilt.

Parallel zu den Kosteninformationen werden notwendige Kontextinformationen erhoben. Diese lassen sich in drei großen Gruppen teilen:

- IT-Umgebung: detaillierte Angaben zur vorhandenen Infrastruktur, zur Ausstattung der Rechenzentren, Serverfarmen und Arbeitsplätze, zu den eingesetzten Applikationen, Betriebssystemen und Middlewarekomponenten, aber auch Servicezeiten, Servicelevel, Kapazitäts-, Performance- und Lastprofile sowie Angaben zu Standards und laufenden Projekten

- Kenngrößen: in verschiedenen Untergruppen sind zusammengefasst: Kenngrößen über das oder die Unternehmen insgesamt zusammengefasst, wie Umsatz, Investitionsvolumen, Kundenstruktur, Lieferanten- und Partnerstruktur; Personalkenngrößen, wie z.B. die Gehaltsstruktur, Skillmatrizen etc. oder in Korrespondenz zur IT-Umgebung technische Kenngrößen wie Anzahl MIPS, TB, Transaktionen usw.; Servicekennzahlen wie Anzahl Calls, Changes, Problems etc.

- Personalaufwände: detaillierte organisationsbezogene und tätigkeitsbezogene Erfassung der Aufwände der IT-Mitarbeiter unter Berücksichtigung der Servicezeiten und der unterschiedlichen Leistungsempfänger

Abb. 89. Kenngrößen und Aufwände

Auch hier gilt, dass Umfang und Detaillierung durch das Ziel der Untersuchung bestimmt werden. Die Fragebögen werden auf die jeweilige Kundensituation hin angepasst.

Der TCO-basierte Business Case ist ein integraler Bestandteil der Beratungsergebnisse.

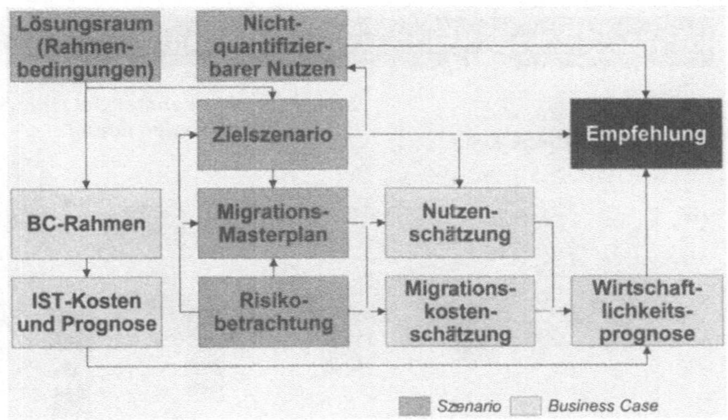

Abb. 90. Vorgehensweise

Er liefert die Prognose der IT-Kosten (ohne die geplanten Veränderungen) als Ausgangsbasis, die Nutzen, die durch Realisierung des Zielszenarios realisierbar sind und die zu erwartenden Zusatzkosten, um das Zielszenario zu erreichen. Aus diesen Komponenten wird die Wirtschaftlichkeitsprognose für das Gesamtvorhaben generiert. Der zugrunde liegende Betrachtungszeitraum beträgt gewöhnlich fünf Jahre. Durch den gewählten TCO-Ansatz ist es möglich, die Auswirkungen aller Veränderungen auf das konsolidierte IT-Gesamtbudget deutlich zu machen.

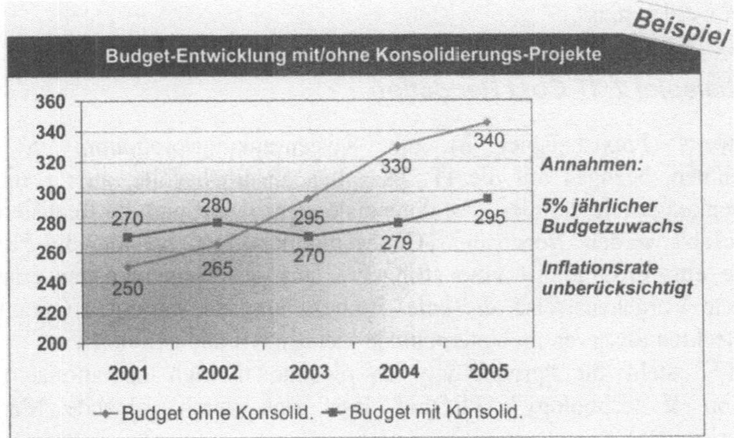

Abb. 91. Budget-Entwicklung

Eine andere Darstellung ist die Break Even-Betrachtung. Sie gibt Auskunft, über den Zeitraum, bis die realisierten Nutzen die Zusatzkosten übersteigen.

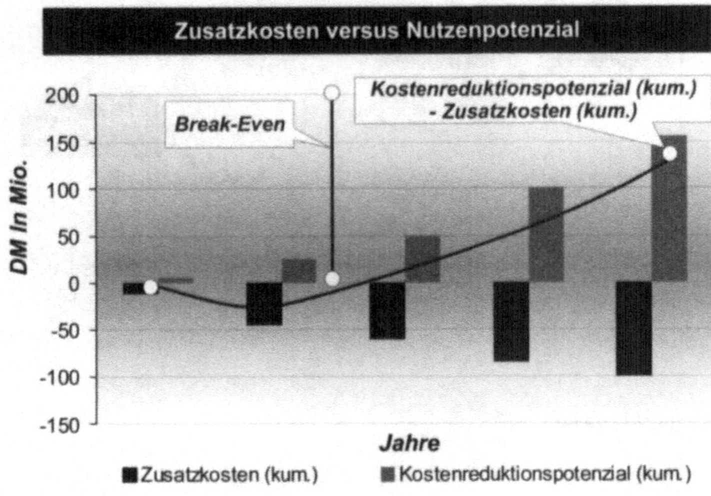

Abb. 92. Vergleich

Prinzipiell sind die üblichen Kennwerte der Investitionsrechnung generierbar: Kapitalwert, Return on Invest usw. Aufgrund des generischen Rahmens und der flexiblen Anpassbarkeit des Modells an die kundenspezifischen Gegebenheiten ist das Einsatzspektrum breit gefächert über alle Fälle, in denen eine IT-Investition unter Erfassung aller relevanten Kosten (TCO) auf ihre Wirtschaftlichkeit bewertet werden muss.

Praxisbeispiel 2: IT Cost Reduction

Das zweite Praxisbeispiel ist ein Kostensenkungsprogramm in einem Unternehmen, bezogen auf die IT. Es sollen anspruchsvolle, aber realistische Kostensenkungsziele definiert, die Potenziale identifiziert und die Realisierung in Gang gesetzt werden. Neben der TCO-Methodik setzt C_sar hier die PROFIT-Methode ein. PROFIT ist eine stringente, aus der Gemeinkostenwertanalyse abgeleitete Vorgehensweise, die unter Einbeziehung der gesamten Organisation die versteckten Reserven im Unternehmen identifiziert und aktiviert:

PROFIT steht für "productivity & revenue through operational fitness, innovation & technology". PROFIT lässt sich durch folgende Merkmale charakterisieren:

- Produktivitätssteigerungen sind gleichermaßen im Focus wie Kostensenkungen

- Kurze Laufzeit durch strukturiertes Vorgehen

- Payback in weniger als einem Jahr

- Nutzung des Wissens und der Kreativität der Mitarbeiter

- Hohe Akzeptanz durch breite Beteiligung

- Persönliches Commitment für Realisierung

- Basis für einen effektiven, kontinuierlichen Verbesserungsprozess

Der TCO-Ansatz ist ein integraler Bestandteil des PROFIT-Vorgehens in allen Phasen.

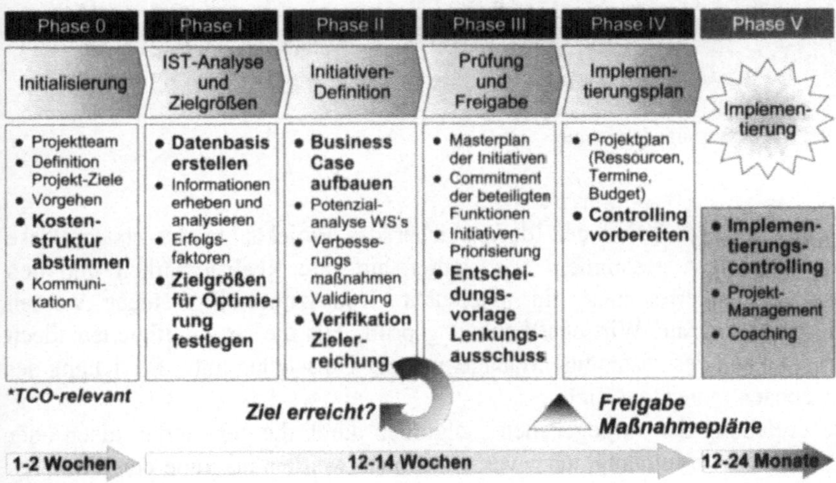

Abb. 93. PROFIT-Übersicht

Von der Initialisierung bis zur Implementierungssteuerung wird die TCO-Methodik durchgängig angewandt. Aus der Analyse der Ausgangssituation definieren Kernteam und Berater Zielgrößen, die durch das Top-Management bestätigt werden. Die Vorgehensweise zeichnet sich dadurch aus, dass bereits nach 12-14 Wochen bestätigte Maßnahmepläne vorliegen, auf die sich das verantwortliche Management verpflichtet hat. Wesentlicher Bestandteil der Methode sind die Initiativenblätter, in denen die Ideen dokumentiert und bewertet werden.

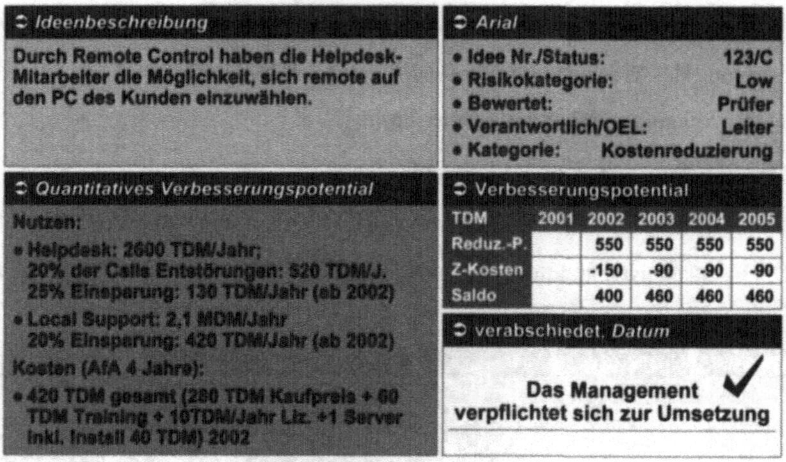

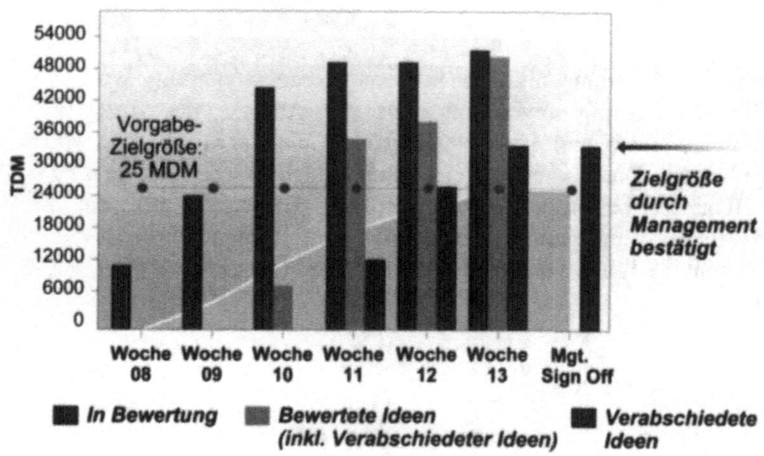

Abb. 94. Verbesserungspotenziale

Die Initiativenblätter sind der Ideenspeicher des Projekts. In der ersten Phase werden alle Ideen gesammelt. Sie werden auf ihre Realisierbarkeit und den Beitrag zur Zielerreichung hin untersucht. Umsetzungsfähige Ideen werden durchgeplant und auf Wirtschaftlichkeit geprüft. Für die so qualifizierten Ideen verpflichtet sich das zuständige Management zur Umsetzung unter Erreichung der beschriebenen monetären Ziele.

Die Ereichung der vorgegebenen Zielgrößen durch die generierten Ideen oder Initiativen wird regelmäßig ausgewertet. Oftmals werden am Ende des Prozesses die Zielvorgaben übertroffen.

Abb. 95. Zielgrößen

PROFIT wurde bereits vielfach in unterschiedlichen Branchen und in Unternehmen unterschiedlicher Größenordnung erfolgreich eingesetzt. Die Auswertung dieser Projekte zeigt, dass Kostenreduzierungen von ca. 20% insgesamt erzielt wurden. Dies ist keine Zahl im Sinne eines Benchmarks.

Projekterfahrungen aus IT-Kostenprojekten

Aus den durchgeführten Projekten in denen der TCO-Ansatz verwendet wurde, lassen sich zusammenfassend einige Erfahrungen extrahieren:

- Ein „Standard"-TCO-Modell ist für die erste Iteration als Rahmen geeignet, dann sollte eine Anpassung an die Unternehmensspezifika erfolgen.

- Die TCO-Struktur gibt schnell Aufschluss über Relationen zwischen den Kostenkategorien, zwischen Unternehmensteilen und zwischen verschiedenen Infrastrukturen.

- Stets ist die Wirtschaftlichkeit insgesamt (Kosten/Nutzen) und im speziellen Geschäftskontext zu betrachten.

- Praktische Anwendung bringt die Zuordnungsprobleme zutage.

- Nicht überanalysieren - statt zuviel Detailzahlen lieber ein gutes Verständnis der Gesamtkosten, der Hauptkostentreiber und des IT-Nutzens.

- Kostenoptimierungen nicht als Einzelmaßnahmen, sondern im Gesamtkontext planen, Abhängigkeiten und Wechselwirkungen beachten.

- Kostenoptimierungen realisieren sich nicht von selbst - die Durchsetzung erfordert Zielstrebigkeit, Pragmatismus, Konsequenz.

Die beste Methodik bleibt wirkungslos, wenn die Konsequenz zur Umsetzung fehlt:

Am Ende zählt das realisierte Ergebnis.

Prozesskostenrechnung (PKR)

Wozu PKR?

Die Prozesskostenrechnung ist eine Vollkostenrechnung für die indirekten Bereiche. Sie ist folgendermaßen zu charakterisieren:

- Tätigkeitsorientierte Erfassung der Kosten

- Aktivitätsorientierte Strukturkostenplanung und -kontrolle

• Prozesskostenorientierte Kalkulation

Der Ansatz der PKR bezieht sich vor allem auf die indirekten Bereiche und versucht, dort eine ähnliche Kostenerfassung der Tätigkeiten vorzunehmen, wie die traditionellen Verfahren in den produktiven Bereichen. Das heißt, die Planungs-, Steuerungs- und Kontrolltätigkeiten werden in Teilfunktionen zerlegt und die dabei anfallenden Kosten erfasst. Die daraus abgeleiteten Kosteneinflussgrößen werden ermittelt und quantifiziert und können somit Grundlage für eine beanspruchungsgerechtere Kostenzuordnung auf Kostenträger dienen.

Kern des Ansatzes der PKR ist im Unterschied zur klassischen, funktionsorientierten Kostenrechnung eine Neustrukturierung der Gemeinkostenbereiche in sachlich zusammengehörige, häufig kostenstellenübergreifende Prozessketten. Letztlich sind die Tätigkeiten und die ablaufenden betrieblichen Prozesse verantwortlich für die Entstehung von Kosten. Um Möglichkeiten zur Kostenbeeinflussung zu finden, sind also die Prozesse hinsichtlich ihres Einflusses auf den Kostenanfall zu untersuchen. Dabei geht es sowohl um die Struktur als auch um die Höhe der Kosten. Ziel ist das Auffinden von direkten Einflussgrößen (Standards of Performance) des Kostenanfalls in indirekten Leistungsprozessen.

Bei der Planung, Steuerung und Verrechnung von Gemeinkostenbereichen mit Hilfe der PKR geht es im Wesentlichen um folgende Aspekte:

1. Zunächst werden im Rahmen der PKR die Leistungen bzw. Aktivitäten indirekter Bereiche definiert und anschließend deren Ressourcen-Inanspruchnahme bewertet. Damit entsteht Transparenz hinsichtlich der Kostenhöhe und der Kostenanteile für die Prozesse eines Unternehmens.

2. Über Kostentreiber (Cost driver) werden die mittel- und langfristigen Einflussgrößen auf die Kosten- bzw. Ressourcenveränderung sichtbar gemacht. Die PKR zeigt die Kosten- und Kapazitätswirkung -

   - veränderter Ablaufstrukturen bei Restrukturierung,

   - einer veränderten Anzahl der Prozessdurchführungen und/oder

   - einer rationelleren Prozessdurchführung auf.

3. Sofern Ursache-Wirkungs-Zusammenhänge identifizierbar sind – und nur dann –, sind die Prozesskosten in einem weiteren Schritt auf Produkte, Kunden oder Marktsegmente zurechenbar. Dadurch werden die Kalkulation und Ergebnisrechnung verbessert, da die Inanspruchnahme von Ressourcen aus dem indirekten Bereich aktivitätsbezogen einfließt.

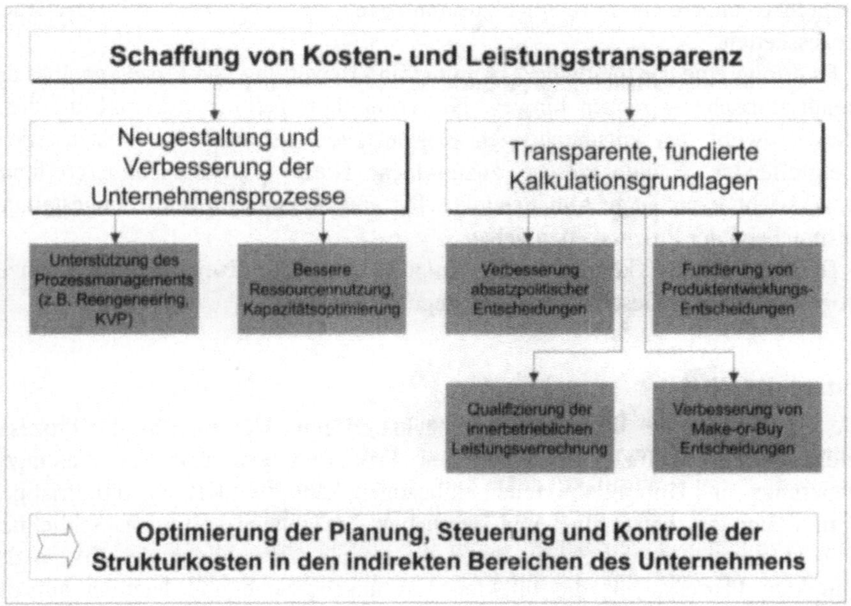

Abb. 96. Struktur

Bei der PKR handelt es sich nicht um ein völlig neues Kostenrechnungssystem. Sie baut vielmehr auf Daten und Informationen der traditionellen Kostenarten- und Kostenstellenrechnung auf. Die PKR ist mittlerweile zu einem Standardverfahren sowohl zur kostenrechnerischen Abbildung der indirekten Bereiche von Produktionsunternehmen als auch zur Abbildung von Prozessen in Dienstleistungs- und Handelsunternehmen, Banken und Versicherungen sowie in Verwaltungsbetrieben geworden.

Das Grundanliegen besteht darin, die nicht zurechenbaren Strukturkosten/ Fixkosten so aufzulösen, dass sie wie variable Einzelkosten auf verschiedene Kalkulationsobjekte zugerechnet werden können. Wenn es gelingt, die Zusammenhänge in der Wirkungskette zwischen

Kunden – Produkten – Prozessen – Ressourcen

aufzudecken, dann können die Auswirkungen von markt- und produkt-bezogenen Entscheidungen auf die (mittelfristig) veränderbaren Kosten bzw. Kapazitäten in den indirekten Bereichen transparent gemacht werden.

Zur Systematisierung der Prozesse wird eine Prozesshierarchie verwendet, die grundsätzlich aus beliebig vielen Ebenen bestehen kann. In der Regel genügt jedoch völlig die Unterscheidung von Hauptprozessen, Teilprozessen und Tätigkeiten (Aktivitäten). Im Rahmen der Prozessbildung erfolgt, im Unterschied zur funktionsorientierten Kostenrechnung, eine Neustrukturierung der

Gemeinkostenbereiche in sachlich zusammengehörige, kostenstellenübergreifende Prozessketten.

Es erfolgt eine ganzheitliche Abbildung und Bewertung von Prozessen über die organisatorischen Grenzen hinweg. Die ermittelten Teilprozesse sind auf diese Weise sowohl den entsprechenden Kostenstellen als auch den kostenstellenübergreifenden Hauptprozessen zuzuordnen. Diese kostenstellenübergreifende Prozesssicht kann auch Anhaltspunkte für eine organisatorische Umgestaltung entsprechend der Prozessketten geben.

Darüber hinaus können auch Impulse für die Neugestaltung ganzer Prozessketten oder Geschäftsprozesse gegeben werden.

Nutzen der PKR

Die Erkenntnisse der PKR können zunächst zu einer Optimierung der Prozesse selbst führen. Werden die ermittelten Prozessmengen dann in Planungs-, Steuerungs- und Kontrollaktivitäten einbezogen, kann die PKR zur mittelfristigen Optimierung der personellen und sächlichen Kapazitäten beitragen. Schließlich kann in einem weiteren Schritt durch die interne Verrechnung der Kosten der indirekten Prozesse auf die direkten Leistungsbereiche und letztlich auf die Endprodukte die Kalkulation verbessert werden. Ferner kann, ausgehend vom Markt- bzw. Zielpreis, eine rückwärts gerichtete Beeinflussung der Kostensituation auch der indirekten Leistungsbereiche erfolgen.

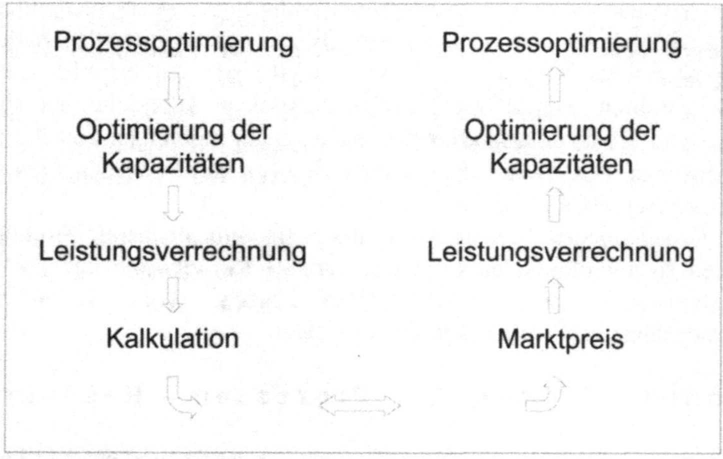

Abb. 97. Optimierung der Prozesse

Ausgangspunkt zur Anwendung der PKR oder besser eines umfassenden Prozesskostenmanagements als Gesamtheit von Maßnahmen zur effektiven und effizienten Einführung und Realisierung der PKR ist also ein möglichst umfangreiches *Prozess-Reengineering*. Auf dieser Basis ergeben sich folgende grundsätzliche Wirkungen:

- Verursachungsgerechtere Verteilung der Strukturkosten der indirekten Leistungsbereiche über Prozesskosten auf die Kostenträger.

- Qualifiziertere Planung, Abrechnung und Analyse der aktivitäts-bezogenen Kosten der indirekten Leistungsbereiche.

- Verbesserung von Prozessabläufen und/oder Einsparung von (unnötigen) Prozessen und damit Kapazitäten und Ressourcen sowie Kostenreduzierung je Prozess und daraufhin Senkung von Stück- und Periodenkosten.

- Transparenz von Unterauslastung/Kapazitätsengpässen bei wichtigen erfolgskritischen Prozessen.

Folgende Hinweise sollen dem Anwender helfen, die vorhandenen Klippen bei der Einführung einer PKR zu erkennen und sicher zu umschiffen:

1. Die Einführung der PKR setzt voraus, dass sich das Management und der Controller-Dienst nachhaltig mit erfolgskritischen Prozessen beschäftigen.

2. Die Konzeption und Einführung der PKR sollte als Projekt gestaltet werden. Es empfiehlt sich, einen Hauptverantwortlichen als Prozess-Owner mit Projektleiterkompetenz einzusetzen. Das Projektteam sollte überschaubar gehalten werden. Alle von den Ergebnissen bzw. Folgen der PKR Betroffenen sollten jedoch entsprechend ihrer Fachkompetenz punktuell einbezogen werden. Daneben sollte der Steuerungskreis als Machtpromotor den Einführungsprozess nachhaltig unterstützen. Nicht den Betriebsrat vergessen! Es ist mit Widerständen in verschiedenen Leitungsebenen zu rechnen, da die Herstellung von Prozesstransparenz leicht als Kontrolle missverstanden werden kann.

3. Die Vorteile einer transparenteren Planung, Abrechnung und Kalkulation durch die PKR müssen den betroffenen Entscheidungsträgern „verkauft" werden. Nur wer den Nutzen der PKR akzeptiert, wird engagiert an der Einführung mitarbeiten.

4. Neben der Kostentreiberanalyse und der Ermittlung von Prozesskostensätzen spielen Qualitätsinformationen, Durchlaufzeiten und Mengendaten für die Prozesssteuerung eine wichtige Rolle. Diese Maßstäbe liefern im Verbund wesentliche entscheidungs-relevante Aussagen.

5. Die PKR kann auch erhebliche Kosten verursachen. Häufig werden Entscheidungen zwischen Genauigkeit und Praktikabilität der Kosteninformationen zu treffen sein. Es gilt der Grundsatz: So genau wie nötig, nicht so genau wie möglich! Zusätzlicher Erfassungsaufwand wird sich nicht völlig vermeiden lassen. Eine möglichst umfassende Automatisierung sollte von Beginn an angestrebt werden, z.B. durch DV-gestützte Zählvorgänge unter Nutzung vorhandener Daten. Meistens stehen bereits viel mehr Daten zur Verfügung als gedacht – sie werden nur für andere Zwecke benutzt. Im

Anschluss an die unternehmensinterne Prozessanalyse kann über die Nutzung geeigneter Software, z.B. Prozessmodellierer, nachgedacht werden.

6. Von einer permanenten Erfassung der Leistungsmengen der indirekten Bereiche sollte Abstand genommen werden. Eine einmalige und z.B. jährlich aktualisierte Analyse sollte als gute Datenbasis ausreichen. Je schneller sich die Prozesse verändern, umso höher wird der laufende Anpassungsaufwand. Diesem Aufwand steht kein Nutzen gegenüber, oder man hinkt häufig mit den Kosteninformationen den veränderten Prozessen hinterher.

7. Umgekehrt besteht die Gefahr, dass mit der PKR bestehende Prozesse konserviert oder nur minimal verbessert werden sowie nicht hinsichtlich ihres Beitrages zur Wertschöpfung in Frage gestellt werden.

8. Die Prozesse und Prozesskostensätze sollten intern, im Unternehmensverbund und möglichst extern hinsichtlich „Best Practice" verglichen werden (Benchmarking).

9. Die souveräne Beherrschung und Verbesserung von Prozessen/Prozessketten ist ein wettbewerbsrelevanter Erfolgsfaktor, wobei die ermittelten Prozesskostensätze nicht der alleinige Beurteilungsmaßstab sein dürfen. Viele Unternehmen haben aber noch nicht die Reserven zur Verbesserung ihrer Prozessfähigkeit ausgenutzt.

10. Die PKR ist ein Tool zur Verbesserung des entscheidungsorientierten Rechnungswesens. Daneben sollte sie zielführend über die Verfolgung der Prozesskostensätze die verantwortlichen Manager zu Verbesserungsmaßnahmen und zur Aufgabe von nichtwertschöpfenden Prozessen und Aktivitäten herausfordern.

Balanced Scorecard

BSC: Vier Sichtweisen auf das Unternehmen

Der Balanced Scorecard (BSC)-Ansatz ist der Vorschlag für ein Managementsystem, das die Mängel »klassischer« Kennzahlensysteme beseitigen und eine umfassende, an der Unternehmensstrategie orientierte Steuerung ermöglichen soll. »The Balanced Scorecard complements financial measures of past performance with measures of the drivers of future performance.« Dabei stehen folgende vier Absichten im Vordergrund:

- Klärung und Übersetzung von Vision und Strategie in konkrete Aktionen,

- Kommunizieren und Verbinden strategischer Ziele mit Maßnahmen,

- Pläne aufstellen, Vorgaben formulieren und Initiativen abstimmen,

- Verbessern des Feedbacks und Lernens.

Selten liefern Strategien handlungsleitende Aussagen, und kaum einmal werden gleichzeitig mit der Zielfestlegung auch die dafür notwendigen Aktionen und erfolgsprüfenden Indikatoren bestimmt. Diese erfolgskritischen Verknüpfungen meistert die Balanced Scorecard, indem sie die finanziellen Zielsetzungen mit den Leistungsperspektiven hinsichtlich

- Finanzen,

- Kunden,

- interner Prozesse sowie

- des Lernens

strategie- und visionsfokussiert zusammenfasst.

Die Abbildung zeigt diese Verknüpfung von Vision und Strategie in den genannten vier Perspektiven auf.

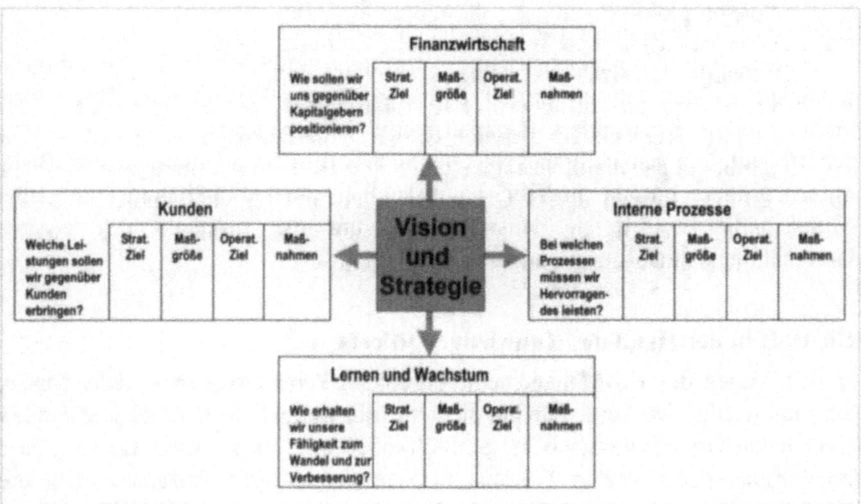

Abb. 98. Perspektiven

Balanced Scorecard

So sieht das Grundgerüst einer Balanced Scorecard aus: Mit Hilfe der BSC werden Vision und Strategie in vier Perspektiven übersetzt. Dies lässt sich formlos, beispielsweise auf einem Blatt Papier, darstellen. Je Perspektive sollte man sich drei bis fünf Ziele setzen. Diese trägt man in die entsprechenden Felder ein. Um den Erfolg des strategischen Ziels zu kontrollieren, sollte man sich auf durchgängige Messgrößen einigen, Teilziele bestimmen und Handlungsschritte festlegen.

BSC und Wissensmanagement

Die Balanced Scorecard fördert und fordert das Wissensmanagement in vielerlei Hinsicht: Allein der Prozess, strategische Ziele in operative Handlungen zu übersetzen und Messinstrumente festzulegen, verlangt einen Transfer von Wissen: zwischen Abteilungen, Mitarbeitern und verschiedenen Hierarchieebenen.

Obgleich der finanzielle Fokus innerhalb des Perspektiven-Quartetts Priorität hat, muss deutlich betont werden: Die Balanced Scorecard ist ein integratives Instrument; eine Perspektive allein kann die Vision nicht realisieren; alle vier gehören zusammen. Die Perspektive Lernen und Wachstum kann somit auch die finanzwirtschaftliche Perspektive beeinflussen - und umgekehrt. Die BSC unterstützt das Zusammenführen und Handling verschiedener Wissensgebiete.

Wer die BSC anwendet, muss Ziele vereinbaren. Prozesse sollen effizienter werden, Geschäftsbereiche profitabler, Mitarbeiter zufriedener - zumeist sind derlei Ziele nicht ohne Anstrengung und nicht unter Beibehaltung des Status Quo zu erreichen. Das heißt: Neue Produktionsverfahren, neue Absatzmärkte und Motivationsprogramme müssen erarbeitet, also Wissen generiert werden. Die Balanced Scorecard initiiert Wissensmanagement und -transfer.

Traditionelle Kennzahlensysteme vermitteln durch ihre Konzentration auf monetäre Größen ein im besten Fall fokussiertes Wissen. Die BSC bezieht nichtmonetäre Kennzahlen (beispielsweise Mitarbeiterzufriedenheit) ein und schafft damit ein ganzheitliches, facettenreiches Bild eines Unternehmens. Bislang nutzen größere Firmen die BSC hauptsächlich, um Geschäftsfelder zu steuern. Mittelständler setzen sie verstärkt ein, um die Strategie des gesamten Unternehmens umzusetzen und zu kontrollieren.

Die BSC in der Hand des Knowledge-Officers

In den Augen des US-Managementtheoretikers Peter Drucker ist jeder Manager ein »knowledge worker«. Für ihn steht für die Zukunft fest: »Ziel und Funktion einer jeden Organisation, ob im geschäftlichen oder im privaten Bereich, ist die Integration spezialisierten Wissens in eine gemeinsame Aufgabe«. Um diese Aufgabe zu meistern, benötigen wir Wissensmanagement. »Wissensmanagement als zielgerichtete Gestaltung organisationaler Lernprozesse basiert darauf, erfolgsrelevantes Wissen zu identifizieren, zu erzeugen bzw. zu entwickeln, in Verhalten umzusetzen [...]«. Doch betrachten wir hier den Wissensbeauftragten (knowledge officer) im engeren Sinne: Der Knowledge Officer soll sein Handeln mit Hilfe einer Balanced Scorecard planen. Auch Wissensmanagement als unternehmerische Aufgabe ließe sich in vier Perspektiven aufteilen:

- Es gibt einen finanziellen Aspekt (etwa das jährliche Budget),

- eine Kundenausrichtung (etwa die Mitarbeiter im Unternehmen, einzelne Abteilungen),

- die internen Prozesse (Wie könnten beispielsweise Fortbildungsmaßnahmen eine höhere Beteiligung erzielen?) und

- die Perspektive des Lernens und Wachstums (Wie zufrieden sind die Referenten?).

Somit könnten wir für und mit unserem Knowledge Officer Ziele, entsprechende Handlungen und deren Indikatoren entwickeln. Die oft geführte Diskussion um Notwendigkeit und Wirksamkeit entsprechender Funktionsbereiche bekäme eine bessere Grundlage. Dennoch ist zu beachten, dass der Aufwand und die Interdependenzen, die durch die Verknüpfung mit anderen Funktionsbereichen entstehen, um so größer werden, je kleiner der Bereich ist, auf den die BSC angewendet wird.

Wie die Balanced Scorecard funktioniert

Die klassischen Kennzahlensysteme sind von zahlreichen Unzulänglichkeiten geprägt:

- Sie sind ausschließlich operativ und damit vergangenheitsorientiert ausgerichtet. Die Verbindung zur Unternehmensstrategie fehlt oft;

- im Mittelpunkt stehen nur Zahlen der Bilanz und der Gewinn-und-Verlust-Rechnung, nichtmonetäre Leistungsgrößen werden nicht einbezogen;

- sie ermöglichen keine Steuerung des Unternehmens, weil sie an Symptomen und nicht an Ursachen anknüpfen;

- Fragen der Erarbeitung, Verfolgung und Rückkopplung der Kennzahlen werden nicht problematisiert. Das heißt, ihre Einbindung ins Managementsystem bleibt ungeklärt. In der Wettbewerbssituation der Gegenwart können »klassische« Kennzahlensysteme das Management nicht ausreichend unterstützen.

Die Verknüpfung der vier Balanced Scorecard-Dimensionen folgt der Logik einer Ursache-Wirkung-Beziehung. Aus den Erwartungen der Kapitalgeber abgeleitete monetäre Ziele stehen an oberster Stelle. Aus ihnen lassen sich in dieser Reihenfolge die weiteren Zieldimensionen ableiten:

Typisch für die Zielgrößen der *Finanzperspektive* sind die branchenunabhängigen, auf die Steigerung des Unternehmenswertes abzielenden Größen wie etwa der Cash flow. Strategiespezifische Größen wie die Projektrentabilität bei einem Anlagenbauer können hier Eingang finden.

Bei der *Kundenperspektive* stellt sich die Frage, welche Kundenerwartungen zu erfüllen sind, um die finanziellen Ziele zu erreichen. Hier tauchen neben allgemeinen Größen wie der Kundenbindungsquote oder dem Preis-Leistungs-Verhältnis spezifische Größen für ein Zielmarktsegment wie der Zufriedenheitswert für Garantie- oder Servicearbeiten auf.

> **Neun Leitsätze zur Balanced Scorecard:**
>
> 1. BSC betrachtet das Unternehmen aus vier Perspektiven: Finanzwirtschaft, Kunden, interne Prozesse, Lernen und Wachstum.
>
> 2. BSC verbindet finanzielle Steuerungsgrößen mit nichtfinanziellen Steuerungsgrößen.
>
> 3. BSC ist viel eher ein Managementprozess als ein Measurementansatz.
>
> 4. Die BSC beschreibt die spezifische Strategie einer Business Unit.
>
> 5. BSC ist das Vehikel im 4-stufigen strategischen Managementprozess: Übersetzen der Vision, Kommunizieren und Verbinden, Business Pläne aufstellen, Lernen und Anpassen.
>
> 6. BSC hilft, Strategien in Aktionen umzusetzen.
>
> 7. Die BSC für das Gesamtunternehmen, für die Business Units und für einzelne Manager sind aufeinander abgestimmt.
>
> 8. Die BSC beinhaltet:
>
>   - Kurzfristziele und Langfristziele,
>
>   - gewünschte Ergebnisse und die Treiber dieser Ergebnisse,
>
>   - Verbindungen der vier Perspektiven durch Ursache-Wirkungsbeziehungen,
>
>   - nur Maßgrößen, die direkt oder indirekt mit finanziellen Resultaten verbunden sind.
>
> 9. Der Prozess der Erstellung einer BSC ist wichtiger als die Resultate.

Die *interne Prozessperspektive* klärt, bei welchen Prozessen Hervorragendes geleistet werden muss, um die Kunden zu begeistern. Voraussetzung ist, dass das Management die erfolgskritischen Prozesse im Unternehmen, die sogenannten Kernprozesse, identifiziert hat.

Die Perspektive *Lernen* greift Steuerungsgrößen auf, die bei längerfristigem Horizont die Quellen des Unternehmenserfolges sind: Hier steht die Frage im Vordergrund, wie Flexibilität und Fähigkeiten zur laufenden Verbesserung aufrechterhalten werden können.

Das neue Lernen durch die BSC

Mit Hilfe des Balanced Scorecard-Ansatzes wird - anders als bei klassischen Planungs- und Steuerungssystemen - ein *double-loop-learning* ermöglicht: Die strategischen Ziele werden auf ihre Plausibilität hin geprüft, Strategie-Prämissen auf ihre Gültigkeit hin getestet. Die Balanced Scorecard realisiert

Wissensmanagement, weil hier dem operativen und dem strategischen Lernen ein klar definierter Managementrahmen gegeben wird:

Es existiert ein gemeinsamer Rahmen, der die Strategie vermittelt und jedem Mitarbeiter ermöglicht zu erkennen, wie seine Handlungen zur Erreichung der Gesamtstrategie beitragen.

Es ist ein Feedbackprozess da, der die Informationen über die Zielerreichung der Strategie sammelt und die Überprüfung der Hypothesen über die Wirksamkeit der Aktivitäten zur strategischen Zielerreichung ermöglicht.

Ein teamorientierter Problemlösungsansatz wird praktiziert, der aus der Analyse der Leistungsinformationen gegebenenfalls die Anpassung der Strategie an sich geänderte Bedingungen in die Wege leitet.

Ein wichtiges Beispiel des strategischen Lernens mit Hilfe der Balanced Scorecard demonstriert das »Echo Engineering«, gezeigt in der folgenden Abbildung.

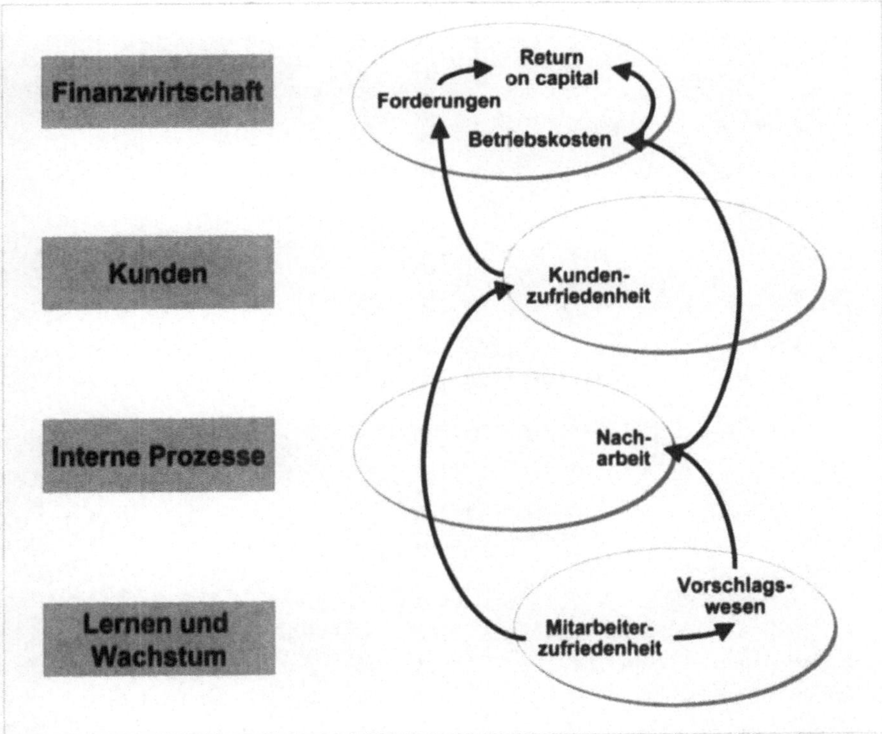

Abb. 99. Echo Engineering

Zufriedene Mitarbeiter sind aktiver und wirken durch Verbesserungen auf Produkte und Prozesse ein. So senken sie Nacharbeit und Betriebskosten. Dies macht wiederum Kunden und Investoren zufriedener.

Die in die Strategie eingebetteten Hypothesen über die Ursache-Wirkungs-Ketten lassen sich in der Realität testen. So lässt sich der vermutete Zusammenhang

- verbesserte Mitarbeiterzufriedenheit,

- verbesserte Kundenzufriedenheit,

- niedrigere Forderungsausfälle,

- höhere Kapitalrendite

durchaus messen und in der zeitlichen Entwicklung kontrollieren. Dazu müssen die Messgrößen in allen Unternehmensbereichen, auf die eine BSC angewendet wird, gleich sein. Die Fortschritte werden in regelmäßigen Meetings, Zielerreichungsgesprächen, überprüft, die in geeignetem Turnus (sechswöchentlich bis jährlich) stattfinden sollten.

> **Was ist beim Implementieren einer Balanced Scorecard zu beachten?**
>
> Zentrale Fragen, die jede Unternehmensführung vor der Einführung einer Balanced Scorecard beantworten muss:
>
> - Hat sich das Top-Management auf eine gemeinsame Vision und Strategie geeinigt?
>
> - Welche Perspektiven müssen unternehmensspezifisch abgebildet werden?
>
> - Besitzen alle Kennzahlen strategische Relevanz?
>
> - Werden maximal 20 Maßgrößen für jede Organisationseinheit (Gesamtunternehmen, Teilkonzern, Division oder Abteilung) verwendet?
>
> - Sind alle Ursache-Wirkung-Beziehungen eindeutig und klar?
>
> Die Initiative für die Einführung der BSC sollte vom Top-Management und/oder dem Chef des betroffenen Geschäftsfelds kommen, denn schließlich ist es die Unternehmens-/Geschäftsbereichsführung, die die strategischen Ziele formulieren und schriftlich niederlegen muss. Das Controlling erweist sich oft als Promotor für die BSC, weil hier die Mängel herkömmlicher Kennzahlensysteme - der Zwiespalt zwischen Strategiedokumentation und Zielverfolgung - am deutlichsten zu Tage treten. Die Kooperation des Controllings ist unabdingbar, da es einen Großteil der relevanten Informationen liefert. Da die BSC jedoch auf Kunden- und Mitarbeiterzufriedenheit setzt und auf die Effizienz interner Prozesse, bleibt kein Unternehmensbereich von dem Projekt unberührt.

Der Weg zum maßgeschneiderten Berichtswesen

Die Balanced Scorecard ist weniger ein »fertiges« System als vielmehr ein Kommunikationsprozess zur Strategieformulierung und zur Übersetzung von

Strategien in konkrete Aktivitäten. Mit ihr sollen vier Haupthindernisse bei der Strategieumsetzung beseitigt werden:

- Vision und Strategie sind nicht operational,

- keine Verknüpfung der Strategie mit den Abteilungs-, Team- und Mitarbeiterzielen,

- keine Verbindung der Strategie zur Ressourcenallokation,

- lediglich operative und keine strategischen Kontrollen.

Des Weiteren gilt: Die Balanced Scorecard fokussiert eher den Prozess als die Instrumente. Sie stellt ein integratives Navigationskonzept zum Herunterbrechen und Präzisieren von Unternehmensstrategien dar und lenkt die Aufmerksamkeit des Top-Managements auf vier wesentliche Perspektiven. Dadurch wird die Datenflut auf eine begrenzte Zahl von Messgrößen reduziert. Statt schablonenhafte Normstrategien umzusetzen, fördert die Balanced Scorecard ein betont unternehmensindividuell maßgeschneidertes Planungs- und Berichtswesen.

IT-Controlling im betrieblichen Finanzwesen

Robby Wirth

Komponenten des IT-Controllings

Die Informationstechnologie hat sich in vielen Unternehmen zu einem der Hauptbestandteile der internen und externen Geschäftsprozesse entwickelt. Angesichts des rasanten Wachstums dieses Marktsegmentes wird sich der Prozess auch in Zukunft weiter verstärken.

In der Folge hat sich auch die Rolle der verantwortlichen IT-Bereiche maßgeblich verändert. Wurden diese Bereiche in der Vergangenheit meist als Cost Center mit allgemeinen Supportaufgaben geführt, so gliedern viele Unternehmen ihre IT-Aktivitäten mittlerweile in eigenständige IT-Service Provider aus. Grundlage dieser Entwicklung sind die gewachsenen Anforderungen der Unternehmen bezüglich der Abrechnung und der zur Verfügung gestellten Dienste. Stand zu Beginn zunächst die allgemeine Support-Funktion im Vordergrund, so bestimmen heute Themen wie Verfügbarkeit, Quality of Service und Integration der Geschäftsprozesse die tägliche Arbeit. Die Informationstechnologie ist damit zu einem der bedeutensten Produktionsfaktoren geworden.

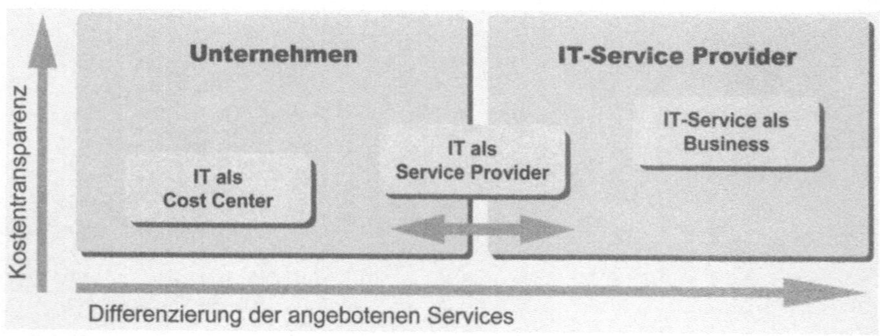

Abb. 100. Entwicklung der IT in Unternehmen

Die Entwicklung der internen IT-Bereiche zu IT-Service Providern erfolgt unabhängig davon, ob sie in Form eines Unternehmensbereiches oder als selbständige juristische Einheit geführt werden. Auch die Prozesse und Strukturen dieser IT-Bereiche entsprechen gleichermaßen zunehmend denen externer IT-Dienstleister. Interne und externe IT-Abteilungen sowie externe IT-Dienstleister werden daher in den folgenden Ausführungen einheitlich als „IT-Service Provider" bezeichnet.

Mit dem steigenden Leistungsumfang haben sich auch die IT-Kosten zu einem dominanten Kostenblock in den Unternehmen entwickelt. Auf Grund der zunehmenden Komplexität der Informationstechnologie ist gleichzeitig die Transparenz dieser Kosten aus Sicht der Unternehmen gesunken. War es in der Vergangenheit noch möglich, ein einfaches IT-Controlling auf Basis der Anzahl der installierten Computer pro Abteilung zu etablieren, so erfordert dies in Zukunft eine detaillierte Nutzungsanalyse der einzelnen IT-Produkte.

Dementsprechend sehen sich auch die IT-Service Provider mit einer neuen Situation konfrontiert. Wurden die angebotenen IT-Produkte in der Vergangenheit meist über jährliche Pauschalen verrechnet, so fordern die Kunden jetzt eine transparente preisliche Differenzierung auf Basis der individuellen Nutzung.

Auch aus Sicht der IT-Service Provider selbst besteht die Notwendigkeit zu einer stärkeren Transparenz der IT-Kosten. Mit der Entwicklung von Cost- zu Profit-Centern ist ein effizientes Controlling der angebotenen IT-Produkte unerlässlich. Nur so ist die langfristige Profitabilität der IT-Service Provider garantiert.

Vor dem Hintergrund dieser Entwicklung müssen IT-Service Provider die Einführung eines umfassenden IT-Controllings forcieren. Ziel ist dabei, ein kosten- und erlösorientiertes Management der IT-bezogenen Geschäftsprozesse sicherzustellen. Im Vordergrund steht die kontinuierliche Identifizierung und Realisierung von Kostensenkungspotenzialen.

Bei der Einführung eines umfassenden IT-Controllings hat sich in der Praxis eine Gliederung der Prozesse und Systeme in die Bestandteile Kalkulation, Planung, Billing und Reporting bewährt.

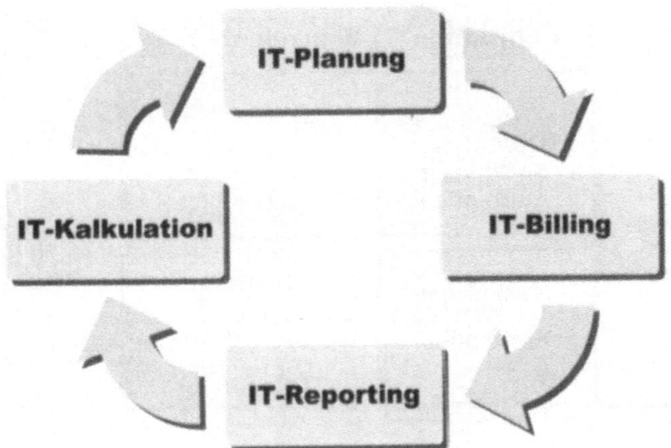

Abb. 101. Bestandteile des IT-Controllings

Die IT-Kalkulation umfasst die Definition und Kalkulation der einzelnen IT-Produkte. Sie ist damit entscheidende Voraussetzung für die IT-Planung.

Die IT-Planung beinhaltet sämtliche Aktivitäten zur Planung der einzelnen IT-Produkte und deren Bestandteile.

Das IT-Billing setzt sich aus der internen und externen Leistungsverrechnung zusammen. Hierbei steht vor allem die Erfassung und Verrechnung der individuellen Nutzung der einzelnen IT-Produkte im Vordergrund.

Das IT-Reporting umfasst die Aufbereitung und Analyse der IT-Kosten und IT-Nutzungsdaten. Hierzu zählen Nutzerreports über die verbrauchten IT-Produkte ebenso, wie die Darstellung der Rentabilität einzelner Bereiche des IT-Service Providers in Form geeigneter Kennzahlen.

Voraussetzung ist dabei eine prozessorientierte Sicht auf die einzelnen Bereiche der IT-Leistungserbringung. Hierzu werden die Leistungen der Bereiche des IT-Service Providers anteilig zu IT-Produkten zusammengefasst. Diese IT-Produkte bilden die Grundlage des IT-Controllings.

Die prozessbezogene Analyse der IT-Kosten ist damit auch der Ausgangspunkt des Vorgehensmodells zur Einführung eines IT-Controllings bei internen und externen IT-Service Providern. Das Modell stützt sich auf eine vierstufige Vorgehensweise. Im Rahmen der Analyse werden die Aktivitäten des IT-Service Providers zu IT-Prozessen mit den zugehörigen Kosten zusammengefasst. Diese Analyse bildet dann die Grundlage der betriebswirtschaftlichen und technischen Konzeption des zu implementierenden IT-Controllings. Darauf aufbauend erfolgt die Implementierung der Prozesse und Systeme zur Planung und Kalkulation, zur Verrechnung sowie zur Analyse und zum Reporting der angebotenen IT-Produkte. Die Einführung wird mit der Überführung in den operativen Betrieb auf der Grundlage eines entsprechenden Betriebs- und Wartungskonzeptes abgeschlossen.

Die einzelnen Phasen dieses Vorgehensmodells bilden die Grundlage der nachfolgenden Erläuterungen.

Abb. 102. Vorgehensmodell zur Einführung eines IT-Controlling

Implementierungs-Phasen zum IT-Controlling

IT-Prozesskostenanalyse

Das Controlling von internen und externen IT-Service Providern ist derzeit durch eine stark funktionsbezogene Sicht geprägt. Die diesbezüglichen Analysen beschränken sich meist auf gesamte Kostenblöcke, wie Investitionen, Betrieb oder Personal. Ursache dafür sind die Schwierigkeiten bei der Zuordnung dieser Kosten zu einzelnen IT-Prozessen und Nutzern. So werden Netzwerke und Server meist von mehreren Applikationen genutzt. Auch betreuen die Mitarbeiter des IT-Service Providers selten nur eine Applikation oder Fachabteilung.

Ein effizientes Management der IT-Kosten ist mit einer funktionsbezogenen Sicht nicht möglich. Voraussetzung für ein nutzungsbezogenes Management der IT-Kosten ist eine prozessorientierte Zusammenfassung der Leistungen eines IT-Service Providers und der damit verbundenen Kostenanteile. Hierzu empfiehlt sich die Verwendung eines Total Cost of Ownership (TCO) Ansatzes.

Dabei werden zunächst die Leistungen der einzelnen Bereiche des IT-Service Providers detailliert erfasst und nach Hardware, Software oder Personalkosten gruppiert. In einer detaillierten Analyse werden dann die Kosten dieser Leistungen ermittelt. Darauf aufbauend erfolgt die Definition der Prozesse des IT-Service Providers. Die zuvor definierten Leistungen werden den einzelnen Prozessen kostenmäßig zugeordnet. Im Ergebnis entsteht eine Kosten-Leistungsmatrix, die die funktionsbezogenen Kosten des IT-Service Providers in einer prozessorientierten Sicht zusammenfasst.

In Verbindung mit der Anzahl der Nutzer der einzelnen IT-Prozesse lassen sich aus der Kosten-Leistungsmatrix die Kosten pro Prozess und Nutzer ermitteln.

Die IT-Prozesskostenanalyse liefert damit eine detaillierte Darstellung der Kostenbestandteile der definierten IT-Prozesse bezogen auf den einzelnen Nutzer. Sie bildet eine fundierte Grundlage für den Aufbau eines umfassenden IT-Controllings.

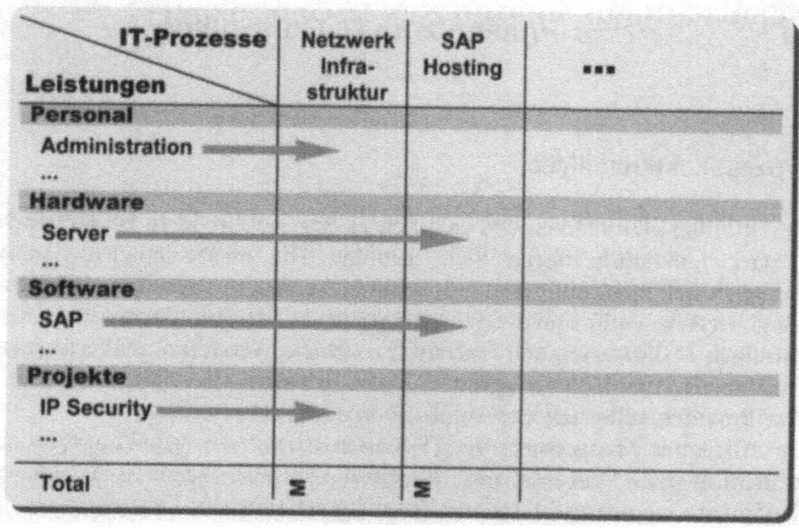

Abb. 103. Kosten-Leistungsmatrix

Zusätzlich liefert die IT-Prozesskostenanalyse detaillierte Informationen für die Identifikation und Realisierung von Kostensenkungspotenzialen. Allein durch die prozessorientierte Darstellung zeigen sich meist schon deutliche Optimierungspotenziale in einzelnen Bereichen. Oft werden dabei unverhältnismäßig hohe Aufwände für einzelne IT-Produkte oder redundante Tätigkeiten verschiedener Bereiche des IT-Service Providers sichtbar.

Gleichzeitig können die Kosten pro Nutzer und IT-Prozess für das IT-Benchmarking mit vergleichbaren Unternehmen verwendet werden.

Betriebswirtschaftliche Konzeption

Die Einführung eines umfassenden IT-Kostenmanagements betrifft eine Vielzahl von bestehenden betriebswirtschaftlichen Prozessen der IT-Service Provider. Hierzu zählt neben der Verrechnung der genutzten IT-Ressourcen vor allem die Integration des IT-Controllings in die bestehenden Finanzsysteme des Unternehmens.

Daraus ergibt sich zwangsläufig der Bedarf an geeigneten Schnittstellen zu den entsprechenden betriebswirtschaftlichen Systemen. Schwerpunkt ist dabei die Anpassung der Prozesse der Finanzbuchhaltung und des Controllings. Nur als integraler Bestandteil der betriebswirtschaftlichen Systeme kann das IT-Controlling effizient zur Steuerung und Optimierung der Informationstechnologie des IT-Service Providers eingesetzt werden. Eine detaillierte betriebswirtschaftliche Konzeption ist zwingende Voraussetzung für die Einführung eines umfassenden IT-Controllings. Grundlage sind die Ergebnisse der IT-Prozesskostenanalyse.

In der Praxis hat sich dazu die Verwendung des nachfolgend dargestellten Parametermodells bewährt. Es definiert den betriebswirtschaftlichen Rahmen des IT-Controllings.

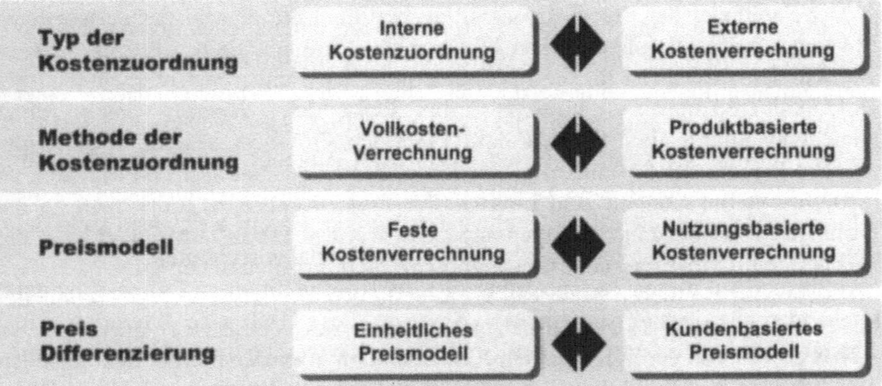

Abb. 104. Parameter des IT-Controllings

Der Typ der Kostenzuordnung bestimmt die Verrechnung der angebotenen IT-Produkte. Bei internen IT-Service Providern werden die Kosten meist im Rahmen des Gemeinkostencontrollings von der IT-Abteilung auf die einzelnen Unternehmensbereiche verrechnet. Handelt es sich bei dem IT-Service Provider um ein eigenständiges Unternehmen muss die Verrechnung der Leistungen zwangsläufig über eine externe Rechnungslegung erfolgen. Die diesbezüglichen Prozesse des IT-Controllings müssen also neben dem Controlling auch in der Finanzbuchhaltung implementiert werden.

Bei der Definition der Methode der Kostenzuordnung wird definiert, ob die Verrechnung der angebotenen IT-Produkte auf Basis eines Vollkostenansatzes oder auf der Grundlage von vordefinierten Produktpreisen erfolgt. Die Verwendung des Vollkostenansatzes entspricht dem klassischen Umlageverfahren und führt zu einer vollständigen Entlastung des IT-Service Providers. Da die umgelegten Kosten durch die individuelle Nutzung nur bedingt beeinflusst werden können, hinterlässt dieser Ansatz beim Kunden jedoch eine „kann ich eh nicht beeinflussen" Haltung. Durch die fehlenden festen Produktpreise ist eine konkrete Planung der Abnahme einzelner IT-Produkte nur bedingt möglich. Die Verwendung des Ansatzes definierter Produktpreise hingegen bietet den Kunden eine eindeutige Kalkulationsgrundlage. Da die Produktpreise über einen bestimmten Zeitraum konstant sind, können die Kunden durch die Änderung ihres Nutzungsverhaltens die ihnen zugeordneten Kosten direkt beeinflussen. Bei den Preismodellen wird zwischen fester und nutzungsbasierter Kostenverrechnung unterschieden. Die feste Kostenverrechnung basiert auf einem pauschalen Tarif unabhängig von der tatsächlichen Nutzung der IT-Produkte. Sie ist damit eine einfache Methode zur Verrechnung von IT-Kosten, die insbesondere bei IT-Produkten mit einem hohen Anteil an fixen Kosten oder geringer Nutzung zum

Einsatz kommt. Die Voraussetzung der nutzungsbasierten Kostenverrechnung ist die Erfassung der Nutzung der einzelnen IT-Produkte. Voraussetzung ist die Erfassung der individuellen Nutzung der einzelnen Kunden. Sie empfiehlt sich für IT-Produkte mit hohen variablen Kosten und heterogener Nutzung.

Der Parameter der Preisdifferenzierung bestimmt die Anzahl der verwendeten Preismodelle für die angebotenen IT-Produkte. Ein einheitliches Preismodell für alle Kunden wird meist für die IT-Verrechnung innerhalb von Unternehmen oder Unternehmensgruppen eingesetzt, da hier der Wunsch nach einer Gleichbehandlung aller Kunden des IT-Service Providers besteht. Kundenspezifische Preismodelle kommen in der Regel beim Angebot von IT-Produkten an mehrere externe Kunden zum Einsatz. Die Preise können so individuell an die Bedürfnisse der einzelnen Kunden angepasst werden. Darauf aufbauend kann der IT-Service Provider mögliche Gewinnpotenziale optimal ausschöpfen.

Aufbauend auf diesen Parametern erfolgt die Konfiguration und Anpassung der bestehenden betriebswirtschaftlichen Systeme des IT-Service Providers. In Abhängigkeit von der individuellen Kundensituation werden hierbei Schnittstellen und Prozesse zur Einführung und zum Betrieb des zukünftigen IT-Controllings definiert. Diese Definition bildet die Grundlage für die technische Konzeption des IT-Controlling Systems.

Technische Konzeption

Systeme zum IT-Controlling nutzen eine Vielzahl von Schnittstellen zu den bestehenden IT-Systemen des IT-Service Providers. So erfolgt die Datenerfassung meist direkt an den Netzwerkelementen, Servern oder Applikationen. Die aufbereiteten Daten zu den einzelnen IT-Kosten werden wiederum an das ERP- oder CRM-System übertragen. Für die Zuordnung der Nutzungsdaten zu den einzelnen Verursachern ist eine Verbindung zu einem zentralen Nutzer-Repository erforderlich. Um ein effizientes Zusammenspiel der damit verbundenen Einzelprozesse zu garantieren, ist eine ganzheitliche Lösung des Systems zum IT-Controlling erforderlich.

Aus den Erfahrungen des Autors hat sich hierzu eine dreistufige Architektur zur Erfassung, Aufbereitung und Verarbeitung der Kosten- und Nutzungsdaten der einzelnen IT-Prozesse bewährt.

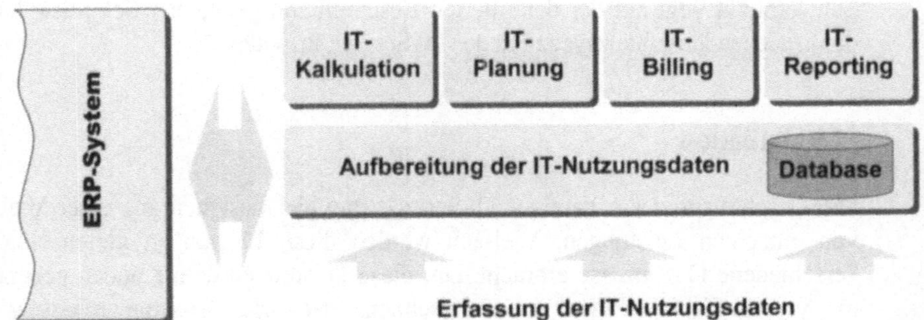

Abb. 105. Architektur des IT-Controlling Systems

Bei der Erfassung der individuellen Nutzung der einzelnen IT-Ressourcen steht die Auswahl der entsprechenden Datenquellen im Vordergrund. In Abhängigkeit von den angebotenen IT-Produkten kommen dabei unterschiedlichste Datenquellen zum Einsatz, die nach den nachfolgend dargestellten Gruppen unterschieden werden.

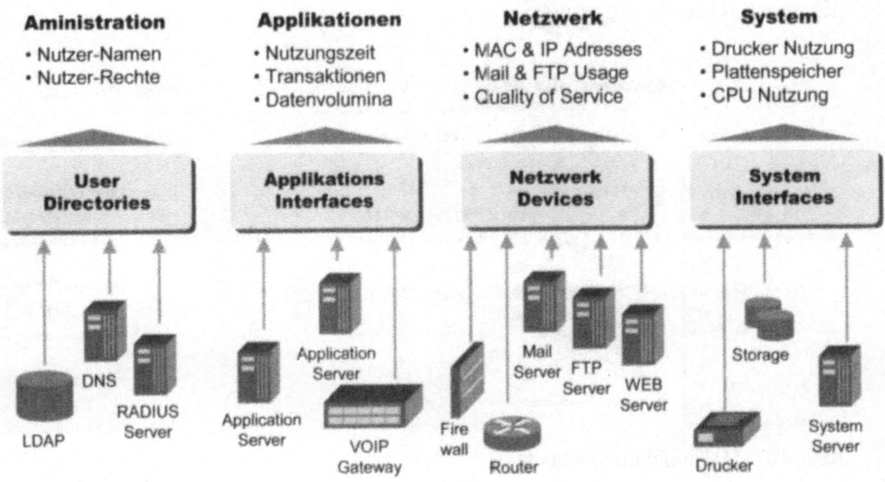

Abb. 106. Datenquellen zur IT-Nutzung

Die Aufbereitung der IT-Nutzungsdaten umfasst vor allem die Zuordnung der erfassten Daten zu den einzelnen Nutzern, die Aggregation per Tag oder Monat und die Tariffierung als Grundlage der Rechnungserstellung. Zur Automatisierung dieses Prozesses ist die Anbindung an ein zentrales Nutzer-Repository unumgänglich, welches Informationen zur Identifikation der einzelnen Nutzer je Datenquelle enthält.

Nach der Verarbeitung werden die IT-Nutzungsdaten in die bestehenden betriebswirtschaftlichen Systeme des IT-Service Providers übertragen. Der

Schwerpunkt liegt auf der detaillierten Beschreibung geeigneter Schnittstellen zu den bestehenden Finanzsystemen des IT-Service Providers.

IT-Kalkulation

Die Geschäftsprozesse heutiger IT-Service Provider bestehen aus einer Vielzahl von einzelnen Leistungen. Vielfach werden diese Leistungen gleichzeitig für verschiedene IT-Prozesse erbracht. Um diese Leistungen dem Kunden gegenüber in verständlicher Form zu verrechnen, ist die Zusammenfassung zu entsprechenden IT-Produkten sinnvoll. Die Leistungen der einzelnen IT-Bereiche werden dabei über mehrere Stufen zu den definierten IT-Produkten zusammengefasst.

Voraussetzung dafür ist die Einführung von entsprechenden IT-Kalkulationsschemata, welche die Leistungen des IT-Service Providers auf die einzelnen IT-Produkte abbilden. Auf Basis der geplanten Abnahmemengen können so die individuellen Kosten der einzelnen IT-Produkte ermittelt werden. Die ermittelten Kosten bilden die Grundlage der Definition der Preise der einzelnen IT-Produkte. Parameter sind hier die individuelle Kundensituation und die angestrebte Gewinnmarge.

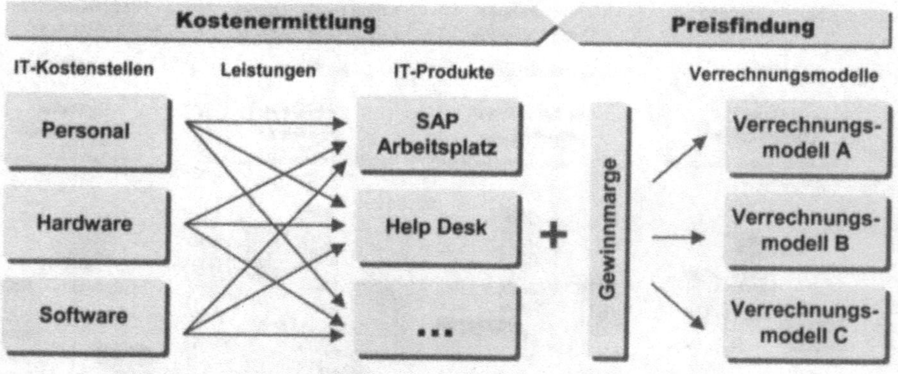

Abb. 107. IT-Kalkulationsschema

Der definierte Kalkulationsprozess sollte vollständig in die Finanzprozesse des IT-Service Providers integriert werden. Zukünftige Änderungen in der Kostenstruktur können so schnell und flexibel in die Kalkulation der einzelnen IT-Produkte einbezogen werden. Über die Integration eines entsprechenden Kosten- und Erlös-Controllings wird so auch langfristig die Profitabilität der einzelnen Stufen des Leistungsprozesses sichergestellt.

Die Implementierung einer flexiblen IT-Kalkulation bietet dem IT-Service Provider die Möglichkeit, seine IT-Produkte auf der Basis der zugehörigen Leistungen exakt zu kalkulieren. Sie ist damit eine entscheidende Voraussetzung für den wirtschaftlichen Erfolg des IT-Service Providers.

IT-Planung

Mit der Einführung eines verstärkt kosten- und erlösorientierten Managements von IT-Service Providern stellt sich automatisch die Anforderung nach geeigneten Planungsdaten. Oft sind die Nutzer der IT-Produkte jedoch über mehrere interne und externe Kunden und Kundengruppen verteilt. Auch muss die Planung sowohl die abgenommenen IT-Produkte aus Kundensicht, als auch die dazu notwendigen Personal-, Hardware- und Software-Ressourcen aus Sicht des IT-Service Providers abbilden. Nur so ist ein permanenter Soll-Ist Vergleich der genutzten IT-Ressourcen und der abgenommenen IT-Produkte möglich. Eine manuelle IT-Planung ist dabei in den meisten Unternehmen mit vertretbarem Aufwand kaum noch möglich.

Analog zur IT-Kalkulation sollte daher auch die IT-Planung innerhalb der bestehenden Finanzsysteme des IT-Service Providers implementiert werden. Die Planungsdaten für die einzelnen IT-Produkte der internen und externen Kunden werden dann elektronisch erfasst. Auf der Grundlage der individuellen der geplanten Nutzung der einzelnen IT-Produkte lassen sich über definierte Kalkulationsschemata die dazu erforderlichen Personal- sowie Hard- und Software Ressourcen ermitteln. So können bereits vor der eigentlichen Leistungserbringung notwendige Anpassungen der vorhandenen und benötigten IT-Ressourcen, wie Personal, Hard- und Software vorgenommen werden.

Zusätzlich muss sichergestellt werden, dass der Vergleich mehrerer Szenarien sowohl in der Planungsphase aber auch unterjährig im Rahmen monatlicher Forecasts gewährleistet ist.

Im Einzelnen werden in der Informationstechnologie die nachfolgend dargestellten Planungen unterschieden.

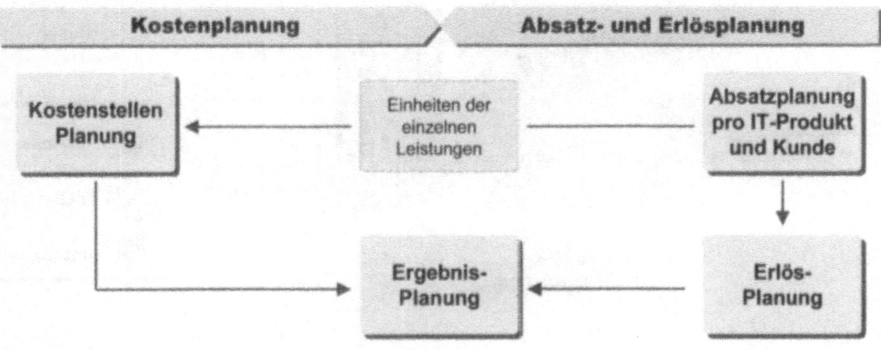

Abb. 108. Bestandteile der IT-Planung

Die Absatz- und Erlösplanung umfasst die Planung der Abnahmemengen für die einzelnen IT-Produkte pro Kunde. In Verbindung mit den jeweiligen Preismodellen wird darauf aufbauend die Erlösplanung erstellt. Gleichzeitig bildet die Absatzplanung auch die Grundlage der Kostenplanung für die einzelnen Bereiche des IT-Service Providers. Über die Kalkulationsschemata der einzelnen

IT-Produkte lassen sich retrograd die benötigten IT-Ressourcen hinsichtlich Personal sowie Hard- und Software ermitteln. In Verbindung mit der Erlösplanung wird darauf aufbauend die Ergebnisplanung erstellt.

Der IT-Service Provider erhält mit diesem Planungssystem die Möglichkeit, seine Leistungen und die damit verbundenen Kosten sowohl aus Kundensicht als auch aus Sicht der einzelnen internen IT-Bereiche detailliert zu planen und zu überwachen. Über die transparente Darstellung der Einflüsse der IT-Ressourcen auf die einzelnen IT-Produkte können Kostensenkungspotenziale leichter identifiziert und realisiert werden.

IT-Billing

Die Verrechnung der in Anspruch genommenen IT-Produkte ist das zentrale Element eines umfassenden IT-Controllings. Grundlage ist dabei die Nutzung der einzelnen IT-Produkte durch die jeweiligen Kunden. Neben der Erfassung der Nutzungsdaten steht vor allem die Zuordnung zu den einzelnen Nutzern im Vordergrund. Die aufbereiteten Nutzungsdaten bilden die Grundlage der individuellen Verrechnung mit den internen und externen Kunden. Herkömmliche Finanzsysteme bieten hierzu nur sehr eingeschränkte Funktionen. Speziell die Erfassung und Aufbereitung der IT-Nutzungsdaten erfordert daher zusätzliche Lösungen. Diese müssen jedoch zwingend die enge Integration mit den bestehenden Finanzsysteme sicherstellen, um Redundanzen bei den betrieblichen Controlling-Systemen zu vermeiden.

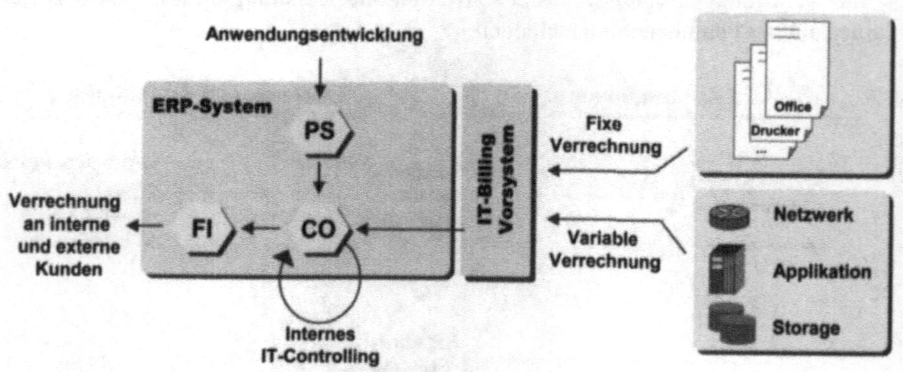

Abb. 109. IT-Billing in bestehenden ERP-Systemen

In der Praxis hat sich der Einsatz spezieller Vorsysteme zum IT-Billing bewährt. Vergleichbar mit herkömmlichen Systemen zur Betriebsdatenerfassung ermitteln sie die individuelle IT-Nutzung pro Produkt, aggregieren diese pro Nutzer und erstellen so eine monatliche Nutzungsübersicht pro Kunde.

Hinsichtlich der Tariffierung dieser Nutzungsdaten finden in der Praxis zwei unterschiedliche Lösungen Anwendung.

Im ersten Lösungsansatz werden nur die IT-Nutzungsdaten im gewählten Vorsystem zum IT-Billing ermittelt und als Verrechnungsparameter an das ERP-System übergeben. Die Zuordnung der diesbezüglichen Kosten sowie die zugehörigen Buchungsvorgänge erfolgen dann vollständig innerhalb des ERP-Systems. Sofern das ERP-System derartige Funktionen zur Verfügung stellt, sollte dieser Lösungsansatz verwendet werden, da sämtliche finanztechnische Auswertungen direkt aus dem ERP-System generiert werden können.

Im zweiten Lösungsansatz werden die ermittelten IT-Nutzungsdaten pro Kunde und Produkt innerhalb des Vorsystems zum IT-Billing zusätzlich tariffiert und zu einer Rechnung zusammengefasst. An das ERP-System werden dann die direkten Buchungsdaten übergeben. Der Vorteil dieses Lösungsansatzes besteht in der Entlastung des ERP-Systems. Insbesondere bei einer großen Anzahl von Kunden und Produkten werden so mögliche Performance-Engpässe oder aufwendige Anpassungen im ERP-System vermieden. Ein umfassendes Controlling des gesamten Prozesses der IT-Leistungserbringung erfordert aber   i.d.R. die Korrelation der Daten aus dem ERP- und dem Vorsystem.

Mit der flexiblen Zuordnung von IT-Produkten und Verrechnungsmodellen zu den einzelnen Kunden wird bei beiden Lösungsansätzen eine optimale Anpassung der Leistungsverrechnung an den Prozess der IT-Leistungserbringung garantiert.

IT-Reporting

Moderne IT-Service Provider sehen sich beim IT-Reporting mit verschiedenen Anforderungen konfrontiert. Zum Einen erfordert das Management des IT-Service Providers detaillierte und zeitnahe Informationen über die genutzten IT-Produkte und die damit verbundenen Kosten. Zum Verständnis der Entwicklung einzelner Geschäftsprozesse sind zusätzlich die IT-Ressourcen den genutzten IT-Produkten gegenüberzustellen. Zum Anderen fordern aber auch die internen und externen Kunden detaillierte Kosten und Nutzungsreports über die in Anspruch genommenen IT-Produkte. Diese bilden für sie die Grundlage der Optimierung ihres Nutzungsverhaltens. Ein effizientes IT-Reporting ist damit ein unverzichtbarer Bestandteil moderner IT-Controlling Systeme.
In der Praxis hat sich dazu die Definition einer Informationspyramide für den IT-Service Provider und dessen Kunden bewährt. Darin werden die individuellen Reports für die einzelnen Zielgruppen definiert. Die Informationspyramide gliedert sich in drei Ebenen.

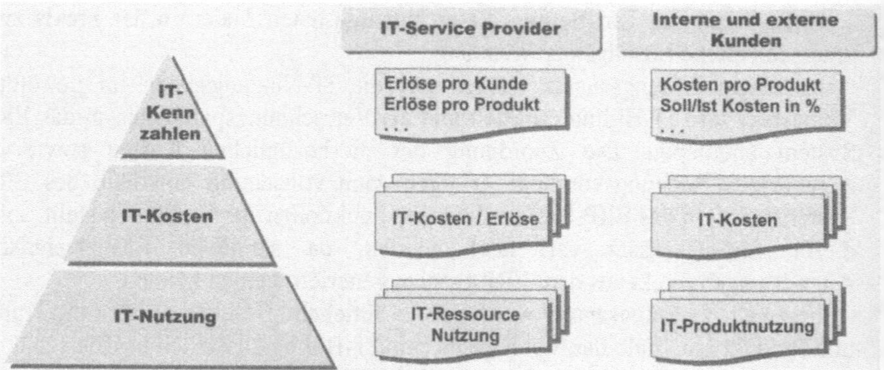

Abb. 110. IT-Reporting Pyramide

Die oberste Ebene bilden die IT-Kennzahlen. Die Nutzungs- und Kosteninformationen werden so aufbereitet, dass sie als Indikator der Nutzungs- und Kostenentwicklung genutzt werden. Sie dienen schwerpunktmäßig der Information des Managements des IT-Service Providers und der Kunden.

Die mittlere Ebene umfasst die IT-Kostenreports. Diese umfassen Informationen über die Entwicklung der Kosten der genutzten IT-Produkte bzw. den dazu erforderlichen IT-Ressourcen. Innerhalb des IT-Service Providers dienen sie zur Steuerung der einzelnen Bereiche durch die jeweiligen Kostenstellenverantwortlichen. In Verbindung mit den zugehörigen Erlösen kann zusätzlich die Profitabilität der einzelnen IT-Produkte ermittelt werden. Der Kunde erhält mit den Kostenreports eine detaillierte Übersicht über die Kosten der genutzten IT-Produkte.

Die unterste Ebene bilden die IT-Nutzungsreports. Sie liefern umfangreiche Informationen über die Nutzung der einzelnen IT-Produkte und IT-Ressourcen. Aus Sicht des IT-Service Providers steht dabei die Nutzung der einzelnen IT-Ressourcen pro IT-Produkt im Vordergrund. Über einen permanenten Soll-Ist Vergleich kann den Einsatz von Personal sowie Hard- und Software zeitnah an die Nachfrage der Kunden angepasst werden. Dem Kunden bieten detaillierte Informationen zur Nutzung der einzelnen IT-Produkte weitreichende Möglichkeiten zur Analyse und Optimierung seiner IT-Kosten.

Wartung und Betrieb

Die Einführung von Prozessen und Systemen zum IT-Controlling führt bei IT-Service Providern zu einer maßgeblichen Veränderung ihrer Geschäftsprozesse. Durch die Einführung eines kosten- und erlösorientierten Managements wird das IT-Controlling zu einem zentralen Geschäftsprozess.

Um Ausfälle zu vermeiden, ist ein Betriebskonzept erforderlich, welches die Verfügbarkeit und Funktion des IT-Controllings auf der Basis der individuellen Anforderungen des IT-Service Providers sicherstellt.

Den IT-Service Providern bietet sich hier eine breite Palette von Lösungen an: von der vollständigen Übernahme des Betriebes bis zum Outsourcing einzelner Wartungs- und Betriebsleistungen durch externe Dienstleister. Da die Anforderungen an die Funktionen und Verfügbarkeiten des IT-Controllings von der jeweiligen Kundensituation abhängen, existieren hier keine allgemeingültigen Lösungen. Vielmehr sollten sich diesbezügliche Konzepte an den Prozessen zum Betrieb der bestehenden finanztechnischen Systeme des IT-Service Providers orientieren bzw. daraufhin angepasst werden.

Die Ansätze zum vollständigen Betrieb des IT-Controllings durch einen externen Dienstleister und zur Nutzung individueller Wartungs- und Supportleistungen sind in der nachfolgenden Tabelle zusammengefasst.

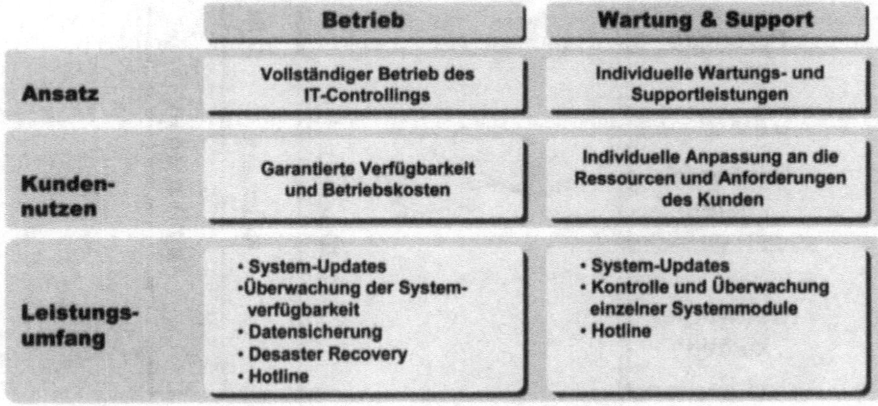

Abb. 111. Ansätze zum Betrieb von IT-Controlling-Systemen

Nutzen des IT-Controllings

Grundlage jeder Investitionsentscheidung ist immer eine Kosten-Nutzen Betrachtung. Dies gilt auch für die Einführung eines umfassenden IT-Controllings. Allgemein formuliert lässt sich dies auch im Bereich der Informationstechnologie auf die Beantwortung der Frage „Was nutzt Controlling" mit den üblichen Antworten zur Kostenreduzierung durch zeitnahe und bedarfsgerechte Informationen reduzieren. Darüber hinaus bietet die Einführung eines IT-Controllings jedoch gerade für interne IT-Service Provider die folgenden zusätzlichen Vorteile:

Kostenoptimierung durch Kostentransparenz

Die prozessbezogene Darstellung der IT-Kosten ermöglicht eine detaillierte Analyse pro Kunde und IT-Prozess. Den IT-Service Providern bietet sich damit erstmals die Möglichkeit, Kostensenkungspotenziale auf der Basis der Identifikation von Kostentreibern einzelner IT-Prozesse zu realisieren. Gleichzeitig liefert die detaillierte Definition der IT-Prozesse sowie der zugehörigen Kosten eine ideale Basis für ein Benchmarking mit vergleichbaren Unternehmen.

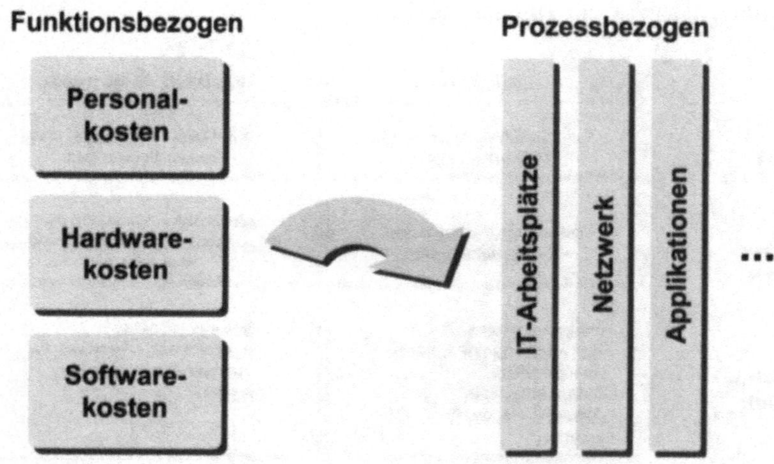

Abb. 112. Prozessbezogene Aufbereitung der IT-Kosten

Differenzierung des Leistungsangebotes

Sowohl interne als auch externe Service Provider sehen sich zunehmend einem starkem Wettbewerbsdruck ausgesetzt. Die optimale Ausrichtung des Leistungsangebotes auf die individuellen Kundenbedürfnisse ist dabei einer der Schlüsselfaktoren zum Erfolg. Mit herkömmlichen IT-Controlling Instrumenten ist jedoch nur eine pauschale Verrechnung der einzelnen IT-Produkte möglich. Der Kunde bezahlt damit entweder zu wenig oder empfindet das Preispaket als zu teuer.

Ein umfassendes IT-Controlling bietet dem IT-Service Provider die Möglichkeit, die einzelnen IT-Services nach der tatsächlichen Nutzung zu verrechnen. Die IT-Service Provider können ihre Leistungsangebote damit optimal auf das individuelle Nutzungsverhalten der Kunden zuschneiden. Daraus ergeben sich gleichermaßen Potenziale zur Kostensenkung und zur Gewinnmaximierung durch kundenspezifische Preismodelle.

Optimierung der IT-Infrastruktur

Die nutzungsbasierte Analyse der IT-Kosten bietet IT-Service Providern die Möglichkeit, bisher intransparente Kostenblöcke der IT-Infrastruktur detailliert zu analysieren und zu optimieren. So bieten sich z.B. fast immer Einsparungsmöglichkeiten im Rechenzentrum oder bei Netzstrukturen zwischen verschiedenen Standorten des Unternehmens. Die Kosten der diesbezüglichen Netz- und Server-Infrastruktur können mit bisherigen Mitteln nicht nach den zugehörigen Applikationen aufgeschlüsselt werden. Dem IT-Service Provider bleibt nur die Aufrüstung der Infrastruktur nach der Maximallast.

Auf Basis der verursachungsgerechten Aufbereitung der Datenströme lassen sich die verantwortlichen Applikationen und deren Verursacher dezidiert ermitteln und zielgerichtete Maßnahmen zur Verteilung der Infrastrukturlast oder zur Verwendung alternativer Technologien festlegen. In der Praxis sind dabei oft beträchtliche Kosteneinsparungen realisierbar.

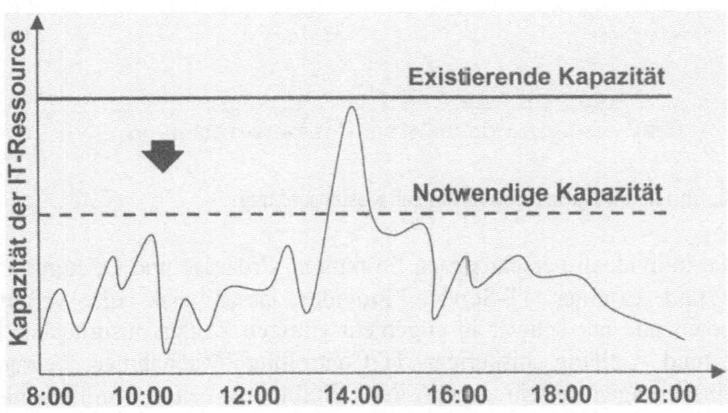

Abb. 113. Optimierungspotenziale bei der IT-Infrastruktur

Motivation zur Kostensenkung

Mit der Einführung eines IT-Controllings können die Unternehmen die Kostenoptimierung direkt auf die einzelnen Unternehmensbereiche verlagern. Wurden die Mitarbeiter und Abteilungen in der Vergangenheit pauschal mit festen Umlagen für die genutzten IT-Produkte belastet, so besteht jetzt die Möglichkeit, die Kosten verursachungsgerecht zu verteilen. Durch die transparente Zuordnung der IT-Kosten steigt die Motivation der Mitarbeiter. Über monatliche Nutzungsreports können die Mitarbeiter und Abteilungen die Kostentreiber selbst identifizieren und reduzieren.

Unternehmen wird damit die Etablierung völlig neuer Anreizsysteme ermöglicht. Über die Beteiligung der Mitarbeiter am Ergebnis der Abteilung oder des Unternehmens entsteht ein starker Anreiz zur individuellen Kostensenkung. Stichworte sind Einsparungen beim Plattenplatz oder die effizienter Nutzung angebotener Rechenzentrumsressourcen. An Stelle zentralistischer Vorgaben tritt jetzt die Verantwortlichkeit des Einzelnen. Die dabei möglichen Kostensenkungspotenziale sind immens.

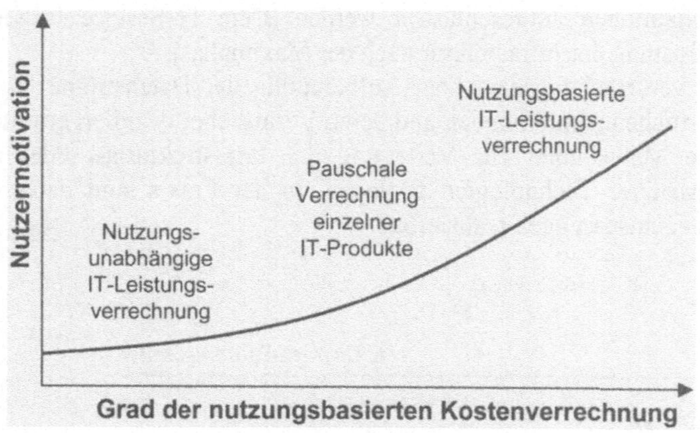

Abb. 114. Stufen der Nutzermotivation zur Kostensenkung

Durch die individuell verschiedenen Strukturen, Prozesse und Leistungsangebote interner und externer IT-Service Provider lassen sich die vorgenannten Nutzenpotenziale nur schwer in allgemein gültigen Zahlen ausdrücken. Je nach Qualität und Umfang bisheriger IT-Controlling Maßnahmen betragen die Kosteneinsparungen direkt nach der Einführung eines umfassenden IT-Controllings oft ein Vielfaches der folgenden Geschäftsjahre. Auf Basis der Erfahrungen der Unternehmen, die ein derartiges IT-Controlling bereits eingeführt haben, kann man langfristig von einer jährlichen Einsparung von mindestens 2-4% der IT-Kosten ausgehen.

Insourcing vs. Outsourcing

Outsourcing – Ja oder Nein?

Stefan Herzog

Einleitung

Die Diskussion um Outsourcing wird seit einigen Jahren geführt. Die Positionen bewegen sich dabei zwischen Befürwortern, die darin in wirtschaftlich schwierigen Zeiten ein Allheilmittel insbesondere gegen hohe Kosten sehen und Gegnern, die Outsourcing als Konzept prinzipiell ablehnen.

Ziel dieses Artikels ist es Entscheidungshintergründe und deren Entwicklung in den letzten Jahren zu betrachten, die zu Insourcing/Outsourcingmaßnahmen führten.

Es lässt sich einerseits die Tendenz beobachten, dass zu Beginn der großen Outsourcing-Bewegung Anfang der 90er Jahre die Motivation eher kostengetrieben war, während in letzter Zeit zunehmend von strategischen Leitmotiven die Rede ist. Andererseits steigt die Bedeutung des IT-Outsourcing gegenüber dem Outsourcing im Fertigungsbereich mit der dynamisch gestiegenen Bedeutung des gesamten IT-Sektors.

Das Thema IT-Outsourcing ist wieder in die öffentliche Diskussion gekommen durch Outsourcing-Aktivitäten von Unternehmen wie z.B. Deutsche Bank, deren IT-Bereich als Kernkompetenz angesehen wurde. Anhand von Beispielen aus der Praxis sollen die Entwicklungen innerhalb der letzten Jahre speziell im Bereich IT-Outsourcing beleuchtet werden.

Anknüpfend daran werden Eckpunkte aufgezeigt, die bei der Entscheidung und Umsetzung von Outsourcingmaßnahmen für deren Erfolg von besonderer Bedeutung sind.

Die hier verwendeten Begriffe Insourcing bzw. Outsourcing werden im Allgemeinen hergeleitet aus den Begriffen „inside" bzw. „outside", „resource" und „using". Diese sind in der Weise zu verstehen, dass eine Leistung durch Bereitstellung interner bzw. externer Ressourcen (der Ressourcenbegriff beinhaltet an dieser Stelle *keine Finanz*ressourcen) erbracht wird. Wenn hier also von Insourcing gesprochen wird, ist damit nicht (nur) die Rückführung zuvor outgesourceter Leistungen zu verstehen, sondern allgemein die Leistungserbringung mittels interner Ressourcen. Wenn im Folgenden von Outsourcing die Rede ist, beinhaltet dies immer auch die immanente Fragestellung des Insourcing, weil die Entscheidung für ein Insourcing gleichzeitig die Entscheidung gegen ein Outsourcing bedeutet.

Entscheidungsgründe für Outsourcing

Allgemeines

Werden in einer Organisation Überlegungen angestellt, Leistungen intern zu erstellen oder von einem Anbieter einzukaufen, so ist im Rahmen dieser „Make or Buy"-Entscheidung ebenso die Wahl einer geeigneten Form der Zusammenarbeit zwischen Outsourcer und Anbieter von wesentlicher Bedeutung. Die Koordinations- bzw. Kooperationsform, an deren äußeren Polen die Erstellung mittels interner Ressourcen bzw. der spontane Bezug von einem externen Anbieter stehen, entscheidet über die beiderseitigen Rahmenbedingungen (Konditionen und Leistungsbeschreibung), unter denen der Leistungsaustausch stattfindet. Die Wahl kann dabei von unterschiedlichen Motiven geprägt sein. Dazu zählen organisatorische, strategische sowie rechtliche Aspekte.

Die nachfolgende Abbildung veranschaulicht das Spektrum unterschiedlicher Kooperations- und Koordinationsformen nach dem Grad der An- bzw. Einbindung in die auslagernde Organisation.

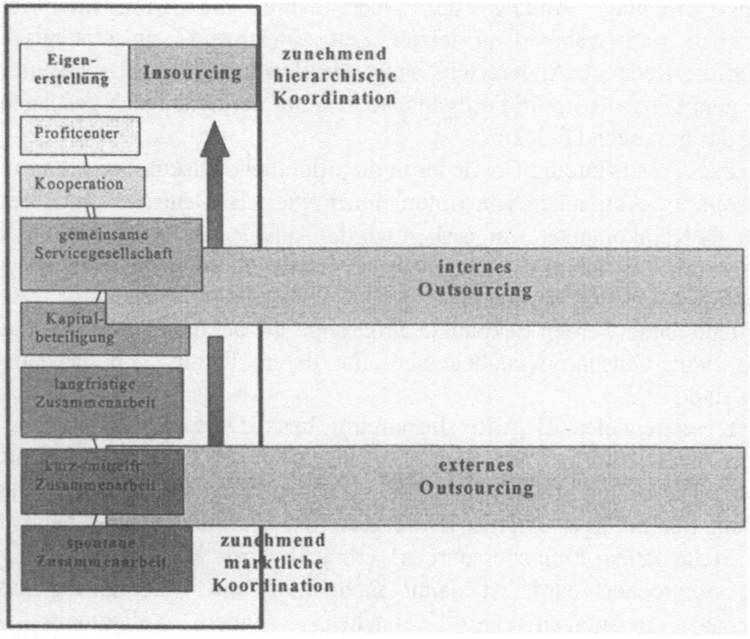

Abb. 115. Insourcing vs. Outsourcing: Koordinationsformen zwischen Markt und Hierarchie

Am oberen Pol steht die Erstellung mittels interner Ressourcen - das eigentliche Insourcing. Sofern eine Eingliederung in die Unternehmens- oder Verwaltungsorganisation – in welcher Ausprägung auch immer – vorgenommen wird, handelt es sich um eine Form des internen Outsourcings. Erst bei Leistungsbezug über – mehr oder weniger langfristige – Verträge wird von externem Outsourcing gesprochen.

Für die Entscheidung, welche Form der Zusammenarbeit die geeignete ist, bedarf es in jedem Fall einer eingehenden Untersuchung der organisationsspezifischen Anforderungen.

Besonderheiten des IT-Bereichs

Der IT-Bereich in Organisationen weist einige Besonderheiten auf, die ihn für Outsourcing-Überlegungen immer stärker in den Mittelpunkt des Interesses gerückt haben. Hierzu zählen insbesondere

- der stark gestiegene Einsatz von IT in Unternehmen und Verwaltung und die damit einhergehend elementare Bedeutung des IT-Bereichs insgesamt

- Sprunghafte Kostensteigerungen in den letzten 10 Jahren, die aus der stetig wachsenden Anwendungsbreite der IT resultieren

- Leistungsaufwände, die nicht verursachergerecht zugeordnet werden können

- die Schnelllebigkeit des IT-Bereichs durch kurze Innovationszyklen

- die Stellung des IT-Bereichs, der in den meisten Organisationen eine dienstleistende und unterstützende Funktion hat, die keine Kernkompetenz darstellt

- das Spektrum an IT-Bereichen, die ausgelagert werden können wie z.B. Mitarbeiterschulung, Support, Hardwarewartung, Softwareentwicklung oder Ausgliederung der gesamten Informationstechnik

Daraus wird ersichtlich, dass der Auslagerung von IT-Dienstleistungen eine weiter zunehmende Bedeutung erhalten wird. Im Folgenden stehen daher insbesondere Aspekte und Erfahrungen im Zusammenhang mit der Auslagerung von IT-relevanten Bereichen im Mittelpunkt.

Das Für und Wider beim Outsourcing

Im Zusammenhang mit Outsourcing wird immer wieder auf den Kostendruck verwiesen, dem sich Organisationen ausgesetzt sehen. Insbesondere in wettbewerbsintensiven Branchen und in Zeiten geringer Wachstumsaussichten finden derartige Konzepte großen Anklang. Dabei wird argumentiert, dass durch die Auslagerung von Unternehmensleistungen aus fixen Kostenblöcken variable Kosten werden, die außerdem eine größere Transparenz durch bessere

Zurechenbarkeit zu den innerbetrieblichen Bereichen ermöglicht. Notwendige Investitionen werden durch den Outsourcing-Anbieter übernommen, der beispielsweise Hardware oder IT-Infrastruktur im Rahmen eines Dienstleistungsvertrages zur Verfügung stellt und wartet. Zwischen Outsourcinggeber und -nehmer können des Weiteren Investitionsrisiken bedarfsgerecht verteilt werden. Als einmaligen finanziellen Effekt für die outsourcende Organisation können zuvor gebundene Betriebsmittel freigesetzt (liquidiert) und für andere Ziele eingesetzt werden.

In letzter Zeit hat sich hingegen verstärkt ein Paradigmenwechsel vollzogen, aus dessen Perspektive sich Outsourcing als eine strategische Unternehmensentscheidung darstellt. Im Zusammenhang mit Outsourcing-Entscheidungen wird zunehmend auf die Konzentration auf das Kerngeschäft verwiesen. Unternehmen wie auch die öffentliche Verwaltung stehen vor dem Problem, die Fachkenntnis für die Planung, den Betrieb und Weiterentwicklung der Informationstechnik vorzuhalten. Daher werden Aktivitäten, die nicht ins Leistungsportfolio gehören, ausgelagert und das Kerngeschäft durch den Zukauf von Kompetenzen gestärkt. Dem gegenüber hat der Outsourcingnehmer[83] durch Spezialisierung die Möglichkeit, Kostenvorteile zu realisieren, die beispielsweise aus größeren Abnahmeverträgen bei Hard- und Softwarelieferanten resultieren. Gleichzeitig verfügen die Mitarbeiter über ein umfangreicheres Spezialwissen und Erfahrungen. Auf diese Weise können Investitions- sowie Personalkosten optimiert werden. Speziell im Bereich der Öffentlichen Verwaltung entstehen aufgrund des bestehenden Gehaltsgefüges Probleme, speziell qualifiziertes Personal zu rekrutieren und dauerhaft an den Bereich zu binden.

Kurze Technologie-Innovationszyklen sorgen des Weiteren dafür, dass technologische Expertise nur kurzweilig und relativ teuer ist, wenn keine Skalenvorteile durch größere Anwendungsbreite zum Tragen kommen. Die in großen und spezialisierten Organisationen gebundene Expertise kann in kleineren Organisationseinheiten nicht aufgebaut oder vorgehalten werden.

Soll zudem im Rahmen der Einführung von neuer Informationstechnik ein technologischer Sprung gelingen, so ist dies häufig mit einem hohen Zeitdruck verbunden. Dabei kann es sich beispielsweise um den Quantensprung von der Schreibmaschine zum PC handeln. Dann ist kurzfristig verfügbares Know-how gefragt. An dieser Stelle ist die Unterstützung durch einen erfahrenen Outsourcing-Partner gefragt, der bei der Umsetzung des Projekts unterstützt und begleitet.

Dem stehen jedoch auch „Transaktionskosten" im Sinne von Vertrags- und Koordinierungskosten gegenüber. Durch die Auslagerung von Leistungen entsteht Aufwand durch die Koordination des Outsourcingnehmers in den organisationsinternen Leistungsprozess. Dabei spielt eine optimierte Vertragsgestaltung zwischen den Beteiligten eine wesentliche Rolle.

---

[83] Der Outsourcingnehmer ist der externe Lieferpartner einer outsourcenden Organisation

In einer Outsourcing-Beziehung entstehen auch Abhängigkeiten des Outsourcinggebers[84] zum Outsourcingnehmer. In der Regel werden langfristige Verträge zwischen beiden geschlossen, um dem Outsourcingnehmer ausreichende Investitionssicherheit zu geben. Auf diese Weise können die notwendigen Anfangsinvestitionen über einen langfristigen Zeitraum amortisiert werden, um die IT-Leistungen überhaupt zu einem hinreichend niedrigen Preis anbieten zu können. Das bindet jedoch beide Vertragspartner und lässt eine kurzfristige Umkehr - wenn überhaupt - nur schwer zu Daher sollten Outsourcing-Entscheidungen sehr sorgfältig vorbereitet werden. An dieser Stelle kann Unterstützung durch einen externen Berater eine wichtige Hilfestellung bieten.

Der strategische Vorteil des Fremdbezugs von technologischem Know-how muss zusätzlich ggf. mit dem Verlust von internem Technologiewissen abgewogen werden - insbesondere im Falle der Auslagerung des gesamten IT-Bereichs oder von Teilen daraus. Auf der anderen Seite ist kritisch zu hinterfragen, ob das technologische Know-how nicht zu den Kernkompetenzen der Organisation gehört, die nicht in fremde Hände gegeben werden sollten.

Die oben aufgeführten Gründe für Outsourcing zeigen, dass es bei der Entscheidung für Outsourcing um zwei Gruppen von Hauptmotiven geht: die finanziellen und die strategischen Motive.

Tabelle 15. Hauptmotive für In- oder Outsourcing

Finanzielle Motive	Strategische Motive
• Ressourceneffizienz • Kostentransparenz • Kurze Innovationszyklen • Finanzielle Freiheitsgrade • Etc.	• Strategische Bedeutung des Kerngeschäfts • Flexibilität am Markt • Mitarbeiterqualifikation • Unternehmerische Unabhängigkeit • Wettbewerbsverhältnisse • Etc.

Ob es um den effizienten Einsatz knapper (Finanz-)Mittel, um die Transparenz und Zuordenbarkeit von Kosten oder kurze Innovationszyklen geht: alle Aspekte lassen sich auf das Finanzmotiv zurückführen.

Die zweite Gruppe von Hauptmotiven beziehen sich auf die unternehmerische Ausrichtung: die strategische Bedeutung des Kerngeschäfts, die Möglichkeit, am Markt flexibel zu agieren oder die Qualifikation der Mitarbeiter.

Letztlich sind auch diese beiden Hauptgruppen interdependent. So ist schließlich Nebenbedingung auch einer strategisch getroffenen Entscheidung, den

---

[84] Der Outsourcingeber ist die Partei, die eine zuvor intern erbrachte Leistung von einem externen Partner einkauft

IT-Bereich auszulagern, dabei Kostenersparnisse realisieren zu können. Umgekehrt ist die kostengetriebene Entscheidung für ein Outsourcing immer auch eine strategische Entscheidung, die nur bedingt reversibel ist.

Die Bedeutung der jeweiligen Motive ist situationsabhängig zu beurteilen. Dabei wird und muss es unterschiedliche Outsourcing-Lösungen in verschiedenem Umfang und in verschiedener Gestaltung geben. Das Für und Wider des Outsourcing lässt sicht also nicht für alle Organisationen verallgemeinern, so wie es nicht das einzig erfolgversprechende Outsourcing-Konzept gibt.

Outsourcing-Beispiele in unterschiedlichen Bereichen

In Unternehmen können seit langem Umstrukturierungsprozesse beobachtet werden, in deren Zuge die Erbringung bestimmter Leistungen ein- bzw. ausgelagert wurden. In der öffentlichen Verwaltung hat man sich hingegen erst viel später an dieses Thema herangewagt, wurden doch hoheitliche Aufgaben als Tabu betrachtet hinsichtlich deren Übernahme durch private Unternehmen.

Outsourcing als Gesamtlösung erweist sich gerade dann als langfristig tragfähiges Konzept, wenn es darum geht, bisher von Hand ausgeführte Arbeits- und Verwaltungsvorgänge in IT-Lösungen zu überführen.

So musste beispielsweise die Senatsbibliothek Berlin innerhalb eines kurzen Zeitraumes vollständig auf Datenverarbeitung umgestellt werden, um eine ihrer zentralen Pflichtaufgaben, die Sammlung und Bereitstellung aller Publikationen der örtlichen Verwaltung, erfüllen zu können. Insbesondere die Aufgabe, auch elektronische Publikationen und multimediale Informationsträger in der Bibliothek mit aufzunehmen, machte die Umstellung auf IT notwendig. Anstelle der Entwicklung einer „Selfmade-Lösung" und der damit einhergehenden Einstellung von neuem, entsprechend qualifiziertem Personal im Bibliotheksbereich, wurde die gesamte Datenverarbeitung ausgelagert. Die Bibliothek selbst konzentrierte sich auf ihre Kernaufgaben wie Beschaffung, Informations- und Literaturrecherchen für Entscheidungsträger usw., der komplette Bereich der Bibliotheksumstellung sowie der Pflege und Betreuung der Datenverarbeitung wird durch einen Outsourcer übernommen[85].

Auch im Bankenbereich werden zunehmend Komplettlösungen des Outsourcings der IT-Infrastruktur als Gesamtlösungspakete überdacht. So war die Resonanz auf die Entscheidung der Deutschen Bank, ihre IT-Infrastruktur in andere Hände zu geben, groß, wurde dies als vermeintlich strategischer Vermögenswert betrachtet. Im Bankenumfeld werden jedoch schon seit geraumer Zeit Überlegungen angestellt, IT-Leistungen für einen größeren Kreis von Kreditinstituten durch ausgelagerte Verbundrechenzentren und Gesellschaften übernehmen zu lassen. Beispiele hierfür sind die dvg, die u.a. für zahlreiche Sparkassen IT-Leistungen erbringt und in die Finanz IT aufgegangen ist, sowie

---

[85] Vgl. Lux, C.: Outsourcing in der Senatsbibliothek Berlin,
     http://www.lit.berlin.de/BVC/splitter/sp3-96/senbib.htm, 01.08.02

auch die Deutsche Bank Tochter European Transaction Bank (ETB), die neben der Muttergesellschaft auch für die Dresdner Bank den Zahlungsverkehr abwickeln soll. Hierüber werden Einsparungen im dreistelligen Millionenbereich erhofft[86].

Auslöser derartiger Überlegungen ist die Verbesserung der Produktivität, die hier gleichbedeutend mit einer Senkung des Aufwandes pro Transaktion ist. Gleichzeitig steigen die Kundenanforderungen und erfordern somit kontinuierliche und steigende Investitionen im Bereich IT. Unter reinen Kostengesichtspunkten betrachtet, spricht diese Situation für das Outsourcing des IT-Bereiches als Gesamtpaket an einen externen Dienstleister. Gerade hier wird die zentrale Bedeutung der IT als strategische Säule des Kerngeschäftes deutlich: die Auslagerung von IT-Funktionen bedeutet hier immer auch für das einzelne Unternehmen die Weitergabe wesentlicher Elemente der Wertschöpfungskette und damit des Kerngeschäftes an einen externen Dienstleister.

Empfehlungen

Das Outsourcing von innerorganisatorischen IT-Leistungen ist mehr als eine kurzfristig angelegte, ausschließlich an Kostenaspekten orientierte „Make or Buy" Entscheidung. Outsourcing-Entscheidungen im IT-Bereich haben in der Regel langfristige Konsequenzen für die auslagernde Organisation (Unternehmen und Verwaltung gleichermaßen). Die Entscheidung zum Outsourcing der IT bzw. Teilen der IT ist eingeschränkt reversibel. Aus Sicht der outsourcenden Organisation besteht dies aus folgenden Gründen:

- i.d.R. langfristige vertragliche Bindung an einen Outsourcing-Partner

- Auslagerung ganzer Prozessketten

- Auslagerung von Kompetenzbereichen und damit einhergehender Verlust von organisationsinternem Know-how

Es ist deshalb notwendig, Outsourcing-Entscheidungen als strategische Prozesse zu begreifen[87] und entsprechend zielgerichtet und geplant dabei vorzugehen.

Der gesamte Outsourcing-Prozess erfordert zwingend ein systematisches Vorgehen. Dieses ist in der nachfolgenden Abbildung dargestellt.

---

[86] Banken entdecken das IT-Outsourcing neu, in: Computerwoche 30/2002, S. 34
[87] Nicht ausgeführt werden hier die jeweils notwendigen Einbindungen eines Outsourcing-Prozesses in die entsprechenden organisationsinternen Hierarchieebenen

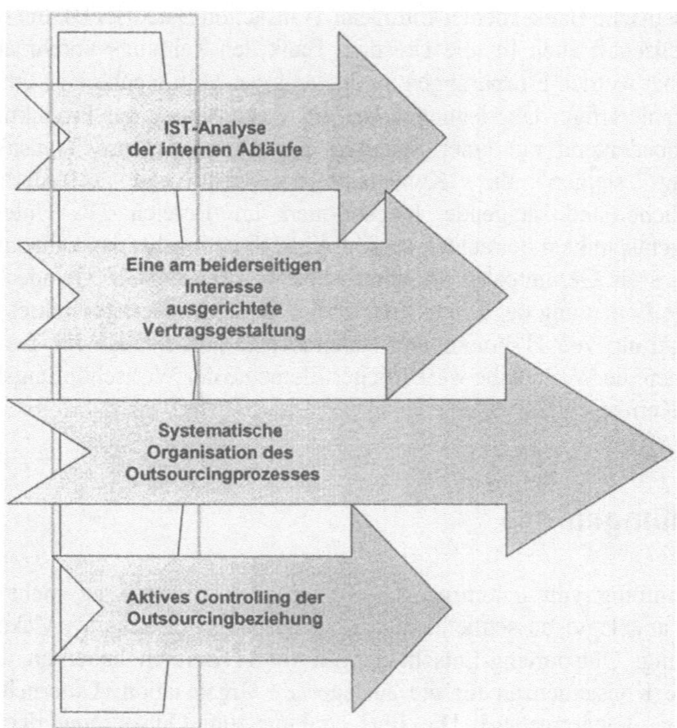

Abb. 116. Phasenkonzept für den Outsourcingprozess[88]

Der Outsourcingprozess sollte folgende Aspekte beinhalten, deren Detaillierung entsprechend der konkreten, organisationsspezifischen Anforderungen ausgestaltet werden muss.

IST-Analyse, Konzeption und Auswahl

Im Rahmen der *Ist-Analyse* werden die relevanten Organisationsbereiche erfasst und analysiert, um daraus in den weiteren Schritten klare Vorstellungen des zukünftigen Soll-Zustandes entwickeln zu können. Darin sollten die zukünftig zu erwartenden Marktanforderungen und absehbare technologische Weiterentwicklungen soweit wie möglich einfließen.

Häufig erweist sich nicht erst das eigentliche Outsourcing als die erfolgversprechende Maßnahme, sondern schon die dafür notwendige Analyse der organisationsinternen Abläufe selbst. Es können dabei organisationsimmanenente

---

[88] in Anlehnung an: Zahn, E.; Barth, T.; Hertweck, A.: Leitfaden zum Outsourcing von unternehmensnahen Dienstleistungen; www.planung.bwi.uni-stuttgart.de/projekte/outsourcing/indexoutsourcing.html, 7.6.2002

Probleme wie z.B. unklare Zuständigkeiten usw. zutage treten. Diese Problembereiche würden bei einer nicht ausreichenden Analyse des Ausgangspunktes mit in die spätere Outsourcing-Praxis transportiert und damit „unbemerkt" an den Outsourcingnehmer übertragen. Dies würde unweigerlich den Erfolg der Outsourcing-Maßnahme beeinträchtigen. Im Rahmen der Ist-Analyse ist insbesondere zu analysieren, welche informationstechnologischen Kernprozesse (als Kernkompetenz der Organisation) zwingend in der Organisation verbleiben müssen.

In der Phase der *Make or-Buy Entscheidung* sind Leistungen zu identifizieren, die outgesourct werden können. Kriterien hierfür sind u.a.

- die Kostenrelevanz des jeweiligen Bereichs

- die Kostentransparenz in der Organisation

- die Effizienz der Organisationsprozesse

- die strategische Bedeutung des betrachteten Organisationsbereichs

- die Notwendigkeit, als Organisation unabhängig und flexibel agieren zu können

Hierbei sollten die Anforderungen an einen potentiellen Dienstleister sowie Kriterien als Grundlage für die spätere Lenkung und Steuerung im Rahmen des Controllings abgeleitet werden.

In der Phase der *Kontaktaufnahme* sollte ein möglichst breites Spektrum an Leistungsangeboten unterschiedlicher Dienstleister ggf. auch Dienstleistungskonsortien eingeholt werden.

Die eingegangenen Dienstleistungsangebote sollten in Form eines *Abgleiches* entsprechend dem Eingang erarbeiteten Anforderungen bewertet werden. Hieraus sollte die Entscheidung für einen bestimmten Dienstleister erfolgen.

Mit dem ausgewählten Dienstleister sollten schriftlich fixierten werden:

- Eine am beiderseitigen Interesse ausgerichtete Vertragsgestaltung

- Systematische Organisation des Outsourcing-Prozesses

- Aktives Controlling der Outsourcing-Beziehung

Vertragsgestaltung

Wesentliches Element einer erfolgreichen Outsourcing-Beziehung stellt die Vertragsgestaltung dar, die auf der beiderseitigen Vorteilhaftigkeit aufbauen muss.

Ein passendes Beispiel ist die von der EDS Corp. Anfang der 90er Jahre entwickelte Form des CoSourcing. Im Vordergrund steht dabei die variable Vergütung des Anbieters, die vom Beitrag zur Wertschöpfung des Outsourcingnehmers abhängig ist. Das Outsourcingrisiko wird im Rahmen des CoSourcing-Vertrages zwischen beiden Vertragspartnern verteilt.

Über Service Level Agreements können Leistungsumfänge sowie Art und Zeitraum der Leistungserbringung definiert werden.

Letztlich kann im Rahmen der Vertragsgestaltung auch über die Abgabe der Gesamtverantwortung an den Outsourcing-Anbieter entschieden werden[89].

Organisation des Outsourcing-Prozesses

Mit der *Implementierung* startet die Umsetzung der Outsourcing-Maßnahme. Die organisatorische Einbettung bzw. die Organisation der Schnittstellen sind wichtige Faktoren einer erfolgreichen und kontinuierlichen Outsourcing-Beziehung. Die Schnittstellen müssen dabei von beiden Seiten anforderungsspezifisch gestaltet und stetig gepflegt werden. Dies lässt sich in Form von Projetteams, Einzelpersonen aus allen beteiligten Organisationen etc. ausgestalten.

Mit Implementierung der Outsourcing-Maßnahme sollte das Controlling konstituiert werden.

Aktives Controlling

Obwohl auch die in Outsourcing-Vereinbarungen niedergelegten Leistungskennzahlen zeigen können, wie gut die Zusammenarbeit zwischen Outsourcing-Anbieter und auslagernder Organisation funktioniert, ist es wichtig, den Inhalt und die Wertigkeit der Vereinbarung regelmäßig zu überprüfen. Dies kann auf Basis von Mechanismen zur Darstellung der Leistungsfähigkeit erfolgen. Das gesamte Kosten-/Nutzenverhältnis des Outsourcing-Projekts muss kontinuierlich bewertet werden, um feststellen zu können, ob Anpassungen an der Vereinbarung erforderlich sind und wie hoch der nachhaltige Wert der Zusammenarbeit ist. Der Erfolg der ausgelagerten Bereiche kann dabei in drei Dimensionen gemessen werden: technische Leistung, Qualität und Kundenzufriedenheit.

Sobald der ausgelagerte Prozess oder das System aktiviert wird, müssen interne Kennzahlen ermittelt werden, mit denen die Auswirkungen auf die Umsätze, die Verfügbarkeit, die Qualität und die Kosten gemessen werden.

Ausblick

Aufgrund der weiter steigenden Bedeutung der Informationstechnologie sowie aufgrund der Notwendigkeit von Kosteneinsparungen wird die Bedeutung der Auslagerung von IT-Dienstleistungen weiter zunehmen. Selbst Bereiche, die in

---

[89] Jäger-Goy, H.: Das Controlling des Outsourcings von IV-Leistungen, in: Arbeitspapier WI, Nr. 6/1998, in: Lehrstuhl für Allg. BWL und Wirtschaftsinformatik (Hrsg.), Johannes Gutenberg-Universität, Mainz 1998, S. 6

der Vergangenheit für Outsourcing-Überlegungen Tabu waren und als ungeeignet erschienen, werden zukünftig vermehrt zur Disposition stehen.

Wichtig ist das Bewusstsein im Unternehmen, dass die Entscheidung für Insourcing oder Outsourcing nicht allein kostenseitig motiviert sein sollte, die zudem häufig von großem Zeitdruck begleitet wird. Die Entscheidung beinhaltet immer auch eine strategische Dimension, die - wenn überhaupt - nur mittel- bis langfristig umkehrbar ist. Die Entscheidung für oder gegen ein Outsourcing sollte jedoch als Chance betrachtet werden, interne organisatorische Strukturen und Abläufe kritisch zu überprüfen.

Banken entdecken das IT-Outsourcing neu, in: Computerwoche 30/2002, S. 34

Jäger-Goy, H.: Das Controlling des Outsourcings von IV-Leistungen, in: Arbeitspapier WI, Nr. 6/1998, in: Lehrstuhl für Allg. BWL und Wirtschaftsinformatik (Hrsg.), Johannes Gutenberg-Universität: Mainz 1998

Lux, C.,: Outsourcing in der Senatsbibliothek Berlin, http://www.lit.berlin.de/BVC/splitter/sp3-96/senbib.htm, (22.10.1997), 01.08.2002

Zahn, E.; Barth, T.; Hertweck, A.:: Leitfaden zum Outsourcing von unternehmensnahen Dienstleistungen, in: http://www.planung.bwi.uni-stuttgart.de/projekte/outsourcing/indeoutsourcing.hml, 07.06.2002

Aktuelle Entwicklungen im internationalen IT-Outsourcing-Markt

Jörg Gerigk

Einleitung

Die Frage, ob und welche Leistung der IT-Abteilung ausgelagert werden sollen, ist heute eine der zentralen Fragestellungen für das IT-Management. In diesem Beitrag werden ausgewählte Aspekte des Outsourcing-Markts beleuchtet. Eine vollständige Erörterung des Pro und Contra ist nicht beabsichtigt, ebenso wenig die Vorstellung einer "How-to"-Vorgehensweise - Themen die von ihrem Umfang her diesen Rahmen weit sprengen würden. Was ist nun der Inhalt? Zuerst wird kurz der aktuelle Markt skizziert. Besonderes Augenmerk liegt dabei auf der Frage, welche Parameter die weitere Entwicklung vorantreiben. Auf zwei wesentliche Trends, die erst in den letzten Jahren immer mehr zur Geltung gekommen sind, wird dann genauer eingegangen: Die Verlagerung der Leistungserbringung in Länder mit geringeren Lohnkosten und die Auslagerung von ganzen Geschäftsprozessen. Trotz der jahrzehntelangen Erfahrung mit Outsourcing ist festzustellen, dass sich Vertragsbeziehungen immer wieder als problematisch erweisen. Schlaglichtartig werden daher abschließend zwei Themenfelder beschrieben, die erheblichen Einfluss auf den langfristigen Erfolg einer Outsourcing-Partnerschaft haben können. Die Auslagerung von IT-Leistungen über Ländergrenzen hinweg stellt besondere Anforderungen und bedeutet für die Kundenorganisation weitreichende Anpassungen, die gut vorbereitet sein müssen. Auch das Einsetzen eines "Lead Partners" ist eine Vorgehensweise, die bei der Gestaltung der Beziehung zwischen Kundenorganisation und Outsourcer ansetzt und Fragen der Führungs- und Kontrollstruktur berührt.

Marktsituation und Trends

Der Outsourcing-Markt in Europa wächst weiterhin stark. Gartner schätzt, dass das Marktvolumen allein in Europa von 45 Milliarden USD im Jahr 2000 auf 85 Milliarden in 2005 wachsen wird - eine jährliche Steigerung um mehr als 10% [Gartner; 2002; Outsourcing Is Becoming the Dominant Channel for Purchasing IT Services in Western Europe]. Wesentliche Gründe dafür sind:

- Der Versuch vieler Unternehmen, ihre internen IT-Kosten in der gegenwärtigen Rezession zu senken

- Ein Mangel an adäquaten internen Ressourcen für die anstehenden Aufgaben

- Wachsendes Vertrauen auf Kundenseite, da Outsourcing sich immer weiter durchsetzt

- Intensive Anbieter-Konkurrenz auf dem europäischen Markt, die das Marktpreisniveau niedrig hält

- Verstärkte Bemühungen um Kundenorientierung auf Anbieterseite

Man kann jedoch feststellen, dass das Marktwachstum zwischen einzelnen Regionen in Europa stark voneinander abweicht. Für die nächsten Jahre erwartet PA Consulting die folgende Entwicklung:

- Großbritannien und Skandinavien werden weiterhin die Regionen mit dem größten Marktvolumen sein und auch die innovativsten Vertragskonstruktionen hervorbringen

- Die Benelux-Region (Belgien, Niederlande, Luxemburg) folgt dieser Entwicklung

- Danach kommen Frankreich und Deutschland, wo viele Unternehmen noch zögern, eine Auslagerung vorzunehmen. Als Gründe werden insbesondere die Stärke der Gewerkschaften und die Furcht des Managements vor etwaigem Kontrollverlust genannt

- Spanien und Italien zeigen ein schnelles Marktwachstum, starten aber von einer sehr niedrigen Basis aus

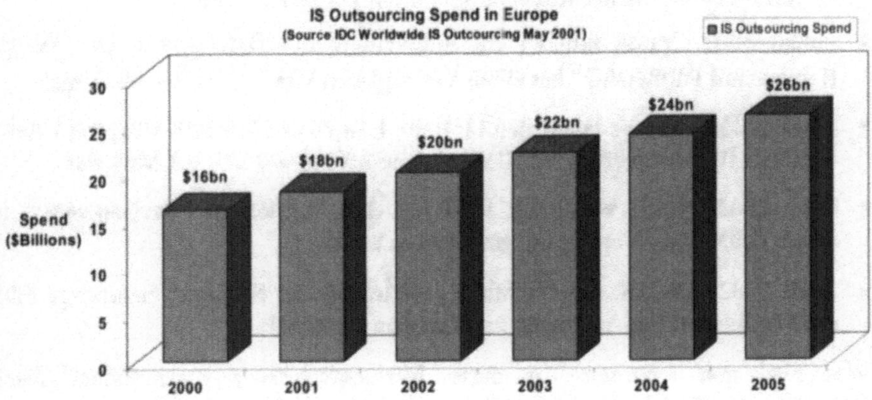

Abb. 117. Ausgaben für Outsourcing

Auf Anbieterseite wird der IT-Outsourcing-Markt in Westeuropa von IBM Global Services, EDS und CSC dominiert; CGE&Y und Accenture sind weitere bedeutende Anbieter. Darüber hinaus gibt es eine Reihe von Anbietern mit starker lokaler Präsenz, die jedoch Schwierigkeiten haben, außerhalb ihres Heimatmarktes zu wachsen: Fujitsu (früher ICL), ITNet und Logica in Großbritannien, Bull und Atos in Frankreich, Siemens SBS und T-Systems in Deutschland und IT telecom Italia in Italien.

Neben diesen großen Anbietern gibt es viele Nischenanbieter, die sich auf einzelne Branchen spezialisiert haben oder nur einzelne Dienstleistungen anbieten (z.B. Applications Management oder Netzwerk-Lösungen).

Zur Illustration der gegenwärtigen Marktsituation hier eine Auswahl von in den letzten beiden Jahren abgeschlossenen, großen Outsourcing-Verträgen:

- Juli 2000: Bank of Scotland schließt mit IBM einen Outsourcing-Vertrag im Wert von € 1 Mrd. ab

- Februar 2001: AstraZeneca lagert den globalen IT-Betrieb in 45 Ländern an IBM aus. Vertragslaufzeit beträgt sieben Jahre bei einem Gesamtvolumen von mehr als € 2,2 Mrd

- März 2001: Sabre lagert seine IT in einem 10-Jahresvertrag für mehr als € 2 Mrd. an EDS aus

- Mai 2001: EDS erhält einen 10 Jahres-Vertrag über Business Process Outsourcing-Outsourcing im Wert von € 390 Mio. von Abbey National

- Juli 2001: CGNU lagert Netzwerke in einem € 525 Mio. Vertrag mit C&W aus

- Dezember 2001: IBM erhält einen € 675 Mio. Vertrag für das Management der IT-Infrastruktur von der Royal & SunAlliance Versicherung

- Januar 2002: Xansa gründet ein Jointventure mit Barclaycard. Die "Xansa Barclaycard Partnership" hat einen Vertragswert von € 180 Mio. für Xansa

- März 2002: Invensys lagert den IT-Betrieb in mehr als einem Dutzend Länder in einem 10-Jahresvertrag an IBM mit einem Volumen von € 1 Mrd. aus

- März 2002: Nestlé beauftragt IBM mit dem Betrieb von Rechenzentren in einem € 500 Mio.-Vertrag mit fünf Jahren Laufzeit

- April 2002: SWISS, die Nachfolgegesellschaft der Swissair, beauftragt EDS mit IT-Outsourcing-Aufträgen im Wert von € 200 Mio

Was sind nun Faktoren, die diese Marktentwicklung vorantreiben? Nach Einschätzung der PA Consulting Group sind zurzeit folgende Überlegungen bei Kunden und Anbietern von besonderer Bedeutung.

Die Kundenseite

- Trotz gemischter Erfahrungen steigt der Wert der abgeschlossenen Verträge und wächst die Bereitschaft, auch Mega-Deals abzuschließen - Großunternehmen schließen neben nationalen Verträgen auch multinationale, d.h. europaweite oder globale Outsourcing-Verträge, um Kostensenkungen zu realisieren.

- Gleichzeitig sinkt die Vertragslaufzeit bzw. es werden umfassendere Kündigungs- und Anpassungsklauseln vereinbart. In Folge von häufigen Reorganisationen und unsicherer Marktentwicklung sind die Kunden sehr zurückhaltend, Langfristverträge mit Laufzeiten von 10 Jahren abzuschließen. Üblich sind Laufzeiten von 2 bis 5 Jahren.

- Kostensenkung ist zurzeit das Hauptmotiv für viele Abschlüsse. Gezielt wird jedoch zunehmend nicht nur auf einfache Kostenreduktion, sondern auf die Maximierung des Nutzens aus der Zusammenarbeit mit dem Provider.

- Die Verwendung von "Lead-Partner-Lösungen" wird genutzt, da die Unternehmen feststellen, dass ihnen die interne Kompetenz fehlt, ihre Lieferanten zu beurteilen, auszuwählen und während der Vertragslaufzeit zu managen.

- Es werden zunehmend Konsortien aus "best-in-class"-Outsourcern gebildet, um für jede Teilleistung eine optimale Lösung auswählen zu können. Das Unternehmen, welches das Konsortium leitet, stellt dem Kunden einen Managed Service zur Verfügung, bei dem unter einem Vertrag und einheitlichen SLAs mehrere Subunternehmer tätig sind, die gegenüber dem Kunden nicht als Vertragspartner in Erscheinung treten.

- Immer mehr Organisationen lagern nicht nur IT-Services, sondern komplette Geschäftsprozesse oder Funktionseinheiten aus, da den Outsourcing-Anbietern immer größere Kompetenz bei der Abwicklung von Geschäftsprozessen zugemessen wird. Die Entlohnung des Outsourcers bei diesen Verträgen erfolgt immer häufiger über Größen wie die über den Geschäftsprozess hinweg erreichte Kostensenkung.

Die Anbieterseite

- Eine globale Präsenz wird immer wichtiger. Die führenden Anbieter streben danach, eine weltweit gleichbleibend gute Abdeckung zu erreichen.

- Outsourcer nutzen Ressourcen aus Ländern mit einer günstigeren Kostenbasis (Indien etc.), um Projekte zu besetzen, die nach weltweit einheitlichen Standards durchgeführt werden. Auf diese Entwicklung wird noch näher eingegangen.

- Einige Outsourcing-Anbieter, wie z.B. EDS, erweitern ihr Leistungsspektrum um Beratungsleistungen, damit sie auch den für ein langfristig erfolgreiches Outsourcing notwendigen organisatorischen Wandel auf Kundenseite sowie die Neugestaltung von Prozessen unterstützen können.

- Um den Kundenwunsch nach Lösungen aus einer Hand zu entsprechen, bilden die Outsourcer untereinander immer engere Partnerschaften, um ihr eigenes Service-Portfolio abrunden zu können.

Aktuelle Entwicklungstrends im Outsourcing

Off-Shore-Outsourcing

Der Bezug von Outsourcing-Leistungen aus Billiglohnländern, wie z.B. Indien oder Osteuropa, wird als Off-Shore-Outsourcing bezeichnet. Diese Definition folgt einem geographischen Aspekt und nicht der Art der vertraglichen Ausgestaltung, wobei sich sich Off-Shore-Outsourcing jedoch üblicherweise auf Leistungen aus dem Bereich der Anwendungsentwicklung bezieht. Off-Shore-Outsourcing hat sich in den letzten Jahren immer weiter verbreitet und wird von allen global operierenden Outsourcern genutzt. Die potenziellen Nutzengewinne aus dieser Form der Auslagerung sind durch die erheblich günstigeren Kosten - ca. einem Drittel bei der reinen Programmierarbeit im Vergleich zu Westeuropa - begründet; die Herausforderung liegt in der Sicherstellung einer ausreichenden Qualität. Im Gegensatz zu den ursprünglichen Erwartungen hat sich diese Form des Outsourcings bei weitem nicht so schnell durchgesetzt. Insbesondere Sprachbarrieren und kulturelle Unterschiede sind nicht leicht zu überwinden. So müssen erst den geforderten Leistungsstandards entsprechende Strukturen vor Ort aufgebaut und die Mitarbeiter entsprechend geschult werden.

Der Kunde sollte sehr sorgfältig prüfen, welche Aktivitäten in Billiglohnländer ausgelagert werden können. Caterpillar musste z.B. feststellen, dass der Betrieb eines Help-Desks in Indien zuerst daran scheiterte, dass die Aussprache der amerikanischen Nutzer nicht ausreichend verstanden wurde. Letztlich musste ein drittes Unternehmen in Amerika zwischengeschaltet werden, das den Inhalt der Anfragen textlich erfasst und nach Indien sendet. Je nach Land kommen dazu noch Zeitunterschiede, staatliche Vorschriften, welche die freie Kommunikation bzw. den Datenexport behindern, politische Instabilitäten, fehlende oder schlecht funktionierende Infrastruktur sowie die laxe Handhabung von Rechten an geistigem Eigentum. Indien z.B. ist ein beliebter Standort, da eine große Zahl an gut ausgebildeten Programmierern zur Verfügung steht, das Lohnniveau relativ niedrig ist, Steuervergünstigungen bestehen und Englisch als Geschäftssprache üblich ist. Die jüngsten Spannungen mit Pakistan haben jedoch gezeigt, dass eine alleinige Abhängigkeit von Standorten in anderen geographischen und politischen Umfeldern mit Risiken behaftet ist.

Diese Randbedingungen schränken die Zahl der sinnvoll ins Ausland vorgebbaren Entwicklungsprojekte erheblich ein. Eine Programmierung sollte nur dann extern durchgeführt werden, wenn das Programm vom Anwender klar und vollständig beschreibbar ist, ohne dass spätere Rückfragen durch die Entwickler notwendig werden. Bei der Übertragung der Wartung von Altsystemen muss vorher beim Provider geprüft werden, ob ausreichende technische Fähigkeiten vorhanden sind. Insbesondere bei der Übernahme der Unterstützung von Geschäftsprozessen überschätzen die Anbieter häufig ihre Fähigkeiten; eine Problematik die der Mangel an qualifizierten Projekt- und Prozessmanagern verschärft. Zusammenfassend ist festzustellen, dass der Trend zum Off-Shore-Outsourcing sich fortsetzen wird, jedoch weit langsamer als erwartet.

Business Process Outsourcing

Business Process Outsourcing, die Auslagerung von gesamten Geschäftsprozessen an einen externen Anbieter, hat sich erst während der neunziger Jahre entwickelt. Es wird in den nächsten Jahren das Wachstum des Outsourcing-Markts ganz wesentlich bestimmen. Gartner Dataquest (11/2001) schätzt ein jährliches Wachstum von fast 15 Prozent.

Der Business Process Outsourcing-Markt profitiert von einer Reihe von Entwicklungen:

- Unternehmen konzentrieren ihre Investitionen auf das Kerngeschäft und sind daher immer stärker bereit, Geschäftsprozesse auszulagern, die nicht direkt zum Kerngeschäft gehören. Dies betrifft insbesondere Back-Office Funktionen.

- Die Rezession und steigender Wettbewerb setzen die Unternehmen unter erheblichen Kostendruck, was zur Aufgabe von Tätigkeiten mit unzureichender Effizienz, z.B. aufgrund von mangelnder Betriebsgröße, führt. Durch Änderungen in den rechtlichen Rahmenbedingungen wird nun auch Finanzdienstleistern, Energieversorgern und Telekommunikationsunternehmen ermöglicht, diesem Trend zu folgen. Gerade diese früher hoch regulierten Branchen haben heute besonderen Anpassungsbedarf.

- Nach Fusionen wird Outsourcing genutzt, um Back-Office-Bereiche schnell und kostengünstig zu konsolidieren.

- Globale Unternehmen streben danach, Prozesse möglichst weitgehend zu vereinheitlichen. Weltweit aufgestellte Service Provider können auch für relativ kleine Landesgesellschaften sicherstellen, dass die gewünschte Prozessqualität erreicht wird. Dies betrifft z.B. das Rechnungswesen und die Personalverwaltung.

Das weitere Marktwachstum wird insbesondere davon abhängen, welche Erfahrungen die ersten großen Anwender (z.B. BP Amoco, General Motors, Nortel und Bank of America) mit ihren Verträgen sammeln. Sollten diese überzeugend sein, ist davon auszugehen, dass eine Vielzahl weiterer Konzerne ihnen folgen wird, wobei Business Process Outsourcing-Verträge aufgrund ihrer größeren Individualität erheblich schwieriger auszuhandeln sind und damit eine längere Vorlaufzeit benötigen. Gleichmäßiges und solides Wachstum zeigt der Markt für die Auslagerung von relativ kleinen Funktionsblöcken. Hierunter fallen Verträge, die sich z.B. auf Forderungsbearbeitung, Zahlungsverkehr, Rechnungsstellung, Gehaltsbuchhaltung etc. beziehen.

Herausforderungen und neue Lösungsansätze

Vertragsbindung und Flexibilität

Das beschriebene Marktwachstum ist allerdings kein Beleg dafür, dass Outsourcing schon so "erwachsen" ist, dass bei Neuabschlüssen für die auslagernden Unternehmen sicherer Erfolg gewährleistet ist. Outsourcing ist und bleibt ein Geschäft, bei dem für beide Vertragspartner Risiken bestehen, die durch eine sorgfältige und umfassende Vertragsverhandlung und -gestaltung zwar minimiert, nie jedoch ganz ausgeschlossen werden können. Üblicherweise wird eine Vertragsauflösung seltener öffentlich gemacht als der Vertragsabschluss; es gibt jedoch auch in der jüngsten Vergangenheit einige Beispiele, über die weithin berichtet wurde:

- In 2001 löste der Versicherungskonzern CGNU nach zwei Jahren einen auf sieben Jahre angelegten Outsourcing-Kontrakt mit IBM vorzeitig auf. Diese Entscheidung erfolgte nach der Fusion von CGU mit Norwich Union. Angeblich war CGNU schon vor der Fusion mit der Unterstützung durch IBM nicht zufrieden und daher gerne bereit, den Vertrag zu lösen. Es wurde nicht veröffentlicht, welche Summe IBM als Entschädigung für die Vertragsauflösung gezahlt wurde.

- Für Aufsehen sorgte auch der langwierige Rechtsstreit zwischen EDS und Xerox über einen Outsourcing-Vertrag im Wert von USD 2 Milliarden, der 1994 abgeschlossen wurde. EDS betreibt für Xerox Rechenzentren und das Telekommunikations-Netzwerk. 1999 verklagte EDS Xerox auf zusätzliche Zahlungen für "EDS Infrastruktur Services". Schließlich ließ EDS die Klage fallen und unterschrieb eine Vertragsverlängerung über fünf Jahre im Wert von USD 1,5 Milliarden.

- In Folge des Konkurses von US Airways musste EDS Außenstände für bereits erbrachte Leistungen und laufende Projekte in Höhe von USD 70 Millionen offen legen. US Airways zahlt im Rahmen seines Outsourcing-Vertrags an EDS pro Jahr ca. USD 200 Millionen für die Bereitstellung von IT-Services. Selbst für ein Unternehmen von der Größe von EDS ist der Ausfall eines solchen Kunden von erheblicher Bedeutung. Beide Unternehmen waren zum Zeitpunkt des Konkurses bereits in Verhandlungen über die Restrukturierung der Verträge.

Die Unterschrift unter den ersten Vertrag hat eine erhebliche Bindungswirkung auch über die Vertragslaufzeit hinaus, denn der Wechsel des Vertragspartners bedeutet für das Kundenunternehmen potentiell erhebliche rechtliche und finanzielle Schwierigkeiten. Grundsätzlich sollte daher der Outsourcing-Vertrag Regelungen zur Rück- oder Weiterübertragung der Leistungen bei Vertragsende beinhalten. Nach einem Outsourcing bringen Kunden ihre ausgelagerten Aktivitäten meistens nicht in das Unternehmen zurück - 80 Prozent verlängern ihre Verträge bzw. vergeben sie an andere Outsourcer (Legal Director, 2001, www.wragge.com). Es ist daher insbesondere im Interesse des Kunden, über offene und intensive Kommunikation mit dem Outsourcer eine tragfähige Partnerschaft zu etablieren. Welcher Lieferant am besten diesen kundenspezifischen Anforderungen genügen kann, muss während der Ausschreibungsphase vor dem Beginn der Vertragsverhandlungen ermittelt werden.

Immer wieder wird unterschätzt, welche unerwarteten Anforderungen sich während der Vertragslaufzeit ergeben können. Insbesondere Änderungen in der strategischen Ausrichtung des Kunden führen zu erheblichen Folgen und sind gerade bei umfangreichen Outsourcing-Vorhaben nur schwer mit dem gewählten Outsourcer nachzuvollziehen. Ein Kundenunternehmen entschied sich z.B. für einen Outsourcer wegen dessen Fähigkeit, hohe Prozessqualität weltweit sicherzustellen. Aufgrund von massiven Veränderungen in den Stammmärkten wurde jedoch Kosteneffizienz zum primären Ziel des Unternehmens - der Outsourcer wäre unter diesem Gesichtspunkt nicht gewählt worden, da er für seine höhere Servicequalität einen entsprechend höheren Preis forderte. Diese Veränderung der strategischen Ausrichtung des Kunden fand während der Übertragung der verschiedenen nationalen IT-Infrastrukturen an den Outsourcer statt. Im Ergebnis wurden nur in wenigen Ländern die IT an den Outsourcer übertragen. Mehrere große Landesgesellschaften weigerten sich, bestehende Outsourcing-Verträge auf den neuen Outsourcer zu übertragen, da sie nicht bereit waren, mehr, auch nicht für bessere Leistung, zu bezahlen. Das Verhältnis zwischen Kunde und Outsourcer ist seitdem sehr gespannt. Rückblickend muss festgestellt werden, dass die Wahl des Outsourcers strategisch verfehlt war und das ausgehandelte Vertragswerk nicht den Anforderungen gerecht wurde, da es nicht an geänderte strategische Rahmenbedingungen angepasst werden kann.

In den folgenden beiden Abschnitten möchte ich kurz zwei Vorgehensweisen beleuchten, wie schon vor dem Outsourcing über die Gestaltung des "Spielfeldes" eine erfolgreiche Beziehung initialisiert werden kann. Sowohl die Gestaltung von multinationalem Outsourcing als auch die Einführung einer Lead Partner-

Vertragskonstruktion müssen vom Kunden schon vor Beginn der Angebotsausschreibung konzipiert und vorbereitet werden. Erst auf dieser Grundlage kann er dann in die Selektionsphase und später in die Verhandlungen mit dem Outsourcing-Anbieter treten, der hinsichtlich seiner Leistungs- und seiner Kooperationsfähigkeit am besten zu den Anforderungen des Kundenunternehmens passt. Auf einer solchen soliden Basis kann dann die Zusammenarbeit so gestalten werden, dass sie langfristig beiden Seiten den Erfolg ermöglicht.

Koordination von internationalen Outsourcing-Verträgen

Im Folgenden werden "globale" Outsourcing-Verträge betrachtet. Dies sind Verträge, die mehrere Länder und Landesgesellschaften eines Großkonzerns umfassen und die Erbringung von IT-Leistungen nach weltweit einheitlich festgelegten Standards beinhalten. Ausgangsbasis für diese Verträge ist üblicherweise entweder eine Situation nach einem weltweiten Merger, in der das fusionierte Unternehmen sich neu aufstellt, oder die Feststellung, dass über Jahre gewachsene Strukturen zu hohen Verwaltungsaufwand erfordern und daher vereinfacht werden sollten. Naturgemäß gibt es relativ wenige von diesen Verträgen, da sie von erheblichem Volumen sind - üblicherweise über 1 Mrd. USD.

Um einen solchen Vertrag erfolgreich in einer Organisation umsetzen zu können, steht das Management vor der Aufgabe, zentrale Steuerung mit lokaler Akzeptanz zu verbinden. Outsourcing führt per se zu einem Zentralisierungs-impuls, da die Schnittstelle zum Outsourcer über eine zentrale Stelle erfolgt - dezentrale Lösungen sind mit einer einheitlichen Vertragssteuerung nicht kompatibel. Zwingende Voraussetzung für den Erfolg sind neben einer klaren Unterstützung durch das Top-Management eindeutige Geschäftsanforderungen, die sich z.B. aus der Notwendigkeit von weltweit einheitlichen Prozessen ableiten lassen. In der internen Vorbereitungsphase für das Outsourcing ist abzugrenzen, inwieweit diese weltweite Standardisierung auch ökonomisch sinnvoll ist. Unterbleibt diese Abgrenzung, leisten erfahrungsgemäß die betroffenen Standorte Widerstand.

Akzeptanz kann ein Projekt, dass zum Verlust von Einfluss und Kontrolle auf nationaler Ebene führt, nur dann haben, wenn diese Einheiten nicht mit unangemessen hohen zusätzlichen Overhead-Kosten belastet werden und bestehende Service-Level nicht verschlechtert werden. Gerade der erste Punkt ist bei relativ kleinen Standorten von erheblicher Bedeutung, da diese meist nur sehr kleine IT-Abteilungen mit geringer - oft aber ausreichender! - Leistungsfähigkeit besitzen und nicht gewillt sind, die Kosten einer intensiven internationalen Anbindung zu akzeptieren. Um die Wirtschaftlichkeit eines Outsourcing-Vorhabens kalkulieren zu können, sind Erhebungen der Ist-Kosten und Ist-Leistungen auf lokaler Ebene notwendig und zusätzlich die Ermittlung von Informationen über Soll-Leistungen und der für diese erwarteten Kosten. Auf Basis der Ergebnisse können dann Modelle entwickelt werden, die beschreiben, welche Ausgleichszahlungen zwischen den einzelnen Landesgesellschaften und der Zentrale fließen. Für die Durchführung dieser Untersuchungen ist im Vorfeld eine intensive Kommunikation mit den Betroffenen notwendig, um deren Unterstützung sicherzustellen und verwertbare Informationen zu erhalten.

Die nationalen Unterschiede, die aus unterschiedlichen Geschäftsanforderungen, kulturellen Unterschieden oder verschiedenen rechtlichen Rahmenbedingungen resultieren können, führen dazu, dass der international einheitliche (Rahmen-)Vertrag auf nationaler Ebene im Detail ausgestaltet werden muss. Dies bedeutet Flexibilität in Preis, Art und Umfang der bereitgestellten Leistungen ohne dabei die Vorteile einer einheitlichen Lösung zu stark zu beeinträchtigen und insbesondere bei Fragen wie dem Personalübergang auf den neuen Arbeitgeber, den lokalen rechtlichen Anforderungen Genüge zu tun. Das Vertragswerk sollte daher möglichst weitgehend modularisiert werden.

Neben der Sicht des auslagerungswilligen Unternehmens ist auch die Lage auf der Bieterseite zu berücksichtigen. Für die Outsourcer besteht gerade beim Erstellen eines sehr umfangreichen Angebots die Frage, ob es sinnvoll ist, derart umfangreich interne Ressourcen zu binden. Gerade bei globalen Verträgen zeigt sich immer wieder, dass maximal fünf Anbieter überhaupt in der Lage sind, entsprechende Leistungen anzubieten. Werden dann die besonderen Anforderungen des Kundenunternehmens analysiert und mit der tatsächlichen lokalen Leistungsfähigkeit der Anbieter abgeglichen, zeigt sich immer wieder, dass kein oder allenfalls ein Anbieter in der Lage ist, diese komplett zu erfüllen. Um überhaupt Verhandlungsdruck erzeugen zu können, muss das auslagerungswillige Unternehmen seine Nachfrage so strukturieren, dass die ausgeschriebenen Leistungen für mehrere Anbieter ökonomisch attraktiv sind um im Bietprozess dann deren Interesse bis zur endgültigen Entscheidung aufrechterhalten.

Lead-Partner-Lösungen als neuer Steuerungsansatz

Wie die Erfahrung zeigt, besteht für die Kundenorganisation die Herausforderung, die Beziehung zu ihrem(n) Leistungserbringer(n) aktiv zu steuern. Viele Organisation halten jedoch nach einer Auslagerung entweder nicht mehr ausreichende Management-Kapazitäten in der Organisation vor oder es fehlt ihnen an Erfahrung und Kompetenz, den Outsourcer zielgerichtet und innovativ zu steuern. Ein möglicher Lösungsansatz sind Modelle, bei denen ein Dritter als unabhängiger Externer im Kundenauftrag die Schnittstelle zu den Outsourcern bildet. Ein solches Modell hat Thames Water, eine britische Tochtergesellschaft der RWE AG, implementiert.

Nachdem die IT von Thames Water bereits mehrere Jahre lang ausgelagert gewesen war, wurde im Jahr 2000 bei der erneuten Ausschreibung der Outsourcing-Leistungen beschlossen, eine "best of breed"-Lösung zu wählen, bei der mehrere Dienstleister für die nächsten fünf Jahre die Entwicklung, die Wartung und den Support der Anwendungssysteme übernehmen sollten. Es wurde eine hierarchische Lösung aus drei Lead Partnern - PA Consulting im Bereich Anwendungsentwicklung, Siemens im Bereich Service und Wipro für Support und Wartung - und mehreren Pool Partnern gebildet. Die Lead Partner steuern die ihnen zugeordneten Pool Partner und überwachen deren Leistungserbringung.

Im Bereich Anwendungsentwicklung bedeutet dies die Verantwortung für das Projekt Programm Management. Die Anwender können Projektvorschläge einbringen, die daraufhin geprüft werden, ob sie mit einem belastbaren Business Case unterlegt sind und dann in das Projektportfolio eingesteuert. Der Lead Partner übernimmt die Ausschreibung der Arbeitsaufträge bei den Pool Partnern, steuert deren Leistungserbringung und überwacht die Einhaltung der vereinbarten Standards. Er ist dafür verantwortlich, effiziente Projektmanagement und -kontrollmechanismen einzuführen. Gleichzeitig hält er den Kontakt zu den Anwendern, um sicherzustellen, dass die Projektergebnisse deren Wünschen entsprechen.

Thames Water profitiert von dieser Konstruktion, da durch den Einsatz eines kompetenten Dritten die Qualität der Softwareentwicklung erheblich gesteigert wurde. Über neue Führungs- und Kontrollstrukturen wurde die Rolle der Auftraggeber klar definiert, Verantwortlichkeiten eindeutig zugewiesen und über ein verbessertes Abrechnungssystem die tatsächlichen Kosten sichtbar gemacht. Auf Seite der Leistungserbringer wird durch den ständigen Wettbewerb zwischen den Anbietern eine konstant hohe Qualität sichergestellt. Im Gegensatz zur klassischen Leistungserbringung durch eine interne IT-Abteilung, einem internen monopolitischen Anbieter, besteht für die im Wettbewerb stehenden Partner ein ständiger Anreiz, über gute Ergebnisse und Kreativität weitere Aufträge zu gewinnen.

IT-Optimierung intern vs. Outsourcing

Edzard van Hülsen

Einleitung

Informationstechnologie ist in vielen Unternehmen unverzichtbarer Bestandteil der Wertschöpfung. Ohne automatische Übertragung und Verarbeitung von geschäftsrelevanten und -kritischen Informationen kommen zentrale Abläufe der Unternehmen zum Stillstand. Im Extrem führen Ausfälle der IT in wenigen Tagen zur Insolvenz.

Dennoch sehen viele Unternehmen ihre IT-Serviceorganisation nach wie vor lediglich als unterstützende Einheit, die eine Disziplin betreibt, die nicht zu den unternehmerischen Kernkompetenzen gehört. Hinzu kommt der Eindruck, dass die IT-Serviceorganisation keine bzw. eine ungenügende Kundenorientierung besitzt und als Costcenter das Unternehmen in einem Umlageverfahren über Gebühr belastet.

Immer häufiger wird in dieser Gemengelage aus den Fachabteilungen der Ruf nach IT-Outsourcing laut, in der Hoffnung, dass ein ausgelagerter IT-Dienstleister vereinbarte Leistungen in einer definierten Qualität zu besseren finanziellen Konditionen erbringt. Auch für die IT-Serviceorganisation bietet diese Option Vorteile, die den Schritt in die „Unabhängigkeit" attraktiv erscheinen lassen.

Outsourcing ist für die meisten Unternehmen eine ungewohnte Materie. Zudem leiden die Unternehmen ohnehin an Personalknappheit und so wollen die Beteiligten das Projekt schnell über die Bühne bringen – da liegt die Versuchung nahe, ein paar renommierten Outsourcern die wesentlichen Grunddaten zu nennen, sich drei wohlklingende Angebote erarbeiten zu lassen und von diesen das billigste zu nehmen. Fertig! Viele Dutzend fehlgeschlagene Projekte zeigen: So funktioniert es nicht.

Sie werden in kürzester Zeit feststellen, dass Sie und der Outsourcer gravierend unterschiedliche Ansichten darüber haben, welche Leistung denn nun überhaupt eingekauft wurde ("ich dachte doch, das ist dabei ...") und in welcher Qualität diese Leistung zu erbringen ist.

Aus unseren Erfahrungen zeigen wir in diesem Beitrag auf, worauf Unternehmen und IT-Serviceorganisation achten müssen, damit die neue Partnerschaft tatsächlich eine Verbesserung für beide Seiten bedeutet.

IT-Outsourcing – Top oder Flop?

Praktisch jedes Unternehmen tut sich zumindest mit seinem ersten Outsourcing-Projekt schwer und die Floprate (im Sinne von: Unsere Erwartungen haben sich mehrheitlich nicht erfüllt) liegt, je nachdem welcher Statistik man glauben will, zwischen ca. 30% und 50%.
Die folgenden 7 Punkte zeigen die Hauptgründe für viele fehlgeschlagene Outsourcing Projekte:

1. Der Outsourcing-Partner wurde ausschließlich nach Kostenaspekten gewählt, jedoch wurden die angenommenen Kosteneinsparungen nie erreicht.

2. Die Qualität des erbrachten Services war niedriger als erwartet.

3. Mit dem Outsourcing-Partner wurde kein Risikomanagement etabliert, was zu einem geringen Engagement des Outsourcing-Partners führte.

4. Die Übernahme der IT-Komponenten und Verantwortlichkeiten durch den Outsourcing-Partner wirkte sich störend auf die Geschäftsprozesse aus.

5. Die Übernahme der IT-Komponenten und -Verantwortlichkeiten wurde nie vollständig abgeschlossen.

6. Die auszulagernden IT-Services waren nicht klar genug evaluiert und in Form von SLAs spezifiziert.

7. Ein Kundenbeziehungsmanagement, das auf den Geschäftserfolg ausgerichtet ist, wurde nicht etabliert, da vor dem Outsourcing keine ausreichende Erfahrung mit einem Lieferanten- und Vertragsmanagement existierte.

Warum Outsourcing?

Immer mehr Unternehmen konzentrieren den Einsatz ihrer Ressourcen auf ihre jeweiligen Kernkompetenzen. Die Gründe für diese Konzentration sind vielfältig:

• In oftmals stagnierenden oder schrumpfenden Märkten wird der Wettbewerb über Kostenführerschaft entschieden. Massive Kostensenkungsprogramme und organisatorische Verschlankung sind die Konsequenz.

• Im Rahmen der Globalisierung betreten effizientere Wettbewerber den Markt.

IT-Serviceorganisationen dieser Unternehmen müssen in diesem unstetigen Umfeld qualitativ hochwertige Leistungen erbringen und gleichzeitig mit der technologischen Entwicklung Schritt halten:

• Die IT-Architektur wird immer komplexer.

• Es herrscht ein Mangel an Fachkräften speziell im IT-Bereich.

- Dem Personal, das für Nicht-Kernkompetenzaufgaben benötigt wird, werden geringe Perspektiven geboten.

Viele neue Dienstleistungsunternehmen machen sich diese Entwicklung zunutze und haben sich auf die Übernahme von Nicht-Kernkompetenzaufgaben spezialisiert, die sie kostengünstig und professionell betreiben. Im Nicht-IT-Bereich werden schon seit längerem die Dienste externer Dienstleister in Anspruch genommen. Dieses gilt vor allem für Bereiche mit einer klaren Trennung vom Kerngeschäft wie die Kantine, der Fuhrpark u.a.

Das Hauptargument für Outsourcing der IT bleiben jedoch die Kosten. Die Studien von IT Marktforschern und Unternehmensberatern belegen diese Entwicklung.

- In 2001 belief sich der deutsche Outsourcing-Markt auf 12,59 Mrd. Euro, im Vergleich zu 10,78 Mrd. Euro in 2000 (+16.8%). Obwohl sich der Zuwachs in 2002 auf 8,8% reduzieren wird, bleibt Outsourcing das erholungsfähigste Segment im deutschen Software und IT-Service Markt mit einer geschätzten jährlichen Zuwachsrate von 14,6% für die Jahre 2002 bis 2006. Schon für 2003 wird wieder eine bemerkenswerte Wachstumsrate von 15,7% erwartet (SITSI).

- Nach Einschätzung der Unternehmensberatung McKinsey birgt Outsourcing der IT ein Einsparungspotenzial von fünf bis zehn Prozent.

Die IT im allseitigen Spannungsfeld

CIOs und IT-Abteilungen stehen generell vermehrt in einem Spannungsfeld, das von mindestens den drei folgenden Kräften erzeugt wird:

1. Geschäftsbereiche, die IT-Lösungen als Kunden nutzen, bewerten die Leistung der IT im Hinblick auf die Qualität der Unterstützung ihres Tagesgeschäfts und der Flexibilität, mit der – aus ihrer Sicht – notwendige Änderungen an bestehenden Anwendungen durchgeführt werden.

2. Das Controlling stellt die Kosten in den Fokus, die für Infrastruktur und Personal anfallen. Vermehrt werden Benchmarks von Gartner oder anderen Analysten eingesetzt, um das Kosten-Nutzen-Verhältnis der internen IT zu bewerten.

3. Die Unternehmensleitung misst die IT-Abteilung an deren Geschäftswertbeitrag und ihrem Beitrag an strategischen Zielen.

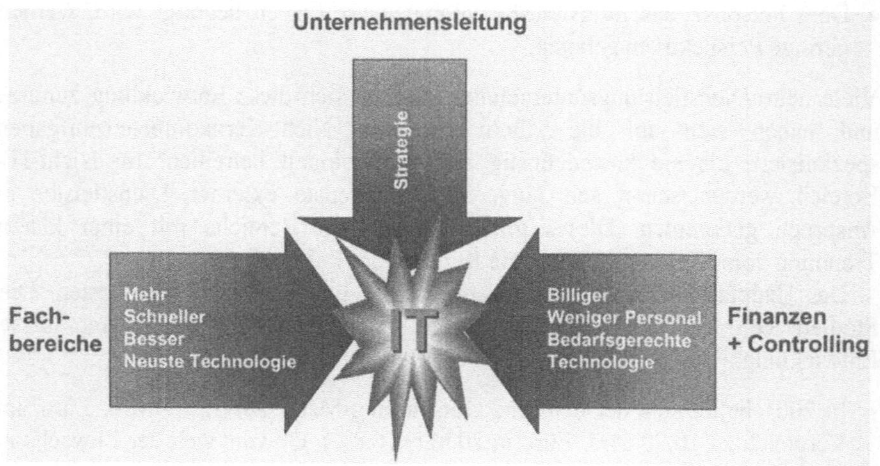

Abb. 118. IT im Erfolgsdruck

In den unvermeidbaren Konfliktsituationen, die sich z.B. aus den konkurrierenden Zielen Qualität und geringe Kosten ergeben, wird oft vorschnell der vermeintliche Trumpf des Outsourcings gezogen.

Abwägung der Vor- und Nachteile von Outsourcing

Die Entscheidung für das Auslagern des IT-Bereiches kann nicht ausschließlich unter den Gesichtspunkten der Vorteile gesehen werden, die oft vom Controller aufgeführt werden. Auch die Konsequenzen müssen dabei ins Kalkül gezogen werden, und nur nach einer Abwägung der Vor- und Nachteile – die von Unternehmen zu Unternehmen sehr unterschiedlich sein können – kann die Entscheidung für die Auslagerung des IT-Bereiches gefällt werden.

Vorteile bei Outsourcing

- Minimierung des Risikos bei eigenem Betrieb

- Bessere Qualität der IT-Leistung

- Kostentransparenz (IT erscheint nur noch als *ein* Kostenfaktor)

- Bequemlichkeit durch Abschaffung aller für den IT-Bereich erforderlichen Funktionen für das IT-Management

- Nur noch Definition, welche IT-Services geleistet werden sollen und nicht, wie diese erbracht werden

Nachteile bei Outsourcing

- Geringere Flexibilität

- Starkes Vertrags- und Leistungsmanagement erforderlich

- Bindung an *einen* IT-Servicelieferanten

- Abhängigkeit vom Outsourcing-Unternehmen

  - Position im Markt

  - Technologische Kompetenz

- Datensicherheit

Die einzig richtige Strategie für einen am Outsourcing interessierten Kunden ist es, im Vorfeld detaillierte Planungen zu erstellen, wie die Leistung auszusehen hat – bis hin zu den überaus zahlreichen und scheinbar langweiligen Details, die in Summe des "Pudels Kern" ausmachen: Schnittstellen, Desaster Vorsorge, Service Reporting, Haftungsfragen, Risikoverteilung usw. usw.

Merke: Alles, was nicht explizit geregelt ist, muss entweder später in der laufenden Beziehung ausdiskutiert werden oder ist in dem Rahmenvertrag des Outsourcers geregelt – und zwar meist zu Ungunsten des Kunden.

Hierbei wurden schon oft gravierende Fehler gemacht, die meist nicht in mangelnder präziser Spezifikation der Leistung lagen, sonder schlicht darin, dass sie vergessen wurden.

Auslagerung von Aufgaben aus dem IT-Bereich

Die Entscheidung, mit welchen Aufgaben externe Dienstleister beauftragt werden können, orientiert sich im Wesentlichen am Einfluss auf die eigenen Kernkompetenzen. Grundsätzlich können drei Aufgabenspektren aus dem IT-Bereich für eine Auslagerung genannt werden.

1. IT-Einrichtungen, die Kernprozesse unterstützen, wie Drucker-, Verpackungs- und Versanddienste

2. IT-Einrichtungen, die administrative Aufgaben unterstützen, wie Reisekostenabrechnungen, Steuererklärungen, Rechnungswesen etc.

3. Prozesse für den störungsfreien Betrieb der IT-Infrastruktur wie User Help Desk, Wartungs- und Reparaturdienste

Im seltensten Fall ist Outsourcing eine „alles oder nichts" Entscheidung. Viel häufiger bietet sich bei genauem Hinsehen die Chance, bestimmte Aufgaben aus dem Leistungspaket der eigenen IT herauszulösen und so lediglich diese Teilbereiche auszulagern.

Zwar wird durch diesen Schritt die Wahrscheinlichkeit eines Fehlschlags nicht geringer, aber wenn es schief geht, ist der „Flurschaden" zumindest begrenzt. Auf der Haben-Seite dieser Vorgehensweise stehen das Sammeln von Outsourcing Erfahrung und – im günstigsten Fall – das kennen lernen eines kompetenten Anbieters, dem man später weitere Services übertragen kann. Die Geschäftsanforderungen bestimmen über die Leistungstiefe des Outsourcings.

Abb. 119. IT-Geschäftsprozessunterstützung

Service Level Management

Sowohl für das In- als auch Outsourcing ist ein Service Level Management (SLM) als Schlüssel für den Erfolg für einen professionellen IT-Service erforderlich. Die größten Hindernisse beim Implementieren oder Verbessern von Service Level Management Initiativen sind in der folgenden Grafik aufgezeigt.

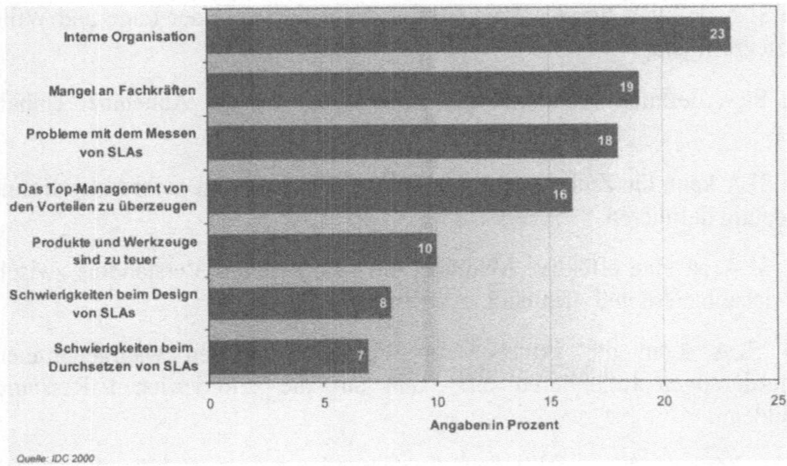

Abb. 120. SLM-Widerstände

Die kontinuierliche Verbesserung der Serviceleistungen wird mit Hilfe eines Service Level Agreement (SLA)-Kontrollzyklus sichergestellt. Der SLA-Kontrollzyklus wird somit ein Synonym für den Service Level Management-Prozess.

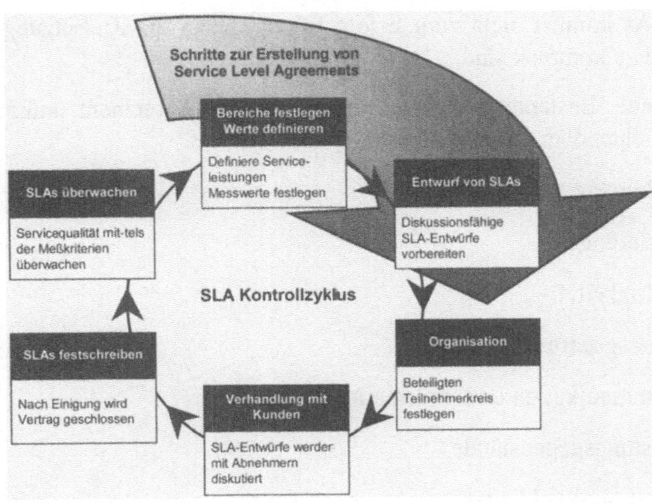

Abb. 121. SLA-Kontrollzyklus

Was ein SLA abdeckt:

- Ein SLA definiert Services, die ein Service-Anbieter in der Lage und Willens ist zu erbringen.

- Ein SLA definiert Standards und Prozeduren, die der Abnehmer einhalten muss.

- Ein SLA kann die Ziele, Zusagen und Erreichbarkeit von geforderten Services eindeutig definieren.

- Ein SLA ist eine effektive Methode, ein gemeinsames Verständnis zwischen Serviceanbietern und -nehmern zu erzeugen.

- Ein SLA kann die aktuellen im Vergleich zu den wahrgenommenen Anforderungen reflektieren und dann auf die erforderlichen Ressourcen abbilden.

- SLAs können die detaillierten Implementierungen von Kunden Support repräsentieren.

Was ein SLA nicht abdeckt:

- Ein SLA ist keine Garantie für einen exzellent erbrachten Service.

- SLAs stellen keinen Ersatz für eine gute Beziehung oder einen ausgeprägten Kommunikationskanal zwischen Serviceanbieter und -nehmer dar.

- SLAs sind ineffektiv, wenn sie nicht kommuniziert werden.

- SLAs für sich betrachtet lösen nicht existierende Probleme.

- SLAs können nicht zum Erfolg führen, wenn die Zielsetzungen unrealistisch und zu komplex sind.

Folgende Bestandteile eines Service Level Agreement müssen präzise mit verpflichtendem Charakter beschrieben werden:

- Dokumenten-Information

- Änderungen

- Gültigkeit

- Vertragspartner

- Kommunikation und Information

- Leistungsgegenstände

- Verantwortlichkeiten

- Mitwirkungspflichten

- Beistellungen

- Verantwortungsübergang

- Serviceziele

- Messwerte

- Berichtswesen

- Finanzen

- Vertragsstrafen

- Haftungsausschluss

Vorteile des Outsourcings

Für den Dienstnehmer

Die Vorteile für den Dienstnehmer orientieren sich in erster Linie daran, ob ein Unternehmen seine Geschäftsaktivitäten langfristig formuliert hat und bis zu welchem Maße diese durch IT-Prozesse unterstützt werden.

- Das Unternehmen muss seine langfristigen unternehmerischen Aktivitäten im Sinne einer strategischen Ausrichtung klar definiert und formuliert haben.

- Es müssen klare Vorstellungen über die Bereiche geben, die ausgelagert werden sollen. Diese orientieren sich in erster Linie an der Ausrichtung eines Unternehmens auf dessen Kernkompetenz.

- Die Service Level Agreements müssen so spezifiziert sein, dass sie die langfristig gesteckten Ziele des Unternehmens unterstützen, wobei auch die damit verbundenen wachsenden IT-Anwendungen berücksichtigt werden müssen. Deshalb müssen die Service Level Agreements mit einem Outsourcer nicht nur die aktuellen Anforderungen abdecken, sondern der Outsourcer muss auch verpflichtend in das langfristige Geschäftsverhalten eingebunden werden.

- Der Outsourcer muss das Outsourcing-Geschäft beherrschen und im Markt seine Kompetenz durch Referenzen nachweisen können.

Nur unter diesen Voraussetzungen kann ein Unternehmen die Vorteile einer Auslagerung nutzen:

1. Die IT-Systeme sind auf veränderte Geschäftsentwicklungen flexibel und zukunftsorientiert ausgerichtet.

2. Die Kosten für den Betrieb der IT-Systeme sind transparent nachweisbar.

3. Der Aufwand für die IT-Systeme geht als nur ein Kostenfaktor in die Bilanz ein.

4. Die IT-Systeme werden von Spezialisten und moderner Technologie betrieben.

Für den Outsourcer

Die Vorteile für den Outsourcer liegen hauptsächlich in folgenden Bereichen:

1. Existenzsicherung durch Erweiterung des Geschäftsvolumens

2. Ausbau der Marktposition

3. Höhere Investitionsmöglichkeiten in neue Technologien und Spezialisten.

4. Know-how Erweiterung

Die Vorteile für den Outsourcer ermöglichen dem Dienstnehmer eine sichere und langfristige Vertragsgestaltung.

Kundenprojekt

Ein großes deutsches Unternehmen hatte in einer „IT-Governance"-Initiative ein Konzept einer weltweit einheitlichen Leistungserbringung für die IT-Infrastruktur entwickelt. In diesem Konzept wurden die Anforderungen der Niederlassungen erhoben und anschließend die Parameter der bedarfsgerechten IT-Leistungser-bringung definiert. Da eine Umsetzung dieser Initiative über einen längeren Zeitraum nicht erfolgte, beauftragte das Unternehmen die Systematics AG mit einer Studie. Das Unternehmen unterhält Fertigungs- und Vertriebsnieder-lassungen in Europa, Amerika und Fernost.

Mit dem Service für die IT-Infrastruktur ist ein Schwesterunternehmen des Unternehmens beauftragt.

Aufgabenstellung

Diese Studie mit dem Titel *IT-Optimierung versus Outsourcing* sollte Entscheidungskriterien entwickeln und bewerten, die als Vorbereitung für eine Vorstandsentscheidung dienen sollten. In dieser Entscheidung sollte der Vorstand eine Aussage hinsichtlich der Alternativen IT-Outsourcing und interne Optimierung treffen. Für beide Alternativen sollten die dazu notwendigen nächsten Schritte ausgearbeitet werden. Folgende Grundsatzfragen sollten beantwortet werden:

1. Welche Anforderungen hat die Geschäftsstrategie an die IT-Leistungserbring-ung?

2. Welche Anwendungs-/Trägersysteme sind für das operative Geschäft des Unternehmens essentiell?

3. Welche Anforderungen an die IT-Systeme hinsichtlich Sicherheit, Performance und Verfügbarkeit müssen berücksichtigt werden?

4. Welche Servicelevels müssen von internen oder externen Dienstleistern gefordert werden?

5. Wie muss eine Organisation aussehen, die den veränderten Anforderungen gerecht wird?

6. Wie ist der gegebene Kostenrahmen und welche Veränderungen sind erreichbar oder notwendig?

7. Welche Alternativen bestehen im Outsourcing-Szenario?

8. Welche Effizienzchancen bietet ein Projekt IT-Optimierung?

9. Welche juristischen Restriktionen und Anforderungen müssen berücksichtigt werden?

10. Wie sind die Implementierungsschritte für die jeweiligen Alternativen?

11. Welche Kommunikationsstrategie mit den Mitbestimmungsgremien ist für die jeweiligen Alternativen erforderlich?

Die Niederlassungen empfanden den zentral organisierten Service als unzureichend und hatten deshalb Anstrengungen unternommen, lokale IT-Unterstützung zu implementieren. Dadurch wurde der Ausbau einer angestrebten zentralen Service-Organisation in der Zentrale Deutschland untergraben und ihr damit die Fähigkeit genommen, effektiv für alle Niederlassungen die erforderliche IT-Unterstützung zu liefern.

In der Studie sollten Empfehlungen für die effektive Gestaltung eines weltweit abgestimmten IT-Service-Konzeptes für alle Niederlassungen des Unternehmens erarbeitet werden. Dabei sollten jedoch die kernprozessbezogenen IT-Einrichtungen nicht berücksichtigt werden.

Im Fokus dieser Untersuchung stand die Überlegung, ob der gesamte Service für die IT-Einrichtungen weiterhin in eigener Regie geführt werden soll oder ob durch Outsourcing an externe Dienstleister ein besserer und kostengünstigerer Service geleistet werden kann. Dabei musste besonders berücksichtigt werden, inwieweit der schon ausgelagerte Service an die dafür beauftragte Schwestergesellschaft weiterhin in Betracht gezogen werden kann.

Beschreibung der Vorgehensweise

Das Projekt wurde in fünf logisch aufeinander aufbauende Phasen gegliedert. Das phasenorientierte Vorgehen gewährleistet durch Zwischenreviews die Adjustierung auf die vereinbarten Ziele.

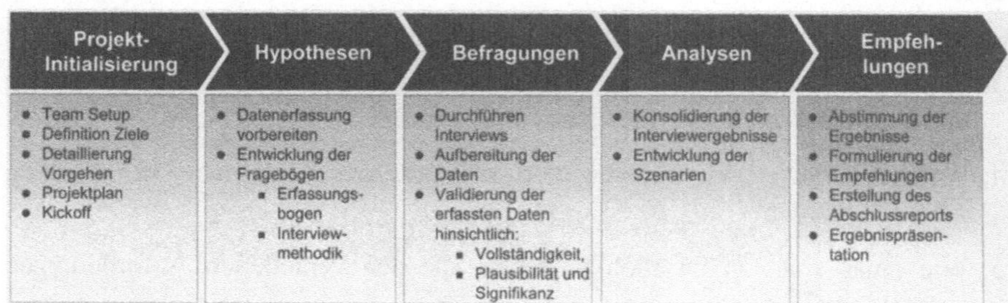

Abb. 122. Fünfstufiges Vorgehensmodell

Projektorganisation

Zu Beginn wurde ein Projektteam gebildet, das sich aus Mitarbeitern des Unternehmens und der Systematics AG zusammensetzte. Dieses Team wurde im Weiteren in drei Arbeitsgruppen mit je fünf Mitgliedern aufgeteilt.

Die erste Arbeitsgruppe sollte die Anforderungen erheben, die über die Geschäftsstrategie an die IT-Leistungen gestellt wurden. Mit technologischen Aspekten beschäftigte sich die zweite Arbeitsgruppe, die neben der Erhebung der Trägersysteme für IT-Leistungen zusätzlich Anforderungen hinsichtlich Sicherheit, Performance und Verfügbarkeit der IT-Infrastruktur ermittelte. Schließlich beschäftigte sich die dritte Arbeitsgruppe mit den Leistungsanforderungen der Systemanwender hinsichtlich Sicherheit, Performance und Verfügbarkeit.

Ein übergeordnetes Program Office mit je einem Mitarbeiter des Unternehmens und der Systematics AG koordinierte die Arbeitsgruppen. Ein Steering Commitee mit Vertretern der Geschäftsführer des Unternehmens und der Systematics AG war für die Fortschrittskontrolle und Entscheidungen benannt. Der Zeitrahmen für das Projekt war auf 11 Wochen gesetzt.

Interviews mit den Fachbereichen

Für die Ermittlung des IT-Unterstützungsbedarfs aller weltweiten Niederlassungen wurden mit den jeweiligen Fachabteilungen Interviews durchgeführt. Hierzu wurde eine spezielle Hypothesen-Methode verwendet, für deren Anwendung die entsprechenden Fragebögen erstellt wurden.

1. Zur Thematisierung einer anstehenden Problematik wurden mit den Fachabteilungen die Grundsatzfragen definiert und priorisiert.

2. Den Grundsatzfragen wurden eine oder mehrere Hypothesen zugeordnet.

3. Den Hypothesen wurden dann Symptome zugeordnet.

4. Die Symptome wurden dann durch Interview Fragen hinterfragt.

Mit den so entstandenen Behauptungsketten wurde eine Vergleichbarkeit der Interviewergebnisse erreicht, die sowohl die Zusammenfassungen und die Formulierungen entsprechender Empfehlungen ermöglichte.

Bestimmung des IT-Service-Delivery-Model

Die Interviewergebnisse wurden dann konsolidiert und dienten als Basis für die Erarbeitung der Empfehlungen. Mit dieser Methode konnten Anforderungsprofile für die geforderten Serviceleistungen der Fachbereiche ermittelt werden. Der so erstellte Leistungskatalog bildete die Grundlage für eine Empfehlung, in welcher Organisationsform diese Leistungen bedarfsgerecht erbracht werden können. Die Empfehlung gab klare Antworten auf übergeordnete Fragestellungen:

1. Ist die Serviceabteilung des Unternehmens in der Lage, den Service eigenständig zu erbringen?

2. Kann die derzeitig beauftragte Service-Schwestergesellschaft alle Ansprüche der geforderten Services qualitativ und kostengünstig erfüllen?

3. Welche Services müssen zentral erbracht werden?

4. Mit welchen Services können lokale externe Service-Lieferanten beauftragt werden?

5. Welche Steuerungsprozesse müssen für die Kontrolle der Service-Leistungen unter Einbeziehung externer Service Organisationen implementiert werden?

Empfehlungen

Die Palette der geforderten Service-Leistungen für die IT-Infrastruktur in den Fachbereichen hat auch in diesem Projekt gezeigt, dass die Lösung nicht ein „alles oder nichts", sondern ein „sowohl als auch" ist. Dem Unternehmen konnte deshalb das folgende Service-Delivery-Model vorgeschlagen werden:

1. Der zentrale IT-Bereich behält die „IT-Governance" für die Definition und Gestaltung der Service Leistungen für die IT-Infrastruktur.

2. Es können lokale Service-Organisationen eingebunden werden.

3. Bestimmte identifizierte Teilbereiche können für das Outsourcing in Frage kommen.

Für dieses Service-Delivery-Model muss ein Service Management-Prozess implementiert werden. Dazu müssen strukturelle und technische Voraussetzungen erfüllt werden, die das Zusammenspiel von zentralen und dezentralen Service Abteilungen unter Einbeziehung von externen Lieferanten ermöglicht.

Die Empfehlungen wurden in drei Gruppen gegliedert

- Generelle Empfehlungen

- Outsourcing Empfehlungen

- Spezielle Empfehlungen

Generelle Empfehlungen

Mit diesen Empfehlungen kann ein generelles Konzept für die Gestaltung des IT-Service-Delivery-Model unter Einbeziehung von Outsourcing-Optionen ermöglicht werden.

- Die Geschäftsanforderungen erfordern eine föderative IT-Service Delivery Struktur.

- Die zentrale IT-Service-Abteilung muss als führende Instanz verantwortlich sein für die Definition und Gestaltung einheitlicher IT-Service-Leistungsangebote in den weltweiten Niederlassungen.

- In den Niederlassungen sind lokale IT-Service-Gruppen einzurichten, die organisatorisch der Zentrale zugeordnet sind. Sie fungieren als Bindeglied zu den Fachbereichen und koordinieren die dort benötigten IT-Service Anforderungen entsprechend den Vorgaben der Zentrale.

- Für die globale/lokale „IT-Governance" muss eine Grundsatzvereinbarung erstellt werden.

- Für identifizierte Teilbereiche können die Service-Leistungen nach einheitlichen Qualitätsvorgaben an externe Service-Organisationen ausgelagert werden. Maßgebend dafür sind lokale Kompetenzen der Service-Organisationen. Hierfür kommen in erster Linie Standard IT-Infrastruktur-Services, wie Reparatur, Austausch, Plattform Software-Pflege u.ä. in Frage.

- Ein Lieferanten-Management-System muss implementiert werden.

- Der derzeitige gültige Vertrag mit der externen Service-Organisation soll neu verhandelt werden.

Outsourcing-Empfehlungen

Mit diesen Empfehlungen wird eine Entscheidungsbasis ermöglicht, mit der Outsourcing-Optionen identifiziert werden können.

- Vor einer globalen Outsourcing-Initiative sollte zunächst eine einheitlich durchgängige IT-Organisation etabliert werden.

- Standard Services für die IT-Infrastruktur sollten nicht von der eigenen Service Abteilung erbracht werden.

- Der derzeitige gültige Vertrag mit der externen Service Organisation sollte für Neuverhandlungen zunächst aufgekündigt werden.

Generell aber müssen Grundregeln für das Outsourcing der IT-Standard Services erstellt werden.

Die Bewertung folgender Kriterien lag der Entscheidung für das Outsourcing von Teilbereichen zugrunde.

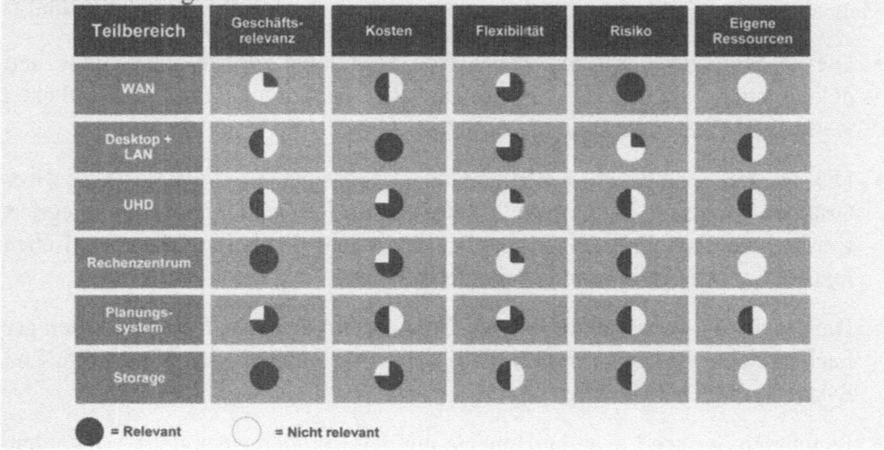

Abb. 123. Auswahlkriterien für Service-Bereiche

Die Bewertung der Kriterien führte zu der Entscheidung, den Service für bestimmte Teilbereiche auszulagern.

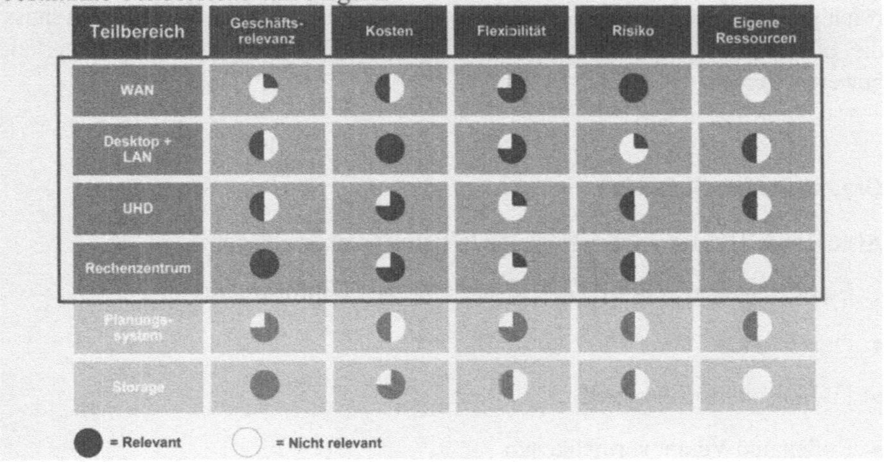

Abb. 124. Bewertung der Auswahlkriterien für Service-Bereiche

Spezielle Empfehlungen

Die hier aufgeführten Empfehlungen beschreiben die Themenbereiche für die Gestaltung einer effektiven globalen IT-Service-Organisation. In der Originalstudie werden zu jedem der folgenden Punkte im Detail die konkreten Maßnahmen für die Umsetzung beschrieben, die hier nicht näher aufgeführt sind.

- Die IT-Strategie muss mit der Geschäftsstrategie global abgestimmt und dokumentiert werden als Basis für die Gestaltung einer einheitlichen weltweiten IT-Service Delivery Struktur.

- Die in den weltweiten Fachabteilungen angesiedelten lokalen IT-Service-Gruppen müssen in die globale IT-Infrastruktur Service-Organisation integriert werden, die nach globalen Standards effektiv und flexibel auf die spezifischen lokalen Service-Anforderungen reagieren können.

- Die globale IT-Infrastruktur Service-Organisation muss die Erfolgskriterien der Fachbereiche erfassen, messen und auswerten können, um ein End-to-End Systemverhalten zu kennen.

- Es müssen Service Level Agreements mit den Fachbereichen definiert werden, die an den Geschäftsanforderungen ausgerichtet sind.

- Es muss eine einheitliche und standardisierte Kostenstruktur entwickelt werden, die eine Kostentransparenz aller IT-Service Leistungen ermöglicht.

Nach der Implementierung der empfohlenen organisatorischen Änderungen muss die Effektivität dieser Änderungen analysiert und auch weiterhin kontinuierlich bewertet werden.

Die nächsten Schritte

Als nächste Schritte wurden folgende Initiativen vorgeschlagen:

1. Etablieren einer „Global Governance" für die IT-Infrastruktur

- Organisation

- IT-Management-Prozesse

- Rollen und Verantwortlichkeiten

- Kostenstruktur und -kontrolle

2. Etablieren einer Lieferanten- und Kundenmanagement-Kompetenz

- Prozesse

- Rollen und Verantwortlichkeiten

3. Erstellen von Service Level Agreements zwischen den Fachbereichen und dem IT-Betrieb

- Umfang der Service-Leistungen

- Service-Schnittstellen

- Service-Metriken

4. Überprüfung der derzeitigen Outsourcing-Vereinbarung

- Kündigung der existierenden Vereinbarung

Ein föderatives IT-Service-Delivery-Model für den Service der IT-Infrastruktur für die Fachbereiche (FB) vereinigt die Vorteile eines zentralen mit denen eines dezentralen Modells.

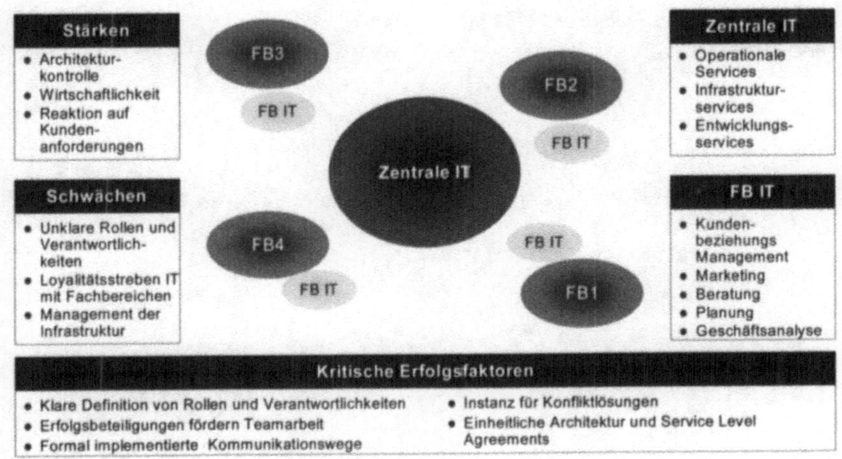

Abb. 125. Förderatives IT-Service-Delivery-Model

Erfahrungen und Ausblick

Das Resümee aus den allgemeinen Betrachtungen über das Outsourcing und wie
es sich auch in dem dargestellten Projekt aus der Praxis gezeigt hat, lautet:

- Der Königsweg für die optimale Erbringung von IT-Leistungen muss nicht ein
  „alles oder nichts" sein, sondern ist in vielen Fällen ein „sowohl als auch".

- Das Outsourcing der IT-Systeme – wenn auch nur teilweise – kann für beide
  Seiten eine „Win-Win" Situation sein, wenn alle zuvor aufgeführten
  Konditionen vollständig und präzise spezifiziert sind und vertraglich vereinbart
  werden.

- Jedes Unternehmen sollte sich deshalb der Herausforderung stellen und
  Analysen über Outsourcing-Optionen von professionellen Beratern durchführen
  zu lassen.

Quellen:

EVEREST Outsourcing Consultants GmbH	www.outsourcing-management.de
McKinsey&Company,	www.mckinsey.com
Software and IT-Services Industry (SITSI)	www.sitsi.com
Gartner Group	www.gartner.com

Insourcing/Outsourcing im Bundesbehördenbereich

Michael Angrick

Einleitung

Unter Outsourcing (outside resource using) von Informations- und Kommunikationstechnik (IuK-Technik) wird die Auslagerung klar definierbarer und abgrenzbarer IuK-Funktionen oder -Prozesse an externe Dienstleister über einen definierten Zeitraum verstanden. Unter Insourcing (inside resource using) von IuK-Technik wird demnach der bewusste Beibehalt definierter und abgrenzbarer IuK-Funktionen oder -Prozesse in der öffentlichen Verwaltung oder auch dem privaten Unternehmen verstanden. Im Folgenden wollen wir uns mit den Kriterien, die zu einer Entscheidung für das Outsourcing, den damit möglicherweise verbundenen Problemen und den daraus resultierenden Empfehlungen beschäftigen. Implizit stellt man damit immer auch die Frage nach dem Insourcing, d.h. der Durchführung von IuK-Technik in eigener Regie, mit eigenen, insbesondere, personellen Ressourcen.

Seit 1993 verpflichtet die Bundeshaushaltsordnung (BHO) die Behörden zu prüfen, "inwieweit staatliche Aufgaben oder öffentlichen Zwecken dienende wirtschaftliche Tätigkeiten durch Ausgliederung und Entstaatlichung oder Privatisierung erfüllt werden können". Dies bedeutet, dass eine Entscheidung für oder gegen Outsourcing immer das Ergebnis einer Wirtschaftlichkeitsbetrachtung darstellt. Der Zug zu einer stärkeren Inanspruchnahme von externen Unterstützungsleistungen ist eng verbunden mit der sich zunehmend prekärer darstellenden Personalsituation im öffentlichen Dienst.

Aufgrund der seit Jahren anhaltenden Personalreduzierung im öffentlichen Dienst zugunsten der Haushaltskonsolidierung einerseits sowie aufgrund der fortschreitenden Technisierung und Spezialisierung andererseits, hat sich die Personalausstattung der öffentlichen Hand im IT-Bereich in den letzten Jahren erheblich verschlechtert. Insofern sind Auslöser für IuK-Outsourcing-Maßnahmen in der Praxis häufig der Ausgleich von fehlendem Fachpersonal, d.h. die Beschaffung fehlender IuK-Kenntnisse sowie die Sicherstellung des IuK-Betriebes und seiner Funktionsfähigkeit.

Hierbei sind unterschiedliche Grade denkbar und werden bereits vielfach praktiziert. Sie reichen vom sogenannten Beschaffungsmanagement bis zum Betreiben und Pflege der IT-Infrastruktur, einschließlich Software, in Generalunternehmerschaft. In diesen Fällen übernimmt der Auftragnehmer die komplette Pflege, Beschaffung, Verwaltung, Installation, Wartung und den Service für die dezentrale IT-Ausstattung, insbesondere der Arbeitsplatzcomputer

(APC), Server und Netze. Dabei werden die von den Vertragspartnern in den einzelnen Bereichen zu erbringenden Leistungen durch sogenannte "Service Level Agreements" eindeutig definiert. Das sogenannte Komplett-Outsourcing, d.h. der kompletten Übertragung der Hardware- und Software-Infrastruktur sowie der Anwendungssoftware eines oder mehrerer Verfahren auf einen Externen, steht häufig die Inanspruchnahme einzelner IT-Dienstleistungen, wie der Wahrnehmung technischer Hilfsfunktionen oder Beratungsdienstleistungen, gegenüber.

Rahmenbedingungen

Wirtschaftlichkeitsbetrachtung notwendig

Bereits zuvor wurde darauf hingewiesen, dass die Entscheidung für ein Outsourcing erst nach einer entsprechenden Wirtschaftlichkeitsbetrachtung gefällt werden kann. Ergibt die Wirtschaftlichkeitsbetrachtung die Wirtschaftlichkeit der Outsourcing-Maßnahme gegenüber der Eigenerledigung, so ist dies ein starkes Indiz für die zukünftige Verlagerung der Maßnahme "nach Außen". An dieser Stelle ist allerdings darauf hinzuweisen, dass es eigentlich bei der Inanspruchnahme von externen Unterstützungsleistungen nur um solche mit einer zeitlichen Befristung gehen kann.

Steht demgegenüber von Anfang an fest, dass der Bedarf zur Inanspruchnahme einer Outsourcing-Maßnahme dauerhaft geprägt sein wird, so ist gemäß § 7 BHO zu prüfen, ob die Ausgliederung bzw. Privatisierung dieser Aufgabe wirtschaftlicher ist, als die Erledigung mit eigenen Kräften. So weist die Koordinierungs- und Beratungsstelle der Bundesregierung für Informationstechnik in der Bundesverwaltung (KBSt) im Bundesministerium des Innern im Rahmen einer Empfehlung zur Inanspruchnahme von externen Unterstützungsleistungen durch Bundesbehörden im IT-Bereich darauf hin, dass jedweder Entscheidung über die Vergabe einer Outsourcing-Maßnahme eine kritische Aufgabenanalyse zur Feststellung der als unverzichtbar erkannten Aufgabe vorauszugehen habe. Solche Aufgaben sind grundsätzlich mit eigenen Kräften zu erfüllen. Nur wenn für solche Aufgaben geeignete eigene Kräfte nicht verfügbar sind, nicht ausreichen oder nicht zeitgerecht zur Verfügung stehen, können Leistungen privatwirtschaftlicher Unternehmungen oder wissenschaftlicher Einrichtungen in Anspruch genommen werden.

Die KBSt definiert darüber hinaus Situationen, in denen externe Unterstützungsleistungen insbesondere in Betracht kommen. Dabei wird eine Wirtschaftlichkeitsbetrachtung jeweils vorausgesetzt. Demnach sind Outsourcing-Maßnahmen dann empfehlenswert:

- wenn eigenes Fachpersonal nicht, nicht in ausreichendem Umfang oder nicht rechtzeitig verfügbar ist

- Arbeitsspitzen vorübergehend abgedeckt werden müssen

- spezielles Know-how der Industrie benötigt wird, das innerhalb der jeweiligen Verwaltung nicht oder nicht ausreichend zur Verfügung steht.

Entsprechende Empfehlungen bzw. Leitsätze für die Prüfung von IuK-Outsourcing hat Anfang des Jahres 2002 bereits der Bundesrechnungshof den Bundesbehörden vorgelegt. Auf diese Empfehlungen greift der Autor im Rahmen dieses Beitrages immer wieder zurück.

Weitere Aspekte für Outsourcing-Maßnahmen

Nun sind über den Aspekt der Wirtschaftlichkeit hinaus andere Gesichtspunkte für die Entscheidung des IuK-Technikauslagerns maßgeblich. Ein Outsourcing von IuK-Funktionen und -Prozessen ist in der Regel dann zulässig, wenn die Grund- und/oder Bürgerrechte nicht eingeschränkt werden, die Funktionsfähigkeit des Staates nicht beeinträchtigt wird und sich der Staat nicht in unkalkulierbare Abhängigkeit einzelner Externer begibt. So verweist der Bundesrechnungshof darauf, dass selbst wenn ein IuK-Outsourcing zweckmäßig erscheint, die rechtlichen Zulässigkeitsschranken der Aufgabenübertragung zu beachten sind, die sich aus der Verfassung ergeben. Über diese verfassungsrechtliche Zulässigkeitsschranke hinaus kommen weitere Normen hinzu, die einem IuK-Outsourcing entgegenstehen können, z.B. das Steuergeheimnis oder der Datenschutz. Zu den zu beachtenden rechtlichen Rahmenbedingungen für ein IuK-Outsourcing stellt der Rechnungshof darüber hinaus fest, dass:

1. sofern IuK-Aufgaben ausgelagert werden, die die Grund- und/oder Bürgerrechte berühren, eine gesetzliche Ermächtigung hierfür vorliegen oder geschaffen werden muss.

2. in bestimmten Aufgabenfeldern die Funktionsfähigkeit des Staates nicht gefährdet werden darf und dessen Erfüllungs- und Gewährleistungsverantwortung gegenüber dem Bürger hinreichend sicherzustellen ist. Dies bedeutet für den IuK-Bereich, dass alternative Konzepte für den Fall existieren müssten, dass der Externe die ihm übertragenen Aufgaben nicht vereinbarungsgemäß erbringt. Die Aufgaben sind dann innerhalb einer angemessenen Frist von Dritten oder von der auslagernden Behörde wieder selbst zu übernehmen.

3. Maßnahmen zu ergreifen sind, damit sich der Staat nicht in unkalkulierbare Abhängigkeit einzelner Externer begibt. Sollten dennoch IuK-Aufgaben nur an Dienstleister mit einer monopolartigen Stellung vergeben werden können, so muss durch vertragliche Regelungen dafür gesorgt werden, dass dessen Steuerung und Überwachung durch den Auftraggeber hinreichend gewährleistet wird.

Für und Wider Outsourcing (Teil I)

Die genannten Punkte tragen dem häufig vorgebrachten Einwand Rechnung, dass Outsourcing abhängig macht. Diese Aussage ist zweifellos berechtigt, gleichwohl nicht weiterführend. In der seit langem arbeitsteiligen Welt sind gegenseitige Abhängigkeiten geradezu kennzeichnend für moderne gesellschaftliche Organisationsformen. Gleichwohl richtig ist, dass der Auftraggeber, d.h. also die öffentliche Hand, Vorsorge dafür zu treffen hat, dass die Abhängigkeit, in die sich ein Auftraggeber grundsätzlich im Falle des Outsourcing begibt, so gering wie möglich gehalten wird. Richtig bleibt aber auch, dass Outsourcing im IT-Bereich Unabhängigkeit herstellt. Dies geschieht insbesondere dadurch, dass der Zwang der Anwendung des öffentlichen Dienst- und Besoldungsrechtes wegfällt, der häufig verhindert, dass entsprechende IT-Fachkräfte überhaupt an die öffentliche Verwaltung gebunden werden können.

Grundsätzlich kann zur Erledigung jedes IT-Aufgabenbereichs externe Unterstützung in Anspruch genommen werden. Für einen ordnungsgemäßen und kontrollierbaren Betrieb ist es allerdings unabdingbare Voraussetzung, dass die Steuerung und Kontrolle der Aufgabendurchführung in der jeweiligen Behörde verbleibt (Kernkompetenz). Mit der Auslagerung von IuK-Aufgaben besteht die Gefahr, dass internes IuK-Wissen verloren geht und bei Bedarf nicht mehr abrufbar ist. Aufgrund fehlender interner fachlicher Qualifikationen verringert sich die Möglichkeit, auf technische Entwicklungen für die betreffende Verwaltung Einfluss zu nehmen. Zur Wahrung der Kernkompetenz und damit einer weitgehenden Unabhängigkeit vom Outsourcing-Partner gehören Qualifikationsmaßnahmen für die der öffentlichen Hand verbleibenden IT-Kernmannschaft zur wesentlichen Voraussetzung. Entsprechende Qualifikations-maßnahmen sind schon deshalb notwendig, damit die eigene Urteilsfähigkeit nicht verloren geht. Dies ist auch wichtig, damit bei der Vergabe von externen Unterstützungsleistungen der Dialog mit dem Auftragnehmer geführt werden kann und eine Kontrolle der Leistungserbringung sowie die Nutzung der Ergebnisse erfolgen kann.

Vorbereitung und Gestaltung von Auslagerungsmaßnahmen

Das Outsourcing von IT-Dienstleistungen setzt die Erarbeitung detaillierter Ausschreibungsunterlagen und Leistungsbeschreibungen voraus. Die Vergabe von Outsourcing-Maßnahmen erfolgt auf der Basis der Verdingungsordnung für Leistungen des Bundes (VOL/A) oder der Verdingungsordnung für freiberufliche Leistungen (VOF). Als Beispiel wird die in der Anlage enthaltene Leistungsbeschreibung für das Outsourcing des Help-Desk einer großen nachgeordneten Bundesoberbehörde vorgelegt. Grundsätzlich können die auszulagernden Dienstleistungen nach verschiedenen Möglichkeiten beschrieben werden.

Sofern für eine Aufgabe oder Funktion noch keine konkreten produkt- oder ablaufbezogenen Vorstellungen existieren, werden die Anbieter aufgefordert, sowohl eine Lösung als auch ihre Umsetzung anzubieten (funktionale Leistungsbeschreibung). Soll beispielsweise die IuK-Anwenderbetreuung in einer Verwaltung ausgelagert werden, teilt die ausschreibende Stelle den Anbietern lediglich die Rahmenbedingungen (z.B. eingesetzte Hardware, eingesetzte Software, Anzahl der Anwender sowie Reaktions- und Betreuungszeiten) mit. Von den Anbietern werden dann Angebote erwartet, die sowohl die Form der Betreuung wie auch ihre Umsetzung enthalten.

Hat die ausschreibende Verwaltung eine konkrete Lösung und Umsetzung für eine Aufgabe erarbeitet und die Leistungsbeschreibung entsprechend exakt spezifiziert, so wird die von den Externen zu erbringende Leistung konstruktiv beschrieben (konstruktive Leistungsbeschreibung). Dies kann der Fall sein, wenn definierte Leistungen für das Rechenzentrum oder für die IuK-Anwenderbetreuung outgesourct werden sollen. Der Bundesrechnungshof weist darauf hin, dass es auch ein drittes Verfahren, die sogenannte Parallelausschreibung, gibt. Bei diesem Ausschreibungsverfahren, mit dem sowohl die beste technische Lösung als auch die günstigste Finanzierungs- und Betreiberform für ein ggf. partielles IuK-Outsourcing ermittelt werden soll, muss die ausschreibende Verwaltung mehrere Lösungsvarianten zulassen und bewerten. Auf der Basis jeweils gesonderter Spezifikationen für Hardware, Software und Dienstleistungen könnten beispielsweise Angebote für die folgenden Kombinationen, die die Zielsetzung der Ausschreibung in unterschiedlichem Umfang erfüllen, eingeholt werden:

- Kaufpreis für Hardware und Software,

- Leasingkonditionen für Hardware und Software,

- Vergütung für Dienstleistungen,

- Preis für eine Generalunternehmerschaft.

Es ist darauf hinzuweisen, dass nach den Erfahrungen des Autors, Parallelausschreibungen bislang keine große Rolle bei der Vergabepraxis von Behörden spielen. Zur Bewertung der Angebote sind dann die geforderten technischen Leistungsmerkmale sowie der Umfang und die Qualität der Dienstleistungen zu gewichten. Die Angebote sollten nach ihren Preisen bewertet und daraufhin überprüft werden, in welchem Maße sie die Leistungen erfüllen. Darüber hinaus sollte in die Bewertung einbezogen werden, dass die Urteilsfähigkeit der Verwaltung (IT-Kernkompetenz) erhalten bleibt. Insbesondere gilt dies für:

- die Kontrolle von Leistungserbringungen,

- den Dialog mit dem Auftragnehmer,

- das uneingeschränkte Nutzungsrecht von Ergebnissen.

Es sollte auch darauf geachtet werden, dass die Fortführung der Arbeiten auch in Krisen- und Ausnahmesituationen nach Möglichkeit sichergestellt werden kann.

Die Vertragsgestaltung und Vertragsdurchführung müssen dem Gesetz zur Regelung der gewerbsmäßigen Arbeitnehmerüberlassung entsprechen. Vor allem ist darauf zu achten, dass für das vom Auftragnehmer zur Leistungserbringung vor Ort eingesetzte Personal

- das Direktionsrecht beim Auftragnehmer verbleibt und auch beim Einsatz innerhalb der Verwaltung von diesem ausgeübt werden kann,

- die räumliche Unterbringung zu einer klaren Abgrenzung zwischen Firmenkräften und Behördenpersonal führt, soweit die Aufgabenwahrnehmung nicht eine andere Unterbringung erforderlich macht,

- eine Kennzeichnung erfolgt, die sie als Firmenkräfte nach Innen und Außen erkennbar macht,

- die Geheimschutzvorschriften beachtet werden.

Ein weiteres zu beachtendes Feld bei der Vergabe von IT-Dienstleistungen an Externe ist der Bereich des Datenschutzes. Werden bei externen Unterstützungsleistungen personenbezogene Daten erhoben, verarbeitet oder genutzt, sind die Vorschriften des Bundesdatenschutzgesetzes (BDSG), insbesondere § 11 BDSG, zu beachten. Teilweise haben Behörden bereits Rahmendienstvereinbarungen mit den Personalräten abgeschlossen, in denen auch der Umgang mit personenbezogenen bzw. personenbeziehbaren Daten behördenintern geregelt wird. In diesem Zusammenhang wird der Personenkreis, der im Rahmen von IT-Dienstleistungen Zugang zu entsprechenden Daten hat, gemäß BDSG belehrt und verpflichtet. Eine entsprechende Belehrung und Verpflichtung müsste im Fall der Vergabe von Dienstleistungen an Externe ebenfalls stattfinden und sich in einer entsprechenden vertraglichen Regelung wiederfinden.

Vertragsinhalte

Ein Vertrag über Outsourcing-Leistungen hat möglichst eindeutige Regelungen zu enthalten, die sich insbesondere auf die folgenden Leitungsmerkmale beziehen:

- Qualitätsmerkmale für die vereinbarten Leistungen. Nach Möglichkeit sind hier messbare Größen, also Kennzahlen oder Parameter anzusetzen.

- Maßnahmen für die Überwachung der Leistungen, Methoden und Zeiträume sowie ein geeignetes Berichtswesen. Hierzu gehört, den Auftragnehmer zu verpflichten, Parameter zu messen und zu berichten, um über Störungshäufigkeiten und Inanspruchnahme von Leistungen genau informiert zu werden.

- Sicherstellung von Zugangsrechten des Datenschutzbeauftragten.

- Gewährleistung.

- Maßnahmen bei Nichterfüllung der Leistungen. Insbesondere der Haftungsumfang und Vertragsstrafen sind zu regeln.

- Verfahren bei Mehrleistungen und Minderleistungen.

- Anpassungen/Änderungen der Leistungen an technischen Fortschritt während der Laufzeit der Verträge.

- Kriterien für Preisanpassungen.

- Vertragslaufzeit.

- Bedingungen für Vertragsverlängerungen.

- Kündigungsregelung.

- Rückabwicklung bei Vertragsende.

- Krisenmanagement.

- Prüfungsrechte durch Rechnungshöfe.

Leistungskontrolle

Bereits im Vorfeld des Vertrages – also schon bei der Leistungsbeschreibung – sollten die Zuständigkeitsbereiche und Verantwortlichkeiten festgelegt und beschrieben sowie Schnittstellen klar definiert werden. Zum o.g. Krisenmanagement gehört auch, dass Entscheidungswege in Zweifelsfällen klar definiert und Abstimmungsverfahren vereinbart werden. Die mit einer Outsourcing-Maßnahme verbundene Zielsetzung sowie die vereinbarten Leistungen sind im Rahmen von Erfolgskontrollen mit dem Outsourcing-Partner zu überprüfen. Für eine erforderliche Erfolgskontrolle sollten die Tätigkeiten und Leistungen des Outsourcing-Partners protokolliert werden, damit ggf. sein Aufgabenbereich angepasst sowie Rationalisierungsansätze für die interne Aufgabenerledigung abgeleitet werden können. Hierzu sollten - wie dies auch vom Bundesrechnungshof empfohlen wird - konkrete und nachprüfbare Leistungsmerkmale vereinbart werden, z.B. hinsichtlich

- der Reaktionszeiten,

- der Qualität,

- der Flexibilität der Leistungserbringung und

- der Betriebsbereitschaft der vom Outsourcing-Partner verantwortlich betreuten technischen Einrichtungen oder Verfahren.

Auf der Grundlage eines aussagefähigen Berichtswesens können auch die vom Auftraggeber beabsichtigten Auswirkungen auf seine Organisation verfolgt werden. Insbesondere kann damit die Wirtschaftlichkeit der Maßnahme und der Qualitätsgewinn überprüft werden. Darüber hinaus sollten regelmäßige Vergleichsrechnungen vom Auftragnehmer erstellt werden, in welchen die Aufwendungen an den Auftragnehmer mit Marktpreisen verglichen werden, um ggf. Preisanpassungen von Seiten des Auftragnehmers einleiten zu können. Hierfür ist es wichtig, dass entsprechende Verfahrensweisen wie oben bereits angedeutet, vertraglich geregelt werden.

Liegt der Auftragnehmer regelmäßig über den ermittelten Marktpreisen, sollten Preisverhandlungen aufgenommen werden oder der Auftragnehmer gewechselt werden können. Als weiteres wirksames Verfahren der Erfolgskontrolle kann Benchmarking eingesetzt werden. Hierzu sind geeignete Kennzahlen zu ermitteln, fortzuschreiben und mit denen anderer Institutionen zu vergleichen. Sind Ergebnisse der auftraggebenden Verwaltung schlechter als der ermittelte Durchschnitt, sollten die Ursachen ermittelt und Gegenmaßnahmen ergriffen werden. Auch für diesen Fall sollten mit dem Auftragnehmer hinsichtlich des Verfahrens und der Konsequenz vertragliche Vereinbarungen getroffen werden.

Für und Wider Outsourcing (Teil II) und Schlussbetrachtung

Abschließend möchte sich der Autor mit einigen immer wiederkehrenden Argumenten für und wider das IuK-Outsourcing auseinandersetzen. Wichtigste Kontra-Argumente sind der Kompetenz- und Know-how-Verlust sowie die Abhängigkeit vom Dienstleister. Diese Argumente sind sehr ernst zu nehmen. Nur ist es in unserer spezialisierten arbeitsteiligen Welt seit langem ein Kennzeichen, dass gegenseitige Abhängigkeiten sich verstärken und selbst Bereiche wie Geheimdienste und Militär schon längst nicht mehr hiervon ausgenommen sind. Die Spezialisierung ist durchaus auch als Vorteil anzusehen, da die in der Verwaltung Tätigen sich stärker auf Kernbereiche konzentrieren können, z.B. die Unterstützung von Fachanwendungen, die jeweils nur für einen kleinen Teil von Experten von Bedeutung sind, aber dennoch entsprechend komplikationslos betrieben werden müssen. Die Abhängigkeit vom Dienstleister kann - wie dargestellt - durch eine entsprechende Vertragsgestaltung zumindest weitgehend minimiert werden. Dem Dienstleister muss klar sein, dass er keine "Lizenz zum Gelddrucken" bei der Auftragsvergabe erhalten hat. Entscheidend ist, dass der Wettbewerb funktioniert und somit die Möglichkeit zum Wechsel des Dienstleisters gegeben ist.

In diesem Zusammenhang wird noch einmal darauf verwiesen, dass es wichtig ist, auch während der Laufzeit eines Vertrages regelmäßige Vergleichsrechnungen anzustellen und die Wirtschaftlichkeit der Maßnahme in regelmäßigen Abständen zu überprüfen. Den genannten Kontra-Argumenten steht eine Reihe von Pro-Argumenten gegenüber, die bei der Entscheidung für ein IuK-Outsourcing ebenfalls entsprechend berücksichtigt werden sollten. Wichtigstes Pro-Argument ist die Vermeidung von Personalengpässen und der Zugewinn an Qualität des IuK-Betriebes. Die Konzentration auf die sogenannten Kernbereiche (IT-Kernkompetenz) erhöht darüber hinaus die Zufriedenheit der Kunden innerhalb der Verwaltung und kann somit zu einer Produktivitätssteigerung der Verwaltung beitragen.

In jedem Fall bleibt festzuhalten, dass die Entscheidung für eine Ausgliederung von IuK-Funktionen kein Königsweg, ebenso wenig aber eine Sackgasse darstellt. Nach reiflicher Prüfung kann Outsourcing das geeignete Mittel der Wahl darstellen. Es gibt aber kein Patentrezept für Outsourcing, vielmehr muss jede Behörde den internen Bedürfnissen folgend, die Notwendigkeit und den Umfang von Outsourcing-Maßnahmen abschätzen und verantworten. Outsourcing stellt somit lediglich ein zusätzliches Werkzeug im Instrumentenkasten dar, mit dem man handwerklich grob aber auch kunstvoll fein umgehen kann.

Literatur

Rainer Grell: Outsourcing - Ende oder Anfang aller Probleme? -
    In: Verwaltung und Management, 8. Jg. (2002), Heft 1, S. 19-22
Thomas Heymann: Outsourcing - Neuralgische Punkte der Vertragsgestaltung
    In: Computerrecht intern, Ausgabe 11/1999, Verlag Dr. Otto Schmidt, Köln

Anlage

Beispiel einer Leistungsbeschreibung für das Outsourcing des Help-Desk einer großen nachgeordneten Bundesoberbehörde

Leistungsbeschreibung zur Übernahme des Help-Desk für die Behörde und zur Implementierung eines Help-Desk-Tools

Allgemeiner Überblick

Standorte
Die Behörde ist auf mehrere Standorte verteilt.

IuK-Technik
Im Folgenden ist die IT-Struktur der Behörde beschrieben.

Organisation des IT-Service

Arbeitseinheiten
Der IT-Service gliedert sich in mehrere Arbeitseinheiten. Inhaltlich wie auch organisatorisch wird zwischen dem Rechenzentrum (Administration von Server und Netzwerk, Benutzerverwaltung) sowie dem IT-Anwenderservice (alle IT-Aufgaben den Arbeitsplatz betreffend) unterschieden. „Schnittstelle" zwischen beiden Fachgebieten ist die Netzwerkdose. Die Fachgebiete bilden den zentralen IT-Service der Behörde. Der Help-Desk als zentrale Anlaufstelle bei auftretenden Problemen sowie zur Koordinierung von Serviceanforderungen wird in der Verantwortung des IT-Anwenderservice betrieben.

Zentraler IT-Service: Dem zentralen IT-Service obliegen die Organisation und in Teilen auch die Durchführung des IT-Service. Das Aufgabenspektrum reicht von der konzeptionellen Arbeit über die Organisation der Servicearbeiten und der Mitarbeiterschulung, das Anbieten von Beratungsleistungen bis hin zur Durchführung des Vor-Ort-Service für die Zentralabteilung.

In den Verantwortungsbereich des zentralen IT-Service fällt bislang auch die Betreuung des Help-Desk. Hier werden die Serviceanforderungen der IT-Anwender aufgenommen, an die zuständigen Serviceeinheiten weitergeleitet und bis zu deren Erledigung verfolgt. Für die Abwicklung der Serviceanforderungen stehen dem zentralen IT-Service mehrere Optionen zur Auswahl:

- Auftragsbearbeitung durch den Help-Desk;

- eigenständige Auftragsbearbeitung;

- Einschaltung des IT-Vor-Ort-Service;

- Beauftragung des externen IT-Service;

- Nutzung ggf. vorhandener Wartungsverträge bzw. Geltendmachung von Garantieansprüchen.

IT-Vor-Ort-Service: Der IT-Vor-Ort-Service wird von Mitarbeitern der Behörde sichergestellt, die speziell für diese Aufgabe qualifiziert sind. Jeder Standort verfügt über einen eigenen IT-Vor-Ort-Service. Das Leistungsprofil des IT-Vor-Ort-Service umfasst das Aufstellen und Umsetzen von IuK-Technik, das Anschießen peripherer Geräte, die Installation von Standard- und Anwendersoftware sowie die Anwenderbetreuung.

Externer IT-Service: Hierunter sind IT-Dienstleister zu verstehen, die im Auftrag der Behörde Aufgaben des IT-Service übernehmen. Der externe IT-Service ist neben dem IT-Vor-Ort-Service das zweite Standbein zur Betreuung der PC-Arbeitsplätze. Darüber hinaus leistet der externe IT-Service Unterstützung bei der Sicherstellung von operativen Aufgaben des zentralen IT-Service.

Wartungsverträge: Gemeint sind hier Verträge der Behörde mit Firmen, mittels derer die Betreuung von Hardware-Konfigurationen und Software-Anwendungen geregelt ist, die nicht vom behördeneigenen IT-Service betreut werden.

Ablaufschema für den IT-Service

Der Help-Desk fungiert als zentrale Schaltstelle. Fehlermeldungen und sonstige Anforderungen laufen hier ein. Über den Help-Desk werden die Aufträge den verantwortlichen Servicebereichen zugeteilt. Kann ein Auftrag nicht abschließend erledigt werden bzw. liegt dessen Erledigung nicht in der Kompetenz des Beauftragten, wird der Auftrag weiter vermittelt bzw. geht an den Help-Desk zurück.

Insbesondere aufgrund personeller Engpässe sieht sich die Behörde veranlasst, die Leistungen des zentralen Help-Desk aus den unmittelbaren Arbeitsaufgaben des hauseigenen IT-Service auszugliedern. Die zu vergebenden Leistungen umfassen sowohl den Betrieb des Help-Desk als auch die Bereitstellung, Installation und Anpassung eines Help-Desk-Tools sowie den First Level Support.

Leistungsanforderungen an ein für die Behörde tätigen externen Help-Desk (Call Center)

Zielgruppe für den Help-Desk sind alle Endanwender der Behörde an den Büroarbeits-PC's. Seitens des Help-Desk sind für diese Anwender folgende Leistungen sicher zu stellen:

Serviceleistungen

- Entgegennahme von mindestens 90% aller eingehenden Calls durch einen Help-Desk-Mitarbeiter innerhalb einer Frist von 15 Sekunden und Nachweis der Einhaltung dieser Quote;

- Erstellung von Troubletickets im Help-Desk-Tool (auch bei telefonischer Problemlösung) mit ausgewählten Angaben über den Anwender, den PC, die Peripherie, Problemkategorie und Problembeschreibung sowie den Zeitpunkt der Call-Annahme;

- First Level Support für alle Standardanwendungen (MS Windows NT 4.0 / 2000 /XP, MS Office Prof. 2000, Internet Explorer 5.0 und höher, Acrobat 4.0 und höher) der Behörde (maximal 10 Minuten für telefonische Lösung);

- Zuordnung der offenen Calls an die zuständige Bearbeitergruppe (u.a. Netz, Server, PC, Drucker, Software);

- Eskalation nicht erledigter Calls nach einem festgelegten Stufenverfahren;

- monatliche statistische Auswertung der Calls gemäß Behördenvorgaben;

- Sicherstellung des qualifizierten Help-Desk-Betriebs, u.a. durch geringe Fluktuation der für die Behörde eingesetzten Mitarbeiter am Help-Desk und Benennung der Ansprechpartner;

- Anonymisierung der Calls nach festzulegenden Zeiträumen (Ausnahmen: Hardwarefehler, Installation von Software)

Servicezeiten
Die ständige Erreichbarkeit des Help-Desk muss werktags zwischen 8.00 und 17.00 Uhr sicher gestellt sein. Sollte die Auswertung der ersten 3 Monate belegen, dass in den Früh- bzw. Abendstunden der Help-Desk kaum nachgefragt wird, wird der Zeitraum von der Behörde neu festgelegt. Eine Kostenanpassung ist dann erforderlich.

Kommunikation
Die Erreichbarkeit des Help-Desk ist per Telefon, e-Mail und Fax sicher zu stellen. Für die Einwahl in den Help-Desk ist eine kostenlose Servicenummer bereitzustellen.

„Call"-Aufkommen
Derzeit gehen täglich zwischen 20 und 40 Calls am Help-Desk ein. Mit Einführung und Etablierung des Help-Desk-Tools ist davon auszugehen, dass sich diese Zahl an allen Standorten der Behörde erhöhen wird. In Spitzenzeiten werden ca. 80 Calls am Tag erwartet. Genauere Angaben dürften nach einer dreimonatigen Einführungsphase vorliegen.

Funktionale Anforderungen an ein in der Behörde einzusetzendes Help-Desk-Tool

Die nachfolgenden Anforderungen werden an das Help-Desk-Tool gestellt. Hierbei sind die mit (A) gekennzeichneten funktionalen Anforderungen zwingend zu erfüllen. Die Nichterfüllung der mit (A) gekennzeichneten Anforderungen führt zum Ausschluss des Angebots (Ausschlusskriterium).

Die mit (W) gekennzeichneten Anforderungen sind wünschenswert. Die Nichterfüllung der mit (W) gekennzeichneten Anforderungen führt nicht zum Ausschluss des Angebots.

Zentrale Administration

(A)   Unterstützung der standortübergreifenden Arbeit;

(A)   Anonymisierung der Auftragseingänge nach festzulegenden Zeiträumen ohne Verlust der inhaltlichen Informationen;

(A)   funktionale, an die Bedürfnisse der Behörde anpassbare Benutzeroberfläche;

(A)   Hinterlegung eigener Musterlösungen (Referenz) und Anbindung an kommerzielle Wissensdatenbanken (z.B. MS Knowledge Base);

(A)   Integration einer Suchfunktion (über Hard- und Softwarekomponenten, Benutzer, Problemkategorien, Fehlernummern);

(A)   statistische Auswertung der Aufträge (Bearbeitungszeiten, betroffene Hard- oder Software, Organisationseinheiten bzw. Standorte) mittels Reportgenerator;

(A)   Erfassung der Arbeitsaufwände im Rahmen der Auftragsbearbeitung (insbesondere bei Beauftragung Externer);

(A)   Verwaltung der personellen Ressourcen (z.B. Verfügbarkeit des Servicepersonals, Bildung von Bearbeitergruppen nach fachlicher Kompetenz bzw. nach Standortzugehörigkeit);

(A)   Unterstützung von Service Level Agreement (SLA) und automatischer Eskalation offener Aufträge in Abhängigkeit der Priorität (Dringlichkeitsstufen);

(A)   Einbinden vorhandener Daten über eine dokumentierte Schnittstelle (z.B. aus MS SMS, aus anderen SQL-Datenbanken, aus dem NT-Domänenumfeld bzw. perspektivisch mittels Active Directory Service (ADS) bzw. LDAP);

(A)   Verwalten von zusätzlichen Informationen über eingesetzte IT-Produkte (z.B. Lizenzen, Vertragsdaten, Garantiezeiträume);

(A)   Vergabe von abgestuften Zugriffsberechtigungen;

(A)   Bereitstellung eines Konfigurationsscripts zur behördenspezifischen Installation;

(A)   Eine über die monatlichen Berichte hinausgehende statistische Auswertung der Troubletickets muss für die Mitarbeiter der Behörde jederzeit möglich sein;

(W)   Benachrichtigung der Servicekräfte über eingehende neue Aufträge auch bei geschlossenem Help-Desk-Tool (Message-Box);

(W)   Möglichkeit der (späteren) Integration einer CTI-Lösung.

IT-Servicepersonal

(A)   Unterstützung der Neuzuordnung und Weiterleitung von Aufträgen;

(A)   Auskunft über den aktuellen Bearbeitungsstand eines Auftrages;

(W)   Nutzung des Intranet als Zugriffsmedium auf den Help-Desk (lesend und schreibend) ohne Installation zusätzlicher Softwarekomponenten.

IT-Anwender

(W)   Recherche in den o.g. Wissensdatenbanken über Intranet;

(W)   Absenden von Fehlermeldungen über das Intranet bzw. per e-Mail (vorgefertigte Formulare) und automatische Generierung der Troubletickets;

(W)   Abfrage des Bearbeitungsstandes der eigenen gemeldeten Aufträge über Intranet

Leistungsumfang

Help-Desk (Call-C).
Die unter Punkt 3 angeführten Serviceleistungen und Leistungsanforderungen an die Servicezeit und die Kommunikation sind zum Betreiben eines Help-Desk (Call Center) im Auftrag der Behörde zu erbringen.Wird nur eine dieser Anforderungen nicht bzw. in geringerem Umfang als gefordert angeboten, gilt dies als Ausschlusskriterium.
Help-Desk-Tool:

• Installation des Help-Desk-Tools unter Berücksichtigung der in der Behörde vorhandenen Hard- und Softwarestruktur.

• Konfiguration und Anpassung des Help-Desk-Tools entsprechend der fachlichen Anforderungen der Behörde. Vorzugsweise erfolgt die Datenhaltung im MS SQL-Server. Das Help-Desk-Tool ist mit deutschsprachiger Benutzeroberfläche, einschließlich zweier Exemplare der deutschsprachigen Dokumentation zu liefern. Vorhandene Schnittstellen des Help-Desk-Tools zu Datenbanken sowie zu anderen Produkten für die Aufgaben Remote Control, zur Inventarisierung von Hard- und Software und zur Softwareverteilung sind darzustellen.

- Bereitstellung der Lizenzen des einzusetzenden Help-Desk-Tools für die Vertragsdauer von drei Jahren. Mindestens 26 Mitarbeiter der Behörde sollen Zugriff auf das Help-Desk-Tool haben, davon 16 gleichzeitig. Sollte eine Überlassung an die Behörde durch den Auftragnehmer nicht möglich sein, ist die wirtschaftlichste Lösung zwischen unbefristeter Überlassung oder befristeter Überlassung für die Vertragsdauer anzubieten.

- Darstellung eines Verfahrens zur Aktualisierung und Anpassung des Help-Desk-Tools im Rahmen der allgemeinen Produktentwicklung.

- Schulung der Mitarbeiter des IT-Service in die Handhabung und effektive Nutzung des Systems am Hauptsitz. Es sind insgesamt zwei Schulungsveranstaltungen mit je max. 1 Teilnehmer vorzusehen. In den Schulungen sind, sofern dies vom Help-Desk-Tool unterstützt wird, auch die Möglichkeiten zur Anpassung des Systems an die individuellen Bedürfnisse der Anwender sowie der Aufbau eigener und die Nutzung extern bereitgestellter Wissensdatenbanken darzustellen. Jedem Teilnehmer ist eine Schulungsunterlage auszuhändigen.

Folgende Leistungen/Komponente sind optional anzubieten:

- Bereitstellung einer Wissensdatenbank mit Problemlösungen insbesondere zu den Microsoft Produkten (u.a. Betriebssystem Windows NT/2000/XP, MS Office Professional) und deren laufende Aktualisierung.

- Programmierung einer Schnittstelle zur IT-Bestandsdatenbank der Behörde. Eine knappe Beschreibung der IT-Bestandsdatenbank liegt als Anlage bei.

- Anbindung des Help-Desk-Tools an ein Softwareverteilungssystem (z.B. MS SMS, On Command ccm) und den zentralen Verzeichnisdienst (Active Directory, LDAP).

Anforderungen an das Angebot

Im Angebot sind die Organisation und der Betrieb des Help-Desk detailliert darzustellen. Es ist u.a. auf die Anbindung des „Call Center" und auf die Nutzung der „remote control"-Funktionalität einzugehen.

Des Weiteren werden neben der detaillierten Beschreibung des Funktionsumfangs des angebotenen Help-Desk-Tools Erläuterungen erwartet, wie die dargestellten funktionalen Anforderungen realisiert werden. Die Anforderungen an den Datenbank- und Webserver (u.a. Konfiguration, Speicherbedarf) sowie an die Client-Arbeitsplätze (Hardwareausstattung) sind detailliert darzustellen. Das Beilegen von Testinstallationen ist möglich. Soweit erforderlich, ist eine Vorführung des Help-Desk-Tools im Rahmen des Auswahlverfahrens Ende September vorgesehen.

Das Angebot muss Angaben zur beabsichtigten Vorgehensweise und dem erforderlichen Zeitraum bei der Einführung des Help-Desk in der Behörde, den erforderlichen Aufwand zur behördenspezifischen Anpassung, sowie zur Benutzerschulung beinhalten.

Es ist darzustellen, wie die erforderliche Qualifikation des eingesetzten Help-Desk-Personals auch bei Einführung neuer Standardanwendungen in der Behörde (z.B. bei Wechsel des Betriebssystems, der eingesetzten Officeversion) gewährleistet wird.

Der gesamte unter Punkt 5 dargestellte Leistungsumfang einschließlich der optional vorgesehenen Leistungen/Komponenten ist anzubieten. Für das Help-Desk-Tool ist ein Festpreis inkl. Lizenzen, für den Betrieb des Help-Desk (Call Center) ein Pauschalpreis pro Monat inkl. Telefonkosten anzubieten. Hierfür ist der Angebotsvordruck zu verwenden. Die Kosten können auf gesondertem Blatt detaillierter ausgewiesen werden.

Hinsichtlich der funktionalen Anforderungen an das Help-Desk-Tool ist die beigefügte Erklärung auszufüllen.

Sonstige Bedingungen

- Das Angebot ist in deutscher Sprache abzugeben.

- Unteraufträge sind zugelassen.

- Für die Erstellung des Angebotes wird keine Entschädigung gezahlt.

- Die Gesamtleistung bildet ein Los. Angebote für einen Teil der Leistungen können nicht abgegeben werden.

- Änderungsvorschläge/Nebenangebote sind nur zusammen mit dem Hauptangebot zugelassen.

- Die Behörde behält sich die Vergabe der optional anzubietenden Leistungen vor.

- Einsendefrist für die Angebote: *Datum, Uhrzeit*

- Zuschlags- und Bindefrist: *Datum*

- Mindestanforderungen

Erfahrungen bei der Einführung eines Help-Desk-Tools vorzugsweise in der öffentlichen Verwaltung. Gute Kenntnisse von Client-Server-Architekturen sowie der in der Behörde eingesetzten Basistechnologien.

- Mit dem Angebot sind u. a. vorzulegen: Unterlagen, aus denen die Qualifikation und die Erfahrungen der für den Auftrag einzusetzenden Mitarbeiter des Bieters hervorgehen, Referenzen. Nachweis der Mindestanforderungen durch Vorlage einer Liste über die bisher durchgeführten vergleichbaren Leistungen. Erklärung über den Gesamtumsatz und den Umsatz für entsprechende Dienstleistungen der letzten drei Geschäftsjahre.

- Kriterien für die Auftragserteilung sind entsprechend der nachstehenden Rangfolge: die Eignung des Auftragnehmers (gemessen an Fachkunde, der technischen, personellen und finanziellen Leistungsfähigkeit und der Zuverlässigkeit) und der Preis. Angebote, die die geforderten Erklärungen und Nachweise nicht enthalten, werden bei der Auftragsvergabe nicht berücksichtigt.

- Die Nachprüfung der Vergabe des Auftrages kann bei den im Bundeskartellamt eingerichteten Vergabekammern des Bundes beantragt werden: Bundeskartellamt, Vergabekammern des Bundes, Kaiser-Friedrich-Str. 16, 53113 Bonn.

- Für die Vertragsdurchführung gelten die EVB-IT Dienstleistung und die VOL/B.

- Laufzeit des Vertrages/Zahlungsplan
  Geplanter Vertragsbeginn ist der .... Die Einrichtung des Help-Desk-Tools, einschließlich der Schulung des Servicepersonals, sollen bis spätestens .... abgeschlossen sein. Die Vertragslaufzeit für das Betreiben des Help-Desk beträgt 36 Monate. Die Vergütung der Leistungen für die Bereitstellung, Installation und Anpassung des Help-Desk-Tools erfolgt mit Aufnahme des Wirkbetriebes gemäß den Leistungsanforderungen unter Punkt 3 der Leistungsbeschreibung monatlich nachträglich auf Rechnung des Auftragnehmers.

Es können weitere erläuternde Anlagen folgen.

Smart Sourcing
Ein neuer Ansatz in der IT-Sourcing-Strategie

Ralf Allwermann

Reduzierung der Fertigungstiefe in der IT

Mit der „Greencard" Diskussion hat das Thema Off-Shore-Anwendungs-entwicklung in Deutschland einen neuen Schub bekommen. Leistungen Off-Shore in Länder mit niedrigem Lohnniveau zu verlagern, ist nichts Neues. Bereits in den 70er und 80er Jahren wurde insbesondere im industriellen Bereich die Fertigungstiefe der Unternehmen drastisch reduziert. Damit einhergehend wurden in der Regel weltweite Sourcing-Strategien entwickelt und die Produktionen in Länder mit niedrigen Lohnkosten verlagert. Seit Beginn der 90er Jahre versuchten einige Unternehmen ebenfalls, Aufgaben der Informationsverarbeitung in Niedriglohnländer zu verlagern. Insbesondere das angenommene "Jahr 2000"-Problem veranlasste Unternehmen, diese Aufgabe an Off-Shore-Dienstleister zu vergeben.

Marktforschungsunternehmen gehen davon aus, dass im Jahre 2005 ca. 30 % der globalen Unternehmen eine Sourcing-Strategie für die Informationsverarbeitung haben werden, die Off-Shore-Konzepte beinhalten[90].

Damit sollte das Thema für alle CIOs eine realistische Option darstellen. Analysiert man den Markt, so zeigt sich allerdings, dass bis heute nur wenige Unternehmen diese Möglichkeiten nutzen. Manche Unternehmen sind Off-Shore-Anwendungsentwicklungsprojekte in der Vergangenheit halbherzig angegangen und kamen nicht zu den gewünschten Resultaten. In der Regel gibt es in den Unternehmen keine ausgearbeiteten Sourcing-Strategien, sondern vielmehr Besitzstandswahrung und teilweise irrationale Argumentationen gegen Veränderungen.

Klassische Off-Shore-Projekte zeichnen sich dadurch aus, dass Unternehmen Dienstleister in Niedriglohnländern[91] suchen und Arbeiten mit der Idee der „verlängerten Werkbank" dorthin verlagern. In der Regel wird versucht, die vermeintlich höher wertigen Tätigkeiten durch "einheimische" Mitarbeiter[92] ausführen zu lassen. Dies sind in der Regel die Phasen Project Initiation, Analysis und Logical Design, während die "einfacheren" Tätigkeiten (Physical Design, Implementation, Integration Test und Maintenance) Off-Shore in den Herkunftsländern erledigt werden sollen. Dies wird auch von

---

[90] Vgl. Gartner Research, Off-Shore Application Outsourcing, September 2001
[91] im folgenden als "Herkunftsland" bezeichnet
[92] im folgenden als "Zielland" bezeichnet

Unternehmensberatern so empfohlen: „The early phases tend to be poor candidates for Off-Shore work"[93].

Implizit wird damit angenommen, dass Off-Shore-Anwendungsentwicklung die Phasen umfassen soll, die sich durch geringere Kommunikationsanforderungen auszeichnet. Bildhaft gesprochen ist das wieder das Konzept des „über den Zaun werfens" von fertigen Spezifikationen. Eine Arbeitsteilung, die man schon in den 80er Jahren zwischen Fachbereichen und IT-Abteilungen versuchte aufzuheben.

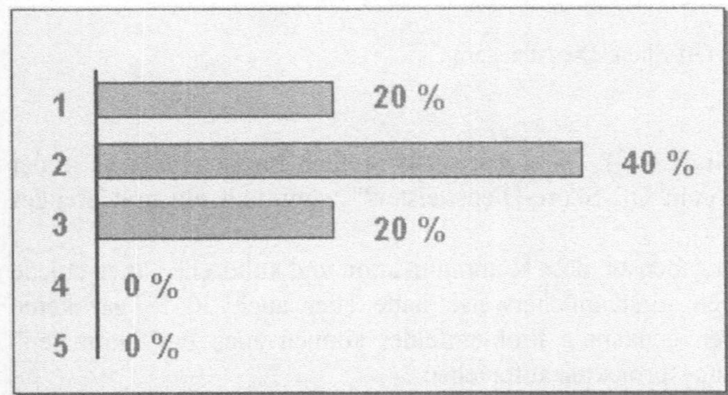

Abb. 126. Beurteilung Off-Shore-Dienstleister

Die Erfahrungen mit dem klassischen Off-Shore-Ansatz lassen sich zu zwei Aussagen zusammenfassen: Die Unternehmen sind in der Regel mit den Leistungen ihrer Off-Shore-Partner zufrieden, haben aber Probleme bei den Softfactors (Sprache und Kultur)[94]. Auf die Frage (vgl. Graphik 1): „Wie würden Sie Ihren Off-Shore Dienstleister auf einer Skala zwischen 5 (schlecht) und 1 (hervorragend) beurteilen?" erzielen die Unternehmen eine sehr gute bis gute Bewertung.

---

93 Vgl. Z.B. McKinsey Quarterly 2001 Number 2, Seite 133

94 Vgl. The Coming Off-Shore Service Crunch, Forrester, September 2001, Basis 20 Unternehmen, Keine und Doppelnennung möglich, Übersetzung und Adaption Perot Systems

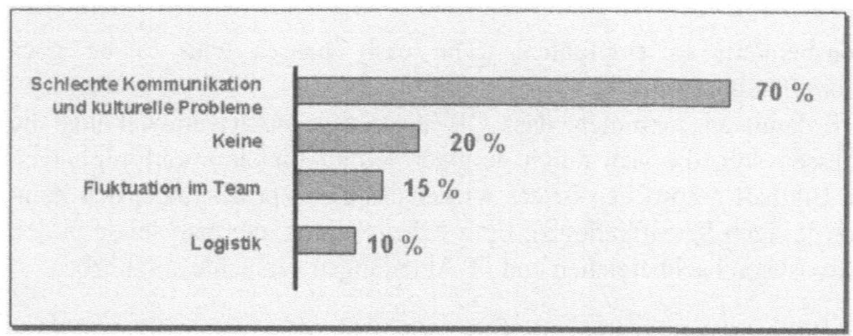

Abb. 127. Probleme mit Off-Shore-Dienstleistern

Auf die Frage (vgl. Graphik 2): „Was waren die größten Problembereiche in der Zusammenarbeit mit dem Off-Shore-Dienstleister?" zeigt sich ein gravierendes Problem.

70 % der Befragten gaben an, dass Kommunikation und kulturelle Unterschiede ein Knackpunkt waren. Erstaunlicherweise hatte aber auch 20 % gar keine Probleme. Die anderen genannten Problemfelder können auch bei "normalen" Anwendungsentwicklungsprojekten auftauchen.

Wenn die Mehrheit der Unternehmen mit den Off-Shore-Dienstleistern zufrieden ist, parallel aber immer wieder vergleichbare Risiken auftauchen, dann ist es möglich, sich genau auf die neuralgischen Punkte zu fokussieren und eine Methode zu entwickeln, die Lösungsansätze für diese anbietet.

Die Lösung muss in einer veränderten Kommunikation und einer integrativen Organisation der Zusammenarbeit liegen. Im Folgenden wird eine besondere Form der Off-Shore-Anwendungsentwicklung beschrieben, die einerseits ermöglicht, die Vorteile des Off-Shore-Ansatzes zu nutzen und andererseits hilft, mögliche Risiken zu vermeiden. Darüber hinaus werden Erfahrungen, Tipps und Hilfsmittel beschrieben, die Entscheidungsträgern helfen, das Thema professionell anzugehen. Dieser Ansatz wird hier "Smart Sourcing" genannt.

Was ist Smart Sourcing?

Smart Sourcing versucht die bisherige Aufgabenverteilung bei Off-Shore-Projekten aufzubrechen und neue Kommunikationswege zu etablieren. Dabei werden Projektteams parallel sowohl im Herkunftsland als auch im Zielland eingesetzt. Darüber hinaus werden die Teams heterogen zusammengesetzt.

On-Site plus Off-Shore

Zunächst vermeidet Smart Sourcing die scharfe On-Site/Off-Shore-Trennung. Vielmehr werden die jeweiligen Teams sowohl Off-Shore im Herkunftsland als auch On-Site im Zielland arbeiten.

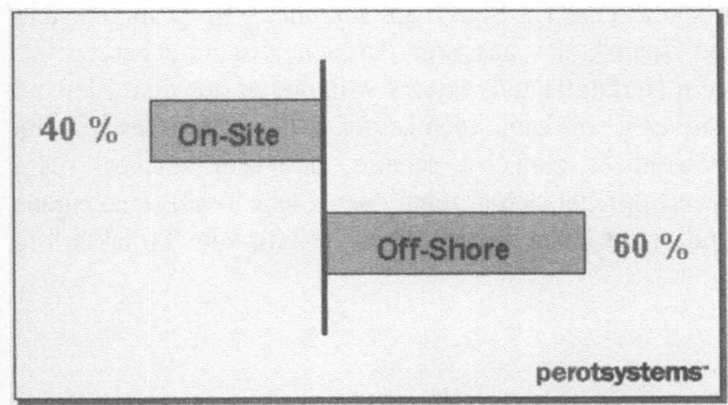

Abb. 128. Ressourcenverteilung: On-Site/Off-Shore

Die Verteilung der Ressourcen ist dabei von der Projektphase, der Projektart und der Erfahrung des Unternehmens abhängig. Pilotprojekte sollten z.B. einen höheren On-Site-Anteil von z.B. 40% haben. Mit einer angepassten Ressourcenverteilung kann von vornherein wesentliches Risikopotenzial aus einem Projekt herausgenommen werden. Die Steuerung dieser Aufwandsverteilung sollte durch einen erfahrenen Dienstleister durchgeführt werden. Der Kunde sollte von dieser Steuerung gänzlich befreit werden. Somit hätte der Kunde lokale Ansprechpartner, die für diese Teamsteuerung die Verantwortung tragen. Auf keinen Fall sollten "unerfahrene" Kunden selbst diese Aufgaben wahrnehmen.

Gemischte Teams

Ein weiterer wichtiger Aspekt des Smart Sourcing sind gemischte Teams. Die On-Site-Mannschaft sollte weder ein reines Team aus Mitarbeitern des Ziellandes noch ein reines Team aus dem Herkunftsland sein. Vielmehr sollte ein gemischtes Team (ggf. das eines Dienstleisters) in der Lage sein, in der Sprache und in der Kultur des Kunden mit dem Kunden sowie in der Sprache und in der Kultur des Herkunftslandes zu sprechen. Damit kommt diesem Team eine zentrale Bedeutung zu. Im Grunde ist es die Aufgabe dieses Teams, die oben angesprochenen Risikofaktoren des klassischen Off-Shore-Ansatzes abzufedern.

Dieses On-Site-Team muss nicht unbedingt eine Größe von 40% des Gesamtaufwandes haben. Die Erfahrung zeigt, dass in einem eingeschwungenen Zustand ein solches Team eine durchschnittliche Größe von 10% vom

Gesamtaufwand haben kann. Viel wichtiger ist es, dass dieses Team erfahrene Mitarbeiter hat, die bereits in gemischt kulturellen Teams gearbeitet haben.

Integration des Kunden

Arbeitet man bei dem Smart Sourcing-Ansatz mit Dienstleistern, empfiehlt es sich, eigene Kundenmitarbeiter in das On-Site-Team aufzunehmen. Damit entsteht ein sogenanntes „Blended Team", das aus drei Parteien zusammengesetzt ist: externe Mitarbeiter aus dem Herkunftsland, externe Mitarbeiter aus dem Zielland und Kundenmitarbeiter. Dieses Team kann noch besser in die Kultur des Kunden eingebunden werden. Obwohl es zunächst scheint, dass ein solches Team gegensätzliche Interessen verfolgt, hat sich gezeigt, dass solche Teams eine eigene Motivation entwickeln und somit einen wesentlichen Beitrag zum Projekterfolg liefern.

Wann ist Smart Sourcing sinnvoll?

Welche Projekte sind geeignet?

Nicht alle Projekte sind für Smart Sourcing geeignet. Wobei die Bandbreite der in Frage kommenden Projekte von der unternehmensindividuellen Lernkurve mit Off-Shore-Projekten abhängig ist. Je etablierter die Zusammenarbeit ist, desto größer ist das Spektrum der in Frage kommenden Projekte. Die unten beschriebenen Kriterien gelten daher primär für Pilotprojekte bei Unternehmen, die noch keine Erfahrungen mit diesem Thema sammeln konnten.

Ein Projekt, das für Smart Sourcing in Frage kommt, sollte folgende Eigenschaften haben:

- Projekte mit einer Laufzeit von mindestens 6 – 12 Monaten.

- Projekte mit einem Auftragsvolumen > 500.000 €.

- Neuentwicklungen auch mit einer intensiven Integration von Altsystemen.

- Migrationen und längerfristige Maintenance Aufgaben.

Bei Altsystemen mit ausschließlich in Deutsch vorhandener Dokumentation sind Projekte mit abgrenzbaren Anwendungssystemen und/oder mit signifikanten Neuentwicklungsanteilen sinnvoll. Bei ausschließlich in Deutsch vorhandener Dokumentation kann auch eine Kombination mit einer längerfristigen Maintenance-Beauftragung die Einarbeitungszeiten amortisieren.

Anhand dieser Kriterien erkennt man, dass die Bandbreite möglicher Projekte groß ist. Durch die Verbindung von Neuentwicklung und Wartungsarbeiten lassen sich interessante Konstruktionen entwickeln.

Nicht zu empfehlen ist es, Smart Sourcing mit Projekten zu testen, die offensichtlich nicht den Bedingungen genügen. Wählt man von vornherein das falsche Projekt, wird man nur belegen, dass dieses Konzept nicht funktioniert und sich so Zukunftschancen verbauen.

Für welche Unternehmen ist Smart Sourcing geeignet?

Zur Beurteilung, ob Unternehmen dem Grunde nach für das Smart Sourcing-Konzept geeignet sind, können fünf Kriterien herangezogen werden:

1. *Größe*
   Smart Sourcing ist in der Regel nicht für kleine Unternehmen geeignet. Bei Unternehmen, die weniger als ca. 30 - 50 Mitarbeiter in der Anwendungsentwicklung beschäftigt haben, müssen die Aufgaben, die Off-Shore verlagert werden sollen, sehr genau analysiert werden. Ab 30 - 50 Mitarbeitern kann man davon ausgehen, dass das Unternehmen prinzipiell geeignet ist.

2. *Unternehmenskultur*
   Ein weiterer wichtiger Parameter ist die "Offenheit" der Unternehmenskultur bzw. der Wille eines Unternehmens, sich auf die Zusammenarbeit mit anderen Kulturen/Sprachen einzulassen. Für international tätige Firmen ist dies in der Regel kein Problem – in manchen Branchen ist eine internationale Zusammenarbeit aber noch sehr ungewohnt.

3. *Mitarbeiter*
   Gegen die Mitarbeiter lässt sich Smart Sourcing in der Regel nicht erfolgreich umsetzen – aber die Erfahrung zeigt auch, dass nach einer zögerlichen Anfangsphase in der Praxis die Zusammenarbeit auf Mitarbeiterebene viel besser funktioniert als vorher angenommen.

4. *Sprachliche Grundkenntnisse*
   Grundkenntnisse in der jeweils relevanten Sprache (in der Regel Englisch) müssen vorhanden sein. Perfekte Sprachkenntnisse sind nicht flächendeckend notwendig.

5. *Managementunterstützung*
   Last but not least ist ein weiterer wichtiger Erfolgsfaktor die Managementunterstützung im eigenen Hause. So sollte ein solcher Prozess idealerweise immer vom CIO gefördert und begleitet werden.

Zusammenfassend kann man sagen, dass das Thema Off-Shore-Anwendungsentwicklung für mehr Unternehmen eine realistische Option ist als heute wahrgenommen wird.

Smart Sourcing-Partner

Make or Buy

Zunächst stellt sich die Frage, ob deutsche Unternehmen eigenständig Mitarbeiter aus Niedriglohnländern einstellen oder gar eigene Organisationseinheiten Off-Shore etablieren sollten.

Unternehmen, die auf eigene Faust, ohne jegliche Erfahrung Ressourcen aus Niedriglohnländern eingesetzt haben, sind meist in zweifacher Weise von den Resultaten enttäuscht: Einmal haben sie bei dem konkreten Projekt nicht die gewünschten Ziele erreicht, zum anderen ist damit das Thema Off-Shore negativ besetzt und die damit erzielbaren Vorteile sind für das Unternehmen verloren. Diese Option kann deshalb nicht empfohlen werden.

Die zweite Option ist natürlich prinzipiell möglich – im Wesentlichen aber abhängig vom Volumen der anstehenden Arbeiten. Damit kommt diese Option nur für wirklich große Unternehmen in Frage. Aber auch hier zeigt sich, dass dieses Konzept nicht immer aufgeht. So hat z.B. die Deutsche Bank die Mehrheit ihrer indischen IT-Tochter DSI an einen IT-Dienstleister verkauft.

Smart Sourcing ist eine eigenständige Service-Leistung, daher ist ein Unternehmen gut beraten diese Dienstleistung von einem Serviceunternehmen zu beziehen, dass sich auf diese Dienstleistung spezialisiert hat.

Welche Service Provider sind die richtigen?

Die Auswahl eines geeigneten Service Providers hat einen hohen Stellenwert. Da die Transparenz über die möglichen Anbieter begrenzt ist, sollte die Auswahl sorgfältig vorgenommen werden. Zur Auswahl eines geeigneten Partners sind 9 Kriterien wesentlich:

1. Erfahrung im lokalen Markt

2. Qualität

3. Kosten

4. Herkunftsland

5. Reaktionsgeschwindigkeit

6. Management Commitment

7. Business Modell (Body Shopping versus Partnerschaft)

8. Branchen-Know-how

9. Technisches Know-how

Zunächst ist es wichtig, dass der "Off-Shore-Partner" eine lokale Vertretung im Zielland hat. Dies hat zunächst einige ganz pragmatische Gründe wie sie z.B. in Kapitel "Vertragskonstruktionen" beschrieben sind. Diese lokale Vertretung muss insbesondere in der Lage sein, das Konzept des Smart Sourcing zu leben. Damit reicht es nicht aus, nur eine lokale Vertretung eines Off-Shore-Partners zu haben, sondern diese muss über Mitarbeiter verfügen, die über die kulturellen und sprachlichen Erfahrungen des Ziellandes verfügen, um die beschriebene Brückenfunktion wahrnehmen zu können. Es reicht also nicht aus, nur eine Vertriebsniederlassung im Zielland zu haben, sondern die lokale Verankerung muss operative "Schlagkraft" haben.

Zu den Qualitätskriterien "Kosten und Herkunftsland" wird hier bereits an anderer Stelle ausführlich Stellung bezogen. Relativ schwierig sind die Kriterien 6 und 7 zu beurteilen, da diese meist nur in der praktischen Zusammenarbeit erfahrbar sind. Um erfolgreich Smart Sourcing-Projekte durchführen zu können, bedarf es aber einer hohen Reaktionsgeschwindigkeit des Dienstleisters und ein hohes Commitment, da viele Absprachen, die während der Zusammenarbeit getroffen werden müssen, über Telefon und nicht über den direkten persönlichen Kontakt gehen. Dies bedeutet, dass man sich auf seinen Partner verlassen können muss, da nicht alle Eskalationsmöglichkeiten immer zeitnah zur Verfügung stehen. Hier wird empfohlen, durch entsprechende Referenzbesuche Erfahrungen, die andere Kunden mit dem Dienstleister gemacht haben, abzufragen.

Ein weiteres wichtiges Kriterium ist das Business Modell des Dienstleisters. Smart Sourcing macht insbesondere über längere Zeiträume Sinn. Ein Dienstleister, der sich auf "Body Shopping" konzentriert, ist damit per se nicht der beste Kandidat für eine Zusammenarbeit. Bei der Auswahl der Dienstleister sollte deshalb gefragt werden wie langfristig die Kundenbindungen sind, welchen Umfang die Verträge haben und welche Vertragskonstruktionen der Dienstleister bevorzugt.

Leicht zu überprüfen sind die Kriterien Branchen-Know-how und Technisches Know-how. Defizite bei diesen "Hard Facts" lassen sich allerdings meist relativ einfach beheben. Die weiter oben beschriebenen "Soft Facts" sind daher für die Auswahl eines Dienstleisters wichtiger, weil die Behebung von möglichen Defiziten bei den "Soft Facts" nur über einen längeren Zeitraum möglich ist.

Welche Herkunftsländer sind geeignet?

Niedriglohnländer sind von der Bundesrepublik nicht weit entfernt. Bereits direkte Nachbarländer, wie z.B. Polen oder Tschechien, haben signifikant niedrigere Kostenstrukturen. Die Potenziale dieser Länder sind beträchtlich. Auch Länder wie Ungarn, Slowenien, Russland, Ukraine, Lettland etc. sind Kandidaten, die bei der Verlagerung von Arbeitsplätzen eine bedeutende Rolle spielen werden, wobei die EU-Beitrittskandidaten nur abnehmende Kostenvorteile bieten werden.

Neben dem bereits erfahrenen Indien drängen weiter östlich weitere Kandidaten in den Markt. Insbesondere sind hier Pakistan, Malaysia, Philippinen und China zu nennen.

Bei einer Entscheidung für eine Geographie spielen aber nicht nur die niedrigeren Lohn- und Infrastrukturkosten eine bedeutende Rolle. Vielmehr sind es eine Reihe von Kriterien, die herangezogen werden müssen:

- Politische Rahmenbedingungen

- Sprache

- Erfahrung

- Qualität

- Infrastruktur des Landes

- Bildungssystem

- Kultur

- Verfügbarkeit von Fachkräften

Die folgende Abbildung zeigt exemplarisch, dass man so zu einem differenzierten Bild kommen kann.

	Indien	Russland	China	Philippinen
Politischer Rahmen	●	○	○	◑
Fachkräfte	●	●	◑	◑
Bildungssystem	●	●	●	◑
Kostenvorteile	●	●	●	●
Qualität	●	◑	○	◑
Erfahrung	●	○	○	◑

● Hoch　◑ Mittel　○ Niedrig

Abb. 129. Herkunftsländer im Vergleich

Bei einem Vergleich der Länder Indien, Russland, China und den Philippinen ist klar zu erkennen, dass alle Länder über signifikante Kostenvorteile und auch über ein gutes Bildungssystem verfügen. Aber bei den Kriterien politischer Rahmen, Qualität und Erfahrung gibt es bedeutsame Unterschiede.

Insbesondere die Nationen, die im Rahmen von Kolonialisierung intensiven Kontakt zu europäischen Ländern hatten, haben für den Bereich Off-Shore IT-Services den Vorteil, Bestandteile dieser Kultur aufgenommen zu haben. Da Englisch z.B. in Indien die einzig gemeinsame Landessprache ist und immer noch sehr enge Beziehungen zu Großbritannien bestehen, hat Indien sich hier einen wesentlichen Wettbewerbsvorsprung erarbeiten können.

Indien hat z.B. über 500 Unternehmen die Softwareleistungen exportieren. Die Anzahl von IT-Fachkräften wird auf ca. 400.000 geschätzt. Indien hat doppelt so viele Studienabgänger in der Informatik als die gesamten Vereinigten Staaten. Weiterhin gibt es in Indien über 130 ISO zertifizierte Unternehmen bzw. über 20 CMM Level 5 Unternehmen[95].

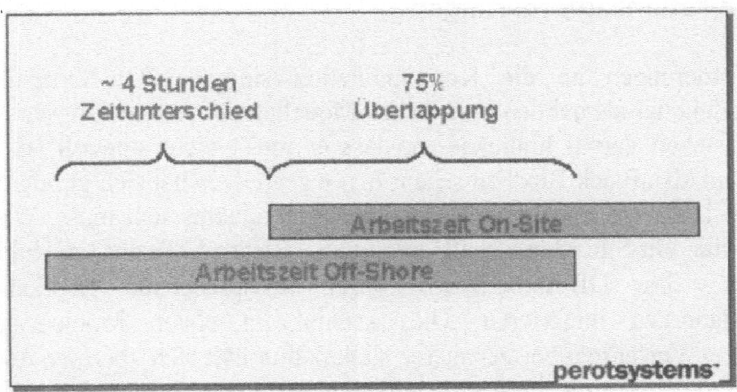

Abb. 130. Zeitfenster für Kommunikation

Ein häufig vergessener wichtiger Einflussfaktor ist die jeweilige Zeitzone des Off-Shore-Landes. Da auch (oder gerade) bei Smart Sourcing-Projekten ein wesentlicher Erfolgsfaktor die Kommunikation ist, macht es wenig Sinn in einer Geographie zu arbeiten, die einen Zeitunterschied von z.B. 8 Stunden hat.

Geht man davon aus, dass in Off-Shore-Ländern erfahrungsgemäß die Mitarbeiter länger als z.B. in Deutschland arbeiten (ca. 2 Stunden) und will man eine ca. 75 % "kommunikative Abdeckung" haben, dann sollte der Zeitunterschied nicht mehr als ca. 4 Stunden betragen. Selbstverständlich könnten auch Off-Shore-Regionen gewählt werden, die eine größere Zeitverschiebung haben – allerdings führt dies automatisch zu einer drastischen Reduzierung des Zeitfensters für die notwendige Kommunikation. Da aber gerade die Kommunikation ein Key Success Factor für die Off-Shore-Anwendungsentwicklung ist, muss an dieser Stelle auf die Risiken hingewiesen werden, die eine Reduzierung der Kommunikation bedeutet. Gegebenenfalls sollte auf zusätzliche Einsparmöglichkeiten verzichtet

---

[95] Aktuelle Informationen findet man unter: www sei.cmu.edu/sema/pub_ml.html#LEVEL5

werden, die durch die Verlagerung in noch weiter entfernte Region erzielt werden können, da zumindest ein Teil dieser Einsparungen durch die fehlenden Kommunikationsmöglichkeiten wieder kompensiert werden.

Da in der Regel die Off-Shore-Geographien östlich liegen, ergibt sich automatisch ein ganz angenehmer Nebeneffekt. Durch die Zeitverschiebung sind die Off-Shore-Arbeiten zeitlich vorgelagert. In der Praxis führt das häufig dazu, dass Problemmeldungen, die auch erst gegen Ende der On-Site-Arbeitszeit auftreten, bereits am nächsten Morgen gelöst sind.

Projektanforderungen Smart Sourcing

Kommunikationsanforderungen

Die Anforderungen an die Kommunikation sind bei Off-Shore-Konzepten naturgemäß höher als bei den klassischen Modellen der Anwendungsentwicklung. Es wurde schon darauf hingewiesen, dass es meist nicht sinnvoll ist, das Off-Shore-Team als „Black Box" zu sehen. Im Gegenteil, es hat sich gezeigt, dass das Off-Shore-Team ein integraler Bestandteil des Projektes sein muss. Während es sich für die On-Site-Mannschaft empfiehlt, Blended Teams zu bilden wird empfohlen, das Off-Shore-Team durch entsprechende Workshops im Herkunftsland zu integrieren. Dies scheint im ersten Moment ein sehr aufwändiges Verfahren, bei genauerer Kalkulation hält sich aber der Aufwand in Grenzen und der Nutzen überwiegt eindeutig.

Diese Workshops haben den Vorteil, dass das Team zusammenwächst und die Wahrscheinlichkeit von Fehlern durch falsche Kommunikation drastisch reduziert wird. Prinzipiell sollten die Teams zu allen wesentlichen Meilensteinen zusammenkommen. Ein erster gemeinsamer Workshop sollte z.B. bei einem Neuentwicklungsprojekt mit Abschluss der Phase Design durchgeführt werden. Damit soll sichergestellt werden, dass ein einheitliches Verständnis für die Aufgabenstellung besteht. Der nächste wichtige Meilenstein ist der Systemintegrationstest. Hier sollten die Teams nochmals zusammenkommen, um zu gewährleisten, dass das System den Anforderungen entspricht. Dies sollte vor dem User Acceptance Test durchgeführt werden. Damit werden unnötige Friktionen vermieden. Weitere Workshops sind von Größe und Art des Projektes abhängig. Je etablierter die Zusammenarbeit jedoch ist, desto geringer wird die Notwendigkeit dieses sehr intensiven Austauschs.

Sprache

Neben kulturellen Unterschieden ist die "Sprache" das Thema, das bei dem Einsatz von Mitarbeitern aus anderen Teilen dieser Welt im Fokus steht. In der Regel ist das Englisch. Meist haben Mitarbeiter Bedenken, ob sie in Englisch ausreichend gut kommunizieren können.

Der Smart Sourcing-Ansatz bietet auch hier einen sanften Einstieg in dieses Thema an, da das On-Site-Team immer zweisprachig ist (also Sprache des Ziellandes und Sprache des Herkunftslandes). Das Thema Sprache ist damit weniger problematisch als es am Anfang scheint. Wenn eine generelle Bereitschaft besteht, sich auch auf andere Sprachen einzulassen (Englisch), wird der Umgang mit der Fremdsprache sehr schnell zur Gewohnheit, sofern im Zweifelsfall immer eine "Fall Back"-Lösung via Smart Sourcing vorhanden ist. Das soll aber nicht darüber hinweg täuschen, dass ein Teil der Teamkommunikation und auch der Kommunikation zum Kunden in Englisch stattfinden muss. Insbesondere sollte es klar sein, dass die gesamte schriftliche Dokumentation in Englisch erstellt werden muss. In der Praxis hat sich ein Hin- und Herübersetzen als nicht durchführbar erwiesen. Damit geht zu viel Zeit verloren und es entstehen durch die Übersetzung zu viele Unsicherheiten.

Eine einmalige Übersetzung ist möglich. Z.B. kann am Anfang die gesamte Ausgangsdokumentation übersetzt werden. Eine Rückübersetzung ins Deutsche kann nicht empfohlen werden, zumal eine englische Systemdokumentation letztlich einen größeren Spielraum für die Zukunft ermöglicht. Ausgenommen davon ist die Anwenderdokumentation. Diese kann immer in der jeweiligen Landessprache des Ziellandes erstellt werden (Dies gilt natürlich ebenfalls für alle User Interfaces des Anwendungssystems).

Kulturelle Unterschiede

Neben den Kommunikationsanforderungen steht insbesondere die Integration unterschiedlicher Kulturen im Fokus des Smart Sourcing-Ansatzes. Dabei müssen die kulturellen Unterschiede sowohl aus der Sicht des Ziellandes als auch aus der Sicht des Herkunftslandes gesehen werden.

Aus Sicht des Ziellandes

Bei asiatischen Kulturen muss z.B. berücksichtigt werden, dass es oft als unhöflich gilt, direkt zu widersprechen. Nicht vorhandener Widerspruch bedeutet deshalb nicht unbedingt Zustimmung. Auch bei direkter Zustimmung kann es sein, dass der Wunsch und nicht die Realität gemeint ist. Häufig ist es üblich Probleme zu umschreiben. Ein mögliches Zeitproblem kann ein dramatischer Projektverzug bedeuten. Diese Kommunikationskultur ist häufig gepaart mit einer stärkeren

Orientierung an Hierarchie und Alter. Gerade für jüngere Mitarbeiter ziemt es sich nicht, direkt zu widersprechen. Vor allem in der Öffentlichkeit, wie z.B. in Projektmeetings, muss eine affirmative Grundhaltung immer kritisch hinterfragt werden.

Während in europäischen Kulturen Aufgaben in Projekten als Rollen auf Zeit gesehen werden und damit eine relativ offene Kommunikation möglich bzw. nachgerade erwartet wird, spielen die hierarchischen Aspekte in asiatischen Kulturen eine viel höhere Bedeutung. Problemlösungen auf einem relativ niedrigen Level zu vereinbaren ist daher nicht immer erfolgreich. Es gibt daher auch eine Tendenz lieber zu warten, bzw. nichts zu tun, als etwas Falsches.

Auch kann es vorkommen, dass ein Sachverhalt richtig vorgetragen wird und wieder und wieder erläutert, aber trotzdem alle mit dem Kopf schütteln. Allerdings bedeutet Kopfschütteln eine Affirmation und nicht eine Negation. Auch die Körpersprache kann unterschiedlich sein.

Aus Off-Shore-Sicht

Normalerweise sehen wir kulturelle Unterschiede immer aus unserer "zentraleuropäischen" Sicht. Aber es gibt natürlich auch die Sicht von außen. Spricht man mit asiatischen Kollegen, kommen selbstverständlich zunächst nur die positiven Aspekte, die wir auch erwarten: Meetings fangen pünktlich an, finden auch dann statt wenn sie vor langer Zeit vereinbart wurden und – Vereinbarungen sind verbindlich. Außerdem kommt der Bus, der mich zur Arbeit bringt, immer pünktlich.

Hinterfragt man aber die Erfahrungen, kommen doch sehr differenzierte Unterschiede zum Vorschein. Zunächst ist es für asiatische Mitarbeiter schwer zu verstehen warum in den Zielländern so wenig gearbeitet wird. Häufig arbeiten asiatische Kollegen 20 % - 30 % mehr, auch ohne Bezahlung von Überstunden. Dies bekommt eine besondere Bedeutung, wenn man bedenkt, dass in östlichen Ländern der Zeitunterschied sowieso schon bedeutet, dass man länger arbeiten muss, um in der mitteleuropäischen Zeitzone "zeitgleich" als Ansprechpartner zur Verfügung zu stehen.

Schwer zu vermitteln ist auch die strenge Trennung von Arbeit und Freizeit. Dies hat z.B. zur Folge, dass asiatische Kollegen nicht verstehen, warum man deutsche Kollegen nicht selbstverständlich auch abends oder am Wochenende privat anrufen kann, um ein Arbeitsproblem zu besprechen. Gänzlich schwer zu verstehen ist, wenn deutsche Kollegen nach Feierabend ihr Handy ausschalten.

Auch der Stellenwert von Urlaub ist in asiatischen Ländern anders. Bei deutschen Mitarbeitern hat Urlaub einen sehr hohen Stellenwert und sie sind eigentlich nur in absoluten Notfällen bereit, diesen wegen der Arbeit zu verschieben. Das wird von asiatischen Mitarbeitern als sehr unflexibel empfunden.

Anders ist auch die Bedeutung eines "Zieles". Deutsches Beharren auf ein einmal gestecktes Ziel, auch wenn es vielleicht objektive Gründe gibt weshalb es nicht erreicht werden kann, löst Unverständnis aus. Insbesondere wenn damit eine gewisse aggressive Kommunikation einhergeht, ist das für asiatischen Mitarbeiter nicht nachvollziehbar.

Auch eine sehr direkte Art der Kommunikation ist nicht immer für asiatische Mitarbeiter nach zu vollziehen. Insbesondere die Gewohnheit, sich in Meetings Notizen zu machen, wird zwar als hilfreich aber kurios gesehen. Viele Gesten, die im Zielland gebraucht werden, sind im asiatischen Raum nicht bekannt und doch wichtiger, wenn auch nicht immer freundlicher, Bestandteil der Kommunikation. So gibt es z.B. weder das "Vogel zeigen" oder die "Mattscheibe" Handbewegung.

Grundsätzlich sind aber die Mitarbeiter aus den Herkunftsländern bereit, sich den kulturellen Unterschieden zu stellen. Mit der Greencard-Regelung hat sich nochmals vieles geändert. Mit der Perspektive nicht nur kurzfristig in oder für Deutschland arbeiten zu können, ist der Wunsch mehr von der deutschen Kultur/ Sprache zu lernen, verstärkt worden. Natürlich konkurrieren Länder wie Deutschland noch immer mit Ländern wie z.B. Großbritannien oder den USA, aber nach Deutschland zu gehen wird mittlerweile nicht mehr als Nachteil empfunden. Daher ist es auch für die Überbrückung von kulturellen Unterschieden für beide Seiten sehr wichtig, eine möglichst langfristige Perspektive zu haben.

Vorteile des Smart Sourcing

Neben monetären Nutzenpotenzialen kann durch Smart Sourcing eine verbesserte Produktqualität und eine verkürztes Time-to-Market erreicht werden.

Qualität

Beim Smart Sourcing-Konzept kommt es im besonderen Maße auf die Qualität des Anwendungsentwicklungsprozesses an. Deshalb haben sich Unternehmen in einigen Herkunftsländern auf die qualitativ hochwertige Softwareentwicklung spezialisiert. Ein Qualitätsstandard, der neben der ISO-Zertifizierung eine hohe Bedeutung hat, ist ein Standard, der von dem Software Engineering Institute der Carnegie Mellon Universität bereits 1997 etabliert wurde und sich gerade im angelsächsischen und im asiatischen Raum etabliert hat, ist das sogenannte Capability Maturity Model (CMM).

Das Ziel von z.B. CMM ist es nämlich, den Softwareentwicklungsprozess soweit zu stabilisieren, dass Nacharbeiten und sogenanntes "Firefighting" möglichst minimiert werden. Zu Beginn eines Projektes bedeutet dies einen gewissen Mehraufwand, der sich aber im Laufe des Projektes amortisiert. Um diese Prozessqualität zu veranschaulichen, seien hier kurz die unterschiedlichen CMM-Stufen beschrieben.

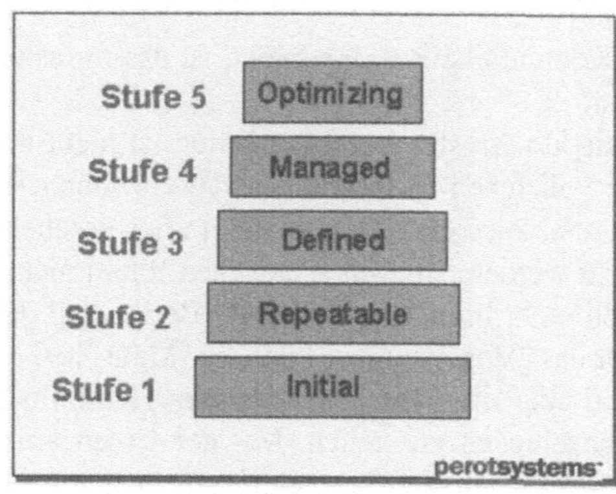

Abb. 131. Capability Maturity Model (CMM)

Stufe 1 wird als "Initial" etikettiert. Der Softwareprozess ist durch ad-hoc Verhalten gekennzeichnet, ohne ausreichende Kontrolle über Kosten, Zeit und Qualität. Manche nennen dies auch den "Künstler"-Ansatz. Stufe 2 heißt "Repeatable". Kosten und Qualität können noch schwanken, relativ gute Terminkontrolle – aber der Prozess ist noch von Individuen abhängig. Die Stufe 3 ("Defined") ist die erste, die den Stempel Qualität verdient. Termine und Kosten werden zuverlässig eingehalten, die Qualität ist vorhersehbar, der Softwareentwicklungsprozess ist von Individuen unabhängig institutionalisiert. Stufe 4 ("Managed") zeichnet sich dadurch aus, dass quantitative Daten vorhanden sind. Es gibt eine gute statistische Kontrolle über die Produktqualität und es existieren Metriken über den Softwareentwicklungsprozess. Stufe 5 ("Optimizing") nutzt nun die vorhandenen Daten, um den Softwareentwicklungsprozess kontinuierlich zu verbessern.

Einige der auf Off-Shore-Anwendungsentwicklung fokussierten Unternehmen haben sogar die höchste Qualitätsstufe (Stufe 5) erreicht. Die Prozessqualität dieser Off-Shore-Unternehmen ist eine wesentliche Voraussetzung, um Smart Sourcing erfolgreich umsetzen zu können. Diese Ausrichtung einiger Off-Shore-Dienstleister auf hohe Qualität, hat einen ungeahnten Nebeneffekt: Die Qualität der Anwendung ist häufig besser als der bisherige Standard.

Kurze Anlaufzeiten

Unter "kurzen Anlaufzeiten" wird hier die Fähigkeit verstanden, in relativ kurzen Zeiträumen große funktionstüchtige Teams etablieren zu können. Diese Fähigkeit ist stark von der Professionalisierung des Entwicklungsprozesses abhängig. Wie oben beschrieben sind gerade Unternehmen einer hohen CMM-Entwicklungsstufe prinzipiell dafür geeignet. Es geht hier nicht um das sogenannte "Chinesenprinzip", bei dem angenommen wird, durch mehr Mitarbeiter schneller Projekte durchführen zu können. Es geht vielmehr um die grundsätzliche

Fähigkeit, schnell, große und produktive Teams etablieren zu können, die Kunden einen "Time-to-Market"-Vorteil in der Entwicklung von Software bringen können.

Off-Shore-Unternehmen haben häufig eine Unternehmenskultur, die es erlaubt, große Teams zusammenzustellen, da die individuellen Mitarbeiter bereit sind, sich sehr schnell in eine Gemeinschaft zu integrieren. Diese Erfahrungen beim Smart Sourcing, gerade große Teams aufzustellen, sind damit sehr positiv. Wenn "Time-to-Market" ein Kriterium für einen Kunden ist, so hat er mit dem Smart Sourcing einen wertvollen Ansatz.

Monetäre Nutzenpotenziale

Einsparungen

Erfahrungsgemäß sind bei der Softwareentwicklung ca. 75% der Kosten Lohnkosten. Damit sind durch den Smart Sourcing-Ansatz zumindest theoretisch ¾ von Projektaufwendungen beeinflussbar. Nun gilt auch bei Smart Sourcing, das billig nicht gleich preiswert ist. Gerade bei dem Smart Sourcing-Ansatz muss die Auswahl des Partners mit Augenmaß vorgenommen werden. Deshalb muss ein vernünftiger Ausgleich zwischen maximalen Einsparpotenzialen (z.B. durch die Wahl eines Landes mit den niedrigsten Lohnkosten) und dem damit verbundenen Risiko (z.B. Erfahrung oder Sicherheit dieses Unternehmens) gefunden werden. Mit Smart Sourcing können Einsparpotenziale realisiert werden, aber die größte theoretische Einsparung nutzt nichts, wenn die Zusammenarbeit praktisch nicht die gewünschten Resultate liefert. Die hier beschriebenen monetären Nutzenpotenziale berücksichtigen daher die Wahl eines "adäquaten" Off-Shore-Partners und nicht die maximale theoretisch mögliche Einsparung.

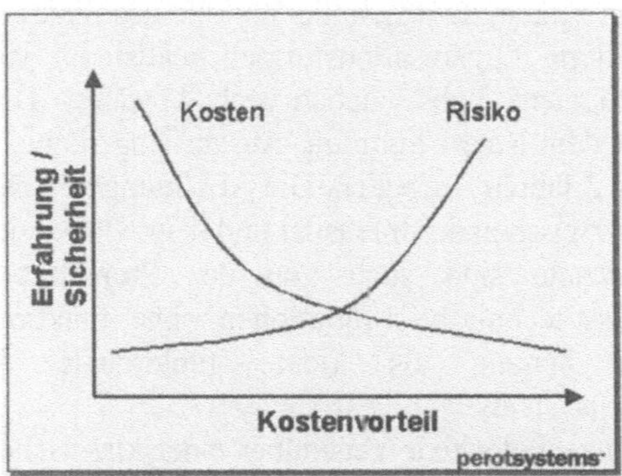

Abb. 132. Nutzenoptimierung

Auch wenn man die monetären Nutzenpotenziale nicht pauschal quantifizieren kann, so kann grundsätzlich angenommen werden, dass es eine positive Korrelation zwischen der Intensität der Zusammenarbeit und dem Ausschöpfen der Nutzenpotenziale gibt. Den geringsten Vorteil wird man erzielen, wenn man Off-Shore-Anwendungsentwicklung als reines Body Shopping nutzt, um Ressourcen "billig" einzukaufen. Auch wenn sich hier Vorteile zur herkömmlichen Anwendungsentwicklung erzielen lassen, stehen Risiken, Rüst- und Integrationsaufwände nicht immer in einem vernünftigen Verhältnis zu den Einsparungen.

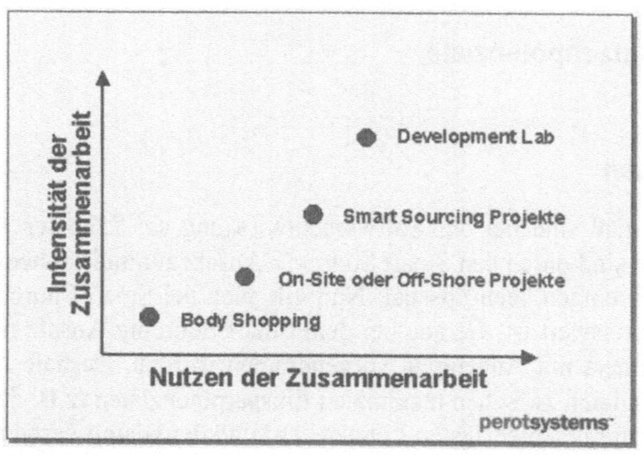

Abb. 133. Formen der Zusammenarbeit

Der Nutzen wächst mit den entsprechenden Formen der Zusammenarbeit. Bereits klassische On-Site/Off-Shore-Projekte bieten ein höheres Nutzenpotenzial als Body Shopping-Ansätze.

Praxiserfahrungen zeigen, dass sich die Vorteile des Smart Sourcing am besten durch institutionalisierte Organisationsformen realisieren lassen. Insbesondere sogenannte "Development Labs" haben sich bewährt. Dies sind dezidierte Mitarbeiter, die mit dem Smart Sourcing-Ansatz langfristig – d.h. ein Zeitraum von mehr als 1,5 bis 2 Jahren – arbeiten. Die Abbildung veranschaulicht nochmals den Zusammenhang zwischen der Intensität und dem Nutzen der Zusammenarbeit.

Die Nutzenpotenziale sind auch von der Projektart abhängig. Es ist augenscheinlich, dass technische Migrationen ohne funktionale Änderung ein höheres Potenzial bergen, als kleine funktionale Änderungen eines undokumentierten Altsystems.

Die gezeigten Nutzenpotenziale gegenüber einer klassischen Anwendungsentwicklung sind Durchschnittswerte und beziehen sich auf einen eingeschwungenen Zustand. Diese Durchschnittswerte können im Einzelfall stark variieren.

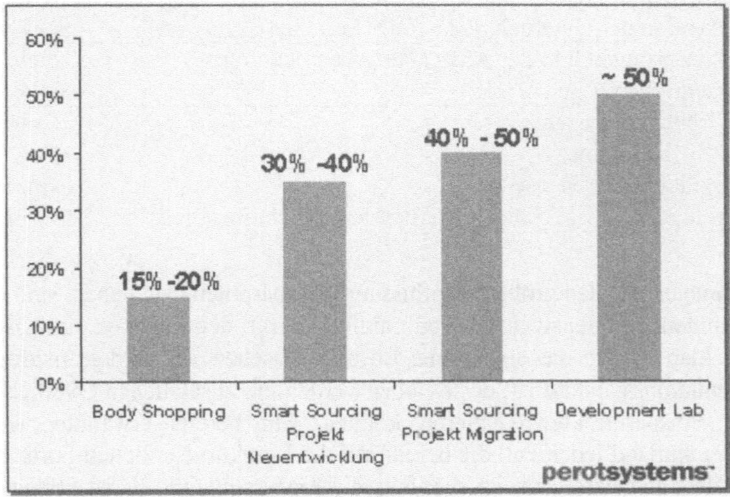

Abb. 134. Quantifizierte Nutzenpotenziale

Der Grund für die relativ niedrigen Werte des Body Shoppings liegt im Wesentlichen an den hohen Rüst- und Integrationsaufwendungen. Diese kompensieren einen Großteil der niedrigeren Lohnkosten. Diese Sourcing-Strategie muss im jeweiligen Einzelfall sehr genau auf ihre Sinnhaftigkeit untersucht werden. Im Zweifelsfall sollte darauf verzichtet werden, wenn ein Unternehmen einen Off-Shore-Einsatz von Mitarbeitern für einen einmaligen Fall planen sollte. Dies gilt übrigens auch, wenn diese Mitarbeiter "vor Ort" im Zielland beim Kunden arbeiten. Wenn dieser Sourcing-Ansatz keine langfristige Perspektive hat, ist die Vorteilhaftigkeit nicht gesichert.

Bei Projekten, die im Wesentlichen eine Neuentwicklung darstellen, liegt das Einsparpotenzial in einem Bereich von 30% - 40% gegenüber einer herkömmlichen Anwendungsentwicklung. Vergleicht man die Lohnkosten in den zuvor beschriebenen Geographien mit dem Gehaltsgefüge der Zielländer, so scheint die Einsparung gar nicht so hoch. Das liegt daran, dass bei einem fairen Vergleich auch die zusätzlichen Overheads berücksichtigt werden müssen, die durch den Smart-Sourcing-Ansatz im Vergleich zur herkömmlichen Anwendungsentwicklung entstehen können.

Die Realisierung möglicher Einsparungen durch Smart-Sourcing ist prinzipiell von zehn Parametern abhängig (vgl. Tabelle 16).

Tabelle 16. Parameter

Parameter	Relevanz
1. Die Integration der Anwendungssssystems in die Business Logik	Sehr hoch
2. Die Stabilität der Business Logik	Sehr hoch
3. Die Qualität der Dokumentation	Sehr hoch

Parameter	Relevanz
4. Die Position der Unternehmen auf der Lernkurve	Sehr hoch
5. Die Prozessqualität in der Anwendungsentwicklung	Hoch
6. Die kulturelle Offenheit	Hoch
7. Die Größe des Systems	Hoch
8. Die Projektlaufzeit	Hoch
9. Die Sprachfähigkeit	Mittel
10.Die Integration des Systems in Altsysteme (Schnittstellen)	Mittel

Die Parameter, die den größten Einfluss auf Einsparpotenziale haben, sind die vier erstgenannten. Je intensiver die Kommunikation mit den Fachbereichen ist, desto weniger klar ist wie die eigentliche Lösung aussehen soll und je niedriger der Dokumentationsstandard ist, desto höher werden die zusätzlichen Overheads sein, die die Einspareffekte reduzieren können. Ein bereits erwähnter wichtiger Parameter sind auf jeden Fall die bereits auf der Lernkurve erzielten Fortschritte.

Ein relevanter Parameter ist ebenfalls die Prozessqualität. Es ist offensichtlich, dass Smart Sourcing eine höhere Stabilität des Anwendungsentwicklungsprozesses bedarf. Ein nur auf Zuruf basierender Prozess ("Hey Joe") ist zwar niemals eine professionelle Form der Anwendungsentwicklung – bei Smart Sourcing führt das jedoch zu überproportionalen Zusatzkosten. Wie zuvor beschrieben haben gerade einige auf Off-Shore-Anwendungsentwicklung spezialisierte Unternehmen einen sehr hohen Qualitätsstandard. Dieser kann beim Smart Sourcing dann auf den Kunden übertragen werden. Ein weiterer wesentlicher Einflussfaktor ist die Offenheit eines Unternehmens, Neues auszuprobieren. Smart Sourcing-Anwendungsentwicklungsprozesse unterscheiden sich von den herkömmlichen Verfahren. Zu diesen Veränderungen muss ein Unternehmen prinzipiell bereit sein. Ohne guten Willen geht es nicht.

Die Größe des Projektes und die Projektlaufzeit sind ebenfalls wichtige Parameter für die Erzielung von Einsparungen. Hier kann man grundsätzlich sagen, je größer das Projekt und je länger die Laufzeit desto höher die Einsparungen.

Die Erfahrung zeigt, dass die vermeintlich wichtigen Parameter, wie z.B. Integration in Altsysteme oder die Sprachfähigkeit, keinen relevanten Einfluss haben. Die dort anstehenden Probleme lassen sich technisch meist besser lösen als zunächst angenommen. Die sprachlichen Probleme sind zwar relevant, lassen sich aber durch den Smart Sourcing-Ansatz zu einem Großteil kompensieren.

Zusammenfassend ist festzuhalten, dass der Smart Sourcing-Ansatz beträchtliche Einsparpotenziale birgt. Man darf jedoch maximale Einsparungen nicht schon beim ersten Projekt erwarten.

Overhead

Natürlich gibt es durch den Smart Sourcing-Ansatz auch Kostenelemente, die ein Unternehmen mit der klassischen Anwendungsentwicklung nicht gehabt hätte.

Diese wurden in Abbildung bereits berücksichtigt. Diese Overheads lassen sich in drei Kategorien aufteilen:

1. Overhead, den die Fachabteilung durch höheren Kommunikationsaufwand hat, 2. Overhead, der bei den Entwicklern besteht (bei der Hinzuziehung eines externen Dienstleisters sind diese unter Umständen bereits in dem Preis des Dienstleisters enthalten) und 3. Aufwendungen die durch die geographische Trennung entstehen (Kommunikation, Reisen).

Die Zusatzaufwendungen verteilen sich nicht gleichmäßig über die einzelnen Projektphasen (vgl. Tabelle 2). Die hier angegebenen Durchschnittswerte können natürlich im Einzelfall wieder stark voneinander abweichen. Ein Wert von ca. 10% - 15% ist aber realistisch. Im eingeschwungenen Zustand kann dieser Wert insbesondere im Bereich „Run" noch beträchtlich unterschritten werden. Smart Sourcing-Projekte sind zuweilen auch dann sinnvoll, wenn sie eigentlich die Parameter, wie sie im Kapitel 0 beschrieben sind, nicht voll erfüllen. Dies ist der Fall, wenn man nach den Phasen „Plan" und „Build" daran denkt, „Run" ebenfalls mittel- bis langfristig mit dieser Methodik zu betreiben. Insbesondere lassen sich so Maintenance-Aufwendungen erheblich reduzieren.

Phase	Overhead
Plan	10 % - 20 %
Build	10 % - 15 %
Run	5 % - 10 %
Durchschnitt	~ 15 %

Die Kommunikations- und.Reisekosten lassen sich natürlich auch nicht pauschal bewerten, da diese von dem geographischen Standort der Off-Shore-Entwicklung abhängig sind. Für die angegebenen Beispiele ist Indien als Herkunftsland gewählt.

Die Kommunikationskosten (Standleitung/Telefon) können bei etwa 50 Entwicklern Off-Shore mit ca. 100.000 € pro Jahr angenommen werden. Auch hier kann es im Einzelfall in Abhängigkeit von der Applikation, der Integration in Altsysteme etc., zu signifikanten Abweichungen nach unten und oben kommen.

Auf jeden Fall sollten Reisen in die Off-Shore-Region eingeplant werden. Auch hier sind am Beispiel Indien wieder einige Eckwerte zur Orientierung gegeben. Man kann als grobe Richtschnur davon ausgehen, dass pro Jahr ca. 2 - 3 Reisen in das Herkunftsland sinnvoll sind. Geht man davon aus, dass jeweils 3 - 5 Mitarbeiter reisen, wobei eine Reise mit ca. 3.000 € pro Mitarbeiter (alles inklusive) anzusetzen ist, so kommt man auf einen Jahresbetrag von ca. 30.000 €. Die mit dem Smart Sourcing verbundenen Reisekosten sind damit relativ gering.

Weitere Rahmenbedingungen

Greencard – Formale Voraussetzungen

Wesentlicher Bestandteil des Smart Sourcing ist die balancierte Verteilung von Workload im Ziel- und Herkunftsland. Dies bedeutet, dass Off-Shore-Mitarbeiter im Zielland vor Ort arbeiten müssen. Die Greencard-Regularien ermöglichen den Einsatz dieser Fachkräfte relativ unproblematisch. Eine Greencard kann ggf. innerhalb von wenigen Stunden ausgestellt werden, sofern die entsprechenden Voraussetzungen zutreffen.

Alle IT-Fachkräfte aus Nicht-EU-Staaten brauchen in Deutschland eine solche Arbeitsgenehmigung. Diese Arbeitserlaubnis wird zum Beispiel erteilt für Beschäftigungen als: System-, Internet- und Netzwerkspezialist, Software-, Multimedia-Entwickler und Programmierer, Entwickler von Schaltkreisen und IT-Systemen und Fachkraft für IT-Consulting, wenn mit dem in Deutschland ansässigen Unternehmen ein festes, sozialversicherungspflichtiges Beschäftigungsverhältnis für die Dauer von maximal fünf Jahren eingegangen wird. Ausländische IT-Fachkräfte können nicht als Leiharbeiter eingesetzt werden.

Zielgruppen sind Computer-Spezialisten mit Hochschul- und Fachhochschulabschluss (Master, Bachelor oder Diplom) im IT-Bereich. Wenn ein Unternehmen in Westdeutschland 39.600,- € oder ein Unternehmen in Ostdeutschland 32.700,- € Jahresgehalt garantiert, entfällt die Prüfung, ob das Gehalt den tariflichen bzw. ortsüblichen Bedingungen entspricht. Zur Zielgruppe gehören auch Fachkräfte ohne Hochschulabschluss, die aufgrund ihrer mehrjährigen, einschlägigen Berufserfahrung ein Jahresgehalt von mindestens 51.000,- € erzielen. Das Greencard-Programm richtet sich auch an ausländische Absolventen deutscher Hochschulen und ermöglicht damit einen nahtlosen Übergang in das Berufsleben. [96]

Neben der Arbeitserlaubnis fallen dann noch die üblichen formalen Anforderungen wie z.B. polizeiliche Anmeldung, Aufenthaltsgenehmigung, Krankenversicherung, Wohnungssuche etc. an. Auch wenn das Greencard-Verfahren ausgesprochen unbürokratisch ist, ergibt sich aus der Summe der gesamten formalen Anforderungen ein kompliziertes Netzwerk von Vorschriften. Leider bereiten die deutschen Botschaften im Ausland die potenziellen Greencard-Mitarbeiter nicht auf diese Anforderungen vor. Damit müssen diese Mitarbeiter zunächst durch ein spezifisches Einführungsprogramm auf die Anforderungen des Ziellandes vorbereitet werden. Nicht alle Dienstleister, die sich auf das Off-Shore-Konzept spezialisiert haben, bieten solche Programme an.

Zu den sprachlichen und kulturellen Herausforderungen kommen dann noch bürokratische. Deshalb sollte ein Kunde, der sich eines solchen Dienstleisters

---

[96] Aktuelle Informationen vgl. www.Arbeitsamt.de

bedient, darauf achten, dass die bei ihm eingesetzten Off-Shore-Mitarbeiter adäquat auf den Einsatz im Zielland vorbereitet wurden.

Vertragskonstruktionen

Viele Off-Shore-Partner haben ein Rechtssystem, das nicht auf unserer Rechtstradition basiert. Verträge, die stärker am Fallrecht (wie in Ländern, die auf dem britischen Rechtssystem basieren) ausgerichtet sind, sind meist komplizierter. Es ist daher vorteilhaft, mit einem Dienstleister zu arbeiten, der in dem Herkunftsland des Kunden eine Niederlassung hat, sodass Verträge nach dem Rechtssystem des Landes des Kunden abgeschlossen werden können. Man sollte auch darauf achten, dass Verträge in Sprache des Kunden (in Deutschland in deutscher Sprache) abgeschlossen werden. Dies hat einen sehr einfachen Grund. Neben der Tatsache, dass Verträge in der eigenen Sprache leichter zu verstehen sind, kann man so vermeiden, dass auf der Seite der Dienstleister Juristen (z.B. zudem häufig nur englischsprachig) zum Einsatz kommen, die weder das Rechtssystem des Landes des Kunden kennen oder gar ein Gefühl dafür entwickelt haben was im Zielland üblich ist. Auf diese Weise werden viele unnötige und oft befremdlich wirkende Diskussionen um rechtliche Details vermieden.

Verträge, die auf Zeit- und Material-Abrechnung basieren, sind prinzipiell problematisch. Hier soll nicht vertieft auf das Thema Festpreis eingegangen, sondern auf einen Aspekt besonders hingewiesen werden. Gute Erfahrungen werden mit sogenannten "Risk-/Reward"-Verträgen gemacht. Risk-/Reward-Konzepte zeichnen sich dadurch aus, dass neben den Regelungen eines normalen Werkvertrages (Haftung, Gewährleistung, Verzug etc.) Metriken definiert werden, die an kritischen Erfolgsfaktoren des Kunden orientiert sind (z.B. "Time-to-Market"). Ziel dieser Metriken ist es dann, dem Dienstleister die Möglichkeit eines "Overperform" zu geben, wenn sich dieses "Overperform" für den Kunden rechnet. Damit können Win/Win-Situationen entstehen, die beiden Partnern nutzen und gerade beim Smart Sourcing ein zusätzliches Incentive bieten.

Smart Sourcing und Wettbewerbsfähigkeit

Abschließend soll das Thema Smart Sourcing kurz unter dem Aspekt der Globalisierung betrachtet werden. Die vielleicht aus unserer Sicht vorrangige Fragestellung ist: Werden mit Smart Sourcing-Arbeitsplätze z.B. in Deutschland vernichtet?

Dabei soll hier nicht das Argument strapaziert werden, dass mit jedem "Greencard-Mitarbeiter" zwei bis drei neue, zusätzliche Arbeitsplätze geschaffen werden. Dies kann man glauben oder nicht. Vielmehr soll der Smart Sourcing-Ansatz insbesondere unter zwei anderen Gesichtspunkten beurteilt werden.

Die Reduzierung der Fertigungstiefe in der industriellen Fertigung, verbunden mit einer weltweiten Sourcing-Strategie wird, wie bereits erwähnt, in den deutschen Kernindustrien (z.B. Automotive) bereits seit ca. einem Vierteljahrhundert konsequent vorangetrieben. Die Fertigungstiefe der in Deutschland gefertigten Produkte hat sich seit dem dramatisch verringert. Gleichwohl hat die Wettbewerbsfähigkeit der Industrie nicht nachgelassen und die Exportstärke der deutschen Industrie ist nicht kleiner geworden. Vielmehr hat dieser Ansatz dazu geführt, dass die Wettbewerbsstärke der Industrie erhalten wurde. Allein aus dieser Entwicklung kann man ableiten, dass eine globale Sourcing Strategie letztlich auch dem Zielland zugute kommt. Von daher sind Ansätze wie Smart Sourcing letztlich auch im Interesse der Arbeitnehmer in den Zielländern.

Auch aus Sicht einer fairen Entwicklungschance für heutige Niedriglohnländern macht Smart Sourcing Sinn. Es ist viel sinnvoller Rahmenbedingungen zu schaffen, die es diesen Ländern erlauben, eine hochwertige Wertschöpfung zu erzielen, als entweder niedrig wertigere Produktionen mit hoher Umweltbelastung in diese Länder zu verlagern oder gar über Transferzahlungen (Entwicklungshilfe) Entwicklung in diesen Ländern zu ermöglichen. Niemand kann diesen Ländern verweigern, dass sie nun, nachdem sie jahrzehntelang in ihre Bildungssysteme massiv investiert haben, die Früchte ernten möchten.

Smart Sourcing ist damit ein Ansatz, der sowohl den Unternehmen nachweisliche Vorteile bringt als auch den Geographien, die sich erfolgreich mit diesem Thema beschäftigen.

Projekt- und Change-Management

Change Management

Alles ändert sich (Ovid)

Oliver Trübestein

Die fortschreitende Entwicklung in der Informationstechnologie führt auch dazu, dass in der gesamten Presselandschaft ein Trendhype eingesetzt hat. Es scheint, als laufe ein Wettbewerb, welche Neuentwicklung als neuer richtungsweisender Trend ausgerufen wird. Dabei werden die Halbwertszeiten der beschriebenen Trends und der damit verbundenen Technologie immer kürzer.

Dieser Umstand macht es für Unternehmen immer schwieriger, dem richtigen, das heißt für sie relevanten Trend zu folgen und auch an die Wirksamkeit der neuen Technologie zu glauben. Denn genau so schnell, wie ein neuer Trend geboren wird, werden andere Technologien totgesagt. Daher müssen sich die Unternehmen zum einen gegen den zunehmenden Außendruck wehren, nicht den entscheidenden Trend zu verpassen und dann in der Entwicklung zurückzustehen. Andererseits erfordert der Einsatz einer neuen Technologie eine sorgfältige Planung, die alle vom Einsatz der neuen Technik betroffenen Größen berücksichtigt und einbezieht.

Es kann durchaus vorkommen, dass bei der Umstellung auf eine neue Technologie eine oder sogar zwei Generationen der eingesetzten Technik übersprungen werden. In einem solchen Fall tritt nicht eine langsame Veränderung bzw. Anpassung eines Zustandes ein. Vielmehr wird zu einem bestimmten Zeitpunkt der Wechsel von einer Technologie zu einer anderen vollzogen. Eine solche Veränderung wird nicht als eine natürliche wahrgenommen, sie wirkt eher erzwungen und aufgesetzt und ist daher mit bestimmten negativen Begleiterscheinungen auf Seiten der betroffenen Mitarbeiter verbunden. In der Regel stoßen diese Widerstände bei den Verantwortlichen des geplanten Veränderungsvorhabens auf Unverständnis. Begründet ist dies vor allem darin, dass die Verantwortlichen für ein solches Vorhaben eine andere Form der Auseinandersetzung mit der neuen Technologie führen konnten. Im Rahmen von Projektsitzungen konnten sie sich mit dem Nutzen und den Vorteilen der neuen Lösung vertraut machen.

Ebenso bestand für die direkt Beteiligten auch immer die Möglichkeit, ihre Skepsis und ihre Befürchtungen zu äußern und zu diskutieren. Mitarbeitern, die nicht direkt an der Projektgruppe beteiligt waren, fehlt diese Form der Annäherung an das neue. Sie werden in der Regel vor vollendete Tatsachen gestellt.

Natürlich ist es ein Ausnahmefall, dass die verantwortliche Projektgruppe außerhalb der unternehmerischen Öffentlichkeit agiert und in geheimen

Projektsitzungen mit fast konspirativem Charakter neue Vorhaben plant. Nichts desto trotz fließen die Informationen aus der Projektgruppe eher ungesteuert und werden nicht selten zur Meinungsmache genutzt, sei es für oder wider die neue Technologie und den damit verbundenen Folgen.

Dies sind nur erste grobe Skizzen einer vielleicht nie eintretenden Situation, die aber darauf hinweisen sollen, dass bei großen Veränderungsvorhaben, wie sie beispielsweise mit der Einführung neuer Informationstechnologien verbunden sind, ein effektives Veränderungsmanagement notwendig ist. Mit Hilfe eines solchen Prozesses lässt sich die notwendige Akzeptanz bei den Mitarbeitern erzeugen. Das Projekt ist daher nicht durch zu großen Widerstand auf Seiten der Mitarbeiter gefährdet.

Um an dieser Stelle möglichen Missverständnissen vorzubeugen: Ein Widerstand auf Seiten der Mitarbeiter muss nicht zwangsläufig zum Abbruch eines geplanten Projektes führen. Allerdings können Verzögerungen entstehen, die auf der einen Seite Kosten verursachen und auf der anderen Seite Reibungsverluste auf Seiten der Planer erzeugen. Die Tatsache ohnehin knapper Budgets und knapper zeitlicher Planung ist dabei nur ein zusätzlicher Faktor, der eine erfolgreiche Umsetzung verhindert.

Gerade an diesen Faktoren zeigt sich, dass es durchaus sinnvoll, wenn nicht sogar notwendig ist, entsprechende Projekte mit einem Prozess des Veränderungsmanagements (oder mit der gängigen Verwendung des Begriffs Change Management Prozess (CMP) bezeichnet) zu begleiten, um die Akzeptanz zu erhöhen und die Reibungsverluste zu minimieren.

Der folgende Beitrag behandelt die Kernfragen, die mit einem Change Management Prozess verbunden sind. Dazu wird auch eine Darstellung der einzelnen Bestandteile eines solchen Prozesses sowie eine Erläuterung des Nutzens gegeben.

Ausgangspunkt Veränderung

Dass der Dreh- und Angelpunkt für einen Change Management Prozess eine damit zu begleitende Veränderung ist, ergibt sich aus der gewählten Terminologie. Doch damit man sich nicht schon zu Beginn eines CMP in terminologischen Allgemeinplätzen verliert, muss die anstehende Veränderung genauer definiert werden. Nur wenn die Inhalte und Auswirkungen einer anstehenden Veränderung genauer definiert werden, ergeben sich daraus die Ansatzpunkte für einen begleitenden, darauf abgestimmten Change Management Prozess.

Ein erster Schritt auf dem Weg zu einer ausreichenden Definition ist zunächst eine Benennung des Veränderungsvorhabens. Mit einer solchen Benennung ist in der Regel auch eine Einordnung des anstehenden Veränderungsvorhabens verbunden. Handelt es sich bei dem anstehenden Vorhaben beispielsweise um die Einführung einer neuen Technologie, ist das Kernziel der Veränderung die Optimierung von Prozessen? Geht es um eine Neustrukturierung innerhalb des Unternehmens? Soll ein Qualitätsmanagement-System eingeführt werden? Die hier ausgewählten Fragen stellen lediglich Einzelaspekte dar. Genauso gut kann ein Veränderungsvorhaben auch aus der Kombination mehrerer Einzelaspekte bestehen. Beispielsweise kann durch eine Unternehmensfusion eine neue konzernweite Software eingeführt werden, um die Kundenorientierung auszubauen. Damit verbunden sind auch Veränderungen in den Arbeitsabläufen bis hin zur Qualitätssicherung. Es zeigt sich, dass ein Veränderungsvorhaben oft aus verschiedenen Veränderungsschichten besteht. Eine detaillierte Analyse und Beschreibung der angestrebten Veränderung ist dabei unabdingbar.

Basis für eine genaue Definition eines Veränderungsvorhabens bildet zunächst eine ganz allgemeine Begriffsbestimmung. Sie kann etwa folgendermaßen lauten: Im Rahmen eines Veränderungsvorhabens wird eine bestehende Struktur in eine neue Struktur verändert. Die Begriffe „alte Struktur" und „neue Struktur" kann man in gewissem Sinne als Platzhalter ansehen. Diese ersetzt man durch die Angaben und Ausformulierungen, die sich aus dem Projektziel ergeben und den allgemeinen Grundsatz bis hin zu einer für den anstehenden CMP verwendbaren Definition spezifizieren.

Neben den anstehenden Veränderungen bildet vor allem die Reaktion der Mitarbeiter auf die Ankündigung einer solchen Veränderung den Wirkungskreis für das begleitende Veränderungsmanagement. In diesem Zusammenhang erfolgt der im vorigen Satz bereits implizit gegebene Hinweis, dass schon bei der Ankündigung und nicht erst bei der Umsetzung Reaktionen auftreten.

Ebenso wie bei der Definition des Veränderungsvorhabens kann auch hier eine Typologie der möglichen Reaktionen aufgestellt werden.

Die ersten Reaktionen, die mit einer Ankündigung auftreten, sind in der Regel Befürchtungen und Ängste, die auf der Tatsache beruhen, dass die betroffenen Mitarbeiter nicht wissen, was auf sie zukommt bzw. inwieweit sie die an sie gestellten Erwartungen erfüllen können. An dieser Stelle ist ein Aspekt, dass zum Zeitpunkt der Ankündigung die Erwartungen an die Mitarbeiter in der Regel noch gar nicht formuliert sind, so dass die Befürchtungen und Ängste oft nur auf Annahmen beruhen.

Eine wesentlich problematischere Reaktion, die sich oft auch aus den Befürchtungen entwickelt, ist ein Widerstand gegen das anstehende Projekt. Hier ist sowohl passiver Widerstand in Form von Verweigerung vorzufinden, als auch aktiver Widerstand, der neben dem Boykott des Veränderungsvorhabens auch eine gezielte Gegensteuerung durch den Mitarbeiter beinhaltet. Diese Reaktion wird häufig begleitet von Verhaltensweisen, die eine Absicherung der eigenen Position fördern sollen. Ebenso geht eine Verstärkung der Eigeninteressen mit einer Veränderungsankündigung einher. Insgesamt sind in der Regel Reaktionen zu erwarten, die das geplante Veränderungsvorhaben als nachteilig empfinden und die mit dem Vorhaben verbundenen Chancen verkennen und leugnen.

Wenn an diesem Punkt im Veränderungsvorhaben kein abgestimmtes und zielgerichtetes Change Management eingesetzt wird, besteht die Gefahr, dass die aus den Reaktionen resultierenden Einflüsse auf das anstehende Projekt bestehen bleiben und gegebenenfalls sogar verstärkt werden. Eine solche Verstärkung dieser negativen Einflussgrößen äußert sich dann in einem gesteigerten

Aufkommen an Gerüchten darüber, was im Zuge der Umsetzung alles auf die Mitarbeiter zukommen wird. Oft finden in diesem Zusammenhang interne „Diskussionsrunden" statt, in denen in Stammtisch ähnlicher Manier Meinung gegen die anstehende Veränderung gemacht wird. Dies verstärkt durch die zusätzliche Gruppendynamik, die sich innerhalb solcher Stammtischrunden entwickelt, auch die Blockadehaltung der Mitarbeiter, was sich in einer permanenten Angriffs- und Rückzugshaltung äußert. Eine solche Grundhaltung führt zwangsläufig zu Reibungsverlusten in der Zusammenarbeit, die gerade bei Projekten mit Effizienzsteigerung als Zielsetzung diesem Ziel diametral gegenüber steht. Die Folge ist ohne große Schwierigkeiten auszumachen. Die Produktivität sinkt und die Leistung wird eingebüßt. Das Projekt kann mehr oder weniger als gescheitert eingeordnet werden.

Der Change Management Prozess

Im folgenden Abschnitt sollen die Ansatzpunkte und Zielsetzungen des Change Managements beschrieben werden. Dabei sind mehrere Zielsetzungen miteinander verbunden. Zunächst ist eine unmittelbare, sich aus den vorherigen Bemerkungen ableitende Zielsetzung des Change Management, die oben dargestellten, negativ zu bewertenden Reaktionen bei den Mitarbeitern zu minimieren und die einzelnen Phasen dieser auftretenden Reaktionen gesteuert zu beschleunigen. Dadurch soll dazu beigetragen werden, dass die einzelnen Phasen des Veränderungsprozesses optimiert werden und damit die Umsetzung des Projektes gesichert ist.

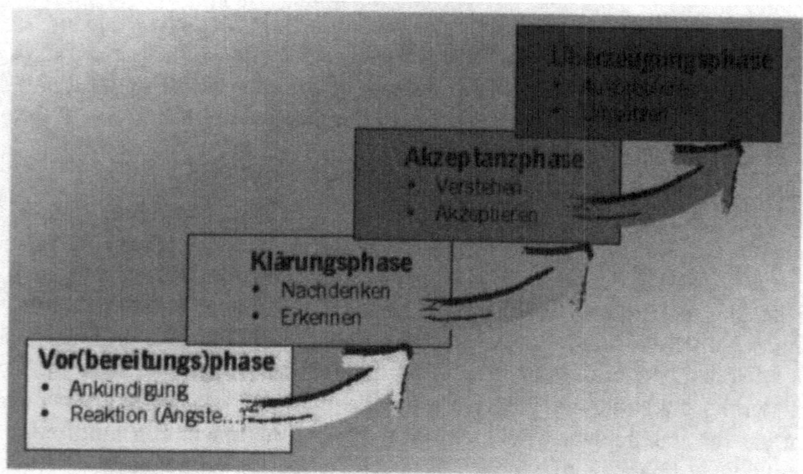

Abb. 135. Phasen des Veränderungsprozesses

Zunächst ist dabei entscheidend, dass der geplante Change Management Prozess auf die Reaktionen der Mitarbeiter abgestimmt wird. Eine Einteilung des Change

Management Prozesses in einzelne Phasen wird am besten an den betreffenden Reaktionen ausgerichtet.

Die erste Phase ist dabei die Vorbereitungs- oder Vorphase. Bestandteil dieser Phase ist auf der einen Seite die Ankündigung der anstehenden Veränderung und die spezifizierten Ängste bei den Mitarbeitern, wie z.B. Angst vor Kompetenz-, Arbeitsplatz- und Machtverlust, welche im Kern eine Existenzangst verbunden mit der Befürchtung einer ansteigenden Reglementierung darstellt. In der Reaktionsphase, die man als Klärungsphase bezeichnen kann, ist das Ziel, einen Prozess des Nachdenkens über die anstehende Veränderung anzuregen und zu einem Erkennen der damit verbundenen Vorzüge zu führen. Der folgende Schritt beinhaltet die Akzeptanzphase, wobei Akzeptanz über das Verstehen erzeugt werden soll. Die letzte Stufe, die es zu erreichen gilt, ist die Überzeugung. Hier soll der Mitarbeiter von dem anstehenden Vorhaben überzeugt sein und die Umsetzung mit seinen Möglichkeiten aktiv unterstützen.

Der nächste Abschnitt beschreibt, ausgehend von diesen Reaktionsphasen, die einzelnen Schritte des Change Management Prozesses und die damit verbundenen Maßnahmen.

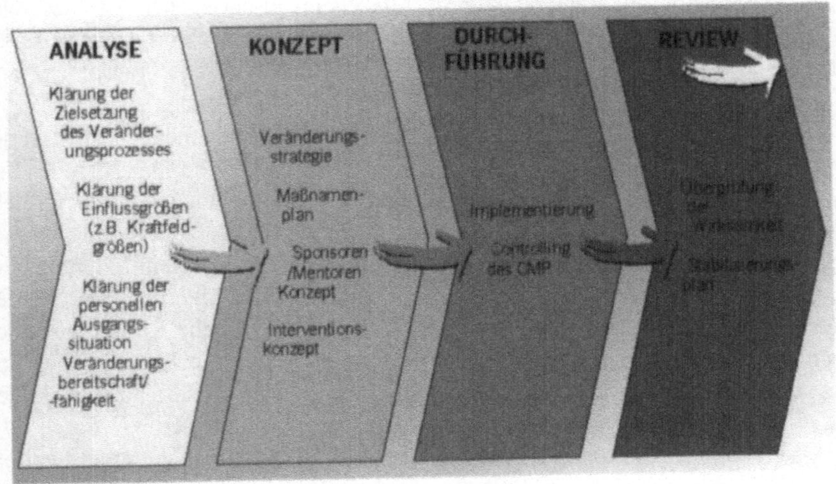

Abb. 136. Schritte des Change Management Prozesses

Grundlegend gilt für einen eingesetzten Change Management Prozess, dass er parallel zum Veränderungsvorhaben laufen sollte, um optimal zu wirken. In der ersten Phase eines Change Management Prozesses erfolgt eine Analyse der Ausgangssituation. Dabei werden die Zielsetzungen der geplanten Veränderung betrachtet und geklärt. Des Weiteren werden die relevanten Einflussgrößen für das Projekt beschrieben. Auf der Seite der Mitarbeiter muss eine Klärung der Ausgangssituation stattfinden. Dies bedeutet, dass eine qualitative und quantitative

Betrachtung der Situation erfolgen muss. Dabei umfasst dies die Frage, wie viele Mitarbeiter in welchem Maß betroffen sind.

Im Rahmen dieser Bestandsaufnahme muss aber auch ausgelotet werden, inwieweit sowohl die Bereitschaft als auch die Fähigkeit zur Veränderung vorhanden sind. Alle in dieser Phase aufgenommenen relevanten Größen werden in einem entsprechenden Dokument festgehalten. Auf Basis dieser Analyse wird das Konzept für den anstehenden Change Management Prozess entwickelt.

Grundsätzlich kann man an dieser Stelle die Entscheidung für eine der möglichen Strategien treffen. Eine Strategie besteht beispielsweise darin, die Wahrnehmung bei den betroffenen Mitarbeitern zu ändern. Grundgedanke ist dabei, dass die anstehende Veränderung bei den Mitarbeitern als Chance und nicht als Bedrohung wahrgenommen wird. Eine andere Möglichkeit für eine Strategie besteht darin, einen Konsens hinsichtlich der Problemlage und der gewählten Lösung zu erzeugen. Ebenso sollte Bestandteil der gewählten Strategie sein, Handlungsdruck bei den Mitarbeitern zu erzeugen. Dies sollte aber niemals ohne das Angebot einer Hilfestellung von Seiten der Projektverantwortlichen erfolgen. Eine weitere Möglichkeit für eine Strategie besteht darin, die von den Veränderungsvorhaben Betroffenen zu Beteiligten zu machen, indem man ihnen die Mitarbeit an Planung und Umsetzung anbietet. In der Regel besteht die gewählte Strategie aus einer Mixtur der einzelnen beschriebenen Ansätze. Des Weiteren ist ein unverzichtbarer Bestandteil der strategischen Vorgehensweise die permanente Bereitschaft zu Kommunikation. Dadurch wird die Transparenz und Offenheit erzeugt, die für eine erfolgreiche Umsetzung notwendig ist.

Ein weiterer Bestandteil des Konzepts des Change Managements besteht in der Einbindung von Multiplikatoren bzw. Sponsoren. Gemeint sind hier Personen aus dem Unternehmen bzw. dem näheren Umfeld des Unternehmens, die das Projekt unterstützen und aktiv dafür Werbung machen. Die Aktivierung dieser Multiplikatoren gliedert sich dabei in die Unterphasen der Identifizierung, der Involvierung und der Unterstützung. Im Rahmen der Identifikation werden geeignete Personen ausgewählt und befragt, ob sie eine solche Rolle einnehmen möchten. Als nächster Schritt erfolgt die Information über die Zielsetzungen und einzelnen Schritte des geplanten Veränderungsvorhabens. Während der aktiven Phase des Multiplikators muss außerdem eine Unterstützung durch die Verantwortlichen des Projektes erfolgen. Diese ergänzt sich mit Verhaltensweisen, die auf Seiten der Verantwortlichen und insbesondere der Führungskräfte angenommen werden sollten.

Dies dient dazu, nicht nur den Multiplikator sondern auch den gestarteten Change Management Prozess zu unterstützen. In einen Katalog solcher Verhaltensweisen gehört zum Beispiel das Aufzeigen der Ziele und der Richtung, die mit dem geplanten Projekt eingeschlagen werden soll. Gemeinsam mit der schon angesprochenen Kommunikationsbereitschaft bildet das permanente Informieren, Klären und Diskutieren über das Projekt die Basis für erfolgreiches Change Management. Zu diesem Zweck bietet sich auch der Einsatz der im Unternehmen vorhandenen Kommunikationskanäle an (Firmenzeitung, Internetauftritt, Rundschreiben, Informationsveranstaltungen, regelmäßige

Meetings). Diese lassen sich wie bei einer Marketingstrategie zielwirksam und gesteuert einsetzen.

Insgesamt sollte von Seiten des Managements dabei eine Art der Kommunikation gewählt werden, welche Respekt gegenüber den Sorgen und Befürchtungen der Mitarbeiter zum Ausdruck bringt. Eine Auseinandersetzung „von oben herab" ist dem Projekt nur wenig dienlich.

Nachdem das Konzept des Change Management Prozesses unter Berücksichtigung dieser Aspekte abgeschlossen ist, erfolgt die Durchführung. Die im Konzept festgeschriebenen Maßnahmen werden durchgeführt und mit entsprechenden Erfolgskontrollen hinsichtlich ihrer Wirksamkeit bewertet. Zur Unterstützung werden die Führungskräfte mit abgestimmten Coaching-Maßnahmen unterstützt. Sowohl bei der Konzeption, als auch bei der hier angesprochenen Umsetzung eines Change Managements sollte die Überlegung, inwieweit das Change Management von externer Seite aus begleitet wird, nicht nur von monetären Gesichtspunkten geleitet sein. Ein externer Dienstleister hat den Vorteil, dass er von vorneherein eine neutrale Position zwischen den Fronten einnehmen kann und somit eine Konzentration auf die Zielsetzungen des Veränderungsvorhabens erwirkt.

Des Weiteren erfordert ein Change Management Prozess verschiedene Kompetenzen aus den Bereichen Psychologie, Kommunikationstheorie, Pädagogik, Betriebswirtschaftslehre und Technik, die in der für das Projekt notwendigen Verteilung in entsprechenden Beratungsfirmen auftritt.

Den Abschluss eines Change Management Prozesses bildet der Review. Hier wird die Wirksamkeit der durchgeführten Maßnahmen überprüft und ein Plan erstellt, wie die Situation dauerhaft und ohne starke externe Unterstützung stabilisiert werden kann.

Nutzen des Change Managements

Am Ende dieser kurzen Betrachtung einzelner Faktoren eines Change Management Prozesses soll noch eine Darstellung des Nutzens eines durchgeführten Change Managements erfolgen. Die folgende Grafik dient der Veranschaulichung, wie sich ein Veränderungsvorhaben auf die Produktivität auswirkt. Dabei werden sowohl die Auswirkungen mit und ohne unterstützendes Change Management beschrieben.

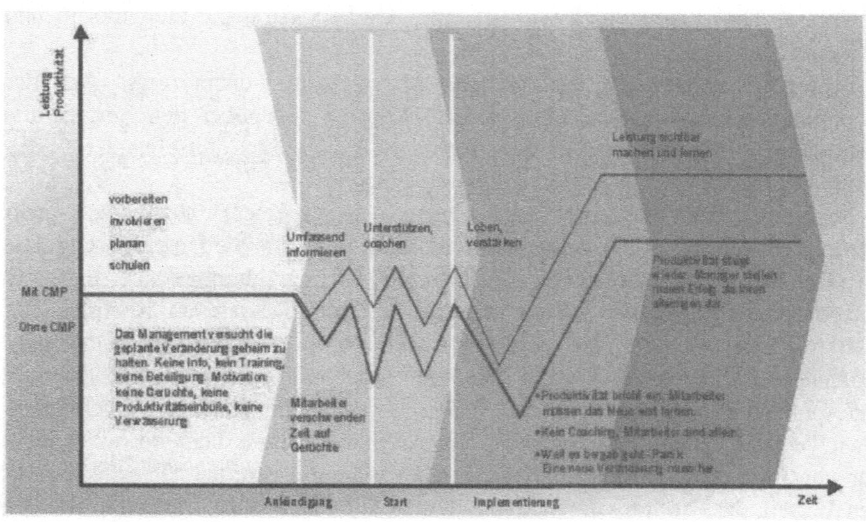

Abb. 137. Analysephase

Wie die beiden Graphen zeigen, gibt es keinerlei Unterschiede in der Analysephase. Da noch keine Informationen ausgegeben wurden, sind keine Auswirkungen auf die Produktivität messbar. In dieser Phase fällt die Entscheidung, ob das geplante Veränderungsvorhaben mit oder ohne begleitendes Change Management umgesetzt wird.

Deutlicher treten die Unterschiede bei der Ankündigung des Veränderungsvorhabens auf. In beiden Fällen erfolgt ein Einbruch der Produktivität. Allerdings ist der Leistungsabfall deutlicher und gravierender, wenn er nicht durch ein unterstützendes Change Management abgefangen wird. Mit einer solchen Unterstützung gelingt es, die Produktivität zum Start des Projektes wieder auf den Punkt zu bringen, wo sie vor der Ankündigung war. In dem anderen Fall sinkt die Produktivität sehr viel deutlicher ab und der Start des Projektes erfolgt bei niedrigerem Output. Der bei beiden Graphen beschriebene Abfall der Leistung liegt in den mit der Ankündigung verbundenen Ängsten und Befürchtungen der Mitarbeiter. Wie bereits in dem obigen Abschnitt beschrieben, mehren sich zu diesem Zeitpunkt die Gerüchte und ohne ein Change Management bieten sich keinerlei Möglichkeiten für eine Auseinandersetzung mit den Befürchtungen.

Betrachtet man nun den Zeitraum zwischen Start des Projektes und Implementierung der neuen Lösung, so zeigt sich, dass mit unterstützenden Maßnahmen die Implementierung bei einer höheren Produktivität einsetzt. Ohne Change Management wird ein Produktivitätsniveau erreicht, welches dem vor der Ankündigung entspricht. Auf Grund der mit einer Implementierung verbundenen Schwierigkeiten in technischer Hinsicht und den neuen Anforderungen an die Mitarbeiter entsteht der dargestellte Leistungsabfall. Mitarbeiter müssen gegebenenfalls an neuer Software geschult werden, Arbeitsabläufe müssen angepasst werden etc. Dies alles führt zwangsläufig zu einer Reduktion der Produktivität. Auffällig ist an dieser Stelle, dass der Zeitraum dieses Leistungsabfalls mit unterstützendem Change Management kürzer ist und die anschließende Phase der Steigerung zu einer höheren Produktivität führt.

Im Gegenzug liegt Produktivität ohne Change Management nur unerheblich höher als zu Beginn des Veränderungsvorhabens. Gerade an dieser Stelle könnte eine Kosten-Nutzen-Rechnung die mit dem Veränderungsvorhaben verbundenen Zielsetzungen relativieren. Das Ziel einer Produktivitätssteigerung ist zwar erreicht, allerdings wird deutlich, dass die Möglichkeiten der Veränderung nicht voll ausgeschöpft wurden.

Fazit

Die Ausführungen sollten in groben Zügen verdeutlichen, mit welchen Problemen bei Veränderungsvorhaben auf Seiten der betroffenen Mitarbeiter zu rechnen ist, gerade im Umfeld der Informationstechnologie. Die Reaktionen und die Auswirkungen dieser Reaktionen auf das geplante Projekt wurden dargestellt. Im Anschluss daran erfolgte eine Beschreibung der einzelnen Phasen eines Change Management Prozesses und den damit verbundenen Kernfragen. Den Abschluss bildete eine Gegenüberstellung der Leistungskurven während eines Veränderungsvorhabens mit bzw. ohne begleitendes Change Management. Wie lässt sich nun ein Fazit formulieren?

Veränderungen in Unternehmen lassen sich nicht aufhalten und sind auch ein deutliches Zeichen für eine lebende Unternehmenskultur. Inwieweit man jedem Trend folgen muss oder will, bleibt den einzelnen Verantwortlichen überlassen. Aber deutlich bleibt, dass der positive Nutzen einer Veränderung mit einem gezielten und abgestimmten Change Management optimal und getragen von der gesamten Belegschaft erzielt werden kann.

CHANGE MANAGEMENT –
Sieben Thesen zur Veränderung

Johannes Ehrhardt

Die Tatsache, dass wir inmitten vielfältiger Veränderungsprozesse stehen, ist so evident und der Spruch von der Veränderung als der einzigen Konstante wird so oft wiederholt, dass man meinen könnte, das Thema hätte sich längst erledigt. Doch die Evidenz erzeugt keine Einsicht und der Spruch verdeckt eher den Charakter der Veränderung und sagt schon gar nicht, wie wir mit ihr umgehen sollten. Das vielbeschworene Change Management hat eine weitgehend ungesicherte Basis. Die folgenden Thesen sollen hierauf bezogen zum Denken anregen.

Wir stehen mitten in der Veränderung

Wir können der Veränderung nicht entgehen, aber wir können versuchen, wirkungsvoll mit ihr umzugehen. Der Veränderung unterworfen sind wir Objekte der Veränderung, aber wir können sie aufgreifen und in ihr wirken, können Subjekte der Veränderung sein. Darum geht es in den folgenden Thesen.

Globalisierung, Technisierung, Finanzinnovation, Vernetzung, kultureller Wandel, Mediatisierung - es gibt viele Stichworte, die auf die übergreifende Veränderung unserer Welt hinweisen. Doch es gibt kein zusammenhängendes Bild, weil es im Kontext derer, die an den vielen einzelnen Veränderungsprozessen mitarbeiten, keinen Ort zu geben scheint, von dem her der ganze Prozess zu betrachten wäre. Und die Anderen, die nicht dazugehören, können sich erst recht kein Bild machen. So setzen sich die alles umgreifenden Veränderungen scheinbar ‚naturwüchsig' von Bereich zu Bereich fort und wirken von einem Feld auf das Andere zurück. Dabei vollzieht sich die globale Veränderung auf der globalen, regionalen und lokalen Ebene gleichzeitig, wirkt sich jedoch in jeder Kultur anders aus.

Um nicht nur passives Objekt, sondern aktives Subjekt der Veränderung zu sein, müssen wir von unserem notwendig begrenzten Bereich aus mit den Feldern und den Ebenen als einem Zusammenhang, also ganzheitlich, umgehen. Dann kann - muss aber nicht! – auch ein kleiner Impuls kann eine große Wirkung haben. Kann mit einem großen Wenn. Genau darum geht es!

Die Technologie der Veränderung heißt Vernetzung

Der wissenschaftliche Fortschritt beruht auf der Erfassung und dem Sich-verfügbar-machen der Welt durch die Zerteilung in einzelne, abgegrenzte Gebiete,

Spezialisierungen. Die Vernetzung ist auf ihrer wissenschaftlich-technischen Ebene ein Bündel von Spezialisierungen. Sie verknüpft verschiedene Bereiche miteinander, schafft neue Handlungsmöglichkeiten, neue Handlungsebenen und erzeugt so eine neue Entwicklungsdynamik. In dieser sowohl technischen als auch gesellschaftlichen Dynamik verbindet sich das Verknüpfungswissen mit dem Sachwissen, erzeugt eine von den Netzwerken getragene Dynamik der Wissensproduktion und des Wissensaustausches, die Basis der vernetzten Wissensgesellschaft.

In der vernetzten Wissensgesellschaft bestimmt weniger wer ich bin, beispielsweise der Sohn von X, oder wie ich mit historischem Wissen umgehen kann, etwa das ich die Ilias im Original lesen kann, meine Position, sondern viel mehr, wovon ich Teil bin und was ich bei diesem Teil-Sein an neuen Möglichkeiten beitrage. Die Vernetzung ist strukturell dynamisch und letztlich auf die Emergenz, auf das selbstregulierte Hervorbrechen neuer Entwicklungsebenen angelegt. Die Dynamik der Wissensvernetzung durchbricht immer wieder die Fortschreibung und erzeugt neue Ebenen dessen, wie die Dinge und Prozesse zusammenhängen; und dies bevor wir jeweils die alten Zusammenhänge recht verstanden haben. Auf der Mikroebene der Kooperation siegt deshalb die Innovation über die Reproduktion des Vorgegebenen, wird zum Motor emergenter Prozesse, welche die Prozesse des Wandels beschleunigen und aus der Gesamtdynamik der vernetzten Bezüge heraus immer wieder neue Formen und Ebenen der Veränderung hervorbringen.

In der dynamischen Vernetzung bestimmt das Teil-Sein, was wir sind, wo wir stehen und wie wir uns bewegen können. Gerade deshalb müssen wir, um uns und unsere Möglichkeiten verstehen zu können, das Ganze zu sehen versuchen. Wir müssen es versuchen, auch wenn wir genau wissen, das wir nur einen verzerrten Schatten des Ganzen erfassen können. Selbst ein solcher Schatten gibt uns die Möglichkeit der Perspektive, schafft eine Spannung zwischen dem Ganzen und dem Bereich, dessen Teil wir sind. Aus dieser Spannung heraus können wir einen Zipfel der Kraft der Veränderung erfassen und unsere Impulse in das Spiel der Kräfte einfließen lassen.

An der jeweiligen besonderen Ausprägung, in der sich diese Spannung in den einzelnen Wirtschaftbereichen manifestiert, muss das Change Management ansetzen. Sonst bleibt es beim Nachvollziehen von Moden oder, noch schlimmer, bei einem, von der Angst den Anschluss zu verlieren, genährten blinden Aktionismus.

Die Dynamik der Veränderung erzeugt Chaos

Die Praxis der Veränderung in Unternehmen vollzieht sich in einem immer dichter vernetzten Umfeld von Einflüssen verschiedener politischer Gruppierungen, der öffentlichen Meinung, der etablierten gesellschaftlichen Institutionen, der Wissenschaften, der Religionen, der staatlichen Stellen (von den internationalen Organisationen bis hin zu den lokalen Verwaltungen) und der bunten

Zivilgesellschaft. Die reale Vernetzung vollzieht sich kreuz und quer in allen diesen Bereichen und die Wirtschaft ist nur ein Teil Prozessvernetzungen, wenn auch der wirksamste Teil. Entscheidend ist, dass sich diese Vernetzungsprozesse nicht linear und schon gar nicht monokausal vollziehen. Es gibt keinen Steuermann. Die Vernetzung selbst erzeugt eine Dynamik, die sich nicht in lineare Bahnen pressen lässt, sie schafft unvorhersehbare Möglichkeiten, vielfältige Entwicklungslinien, die sich überkreuzen, bündeln, kumulieren, auflösen und wieder neu zusammenfügen, sie schaffen mit anderen Worten Chaos, genauer eine chaotische, dynamische, selbstregulative Ordnung.

Das Unternehmen kann sich aus dieser Bewegung nicht raushalten, im Gegenteil, um heute erfolgreich sein zu können, müssen die Unternehmen integraler Teil der vielfältigen Vernetzungsprozesse und ihrer unübersichtlichen Bewegungsformen sein. Die Unternehmen können sich nicht einfach auf ihre Wertschöpfungskette zurückziehen, diese gut ordnen und dann den Rest der Welt dem Chaos überlassen. Für eine kurze Zeit mag eine solche Strategie erfolgreich sein, doch dann hängt das Unternehmen plötzlich in einem windstillen Winkel, geht ein oder wird geschluckt. Dennoch ist die Abwehrhaltung verständlich. Die Unternehmensprozesse sollen möglichst klar, nachvollziehbar, steuerbar sein. Die allgemeine Vernetzung dagegen ist nicht-linear, unüberschaubar, chaotisch, verwirrend. Sie vollzieht sich in Verdichtungen, Bündelungen, plötzlichen Ausweitungen und in unvorhersehbaren Sprüngen. Sie ist, auf den Kern gebracht, in einem beängstigenden Ausmaß unkontrollierbar. Dynamisch und unaufhaltbar. Allerdings ist sie auch keine Schicksalsmacht, kein Fatum. Sie ist im Wesentlichen ein Kommunikationsnetz und lebt vom Austausch und von der wechselseitigen Beeinflussung.

Das Chaos ist eine Chance

Wie gesagt, das Chaos ist unberechenbar, dynamisch und selbstregulativ. Es ist unberechenbar, weil zu viele Faktoren eine Rolle spielen, von denen nur ein kleiner Teil bestimmbar ist. Es ist dynamisch, weil die Geschwindigkeit der Kommunikationsprozesse und der Transaktionen wächst, während sie sich zugleich vervielfachen. Es ist selbstregulativ, weil die Faktoren aufeinander einwirken und dann, ohne das es einen benennbaren Motor der Bewegung gäbe, gemeinsam Form und Richtung der Bewegung bestimmen. Das Chaos kann dann ‚plötzlich' zu einer neuen Ebene und einer neuen Richtung der allgemeinen Entwicklung führen. Dieses ‚Plötzlich' ist nicht durch die technische Geschwindigkeit bestimmt, sondern durch die Bewegung der Gesamtsystementwicklung, durch die Ausdifferenzierung der systemeigenen Interdependenzen und durch die Ausprägung der Außenkontakte der dominanten Systemknoten. Dann kommt es gemessen an den gängigen Bewegungsformen des Systems – und der Teile des Systems, z.B. die Innovationsraten im Telekommunikationsbereich – zu „plötzlichen" Veränderungen des Systemcharakters und der Ebene, auf der sich das System dominant entwickelt.

Die Tatsache erzeugt das allgemeine Gefühl, in einer Zeit schnellen Wandels zu leben. Dies macht Change Management als Antwort auf die Veränderungen im Systemcharakter notwendig, aber auch möglich.

Auf den Punkt gebracht könnte man sagen, dass man nur noch die ‚versteckte' Ordnung im Chaos in eine realistische Gestaltung der Unternehmensstrukturen und der Unternehmensprozesse umzusetzen bräuchte, um ein sinnvolles Change Management zu haben. Im Prinzip ja, doch gerade weil es sich nicht um lineare, klar überschaubare Prozesse handelt, ist das Risiko danebenzugreifen zu groß. Deshalb muss der Zugang aufgegliedert und in möglichst parallelen Schritten vollzogen werden.

Erstens gilt es – auf dem Hintergrund weniger allgemeiner Tendenzen, auf die ich gleich noch zurückkomme – Hinweise auf beginnende Veränderungen aufzugreifen und auf die Relevanz für die eigenen Unternehmensziele zu befragen. Das klingt selbstverständlich, doch gilt es hier gerade auf das Ungewohnte, das Verblüffende, das, wo man spontan sagt ‚das darf doch nicht wahr sein' zu achten.

Mit den so festgehaltenen Splittern von Veränderungen gilt es zweitens experimentell, z.B. durch kleine Projekte, umzugehen. Hier lässt sich nicht nur die Relevanz der Veränderungen in Bereichen erproben, die analytisch gerade noch nicht in die Raster passen. Nur darf man nicht glauben, irgendjemand hätte schon alle Antworten. Besonders wichtige erscheint mir hier, dass in einem solchen praktisch gewendeten experimentellen Geist ein Rhythmusgefühl für die Veränderungen gewonnen werden kann. Mit einem solchen Rhythmusgefühl lässt sich spüren, wie tief eine Veränderung greift. So lassen sich Orientierungsmarken, unternehmensspezifische Richtungsmarker für das Change Management gewinnen.

Damit die Ergebnisse dieser ‚Experimente' im Sinne des Change Managements wirken können, gilt es drittens, die allgemeine Tendenz zur Flexibilisierung der Unternehmensprozesse gezielt zu verstärken. Dies bedeutet nicht einfach eine Beschleunigung, sondern die Beachtung der den Prozessen eigenen Rhythmen.

Die Beachtung der Rhythmen führt viertens zu der Berücksichtigung des Zeitfaktors im Aufbau des Change Managements. Die Gestaltung der Veränderungsprozesse erfordert eine Vermittlung, die es den Mitarbeitern erlaubt, in die Umgestaltung einzuschwingen, die Bewegungen mitzuvollziehen. Hier kann ein Gruppencoaching, das die Ergebnisse der ‚experimentellen' Projekte einbezieht, die richtige Methode sein. Die angemessene Durchführung von Veränderungsprozessen braucht häufig so etwas wie ein ruhiges Einatmen, damit die eigentlichen Veränderungen dann schnell, wie in einem Fluss geschehen können.

Wenige allgemeine Tendenzen bestimmen die Richtung der Veränderung

Auf dem Hintergrund des dynamischen Zusammenhangs von Technisierung, Globalisierung und Vernetzung ist die erste umfassende Tendenz die ökonomische Gewichtsverlagerung vom Produktionsbereich zum Finanzbereich. Diese Verlagerung schafft ein globales Ungleichgewicht zwischen den hochentwickelten Ländern mit einem ausgebauten Finanzmarkt und allen anderen Regionen der Welt, die sich aber dennoch der Globalisierung – wie die Krise in Südostasien deutlich gezeigt hat – nicht entziehen können. In den hochentwickelten Ländern schafft der Zug, der in diesem Ungleichgewicht steckt, die Versuchung, statt mit Angeboten an Kunden mit Finanzmanipulationen Geld zu verdienen. Aber auch für diejenigen, die in den hochentwickelten Ländern ihr Brot ehrlich verdienen, sind die Standortvorteile kaum zu überschätzen.

Die globale vernetzte Wissensgesellschaft funktioniert kooperativ. So führen die damit sich ausbreitenden Formen des wirtschaftlichen und gesellschaftlichen Handels zu einer Tendenz in Richtung Demokratisierung. Diese zweite Tendenz führt keineswegs zur Einführung von politischen Strukturen im Sinne der klassischen westlichen Demokratien – die ja auch hier nie ideal verwirklicht wurden. Wohl aber üben bestimmte kooperative Formen wirtschaftlich/gesellschaftlichen Handels einen Druck auf undemokratische Herrschaftsverhältnisse aus, wenn die übergreifend geforderten Handlungsformen zu sehr behindert werden. Diese Tendenz wird, wenn auch auf sehr verzerrte Weise, durch die Globalisierung der Medienpräsenz noch weiter verstärkt. Entscheidend jedoch ist das reale Handeln und der Wunsch, an der übergreifenden Entwicklung zu partizipieren. Die hier entstehenden Konfliktlinien werden die nächsten Jahrzehnte stark prägen.

Die Bevölkerungsstatistik sagt, dass bis 2030 ungefähr die Hälfte der erwachsenen Bevölkerung in Deutschland über 65 Jahre alt sein wird. Die Deutschen werden immer älter und gleichzeitig bekommen die deutschen Frauen immer weniger Babys. Die Tendenz ist in allen hochentwickelten Ländern gleich. So wird die Bevölkerung in Deutschland, wenn nicht andere Tendenzen, z.B. eine massive Ausweitung der Zuwanderung, diese Tendenz ausgleichen, weit unter 80 Millionen sinken. Die Alterspyramide, die Bevölkerungszahl und die Bevölkerungszusammensetzung haben nicht nur enorme kulturelle Auswirkungen, sie werden auch zu anderen Formen der Arbeitsgestaltung und der Pensionierung führen. Nicht nur die Globalisierung, auch die Bevölkerungsentwicklung üben mittelfristig einen enormen Druck auf das etablierte Wirtschafts- und Sozialsystem aus. Die Gliederung der Lebensarbeitszeit und der Charakter der Arbeitsplätze werden durch diese Tendenz wesentlich in die Richtung einer weiteren Diversifizierung und Flexibilisierung vorangetrieben. Die Wirtschaft, aber auch andere Bereiche der Gesellschaft werden immer weniger auf die aktive Mitarbeit der älteren Generation verzichten können, werden sie aber auch nicht in das bisherige System der Stellen integrieren können. Dieses System der langfristigen Arbeitsplätze mit geregelter Arbeitszeit und fester Bezahlung erweist sich sowieso gegenüber der Komplexität und Dynamik der Wirtschaftszusammenhänge zunehmend als unangemessen und teilweise sogar als kontraproduktiv. Demgegenüber stehen zunehmend leistungsfähige ältere Generationen, die sehr wohl ihren Beitrag leisten könnten, wenn die Angebote der Beteiligung ihren Bedürfnissen entsprechend gestaltet würden. Interessante Aufgaben mit flexiblen Partizipationsmöglichkeiten ja, Eingezwängt sein in das Korsett eines konventionellen Arbeitsplatzes nein. Dies ist die Haltung, die von vielen, sich ihrer Kompetenz bewussten Vertretern der älteren Generation eingenommen wird - und zunehmend auch von vielen Jüngeren.

Die entscheidenden, Mehrwert schaffenden Arbeiten in der globalen vernetzten Wissensgesellschaft und der Erfolg in den von ihnen geprägten Bereichen sind nicht geschlechtsspezifisch. Sie sind abhängig vom Bildungsstand und vom Grundwissen und mehr noch vom flexiblen Erwerb neuen Wissens; sie sind abhängig von dem richtigen Mix von Kompetenzen und dem Geschick, diese Kompetenzen sichtbar werden zu lassen und sie gezielt einzusetzen; sie sind abhängig von Einsatzbereitschaft und Mobilität, von der Kontakt- und Kommunikationsfähigkeit und der richtigen Pflege der Beziehungen. Die allgemeinen Charakterisierungen der Geschlechter im Sinn von ‚typisch männlich' und ‚typisch weiblich' sind natürlich immer Karikaturen. Dennoch haben Bilder und Selbstbilder wie das vom starken, kampfbereiten, sturen, durchsetzungsfähigen Mann und von der weichen, fürsorglichen, beziehungs- und kommunikationsfähigen Frau die gesellschaftliche, wirtschaftliche und kulturelle Wirklichkeit stark geprägt und sie wirken immer noch weiter, wenn sie sich auch zunehmend relativieren. Doch im Bereich der relevanten Arbeit sind sie weitgehend obsolet geworden.

Die vier hier aufgezeigten allgemeinen Tendenzen, die sich in allen hochentwickelten Ländern ziemlich gleichförmig durchsetzen, wirken wechselseitig aufeinander ein und verstärken sich gegenseitig. Gemeinsam wirken sie in die Richtung einer weiteren, die vernetzte Wissensgesellschaft prägende umfassende Interdependenz und Diversifizierung, einer zusätzlichen Komplexitätserhöhung und Dynamisierung. Eine undemokratische Gesellschaft gerät unweigerlich in Konflikt mit der zunehmenden Vernetzung und eine Gesellschaft, welche die Frauen unterdrückt, behindert sich selbst und wirkt nicht nur den westlichen Normen der Gleichberechtigung entgegen. Alle vier allgemeinen Tendenzen sind Teil umfassender Systemveränderungen und lassen sich nur in sehr geringem Maße von wirtschaftlichen und staatlichen Instanzen beeinflussen. Allerdings muss das Change Management, in der Richtung der ihnen gemeinsam zugrunde liegenden Dynamik handeln, wenn es erfolgreich sein will.

Die Mitgestaltung der Veränderung erfordert eine Vision

Das Fressen kommt vor der Moral. Dieser zynische Spruch hat in einem übertragenen Sinn eine große Aktualität erhalten. Wir leben auf einem Planeten, auf dem die am weitesten entwickelte Spezies die Möglichkeit hat, den ganzen Planeten für alle höherentwickelten Lebenswesen unbewohnbar zu machen. So kommt das Überleben der gesamten Spezies vor den Wünschen und Wertvorstellungen einzelner Gruppen.

Doch es geht nicht nur um das pure Überleben, es geht darum, den zukünftigen Generationen einen lebenswerten, gesunden, die Befriedigung der Grundbedürfnisse ermöglichenden Lebensraum zu erhalten. Die Nachhaltigkeit ist zum grundlegenden Prinzip geworden. Dieses Grundprinzip der Nachhaltigkeit muss anderen Werten, z.B. dem Profit, vorangestellt werden.

Jedes Change Management braucht eine Vision, alle Beteiligten müssen wissen, warum die Veränderung durchgeführt werden soll, wie sie gestaltet werden soll und wohin die Veränderung letztlich führen soll. Diese Vision muss unter den vorgegebenen Schranken und Möglichkeiten der Nachhaltigkeit stehen und sie muss, um positiv wirken zu können, die in der letzten These genannten allgemeinen Tendenzen berücksichtigen. Die Nachhaltigkeit kann allerdings, um als wirksames Prinzip greifen zu können, nicht nur ökologisch begründet werden. Um eine positives Leben für zukünftige Generationen zu ermöglichen, müssen wirtschaftliche, soziale, ökologische und kulturelle Nachhaltigkeit ineinander greifen.

Nehmen wir als Beispiel die Vision, ein erfolgreiches, innovatives, global wirkendes Unternehmen mit einer lebendigen Unternehmenskultur auf- oder auszubauen. Eine solche Vision lebt nur durch die aktive Teilhabe zumindest des inneren Stamms der Mitarbeiter und Partner. Deshalb ist es entscheidend, dass die Vision so kommuniziert wird, dass sie die inneren Bilder der Mitarbeiter anspricht, dass sie in den äußeren, strukturell-organisatorischen Maßnahmen sichtbar wird und dass Werte angesprochen werden, für die es sich lohnt sich einzusetzen. Wenn es sich nur um eine Rationalisierungsmaßnahme handelt, sollte man nicht von Vision sprechen, denn gerade die Mitarbeiter, die bereit und in der Lage sind, Veränderungen mit zu vollziehen und mit zu tragen, spüren in der Regel, wenn das Wort Vision nur als ein Vorwand benutzt wird, um anderes zu kaschieren. Die Vision zeigt, welche Werte hinter dem Change Management stehen.

Die Vision trägt die Unternehmenskultur und mit ihr die Bereitschaft für ein inneres Engagement in die Zukunft.

Ein funktionierendes Change Management erfordert Vertrauen

Jedes Change Management stellt ein großes Risiko dar. Es kann vielleicht klappen, aber es klappt auf jeden Fall anders als ursprünglich geplant. Dafür sorgt schon das Chaos des Umfeldes, in dessen Rahmen es gestaltet wird. Die Vorstellung, man könne alle Faktoren so weit kontrollieren, dass sich erzwingen ließe, dass das Change Management genau nach Plan realisiert wird, ist eine Illusion.

Jedes Change Management braucht eine tragfähige Vertrauensbasis, um sinnvoll funktionieren zu können. Diese Vertrauensbasis muss überindividuell sein, muss mehr als einen Kreis von Vertrauten darstellen. Funktionierendes Change Management braucht eine Vertrauenskultur. Vertrauen lässt sich allerdings nicht erzwingen, nicht einmal funktional erzeugen. Vertrauen ist immer ein Geschenk. In ihm klingen die Geschenke an, die ursprünglich dem Aufbau von sozialen Beziehungen dienten. Vertrauen ist ein Geschenk an die Möglichkeit von Verständigung und Kooperation. Das Geschenk verweist über den Einzelnen auf das gemeinsame Element von Kultur, das beide verbindet. Das Vertrauen richtet sich an den Einzelnen – ich vertraue Dir – wendet sich dabei aber zugleich an die Person in einem kulturellen Zusammenhang – ich vertraue Dir und auch Dir als Mitglieder des Unternehmens.

In institutionellen Verhältnissen funktioniert Vertrauen nur auf der Grundlage einer überindividuellen Vertrauenskultur und ist zugleich, durch sein individuelles Gerichtet-Sein, das wichtigste Gegenmittel gegen institutionelle Verkrustungen. Vertrauen hält Institutionen lebendig. Vertrauen kann man, wie gesagt, nicht erzwingen, aber man kann es schaffen. Da das Bedürfnis nach Vertrauen besteht, brauche ich nur die notwendigen Bedingungen zu schaffen, damit sich Vertrauen aufbauen kann. Zu diesen Bedingungen gehört als erstes die Bezugnahme auf den gemeinsamen Kern. Auf dieser Basis kann eine klare, offene Kommunikation den Bezug auf die kollektive Verantwortung, z.B. auf das Prinzip der Nachhaltigkeit, und damit zugleich die Verknüpfung zwischen der individuellen und der kollektiven Ebene stärken.

Change Management ist notwendig von Konflikten begleitet. Daher ist entscheidend, dass diejenigen, die das Change Management vorantreiben, hinter den Werten stehen, für die das Change Management letztlich gemacht wird. So kann das Change Management letztlich eine Chance darstellen, die Vertrauenskultur zu stärken und damit in ein lebendiges, befriedigendes Arbeitsfeld zu investieren. Dann kann das Change Management perspektivisch die Werte fördern, für die es sich zu arbeiten lohnt.

Change Management –
Technikinduzierte Umbrüche in der Arbeit produktiv nutzen

Barbara Kozok

Einleitung

Der Begriff Veränderungs- oder Change Management umfasst ein facettenreiches Spektrum an Deutungen und Bedeutungen. Mit ihm werden ebenso Aktivitäten erfasst, die auf die Entwicklung von sogenannten „weichen Faktoren" der Menschenführung im Unternehmen abzielen als auch so komplexe Managementaufgaben, die die Etablierung einer „Lernenden Organisation" zum Ziel haben. Auch innerhalb des Software Engineerings und des IT-Managements hat sich der Begriff etabliert: Hier geht es um das Management von kontinuierlichen Anpassungen und Erweiterungen von Software bzw. IT-Dienstleistungen.

Im Folgenden wird Change Management aus Sicht einer strategischen Unternehmensberatung betrachtet. Dabei fungiert Change Management als beratende Begleitung von Organisationsveränderungen, die durch die Einführung neuer Technologien ihren Anstoß finden.

Change Management im Rahmen der Einführung neuer Technologien

Betriebliche Praxis und ihre Auswirkungen

Schärferer Wettbewerb, knappe Ressourcen, schnelllebige Märkte, ein jeweils komplexes Organisationsumfeld und die Notwendigkeit, dynamisch auf die Veränderungen zu reagieren, so können die Betriebs- und Umweltbedingungen gekennzeichnet werden, in denen das Management heute tätig wird. Mit Hilfe eines strategisch geplanten Einsatzes neuer IuK-Technologien sollen diese Herausforderungen gemeistert werden. Übersehen wird jedoch vielfach, dass ohne die intensive und systematische Einbindung der Mitarbeiter/innen in den Technikeinführungsprozess das technologische Potenzial in der Praxis gar nicht ausgenutzt wird. Oftmals werden neue Technologien einfach in bestehende Organisationsstrukturen und Arbeitsabläufe „eingepflanzt", ohne begleitende

Maßnahmen der Qualifizierung, der Prozessreorganisation oder gar einer partizipativen Technikgestaltung durch die betroffenen Mitarbeiter/innen. Resultat ist, dass die neue Technik nicht genutzt wird. Der zuvor anvisierte Nutzen der Technologie wird durch die Beschäftigten nicht ausgeschöpft. Die Erfahrungen aus der betrieblichen Praxis zeigen, dass nur die Hälfte der Technikeinführungs- und Veränderungsprojekte, die von seiten des Managements als zielführend und erfolgversprechend eingestuft wurden, entsprechend erfolgreich abgeschlossen werden konnten.

Mit dem Einsatz neuer Technologien werden neue Anforderungen an die Arbeit und an die Qualifikationen der Mitarbeiter/innen gestellt. Ungenaue und unvollständige Vorstellungen über die Ausgestaltung des zukünftigen Arbeitsplatzes und Ängste vor dem Verlust gewohnter Arbeitsaufgaben führen zu offenem und verstecktem Widerstand. Neue Arbeits- und Entwicklungs- möglichkeiten für den/die einzelne Mitarbeiter/in, die sich durch die strukturellen Veränderungen und den Einsatz neuer Technologien ergeben, werden nicht erkannt. Das zuvor entworfene unternehmerische Zielszenario kann vor diesem Hintergrund nur unzureichend umgesetzt werden. Aus Sicht der Unternehmer muss konstatiert werden, dass die an die Investitionen geknüpften hohen Erwartungen der Effizienz- und Effektivitätssteigerung in der Praxis nicht erfüllt werden konnten. Erst im Nachhinein wird die fehlende oder mangelnde Einbindung der Mitarbeiter/innen und der Mitbestimmungsgremien in den Prozess der Technikeinführung maßgeblich für den geringen Erfolg in der Umsetzung der technologischen Neuerung in die betriebliche Praxis verantwortlich gemacht.

Technikgestaltung und Partizipation am Beispiel der Einführung eines CRM-Systems

Hier wird ein partizipativer Change Management-Ansatz vorgestellt, dessen Methoden auf die intensive Einbindung der Beschäftigten in den Prozess der Technikeinführung abzielen. Der Ansatz wurde bei der beratenden Begleitung der Einführung eines Customer Relationship Management (CRM)-Systems in der Gaswirtschaft erprobt.

Ziel des CRM-Projektes war es, in einer ersten Phase eine „Pilotanwendung" des CRM-Systems im Marketingbereich voranzutreiben. Es sollte zukünftig zur Planung und Umsetzung zielgruppenorientierter Marketingkampagnen genutzt werden. Anvisiert ist der weitere Ausbau des Systems, um es auch für den Vertriebsbereich nutzbar zu machen. Sukzessive wird dabei die Ablösung eines für die eigenen Zwecke entwickelten Kundeninformationssystems vorangetrieben. Längerfristig wird zudem die Abwicklung aller kundenorientierten Leistungen über das CRM-System angestrebt. Bereits während der Projektplanung wurde das Management des Unternehmens auf die Akzeptanzproblematik bei Technikeinführungsprojekten aufmerksam gemacht. Entschieden wurde daraufhin, die Einführung des CRM-Systems durch Maßnahmen des Change Managements begleiten zu lassen.

Vorbehalte gegen die Informationstechnik

Auf Seiten der Mitarbeiter/innen wurden Vorbehalte gegenüber dem neuen System artikuliert: Zum einen hatten Benutzer des hauseigenen Kundeninformationssystems erst kürzlich eine Schulung auf das neue Release erhalten. Die Aussicht, sich alsbald mit einem völlig neuen System auseinanderzusetzen, motivierte die künftigen Benutzer nicht. Zudem wurden Vorbehalte gegenüber dem Leistungsspektrum des neuen Systems formuliert. Der Betriebsrat machte auf datenschutzrechtliche Probleme aufmerksam und die mit dem Einsatz verknüpften Fragen der Kontrolle und Leistungserfassung der Systembenutzer.

Aber auch von Seiten der Führungskräfte wurde Skepsis geäußert. Kann das neue System wirklich den gesamten Funktionsraum des alten Systems abdecken? Und wird das neue System, das ja auf Wunsch von Mitarbeitern hin konzipiert, aufgebaut und erweitert wurde, anschließend von den Benutzern akzeptiert? Können die Erwartungen an das System, die durch die Produktpräsentationen erweckt wurden, realisiert werden? Bedenken wurden auch dahingehend geäußert, das gesamte Projekt nur als Technikprojekt zu betrachten und dabei Fragen der Arbeits- und Prozessgestaltung sowie der aufgabenangemessenen Schulung aus den Augen zu verlieren.

Von Bedenken zu Gestaltungsmaßnahmen

Diese Bedenken und Vorbehalte konnten im Rahmen von Interviews durch das Change Management erhoben und bearbeitet werden. Das Angebot wurde von den Mitarbeiter/innen rege genutzt, um sich über das Projekt, seine Ziele und vorliegende Ergebnisse zu informieren, und um die persönlichen Bedenken zu äußern. Darüber hinaus wurde eine Reihe von Anregungen hinsichtlich der Technik- und Organisationsgestaltung sowie hinsichtlich des individuellen Qualifizierungsbedarfes im methodischen, fachlichen oder technischen Bereich formuliert. Die Hinweise zur Systemgestaltung wurden sofort an die Kollegen des Customizings weitergeleitet. Die Systemausprägung erfolgte daraufhin entlang der Benutzerwünsche im Rahmen der systemspezifischen Einstellungsmöglichkeiten.

So sorgte die frühzeitige und intensive Einbindung der Mitarbeiter/innen für ein positives Feedback zum Technikeinführungsprojekt. Mehr noch - die Mitarbeiter/innen signalisierten ihre Bereitschaft, sich auch weiterhin und in der zweiten Projektphase stärker als bisher für die Projektarbeiten zu engagieren. Durch die Begleitung des Projektes mit Maßnahmen des Change Managements konnte nicht nur für Akzeptanz, sondern für ein breites Engagement der Mitarbeiter/innen gesorgt werden.

Verzahnung von Technik und Prozessen

Der Pilotbetrieb im Marketingbereich wurde anhand einer vorab definierten Kampagne durchgeführt. Die in das CRM-System übertragenen Daten sollten mit denen des parallel laufenden Altsystems schließlich abgeglichen werden. Das

Aufsetzen der Pilotkampagne machte eine Aktualisierung der abteilungsübergreifenden Arbeitsabläufe notwendig. Wurde vormals durch Vertriebsmitarbeiter auf Merkmalsbeschreibungen des Marketings hin die Kundenselektion durchgeführt, sollte diese Aufgabe zukünftig durch die Mitarbeiter des Marketings vorgenommen werden. Und - die Selektion der Potenzialkunden sollte nunmehr mit dem neuen CRM-System durchgeführt werden.

Diese Zielsetzung machte eine Aktualisierung der Beschreibung des Kampagnenprozesses erforderlich. Die Arbeiten konnten zügig vorangetrieben werden und bilden die Basis für die darauf aufbauenden und die daran anschließenden Prozesse im Unternehmen. Sie boten dem Unternehmen zudem eine gute Grundlage zur Qualitätssicherung, die im Rahmen der ISO-Norm 9001: 2002 eine Fokussierung auf die unternehmerischen Prozesse erfuhr. Die Maßnahmen des Change Managements sorgten insofern für eine enge Verzahnung der parallel laufenden Prozesse der Anpassung der Technik an die aufgabenspezifischen Erfordernisse wie auch der Optimierung der Arbeitsabläufe unter Nutzung der neuen Technologie.

Methoden und Instrumente

Change Management heißt im Kern: „Vermittlung von Interessengegensätzen innerhalb des Spannungsverhältnisses zwischen Mensch - Technik - und Organisation". Es geht darum, die durch die Einführung neuer Technologien induzierten Umbrüche in der Arbeit für die Organisationsentwicklung nutzbar zu machen. Insofern kann das gegebene Spannungsverhältnis partiell überwunden werden. Folgende Maßnahmen werden als essentielle Maßnahmen zur Zielerreichung betrachtet:

- Kommunikation der Unternehmens- und Projektziele,

- Vermittlung des Potenzials der neuen Technologie,

- Erhebung und Umsetzung von Gestaltungsanforderungen.

Kommunikation der Unternehmens- und Projektziele

Mit einem Technikeinsatz werden immer spezifische Unternehmensziele verfolgt. So etwa die langfristig angelegte Zielsetzung, ein Kundenbeziehungsmanagement aufzubauen, das den abteilungsübergreifenden Zugriff auf Kundendaten über eine integrierte Systemlandschaft voraussetzt. Wichtig ist, dass die jeweils verfolgten Ziele im Unternehmen transparent gemacht werden; die Zielsetzung und der Zweck der Technikeinführung muss deutlich herausgestellt werden. Mehr noch: Da ein Technikeinführungsprojekt eine Vielzahl organisatorischer und personalplanerischer Fragen berührt, sollten auch diese Auswirkungen mit genannt werden. Die Zukunftsszenarien sollten so vollständig und so früh wie möglich kommuniziert werden. Auf diese Weise kann Gerüchten und Spekulationen vorgebeugt werden, die die Produktivität in den Abteilungen binden.

Die Vermittlung der anvisierten Ziele kann durch das Change Management vorgenommen werden. Dies setzt eine enge Kooperation mit den Führungskräften der Organisation voraus. So eignen sich moderierte Sitzungen auf Abteilungsebene, um über die Zielsetzung des Technikprojektes zu informieren, eine Diskussion über die Konsequenzen innerhalb der Abteilung anzuregen sowie für eine Mitarbeiterbeteiligung in den Projektarbeiten zu werben. Parallel dazu werden Interviews mit den Führungskräften und den Mitarbeitern durchgeführt. Sie erlauben innerhalb eines vertrauten Rahmens, die persönlichen Entwicklungsmöglichkeiten und -perspektiven in den Blick zu nehmen.

Vermittlung des Potenzials der neuen Technologie

In einem weiteren Arbeitspaket sollte die Technik bzw. die Systemlandschaft in ihrem Potenzial den verschiedenen unternehmerischen Zielgruppen vorgestellt werden: den Führungskräften, den Mitarbeiter/innen sowie den Mitbestimmungsgremien. Der Funktionsumfang der Technologie sollte auf einem zielgruppenspezifischen Niveau herausgearbeitet und dargestellt werden. Auf diese Weise erhalten die genannten Zielgruppen einen Einblick in das Leistungsspektrum und die Architektur der Systemlandschaft. Sie erhalten einen Einblick in die Möglichkeiten, die Anpassungsfähigkeit und die Grenzen der neuen Applikation.

Die Zielgruppen bekommen durch derartige Systemeinweisungen darüber hinaus einen Einblick in die Arbeit eines ihnen bis dato völlig fremden Arbeitsbereiches: die Systembetreuung und Programmierung. So entwickeln sie zumindest eine erste Ahnung von zuvor unbekannten Arbeitsleistungen und darin verborgenen Problemstellungen. Mit Hilfe einer Systemeinweisung erarbeiten sich die Zielgruppen ein Verständnis über notwendige Bedingungen für das Funktionieren einer komplexen IT-Systemlandschaft. Sie erarbeiten sich ein Verständnis dafür, dass ein Teil ihrer Wünsche an Realisationsgrenzen stößt. Und sie erhalten eine Vorstellung davon, welche Erweiterungen und/oder Änderungen systemseitig durchaus realisierbar sind.

Erhebung und Umsetzung von Gestaltungsanforderungen

Vor dem Hintergrund der jeweiligen individuellen Arbeitserfahrungen und der Information über die Systemmöglichkeiten kann in einem letzten Schritt eine zielgruppenspezifische Anforderungsanalyse durchgeführt werden. Auf der Basis der vorhandenen technischen und fachlichen Erfahrung werden Anforderungen an das System aus der jeweiligen Benutzersicht ermittelt und dem Team des Customizing zugänglich gemacht.

So entsteht anhand der Einblicke in und einer Anforderungsanalyse an das jeweilige System ein genaueres Bild über die zukünftige Arbeit. Dieser Zugang, mit dem das System als auch die individuellen Arbeitserfahrungen der Beschäftigten miteinander in Beziehung gesetzt werden, erlaubt den Mitarbeiter/innen, auch ihre Qualifizierungsbedarfe genauer zu benennen. Die Erfahrung zeigt, dass in methodischer, fachlicher und technischer Hinsicht äußerst detaillierte Vorschläge für Qualifizierungs- und Schulungsmaßnahmen wie deren methodischer Gestaltung unterbreitet werden.

Instrumente des Change Managements im Rahmen des CRM-Projektes

Die beschriebenen Maßnahmen wurden mit Hilfe spezifisch auf ihren Einsatzkontext hin konzipierte Instrumente durchgeführt. So wurden die regelmäßigen Projektsitzungen auf der Basis von Sitzungsreviewbögen beobachtet, um so früh wie möglich Steuerungsmaßnahmen zur Sicherstellung der Zielerreichung einzuleiten. Interviewleitfäden, die den Gesprächen mit den Mitarbeiter/innen und Führungskräften dienten, wurden vor dem Hintergrund der spezifischen Situation der Liberalisierung des Gasmarktes erarbeitet. Präsentationsunterlagen zum Projekt und seinem Team begleiteten die unterschiedlichen Informationsveranstaltungen auf der Ebene der Mitbestimmungsgremien sowie auf Abteilungsebene gegenüber den Mitarbeiter/innen.

Die Teilnahme an den Teilprojektleitungs-Sitzungen und die Dokumentation kritischer Punkte erfolgten mit Hilfe eines Feedbackmonitors. Diese fortlaufende Dokumentation des Projektfortschrittes und der korrigierenden Eingriffe erlaubte eine Rekonstruktion der unterschiedlichen Projektphasen. In regelmäßigen Abständen wurden auf der Basis von Checklisten eine Einschätzung der Qualität der Projektarbeiten, der Informationsverbreitung sowie ein Stimmungsbild zur Motivationslage sowohl bei den Führungskräften als auch bei den Mitarbeiter/innen abgefragt und mit Hilfe eines Stimmungsbarometers dargestellt. Dieser Barometer bot auf einem aggregierten Niveau einen guten Einblick in die Motivationslage der Beschäftigten. Vom Team Change Management wurden schließlich zwei Informationsmessen zum Projekt und seinen Inhalten organisiert. Die Informationsmessen boten allen Mitarbeiter/innen die Gelegenheit, sich individuell und unter vier Augen über das Projekt, die Technik und die bereits erzielten Ergebnisse zu informieren. So konnte durch den regelmäßigen und engen Kontakt zur Ebene der Mitarbeiter/innen und Führungskräfte nicht nur einfach für das Projekt geworben werden, es wurde vielmehr eine breite Basis der Beteiligung und des Engagements für die Projektarbeiten und damit für die Projektziele in dem Unternehmen geschaffen.

Literatur

Janes, A.; Prammer, K.; Schulte-Derne, M.
- 2001:   Transformations-Management. Organisationen von Innen verändern Wien, New York: Springer

Katzenbach, J.R. und das McKinsey RCL-Team
- 1999: Die Leistungsträger. Pioniere des Wandels als Garanten der Wettbewerbsfähigkeit Wirtschaftsverlag Ueberreuter, Wien

Kunz-Koch, C. M.
- 1999:   Geniale Projekte - Schritt für Schritt entwickeln. Ein Leitfaden zur persönlichen Strategieentwicklung in Projekten für Wirtschaft, Berufsschulen, Gymnasien, Universitäten und zum Selbststudium Orell füssli Verlag AG

Mayrshofer, D. und H.A. Kröger
- 1999: Prozeßkompetenz in der Projektarbeit. Ein Handbuch für Projektleiter, Prozeßbegleiter und Berater. Mit vielen Praxisbeispielen Moderation in der Praxis, Band 4, Windmühle GmbH Verlag und Vertrieb von Medien

Schlese, M, Ch. Kimmerle, B. Kozok
- 2000: Beteiligungsorientierte Reorganisation - BERG Abschlussbericht. (http://www.dgb-technologieberatung.de/html/downloads/bergbericht.pdf)

Schreyögg, G.
- 1998:   Organisation. Grundlagen moderner Organisationsgestaltung. Mit Fallstudien; 2., überarbeitete Auflage, Gabler Verlag, Wiesbaden

Versteegen, G., K. Salomon, R. Heinold
- 2001:   Change Management bei Software Projekten. Springer Verlag

IT-Projektmanagement in der Praxis

Frank Spirgatis

Einführung

Über das Projektmanagement existiert eine Fülle von mehr oder weniger praxistauglicher Literatur. Mit ihrer Hilfe kann ein hervorragendes theoretisches Fundament für die effiziente Abwicklung von Projekten gelegt werden.

Im Folgenden wird ein kurzer Leitfaden vorgestellt, in dem eine Reihe praktischer Erkenntnisse zusammengefasst werden. Dieser ist als kleine Hilfestellung für die erfolgreiche Durchführung von Projekten im IT-Umfeld konzipiert. Berufseinsteiger können sich einerseits hiermit auf die zu erwartenden Hürden vorbereiten, erfahrene Projektleiter finden vielleicht noch den einen oder anderen ergänzenden Hinweis, etwa zum Multiprojektmanagement.

Auf die theoretische Untermauerung wurde im Einzelfall ebenso bewusst verzichtet wie auf eine wissenschaftliche Ausdrucksweise. Im Vordergrund steht vielmehr die Praxistauglichkeit im Projektalltag.

Bereits an dieser Stelle wird um Nachsicht gebeten, wenn aus sprachlichen Gründen nicht immer sowohl die weibliche als auch die männliche Form verwendet werden. Es sind selbstverständlich Projektleiterinnen ebenso angesprochen wie ihre männlichen Pendants.

Der Projektgegenstand

Nicht selten staunen bei Projektabschluss alle Beteiligten über das Ergebnis. Dies nicht etwa, weil es außergewöhnlich gut scheint, sondern weil es außergewöhnlich wenig mit dem zu tun hat, was man sich zu Projektbeginn einmal vorgestellt hat.

Diesen Effekt kann man weitgehend vermeiden, indem man vor dem eigentlichen Projektstart konkret definiert, welches Ergebnis erreicht werden soll. Die Gefahr ist groß, in der anfänglichen Euphorie über einen gewonnenen Auftrag sofort mit der Arbeit zu beginnen, ohne dass eigentlich klar ist, welches Problem in welcher Form gelöst werden soll. Jede Unschärfe an dieser Stelle führt später unweigerlich zu Mehraufwand in Form von Rückfragen und Nacharbeiten. Bei technisch geprägten Projekten ist deshalb ein Pflichtenheft unabdingbar.

Fehlt dieses Pflichtenheft oder ist es unzulänglich, muss unweigerlich jedes Defizit während des Projektverlaufs nachträglich erarbeitet werden. Dies führt zu Zeit- und Energieverlusten. Im Extremfall wird das Resultat vollständig verworfen und das gesamte Projekt erneut durchgeführt, sofern der Zeitrahmen dies überhaupt zulässt. Es ist unmittelbar einsichtig, dass kaum ein Budget diesen Extremfall sinnvoll vorsehen kann.

Das Pflichtenheft

Das Pflichtenheft dokumentiert präzise möglichst alle Produkt- und Systemeigenschaften, die im Rahmen eines Projektes erreicht werden sollen. Auch zu erbringende Dienstleistungen werden in diesem Zusammenhang benannt. Die Pflichtenhefterstellung steht ganz zu Anfang eines Projektablaufes. Im Regelfall ist es Bestandteil eines Kaufvertrages.

Ein gutes Pflichtenheft zeichnet sich dadurch aus, dass es möglichst keinen Interpretationsspielraum in seinen Formulierungen und Festlegungen zulässt. Gleichartige Sachverhalte sind mit gleichen Formulierungen zu belegen; unklare Begriffe zu definieren. Das führt zwar zu einem äußerst prosaischen Dokument, dessen Literatur meist ermüdend ist, hat aber andererseits den Vorteil hoher Verbindlichkeit.

Das Pflichtenheft bildet auch Details ab, also z.B. Menüstrukturen der zu erstellenden Software, Normenerfüllungen, Verhalten bei unvorhergesehenen Betriebszuständen u.a..

Besonders bei komplexen Vorhaben wird man in der Praxis häufig den Fall antreffen, dass man im Verlaufe eines Projektes erkennt, dass das Pflichtenheft eine Definitionslücke aufweist oder bestimmte dort geforderte Eigenschaften schon nicht mehr aktuell sind. Solche Erkenntnisse sind sofort zu dokumentieren, die jeweiligen Konsequenzen müssen herausgearbeitet werden.

Folgende Fälle sind zu unterscheiden:

- Eine ursprünglich geforderte Eigenschaft wird durch eine aktualisierte ersetzt. Ist die Aktualisierung aufwandsneutral, reicht die Dokumentation aus. Zeichnen sich ein erhöhter Ressourceneinsatz und/oder eine zeitliche Verzögerung ab, muss darüber hinaus in vielerlei Hinsicht reagiert werden. Zum einen muss dem Auftraggeber der erhöhte Aufwand in Rechnung gestellt werden, zum anderen sind die zusätzlichen Ressourcen so frühzeitig wie möglich einzuplanen. Auch der gegebenenfalls zeitlich veränderte Planungshorizont muss klar und einvernehmlich vereinbart werden. Insbesondere im Multiprojektmanagement sind Seiteneffekte zu berücksichtigen.

- Eine ursprünglich nicht geforderte Eigenschaft kommt neu hinzu. Dann ist in jedem Fall ein erhöhter Aufwand zu berücksichtigen. Bei der Anpassung der Ressourcen ist eine Überprüfung empfehlenswert, ob der neu aufgenommene Punkt tatsächlich unmittelbar im bereits begonnenen Projekt umgesetzt werden muss oder auf eine spätere Phase „ausgelagert" werden kann. Dies hat den Vorteil, dass der bestehende Projektplan nicht verändert werden muss; die Implementierung der zusätzlichen Eigenschaft ist dann für sich ein (später zu realisierendes) Miniprojekt. Ist dies nicht möglich, muss der Projektplan neu erstellt werden. Er wird in der Regel mehr und/oder veränderte Ressourcen vorsehen sowie einen längeren Realisierungszeitraum.

- Eine Eigenschaft entfällt. Auch dies muss dokumentiert werden. Die weiteren Maßnahmen sind dann trivial; die freiwerdenden Ressourcen können in anderen Projekten eingesetzt werden oder das laufende Projekt gestrafft. Damit ist unter Umständen auch ein früherer Realisierungszeitpunkt möglich.

Ganz allgemein kann man in der Praxis davon ausgehen, dass das Pflichtenheft einer gewissen Dynamik unterliegt. Dies unterstreicht aber umso mehr seine Bedeutung. Keinesfalls sollte sich die Projektleitung deshalb dazu verleiten lassen, das Pflichtenheft auf seinem ursprünglichen „historischen" Stand zu belassen. Vielmehr sind alle Änderungen in dem Pflichtenheft zu dokumentieren; jeder Zwischenstand erhält eine eigene Revisionsnummer mit dazugehörigem Datum und einer kurzen Angabe über die Art der Änderung zur Vorversion.

Der Projektstart

Oft kann man beobachten, dass ein Untersuchungsgegenstand so lange „wuchern" darf, bis er quasi von selbst ein Projekt wird. Vielfach sind Entscheider sich nicht darüber bewusst, dass jedes nennenswerte Vorhaben im eigentlichen Sinne ein Projekt ist. Deshalb ist es empfehlenswert, Vorüberlegungen gleich welcher Art möglichst bald in eine Zieldefinition – idealerweise ein fertiges Pflichtenheft – münden zu lassen und eine klare Entscheidung zu treffen, ob das Projekt gestartet werden soll oder nicht. Falls nicht, sollten auch keine Ressourcen mehr darauf verschwendet werden. Falls doch, ist ein Starttermin zu setzen und alle sonstigen Aktivitäten sind einzuleiten.

Im Zweifel gibt selbstverständlich die Unternehmensführung das Signal für einen definierten Projektstart. Bestehen hierüber Zweifel, sollte sie zumindest Voruntersuchungen in festgelegtem Umfang genehmigen. Ist dies nicht der Fall, sind keine weiteren Aktivitäten bezogen auf den Untersuchungsgegenstand zu rechtfertigen.

Das Projektende

Bei Projektbeginn ist ein Ziel gesetzt worden. Auch wenn sich dieses während der Projektabwicklung geändert haben mag, so sollte es doch zu jedem Zeitpunkt klar sein. Sobald dieses Ziel erreicht ist, muss das Projekt beendet werden. Wichtig ist, dass dies allen Projektbeteiligten von Anfang an kommuniziert wurde. Anderenfalls besteht die Gefahr, dass eine Reihe von „Nacharbeiten" erforderlich sind – oder dafür gehalten werden -, die nicht mehr gesteuert werden können. Außerdem werden Humanressourcen nicht wieder frei, wenn sie nach dem eigentlich projektierten Ende dennoch an dem Projekt weiterarbeiten – dies, obwohl dem Einsatz kein zusätzlicher Ertrag entgegensteht.

Bei technischen Projekten ist es deshalb wichtig, dass als Projektziel keineswegs lediglich die Lieferung eines Produktes gesetzt wird, sondern es ist von vorneherein mindestens eine Praxisphase einplanen. Das Ziel könnte dann zum Beispiel lauten: Abnahme des Produktes durch den Kunden nach dreimonatigem Feldtest. Auch dieser Zeitraum muss mit dem Kunden bereits zu Beginn des Projektes klar vereinbart worden sein.

Sollten über das definierte Projektziel hinaus Aufwände anfallen, so wird konsequenterweise ein Folgeprojekt eingeplant. Auch hierfür sind dann erneut Ressourcen einzuplanen, Ziele zu definieren etc.

Die Projektkalkulation

Jedes Projekt muss – soweit die Geschäftsleitung nicht aus strategischen Erwägungen etwas anderes entscheidet – einen positiven Deckungsbeitrag für das Unternehmen erwirtschaften. Um dies sicherzustellen, ist eine Reihe von Einzelrechnungen erforderlich, die in einer Projektkalkulation zusammengefasst werden. Unabdingbare Informationen sind z.B. Entwicklungsaufwendungen, erforderliche Investitionen, zu erwartende Stückzahlen, Preise etc.

Im Ergebnis wird ein Nettobarwert für das abgeschlossene Projekt ermittelt und so eine gesicherte Entscheidungsgrundlage für die betriebswirtschaftliche Sinnhaftigkeit der Projektrealisierung erarbeitet. Die vor Projektbeginn erarbeitete Kalkulation sollte als Ursprungsversion archiviert werden.

Bei der Kalkulation wird die zu erwartende Dynamik des Projektgeschehens von vorneherein berücksichtigt. Vor allem bei großen technischen Projekten bestehen trotz präzisen Pflichtenheftes erhebliche Unsicherheiten, was die tatsächlichen Aufwendungen angeht. Die Projektleitung muss sicherstellen, dass das Projekt auch bei Mehraufwendungen nicht sofort in einen unrentablen Bereich gerät. Die Kalkulation wird außerdem so aufgebaut, dass die Einflüsse von Parameteränderungen auf das Ergebnis möglichst ohne Verzug visualisiert werden. Üblich ist die Verwendung von Tabellenkalkulationen für diesen Zweck.

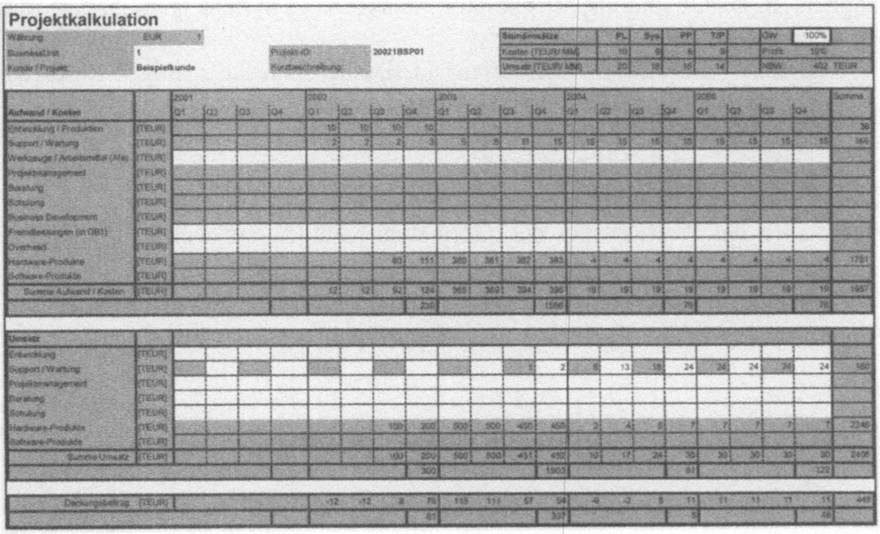

Abb. 138. Beispiel für eine Projektkalkulation

Jede signifikante Änderung muss sofort in die Kalkulation eingearbeitet werden. Drohen Verluste, ist eine verzugslose und konsequente Reaktion erforderlich. Dies können Nachverhandlungen mit dem Kunden sein, eine „Verschlankung" des Projektes oder, im Extremfall, der Ausstieg aus dem Projekt.

Begrenzende Faktoren

Im Allgemeinen ist ein Projekt durch verschiedene Parameter begrenzt. Typische Grenzen sind z.B. der Endtermin, die verfügbaren Ressourcen sowie das Marktpotenzial. Nach sorgfältiger Analyse dieser begrenzenden Faktoren kann eine adäquate Priorisierung erfolgen. Ist für den Kunden die Einhaltung des Endtermins wichtiger oder die vollständige Realisierung aller Produkteigenschaften?

Nach der Analyse dieser Informationen wird der Projektplan entsprechend ausgelegt. Wird der Einhaltung des Zieltermins höchste Priorität eingeräumt, muss in besonderem Maße sichergestellt sein, dass bei Ausfall kritischer Ressourcen diese möglichst umgehend kompensiert werden können. Das bedeutet, dass für alle Fachleute Kollegen verfügbar sein müssen, die sich in das jeweilige Sachthema einarbeiten können.

Ist die strikte Einhaltung eines Kostenrahmens von höchstrangiger Bedeutung, wird das Pflichtenheft so aufgebaut, dass bestimmte Eigenschaften nur dann realisiert werden müssen, wenn dies im vorgegebenen Kostenrahmen noch möglich ist. Damit sind also bestimmte Produkt- bzw. Systemeigenschaften von vorneherein fakultativ.

Allgemein ist die frühe Priorisierung unerlässlich, um die richtigen Reserven einplanen zu können. Schwammige Anforderungen oder Allgemeinplätze wie „mir ist alles gleich wichtig" dürfen nicht zugelassen werden. Wenn der Auftraggeber partout keine Prioritäten vorgeben mag, so setzt der Auftragnehmer diese selber und kommuniziert dies. Dann wird die Projektleitung bei der Präsentation des Projektplanes die Information beifügen, auf welchen Parameter sie die höchste Priorität gelegt hat. Spätestens bei diesem Anlass muss der Auftraggeber eventuell gewünschte Korrekturen an der präsentierten Priorisierung äußern; sonst sind Verzögerungen im Gesamtzeitplan unvermeidlich.

Zum Umgang mit knappen Ressourcen

In jedem Projekt stehen nur endliche Ressourcen zur Verfügung. Dies betrifft die Zahl der verfügbaren Mitarbeiter, die Zeit, Produktionsmittel und natürlich Geld. Nach allgemeiner Erfahrung steigen aber die Unsicherheiten mindestens proportional mit dem Projektvolumen, der Laufzeit etc.. Dem kann mittels Einplanung von Reserven begegnet werden.

Ein typischer Fehler ist, Mitarbeiter mit ihrer vollen Arbeitszeit einzuplanen, ohne Berücksichtigung von Urlaubs- und Fehlzeiten sowie weiteren Aufgaben dieser Mitarbeiter. Als Erfahrungswert sollte kein Mitarbeiter mit mehr als 75% seiner theoretischen Kapazität verplant werden. Dies kann natürlich im Individualfall unangemessen viel oder wenig sein, hat sich in der Praxis aber als realistischer Mittelwert bewährt.

In jedem Projektplan müssen Sicherheiten vorgesehen werden. Je spezialisierter die Aufgaben der Projektbeteiligten sind, desto größer ist die Gefahr, dass bei Ausfall eines Einzelnen der gesamte Projektfortschritt gefährdet ist. Deshalb sollte stets eine strikte Vertreterregelung etabliert sein. Idealerweise ist zu jedem Zeitpunkt ein Kollege zumindest soweit informiert, dass die Arbeit eines beliebigen Mitarbeiters bei Ausfall desselben mit überschaubarem Einarbeitungsaufwand fortgeführt werden kann.

Aber auch andere Ressourcen sind naturgemäß knapp. Stehen dem Unternehmen z.B. nur begrenzt Maschinen, Laborzeiten o.ä. zur Verfügung, stellt das so genannte Outsourcing eine bedenkenswerte Alternative dar.

Werden mehrere Projekte parallel bearbeitet, so gibt die Priorität eines einzelnen Projektes bereits einen Anhalt darüber, mit welchen Reserven hier geplant werden sollte. Hierauf wird weiter unten im Kapitel „Multiprojektmanagement" noch etwas genauer eingegangen.

Make or Buy?

Eine probate Möglichkeit, eigene knappe Ressourcen oder im Unternehmen fehlende Kompetenzen zu überbrücken, ist das Outsourcing. Generell stellt sich für praktisch jede Aufgabe die Frage, ob sie im Unternehmen oder durch Dritte ausgeführt werden soll. Im Einzelfall kann dies neben rein betriebswirtschaftlichen Aspekten schon durch einen extrem engen Zeitplan oder durch fehlendes Know-how diktiert werden.

An dieser Stelle soll auch nicht auf die betriebswirtschaftlichen Modellrechnungen eingegangen werden, die im Ergebnis zu der einen oder anderen Entscheidung führen. Vielmehr soll dem Leser eine pragmatische Entscheidungshilfe an die Hand gegeben werden:

- Jede Arbeit, die durch Dritte geleistet wird, muss durch das vergebende Unternehmen zumindest betreut werden. Der theoretisch mögliche Fall, dass eine Aufgabe außer Haus gegeben und die fertige Lösung zum vereinbarten Termin und zum vereinbarten Preis mängelfrei präsentiert wird, kommt in der Praxis nicht vor. Ein allgemein bekanntes Beispiel: Wie viele Bauherren sind bekannt, die einen schlüsselfertigen Bau vereinbart hatten und bei denen tatsächlich alles eingehalten wurde, ohne dass sie selbst den Baufortschritt kontrolliert haben?

- Bei der Suche nach externen Partnern muss bedacht werden, dass man es unter Umständen mit Unternehmen zu tun hat, deren Leistungsfähigkeit noch nicht objektiv eingeschätzt werden kann. In solchen Fällen sollte man sich unter keinen Umständen darauf verlassen, was die potentiellen Partner versprechen, sondern Referenzen benennen lassen. Diese Referenzen müssen dann auch tatsächlich konsultiert werden. Schließlich muss das zu beauftragende Unternehmen die erforderlichen Ressourcen im gewünschten Umfang zum gewünschten Zeitpunkt zur Verfügung stellen können. All dies kostet Zeit; bei einem sehr straffen Projektplan kann man durch Outsourcing also das Gegenteil des gewünschten Effektes erreichen, nämlich eine Verzögerung.

- Vorrangig wird man solche Arbeiten auslagern, die nicht zu den Kernkompetenzen des Unternehmens gehören. Diese kann das Unternehmen mit der größten Termin- und Ergebnissicherheit selber leisten, während für periphere Gebiete externe Spezialisten sehr nützlich sein können.

- Beim Outsourcing darf nie das vollständige Entfallen des entsprechenden Aufwandes im eigenen Hause unterstellt werden. Durch fachliche Betreuung, Kommunikation etc. steigt der sogenannte „Overhead"-Aufwand, und zwar proportional zur Zahl der externen Partner und zur Komplexität der ausgelagerten Aufgaben. Grundsätzlich muss die Aufgabe sehr präzise beschrieben sein; auch der Subunternehmer wird sein Teilprojekt auf Basis eines Pflichtenheftes bearbeiten. Sein Teilprojekt wird mit dem Hauptprojekt verzahnt sein, d.h., er ist auch auf Zuarbeiten angewiesen. Erfolgen diese nicht zeitgerecht, kann es sein, dass der Subunternehmer seine Mitarbeiter mit anderen unternehmensfremden Projekten auslasten muss, um diese nicht zu gefährden. Wenn dann die Zuarbeit erfolgt ist, hat der Subunternehmer unter Umständen eine Vorlaufzeit zur Fortsetzung seiner Arbeiten. Auf diese Weise kann also eine ursprünglich geringe Verzögerung zu einer beträchtlichen anwachsen. Der Effekt potenziert sich, wenn mehrere Subunternehmer „verkettet" sind.

Auswahl der geeigneten Tools

Am Markt existiert ein breites Angebot an Projektmanagement-Tools. Dies geht von Loseblattsammlungen mit den stets allerneuesten Erkenntnissen über Wandbehänge verschiedenster Art bis hin zu umfangreichen und komfortablen Softwareprodukten.

Es ist ein weitverbreiteter Irrtum anzunehmen, dass besonders komplexe Werkzeuge das Projekt quasi von alleine planen, steuern und überwachen können. Gerade die einschlägigen Softwareprodukte setzen profunde Grundkenntnisse voraus, um sie wirklich sinnvoll einsetzen zu können. Auch müssen eine Vielzahl von Daten eingepflegt werden, die einer dynamischen Veränderung unterliegen. Im Extremfall ist die Projektleitung voll und ganz damit beschäftigt, einen bunten und theoretisch perfekten Projektplan tagesaktuell zu pflegen, ohne zu wissen, was die Mitarbeiter im Projekt eigentlich *tatsächlich* gerade tun.

Um Missverständnissen vorzubeugen: Diese Werkzeuge haben ihre Daseinsberechtigung. Vor allem komplexe Vorhaben, etwa im Anlagenbau, sind ohne sie inzwischen undenkbar geworden. Doch für den Einstieg ins Projektmanagement empfiehlt es sich dringend, zunächst die vermeintlich allereinfachsten Werkzeuge zu beherrschen: Papier, Bleistift und Telefon.

Ein Projektplan beginnt zweckmäßigerweise stets mit einer Anforderungsliste und einem zumindest groben Zeitplan auf dem Papier. In eben dieser Form sind auch erste Gedanken über die benötigten Ressourcen empfehlenswert. Von Anfang an werden im Rahmen eines sogenannten „Kick-Off" alle Mitarbeiter in den Plan eingebunden. Der persönliche Kontakt zur Projektleitung ist ebenfalls unentbehrlich.

Erst im Rahmen des Kick-Off werden die zu verwendenden Tools vereinbart. Diese sollten im Team einheitlich sein. Individuelle Extravaganzen sollten nicht zugelassen sein, da sie den Austausch von Informationen so unnötig wie erheblich erschweren.

Der Projektplan

Bei der Erstellung eines Projektplanes mit den einschlägigen Planungswerkzeugen muss Klarheit über die zu absolvierenden Aufgaben, die verfügbaren Ressourcen und natürlich den Zeitrahmen sowie das Gesamtbudget bestehen.

Der Plan kann in folgenden Schritten erstellt werden:

- Definition der Eckparameter, also Arbeitszeit, gewünschte Ressourcenauslastung etc.

- Aufstellung aller für dieses Projekt verfügbaren Ressourcen.

- Aufzählung der Teilprojekte.

- Unterteilung dieser auf maximal vier Ebenen:

  - Gesamtprojekt.

  - Teilprojekt, inhaltlich abgeschlossen.

  - Aufgabenpaket (für ein Team).

  - Aufgabe (für einzelne Mitarbeiter).

- Herausarbeiten der Abhängigkeiten. Für viele Teilaufgaben ist der Abschluss von anderen Segmenten Voraussetzung, zum Teil auch mit zeitlichem Abstand oder umgekehrt mit einer definierten Überschneidung.

- Zuordnung von Ressourcen, also Mitarbeitern, eventuell Maschinen etc.

- Visualisierung z.B. in Form eines Gantt-Diagramms oder einer Ressourcentabelle.

Grundsätzlich sollte bei der Ersterstellung der Basisplan gespeichert werden.

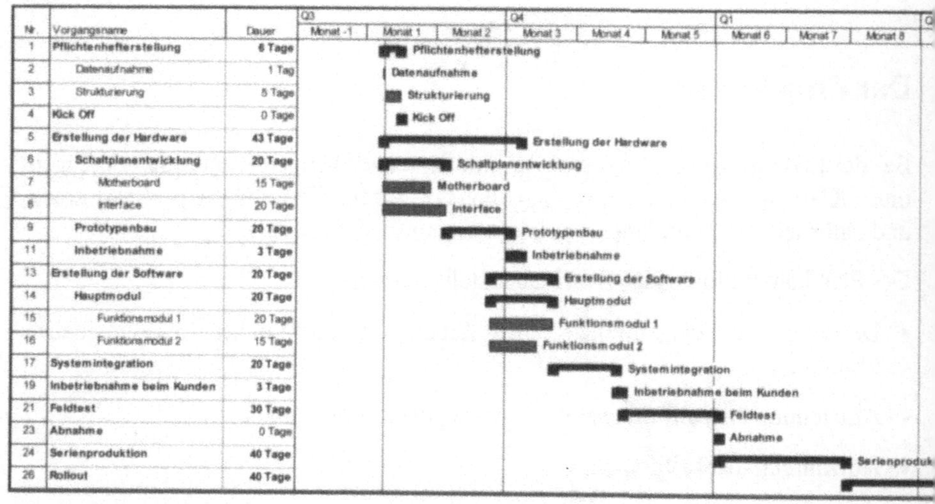

Abb. 139. Beispiel für einen Projektplan

Dokumentation

In vielen Projekten wird gerne das lästige Thema Dokumentation vernachlässigt. Alle Projektbeteiligten konzentrieren sich auf operatives Basteln und stellen die Dokumentation an das Ende. Dahinter steht der – grundfalsche – Glaube, dass eine nachträgliche Dokumentation des Projektgeschehens bei Vorliegen des fertigen Produktes viel leichter fallen müsse. In manchen Fällen wird sogar das Pflichtenheft nachträglich erstellt, damit es zum Ergebnis passt.

Dabei übersieht man aber, dass bis zu diesem Zeitpunkt viel Zeit durch fehlende Dokumentation und dadurch erhöhtem Recherche- und Kommunikationsaufwand vertan wurde. Es gibt selbst bei Vorliegen eines noch so perfekten Pflichtenheftes für alle Mitarbeiter ohnehin im Laufe eines Projektes hinreichend Rückfragebedarf.

Die Projektleitung muss deshalb sicherstellen, dass zu jedem Zeitpunkt allen Beteiligten ein Maximum an aktueller Information zur Verfügung steht. Dies kann man zum Beispiel dadurch erreichen, dass im Intranet das Pflichtenheft hinterlegt wird sowie der ursprüngliche und der aktuelle Projektplan. Daneben sollten alle Ansprechpartner mit ihren jeweiligen Aufgaben genannt werden. Bei Änderungen am Pflichtenheft oder am Projektplan sind diese hervorzuheben, zusammen mit einer Information, wann diese Änderung eingeflossen ist und aus welchem Grunde. Komfortable Werkzeuge im Projektmanagement erlauben allen Mitarbeitern die individuelle Steuerung ihrer jeweiligen Teilprojekte und Aufgaben.

Auch die für den späteren Anwender bestimmte Produktdokumentation sollte projektbegleitend erstellt werden. Dies umfasst das Anwenderhandbuch,

Servicedokumentation, Schulungsunterlagen u.a.. So werden Mängel am Konzept oder in der praktischen Anwendung frühzeitig identifiziert und eine Korrektur ist noch möglich.

Die stets als lästig empfundene Dokumentation erfordert im Projekt von allen Aufgaben die höchste Disziplin. Bringt das Projektteam diese Disziplin aber auf, wird es allerdings zu schnelleren und besseren Ergebnissen kommen.

Der Faktor Mensch

Auch eine noch so perfekte Planung sollte auf keinen Fall außer acht lassen, dass ein Projekt durch eine Reihe von Individuen zum Erfolg oder Misserfolg geführt wird. Eine gute Projektleitung berücksichtigt dies von Anfang an. Sie macht sich vor Projektbeginn bereits Gedanken darüber, wo die fachlichen und menschlichen Stärken (und Schwächen) jedes Teammitglieds liegen. Sie wird sich auch sorgfältig überlegen, wo die jeweiligen Kommunikationsschnittstellen im Alltag liegen. Eingespielte Teams werden nicht ohne Not getrennt. Umgekehrt wird man vermeiden, Menschen mit starken Aversionen gegeneinander zu einer unnötig engen Zusammenarbeit zu zwingen.

Natürlich sind der Rücksichtnahme in der Praxis Grenzen gesetzt. Man darf mit Fug und Recht von allen erwachsenen Menschen ein Mindestmaß an Toleranz und Kooperationsbereitschaft erwarten. Aber es ist eine allgemeine Erkenntnis, dass unser Handeln zum ganz überwiegenden Teil eben *nicht* von der Ratio bestimmt wird, sondern durchaus emotional motiviert ist.

Ein erfolgreiches Team zusammenzustellen, ist jedenfalls die vornehmste Aufgabe im Projektmanagement. Ihr kommt, häufig unerkannt, eine wesentlich höhere Bedeutung zu als der theoretischen operativen Planung. Dies wird jeder Trainer einer Sportmannschaft bestätigen.

Von Bedeutung ist, dass jedem Teammitglied klare Kompetenzen übertragen werden. Hiermit ist unerlässlich eine Teilverantwortung verbunden. Dies muss von Anfang an klar kommuniziert und auch durchgehalten werden. Sehr bald wird die Erkenntnis folgen, dass manche mit der Verantwortung sehr souverän umgehen und aus ihr eine hohe Motivation schöpfen können, andere aber lehnen sie ab und möchten nicht mehr als Zuarbeit leisten. Es bietet sich an, diese Mitarbeiter nicht zu überfordern und die individuellen Präferenzen bei der Kompetenzverteilung zu berücksichtigen.

Kommunikation im Projekt

Oftmals wird ein Projekt durch fehlenden Informationsfluss gehemmt. Die Kommunikation im Projekt beginnt bereits mit der *gemeinsamen* Planung und Zieldefinition im „Kick Off"-Meeting. Die Mitarbeiter sind im Sinne ihrer jeweiligen Teilverantwortung mit einzubinden. An Kommunikationsschnittstellen muss den Betroffenen klar sein, dass alle für den Kommunikationsfluss zuständig sind. Ein lapidares Statement „Das habe ich nicht gewusst" darf in keinem Falle ausreichen. Stattdessen muss sofort die Frage gestellt werden, ob der Betreffende dies auch tatsächlich nicht wissen konnte.

Das Projektmanagement wird konkret sicherstellen, dass zumindest die globalen Informationen zentral allen Beteiligten zugänglich sind (s.o. „Dokumentation"). Dies wird im Allgemeinen nicht reichen. Die Projektleitung wird sich deshalb selber fehlende Informationen durch täglichen persönlichen Kontakt mit möglichst vielen Projektmitarbeitern beschaffen. Diese Aufgabe lässt sich keinesfalls vom Schreibtisch erledigen. Auf diesem Wege wird man frühzeitig nicht nur sachliche Probleme, sondern eventuelle atmosphärische Störungen identifizieren und gegensteuern können.

Unerlässlich sind auch regelmäßige Projektbesprechungen. Es gibt dabei keine generelle und allgemeingültige Antwort auf die Frage, wie häufig diese stattfinden müssen und wer alles beteiligt sei muss. Als Anhalt möge die Erkenntnis dienen, dass die Effizienz einer Besprechung erfahrungsgemäß reziprok proportional zur Zahl der Besprechungsteilnehmer ist. Vielköpfige Diskussionszirkel verkommen oft zu ergebnislosen Plauderrunden. Professionelle Projektmanager vermeiden deshalb übergroße Besetzungen.

Als Hilfsmittel für eine Besprechungsvorbereitung möge die folgende Checkliste dienen:

- Was ist der *hauptsächliche* Besprechungsgegenstand (nur einer!) ?

- Welches sind weitere Gegenstände? Wenn hier mehr als drei anstehen, sollten mehrere Besprechungen geplant werden.

- Aus den Besprechungsgegenständen ist eine Agenda abzuleiten.

- Welche Teilnehmer sind wirklich für die Erörterung der Themen erforderlich? Nur diese sollten eingeladen werden. Mit der Einladung ist die Agenda bekannt zu geben.

- Neben dem Besprechungsort und der Startzeit liegt auch die Dauer von vornherein fest.

- Vor der Besprechung ist ein Protokollführer festzulegen. Es sollte sich dabei um ein Ergebnis- und nicht ein Verlaufsprotokoll handeln.

Während der Besprechung empfiehlt sich die strikte Einhaltung der folgenden „Spielregeln":

- Die Redezeiten werden begrenzt. Selbstdarsteller werden ermuntert, auf den Punkt zu kommen. Im schlimmsten Fall wird sich die Besprechungsleitung nicht scheuen, solchen ermüdenden Zeitgenossen unter Hinweis auf die knappe Ressource Zeit das Wort zu entziehen.

- Neben den Selbstdarstellern begegnet man regelmäßig auch den sogenannten „Oberbedenkenträgern". Gerade für unerfahrene Projektmanager stellen diese ein Problem dar, denn sie tragen sämtliche Gefahren vor, die sich womöglich ergeben könnten. Nicht selten meint man bei den entsprechenden Redebeiträgen, dass das Projekt eigentlich zwangsläufig scheitern müsse. Die Projektleitung wird sie die Bedenken deshalb vortragen lassen, sich für die Hinweise bedanken und um Meinungen anderer Besprechungsteilnehmer bitten, wie konkret die jeweilige Bedrohung denn nun das laufende Projekt gefährdet. Das erlaubt dem Projektmanagement ohne Gesichtsverlust und mit vergleichsweise wenig Aufwand, zu einer realistischen Einschätzung zu kommen.

- Essentiell ist, dass zu jedem Punkt in der Agenda auch ein Ergebnis erzielt wird. Das Ergebnis kann auch eine konkrete Aktion sein. In dem Fall muss im Protokoll vermerkt sein, wer bis wann welche Aktion erledigen soll. Sind davon Dritte betroffen – also Projektmitarbeiter, die nicht an der Besprechung teilnehmen –, so wird die Projektleitung diese persönlich im Anschluss an die Besprechung über die Aktion informieren. Im Protokoll wird auch vermerkt, dass die Projektleitung informiert. Es ist äußerst schlechter Stil, wenn Betroffene durch ein Protokoll oder durch Dritte erfahren, dass ihnen eine Aufgabe übertragen wurde.

Multiprojektmanagement

In fast jedem Unternehmen werden mehrere Projekte parallel bearbeitet. Es ist dabei auch durchaus üblich, dass Ressourcen von verschiedenen Projekten geteilt werden. Dies gilt für Mitarbeiter wie für andere Ressourcen, z.B. Maschinen, Laboreinrichtungen etc..

Schon bei der Erstellung des Projektplanes ist deshalb zu berücksichtigen, wann welche Ressource bereits absehbar beansprucht wird. Unter Umständen ist dadurch bereits ein konkreter Zeitplan vorgegeben.

Im Multiprojektmanagement ist auch eine Priorisierung der Projekte unabdingbar. In der Praxis unterscheidet man nach A-, B- und C-Projekten wie folgt:

- A-Projekte: Kundenprojekte mit einer erheblichen wirtschaftlichen Bedeutung für das Unternehmen. Sie sind im Allgemeinen nicht ohne Verluste aufschiebbar oder in ihren Inhalten zu „verschlanken".

- B-Projekte: Kundenprojekte mit nachrangiger wirtschaftlicher Bedeutung für das Unternehmen. Sie sind unter Umständen aufschiebbar oder im Volumen zu reduzieren.

- C-Projekte: Hinter ihnen steht kein konkreter Kundenauftrag. Es handelt sich entweder um interne Projekte oder um „Anregungen" durch Kunden, denen aber kein Umsatz entgegensteht.

Jedes Projekt ist von Anfang an in dieser Skala einzusortieren. Es ist auch durchaus möglich, dass nicht zu allen Zeitpunkten alle Kategorien vertreten sind. Andererseits ist eine weitere Unterteilung als in drei Kategorien nicht zielführend.

Im Allgemeinen sollten die drei Klassen in einem sinnvollen Verhältnis zueinander vertreten sein. Es ist unmittelbar einleuchtend, dass ein Anteil an A-Projekten von knapp 100% de facto keinerlei Priorisierung bedeutet. Umgekehrt signalisiert das Fehlen von A-Projekten eine bedrohliche Auftragslage. Meist findet man einen Anteil von 10% bis 15% an A-Projekten, 50% bis 75% entfallen auf B-Projekte, der Rest auf C-Projekte.

Die Ressourcenverteilung weicht nicht selten signifikant hiervon ab. Oft findet man 50% oder mehr Mitarbeiter in den A-Projekten, eben weil diese die größte wirtschaftliche Bedeutung für das Unternehmen haben.

Wenn die Projektleitung sich Klarheit darüber verschafft hat, in welche Kategorie ein konkretes Projekt einzuordnen ist, wird sie einen entsprechenden zeitlichen Ablauf einplanen. Man kann davon ausgehen, dass die Unternehmensführung bei einem A-Projekt in jeder Hinsicht die maximale Unterstützung gewähren wird, wenn Terminüberschreitungen drohen. Man wird der Projektleitung in der Regel auch während des Projektablaufes keine Ressourcen entziehen. Deshalb kann man bei einem A-Projekt alle genehmigten Ressourcen insoweit uneingeschränkt einplanen (vgl. jedoch die Ausführungen zu knappen Ressourcen).

Bei einem B-Projekt muss das Projektmanagement dagegen damit rechnen, dass ein – womöglich auch später begonnenes – A-Projekt Ressourcen entzieht. Dies kann natürlich beim Erstellen des Projektplanes noch nicht in allen Einzelheiten eingeplant werden. Als Faustregel hat sich jedoch bewährt, in so einem Falle eine stille Reserve von 25% auf den Zeitplan aufzuschlagen. Dieser Wert kann allerdings von Unternehmen zu Unternehmen stark schwanken.

Noch größer wird dieser Unsicherheitsfaktor naturgemäß bei C-Projekten. Diese werden nicht selten unterbrochen oder ganz eingestellt, wenn die Ressourcen für höherrangige Projekte benötigt werden. In solchen Fällen ist ein erfahrenes Projektmanagement konsequent und führt unter Umständen bewusst das „Parken" des Gesamtprojektes herbei statt mit deutlich zu geringen Ressourcen doch zu keinem Ergebnis kommen zu können. Bei der Erstellung des Projektplanes empfiehlt es sich, zeitliche Reserven von mindestens 50% gegenüber einem vergleichbaren A-Projekt einzuplanen.

Zu beachten ist ferner, dass der Kommunikationsaufwand im Multiprojektmanagement natürlich höher ist als bei der isolierten Betrachtung eines einzelnen Projektes. Die Projektleitung selbst muss mit anderen Projektmanagern kommunizieren, muss frühzeitig *gemeinsam* auf Störungen *einzelner* Projekte eingehen. Auch muss stets transparent bleiben, wann welche Ressource von welchem Projekt genutzt wird.

Um diese Kommunikation zu gewährleisten, sind verschiedene Strategien möglich. Zum einen besteht die Möglichkeit, Projektbüros einzurichten, in denen alle Projektleiter räumlich zusammengefasst arbeiten. Auf diese Weise wird eine Kommunikation erzwungen. Dem steht der Nachteil gegenüber, dass sich die Projektleiter relativ weit von „ihren" Projektteams befinden.

Zum anderen bieten sich institutionalisierte Besprechungen der Projektleiter an. Diese haben allerdings den Nachteil, dass sie sich auf einen reinen Verteilungskonflikt reduzieren können. Ferner sind turnusmäßige Besprechungen nicht zwingend bedarfsgerecht. Sie sind deshalb sinnvoll als Ergänzung anderer Kommunikationsinstrumente, können diese aber nicht ersetzen.

In sehr komplexen Szenarien schließlich wird ein Projektmanager die Hauptaufgabe der zentralen Ressourcenverwaltung übernehmen müssen. Auf diese Weise entsteht dann eine Art fortlaufendes „Meta-Projekt". Die übergeordnete Projektleitung wird sich von den einzelnen Projektleitern über Fortschritte und Bedarfssituationen informieren lassen und anhand der o.g. Prioritätenliste über geeignete Maßnahmen in den jeweiligen Einzelprojekten entscheiden. Diese können sein:

- Ressourcen abziehen,

- Teams verstärken,

- Prioritätsstufen verändern,

- Zeitpläne strecken oder

- Projekte einstellen.

Ist kein übergeordneter Projektmanager vorgesehen, wird die Unternehmensleitung i.d.R. selbst diese Entscheidungen treffen.

Qualitätssicherung im Projektmanagement

Der Begriff der Qualitätssicherung wird oft sehr unterschiedlich interpretiert. Er schwankt zwischen der reduzierten Sicht auf die technische Funktionsfähigkeit und Haltbarkeit der hergestellten Produkte bis zu der Vorstellung, dass es bei der Qualitätssicherung um eine zusätzlich neben den operativen Bedürfnissen eines Unternehmens geschaffene Funktion geht, die sich mit Zertifizierungsvorhaben befasst.

Beides geht am Sinn eines funktionierenden Qualitätsmanagements vorbei. Dass die Produkte eines Unternehmens bestimmte technische Standards erfüllen, setzt jeder Kunde voraus. Die Frage, wie diese zu gewährleisten sind, ist grundsätzlich von Spezialisten zu beantworten und auch umzusetzen. Insbesondere sind hier Entwicklungs- und Produktionsingenieure beteiligt.

Auf der anderen Seite können Zertifizierungsvorhaben nur dann ihren Sinn erfüllen, wenn das Unternehmen strukturierte Prozesse definiert hat, an die sich alle Betroffenen halten. Diese Tatsache kann ein Unternehmen zertifizieren lassen, was aber lediglich der Dokumentation nach außen dient.

Was nun also muss man sich unter der Komponente Qualitätssicherung vorstellen und was bedeutet sie für einzelne Projekte?

Das Qualitätsmanagement ist integraler Bestandteil aller unternehmensrelevanten Prozesse. Dies unterstellt trivialerweise, dass es überhaupt definierte Abläufe gibt. Einige dieser Prozesse sind in diesem Text beispielhaft angerissen worden, z.B. der Projektstart durch ein Kick-Off.

Die Existenz von strukturierten Abläufen nützt aber immer noch nicht viel, wenn sie aus Unkenntnis oder Unwillen von den Prozessbeteiligten nicht gelebt werden. Es gibt, insbesondere aus der Frühzeit von Zertifizierungssystemen, einige abschreckende Beispiele mit episch lang dokumentierten Abläufen, die zwar viele Ordner füllten, aber die Mitarbeiter überfordert haben.

Wesentlich praxisgerechter ist es, möglichst wenige möglichst einfache Regeln aufzustellen und strikt auf deren Einhaltung zu achten. Dieses Regelwerk müssen alle Beteiligten kennen und „leben". Dieses im einzelnen Projekt durchzusetzen, ist eine der wesentlichen Aufgaben der Projektleitung. Der Verweis auf den im Unternehmen eventuell vorhandenen Qualitätsmanager geht fehl, denn dieser hat lediglich eine beratende und kontrollierende Funktion, keine agierende.

Nicht selten stößt man auf die Ansicht, dass die mechanistische Einhaltung von allgemeingültigen Regeln im Einzelfall mit wesentlichen Projektzielen kollidiert. Dies kann zum Beispiel bedeuten, dass ein Produkt mit vom Kunden gewünschten Eigenschaften bestimmte relevante Zulassungskriterien nicht erfüllen wird. Der Einwand entkräftet sich aber dadurch, dass bereits in einer frühen Stufe des Projektes der Kunde schlecht beraten worden ist oder der Konflikt bei der Pflichtenhefterstellung nicht aufgefallen ist.

Ein anderer Einwand ist ein zu früher Liefertermin, der nicht genügend Raum für die Entwicklung, Produktion oder ausreichende Prüfung eines Produktes lässt. Auch hierauf lässt sich einwenden, dass bei einer sorgfältigen Planung eines Projektes der kritische Pfad früh genug herausgearbeitet und mit geeigneten Gegenmaßnahmen entschärft werden kann (s.o. „Zum Umgang mit knappen Ressourcen"). Diese Gegenmaßnahmen lassen sich natürlich nicht mehr einleiten, wenn das Problem erst in einer späten Projektphase offensichtlich wird.

Grundsätzlich lässt sich festhalten, dass ein eingeführtes und funktionierendes Qualitätsmanagement eine wesentlich verlässlichere und auch ökonomischere Projektabwicklung ermöglicht.

Zusammenfassung

Projekte im IT-Umfeld sind nur dann erfolgreich zu bewältigen, wenn von Anfang an eine möglichst präzise Definition des zu lösenden Problems vorliegt. Dieses und die angestrebte Lösung werden in einem Pflichtenheft festgehalten.

Ebenso wichtig ist der Projektplan, der auf Basis des Pflichtenheftes erstellt wird. Elementare Bestandteile sind Ressourcen, Anfang und Zieltermin des Projektes. Der formale Start wird durch ein Kick-Off festgelegt, an dem alle maßgeblich Beteiligten teilnehmen und ihre Teilaufgaben übernehmen. Zu diesem Zeitpunkt ist auch eine Projektkalkulation erstellt worden, die Auskunft über die geplanten Aufwände und Erträge gibt. Diese dient während der gesamten Projektlaufzeit als Referenz und Maßstab.

Besonderes Augenmerk wird auch auf die Auswahl der geeigneten Tools gelegt. Je komplexer ein Projekt wird, desto aufwendiger sind auch tendenziell die erforderlichen Tools. Die groben Strukturen sind aber in jedem Falle mit einfachsten Methoden zu skizzieren. Ein schematischer Ablauf für die Erstellung eines Projektplanes wurde skizziert.

Knappe Ressourcen führen in jedem größeren IT-Projekt früher oder später zu der Frage, ob bestimmte Anteile an Subunternehmer ausgelagert werden sollten. Dabei muss mit Augenmaß vorgegangen werden, denn jedes Outsourcing führt zu einem anteiligen Betreuungsaufwand im eigenen Unternehmen. Tendenziell wird man Aufgaben aus dem Bereich der Kernkompetenzen nicht auslagern und das Outsourcing dort beginnen, wo das Unternehmen kein oder nur ein geringes Know-how hat.

Um einen reibungslosen Ablauf zu gewährleisten, wird das Projektmanagement sorgfältig auf die Kommunikation im Projekt achten. Hierzu gehören Sicherstellung des aktuellen Informationsstandes für die Mitarbeiter im Projekt, regelmäßige Projektbesprechungen sowie einheitliche Tools.

Bei der Durchführung von Besprechungen werden Teilnehmer, Agenda sowie administrative Parameter im Vorhinein festgelegt. Grundsätzlich gilt, dass hier schlanken Besprechungen der Vorzug zu geben ist.

In der Praxis führt ein IT-Unternehmen stets mehrere Projekte parallel durch. Das Ressourcenmanagement muss daher eine Priorisierung vornehmen. In der Praxis hat sich dabei eine dreistufige Unterteilung bewährt, die sich an der Bedeutung eines Projektes für das Unternehmen orientiert. Dementsprechend werden Ressourcen und Reserven eingeplant.

Qualitätsmanagement im Projekt beinhaltet nicht lediglich die Sicherstellung bestimmter technischer Eigenschaften, sondern die Etablierung strukturierter Prozesse. Die Qualitätssicherung reduziert sich auch nicht auf eine reine Stabsfunktion, sondern wird von allen Prozessbeteiligten aktiv gelebt. Es gehört zu den Aufgaben des Projektmanagements, diese Prozessdisziplin im Projekt durchzusetzen.

Im Ergebnis erhöht sich dadurch die Planungssicherheit und die Projekte werden ökonomischer abgewickelt.

Projekte und Erfahrungen

Neue Werkzeuge für Einkauf und Lieferanten

Kirsten Buffo, Michael Stark, Ulf Jasser

Die Zusammenführung von Business-Anforderungen und neuen Technologien in der Praxisanwendung potenziell

Die Geschwindigkeit – der Einführung neuer Technologien wird bekanntermaßen immer größer. Das Internet als letzte hervorgetretene Basistechnologie hat gerade einmal noch 7 Jahre benötigt, um von 50% der Bevölkerung täglich genutzt zu werden (zum Vergleich Auto: ca. 70 Jahre, PC: ca. 20 Jahre). Diese rasante Entwicklung betrifft in gleicher Weise den „normalen" Bürger wie auch Unternehmen im Spannungsfeld sich ebenfalls immer schneller verändernder Märkte und erhöhten Kostendrucks.

Neue - Internetstandards nutzende – Technologien eröffnen Unternehmen mittlerweile Mittel und Wege, ihr Business in den Bereichen Einkauf und Vertrieb effizienter zu gestalten und dabei die unterschiedlichen Anforderungen von Einkauf (Buy Side) und Lieferant (Sell Side) besser zu berücksichtigen.

Mit dieser technologischen Weiterentwicklung einher, geht die Prägung neuer (meist anglizierter) Bezeichnungen für eigentlich bekannte Termini der Beschaffung, so dass selbst für Einkaufs-Experten die Durchdringung dieser neuen Begriffswelt zunächst sehr schwierig erscheint.

Dabei umfasst die Beschaffung eines Unternehmens in der Praxis grob gesehen lediglich die drei wesentlichen Teil-Prozesse der Anbahnung, Vereinbarung und Abwicklung.

Die wesentlichen Begrifflichkeiten, die aus dem Umfeld der Beschaffung in Verbindung mit dem Aufkommen neuer Technologien geprägt wurden, lassen sich gemäß Abbildung diesen drei klassischen Einkaufs-Prozessen zuordnen.

In dem Kontext der technologischen Weiterentwicklung treten innovative Unternehmen heute dadurch hervor, dass sie neu aufkommende technische Möglichkeiten zur Optimierung ihres Business beobachten, und diese zum richtigen Zeitpunkt zur Weiterentwicklung ihrer Geschäftsmodelle konsequent berücksichtigen.

Kurze Time-to-Market und die kurzfristige Reduktion von Kosten spielen dabei nicht nur aufgrund der aktuellen schwierigen Konjunkturlage eine zentrale Rolle. Von den Autoren entwickelte pragmatische Lösungen rund um die Beschaffung (Purchasing Solutions) finden genau hier ihre Ansätze.

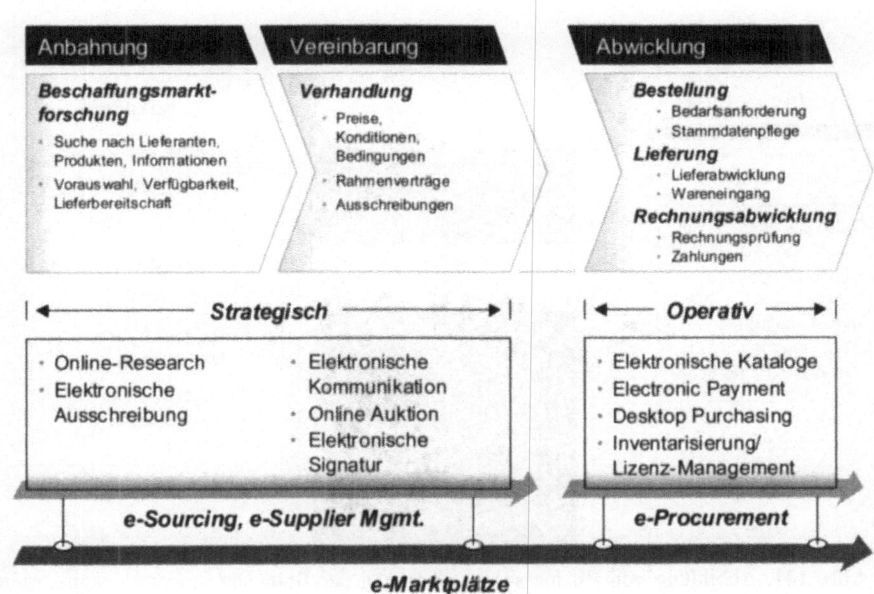

Abb. 140. Einordnung unterschiedlicher Begrifflichkeiten zur Beschaffung aus Sicht des Einkaufs

Purchasing Solutions – technologiegestützte Lösungen für gestiegene Business-Anforderungen an die Beschaffung

Auf der Grundlage von im Dialog mit Unternehmen unterschiedlicher Branchen aufgenommener Schwierigkeiten und Probleme hinsichtlich deren Beschaffung sind von unserem Team unterschiedliche praxisorientierte Beschaffungslösungen (Purchasing Solutions) zu den Themen Strategic Sourcing, Supplier Relationship Management, B2B-Marktplätze/Portale und Procurement entwickelt worden:

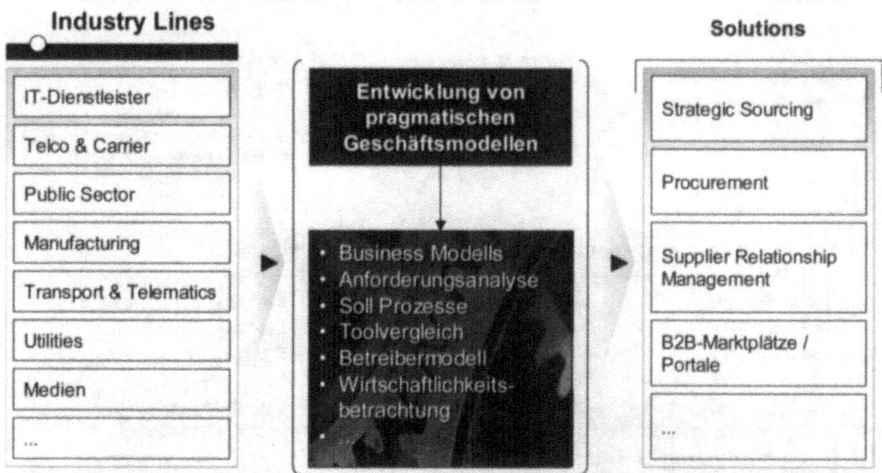

Abb. 141. Abbildung von Business-Anforderungen der Branchen in Form pragmatischer Lösungen (Business Solutions)

Die Lösungen greifen dabei an den unterschiedlichen Stellen des Beschaffungsprozesses an (Anbahnung, Vereinbarung, Abwicklung). Die konkrete Vorgehensweise zur Umsetzung einer solchen Purchasing Solution werden wir an späterer Stelle dieses Beitrags in Form eines Praxisbeispiels zum Thema „Procurement" deutlich machen.

Doch schauen wir uns zunächst Motivation und Inhalte der einzelnen Purchasing Solutions an:

Purchasing Solution "Strategic Sourcing"

Internetbasierte Ausschreibungen zur Beschaffung von Gütern und Dienstleistungen können Kosten für ein Unternehmen durch direkte Bewertung der Lieferanten und ihrer Angebote um bis zu 25% reduzieren.

So finden sich am Markt mittlerweile eine Vielzahl elektronischer RFx-Tools[97], die Entlastung des Einkaufs im operativen Geschäft schaffen und eine Konzentration der Einkäufer auf die strategische Beschaffung ermöglichen.

Ausschlaggebend für Strategic Sourcing ist im Kern die Total Cost of Ownership. Hierbei sind neben den Einkaufspreisen auch Qualitäten, Lieferzeiten und zusätzliche Dienstleistungen einzubeziehen. Indikatoren für den sinnvollen Einsatz von Strategic Sourcing in einem Unternehmen bestehen, wenn

---

[97] Rfx: Sammelbegriff verschiedenartiger Anfragen des Einkaufs an seine Lieferanten (RFI: Request For Information, RFP: Request For Proposal, RfQ: Request for Quotation ...)

- lange und unsichere Lieferzeiten zu hohen dezentralen Lagerbeständen führen (die entsprechendes Kapital binden),

- Qualitätsmängel der Lieferanten bei durchgeführten Ausschreibungen zusätzliche Folgekosten generieren (Zusammenführen und Vergleichen der unterschiedlichen Angebotsformen und -inhalte),

- die Lieferantensuche – über die bekannten regionalen Anbieter hinaus – an Bedeutung gewinnt, ebenso die Festlegung von Qualitätskriterien bei der Lieferantenauswahl.

Abgeleitet aus den Anforderungen der Praxis lassen sich die Leistungselemente/Inhalte unserer Purchasing Solution „Strategic Sourcing" nennen:

- Systematische Lieferantenbewertung

- Einführung von Suchmaschinen und speziellen Datenbanken mit Unternehmensinformationen für die Lieferantensuche

- Strukturierte, elektronische Lieferantenanfrage (eRFI)

- Einführung von Tools zur Preisanfrage,

- Online Ausschreibung bei Lieferanten (eRFQ)

- Anbindung an ERP-Systeme

Purchasing Solution "Supplier Relationship Management (SRM)"

Die detaillierte Kenntnis von Qualität und Quantität der einzelnen Lieferantenbeziehungen eines Unternehmens ist Voraussetzung für die Weiterentwicklung und Pflege des Lieferantennetzwerkes (Supply Network).

Innerhalb bestehender Supply Networks sind Kosteneinsparungspotenziale von bis zu 30% durch Prozesskostensenkung auf der Sell und Buy Side und kostenoptimierte Beschaffung realisierbar. Eine Verbesserung des Supplier Relationship Managements in einem Unternehmen ist sinnvoll, wenn

- das Lieferantennetzwerk heute nicht strategisch ausgerichtet ist,

- ein Unternehmen eine Vielzahl unterschiedlicher Rahmenverträge berücksichtigen und überwachen muss,

- aufgrund fehlender Informationen bei der regelmäßigen Bewertung der Lieferantenbeziehungen vordergründig nicht finanzielle Aspekte (wie Zuverlässigkeit, Produktqualität und Serviceleistungen) eher vernachlässigt werden,

- Lieferantenkontakte (Supplier Contacts) unregelmäßig gepflegt werden,

- eine Lieferantenpartnerschaft eingegangen, die Anpassung (Alignment) der Beschaffungsprozesse aber bisher vernachlässigt wurde.

Abgeleitet aus den Anforderungen der Praxis lassen sich auch für „Supplier Relationship Management" die Leistungselemente/Inhalte unserer Purchasing Solution nennen:

- Ermittlung von Nachfragetrends

- Einführung eines strategischen Lieferantennetzwerkes

- Optimierung der Lieferantenprozesse

- Vertragsmanagement (Contract Management)

- Integration der Lieferantensysteme

Purchasing Solution „B2B-Marktplätze/Portale"

Das Konzept vieler in den vergangenen vier Jahren aufgebauter Marktplätze ist oftmals nicht aufgegangen. Zahlreiche Marktplätze/Portale sind gescheitert. Wesentliche Ursachen sind in der Vernachlässigung von Szenarien zu Kundengewinnung, System-Integration, Fulfillment (Logistik) und der Generierung von Mehrwert (Information Services) zu sehen.

Die in der Vergangenheit immer wieder vorgenommene Konzentration der Marktplätze auf die Buy Side hat durch eine zweitrangige Behandlung der Lieferanten die Beziehung zwischen Lieferanten und den Marktplatzbetreibern in vielen Fällen massiv gestört. Aus der persönlichen 1:1-Beziehung von Lieferanten zu Einkäufern ist eine 1:n-Beziehung von Lieferanten zu Technologien (Marktplätzen) geworden.

Und dies, obwohl Kunden in den meisten Fällen über Lieferanten zu den Marktplätzen hingeführt werden. Die Konzentration auf die Lieferanten ist somit als wesentlicher Erfolgsfaktor zu sehen.

Ein bisher vernachlässigter Ansatz für Marktplätze besteht für Unternehmen weiterhin darin, auf der Sell Side neue „Value-Added"-Services für ihre Geschäftskunden zu etablieren und anzubieten. Abgeleitet aus den Anforderungen der Praxis lassen sich die Leistungselemente/Inhalte der Business Solution „B2B-Marktplätze/ Portale" nennen:

- Entwicklung einer zukünftigen Beschaffungs- und Vertriebsstrategie

- Ableitung von Geschäftsmodellen (z.B. Angebot neuer Services für Kunden, Aufbau und Betrieb von B2B- und regionalen Marktplätzen)

- Machbarkeitsstudie (Realisierungs-, Investitions- und Kostenplan, Wirtschaftlichkeitsbetrachtung)

- IT-Konzeption (Lösungsdesign und -evaluierung inkl. Softwareauswahl)

- Implementierung und Betrieb der Lösungen

Purchasing Solution „Procurement"

Die größten Kosteneinsparungen bei der Optimierung der Beschaffung ergeben sich nicht alleine durch effizientere Beschaffungsprozesse, serviceorientierte Beschaffung oder Transparenz aller Beschaffungswege, sondern erschließen sich in vollem Umfang erst durch Integration unterschiedlicher Beschaffungssysteme mit den vorhandenen ERP[98]- und Legacy[99]-Systemen.

Indikatoren für den sinnvollen Einsatz von „Procurement" in einem Unternehmen bestehen, wenn

- der Einkauf aufgrund hoher Administrationsaufwände eher operativ als strategisch agiert,

- die Beschaffung außerhalb verhandelter Kontrakte verläuft,

- Produktkataloge dezentral in Papierform vorliegen, schnell veralten und lediglich Listenpreise ausweisen,

- fehlende Beschaffungsstandards Kosten, Fehler und Verzögerungen verursachen

- lange und unsichere Lieferzeiten zu hohen dezentralen Lagerbeständen führen (die entsprechendes Kapital binden).

Aus der Praxis heraus identifizierte Leistungselemente/Inhalte unserer Business Solution „Procurement" sind:

- Entwicklung einer zukünftigen Beschaffungsstrategie

- Ableitung von Geschäftsmodellen (z.B. Angebot neuer Services für Kunden, internes e-Procurement System)

- Reorganisation der Beschaffungsprozesse

- IT-Konzeption (Lösungsdesign und –evaluierung inkl. Systemauswahl)

- Implementierung

- Betrieb

---

[98] ERP (Enterprise Resource Planning): Integriertes System zur Geschäftsplanung
[99] Legacy System: Veraltetes Informationssystem, welches aber weiterhin notwendige bzw. nützliche Dienste zur Verfügung stellt.

Praxisbeispiel zur Purchasing Solution „Procurement" - Optimierung der Beschaffungsprozesse einer Sparkasse

Nachfolgendes Beispiel entstammt einem unserer Projekte im Finanzdienstleistungssektor und soll eine praxisbewährte Vorgehensweise bei der Umsetzung der verschiedenen Purchasing Solutions näher bringen.

Um die internen Bestellprozesse effizienter zu gestalten, beabsichtigte eine große deutsche Sparkasse ein e-Procurement System einzuführen und dieses in einem nachgelagerten Schritt auch Externen (z.B. Töchter, Partner, Firmenkunden, etc.) zur Verfügung zu stellen. Diese Entscheidung basierte auf den Ergebnissen einer vom Projektteam im Vorwege durchgeführten Betrachtung unterschiedlicher Geschäftsmodelle und der Entwicklung eines Betreibermodells, welches die Sparkasse nach einer erfolgreichen Einführung des e-Procurement Systems für die interne Beschaffung in die Lage versetzt, dieses auch auf externe Partner auszuweiten.

Nachfolgend werden wir innerhalb dieses Praxisbeispiels auf die Inhalte und Vorgehensweise zur Machbarkeitstudie (Phase 0) und der Bereitstellung für die Inhouse-Nutzung (Phase 1) eingehen:

PLAN – Durchführung einer Machbarkeitsstudie

Ziel der Machbarkeitsstudie war es, detaillierte Potenziale und eine konkrete ROI-Berechnung[100] für die Einführung von e-Procurement bei der Sparkasse zu erarbeiten.

Die Machbarkeitsstudie wurde innerhalb von drei Monaten durchgeführt und umfasste dabei nachfolgende Arbeitspakete:

---

[100] ROI – Return on Investment

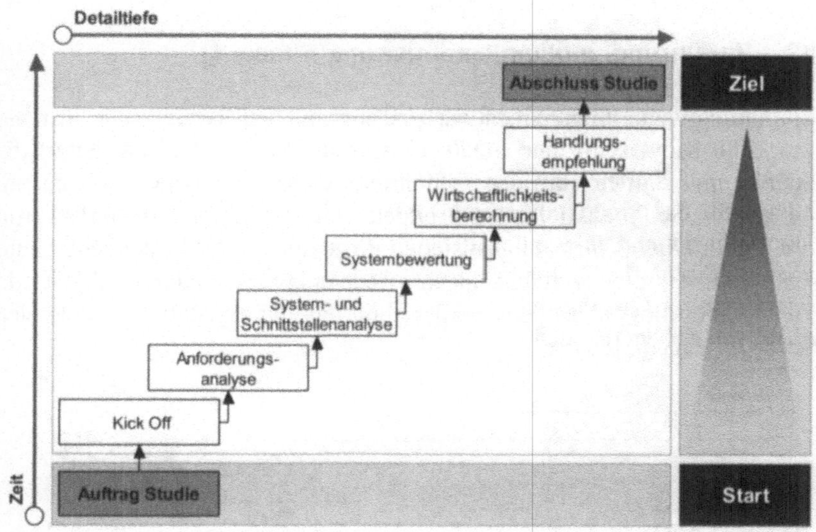

Abb. 142. Projektlogik Machbarkeitsstudie

Im Rahmen dieser Analyse- und Planungsphase wurden insbesondere folgende Kernfragen beantwortet:

- Sind die Anforderungen des Kunden realisierbar?

- Ist die Integration der Tochtergesellschaften (Stufe II) und die Anbindung der Firmenkunden (Stufe III) möglich?

- Ist die Integration in die bestehende IT-Landschaft der Sparkasse technisch realisierbar?

- Ist die Einhaltung der hohen Sicherheitsanforderungen der Sparkassen-IT gewährleistet?

- Wann zeichnet sich ein ROI ab?

Ergebnis und Entscheidungsgrundlage war ein konkreter und detaillierter Anforderungskatalog, der die Anforderungen der Sparkasse, die Integration in die vorhandene IT und deren Schnittstellen berücksichtigte. Die Ermittlung des ROI ergab eine Größenordnung von weniger als zwei Jahren.

Bei der Auswahl der e-Procurement-Software innerhalb der Machbarkeitsstudie entschied sich die Sparkasse für die e-Procurement-Lösung „iProcurement" der Firma Oracle.

BUILD – Einführung und Implementierung (Phase 1)

Die Einführung von e-Procurement war zunächst auf fünf Bereiche der Sparkasse mit ca. 500 Key-Usern und 3.000 Concurrent Usern (Gelegenheitskäufer) beschränkt und startete mit der Einführung eines Prototypen, welcher die Grundlage für das Produktionssystem bildete. Zielsetzung der Implementierung war die Bereitstellung eines automatisierten Prozesses für die Bestellgenerierung, innerhalb dessen die wertabhängigen Genehmigungsstrukturen durch den integrierten Workflow abgebildet werden, und das für alle definierten Bereiche innerhalb von sieben Monaten.

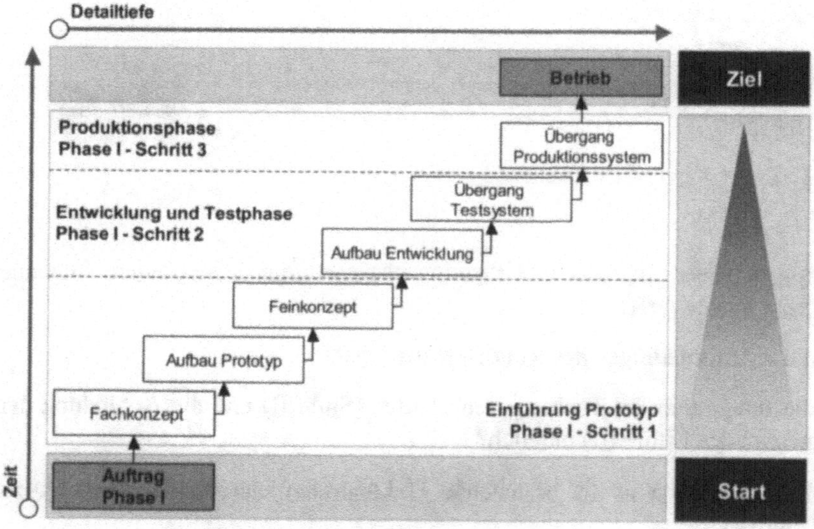

Abb. 143. Projektlogik Einführung/Implementierung (Phase 1)

Um eine Integration in das e-Procurement-System unter Berücksichtigung der komplexen IT-Landschaft der Sparkasse und deren externer Partner zu gewährleisten, wurde der Public Hub (Business Connector) der Firma IONA eingesetzt. Zunächst galt es aber die erforderliche Detaillierung zum Aufbau des vorkonfigurierten Oracle iProcurement-Systems zu erreichen.

Im Rahmen des analytischen Teils zum Arbeitspaket „Fachkonzept" (gemäß Abbilung) wurden in Form von internen Interviews und Workshops alle erforderlichen Parameter zur Einführung des vorkonfigurierten Prototyps identifiziert und definiert, sowie Lieferantengespräche vorbereitet und durchgeführt.

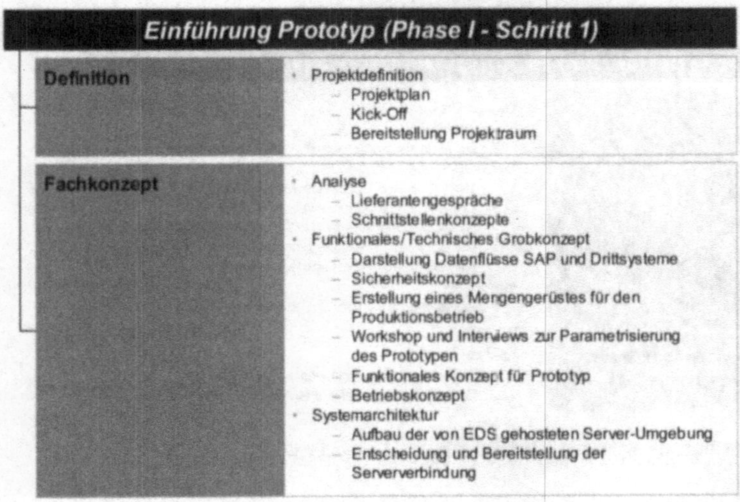

Abb. 144. Einführung Prototyp (Phase 1-Step 1)

Die parallel angegangene funktionale und technische Konzeption auf Basis des erstellten Mengengerüstes für den Produktionsbetrieb umfasste im Wesentlichen die Erstellung eines Schnittstellen- und technischen Soll-Konzeptes, sowie die Betrachtung der Datenflüsse in Bezug auf SAP und Drittsysteme.

Eine Übernahme des bestehenden Sicherheitskonzeptes bei der Konzeption war Grundvoraussetzung für die Implementierung der Beschaffungslösung und somit ebenfalls Bestandteil der konzeptionellen Arbeit. Bei der initialen Katalogerstellung kam das Oracle XML- bzw. CSV-Format zum Einsatz.

Der eigentliche Aufbau des Prototypen gemäß setzte auf den Ergebnissen des Anwender-Workshops der vorherigen Phase *(=Machbarkeitsstudie)* auf.

So konnte nach Basisinstallation und Parametrisierung von Oracle iProcurement das Laden von drei Lieferantenkatalogen mit ca. 15.000 Artikeln durchgeführt werden. Die Fertigstellung des Prototypen erforderte die Vorbereitung vom Aufbau des Katalogmanagements im iProcurement System mit Definition der Artikelabbildung und Entwicklung eines Konzeptes für den Katalogdatentransfer.

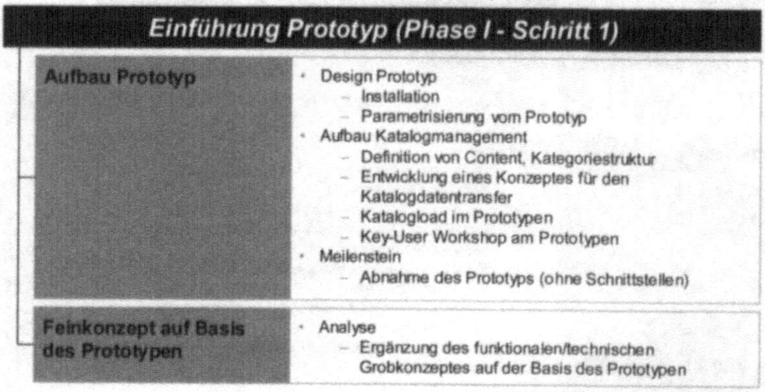

Abb. 145. Einführung Prototyp (Phase 1 - Step 1) – Fortsetzung

Der erste Meilenstein war nach Durchführung entsprechender Tests durch die Abnahme des Prototypen definiert. Auf Basis einer IST-Aufnahme der Beschaffungsprozesse der Sparkasse und den Leistungsmerkmalen des Prototypen wurde das Feinkonzept aufgesetzt. Betrachtet wurden aber lediglich Prozesse, die nicht innerhalb des Prototyps abbildbar waren bzw. nicht übernommen werden konnten. Die hieraus resultierenden Soll-Prozesse ergänzten das funktionale und technische Grobkonzept auf Grundlage des Prototyps.

Die anschließende Entwicklungs- und Testphase diente der Realisierung der Schnittstellen, dem Aufbau der Kataloge und der Abbildung der definierten iProcurement-Prozesse.

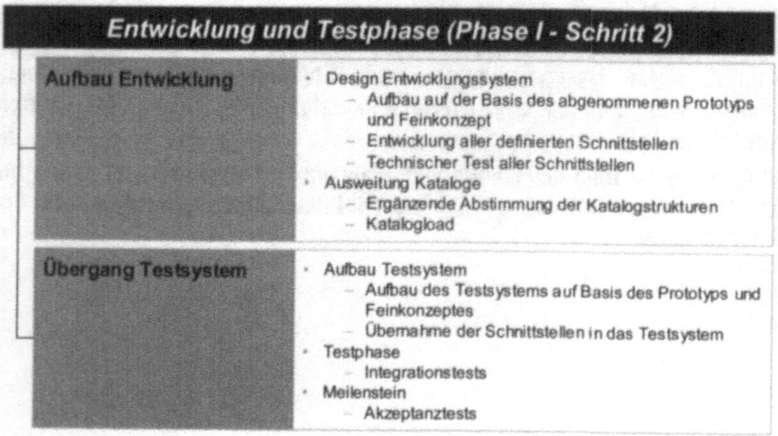

Abb. 146. Entwicklung und Testphase (Phase 1 - Step 2)

Gegenüber dem Funktionsumfang des Prototypen konnten zu diesem Zeitpunkt bei der Installation und Parametrisierung von Entwicklungs- und Testsystem bereits die endgültigen Spezifikationen des Feinkonzeptes herangezogen werden. Die wesentlichen Schnittstellen zu den ERP-Modulen für Finanzbuchhaltung (SAP-FI), Anlagenbuchhaltung (SAP-CO) und Materialwirtschaft (SAP-MM) wurden in dieser Umgebung entwickelt und anhand im Feinkonzept definierter Test-Cases abgenommen. Weiteres Augenmerk galt der Schnittstelle zum SAP-Modul, innerhalb dessen die Lagerbestandsprüfung ausgeführt wird und die Bestellgenerierung erfolgt. Um auch buchhalterisch die Abläufe zu vereinfachen und Fehler einer manuellen Verarbeitung auszuschließen, wurde im Rahmen der Entwicklung ein Übertragungsprozess für Anlagengüter aus SAP-MM in SAP-CO implementiert.

Die Abbildung eines wertabhängigen Genehmigungsworkflows zur Unterstützung der Beschaffungsvorgänge in den drei Pilot-Abteilungen stellte ein Kernelement der neuen Lösung dar. Um innerhalb des Systems für eine Bestellung auch Artikel zur Auswahl zu haben, war letztendlich die Übernahme von 20 aufbereiteten Lieferantenartikelkatalogen in das i-Procurement System erforderlich. Diese umfasste eine ergänzende Abstimmung der Katalogstrukturen und den eigentlichen Katalogload. In diesem Rahmen wurden zusätzlich Katalogtemplates zur Unterstützung der Beschaffung von Formularen erstellt. Mit der Durchführung von System- und Integrationstests sowie der Schulung der Key-User in Form eines Workshops waren Funktionsfähigkeit und Handhabung des Systems sichergestellt.

RUN – Produktionsphase

In dieser Phase erfolgte die Migration in das Produktivsystem und die Prüfung der Datenkonsistenzen, so dass die Überführungsphase im Wesentlichen den Aufbau der Produktivumgebung sowie die Prüfung und Verifikation des Produktivsystems umfasste.

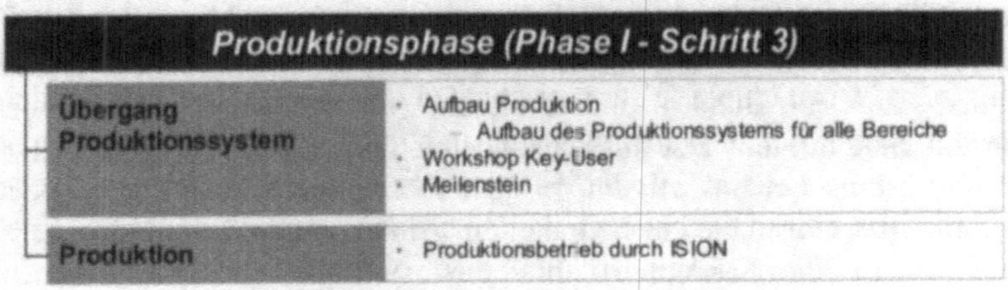

Abb. 147. Produktionsphase (Phase 1 - Step 3)

Die Ausweitung der Nutzung des e-Procurement-Systems auf weitere interne Abteilungen, sowie Tochterunternehmen ist mit Start innerhalb der ersten fünf Monate des Betriebs vorgesehen. Ebenso die Integration von Firmenkunden der Sparkasse, und damit die Schaffung neuer „Value-Added"-Services im Bereich der Beschaffung für diesen Kundenkreis.

Architekturmodell e-Government für Bund, Länder und kommunalen Bereich

Georg Schäfer

Notwendigkeit eines Architekturmodells

Nach einer relativ kurzen Diskussion war klar, dass unter e-Government die Abwicklung aller wichtigen und geeigneten Prozesse mit Hilfe des Internet und der Informations- und Kommunikationstechnik (IuK), die im Zusammenhang mit öffentlichen Verwaltungen ablaufen müssen, verstanden werden muss. Jede engere Definition hätte zu schmerzlichen Medienbrüchen und Lücken an wichtigen Schnittstellen geführt. Daraus abgeleitet wurden dann die Begriffe e-Bürgerdienste und Lebenslagen. Mit e-Bürgerdienst bezeichnet man eine formularbasierte oder interaktive Lösung zur Erbringung von Verwaltungsdienstleistungen im Internet. Lebenslagen sind thematisch passend zu Lebenssituationen wie Umzug, Heirat, Geburt, Studium, Firmengründung zusammengefasste Beschreibungen und Lösungen von Verwaltungsverfahren und e-Bürgerdiensten, die um geeignete privatwirtschaftliche e-Commerce-Anwendungen ergänzt werden können.

Obwohl diese Definitionen umfassend und klar erscheint, kann e-Government auch mit diesen Definitionen auf sehr unterschiedliche Weise realisiert werden:

e-Government kann als Internet-Zugang zu den herkömmlichen und seit langem laufenden IuK-Verfahren der Verwaltung realisiert werden. Es kann aber auch im Sinne eines e-Governance völlig neu konzipiert und mit ganzheitlich durchgängigen Internet- und IuK-basierten Diensten realisiert werden. Auch dabei wird man allerdings bewährte vorhandene IuK-Verfahren einbauen.

e-Government kann isoliert für einzelne Behörden, insbesondere isoliert auf Kommunal-, Landes-, Bundes- und EU-Ebene realisiert werden. Das finden wir heute im Internet, mit teilweise ausgezeichneten innovativen Lösungen. Allerdings wird das Ergebnis bei uns allgemein als unbefriedigend empfunden, denn der Bürger muss die einzelnen Zuständigkeiten, Ämter usw. kennen und suchen. In den USA wird dies akzeptiert, bei uns sind Bürger und Unternehmen anspruchsvoller: Die gesamte öffentliche Verwaltung aller vier Ebenen soll versuchen, Bürgern und Unternehmen einen einheitlichen Zugang zu schaffen, der keinerlei Wissen über sachliche und fachliche Zuständigkeiten voraussetzt. Dieser insbesondere deutsche integrierte Ansatz ist etwa angesichts der zum Teil sehr unterschiedlichen Zuständigkeitsregelungen auf Landesebene erheblich komplizierter und erfordert u.a. eine Technik aus dem Bereich des Wissens-Managements, die Zuständigkeiten finden und dem Nutzer aufzeigen kann.

Zweifellos bietet dieser umfassende Ansatz aber auch eine erheblich bessere Dienstleistung als der mit voneinander isolierten Lösungen.

Selbst wenn man den integrierten Ansatz wählt, muss zwischen unterschiedlichen Ebenen der Integration unterschieden werden. Eine wichtige Frage ist dabei, inwieweit das Portal, mit dem der Bürger eingestiegen ist, den weiteren Ablauf des e-Government steuern und erkennen soll, wie Daten zwischen den verschiedenen Dienstleistern übergeben werden sollen, welche Sicherheitsmaßnahmen ergriffen werden sollen und vieles andere mehr.

Kommunen, Länder und der Bund haben bislang im Bereich der IuK weitgehend autonom gehandelt. Eine gewisse Abstimmung von Technik und Organisation findet seit langem im Kooperationsausschuss (KoopA) für die automatisierte Datenverarbeitung (ADV) des Bundes, der Länder und des Kommunalen Bereichs (kurz: KoopA ADV) statt, sowie im Bereich der Länder. DEVO/DÜVO (Datenerfassungsverordnung und Datenübermittlungsverordnung), frühere Standards wie KDBS (Kompatible Datenbank Schnittstelle) mögen den Älteren noch bekannt sein. Einfache Datenaustauschschnittstellen sind Stand der Technik und Organisation. Inzwischen werden um die Hundert selbstverständlich genutzt etwa beim Datenaustausch zwischen dem Ordnungswidrigkeitenverfahren und dem Kraftfahrtbundesamt, dem Meldewesen und dem Statistischen Landesamt, den Schulen und der Schulverwaltung.

Will man im Bereich des e-Government einen integrierten Ansatz realisieren, dann muss die Informations- und Kommunikationstechnik jedoch weit stärker abgestimmt werden. Dabei geht es nicht nur um eine kleine Fortschreibung der bisherigen Vorgehensweise. Eine völlig neue Art der Zusammenarbeit steht vor uns. Wieso? Die Informatik unterscheidet zwischen Datenflüssen und Kontrollflüssen. Datenflüsse kann man durch Datenschnittstellen realisieren, bei denen die beiden Organisationen, die Daten austauschen, sich bezüglich ihrer internen Verarbeitungslösungen nicht absprechen müssen. Jeder kann seine Daten verarbeiten, wie er will. Werden Kontrollflüsse verbunden, dann wird die Gefahr der Abhängigkeit und vielfach die tatsächliche Abhängigkeit größer. Das hemmt die Entwicklung, denn wo vorher unterschiedliche Organisationen in unterschiedlichem Tempo modernisieren konnten, entsteht die Gefahr eines Geleitzugprinzips, in dem immer der Langsamste die Fahrtgeschwindigkeit angibt. Keine Frage: Das darf nicht eintreten.

Eine Lösung in einem Schritt wird es nicht geben können, weil dazu die öffentliche Verwaltung und ihre IuK viel zu komplex und zudem die Automationslösungen und die Technik selbst noch viel zu sehr im Fluss ist. Hinzu kommen Erwartungen an neue Techniken, wie z.B. die digitale Signatur, die sich erst noch bestätigen müssen.

Das sich so darstellende Koordinationsproblem ist nicht neu und wurde an mehreren Stellen schon gelöst. Es empfiehlt sich deshalb, anhand von erfolgreichen Beispielen zu prüfen, wie man vorgehen könnte.

Landessystemkonzept Baden-Württemberg

1984 wurde in Baden-Württemberg erkannt, dass die IuK künftig für die öffentliche Verwaltung von grundlegender Bedeutung ist. Damit begann eine Entwicklung, die sich inzwischen als überaus wirtschaftlich und erfolgreich herausgestellt hat.

Entwicklung

1984 vergab die Landesregierung ein Gutachten für ein Landessystemkonzept. Als es 1985 vorlag, beschrieb es Großprojekte (sog. Szenarien), eine Gremienstruktur, Regeln für den IuK-Haushalt und ging insb. aufgrund der Erfahrung der Gutachter aus der Privatwirtschaft wesentlich davon aus, dass jede Aufgabe nur an einer Stelle und einheitlich realisiert werden sollte. Eine Stabsstelle erhielt die Aufgabe, die Entwicklung zu koordinieren und in einem speziellen Plan zusammen zu stellen.

Rasch wurde deutlich, dass eine straffe Koordination und eine enge Umsetzung des Prinzips, jede Aufgabe nur an einer Stelle zu lösen, wegen der Heterogenität der öffentlichen Verwaltung nicht geeignet ist. Entstanden Blockaden und Projektverzögerungen bei einer Verwaltung, dann drohten sie, sich auf viele andere Verwaltungsbereiche schädlich auszuwirken. 1989 begann die Stabsstelle im Innenministerium deshalb mit einer abgestuften Lockerung.

Als neuer Grundsatz wurde festgelegt:
Kein Verwaltungsbereich soll vom Projektfortschritt eines anderen abhängig werden. Wer am schnellsten modernisieren und rationalisieren kann, soll dies tun.

Dadurch wurde rasch ein Anwendungsstau aufgelöst und erhebliche Rationalisierungsprojekte konnten in kurzer Zeit erfolgreich angestoßen und bald danach auch abgeschlossen werden.

Um ein Auseinanderdriften der Verwaltung und um Insellösungen zu vermeiden, wurde folgender Grundsatz eingeführt:
Mit Hilfe von Konzeptionen für einzelne Aufgaben und für neue Techniken wurden technische und organisatorische Standards definiert, an die sich grundsätzlich jeder zu halten hat. Ausnahmen gelten nur, wenn die Wirtschaftlichkeit begründet worden ist.

Damit sind erstmals die Standards des Landessystemkonzepts entstanden, die innerhalb ca. 10 Jahre auf ca. 200 Standards angewachsen sind. Dennoch kam es immer wieder zu ärgerlichen Problemen beim Datenaustausch und bei der Datenkommunikation. Nach sorgfältiger Überlegung und mit der Absicht, sich hierbei auf ein absolut notwendiges Minimum zu beschränken, wurde dann folgender Grundsatz umgesetzt:
Neben den technischen und organisatorischen Standards werden für klar definierte Verwaltungsbereiche Produkte festgelegt und es wird die einheitliche Nutzung von IuK-Technik festgelegt.

Diese Festlegungen haben dann wiederum einen großen Durchbruch gebracht. Die Untersuchung von Technik wurde praktisch nur noch an einer Stelle durchgeführt, alle wichtigen Stellen wurden in etwa gleichartig modern ausgestattet und wo früher mit mehreren Medien kommuniziert worden ist, wurde bald einheitlich vorgegangen.

Die wirtschaftliche Lage der öffentlichen Verwaltungen erforderte immer mehr Einsparungen, insb. beim Personal. Hinzu kam, dass die Technik für fast jede neue Verwaltungsreform ausschlaggebend geworden ist und Rationalisierungserfolge nur so rasch erreicht werden konnten, wie die Technik verfügbar gemacht werden konnte. Die Landesverwaltung hat daraufhin eine große Outsourcing-Initiative ergriffen, indem sie in mehreren Stufen folgenden Grundsatz umgesetzt hat:

Die IuK wird durch

- Vereinheitlichung

- Konzentration

- Privatisierung

- Qualitätssicherung

flächendeckend insb. für einheitliche Grundverfahren (z.B. Bürokommunikation, Finanzwesen, Personalwesen, Netze, Internet-Portal) genutzt.

Damit ist die Entwicklung bis heute in sehr straffer Form beschrieben. Man sieht, dass ein Rationalisierungsschub immer dann möglich geworden oder eingetreten ist, wenn pragmatisch ein vorher blockierender Faktor (z.B. Verzicht auf Festlegung von Produkten, Beschränkung auf Eigenbetrieb) aus dem Weg geräumt worden ist.

Heutige Struktur

Wie die Standards des Landessystemkonzepts heute aussehen, ersieht man am besten an einem Beispiel. Die Standards sind gegliedert nach Technikanwendungen (z.B. Kommunikation, Entwicklungssysteme, Sicherheit) und dann weiter untergliedert. Die Beschreibung ist so gehalten, dass auch IuK-Laien sich orientieren können, Organisatoren ihre Informationen einfach auffinden und alle Leser insb. auch die IuK-Spezialisten eine klare Beschreibung finden. Der Standard wird dazu kurz bezeichnet, erklärt und sein Einsatz begründet. Mit „Einsatz" ist jeweils festgelegt, wie die Nutzung des Standards auszusehen hat. Zwei Beispiele sind nachfolgend dargestellt: HTTPS und Voice over IP.

Beispiel 1: HTTPS

| HTTPS | Fundstelle: Die Standardisierung von HTTPS obliegt dem W3C (World Wide Web Consortium). HTTPS ist eine sichere Variante von HTTP, die die Dienste von SSL V. 3 (Secure Socket Layer) bzw. TLS V1.0 (Transport Layer Security) nutzt (vgl. Nr. 9.7.2). HTTPS erweitert HTTP um Authentifizierung und Datenverschlüsselung zwischen Web-Server und Web-Browser. | Einsatz: HTTPS wird überall eingesetzt, wo ein gesichertes Kommunikationsprotokoll zwischen Web-Browser und Web-Server notwendig ist. Der Einsatz erfolgt somit bei Bedarf z.B. in einem e-Bürgerdienst, bei der Kommunikation mit dem Portal für die e-Bürgerdienste und in einem Intranet- oder Extranet-Verbund. HTTPS kann bei Bedarf über Intranet-Grenzen (auch zu kommunalen Intranets) hinweg genutzt werden, ohne dass eine besondere Risikoanalyse erforderlich ist. Sofern US-Produkte eingesetzt werden, sind die hoch sicheren Produktversionen zu nutzen bzw. darauf zu migrieren Begründung: HTTPS ist besonders geeignet, die Integrität, die Vertraulichkeit und die Authentizität der Kommunikation zwischen Web-Browser und Web-Server auf einfache und wirtschaftliche Weise sicherzustellen. HTTPS ist Bestandteil des gemeinsamen IuK-Architekturmodells Land/Kommunen. |

Beispiel 2: Voice over IP

| Voice over IP de-facto-Standard | Voice over IP (VoIP) bezeichnet einen digitalen Sprachdienst über IP-Netze. Die Sprache wird digitalisiert und per Hard- oder Software komprimiert übertragen Der Einsatz von VoIP ist insbesondere wirtschaftlich, wenn Softphones (PC mit Audio-Karte und –Boxen und einer Telefoniersoftware) und Universal Messaging genutzt werden. Ergonomische Geräte sind am Markt verfügbar. Kleinere Defizite dieser Technik bestehen praktisch nur noch bei speziellen Funktionen wie z.B. der Chef-Sekretärinnen-Funktion. | Einsatz: Der Einsatz erfolgt in Pilotprojekten. Vor der Beschaffung einer neuen TK-Anlage ist zu prüfen, ob VoIP eine wirtschaftlich günstigere Lösung darstellt. Verträge über herkömmliche TK-Anlagen mit mehr als 5 Jahren Laufzeit müssen besonders begründet und mit der Stabsstelle für Verwaltungsreform abgestimmt werden. Künftig: Die Ausweitung von VoIP in der Landesverwaltung hängt insbesondere ab von

 • den Ergebnissen der Pilotprojekte

 • dem Fortgang der Standardisierung und Realisierung im Bereich der QoS (Quality of Services)

 • der Verbreitung am Markt und der daraus sich entwickelnden Wirtschaftlichkeit.

 Begründung: Die Wirtschaftlichkeit muss sichergestellt werden. |

Die Standards des Landessystemkonzepts sind insbesondere für interessierte Fachleute aus dem Bereich anderer öffentlicher Verwaltungen und von Unternehmen, die sich um Aufträge bemühen, im Internet unter www.verwaltungsreform-bw.de eingestellt.

Architekturmodell der IuK für Land und Kommunen

Als Mitte der siebziger Jahre mit der Interkommunalen Datenverarbeitung Baden-Württemberg in Ulm das erste kommunale Rechenzentrum gegründet worden ist, haben parallel auch die Landesbehörden begonnen, sich mit der Datenverarbeitung zu beschäftigen. Die Bedeutung und das Potenzial der Datenverarbeitung sind damals wohl erkannt worden und auch die Notwendigkeit, die Datenverarbeitung des Landes und der Kommunen soweit möglich zu vereinheitlichen, zumindest jedoch zu synchronisieren. Das erklärt, wieso man zu der Zeit eine Datenzentrale Baden-Württemberg gegründet hat, die für die Datenverarbeitung des Landes und der Kommunen zuständig wurde.

Je mehr Land und Kommunen die Datenverarbeitung einsetzten, umso deutlicher wurde, dass die Anwendungen die Strategie definieren. Unterschiedliche Anwendungen führten zu einem Auseinanderlaufen der Strategien. Bereits die Produktentscheidungen und die Prioritäten bei der Anwendungsentwicklung waren unterschiedlich. Außerdem fanden die Kommunen im kommunalen Bereich anderer Länder eher nutzbare Programmpakete als beim Land. Hinzu kam, dass die Ministerien immer mehr die strategische Bedeutung der inzwischen zur Information- und Kommunikationstechnik gewachsenen Datenverarbeitung erkannten und diese stärker steuern wollten. Die Datenzentrale Baden-Württemberg entwickelte sich deshalb schrittweise zu einem überaus erfolgreichen Softwarehaus für die Kommunen und deren Verbände in Baden-Württemberg. Dort, wo Daten ausgetauscht werden mussten, vereinbarte man einen Datenträgeraustausch. Er erlaubte allen Beteiligten eine weitgehende Autonomie bei den Produktentscheidungen der Anwendungssoftware, der Hardware und Systemsoftware sowie bei der Organisation der IuK und des Betriebs.

Das Internet und die Bürokommunikation erzwangen in den 90er Jahren bei einzelnen Anwendungen immer wieder Absprachen der IuK zwischen Land und Kommunen. Mailsysteme (X.400 und/oder SMTP), Dokumentenaustauschformate, Verzeichnis-Koordination, Zusammenarbeit im Netzbereich und gegenseitige Bereitstellung von Dialogverfahren (z.B. zur Erfassung von Wahlergebnissen) sind Beispiele. e-Government und die hohen Kosten für die Entwicklung von einzelnen interaktiven e-Bürgerdiensten machten weitere Absprachen notwendig: Firewall-Einstellungen, IP-Adressräume, die Verbindung von Intranets, Standards für Verschlüsselungssysteme sind hier Beispiele für Techniken, die dringenden Handlungsbedarf entwickelten.

In Baden-Württemberg entstand schließlich Ende der 90er Jahre ein gemeinsames Architekturmodell für die IuK von Land und Kommunen. In seiner ersten Version bestand es noch in einer bloßen Gegenüberstellung von staatlichen und kommunalen Standards. Bereits nach kurzer Zeit und auch als Ergebnis erfolgreicher gemeinsamer Projekte wurden gemeinsame Techniken für eine gemeinsame Nutzung entwickelt. Aus Sicht der Landesverwaltung Baden-Württemberg ist das staatlich-kommunale Architekturmodell inzwischen Teil der Standards des Landessystemkonzepts. Ein kleiner Hinweis bei den einzelnen Standards reicht heute zur Information der Landesbediensteten aus.

Nachfolgend ist ein kurzes Beispiel abgedruckt:

| Word 97, Word 2000 oder Word 2002 de-facto-Standard | Dokumentenformate und Versionen des Textverarbeitungssystems MS-Word als Komponente des Office-Pakets Problematisch sind Formatänderungen im Rahmen neuer Word-Versionen: Ein Word 2000/2002-Format kann mit Office 4.x (Word 6.0) nicht geöffnet werden. Um diesem Problem zu entgegnen, können neuere Word-Formate im sogenannten Dual-Save-Format abgespeichert und so lesbar an Word 6.0-Empfänger (z.B. kommunale Behörden) versendet werden. Allerdings nimmt hier die Dateigröße erheblich zu. | Einsatz: Die Landesverwaltung setzt intern das Format Word 2000 oder 2002 ein. MS-Word ist Standardformat für den Dokumentenaustausch zwischen LVN[101] und KVN[102]. Begründung: Bestandteil • der einheitlichen IuK-Infrastruktur und • des Gemeinsamen IuK-Architekturmodells Land/Kommunen Kompatibilitätsregeln (Beschluss des LSA[103] vom 24.03.2000) |

IDA-Programm der EU

Mitte der 90er Jahre führten die öffentlichen Verwaltungen Europas immer mehr IuK-Verfahren der Europäischen Union ein. Sie stellten dabei fest, dass die EU-Kommission diese IuK-Anwendungen mit unterschiedlicher Technik entwickelte. Die Mitgliedstaaten litten an diesem Koordinationsmangel, weil sie ihre in der Regel weitgehend homogene IuK ständig mit Ausnahmen belasten und dafür hohe Kosten tragen mussten. Je mehr Kommunikationstechnik eingeführt wurde, umso mehr stiegen auch die Netzkosten bei der EU-Kommission, denn eine einheitliche Netztechnik hätte eine wirksame Koordination vorausgesetzt.

Die EU-Kommission startete das IDA-Programm (IDA = Interchange of Data between Administrations) und gründete einen Ausschuss hoher Beamter mit der Bezeichnung TAC (Telematics in Administrations Committee).

---

[101] LVN = Landesverwaltungsnetz Baden-Württemberg
[102] KVN = Kommunales Verwaltungsnetz Baden-Württemberg
[103] LSA = Landessystemausschuss Baden-Württemberg

Entwicklung

Die EU-Kommission hat natürlich rasch erkannt, dass eine Koordination der IuK im Bereich der von EU-Regelungen bestimmten öffentlichen Verwaltung eine Aufarbeitung mehrerer Problembereiche erforderte und ging diese auch tatkräftig an:

- Um die europäische öffentliche Verwaltung zu fördern, hatte man das European Nervous System (ENS) entwickelt, ein Programm das stark mit dem EU-Forschungsprogramm verbunden war. Da im Forschungsbereich andere Standards als im Bereich der produktiven Verwaltungsinformatik gelten, war eine Anpassung dringlich. Sie geschah dadurch, dass die ENS-Projekte in das IDA-Programm überführt worden sind. Außerdem wurden die sich neu entwickelnden Internet-Standards aus dem Forschungsbereich zügig in den Verwaltungsbereich eingeführt.

- Die offenen Systeme, deren Nutzung im European Handbook on Opern Systems (EPHOS) vorgegeben war, erwiesen sich rasch als nicht vollständig, um alle in der Praxis auftretenden Anforderungen zu erfüllen. Die EU-Kommission hat dann aus dem Bereich der Wirtschaft die „Best Practices" für IDA als Technologie-Leitlinie vorgegeben.

- Von Anfang an hat die EU-Kommission zu Recht die vereinheitlichte Kommunikation als notwendige Grundlage für eine Vereinheitlichung der Informationsverarbeitung begriffen. Anfangs diskutierte man noch, ob eine einheitliche europäische Netzbehörde ein Weg sein könnte, die Kommunikation zu vereinheitlichen. Je mehr die „Best Practices" als notwendig angesehen worden sind, entstand Einvernehmen, dass eine Privatisierung der Kommunikation über einen Outsourcing-Vertrag die wirtschaftlichste Lösung darstellt.

Bereits nach wenigen Jahren ist es so gelungen, die Technik der transeuropäischen IuK-Verfahren zu vereinheitlichen. Viele Fachgruppen unterstützten diesen Trend nachhaltig, denn er entlastete sie enorm von IuK - Fragen und gestattete ihnen eine Konzentration auf die fachlichen Fragen.

Im Rahmen des TAC ging es danach vermehrt um Fragen des Projektmanagements: Wie können Bund, Länder und Kommunen die Einführung neuer Fachverfahren planen? Könnte eine Softwarebörse eingerichtet werden, um die Mitgliedstaaten durch einen Austausch von IuK-Programmen und IuK-Know-How zu entlasten?

Heutige Struktur

Aktuell sind folgende wesentlichen Steuerungsinstrumente für die Mitgliedstaaten und ihre öffentlichen Verwaltungen verfügbar:

- Das jährliche *IDA Arbeitsprogramm* legt die Kommission i.d.R. zum Jahresende in einem ersten Entwurf für das nächste Jahr vor. Unterteilt in ein Programm für horizontale Maßnahmen (d.h. für Infrastruktur wie z.B. das Transeuropäische Netz TESTA, allgemein in mehreren transeuropäischen IuK-Fachverfahren nutzbare Software) und ein Programm für die sektoriellen IuK-Verfahren - also die einzelnen Fachverfahren etwa der Fischerei, Landwirtschaft, der europäischen Agenturen für Ernährung, für Umweltschutz, Arzneimittel und Novel Food - erlaubt es eine gute Information der Behörden der Mitgliedstaaten und ist eine gute Abstimmungsgrundlage. Soweit Ausschreibungen in den einzelnen Bereichen geplant sind, ist dies genannt. Das Arbeitsprogramm müssen die öffentlichen Verwaltungen daher vertraulich behandeln.

- Die *IDA-Finanzplanung für das kommende Jahr* legt die EU-Kommission i.d.R. mit einer Übersicht über die tatsächliche Verwendung der Finanzmittel im abgelaufenen Jahr vor. Der TAC ist damit in der Lage, die Vorschläge der EU-Kommission für neue Prioritätenfestlegungen zu erkennen und zu bewerten.

- Die *IDA Architecture Guidelines* werden bei Bedarf fortgeschrieben. Ein Bedarf tritt ein, wenn z.B. eine neue Technik eingeführt werden soll. Dazu erstellt die EU-Kommission mit Hilfe Externer Konzeptionen, diskutiert sie auf einem oder mehreren Workshops mit Experten aus den Mitgliedstaaten und fügt sie dann in einen Entwurf zur Fortschreibung ein, der dem TAC zur Entscheidung vorgelegt wird. IuK-Konzeptionen können vertraulich sein, etwa wenn sie Sicherheitsmaßnahmen beschreiben.

Daneben stellt die EU den Mitgliedstaaten „**Free Software**" zur Verfügung. Dies ist etwa der ZEUS-Server, den die Bundes- und Länderverwaltungen verwenden, um sich über die jährlich über 10.000 Dokumente zu informieren, die die vom Europäischen Rat geplanten Rechtsänderungen beschreiben. Daneben fallen noch mindestens ebenso viele Dokumente an, mit denen die EU-Kommission die Ratsentscheidungen vorbereitet. Pro Arbeitstag ist deshalb mit mehr als 10 EU-Dokumenten zu rechnen, die jemand, der sich über alle Vorhaben der EU informieren wollte, lesen müsste. Dies ist natürlich unmöglich. Die EU und die Bundesverwaltung ermöglichen deshalb über Informationssysteme, die auch über das Internet frei zugänglich sind, und Informationsbüros, Bürgern und Unternehmen zu einzelnen Fragestellungen eine praktisch taggenaue Information der Sachlage. Ein anderes Beispiel für frei verfügbare Software ist der CIRCA-Server. Dies ist eine Technologie für ein Internet-Portal, das neben den üblichen

Portalfunktionen auch eine kostengünstige Betreuung der vielen Committees und Arbeitsgruppen der EU-Kommission erlaubt. Im Rahmen von e-Europe soll der CIRCA-Server zum Aufbau eines e-Europe Mobility Portals genutzt werden. Die Pilotinstallation ist unter http://europa.eu.int/public-services im Internet erreichbar. Zu gegebener Zeit sind insb. auch Standards für eine Portal-Portal-Kommunikation vorzusehen. Diese Standards sind notwendig, um die vielen Portale der nationalen öffentlichen Verwaltungen an das e-Europe Mobility Portal anzuschließen.

Die Darstellung zeigt, dass die Vereinbarung von technischen und organisatorischen Standards von dem rechtlichen und organisatorischen Arbeitsumfeld und den Arbeitsprozessen abhängig ist.

Standards und Anwendungen für e-Government Anwendungen (SAGA)

SAGA ist eine Zusammenstellung für Standards und Anwendungen im Umfeld von e-Government, den das Bundesministerium des Innern (BMI) mit Hilfe einer Unternehmensberatung erstellt und im Juni 2002 für eine Expertenanhörung und eine Länderbewertung zur Verfügung gestellt hat. Damit hat das BMI eine notwendige Aufgabe übernommen, denn BundOnline 2005 kann ohne solche Standards den Bürgern und Unternehmen keine einfache Übersicht über die Verwaltungsdienstleistungen der öffentlichen Verwaltung Deutschlands anbieten. Das große Ziel ist ja, wie eingangs bereits erläutert, den Kunden der öffentlichen Verwaltung den Weg zu weisen, ohne von ihnen ein Verständnis der vielfältigen fachlichen und örtlichen Zuständigkeiten der dreigegliederten öffentlichen Verwaltung in Deutschland (Bund/Länder/Kommunen) zu erwarten.

SAGA nennt technische Standards, die in obligatorische, empfohlene und unter Beobachtung stehende untergliedert sind. Mit „obligatorisch" wird die Vorstellung verbunden, dass die öffentliche Verwaltung bei Ausschreibungen solche Standards zwingend vorschreiben soll. Organisatorische Standards oder konkrete Nutzungsvorschriften sind nicht genannt.

Ein IuK-Spezialist verbindet natürlich mit jedem dieser technischen Standards einen Anwendungsschwerpunkt. Allerdings sind diese insb. bei Sicherheitsmaßnahmen wie z.B. der Verschlüsselung und Signatur nicht unstrittig. Unterschiedliche IuK-Spezialisten werden eine unterschiedliche Nutzung ins Auge fassen. Eine einheitliche Anwendung, wie sie sich insb. im Landessystemkonzept Baden-Württemberg und in den IDA Architecture Guidelines entwickelt haben, ist wohl einem zweiten Schritt vorbehalten, der sich in den kommenden Jahren anschließen kann.

Definiert man Standards für Anwendungen in der Verwaltungsinformatik, stellt sich sofort die Frage, wie man mit den Bereichen verfährt, in denen sich (noch) keine allgemein anerkannten Standards durchgesetzt haben. Wichtig ist die Lösung dieses Dilemmas, denn selbst wenn in der Praxis alle anderen Standards eingehalten würden und in einer noch bestehenden Lücke würden zwei Kommunikationspartner unterschiedliche Standards nutzen, dann wäre das Ziel verfehlt, weil dieser eine unterschiedliche Standard die Interoperabilität verhindert. Würde man etwa bei einem Mail-Austausch alle Standards einhalten, aber unterschiedliche Dokumentenformate wählen, dann wäre mit Konvertierungsfehlern und Datenverlust zu rechnen. Eine Konsequenz, die für die öffentliche Verwaltung nicht akzeptabel ist, weil verschwundene Sätze, Paragrafen oder Bilder zu einer unterschiedlichen Bewertung des Dokuments führen.

Das SAGA - Papier wird in die Beratungen der Arbeitsgruppe des KoopA ADV zum e-Government - Architekturmodell als ein wichtiger Beitrag einbezogen.

e-Government Architekturmodell des KoopA ADV

Der KoopA hat auf seiner Sitzung am 11./12.4.2002 folgenden Beschluss gefasst:

Beschluss (Nr. 6.3 - 4/2002):

Es wird eine Arbeitsgruppe „Architekturmodell e-Government" gebildet. Der Arbeitsgruppe gehören an: Baden-Württemberg (Vorsitz), Bund, Bayern, Bremen, Hamburg, (NRW), Niedersachsen, Thüringen, Bundesvereinigung der Kommunalen Spitzenverbände. Baden-Württemberg/Hr. Schäfer[104] lädt Ende 06/Anfang 07/2002 zur ersten Sitzung ein.

Dem KoopA ADV lag bei seiner April-Sitzung bereits ein Gliederungsentwurf von Baden-Württemberg vor. Er umfasste sämtliche im Bereich des e-Government in Diskussion befindliche Anwendungsbereiche. Um die Beratungen zu beschleunigen und die Arbeitsbelastung auf die einzelnen Länder gleichmäßiger zu verteilen wurde beschlossen, die Themen zur Digitalen Signatur und Verschlüsselung von einer speziellen Arbeitsgruppe bearbeiten zu lassen und die Ergebnisse zu gegebener Zeit in die Arbeit der Arbeitsgruppe „Architekturmodell e-Government" einzubringen.

Natürlich ist es unrealistisch, mit einem großen Schlag alle e-Government - Standards in einem Papier noch im Jahr 2002 einvernehmlich abzustimmen. Noch kaum ein Land und kaum eine Behörde haben bislang so weitgehende Gedanken entwickelt, dass ein eigenes Architekturmodell vorliegen könnte. Baden-Württemberg hat z.B. einen Portalvertrag mit einem Unternehmen abgeschlossen, das eine dreijährige Konzeptions- und Entwicklungsphase zum Aufbau einer e-Governmenttechnik vorsieht. Der Weg ist also das Ziel und wenn die Arbeitsgruppe „Architekturmodell e-Government" des KoopA es schafft, ein weitgehendes einheitliches Vorgehensmodell mit etwa vergleichbaren

---

[104] Gemeint ist der Autor dieses Beitrags

Meilensteinen zu den einzelnen e-Government-Funktionen zu entwickeln, hat sie bereits eine wichtige Arbeit geleistet.

Die Arbeitsgruppe hat inzwischen zwei Mal getagt und insb. folgende Themen erörtert:

- Architektur und Nutzung der digitalen Signatur inkl. der Identifikation von Bürgern und Unternehmen

- Architektur und Nutzung der Verschlüsselung einschließlich der Konformität zur EU, der Privatwirtschaft und der Akzeptanzfragen

- Architektur der Portaltechnik einschließlich der Lebenslagensteuerung, der Steuerung der e-Bürgerdienste, des Workflows und der Portal-Portal-Kommunikation. In diesem Zusammenhang spielt das Datenmodell für den Informationsaustausch zwischen den öffentlichen Verwaltungen eine wichtige Rolle. Das United Kingdom ist mit seinem e-Government Interoperability Framework (e-GIF) hier sehr weit vorangekommen. Ein vergleichbares einheitliches Datenmodell, das natürlich in XML oder eXML formuliert werden muss, benötigt auch die deutsche Verwaltung.

- Wissensmanagement ist ein wichtiger Teil des e-Government, der allerdings nach hinten gestellt werden kann. Derzeit liegen kaum Erkenntnisse über eine effizientes Wissensmanagement für die öffentliche Verwaltung vor. Es sollte zuerst beispielhaft im Rahmen von einzelnen e-Bürgerdiensten entwickelt werden, etwa um dem Bürger ein anonymes „was-wäre-wenn"-Surfen zu ermöglichen.

- Eine der ersten Prioritäten hat der Formular-Server. Diese Technik ist bereits mit Hunderten von Formularen im Einsatz. Was macht eine Behörde, wenn ein Bürger ihr elektronisch das Formular einer anderen, allerdings gleichartigen Behörde zusendet und Abweichungen vom Behördenstandard auftreten? Man wird hier differenzieren müssen, je nachdem wie diese Abweichungen aussehen. Verwendet der Bürger z.B. ein Textsystem, das die Zielbehörde nicht unterstützt oder signiert er mit einer Technik, die die Zielbehörde nicht kennt, dann wird eine Bearbeitung nicht möglich sein. Falls jedoch die öffentliche Verwaltung in Deutschland nur einheitliche Formulartechnik anwendet, kann man dem Bürger diese Enttäuschung ersparen und er hat in dem genannten Szenario gute Chancen auch mit einem fremden Formular sein Ziel zu erreichen.

- Die Frage nach dem richtigen Datenschutz ist angesichts der vielen anzuwendenden Regelungen aus dem Medienstaatsvertrag, dem Teledienstedatenschutzgesetz, den Landesdatenschutzgesetzen und dem Bundesdatenschutzgesetz sehr schwierig. Die nachfolgende Abbildung zeigt, mit welchen Grundsätzen ein e-Privacy - Modell für e-Government aufgebaut werden könnte. Auch hier bewahrt ein einheitlicher technisch-organisatorischer Standard Bürger und Unternehmen vor Enttäuschungen. Im Rahmen des e-Government-Architekturmodells wird deshalb versucht werden, eine einheitliche Datenschutztechnik abzustimmen.

- Wenn der große Wurf nicht gelingen kann, ist ein ständiger Informationsaustausch notwendig. Das von Baden-Württemberg vorgelegte Architekturmodell sieht dazu u.a. Internet-Foren und Workshops vor.

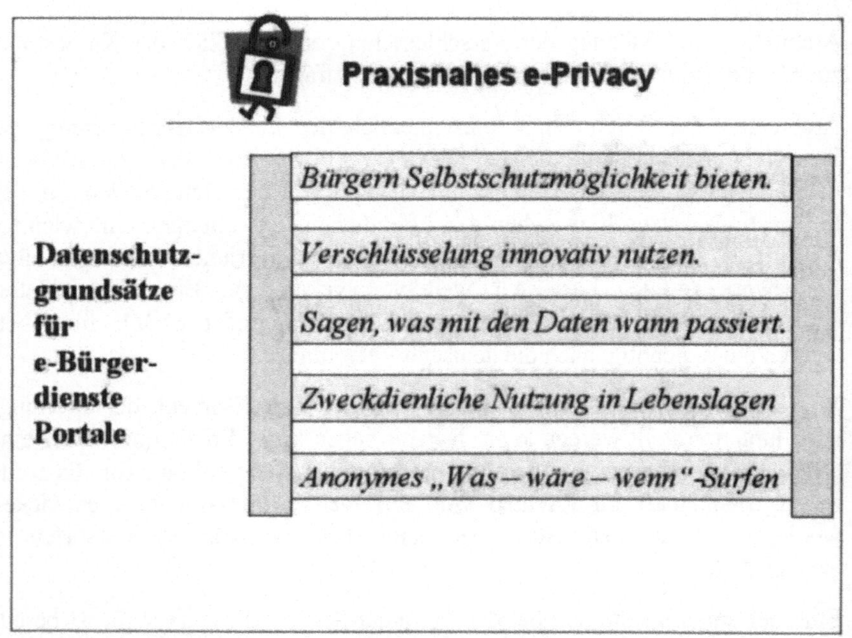

Abb. 148. Übersicht über fünf mögliche Grundsätze für ein praxisnahes e-Privacy

Eine Bestandsaufnahme über die erzielten Ergebnisse ist etwa in 2005 sinnvoll. Dieses Datum ist auch das Zieldatum der e-Government-Initiativen von Bund, Ländern und vielen Kommunen. Der Weg dahin erfordert, viele faszinierende technische und organisatorische Fragen zu lösen. Inwieweit es gelingen wird, die seinerzeit für die Privatwirtschaft vorgesehenen Management Information Systems künftig für den Bürger und für Unternehmen im Rahmen von Lebenslagen und e-Bürgerdiensten bereit zu stellen, wird man nach 2005 sehen.

Das Projekt P53 im Land Niedersachsen – ein Praxisbeispiel für e-Government

Ralf Othmer

Revolution in der Verwaltung

In allen Fragen um die Globalisierung und Digitalisierung stellt sich immer wieder eine altbekannte Frage: die Frage nach der Handlungsfähigkeit des Staates. Wie kann der Staat seine Aufgaben erfüllen, wenn die Kosten steigen, aber die Einnahmen immer knapper werden? Die Handlungsfähigkeit des Staates, die Finanzierbarkeit seiner Aufgaben wird ganz konkret in der Arbeitsebene, dort, wo Politik praktisch umgesetzt wird - in der Verwaltung vollzogen. Für jede Aufgabe muss Geld bereitgestellt werden. Dafür hatte die niedersächsische Landesverwaltung in Jahrzehnten ein bewährtes Haushaltsbewirtschaftungssystem aufgebaut, dessen Basis eine selbsterstellte Großrechner-Software war und in das die Dienststellen über Papierbelege eingebunden waren.

Das Altsystem war in die Jahre gekommen und konnte nach Einschätzung der damaligen Verantwortlichen nicht effizient hinsichtlich der softwaretechnischen Anforderungen des „Jahr-2000-Problems" und der damals anstehenden „Euro-Umstellung" modifiziert werden. Es barg mithin akute Ausfallrisiken.

Im Rahmen der niedersächsischen Verwaltungsreform wurde daher das Finanzministerium beauftragt, ein Konzept für die Reform des Haushaltsvollzugs zu erarbeiten.

In der ersten Phase des Projektes mit der Bezeichnung „P53" wurde das Konzept für ein integriertes, automatisiertes Haushaltswirtschaftssystem erarbeitet. Das Konzept sah vor, die Funktionen des Haushaltsvollzugs (HVS) in einem geschlossenen System abzubilden, das die neuen Steuerungsinstrumente wie Kosten- und Leistungsrechnung (KLR) einbinden sowie auch Funktionen für Haushaltsplanung und –rechnung zur Verfügung stellen sollte. Fachverfahren, wie sie zum Beispiel für Katasterämter und die Forstwirtschaft genutzt werden, sollten direkt über Schnittstellen angeschlossen werden können.

Statt die Aufgaben im Rahmen des Haushaltsvollzugs wie bisher zentral in den Regierungsbezirkskassen vornehmen zu lassen, sah das Konzept eine Dezentralisierung der Buchungen und vieler bisher in den Kassen wahrgenommenen Aufgaben vor. So wurde zum Beispiel vorgeschlagen, die Verwahraufklärung – also die Zuordnung von Zahlungseingängen ohne vollständige Kassenzeichen – auf die Dienststellen des Landes zu verteilen. Als direkte Folge davon konnte auf die Regierungsbezirkskassen vollständig verzichtet werden, da die Aufgaben jetzt durch eine einzige Landeszentralkasse wahrgenommen werden.

Auch hinsichtlich der benötigten Software schlug die Arbeitsgruppe P53 nach Sichtung der am Markt verfügbaren Produkte etwas Revolutionäres vor: Es sollte auf eine Eigenprogrammierung und auf Individualsoftware verzichtet und dafür auf eine am Markt vorhandene Standardsoftware zurückgegriffen werden.

Voraussetzung für das Projekt P53: eine einheitliche Infrastruktur

Niedersachsen ist das zweitgrößte Land der Bundesrepublik. Im Nordwesten Deutschlands gelegen, misst es von Schnackenburg an der Elbe bis zur niederländischen Grenze im Westen bei Nordhorn 350 Kilometer. 300 Kilometer sind es von Cuxhaven an der Nordsee bis nach Hann. Münden im äußersten Süden des Landes. Damit ist Niedersachsen größer als Nordrhein-Westfalen und größer als die Schweiz und hat fast so viele Einwohner wie Schweden. Das Emsland, einer von 38 Landkreisen in Niedersachsen, ist allein schon größer als das Saarland.

Um das ehrgeizige Vorhaben eines dezentral organisierten Haushaltsvollzugs ohne Medienbrüche auf der Basis einer am Markt vorhandenen Standardsoftware realisieren zu können, musste nicht nur die benötigte Software ausgeschrieben und eingeführt werden. Vielmehr musste gleichzeitig die dafür benötigte IuK-Infrastruktur aufgebaut werden.

Zwar gab es vielfältige Netze, zum Beispiel in der Steuerverwaltung, der Polizei oder der allgemeinen Verwaltung. Für das Projekt P53 musste jedoch ein leistungsstarkes Landesdatennetz geschaffen werden, das alle Dienststellen des Landes erreichte. Für große Dienststellen bedeutete dies, dass jede Außenstelle, jede Anmietung, jedes Nebengebäude angeschlossen werden musste.

Jeder Mitarbeiter, der früher eine Papierkassenanordnung ausgefüllt hat, sollte Zugang zu dem neu zu schaffenden Landesdatennetz erhalten. Daher waren umfangreiche Verkabelungsarbeiten erforderlich, um die Inhouse-Netze bereitzustellen.

Nach einer Erhebung der Projektgruppe P53 mussten ferner rund 8.000 PC neu beschafft werden. Da der typische P53-Arbeitsplatz den Haushaltsvollzug nicht als Hauptaufgabe hatte, sondern mit dem überwiegenden Teil seiner Arbeitszeit für seine Fachaufgabe eingesetzt war, sollte der PC auch diese Funktionen voll unterstützen. Daher wurde jeder PC neben fachverwaltungsspezifischer Software auch mit MS-Office ausgestattet.

Aus dem Konzept folgt, dass die Mitarbeiter vor dem Einsatz einer neuen Haushaltsvollzugssoftware auch im Umgang mit dem PC und mit den MS-Office-Produkten zu schulen waren.

Die Infrastrukturarbeiten begannen Mitte 1998. Bereits Ende 1999 waren mit der Aufnahme des landesweiten Echtbetriebs mehr als 50 Prozent aller Dienststellen angeschlossen und etwa 8.000 Anwender konnten das neue System online nutzen. Ende 2001 ist die letzte Dienststelle „ans Netz gegangen". Aus den geplanten 10.000 Usern sind inzwischen 16.800 User geworden, die das integrierte automatisierte Haushaltswirtschaftssystem auf der Basis der ERP-Standardsoftware von Baan nutzen. Niedersachsen ist damit das erste Bundesland, das landesweit eine einheitliche technische Infrastruktur aufgebaut hat.

Konzept, Projektorganisation und Partnerwahl

Das Projekt zur Einrichtung eines neuen automatisierten Haushaltsvollzugssystems mit Kosten- und Leistungsrechnung wurde in vier Phasen umgesetzt und konnte nach nur drei Jahren und vier Monaten landesweit in den Echtbetrieb gehen. Die Konzeptphase dauerte sieben Monate, die anschließende Auswahl der Software mit allen notwendigen Prüfungen der Angebote zehn Monate. Die Erstellung eines IuK-Konzeptes brauchte weitere zehn Monate, nach 22 Monaten war die Software den Ansprüchen der Landesregierung angepasst und auf einer neuen zentralen Hardware implementiert. Durch den überlappenden Beginn der einzelnen Teilprojekte – in der jeweiligen Phase der Absicherung der Projektteilergebnisse durch das Kabinett wurde bereits mit den Anschlussprojekten begonnen - konnten neun Monate Projektlaufzeit eingespart werden.

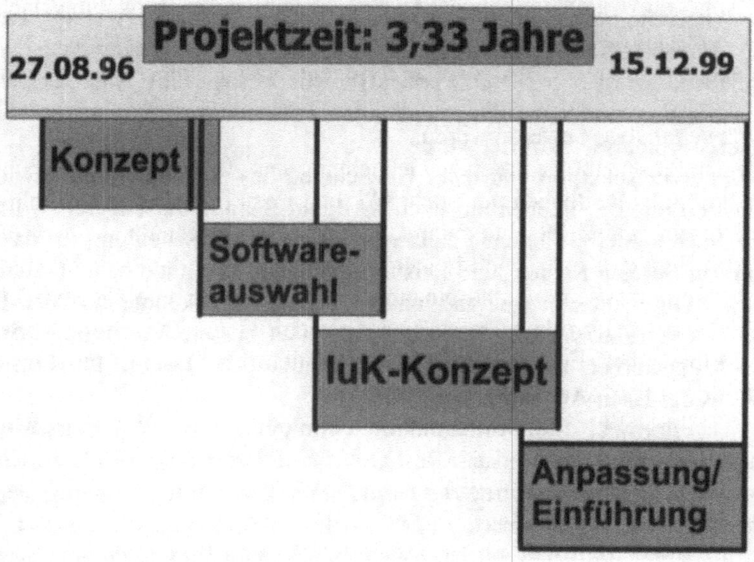

Abb. 149. Projekt P53 – Projektverlauf

In der Konzeptphase ermittelte ein Kernteam von fünf ganz oder teilfreigestellten Mitarbeitern (3,2 Stellenanteile) geeignete Lösungsvarianten und untersuchte sie auf ihre Machbarkeit. Umfangreiche Kontakte zu Softwareanbietern, Banken und den betroffenen Ressorts haben dazu beigetragen, die Anforderungen an ein neues System zu definieren und ein schlüssiges Lösungskonzept zu erarbeiten. Innerhalb von acht Monaten legte die Arbeitsgruppe einen Bericht vor. Kernvorschläge waren:

- Einsatz einer ERP-Standardsoftware für Haushaltsvollzug und neue Steuerungsinstrumente,

- Dezentralisierung der Buchungen und vieler bisher in den Regierungsbezirkskassen wahrgenommenen Aufgaben,

- Einsatz von elektronischer Kassenanordnung mit digitaler Signatur,

- Auflösung der Regierungsbezirkskassen,

- Aufbau einer flächendeckenden IuK-Infrastruktur.

Um den Zuschlag für die Implementierung der ERP-Software hatten sich alle namhaften Softwarehersteller beworben. Nach der europaweiten Ausschreibung und Bewertung von 11 Angeboten legte die Arbeitsgruppe „Softwareausschreibung" (7 ganz oder teilfreigestellte Mitarbeiter, insgesamt 3,9 Stellenanteile) Ende 1997 eine Entscheidung vor.

Die Angebote waren in Arbeitsgruppen verschiedener Verwaltungsfachleute (KLR, Haushalt/Kasse, Iuk-Technik, Schulung ...) ausgewertet worden. Anschließend wurden per Nutzwertanalyse die besten fünf Anbieter ermittelt. Diese Anbieter wurden zu einer eintägigen Präsentation geladen, die ebenfalls über Nutzwertanalyse bewertet wurde.

Nach der Präsentation und einer Gewichtung des Angebotes mit 2/3 und der Präsentation mit 1/3 blieben nur noch SAP und Baan in der engeren Wahl. Eine Kosten-Nutzen-Analyse brachte dann schließlich die Entscheidung für das Baan-System. Im Bereich Kosten- und Leistungsrechnung lagen die beiden Anbieter in der Bewertung nicht sehr weit auseinander. Andererseits konnte die Baan-Lösung im Bereich Haushaltsvollzug/Kasse eine deutlich bessere Bewertung vorweisen als der Mitbewerber. Entscheidend war schließlich das bessere Preis-Leistungs-Verhältnis des Baan-Angebots.

Das Teilprojekt IuK-Infrastruktur ermittelte im Wesentlichen den Hardwarebedarf und plante das Roll-Out für die dezentrale Hardware in den Dienststellen. Die Inhousevernetzung wurde durch das staatliche Baumanagement beauftragt und gesteuert. Für die Anwendung wurde eine Hochverfügbarkeitslösung mit zentralen UNIX-Applikationsservern, zentraler Lastverteilung und Spiegelsystem im Bunker gewählt. Test- und Abnahmeserver, Data Warehouse Server und Server für Spiegelsysteme vervollständigen die Hardwareausstattung.

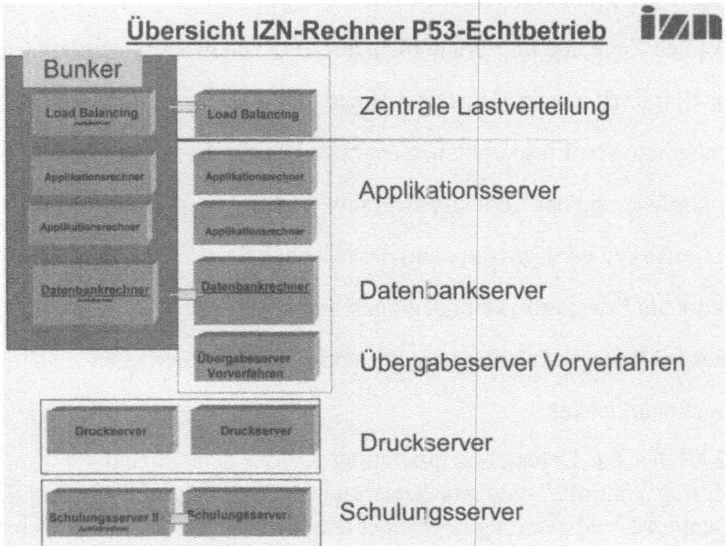

Abb. 150. Übersicht IZN-Rechner P53 Echtbetrieb

Dem nächsten Teilprojekt oblagen insbesondere die Vorgaben für die Anpassung
der vorhandenen Standardsoftware an die Bedürfnisse des Landes und die
Überführung der Anwendung in den Echtbetrieb. Durchschnittlich 12 ganz oder
teilfreigestellte Mitarbeiter (mit 8,2 Stellenanteilen) haben zusammen mit dem
Generalunternehmer Baan in nur 22 Monaten die Software in den Echtbetrieb
geführt.

Ziele für P53

Zu Beginn des Projektes P53 wurden folgende Ziele festgelegt:

- Verbesserung von Arbeitsabläufen

- Ausschalten von Medienbrüchen

- Beschleunigung des Informationsflusses

- Beseitigung von Ausfallrisiken

- Rationelle Einbindung der Anforderungen der neuen Steuerungsinstrumente
  und der Haushaltsplanung und -rechnung

- Tägliche valuta-neutrale zentrale Disponierbarkeit aller Liquiditätsmittel des Landes vor Beginn der Geldmarktzeit

Hinzu kamen Ziele, die im Bericht nicht ausdrücklich genannt wurden, wie:

- Mehr Bürgernähe beim Haushaltsvollzug

- Erschließung von Einsparpotenzialen beim Haushaltsvollzug

- Dezentralisierung der Ressourcenverantwortung

- Erweiterbarkeit der Hardware und der Nutzerzahl

- Funktionale Erweiterbarkeit der eingesetzten Software

- Berücksichtigung lokaler und organisatorischer Besonderheiten

- Nutzerfreundlichkeit

Mitte 2001 hat die Unternehmensberatung KPMG dem Projekt P53 im Rahmen einer „Erfolgskontrolle" eine gute Zielerreichung bescheinigt. Auf einer Skala von 1 („wesentliche Verbesserung gegenüber dem ursprünglichen Zustand" bzw. „Ziel vollständig erfüllt") bis 4 („verschlechtert gegenüber dem ursprünglichen Zustand" bzw. „Ziel nicht erfüllt") erreichte P53 eine Bewertung von 1,78 Punkten.

Zu berücksichtigen ist dabei, dass die Bewertung der Zielerreichung vor dem Hintergrund der gesamten bisherigen Produktivzeit des Systems durchgeführt wurde. Schwierigkeiten der Einführungsphase sind also mit in die Bewertung eingegangen und führten in vielen Fällen zur Abwertung der Zielerreichung. Das Potenzial des durch P53 implementierten Systems liegt also nach dem inzwischen erfolgreichen Lösen der Probleme der Einführungsphase, die sich speziell bei P53 aufgrund des Zeitdrucks als kaum abwendbar darstellten, noch oberhalb des hier festgestellten Ergebnisses.

Vor allem die Kriterien „Integration" und „Übergeordnete strategische Ziele" sind bei der Bewertung positiv ausgefallen, und hier insbesondere die Verlässlichkeit von P53 in der Verbesserung der Arbeitsabläufe, der Integration in verschiedenartige, fachspezifische Gegebenheiten und in der spürbaren Verbesserung in Bezug auf die Bürgernähe. Aber auch nicht primär auf die Haushaltswirtschaft bezogene Ziele, wie z.B. die Realisierung einer Technologie-Offensive oder die Möglichkeit, die beschafften Ressourcen flexibel für die Fachaufgaben nutzen zu können, sind durch P53 ermöglicht worden und wurden entsprechend positiv mit der Note „1" bewertet.

Umsetzung und Implementierung

Vor der Umsetzung des integrierten Haushaltswirtschaftssystems, das den
Haushaltsvollzug, die Haushaltsplanung und -rechnung, die Kosten- und
Leistungsrechnung sowie weitere Steuerungsinstrumente in einem System
vereinen sollte, musste eine Entscheidung über das grundsätzliche
Implementierungsverfahren gefällt werden. Die Verfahren konnten entweder
simultan entwickelt oder sukzessive integriert werden.

Gegen die simultane Realisierung sprach die Komplexität und Größe der
Verfahren, die in das Projekt integriert werden mussten. Der hohe Zeitdruck für
die Umstellung des Haushaltsvollzuges für das Jahr 2000 zum Start in 1999 und
die Tatsache, dass durch das Projekt P53 alle Dienststellen das Landes technisch
ausgestattet und angebunden werden mussten, gab schließlich den Ausschlag für
das sukzessive Verfahren und den Beginn mit dem Haushaltsvollzug. Für die KLR
(Kosten und Leistungsrechnung) und die Haushaltsplanung standen zum
damaligen Zeitpunkt noch keine detaillierten Konzepte zur Verfügung.

Obwohl ursprünglich lediglich geplant war, 10.000 PC ans Netz zu bringen,
stieg die Zahl im Verlaufe des Projekts auf 16.000 Anwender. Davon hat allein die
Justiz in Niedersachsen rund 9.000 neue Arbeitsplätze erhalten. Die Technik
wurde in die Fläche gebracht, zunächst sicherlich viel Geld gekostet hat,
schließlich aber zu deutlichen Prozessverbesserungen und Einsparungen geführt
hat und weiterhin führen wird. Viele Fachverwaltungen haben die Einführung von
P53 für umfangreiche Neuorganisationsmaßnahmen genutzt und Aufgaben des
Haushaltsvollzugs dezentralisiert.

Für einen reibungslosen Ablauf des Gesamtverfahrens war die Integration der
vorhandenen Systeme der jeweiligen Fachverwaltungen von Bedeutung. Dafür
wurde ein Übergabeserver installiert, auf dem die Daten für das Baan-System
bereitgestellt oder von den Vorverfahren abgeholt werden können. Wenn zum
Beispiel ein Katasteramt in seinem eigenen System Vermessungsaufträge erfasst
und dabei auch Informationen über den Rechnungsempfänger und die Höhe der
Vermessungsgebühren gespeichert hat, können diese Daten heute übernommen
und so behandelt werden, als wären sie direkt in das Baan-System eingegeben.
Täglich werden heute etwa 250 Dateien eingelesen.

BaanPPM – die eingesetzte Standardsoftware

Mit einer großen Verwaltungslösung für das Land Niedersachsen hat Baan gezeigt, dass Public Performance Management auf der Basis seiner klassischen ERP-Lösung möglich ist. Die Standardlösung Baan Public Performance Management (BaanPPM) integriert bewährte Softwaremodule zu einem Gesamtsystem für die Öffentliche Verwaltung. Die Software unterstützt Abläufe der Haushaltsplanung, Mittelverteilung, Mittelbewirtschaftung und Kasse (einschl. Mahnung und Vollstreckung) über Kosten- und Leistungsrechnung sowie Beschaffung, Materialwirtschaft, Controlling und Berichtswesen. BaanPPM ist damit sowohl für Bundes- und Landesverwaltungen mit kameraler Buchführung als auch für Verwaltungen mit dem Wunsch nach Nutzung der neuen Steuerungsmodelle eine geeignete IT-Lösung.

Das Baan-System ermöglicht die Buchung auf einer neutralen Ebene und legt den Nutzer nicht auf eine Perspektive fest. Dadurch ist BaanPPM auch für künftige Entwicklungen gerüstet, neben der klassischen Kameralistik in den Behörden wird eine leistungsfähige Kostenleistungsrechnung berücksichtigt.

Haushaltsplanung - Der kamerale Haushaltsplan ist die Grundlage der Haushaltswirtschaft auf Bundes- und Landesebene. Die Aufstellung und Bearbeitung des Haushaltsplanentwurfs wird durch BaanPPM über eine "Phasensteuerung" unterstützt. Inhalt, Aufbau und Bestandteile des Haushaltsplans können entsprechend den Verwaltungs- und Rechtserfordernissen erfasst und strukturiert werden.

Der Sachbearbeiter kann den Planverlauf abbilden, Haushalts- und Planstrukturen festlegen, Planvorgaben für die Bewirtschaftung sowie Deckungs- und Korrespondenzkreise für eine flexible Mittelbewirtschaftung durch die Dienststellen bilden und zum Abschluss der Planung den fertigen Haushaltsplan mit zahlreichen unterstützenden Unterlagen ausdrucken.

Mittelbewirtschaftung – BaanPPM unterstützt die Kernfunktionen für den kameralen Haushaltsvollzug wie die Haushaltsführung mit Mittelverteilung, haushaltswirtschaftliche Sperren und den Anordnungsbereich. Die Bewirtschaftung beinhaltet Vormerkungen (als dispositive Maßnahme zur Steuerung innerhalb der Ressorts oder Dienststellen), Festlegungen sowie Annahme- und Auszahlungsanordnungen. Eine flexibel einstellbare Mittelkontrolle, auch über Deckungs- und Korrespondenzkreise, ermöglicht eine ständig kontrollierte Bewirtschaftung. Alle Anordnungen werden im Vier-Augen-Prinzip abgebildet und sind getrennt vom Kassenbereich. Bereits bei der Erfassung der Anordnung kann die Sollstellung auch auf den Konten der Kostenrechnung verbucht werden. Dazu stehen bis zu vier unabhängig voneinander definierbare Dimensionen (z.B. Kostenstellen, Kostenträger etc) zur Verfügung.

Neben der Titelstruktur kann ein frei definierbarer Kontenplan eingerichtet werden, der parallel zur Titelbuchung bebucht wird. Mit dieser „Buchung in einem Schritt" werden neben der haushalterischen Buchung gleichzeitig eine kaufmännische Buchung sowie die notwendigen Daten für eine Kosten- und Leistungsrechnung erfasst. Dabei kann die bisher bekannte kamerale Buchungstechnik beibehalten werden, so dass keine besondere kaufmännische Ausbildung der Sachbearbeiter notwendig wird. Neben Annahme- und AuszahlungsAO werden die Anforderungen an ÄnderungsAO, DauerAO, Stundungen, Niederschlagungen und Erlasse abgebildet.

Das Vier-Augen-Prinzip wird ergänzt durch die SignaturCard bei der Freigabe der Kassenanordnungen mit der *digitalen Signatur* – der elektronischen Unterschrift. Die signaturgesetz-konforme digitale Signatur in BaanPPM ersetzt die schriftliche Kassenanordnung und sorgt damit - revisionssicher - für einen beschleunigten Ablauf der Sollstellungen bis zur Zahlung.

Kassenwesen - Das Kassenwesen bietet Zahlungsverkehr, Buchführung sowie Kassenabschlüsse. Beim passiven Zahlungsverkehr (Kontoauszugsverarbeitung) werden die Belastungen bzw. Gutschriften automatisch zugeordnet. Innerhalb der Kassenbuchführung lassen sich komplexe Strukturen aus zentraler und dezentralen Kassen abbilden (Beispiel Niedersachsen: eine zentrale Landeshauptkasse und mehr als 100 dezentral verteilte Zahlstellen). Das Zeitbuch, die Sachbücher der Kasse sowie das Kontogegenbuch bzw. die Schalterbücher werden elektronisch geführt. Die Kontogegenbuchseiten geben den Überblick über Kassensoll und Ist-Bestand, den Bestand an schwebenden Zahlungen sowie über den aktuellen Kontobestand laut Buchführung zu jedem gewünschten Zeitpunkt und nach erfolgtem Tagesabschluss. Auf Basis der Sachbücher werden zum Jahresabschluss die Kassenreste oder Mehrzahlungen und gegebenenfalls Bestände ins nächste Haushaltsjahr vorgetragen. Der kassenmäßige Jahresabschluss bildet die Grundlage für die Erstellung der *Haushaltsrechnung* als Gegenstück zur Haushaltsplanung.

Mahnung und Vollstreckung - Das Mahnwesen wird durch definierbare Aktionen und Formulare über Mahnschlüssel gesteuert. Diese Mahnschlüssel klassifizieren die Mahnungen als öffentlich-rechtlich oder privatrechtlich zu Mahnstufen und Mahnverfahren mit entsprechenden Formularen. Verzugszinsen, Mahngebühren und Säumniszuschläge werden in besonderen Tabellen definiert und den jeweiligen Mahnschlüsseln und Mahnstufen zugerechnet.

Nach Durchlaufen der Mahnkette wird der Säumnisfall automatisch der Vollstreckung übergeben. Von dort werden die jeweiligen Vollstreckungsmaßnahmen eingeleitet, eintretende Änderungen aus der Bewirtschaftung werden dabei berücksichtigt. Die Behandlung von Amtshilfeersuchen erweitert die Vollstreckungsfunktionalität über den Rahmen der Bewirtschaftung des Haushalts hinaus.

Beschaffung, Lagerhaltung, Anlagenbuchhaltung - Die Beschaffung von investiven Gütern und Verbrauchsmaterial unterstützt das System mit: Entgegennahme der Bedarfsmeldungen, Lieferantenauswahl, Angebotsverwaltung, Verwaltung von Rahmenverträgen und lieferantenspezifischen Preislisten, Lieferantenbewertung, Bestellabwicklung, Artikel- und Lagerverwaltung, Wareneingang und Bestandsbewertung. Die Beschaffung ist mit dem Haushaltsvollzug über die Mittelkontrolle verknüpft. Anforderungen und Bestellungen werden automatisch mit dem verfügbaren Budget verglichen. Bei Freigabe der Bestellung erfolgt automatisiert eine Festlegung und entsprechende Mittelbindung, so dass prinzipiell keine Ausgabenüberschreitungen möglich sind. Die Erteilung der Ausgabeanordnung nach eingegangener Lieferung und Rechnung wird über Referenzen mit der Bestellposition abgeglichen und im Bestellwesen abgeschlossen.

Kosten- und Leistungsrechnung – Alle direkt oder indirekt entstehenden Kosten der Verwaltungsvorfälle können kostenstellen- und kostenträgerbezogen verbucht werden. Weitere Unterkonten stehen zum Beispiel für Projekte zur Verfügung. Kosten von Vor- und Nebenkostenstellen werden mittels Umlage oder innerbetrieblicher Leistungsverrechnung auf die Hauptkostenstellen bzw. die Kostenträger oder Produkte verrechnet.

Controlling - Aufbauend auf Grundelementen wie Zielsystem, Produktkatalog und Budgetierung sind die Kosten- und Leistungsrechnung, die Darstellung monetärer Kennzahlen mit Zugriff auf die wichtigsten Primärdatenquellen der Verwaltung und ein leistungsfähiges Berichtswesen wesentliche Bausteine zur Umsetzung eines neuen Controllingansatzes.

Die Wirtschaftlichkeit des Projekts

Die Wirtschaftlichkeit des Projekts P53 wurde ebenfalls durch die KPMG untersucht. Auf der Grundlage eines Plan-Ist-Vergleichs wurden die durch das Gesamtprojekt induzierten Auszahlungen den erzielten Einsparungen gegenüber gestellt.

In den Jahren 1998 bis 2001 hatte das Land Niedersachen insgesamt 270 Millionen DM investiert. Dieser Betrag lag am Ende des Projekts nur 16 Prozent über dem zu Beginn des Projektes 1997 veranschlagten Budget. Grund für die - nach Meinung der Wirtschaftsprüfer von KPMG - vergleichsweise geringe Verteuerung des Projekts sind Mehrinvestitionen in Hardware und Schulungen, die in der Planungsphase nicht berücksichtigt werden konnten. Insbesondere wegen der im Projektverlauf beschlossenen Erhöhung der Nutzerzahl um 60 Prozent sowie des gegenüber der anfänglichen Planung wesentlich leistungsfähiger ausgelegten Datennetzes lässt nach Meinung der beauftragten Wirtschaftsprüfer die geringe Kostenabweichung auf eine effiziente Projektdurchführung schließen.

Die Kosten der Neugestaltung des Haushaltsvollzugs einschließlich Infrastruktur werden durch Personaleinsparungen in den Regierungsbezirkskassen bei einem Betrachtungszeitraum von 10 Jahren zu mehr als 50 % amortisiert.

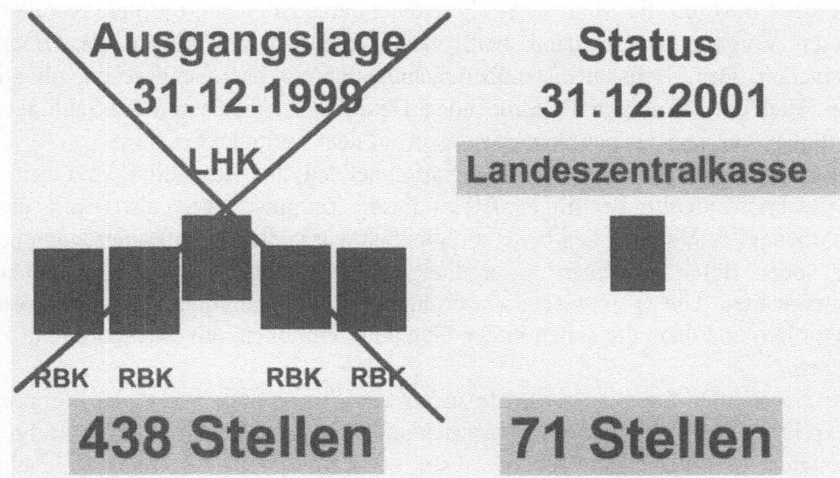

Abb. 151. Projekt P53 – Organisation der Kassen

Für eine Amortisation der verbleibenden Kosten müssen weitere Einsparungen und Nutzen in Höhe von 156 Millionen DM aus der Optimierung der Fachprozesse und durch Folgeprojekte erzielt werden, rechnen die Wirtschaftsprüfer. Dass dies realistisch ist, zeigen vielfältige Projekte in den Fachverwaltungen, die entscheidend von der vorhandenen Infrastruktur profitieren. Aber auch weitere Querschnittsprojekte, wie z.B. VORIS – das niedersächsische Vorschrifteninformationssystem - wäre ohne P53 wirtschaftlich nicht abbildbar gewesen. Auch für die vielfältigen e-Governmentprojekte ist Niedersachsen durch seine über das Projekt P53 gelegte Infrastruktur hervorragend aufgestellt. Dies insbesondere auch deshalb, weil jeder P53-Mitarbeiter über eine Chipkarte mit der digitalen Signatur verfügt.

Die Praxis

Bürger in Niedersachsen, die zum Beispiel von einer Behörde des Landes eine Förderung, einen Zuschuss, eine Beihilfe erhalten oder nur darauf warten, dass eine Rechnung angewiesen wird, dürfen sich freuen. Nicht nur weil sie überhaupt Geld bekommen, sondern weil das Geld in deutlich kürzerer Zeit ausgezahlt wird als in der Vergangenheit. Heute kann das Geld schon auf dem Konto sein, wenn der Briefträger die frohe Nachricht über die Zahlung bringt.

Überall dort, wo Landesmittel eingenommen, ausgegeben, überwiesen und eingesetzt werden, ist die „papier-gestützte" Verarbeitung in Niedersachsen inzwischen Vergangenheit. Die Mitarbeiter in den Landesbehörden können heute alle diese Vorgänge über elektronische Kassenanordnungen am vernetzten PC-Arbeitplatz erledigen, der mit dem zentralen Baan-System verbunden ist.

Früher mussten die Mitarbeiter (Feststeller) einen Papier-Vordruck ausfüllen. Dieser Vorgang wurde dann dem nachbearbeitenden Kollegen per Boten übergeben. Der „Haushaltslistenüberwachungsführer" hat nachgesehen, ob auf dem Titel der jeweiligen Behörde noch Geld für die geplanten Auszahlungen verfügbar war, und das per Namenszeichen auf dem Formular bestätigt.

Ein „Anordnungsbefugter" musste anschließend die Auszahlung mit seiner Unterschrift endgültig bewilligen. Bis zu diesem Zeitpunkt hatten also bereits drei Mitarbeiter den Vorgang bearbeitet. Schließlich wurde die Zahlungsanordnung per Post oder Boten an einen Mitarbeiter der zuständigen Kasse (Buchhalter) weitergeleitet. Dieser musste die Formulare auf Plausibilität und Richtigkeit überprüfen und dann die Daten in den Computer eintippen, um die Anordnung zu buchen.

In bestimmten Situationen musste zudem der „Buchhaltereileiter" den Vorgang überprüfen, um Manipulationen auszuschließen. Den im Durchschreibeverfahren erzeugten Überweisungsträger hat dann der „Kassierer" zur Bank gebracht. Insgesamt waren also bis zu sechs Mitarbeiter an dem Verfahren beteiligt, und der gesamte Vorgang dauerte 10 bis 12 Tage. Erst dann hatte der Bürger das Geld auf seinem Konto.

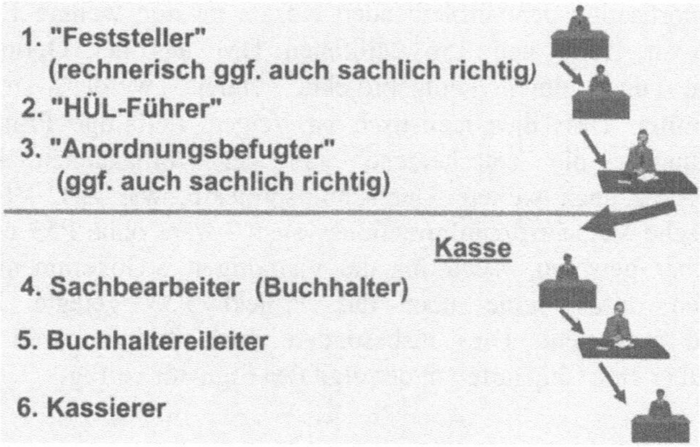

Abb. 152. Projekt P53 – Ausgangslage IST-Arbeitsablauf

Heute werden die Daten von dem Mitarbeiter, der den Vorgang als erster auf den Tisch bekommt, direkt in den Bildschirm eingegeben und per Leitung an das Informatikzentrum Niedersachsen (IZN) in Hannover weitergeleitet. Über das Baan-System wird dann automatisch geprüft, ob auf dem Titel der Behörde genügend Geld für eine Auszahlung vorhanden ist. Der Anordnungsbefugte ruft die gespeicherten Vorgänge am Bildschirm auf, überprüft die Eingaben des Kollegen und gibt dann mit einer elektronischen Unterschrift (digitalen Signatur) die Daten frei.

Eine Anbindung des Baan-Systems an das Rechenzentrum der Sparkassen des Landes Niedersachsen (dvg) sorgt dann automatisch für die schnelle Weitergabe der zahlungsrelevanten Informationen an die Banken und Sparkassen, die ohne Medienbruch die Auszahlung an den Bürger veranlassen.

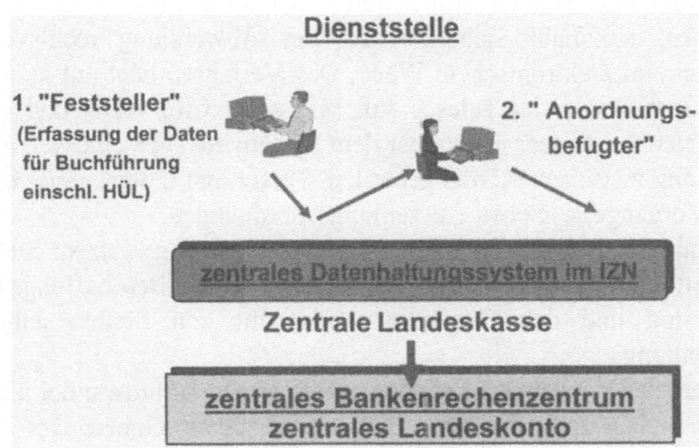

Abb. 153. Projekt P53 – Lösungskonzept - Sollablauf Ausgabe

Bei Zahlungseingängen von Bürgern werden die Kontoauszüge auf dem umgekehrten Weg übermittelt. Hier übernimmt das Baan-System automatisch die Zuordnung der Eingänge zu den offenen Forderungen der jeweiligen Behörde. Die Zuordnungsquote liegt landesweit bei ca. 70 %.

Das Baan-System bewältigt jährlich 40 Millionen Buchungen. Die Zahl der Verwahrungen hat sich nach anfänglichen Anlaufproblemen bei einer erfreulich geringen Quote eingependelt. Die Dezentralisierung der Verwahraufklärung mit rund 1.800 „Verwahraufklärern" bewältigt die täglich anfallenden ca. 3.500 Verwahrungen besser als die früheren zentral untergebrachten Verwahraufklärer der Regierungsbezirkskassen. Die dezentrale Aufgabenwahrnehmung wird begünstigt durch die Einführung von besonderen Einzahlungskonten für jede Dienststelle und zusätzliche Einnahmeunterkonten für besondere Organisationseinheiten größerer Behörden. So werden die Zahlungseingänge bereits vorsortiert, was insbesondere die Verwahraufklärung erleichtert.

Die Fehlerhäufigkeit – und die Bearbeitungszeit für die Korrekturen der früher papiergebundenen Überweisungen - sind mit der Abwicklung am PC um mehr als 80 Prozent zurückgegangen, schätzen die damit betrauten Mitarbeiter. Zum Beispiel mussten die Mitarbeiter im Landesgesundheitsamt mit dem alten Verfahren täglich etwa zwei nicht buchbare Anordnungen von den Kassen zurück an die Dienststelle schicken. Mit dem neuen System hat sich die Zahl der fehlerhaften Kassenanordnungen auf insgesamt 10 Stück innerhalb von 18 Monaten reduziert. Grund dafür sind Plausibilitätskontrollen bereits in den Eingabemasken sowie Pflichtfelder und Auswahlfelder, die nur zulässige Werte enthalten.

Digitale Unterschrift - die Schnittstelle zum Bürger

Mit der flächendeckenden Einführung der digitalen Signatur garantiert Niedersachsen maximale Sicherheit bei der Abwicklung rechtsverbindlicher Transaktionen auf elektronischem Wege. Das Verfahren baut auf signaturgesetzkonformen Zertifikaten der Telesec auf. Mit seiner Chip-Karte und einem PIN-Code weist sich der Nutzer gegenüber dem System aus, verschlüsselt automatisch die Verbindung zwischen PC und zentralem Server und unterschreibt elektronisch bestimmte Vorgänge, wie etwa Auszahlungsanordnungen.

Die digitale Signatur ist für viele Einsatzbereiche von Nutzen: Sie erleichtert die wirtschaftliche Abwicklung des verwaltungsinternen Beschaffungswesens, die Kommunikation und den Geschäftsverkehr mit den Stellen außerhalb der Landesverwaltung.

Die öffentliche Verwaltung befindet sich in einem Kulturwandel hin zu einem kundenfreundlichen und effizienten Dienstleitungsunternehmen. Das Projekt P53 stellt einen wichtigen Meilenstein auf diesem Weg dar und erleichtert weitere bürgerfreundliche Anwendungen, wie sie im Zusammenhang mit e-Government angestrebt werden. Durch den mit diesem Projekt verbundenen Aufbau einer leistungsfähigen informationstechnischen Infrastruktur in seiner Verwaltung kommt Niedersachsen darüber hinaus der Verpflichtung nach, Rahmenbedingungen für eine leistungsfähige Informationsgesellschaft zu schaffen.

Praxisbericht zur Online-Wahl Mai 2002 im LDS Brandenburg

Arend Steenken

Vorwort

Online-Wahlen sind ein erklärtes Ziel von Politik, Wirtschaft, Wissenschaft und Verwaltung.

Bevor verbindliche allgemeingültige Regelungen hierzu in Gesetze und Verordnungen einfließen können, besteht weitgehend Konsens, dass Feldversuche unumgänglich sind. Das bedeutet natürlich nicht, dass solche rechtlichen Vorgaben bereits bei der Problemanalyse fehlen durften, als es darum ging, das technische und organisatorische Konzept zur Problemlösung und daraus resultierend die Erstellung eines Prototypen für Online-Wahlen zu erarbeiten. Mittlerweile feilen wir jetzt am Detail, um das, was technologisch möglich ist, nur auf das zu stützen, was unsere demokratische Grundordnung erlaubt, damit daraus etwas Neues und Besseres für die Wählerinnen und Wähler und Wahlorganisatoren entsteht.

Das Vorhaben „Online-Personalratswahl im LDS" (siehe auch unter http://www.brandenburg.de/evoting) wurde durchgeführt durch ein Konsortium bestehend aus der Forschungsgruppe Internetwahlen der Universität Osnabrück, der Firma ivl GmbH Leverkusen und dem Landesbetrieb für Datenverarbeitung und Statistik Brandenburg. Technische Grundlage bildete eine Weiterentwicklung des Systems „i-vote", das ursprünglich an der Universität Osnabrück entwickelt worden war.

Dieser Praxisbericht ist eine gekürzte Fassung des offiziellen Abschlussberichtes für das Ministerium des Innern des Landes Brandenburg und konzentriert sich auf die besonderen spezifischen Belange zur ersten verbindlichen Online-Personalratswahl, die im Mai 2002 im LDS durchgeführt wurde. Er beschreibt die Vorgehensweise bei einer elektronischen Wahl mit drei sich gegenseitig kontrollierenden Instanzen. Diese gewährleisten auch die allgemeinen Wahlrechtsgrundsätze, wenn die ergänzend notwendige Infrastruktur vorhanden ist. Die Instanzen sind:

- Zertifikator,   d.h. Trustcenter

- Validator,   d.h. Wahlamt

- Psephor,   d.h. Wahlurne

Zusammenfassung

Im LDS Brandenburg fand unter Einsatz der Onlinewahl-Software i-vote als **erste verbindliche Wahl** - eine Personalratswahl in der Zeit vom 24. – 31. Mai 2002- statt, bei der 72 % der Mitarbeiter(innen) des LDS ihre **Stimme ausschließlich am Computer** per Mausklick und verschlüsselter Netzübertragung der Wahldaten in den Online-Wahlkabinen abgaben. Zur Identifizierung des Wählers gegenüber dem Online-Wählerverzeichnis diente seine persönliche elektronische Signaturkarte und PIN, die für e-Government-Anwendungen im Frühjahr 2002 im LDS beschafft wurde.

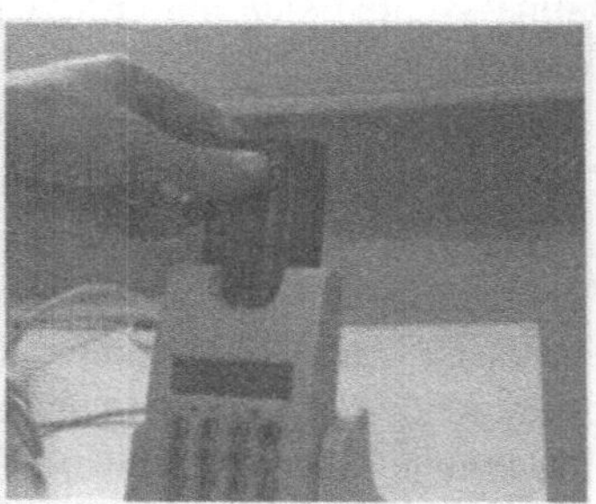

Jeder einzelne Online-Wahlvorgang dauerte in der Regel zwischen 30 und 45 Sekunden. Dies ist eine erhebliche Verbesserung gegenüber der Wahlsimulation im Jahr 2000. Damals ergaben sich 3 – 5 Minuten lange Wahlphasen.

Die in Form einer Erprobungsklausel erteilte Erlaubnis, diese Personalratswahl im LDS im Jahr 2002 elektronisch durchführen zu dürfen, war an eine Reihe von organisatorischen und technischen Auflagen des Ministeriums des Innern des Landes Brandenburg (MI BB) geknüpft worden, die im § 50a zur Wahlordnung zusammengefasst waren. Das darin u.a. geforderte Einvernehmen mit dem örtlichen Personalrat konnte erzielt werden.

Im Ergebnis dieser Online-Wahl wurde folgendes themenkritisch festgestellt:

- Sechsstellige PIN zur Signaturkarte erschwert den Zugang zur Online-Wahl

- Für Wahlvorstand fehlen Steuerungs- und Informationsinstrumente zum aktuellen Status der im Einsatz befindlichen Systeme

- Auch das Online-Wählerverzeichnis muss über Vieraugenprinzip geführt werden

- Lokales LDS-Netz wegen Bauarbeiten vor dem Gebäude zeitweise gestört

- Standard-PC nur bedingt für Wahlkabinen-Einsatz geeignet

Das Wahlergebnis wurde für den gesamten LDS zwei Stunden nach Schließung der Wahllokale im Hausnetz veröffentlicht und die gewählten Vertreter per e-mail zur konstituierenden Sitzung eingeladen. Die Wahl ist seit dem 14.06.2002 rechtskräftig.

Vorbereitung der Online-Wahl

Planungsphase

Aug. 2001 Die Vorbereitungen zu dieser Wahl begannen im August 2001. Es wurden erste Gespräche mit dem Ministerium des Innern des Landes Brandenburg geführt, um rechtzeitig vor der Wahl einen gültigen Rechtsrahmen zu schaffen. Dass dies in Form einer Erprobungsklausel durch zunächst temporäre Erweiterung der Wahlordnung (Einfügung des §50a der Wahlordnung) zum Landespersonalvertretungsgesetz auf dem Verordnungswege erfolgt, ist das Ergebnis dieses Schriftverkehrs und dieser Gespräche.

Jan. 2002 Geplant war, den Rechtsrahmen zum Jahresende 2001 in Kraft zu setzen. Wegen der zeitintensiven Ressortabstimmung innerhalb der Landesverwaltung konnte diese Verordnung erst Ende Januar 2002 verabschiedet und veröffentlicht werden.

Erst danach war der LDS rein rechtlich in der Lage, die zur Online-Wahl notwendigen technischen Rahmenbedingungen durch Beschaffung der elektronischen e-Government-Signaturkarten, Karten-Lesegeräte und weiterer Hardware sowie eine Beauftragung der Fa. ivl GmbH für Einsatz des Wahlsystems i-vote zu starten.

März 2002 Durch Engpässe beim Kartenhersteller speziell in der Umsetzung des vom LDS gewünschten Signaturkarten-Layouts für die e-Government-Karte und Lieferschwierigkeiten des Vertragspartners Fa. Telesec (wegen CeBIT2002) konnte vom Wahlvorstand im LDS deshalb die elektronische Wahl des örtlichen Personalrates nicht mehr – wie in 2001 geplant – zeitgleich mit der Ende April 2002 landesweit anstehenden Wahl zum Hauptpersonalrat elektronisch stattfinden, zumal die Registrierungs- und Ausgabestelle für die Signaturkarten im LDS eingerichtet und das Personal hierfür geschult werden musste.

Gemäß § 26 des Landespersonalvertretungsgesetzes des Landes Brandenburg (LPersVG) beträgt eine Legislaturperiode vier Jahre. Die letzte PR-Wahl im LDS war Anfang Mai 1998. Spätester Termin einer Personalratswahl im Jahr 2002 ist gemäß § 27 LPersVG der 31. Mai.

Nach juristischer Prüfung der Frage, ob vor diesem Hintergrund eine Verschiebung des Zeitpunktes der Wahl des örtlichen Personalrates auf Ende Mai 2002 im LDS rechtmäßig ist, kamen örtlicher Personalrat und Geschäftsführung des LDS überein, Maßnahmen mit vorgeschriebener Beteiligung des örtlichen

Personalrats rechtzeitig vor bzw. nach der ca. vierwöchigen Interimsphase ohne amtierenden Personalrat im LDS, beginnend mit dem Tag der konstituierenden Sitzung des neu gewählten Personalrates durchzuführen.

In Kenntnis dessen beschloss der Wahlvorstand im LDS in einer außerordentlichen Sitzung, den Wahlzeitraum für die Durchführung der elektronischen Wahl des örtlichen Personalrates im LDS in die Zeit vom 24.05. - 31.05.2002 zu verlegen.

Die im § 50a der Wahlordnung aufgeführte Möglichkeit auch die Wahl zum Hauptpersonalrat (HPR) im Geschäftsbereich des MI BB im LDS (und nur dort) Online durchzuführen, wurde vom HPR wegen der dann notwendigen Terminverschiebung abgelehnt.

Informationsveranstaltungen

Die Bediensteten des LDS nahmen sehr rege das Angebot von Informationsveranstaltungen wahr. Insbesondere wurden sie informiert über die Dienstvereinbarung zum Einsatz von elektronischen Signaturen im LDS und die Rahmenbedingungen zum Thema e-Government sowie die bevorstehende Online-Wahl. Themen:

- Warum und wofür benötigt die Verwaltung für e-Government elektronische Signaturen?

- Ausgabe elektronischer Signaturkarten im LDS für e-Government-Online-Dienste im Frühjahr 2002

- Örtliche Personalrats-Wahlen „Online" im LDS von vernetzten Wahlräumen (24.05. – 31.05.2002).

Die *Erprobung der elektronischen Signatur und Verschlüsselung* im Rahmen von e-Government Anwendungen (vertrauliche, sichere und authentische Datenkommunikation) im LDS ist ein notwendiger Schritt, die Verbreitung der Signaturkarten zu fördern. Der LDS strebt an, künftig den Service einer *Registrierungs- und Ausgabestelle für elektronische Signaturen* und *Beratung* bei deren Einsatz zu bieten.

Vorgaben

Im LDS Brandenburg war ein Personalrat zu wählen. Diese Wahl konnte erstmals verbindlich elektronisch über das Internet erfolgen.

Als Rechtsgrundlage für diese elektronische Online-Wahl diente die mit der ersten Verordnung zur Änderung der Wahlordnung zum Landespersonalvertretungsgesetz vom 29.01.2002 vorgegebene Erprobungsklausel im § 50a (GVBl. Teil II - Nr. 3 vom 15.02.2002).

Erprobungsklausel

Erste Verordnung zur Änderung der Wahlordnung zum
Landespersonalvertretungsgesetz
Vom 29.01.2002
Aufgrund des § 98 Abs. 1 des Landespersonalvertretungsgesetzes vom
15. September 1993 (GVBl. I S. 358) verordnet die Landesregierung:
Artikel 1
Die Wahlordnung zum Landespersonalvertretungsgesetz
vom 26. August 1994
(GVBl. II S. 716) wird wie folgt geändert:
In der Inhaltsübersicht wird nach der Angabe zu
§ 50 folgende Angabe eingefügt:
" § 50a Erprobung der elektronischen Internetwahl im
Landesbetrieb für Datenverarbeitung und Statistik Brandenburg"

2. Nach § 50 wird folgender § 50a eingefügt:
"§ 50a
Erprobung der elektronischen Internetwahl im
Landesbetrieb für Datenverarbeitung und Statistik Brandenburg

1. Für die Wahl des Personalrates und des Hauptpersonalrates im Jahr 2002 im Landesbetrieb für Datenverarbeitung und Statistik Brandenburg kann die Dienststelle im Einvernehmen mit der Personalvertretung anstelle der Wahl mit Stimmzetteln im Wahlraum vor dem Wahlvorstand und der schriftlichen Stimmabgabe die Durchführung einer computerbasierten Wahl der Personalvertretung in einem offenen Netz (elektronische Internetwahl) zulassen, wenn bei ihrer Durchführung die allgemeinen Wahlrechtsgrundsätze, insbesondere die Grundsätze der geheimen und unmittelbaren Wahl, gewahrt sind und die folgenden Maßgaben erfüllt werden.

2. Zur Wahrung des Wahlgeheimnisses müssen elektronische Wahlurne und elektronischer Wahlamt-Server (Wahlserver) technisch getrennt sein. Die Administration der Wahlserver muss verschiedenen Personen obliegen. Die Speicherung der Stimmabgabe in der elektronischen Wahlurne muss nach einem nicht nachvollziehbaren Zufallsprinzip erfolgen. Die Übertragungsprotokolle sind zu vernichten.

3. Die Wahlserver müssen vor Angriffen aus dem Netz geschützt sein, insbesondere dürfen nur autorisierte Zugriffe zugelassen werden. Autorisierte Zugriffe sind insbesondere die Überprüfung der Stimmberechtigung, die Speicherung der Stimmabgabe zugelassener Wähler, die Registrierung der Stimmabgabe und die Überprüfung auf mehrfacher Ausübung des Stimmrechtes (Wahldaten). Es ist durch geeignete technische Maßnahmen zu gewährleisten, dass im Falle des Ausfalles oder der Störung eines Servers oder

eines Serverbereiches keine Stimmen unwiederbringlich verloren gehen können.

4. Das Übertragungsverfahren ist so zu gestalten, dass ein Ausspähen oder Entschlüsseln der Wahldaten unmöglich ist. Die Übertragungswege zur Überprüfung der Stimmberechtigung des Wählers sowie zur Registrierung der Stimmabgabe im Wählerverzeichnis und die Stimmabgabe in die elektronische Wahlurne müssen so getrennt sein, dass zu keiner Zeit eine Zuordnung des Inhalts der Wahlentscheidung zum Wähler möglich ist.

5. Das Wählerverzeichnis nach § 3 Abs. 2 ist elektronisch aufzustellen und zu führen. Die Einsicht in das Wählerverzeichnis nach § 3 Abs. 3 ist über einen Computer zu ermöglichen. Dabei darf der Computer nur von einem Mitglied des Wahlvorstandes bedient werden.

6. Es ist sicherzustellen, dass der Wähler auch eine ungültige Stimme entsprechend § 16 Abs. 4 Nr. 2, 3 und 4 abgeben kann. Gleichzeitig ist zu gewährleisten, dass er sein Stimmrecht nicht mehrfach ausüben sowie die computerspezifische Darstellung der Wahlvorschläge unbeobachtet kennzeichnen und absenden kann. Die Speicherung der abgesandten Stimmen muss anonymisiert und so erfolgen, dass die Reihenfolge des Stimmeingangs nicht nachvollzogen werden kann.

7. Die Datenübermittlung muss so verschlüsselt erfolgen, dass es unmöglich ist, unbemerkt Veränderungen an den Wahldaten vorzunehmen. Die Übermittlung muss für den Wähler am Bildschirm erkennbar sein. Bei der Übertragung und Verarbeitung der Wahldaten ist zu gewährleisten, dass bei der Registrierung der Stimmabgabe im Wählerverzeichnis kein Zugriff auf den Inhalt der Stimmabgabe möglich ist.

8. Es ist sicherzustellen, dass die Wähler bis zum Absenden ihrer Stimme die Möglichkeit haben, ihre Eingabe zu korrigieren oder die Wahl abzubrechen. Ein Absenden der Stimme ist erst auf der Grundlage einer elektronischen Bestätigung des Wählers zu ermöglichen. Bei der Stimmeingabe darf es zu keiner Speicherung der Stimme des Wählers in dem von ihm hierzu verwendeten Computer kommen. Es muss gewährleistet sein, dass unbemerkte Veränderungen der Stimmeingabe durch Dritte ausgeschlossen sind. Auf dem Bildschirm muss der Stimmzettel nach Absenden der Stimmeingabe unverzüglich ausgeblendet werden. Die verwendete Wahlsoftware darf einen Ausdruck der abgegebenen Stimme nicht zulassen.

9. Der Wahlvorstand hat unverzüglich nach Abschluss der Wahl die computerbasierte öffentliche Auszählung der abgegebenen Stimmen zu veranlassen und das Wahlergebnis schriftlich festzuhalten. Der Beginn der elektronischen Auszählung hat öffentlich zu erfolgen.

10. Sämtliche Datensätze der elektronischen Internetwahl sind durch den Wahlvorstand zu signieren und in geeigneter Weise zu speichern. Sie werden

vom Personalrat bis zum Abschluss der nächsten Personalratswahl aufbewahrt und sollen dann vernichtet werden.

11. Als Stimmzettel gilt bei der elektronischen Internetwahl auch die computerspezifische Darstellung der Wahlvorschläge. Im Übrigen gelten die Bestimmungen dieser Verordnung sinngemäß.

Artikel 2
Diese Verordnung tritt am Tage nach der Verkündung in Kraft und
am 1. Januar 2003 außer Kraft.
Potsdam, den   2002
Die Landesregierung des Landes Brandenburg
Der Ministerpräsident
Manfred Stolpe
Der Minister des Innern
Jörg Schönbohm

Organisatorisch-technische Vorgaben

Der Wahlvorstand zur Wahl des örtlichen Personalrates im LDS erließ ergänzend zum § 50 a der Wahlordnung folgende Vorgaben und Rahmenbedingungen zum Wahlausschreiben vom 22.03.2002:

Um die Sicherheit aller Wahldaten, deren Vertraulichkeit sowie deren Verbindlichkeit dauerhaft bei der Erhebung, Übermittlung und Verarbeitung nach dem Stand der Technik und organisatorisch zu gewährleisten, werden zur Wahl ausschließlich die im LDS für e-Government-Anwendungen im Einsatz befindlichen fortgeschrittenen elektronischen Signaturkarten des akkreditierten Trustcenters der Fa. T-Systems Telesec, die den Bestimmungen des deutschen Signaturgesetzes vom 22.05.2001 genügen, zugelassen und dabei entsprechende asymetrisch kryptografische Datenver- und entschlüsselungsmethoden auf der Basis von RSA-1024bit und dem Blindingverfahren nach David Chaum angewendet sowie ein informationelles Gewaltenteilungsprinzip strikt beachtet.

Zusammen mit dem Angebot zur Durchführung dieser Wahl werden beim Präsidenten des LDS in eindeutig erkennbarer elektronischer Form auf einem Datenträger „CD-ROM" alle zum Einsatz kommenden Softwarekomponenten sowie eine Beschreibung aller notwendigen Hardwarekomponenten im verschlossenem und versiegeltem Umschlag in doppelter Ausfertigung dokumentiert und hinterlegt. Diese Unterlagen werden dort im Tresor bis zum Abschluss der Einspruchsfrist zu dieser Wahl am 14.06.2002 aufbewahrt und danach ungeöffnet zurückgegeben.

Die Administratoren, die die für die Wahl eingerichteten Server pflegen, werden hierzu vom Wahlvorstand schriftlich auf die Einhaltung und Beachtung aller maßgeblichen datenschutzrechtlichen Bestimmungen insbesondere des Datenschutzgesetzes des Landes Brandenburg, als vereidigte Wahlhelfer verpflichtet. Das jeweilige Zugangspasswort zu den Servern wird je zur Hälfte von den Administratoren und vom Wahlvorstand festgelegt und darf nur als Ganzes den Zugang zum System gestatten.

Der Vorsitzende des Wahlvorstandes erhält darüber hinaus drei gesonderte elektronische Signaturkarten als Wahlleiter. Nur damit lassen sich nach Abschluss der Wahl die abgegebenen Stimmen wieder entschlüsseln. Diese Signaturkarten werden bis zum Abschluss der Stimmabgabe am 31.05.2002 um 12.00 Uhr im Tresor des Präsidenten des LDS aufbewahrt.

Die Wahl kann letztendlich nur dann ausschließlich mit dem modular aufgebauten Online-Wahlsystem „i-vote" elektronisch über das Internet durchgeführt werden, wenn nach erfolgreichem, detailliert protokolliertem *Funktionstest, der in der Zeit vom 13.5. – 16.5.2002* mit den dann vorliegenden verbindlichen Stimmzetteln stattfindet, alle zum Einsatz kommenden Komponenten durch eine *offizielle Abnahme des Wahlvorstandes* in ihrer vorgegeben Funktionsweise bestätigt werden.

Wenn dieser Funktionstest im Ergebnis nicht den Anforderungen des §50a der Wahlordnung entspricht und ein Vergleich mit den Vorgaben des Wahlvorstandes negativ verläuft, wird der Wahlvorstand im LDS die Abnahme verweigern. Die Personalratswahl wird dann auf herkömmlichem Wege durchgeführt.

Vorgehensweise

Die unter Punkt 3 gestellten Anforderungen wurden wie folgt behandelt:

Im Vorfeld der Wahl gab die Fa. ivl GmbH eine schriftlich verbindliche Erklärung gegenüber dem LDS ab, dass die „online-system-technischen" Auflagen des §50a zur Wahlordnung durch das zum Einsatz kommenden Online-Wahlsystems i-vote erfüllt werden. Diese Selbstverpflichtung ersetzt zwar nicht die im Grunde notwendige Zertifizierung des Verfahrens durch einen hierzu akkreditierten Zertifizierer. Da jedoch zum Zeitpunkt dieser Wahl eine solche Instanz ein Online-Wahlverfahren noch nicht zertifiziert hatte, konnte diese Forderung nicht erfüllt werden. Die Fa. ivl GmbH ist zur Offenlegung der technischen Verfahrensbeschreibung bereit, wenn diese zur Zertifizierung ansteht.

Im Rahmen der Wahl zum Personalrat im LDS wurde ausschließlich das Online-Wahlsystem „i-vote" der Firma ivl eingesetzt. Mit dem Wahlsystem „i-vote" wurde das Wählerverzeichnis für alle Wähler verwaltet, die Stimmabgabe mittels „i-vote" über den Internet-Explorer Version 5.5 verwirklicht und am Ende der Wahl die elektronische Urne ausgewertet.

Im Vorfeld der Online-Wahl

1. Aufbau des Wählerverzeichnisses. Dazu wurden zu den Daten des herkömmlichen Wählerverzeichnisses die personenbezogenen öffentlichen Zertifikate der Chipkarte der Wähler in einem Online-Wählerverzeichnis (Oracle-Datenbank) addiert.

2. Aufbau eines Wahlbüros. Hier wurde ein Rechner für die Verwaltung des Wählerverzeichnisses mit der Wahlamtsoftware im LDS aufgebaut, der über eine gesonderte ISDN-Verbindung den Kontakt zum Server der Fa. ivl in Leverkusen herstellte. Neben diesem Rechner wurden in allen vier Wahllokalen Rechner für die Stimmabgabe vom Benutzerservice des LDS aufgestellt. Alle Rechner waren Windows NT-Rechner mit Kobil-Kartenleser und dem Internet Explorer V. 5.5 mit virtueller Java-Maschine. Die Funktionsfähigkeit wurde im März 2002 und letztmalig am 16.5.2002 erfolgreich getestet. Verantwortlich für die Durchführung der Tests war der Wahlvorstand im LDS.

3. Es wurde vom LDS festgelegt, mit welchen Chipkarten aus dem vorhandenen Kontingent der Wahlleiter am Ende der Wahl die Entschlüsselung der Stimmen durchführt. Aus Sicherheitsgründen, um das Risiko des Defektes einer Karte auszuschließen, wurden pro Stimmbezirk drei Chipkarten eingesetzt. Mit diesen Karten wurde ein Softwareschlüssel verschlüsselt, welcher zum Entschlüsseln der Stimmzettel notwendig war. Nach einem Entschlüsselungstest wurden die Karten vom Wahlleiter so verwahrt, dass sie erst zum Wahlende wieder benutzt werden konnten.

4. Die Karten wurden ausgestellt auf
   Wahlleiter1@LDS.Brandenburg.de,
   Wahlleiter2@LDS.Brandenburg.de,
   Wahlleiter3@LDS.Brandenburg.de.

Technische Voraussetzung für Online-Wahlclient

1. Ein PC auf der Basis von Win NT, mit Internetbrowser (Microsoft Internet Explorer V. 5.5) und Java VM.

2. Installation eines geeigneten Kartenlesegerätes (Kobil Pro) incl. der notwendigen Software und Treiber auf dem Wahl-Client.

3. Signaturkarten der Fa. Telesec und Zertifikate. Für den LDS wurde eine Netkey E4 Unterstützung in i-vote durch die Fa. ivl eingebunden.

Sicherheit durch technische Gewaltenteilung

Bei der Onlinewahl wurden die Abläufe über unterschiedliche Server/Rechner gesteuert:

1. Rechner des Onlinewählers mit Internetbrowser und installiertem Kartenlesegerät, auf dem der Wahl-Client vom dem Web-Server der Fa. ivl als signiertes Applet geladen wurde.

2. Wahlamt-Server (Validator), hielt die gesamte Software für die Durchführung der Wahl vor:

- Elektronisches Wählerverzeichnis,

- Stimmzettel mit Kandidatenliste für jeweiligen Wahlbezirk.

- Drei Stimmzettel für die Mitarbeitergruppen Beamte, Angestellte und Arbeiter.

- Für jede Gruppe wurde nur ein Stimmzettel angezeigt.

3. Der Server, welcher die Wahlurne realisierte (Psephor). Für jeden Stimmzetteltyp wurde eine Urnentabelle angelegt.

4. Ein Middlewaresystem der Firma BEA mit der Bezeichnung WLS 6.0, durch das die Kommunikation vom Wahlclient zum Validator und zum Psephor sichergestellt wurde.

Anforderungen an Online-Wahlumgebung im LDS

Der sichere Ablauf der Internetwahl wurde gewährleistet durch Erfüllung folgender Bedingungen:

1. Der Wahl-Client stand in einem Wahllokal. Dadurch war keine Zuordnung der IP-Adresse zu dem Wähler möglich.

2. Es war nur für die Wahl notwendige Software auf dem Client installiert.

3. An dem Client war kein Drucker angeschlossen. Durch den LDS wurde sichergestellt, dass auf den i-vote Clients keine Druckfunktionalität vorhanden war.

4. Der Client war über das LAN des LDS mit dem Internet verbunden. Die Firewall des LDS war in dem Maße für die benötigten Ports http:7001 und https:7002 freigeschaltet worden, dass das Sicherheitskonzept des LDS und des Landesverwaltungsnetzes (LVN) hierdurch nicht berührt wurde. Über diesen Port wurde die URL im Webserver der Fa. ivl aufgerufen und das signierte JAVA-Applet geladen. Der Client beim LDS musste in den Sicherheitseinstellungen des Browsers das Ausführen von JAVA-Applets erlauben.

5. Der Wahlamts-PC war über eine ISDN-Verbindung mit dem Validator verbunden.

6. Auf dem Wahlamts-PC wurden die für den jeweiligen Stimmbezirk registrierten Wähler aus dem LDS-Wählerverzeichnis angezeigt.

Anforderungen an Wahlamt-Server und Wahlurne

Der sichere Ablauf der Online-Wahl nach § 50a wurde gewährleistet durch Erfüllung folgender Bedingungen:

1. Der Validator (Wahlamt-Server) im ivl-RZ war geschützt durch eine Firewall.

2. Der Wahlamt-Server wurde 10 Minuten nach dem Wahlende deaktiviert.

3. Die für die Entschlüsselung der Stimmen notwendigen Signaturkarten wurden erst nach dem Wahlende vom Wahlleiter freigegeben.

4. Der Psephor (Wahlurne) war von dem Validator physisch und logisch getrennt in einem Sicherheitsbereich des RZ der ivl aufgestellt.

5. Die IP-Adresse des Psephors war nicht öffentlich.

6. Der administrative Zugang zum Validator und zum Psephor erfolgte jeweils durch unterschiedliche Administratoren. Für die Administration von Validator und von Psephor wurde ein zweiteiliges Passwort benötigt. Einem Administrator war nur jeweils ein Teil des Passwortes bekannt, insgesamt waren somit vier Administratoren für den Validator und den Psephor verantwortlich.

7. Durch den Wahlvorstand und die Administratoren des Psephors wurde vor der Wahl sichergestellt, dass die Urne leer war. Dazu wurde vom Wahlvorstand ein Protokoll angelegt.

8. Der RSA-verschlüsselte Stimmzettel wurde in der Datenbank des Psephors gespeichert. Die Datenbank selbst erzeugte durch eine Datenbank-Regel eine redundante Speicherung in einer zweiten Datenbank, die auf einem anderen Server lag.

9. Alle vom Betriebssystem oder der Datenbank automatisch erzeugten Log-Files vom Psephor und vom Validator wurden vernichtet, nachdem die Einspruchsfrist der Wahl am 14.06.2002 abgelaufen war.

10. Die Vertraulichkeits- und Verschwiegenheitsverpflichtung aller mit personenbezogenen Daten in Verbindung kommenden Administratoren des Validators sowie des Psephors wurde vorgenommen.

Wer – Wann – Wo - Wie

Da die Möglichkeit zur *Briefwahl* im § 50a zur Wahlordnung für diese rein elektronische Wahl ausdrücklich *nicht mit vorgesehen* war, erstreckte sich der Wahlzeitraum für die Präsenzwahl nicht auf einen, sondern ausnahmsweise auf sechs aufeinander folgende Arbeitstage.

Dieser Zwang ergab sich aus der Tatsache, dass im LDS im Bereich der Beamten 16 Wahlberechtigte und im Bereich der Arbeiter nur 10 Wahlberechtigte beschäftigt sind (Angestellte = 508). Die Forderung nach dauerhafter Geheimhaltung der Stimmabgabe wäre bei solch kleinen Beschäftigtengruppen dann bei einem oder zwei zu erwartenden Briefwählern nicht mehr gegeben gewesen.

Die **Stimmabgabe** war im LDS im Zeitraum vom **24.05.2002 bis 31.05.2002** ausschließlich elektronisch mittels Signaturkarte und PIN arbeitstäglich wie folgt möglich:

LDS Geschäftsstelle	Raum	24.05. – 30.05.2002 arbeitstäglich Von – Bis	am 31.05.2002 arbeitstäglich Von – Bis
Potsdam	104/12	10.00 – 14.00 Uhr	10.00 – 12.00 Uhr
Frankfurt (Oder)	308	10.00 – 14.00 Uhr	10.00 – 12.00 Uhr
Cottbus	415	10.00 – 14.00 Uhr	10.00 – 12.00 Uhr
Teltow	Sekretariat	in Potsdam	10.00 – 12.00 Uhr

Für alle wahlberechtigten Bediensteten des LDS stand in dieser Zeit in den dafür entsprechend eingerichteten öffentlichen Online-Wahllokalen unter Aufsicht des Wahlvorstandes allgemein zugängliche und mit der notwendigen Systemumgebung ausgestattete Informationstechnik in:

- Potsdam   = vier Wahl-PC's,

- Cottbus   = zwei Wahl-PC's,

- Frankfurt   = zwei Wahl-PC's

- Schulungszentrum in Teltow = ein Wahl-PC

ausschließlich für den Zweck der Stimmabgabe zu dieser Wahl bereit.

Die mit der Fa. ivl GmbH abgestimmte Konfigurationen und das Kartenlesegerät wurden jeweils vor der Wahl durch den User-Help-Desk im LDS nach Vorgabe des Wahlvorstandes installiert und getestet. Am Ende der Wahl wurden durch Einsatz des privaten Schlüssels des Wahlleiters (besondere Signaturkarte) die Stimmzettel entschlüsselt und vom Online-Wahlamt-Server anschließend ausgezählt.

Nur an dem Standort Potsdam wurde die Wahlamtsoftware installiert sowie nur von dort aus wurde die Urne eröffnet. An den anderen Standorten existierten nur Wahlclients. Die Wahlamtsoftware wurde mehrfach durch die Fa. ivl vor der

Wahl aktualisiert. Die dadurch notwendigen Systemanpassungen auf dem Wahlamt-PC im LDS waren für den User-Help-Desk im LDS ein zusätzlicher Mehraufwand.

Der Wahlserver wurde arbeitstäglich in der Zeit vom 24.05. – 30.05.2002 von 10.00 bis 14.00 Uhr zur Verfügung gestellt sowie am 31.05.2002 in der Zeit von 10.00 – 12.00 Uhr. Am Wochenende wurde kein Wahlbetrieb veranstaltet. Am Donnerstag, den 30. Mai war Feiertag in NRW (Fronleichnam), an diesem Tag wurde eine telefonische Rufbereitschaft von den Systemadministratoren in Leverkusen durchgeführt. Ausfälle der Server-Systeme, die nicht in der Verantwortung der Fa. ivl gestanden hätten, wären als höhere Gewalt betrachtet worden.

Der Einsatz von Signaturkarten gewährleistete eine eindeutige Identifizierung des Wählers gegenüber dem elektronisch geführten Wählerverzeichnis, so dass versuchte mehrfache Stimmabgaben einer einzelnen Person erkannt und verhindert werden konnten und nur wahlberechtigte Personen wählen konnten. Die Signierung und Verschlüsselung der Wahlentscheidung durch Anwendung des Verblindungsverfahrens von David Chaum während der Signierung gewährleistete die geheime Wahl.

Als Signaturkarten wurden die Karten vom LDS über die getestete Schnittstelle eingesetzt. Für die Urneneröffnung stellte der LDS drei gesonderte Wahlleiter-Signaturkarten am 26.04.2002 der Fa. ivl zur Einbindung der darauf befindlichen Zertifikate in das i-vote-System zur Verfügung. Die Wahlleitung oblag dem LDS Brandenburg.

Auswertung der Online-Wahl

Am Ende der Wahl wurde über einen der Wahlamt-PC's eine ISDN-Verbindung über DSL zum Psephor geschaltet. In einer Datei auf dem Psephor war ein Softwareschlüssel gespeichert, der vor der Wahl mit dem öffentlichen Schlüssel der Wahlleiterkarte verschlüsselt wurde. Diese Karte stand nach dem Ende der Wahl dem Wahlleiter zur Verfügung und wurde benutzt, um den Softwareschlüssel zu entschlüsseln.

Mittels dieses Softwareschlüssels wurden die Stimmzettel über den aktivierten Wahlamt-PC entschlüsselt. Die entschlüsselten Stimmzettel wurden aufgelistet und vom System protokolliert.

Bei der Berechnung der Sitzverteilung wurde vom Wahlvorstand das D´Hondtsche Hochrechnungsverfahren angewandt. Eine softwaregestütze Berechnung war im Internet unter http://www.probewahl.de verfügbar und erleichterte wesentlich diese Rechenaufgabe.

Die Einhaltung der dargestellten Vorgehensweise zur Erfüllung der unter beschriebenen Vorgaben zu dieser Online-Wahl wurde von den Projektpartnern durch permanente Kontrolle sichergestellt. Es wurden nur abgesprochene Aktivitäten technisch und organisatorisch im eigenen Bereich umgesetzt.

Kurzbeschreibung zum Online-Wahlablauf

Es wurde im Vorfeld der Wahl durch die Registrierungsstelle (RA der Fa. Telesec im LDS) zunächst als Verwaltungs-PKI jedem Wähler eine Signaturkarte des speziellen Typs kostenfrei angeboten. Diese Karten waren versehen mit drei Schlüsselpaaren, um auch künftig für qualifizierte Signaturen noch einsetzbar zu sein. Die RA nutzte im Zeitraum vom 10.04.02 bis zum 31.05.02 die Wahlamtsoftware der Fa. ivl für die Registrierung der Zertifikate zu dem Wähler. Bis auf einige Ausnahmen (darunter Mitarbeiter im Mutterschutz, Altersteilzeit-Beschäftigte, Langzeiterkrankte) wurde die Karte fast von allen Bediensteten angenommen.

Dazu unterschrieb jeder LDS-Bedienstete einen bereits vorgefertigten e-Government-Kartenantrag, ging damit zur Registrierungsstelle im LDS, wies sich mit seinem Personalausweis dort aus und erhielt sofort im Anschluss die bereits personalisierte Karte ausgehändigt. Vorort konnte er dann direkt seine PIN (sechsstellig) verändern. Die ganze Prozedur dauerte in der Regel jeweils zwei Minuten.

Nur wenn ein Wähler im Besitz seiner Signaturkarte war, konnte er an einem Wahl-PC (Wahl-Client) in der vorgegebenen Zeit wählen. Dazu wurde im Internet-Explorer die Wahl-URL aufgerufen. Eine Anmeldung des Wählers beim Wahlvorstand zum Zeitpunkt der Wahl war nur dann notwendig, wenn der Wähler

1. noch nicht bzw. nicht mehr im Besitz einer eigenen Signaturkarte war

oder

2. die Signaturkarte des Wählers defekt war.

Mit dieser Seite wurde die Wählerin bzw. der Wähler in der Online-Wahlkabine im LDS in allen Geschäftsstellen gleichermaßen begrüßt:

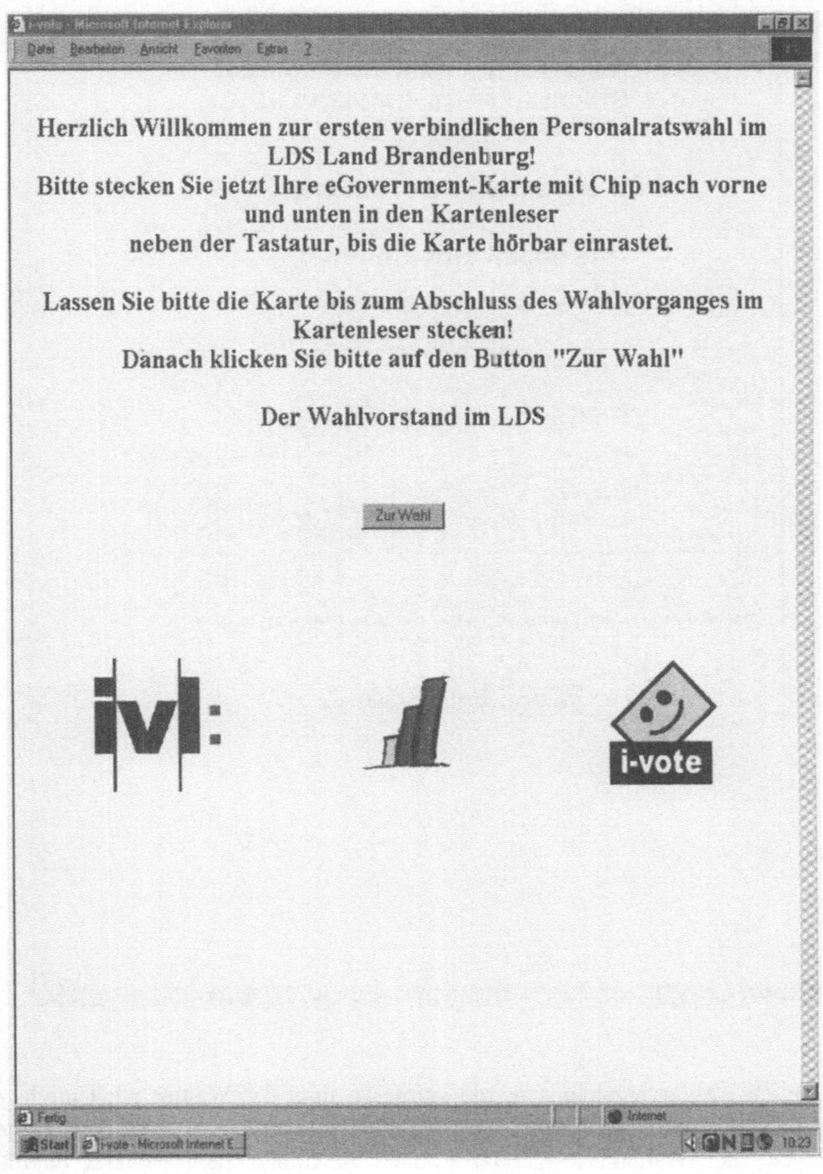

Es erschien nach anklicken des Buttons „Zur Wahl" der Stimmzettel (je nach
Gruppenzugehörigkeit = Angestellter, Beamter, Arbeiter) wenn das Online-
Wählerverzeichnis den Wähler als registriert erkannt und dieser noch nicht
gewählt hatte. *(Sonst   erschienen   die   Hinweise   „Wähler   nicht   im
Wählerverzeichnis gefunden" bzw. „Sie haben schon gewählt")*

**Stimmzettel für die Wahl der Mitglieder
des örtlichen Personalrates des LDS**
- Gruppenwahl und Mehrheitswahl -
(§ 29 WO-PersVG)

für die Gruppe der Beamten

Sie haben eine Stimme!

Setzen Sie bitte in einen der Kreise per Mausklick ein Kreuz!

1	Wahlvorschlag Kennwort: Beamte LDS	Junker, Manuela	Regierungshaupt-sekretärin	Beamte	LDS / Potsdam	◯
2	Wahlvorschlag Kennwort: Beamte LDS	Buchwaldt, Anne-Katrin	Regierungsober-sekretärin	Beamte	LDS / Potsdam	◯

Der Stimmzettel ist ungültig, wenn mehr als eine oder keine Bewerberin angekreuzt ist
(§§29 und 16 WO-PersVG).

Wählen   Ungültig Wählen

Im Online-Wählerverzeichnis wurde vermerkt, dass der Wähler die Unterlagen erhalten hat. Nach Anklicken eines Kandidaten wurde ggf. mit dem Button „Wählen" der Wahlakt fortgesetzt – bzw. es konnte auch bewusst ungültig gewählt werden.

Zur Stimmabgabe wurde der Stimmzettel mit den öffentlichen Schlüsseln des Wahlleiters mit einer Schlüssellänge von 1024 Bit verschlüsselt. Von diesem Ergebnis wurde ein Hashwert gebildet. Der Hashwert wurde geblindet und danach mit der Signatur des Wählers versehen. Das Ergebnis wurde an den Wahlamtserver gesendet.

Der Wahlamtserver prüfte die Signatur des Wählers und signierte seinerseits
mit einem Software-Key den (geblindeten) Hashwert. Dieser wurde zurück an den
Client geschickt. Der Wähler erhielt noch einmal folgende Meldung:

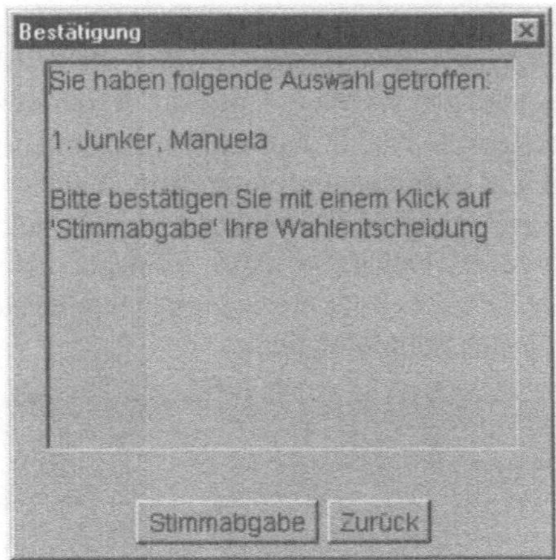

Nach Anklicken des Buttons „Stimmabgabe" erfolgte die Aufforderung zur PIN-
Eingabe/alternativ: Nach Anklicken des Buttons „Zurück" konnte die Auswahl
beliebig oft geändert werden.

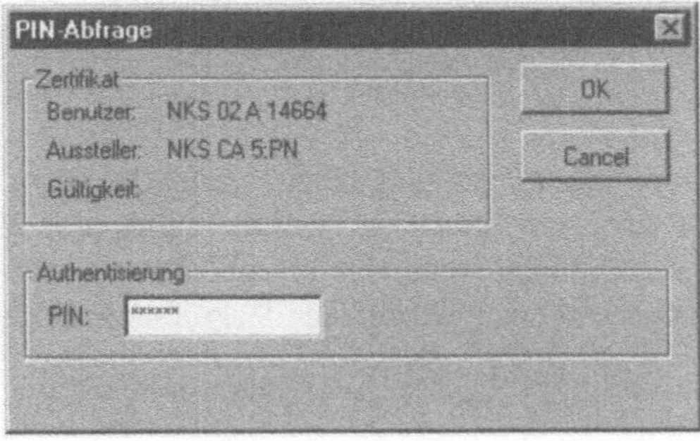

Nach richtiger PIN-Eingabe wurde der Wahlvorgang erfolgreich abgeschlossen.
(Alternativ: Nach anklicken des Buttons „Cancel" wurde der gesamte
Wahlvorgang mit entsprechendem Hinweis des Wahlsystems abgebrochen und der
Vorgang auf den Anfang zurückgesetzt.)

Der Client entblindete den empfangenen Hashwert und fügte die
zurückgeschickte Softwaresignatur des Wahlamtservers an den RSA-
verschlüsselten Stimmzettel und sendete diesen an die elektronische Urne. Die
elektronische Urne prüfte die Software-Signatur des Wahlamtservers an dem
Stimmzettel und speicherte den Stimmzettel. Der Wahlstatus des Wählers wurde

auf "hat gewählt" gesetzt. Rückmeldung an Online-Wähler, dass seine Stimme in der Wahlurne abgelegt wurde.

Der so anonymisierte und vom Online-Wahlamt authentisierte, ausgefüllte Stimmzettel wurde verschlüsselt mit den öffentlichen Schlüsseln des Wahlleiters in der elektronischen Urne aufgenommen und dort bis zum Ende der Wahl aufbewahrt.

Bei dreifach falscher PIN-Eingabe war die Karte des Wählers unwiederbringlich zerstört. In 10 Fällen wurde aus diesem Grund eine neue Karte durch die Registrierungsstelle erstellt und nach Aufnahme des Zertifikates in das Online-Wählerverzeichnis ausgehändigt, um dem Wähler die Möglichkeit zu geben, den Wahlvorgang erfolgreich abschließen zu können. In zwei Fällen hatte die Karte einen physischen Defekt, so dass die Wahl nicht durchführt werden konnte. Auch in diesen Fällen wurden Ersatzkarten bereitgestellt. Es erschien nach dem Wahlvorgang folgende Schlussmeldung:

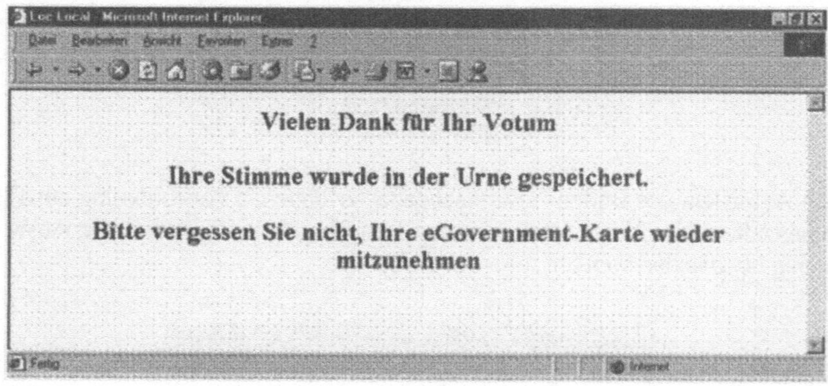

Im Online-Wahlamt wurde parallel dazu vermerkt, dass der Stimmzettel ordnungsgemäß in der Urne hinterlegt wurde. Status des Wählers wurde im Online-Wahlamtserver (Wählerverzeichnis) auf „hat gewählt" gesetzt. Nach weiteren 10 Sekunden erschien wieder der Begrüßungsbildschirm (siehe erstes Bild).

Besondere Vorkommnisse

Es wurde eine Differenz zwischen Ergebnisauswertung der Urne = 385 gezählte Stimmen und dem Ergebnis des Online geführten Wählerverzeichnisses = 383 registrierte Wahlvorgänge festgestellt. Die Differenz ergab sich bei den Wählern in der Gruppe der Angestellten (Urne = 364 Stimmen – Wählerverzeichnis = 362 Wähler/innen). Dieses Phänomen trat erstmalig auf. Die ermittelte Sitzverteilung im gewählten Personalrat (nach D´Hondtschen Hochrechnungsverfahren) war dadurch nicht beeinträchtigt.

Der Wahlvorstand stellte fest, dass während des Wahlzeitraums bewusst der Status eines Wählers bzw. einer Wählerin von hat gewählt = (2) auf hat noch nicht gewählt = (0) weder durch ihn noch durch die Wahlhelfer des User-Help-Desk bzw. durch die Registrierungsstelle im Online-Wählerverzeichnis verändert worden war. Dies wurde ausschließlich in der Phase der Testwahlen praktiziert, um die Tests mit einer überschaubaren Menge von Signaturkarten durchführen zu können. Ansonsten hatte kein LDS-Mitarbeiter Zugang zu diesem Wahlamts-PC, der die gesamte Zeit im Wahlbüro unter Verschluss aufgestellt war und nur mit dieser dem Wahlamt-Server in Leverkusen bekannten ISDN-Nr. des LDS in Verbindung treten konnte.

Nach Auskunft von der Fa. Ivl GmbH konnte auch dort aufgrund der unverzüglich durchgeführten ersten Recherche direkt nach der Wahl nicht der Grund für das Auftreten dieser Differenz genannt werden.

Eine erneute Testwahl in Leverkusen im Juni 2002 führte in keinem Fall zu diesem Resultat, so dass die Vermutung berechtigt ist, dass doch durch eine unbewusste Handlung des Wahlvorstandes bei Bedienung der Wahlamt-Software diese Differenz entstanden sein muss. Der Wahlvorstand fordert deshalb, künftig auch das Online-Wählerverzeichnis nur im Vieraugenprinzip durch gleichzeitige Anwesenheit von zwei berechtigten Personen aktivieren und pflegen zu können und in solchen Fällen eine Statusrücksetzung zu protokollieren.

Im LDS-Netzsegment im 1.OG im F-Gebäude in Potsdam (Wahllokal dort im Raum 104/12) waren wiederholt zeitweise für wenige Minuten die Online-Verbindungen ins Internet unterbrochen. Der Grund hierfür lag in einem beschädigten Lichtwellenleiter-Kabel, das auch diesen Bereich mit versorgt. Wahrscheinlich wurde diese Kabelbeschädigung durch Bauarbeiten im Eingangs- und Zufahrtsbereich des LDS verursacht. Der massive Einsatz von Presslufthammern über einen Zeitraum von mehreren Tagen scheint in diesem Bereich durch permanente sehr starke Erschütterungen das Kabel beschädigt zu haben. Die Ursache muss noch genauer analysiert werden.

Eine Beeinträchtigung des Wahlvorganges war dadurch jedoch nicht gegeben, weil durch Umschaltungen im Haus-Netz die betroffenen Wählerinnen und Wähler beim zweiten Versuch dann wählen konnten. Die Wahl war im Zusammenhang mit dem Einsatz der e-Government-Karte in 10 Fällen durch dreifach falsche PIN-Eingabe nicht möglich. In sechs Fällen haben die betroffenen Wählerinnen und Wähler auf eigenen Antrag eine neue Karte durch die Registrierungsstelle im LDS erhalten und danach erfolgreich gewählt. In zwei Fällen war die e-Government-Karte physisch beschädigt und deshalb nicht lesbar. Die beiden Karten wurden auf Antrag ersetzt. An einem Wahl-PC musste direkt zu Beginn am ersten Wahltag eine defekte Tastatur ersetzt sowie eine Grafikkarte gewechselt werden. Das Öffnen der Urne verzögerte sich aufgrund fehlerhafter Passworteingabe (Nichtbeachtung von Groß- und Kleinschreibung) um einige Minuten.

Resümee

Die Ergebnisse der ebenfalls im Mai 2002 durchgeführten Online-Betriebsratswahl der Firma T-Systems CSM und Personalratswahl im LDS Brandenburg zeigen, dass es mit den uns heute zur Verfügung stehenden Mitteln sehr wohl bereits machbar ist, fälschungssicher und anonym, redundant und hoch verifizierbar von vernetzten Wahllokalen aus zu wählen, wenn auch noch entsprechend zu verbessernde organisatorische und technische Rahmenbedingungen erkennbar sind, die aber lösbar erscheinen.

Der größte Charme einer Online-Wahl lag sicherlich anfangs darin, völlig ungebunden von überall aus wählen zu können. Wir haben jedoch in den vergangen vier Jahren festgestellt, dass eine dauerhaft sichere und geheime Wahl vom privaten Endgerät weder technisch vom Wahlvorstand garantiert werden kann, noch zum jetzigen Zeitpunkt gefordert bzw. gewünscht wird. Denn mehr noch als technische Vorbehalte spricht das demokratische Grundprinzip der Öffentlichkeit von Wahlen gegen jede Stimmabgabe im privaten Umfeld. Wählen von vernetzten Wahllokalen kann viele Probleme der elektronischen Wahlabwicklung lösen: Komplexität, Sicherheit und Mobilität steigen beträchtlich und sind beherrschbar; Organisation, Aufwände und Kosten zumindest gegenüber der Briefwahl sinken deutlich.

Doch auch wenn wir heute genau wissen, wo wir im Konsens der Fachleute hin wollen, so ist es bis dahin doch ein weiter Weg, auf dem noch ein ganze Reihe von Innovationen zu erforschen und zu entwickeln sein werden[105].

Ausblick

Wir brauchen dynamische Wahlclientsysteme, die sich basierend auf entsprechenden Nutzerführungssystemen für alle rechtlichen und technischen Bedingungen von Wahlen selbst generieren können. Wir müssen das Problem der eindeutigen Identifizierung mit elektronischer Signatur und Biometrie auf praktikable Weise lösen, wobei eine mobile Signatur der Schlüssel sein könnte. Wir benötigen aussagekräftige, repräsentative, empirische Daten zur Rolle der Mobilität bei Wahlen, zur Akzeptanz neuer technischer Verfahren, zur Ergonomie von Wahlgeräten und Systemen.

Und last but not least brauchen wir praktische Erfahrungen mit Wahlen. Nur wer die Dinge erlebt, kann sie letztendlich umfassend beurteilen. Dabei geht es um die Erforschung und Entwicklung eines belastbaren und einfach zu bedienenden elektronischen Systems vernetzter Wahllokale, um die Realisierung dynamischer, wissensbasierter Wahlclients, die Entwicklung neuer, womöglich mobiler Lösungen der elektronischen Signatur, um die sozialwissenschaftliche

---

[105] Tenor der Auftaktveranstaltung zum BMWI-Projekt W.I.E.N. am 17.06.2002 im LDS in Potsdam

Erforschung der Wahlvorgänge, ihrer Akzeptanz und Mobilität. Es geht um die Ergonomie der elektronischen Wahldurchführung, ihre Akzeptanz bei unterschiedlichen Nutzerprofilen und um vielfältige Testwahlen.

Unsere Perspektive aber bleibt: zukünftig in der Bundesrepublik tatsächlich von vernetzten Wahllokalen aus wählen zu können und Deutschlands technologische Führung auf dem Gebiet moderner elektronischer Wahlsysteme zu sichern![106] Das sind auch die Ziele, die in unserem neuen Projekt *W.I.E.N.* = *Wählen in elektronischen Netzen* erforscht werden sollen.

Das Projekt „W.I.E.N." wird durchgeführt durch ein Konsortium bestehend aus der Forschungsgruppe Internetwahlen der Universität Osnabrück, der Firma T-Systems CSM Darmstadt, der Firma ivl GmbH Leverkusen und dem Landesbetrieb für Datenverarbeitung und Statistik Brandenburg

Das Projekt hat eine Laufzeit bis Ende 2004 und wird vom Bundesministerium für Wirtschaft und Technologie (BMWI) maßgeblich gefördert.

Ein Verwertungsplan der dann gewonnen Erkenntnisse könnte im Jahre 2005 im LDS BB so aussehen:

1. Bereitstellung von Plattformen zur Durchführung von elektronischen Wahlen zunächst im nichtparlamentarischen Bereich in PPP mit Herstellern von entsprechender Informations- und Kommunikationstechnik (Rollout, temporäre Schaffung der dafür notwendigen technischen und organisatorischen Infrastruktur) sowie Bereitstellung einer zertifizierten Online-Wahlsoftware eines Herstellers (z.B. i-vote der Fa. ivl GmbH) gegen Lizenz.

2. Bereitstellung von Dienstleistungen rund um die elektronische Wahl (Qualifizierung, Schulung von Wahlvorständen, Beratung und Unterstützung der Wahlorganisatoren usw.).

3. Betrieb einer registration authority (RA) für die Beantragung und Ausgabe von e-Government-Karten im Bereich aller öffentlichen Verwaltungen im Einzugsgebiet Berlin/Brandenburg in Zusammenhang mit einem (oder mehreren) akkreditierten Trustcentern.

---

[106] Aussage von Herrn Prof. Dr. Otten am 17.06.2002 zur Auftaktveranstaltung des Projektes W.I.E.N. im LDS in Potsdam

Customer Chain System – Intranetbasiertes Informationssystem zu einer besseren Kundenbetreuung

Jürgen Karad

Ausgangssituation

Der Handelsplatz Deutschland zeichnet sich durch weitgehende Sättigung des Marktes aus. Wachstum ist überwiegend nur noch durch Verdrängungswettbewerb möglich. Mit zunehmender Technisierung des Geschäftes nimmt zudem die Bindung der Kunden an einen bestimmten Anbieter ab. Das Vordringen multimedialer Anwendungen und Informationsdienste, insbesondere über das Internet, auch in den privaten Bereich und den eher mittelständischen Geschäftskunden führt zu einer veränderten Verhaltensweise der Kunden und zu erhöhten Anforderungen an den Kundenberater und die ihn unterstützende Unternehmensorganisation.

In vielen Fällen reichen die bisherigen Marktbeobachtungsmechanismen nicht mehr aus. Vor allem der schnelle Wechsel der Kundenwünsche wird durch die Standardverfahren nur schwerlich nachgebildet. Marktforschung und Marktbeobachtung sind zudem nicht preiswert.

Betrachtet man die Einflussmöglichkeit von Mitarbeitern mit unmittelbarem Kundenkontakt in großen Filialunternehmen auf die Firmenpolitik in Hinblick auf diese Kunden, so macht schon das Gesetz der großen Zahl deutlich, dass dieser Einfluss in der Regel nur gering sein kann.

Problemstellung

Gesucht wird nach einer Möglichkeit, schneller und zielgenauer die Kundenwünsche zu erkennen, ohne das Instrument der klassischen Markt- und Meinungsforschung einzusetzen. Gleichzeitig wird nach einem Weg gesucht, die Mitarbeiter an der Schnittstelle zum Kunden in den Meinungsbildungsprozess einzubinden ohne sie von ihrer eigentlichen Aufgabe über Gebühr abzuhalten.

Bei Unternehmen mit mehreren Hunderten von Geschäftsstellen ist der zu erwartende Rücklauf an Daten vor allem auch ein Massenproblem.

Problemlösungsansatz

Schritt 1

Ausgangspunkt des Kundenwunsch-Erkennungssystems ist der Kundenberater.
Die bei ihm auflaufenden Anliegen und Fragestellungen werden als formalisierte
E-Mails zentral gesammelt und ausgewertet.

Schritt 2

Angesichts der großen Zahl an Kundenkontakten ist die Auswertung der Fragen
nur über ein automatisiertes Verfahren in kürzester Zeit und unter Beachtung von
Kostengesichtspunkten   möglich.   Als   Auswertungsverfahren   dient   ein
abgewandeltes KI-Verfahren auf der Basis von SmartFinder.

Schritt 3

Die gefundenen Ergebnisse werden in präsentable Trendanalysen umgesetzt.

Schritt 4

Die erkennbaren Trends werden in Entscheidungs- und Handlungsprozesse
überführt. Hier ist unternehmerisches Handeln, Schnelligkeit und Augenmaß
gefragt.

Schritt 5

Neue Handlungsvorgaben und Handlungshilfen werden an die Kundenberater
zurücktransferiert.

Schritt 6

Durch neue Informationen aus dem Kundenwunsch-Erkennungssystem und die
daraus ableitbaren Trends wird erkennbar, ob die Handlungshilfen, neue bzw.
angepasste Produkte oder die geänderten Handlungsvorgaben beim Kunden
Wirkung zeigen.

Das Customer-Chain-System (CCS) ist nur wirksam und erfolgreich, wenn alle
Schritte konsequent verwirklicht werden. Der technische Teil ist zwar relativ
komplex, die dauerhafte Motivation der Kundenberater nicht einfach, die
eigentliche Herausforderung ist aber der mittlere Prozessabschnitt, in dem zügig
Entscheidungen oder Verhaltensänderungen erwartet werden, trotz Großunter-
nehmensstrukturen.

Rahmenbedingungen/Handlungsschritte

Intranetnutzung

Das Customer-Chain-System ist eine Intranet-Anwendung. Es erfordert ein definiertes E-Mailsystem im Haus (Outlook, Lotus Notes). Die beteiligten Mitarbeiter erhalten eine vorgegebene Formatvorlage, in die sie ihre Eintragungen vornehmen und an die zentrale Auswertungsstelle weitergeben. Das eigentliche CCS greift die verschiedenen Bausteine auf und bearbeitet sie. Anhand von Tabellen wird geprüft und sichergestellt, dass

a)   die berechtigten Mitarbeiter den Datenpool füllen,

b)   höfliche Erinnerungen verschickt werden und

c)   den beteiligten Mitarbeitern entsprechend dem vereinbarten Punktesystem Bonuspunkte bei der Gehaltsfindung gutgeschrieben werden.

Hard- und Software

Mittels SmartFinder-Komponenten werden die unstrukturierten Fragestellungen der Mitarbeiter in auswertbare Statistiken umgesetzt. Nichtzuordnungsfähige Strukturen werden händisch an einem speziellen Bildschirmarbeitsplatz in neue Klassen eingeteilt oder vorhandenen Gruppierungen zugeordnet. Das KI-System ist dabei selbstlernend und greift neue Vorgaben automatisch auf.

Der Automatisierungsgrad hängt wesentlich von der Feinheit der Sprachkalibrierung ab, die von Firma zu Firma und von Wirtschaftszweig zu Wirtschaftszweig unterschiedlich sein kann. Die Sprachausprägung eines Bankkundenberaters unterscheidet sich beispielsweise wesentlich von der eines Versicherungskaufmannes. Hinzu kommen firmenspezifische Sprachentwicklungen, die sich in der Regel auf selbstkreierte Produkte beziehen und auf interne Abkürzungsformalismen.

Datenaufbereitung

Die aggregierten Daten werden grafisch aufbereitet. Die Darstellung von Tagesaktualität und Zeitverläufen macht jedoch nur Sinn, wenn eine genügend große Datenmenge vorliegt. Die Datenmenge pro Arbeitstag sollte nicht unter 1.000 Fragen pro Tag liegen, um zu verhindern, dass Unschärfen entstehen und dass durch Absprachen der Beteiligten Ergebnismanipulationen auftreten. Nach oben sind keine erkennbaren technischen Grenzen bekannt.

Trenderkennung

Das CCS-Team prüft und bewertet die Tagesergebnisse und beobachtet längerfristige Trends. Auswertungen sind nach unterschiedlichen Zeitrhythmen täglich, wöchentlich, monatlich bzw. nach Definition möglich. Durch die fortlaufende Mitspeicherung der Rahmendaten sind auch regionalisierte bzw. filialbezogene Auswertungen vornehmbar.

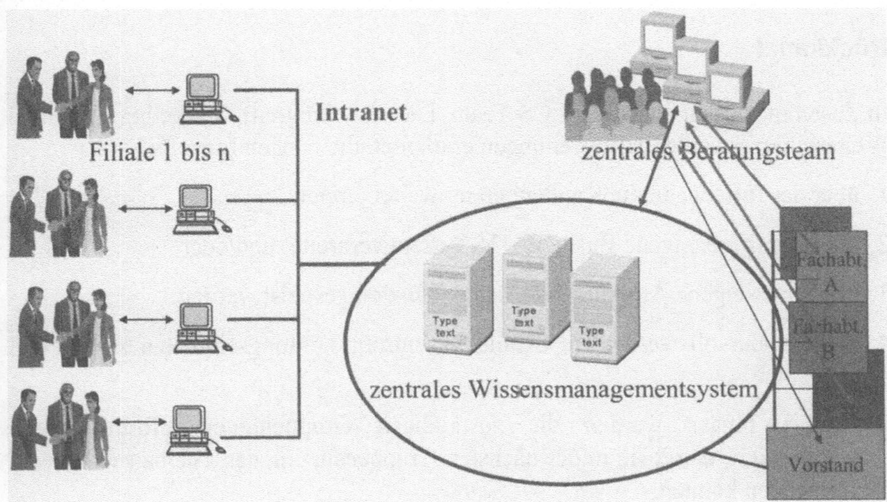

Abb. 154. Ablauf CCS Informationsgewinnung und -verwertung

Berichtswege

Das CCS-Team berichtet unmittelbar an den verantwortlichen Vorstand. Dieser hat die durch das CCS erkennbaren Schwachstellen abzustellen. Im Regelfalle werden die betroffenen Fachabteilungen angewiesen, Fehler und Mängel schnellstmöglich zu beseitigen. Erfolg bzw. Misserfolg von CCS hängen wesentlich von der Entscheidungsbereitschaft und Durchsetzungsfähigkeit des Verantwortlichen ab. Dem Teamleiter CCS obliegt es, sich gegenüber dem Vorstand oder der Geschäftsleitung Gehör zu verschaffen. Dies ist nicht immer eine leichte Aufgabe.

Handlungsweisen

Erkennt das CCS-Team, dass ein erkennbarer Trend ohne besondere Entscheidung des Vorstandes verstärkt oder gedämpft werden kann, so werden - neben dem Vorstand - die betroffenen Fachabteilungen unmittelbar informiert und um Abhilfe gebeten. Diese Vorgehensweise ist dort angebracht, wo Kundenberater offensichtlich Argumentationsunterstützung bedürfen und/oder Informationslücken erkennbar werden.

Rückkanal

In Zusammenarbeit zwischen CCS-Team, Fachabteilung(en), Marketing, Aus- und Weiterbildung werden Hilfestellungen erarbeitet, die je nach Einzelfall

1. über das Intranet an die Kundenberater weitergereicht,

2. über das firmeneigene Business-TV-System verbreitet und/oder

3. in die hauseigene Argumentationsdatenbank eingespeist werden.

4. Soweit sinnvoll werden im Schulungszentrum Trainingseinheiten kreiert und angeboten,

5. darüber hinaus werden die zuständigen Gruppenleiter informiert und munitioniert, damit sie in der nächsten Gruppensitzung das Thema sachgerecht vorbringen können.

In hausinternen Chatrooms können zudem diese Themen angesprochen und diskutiert werden. Aus der Darstellung der diversen Vorgehensweisen wird erkennbar, dass die Vorgabe von verbindlichen Reaktionszeiten nicht möglich ist. Insbesondere die Kreation neuer Produkte, die punktgenau den aktuellen Erwartungen der Kundschaft entsprechen, ist angesichts der Unternehmensgröße nicht immer einfach.

Erfolgskontrolle

Die sach- und zeitgerechte Nutzung der diversen Rückkanäle ermöglichen die punktgenauere Unterstützung des Kundenberaters bei seiner Arbeit. Kann er mehr Kunden durch seine Sachkenntnis, die zutreffenden Argumentationsketten und durch die richtigen Produkte überzeugen, so verändert sich auch seine Erfolgsquote, damit letztendlich sein Einkommen und das der Gruppe. Nur dieses Argument wird letztendlich darüber entscheiden, ob die Kundenberater längerfristig das CCS-System mit ihren unstrukturierten Fragestellungen füllen. Das CCS-Team erkennt den Erfolg der Arbeit u.a. auch daran, dass bestimmte Fragestellungen nur noch seltener auftreten oder sogar ganz verschwinden.

Gegenüber dem Management sind die beiden Wertesysteme insbesondere in ihrer direkten Korrelation eine erhebliche Aufgabenerleichterung und sichern notwendige Entscheidungen ab. CCS kann demnach ein tagesaktuelles Management-Kunden-Informationssystem sein.

Zielsetzung des Customer-Chain-Informationssystems

Das CCS hat folgende Ziele:

1. Die persönliche Kundenberatung den Ansprüchen, Erwartungen und Forderungen der informierten Kunden anzupassen und zu optimieren;

2. Die Produkte dem aktuellen Bedarf der Kunden anzupassen;

3. Neue Produkte entsprechend den Kundenwünschen zu kreieren;

4. Den Kundenberater optimal mit Informationen zu versorgen;

5. Abläufe rund um den Kundenservice zu optimieren;

6. Gemeinsame Sprachregelungen über alle Geschäftsstellen hinweg sicherzustellen;

7. Das Kundengespräch durch situative Argumentationshilfen zum Erfolg zu führen.

Vorteile und Nutzen durch CCS

1. Aktuelle Information über Bedürfnisse und Probleme der Kunden

2. Frühzeitige Trenderkennung

3. Flexible Reaktionsmöglichkeit auf Kundenwünsche

4. Komparativer Servicevorteil vor der Konkurrenz durch unmittelbare Kundenbezogenheit

5. Höhere Kundenbindung durch starke Serviceausprägung

6. Höhere Kundenzufriedenheit durch optimierten Service.

Voraussetzungen - Infrastruktur

1. Internet-/Intranetanbindung aller Kundenberater/Außendienstmitarbeiter

2. Einheitliches Mailsystem

3. Schaffung eines zentralen Informations- und Beratungsteams im Backoffice

4. Nutzung des CCS in allen Filialen/Außenstellen und den zentralen Servicestationen

5. NT- oder Sun/Solaris-Hardware

6. Nichtstrukturierte Erfassung der Kundenfragen durch den Kundenberater

7. Mindestgröße ca. 1.000 Fragen pro Tag, max. 5 Fragen pro Kundenberater.

Softwarebasis SmartFinder Technologie

Funktionalität

SmartFinder ist ein Werkzeug zu Verwaltung und Analyse elektronischer Dokument-Korpora. SmartFinder ermöglicht nicht nur die Suche nach Dokumenten, wie etablierte Volltext-Suchmaschinen, sondern auch die gezielte Extraktion von benötigten Informationen für bestimmte Fragestellungen. SmartFinder erschließt das in Dokumentsammlungen implizit vorhandene Wissen und schafft damit die Voraussetzungen für effizientes Wissensmanagement. Im Einzelnen bietet SmartFinder die folgenden *Funktionalitäten*:

Dokumentsuche

Zu einer gegebenen Anfrage wird eine geordnete Liste von Dokumenten zurückgegeben, die möglichst gut zur gestellten Anfrage passen. Bei der Formulierung von Anfragen können Suchbegriffe, Phrasen, Wildcards, Dokumentattribute und logische Operatoren verwendet werden. Alternativ kann auch ein Dokument oder eine Menge von Dokumenten spezifiziert werden, und das System liefert Dokumente, die zu den Dokumenten in der Anfrage möglichst ähnlich sind.

Automatische Dokumentklassifikation

Wurde eine Menge von Dokumenten nach bestimmten Kriterien verschiedenen Kategorien zugeordnet, so kann SmartFinder anhand einer Trainingsmenge die Kriterien für die Kategorisierung der Dokumente lernen, und neue Dokumente automatisch in die am besten passenden Kategorien einordnen.

Dokument-Clustering

SmartFinder bestimmt anhand des Dokumentinhalts Gruppen von ähnlichen Dokumenten, die thematisch verwandt sind.

Merkmalsextraktion

Aus einem Dokument oder aus einer Gruppe von Dokumenten werden diejenigen Merkmale (im Dokument vorkommende Begriffe und Phrasen) extrahiert, durch dies es sich von einer Referenzmenge von Dokumenten abhebt. Die extrahierten Merkmale eignen sich zur inhaltlichen Charakterisierung des Dokuments (oder der Dokumentmenge) und ermöglichen einen raschen Überblick über den Dokumentinhalt.

Analyse von Begriffsbeziehungen (automatische Thesaurusgenerierung)

Anhand des gemeinsamen Vorkommens in verschiedenen Dokumenten (Ko-Okkurrenz) können Gruppen verwandter Begriffe identifiziert werden. Die so ermittelten Begriffsbeziehungen können zur Unterstützung des Benutzers bei der Anfrageformulierung verwendet werden. Darüber hinaus weisen sie oft auf interessante Zusammenhänge hin, die im Sinne von *Text Mining* bzw. *Knowledge Discovery in Text Bases* näher analysiert werden können.

Trendanalyse

Sind Dokumente auch nach einer zeitlichen Dimension (z.B. Datum bei Pressemeldungen) geordnet, so können die Dokumente aus verschiedenen Zeitabschnitten sequentiell analysiert werden. Wird z.B. festgestellt dass bestimmte neue Dokumente nur sehr schlecht in ein für frühere Dokumente erstelltes Klassifikationsschema passen, so können aus diesen Dokumenten durch Clustering Gruppen bestimmt werden. Eine Gruppe von Dokumenten kennzeichnet einen neuen Trend, für den durch Merkmalsextraktion eine inhaltliche Charakterisierung erstellt werden kann.

Technologischer Hintergrund

SmartFinder nutzt die bewährtesten Techniken aus der aktuellen wissenschaftlichen Literatur, die die praktischen Anforderungen bzgl. Effektivität und Effizienz erfüllen.

Dokumentrepräsentation

SmartFinder verwendet das bewährte *Vektorraummodell*, wobei jedes Dokument durch einen Vektor in einem hochdimensionalen Raum repräsentiert wird, der von den Dokumentmerkmalen aufgespannt wird. Die zur Repräsentation verwendeten Dokumentmerkmale werden bei der Indizierung dynamisch aus dem Dokumentinhalt bestimmt. Aus den im Dokument vorkommenden nichttrivialen Wörtern werden zunächst durch Normalisierung von Schreibvarianten und Stammformreduktion die zugrundeliegenden Begriffe bestimmt und aufeinanderfolgende Begriffe werden nach bestimmten Regeln zu Phrasen zusammengefasst. Die so ermittelten Begriffe und Phrasen bilden die Dokumentmerkmale, für die nach bestimmten Gewichtungsschemata ein numerischer Wert für jedes Dokument berechnet wird.

Dokumentsuche

Aus der Anfrage wird ein Merkmalsvektor erstellt, wie bei der Indizierung von Dokumenten. Zwischen dem Anfragevektor und den Merkmalsvektoren der indizierten Dokumente wird als Ähnlichkeitsmaß der Kosinus zwischen dem Anfragevektor und den Dokumentvektoren berechnet. Die Dokumente mit dem höchsten Kosinuswert ergeben die Trefferliste. Enthält die Anfrage logische Operatoren, so werden gemäß dem boolschen Information-Retrieval Modell mit berücksichtigt.

Dokumentklassifikation

Aus dem zu klassifizierenden Dokument wird zunächst wiederum ein Merkmalsvektor bestimmt. Zu diesem Merkmalsvektor werden die k Dokumente mit dem ähnlichsten Merkmalsvektor (Kosinuswert) berechnet. Aufgrund der gegebenen Klassenzuordnungen für diese „nächsten Nachbarn" wird dann eine Liste von Klassifikationsvorschlägen für das zu klassifizierende Dokument berechnet. Durch Festlegung eines geeigneten Schwellwerts wird dann entschieden, in welche Klassen das Dokument eingeordnet wird. Der Schwellwert kann ebenfalls aus der Trainingsmenge berechnet werden, wobei der Benutzer spezifizieren kann, ob der Schwellwert eher so festgelegt werden soll, dass keine Klassenzuordnungen übersehen werden (hoher *Recall*) oder eher so, dass keine falschen Zuordnungen getroffen werden (hohe *Precision*). Neben dem beschrieben Klassifikationsverfahren k-*nearest-neighbours* (k-nächste Nachbarn) kann alternativ auch das *Zentroidverfahren* verwendet werden. Hierbei wird zunächst für jede Klasse ein sogenannter Zentroidvektor durch Aufsummierung der positiven und negativen Trainingsdokumente mit geeigneter Gewichtung berechnet. Für das zu klassifizierende Dokument wird der Kosinus zu allen Zentroidvektoren berechnet und das Dokument wird denjenigen Klassen zugeordnet bei denen dieser Wert einen bestimmten Schwellwert überschreitet.

Clustering

Zwischen allen vorhandenen Dokumentvektoren werden die Ähnlichkeits- bzw. Distanzwerte berechnet. Aufgrund der so erhaltenen Ähnlichkeitsmatrix werden entweder schrittweise, die jeweils ähnlichsten Einzeldokumente zu Gruppen zusammengefasst oder eine bereits gebildete Gruppe wird schrittweise reduziert, in dem die am wenigsten passenden Dokumente herausgenommen und anderen Gruppen zugeordnet werden.

Merkmalsextraktion

Der aus der Anfrage konstruierte Merkmalsvektor wird mit Merkmalsvektor der Referenzdokumente verglichen. Verschiedene Verfahren aus der Informationstheorie und Statistik werden eingesetzt, um für jedes Merkmal zu bestimmen wie auffällig bzw. informativ es für eine Diskriminierung zwischen Anfrage- und Referenzvektor ist. Die Merkmale mit dem höchsten Gewicht bzw. Informationswert werden angezeigt.

Analyse von Begriffsbeziehungen

Analog zur Repräsentation eines Dokuments als Vektor in einem hochdimensionalen Merkmalsraum, lassen sich auch die Begriffe oder Merkmale als Vektoren in einem hochdimensionalen Raum auffassen, der von den Dokumenten aufgespannt wird. Zwischen den Vektoren für die einzelnen Merkmale lassen sich wiederum Ähnlichkeitswerte (z.B. Kosinus des Winkels zwischen den Vektoren) berechnen. Für einen Vektor aus den Begriffen in der Anfrage können somit die ähnlichsten Begriffe aus der Dokumentmenge bestimmt werden.

Trendanalyse

Hier sind verschiedene Vorgehensweisen möglich. Beispielweise kann eine Menge von neuen Dokumenten bzgl. eines für ältere Dokumente erstellten Klassifikationsschemas klassifiziert werden. Dokumente deren höchster Klassifikationswert einen bestimmten Schwellwert unterschreitet, werden separat einer Clusteranalyse unterzogen. Für die Dokumente aus den so ermittelten Gruppen können dann durch Merkmalsextraktion charakteristische Merkmale bestimmt werden. Alternativ können auch zunächst die auffälligsten Begriffe aus den neuen Dokumenten bzgl. der älteren Dokumente berechnet werden. Danach kann untersucht werden, wie sich die Häufigkeiten der Dokumente, in denen diese Begriffe vorkommen im Laufe der Zeit verändert haben. Um die Signifikanz der Veränderungen zu beurteilen können statistische Verfahren aus der Regressions- und Zeitreihenanalyse eingesetzt werden.

Vorgehensplan

Das Projekt ist in vier Phasen aufgeteilt. Nach jeder Phase konnte in einer Entscheidungsrunde über die weitere Vorgehensweise oder den Abbruch des Projektes entschieden werden. Dies erleichterte den Verantwortlichen die Zustimmung zum Projekt.

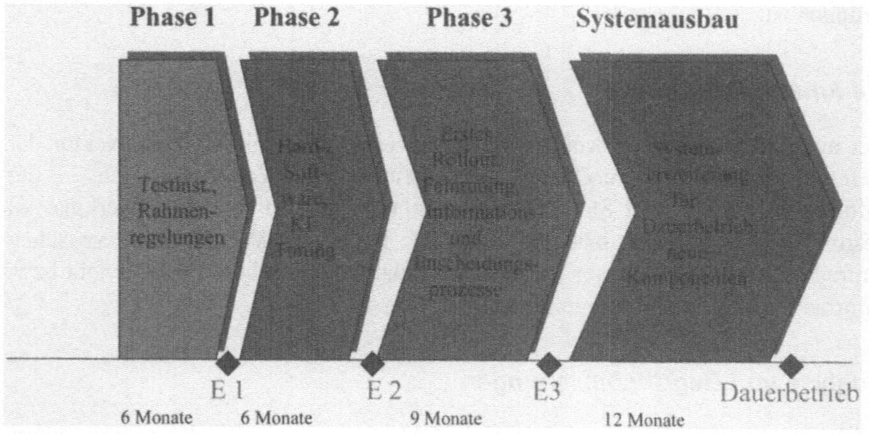

Abb. 155. Vorgehensplan Pilotanwendung bis Dauerbetrieb

Phase 1: Pilotanwendung - einfache Testinstallation und Rahmenregelungen

- Festlegung des Projektrahmens (inhaltlich, organisatorisch, personell)

- Aufbau einer Testinstallation

- Einbindung von max. 10 Kundenberatern über einfache E-Mail-Funktionalität

- Händische Auswertung

- Einrichtung eines vorläufigen zentralen Beratungsteams

- Festlegung der Auswertungsroutinen

- Bestimmung der Arbeitsabläufe

- Definition von Kontrollroutinen

- Präsentation der Ergebnisse der Phase 1

Die Entscheidung nach Phase 1 beinhaltet folgende Teilfragen:

- Technischer Rahmen (HW, SW, KI-System, Netz)

- Personeller Rahmen (intern: Betreuungsteam, extern: Beraterteam)

- Organisatorischer Rahmen (Berichtspflicht, Schnittstellen zu den Fachabteilungen, Einbindung in die Gesamtorganisation)

- Finanzieller Rahmen (Genehmigen des Budgetplans für Phase 2)

Phase 2: Pilotanwendung – Technische Aufrüstung, Softwareeinspielung, KI-Tuning

- Installation des KI-Systems

- Systemtuning (grob)

- Integration des fachspezifischen Thesaurus

- Erste KI – Auswertungen

Die zustimmende Abnahme von Phase 2 beinhaltet gleichzeitig die Entscheidung für die nächste Phase, d.h.:

- Ausbau des technischen Rahmens, Anpassung des personellen Rahmens und Verifizieren des organisatorischen Rahmens

- Genehmigung des Budgets für Phase 3 der Pilotanwendung

Phase 3: Pilotanwendung-Rollout

- Einbindung von weiteren Kundenberatern über einfache E-Mail-Funktionalität, später über Standardroutinen

- Erste KI-Auswertungen

- Programmierung, Test der ersten Auswertungsroutinen

- Entwicklung einer Wissensdatenbank

- Etablierung eines zentralen CCS-Beratungsteams mit Integration in Fachabteilungen

- Nach der Phase 3 müssen folgende Fragestellungen beantwortet werden:

- Ausbau des technischen Rahmens, Anpassung des personellen Rahmens und Verifizieren des organisatorischen Rahmens

- Entscheidung über Prämiensystem für Kundenbetreuer

- Systemerweiterung auf andere Anwendungen (z.B. SB, Internetbanking, digital-homebanking), Systemverknüpfung z.B. mit Business-TV

- Genehmigung des Budgets für Phase 4

Phase 4: Systemausbau

- Stufenweiser Ausbau aller Komponenten des zentralen Wissensmanagement-systems (Feintuning) bis 1.000 Teilnehmer

- Einbeziehung von SB-Problemen in das Informationssystem

- Einbindung von direkten Kundenanfragen in CCS

Für die Pilotphase 1 und 2 sind ca. 6 Monate einzuplanen, für die Pilotphase 3 sind es ca. 9 Monate und für den Systemausbau ca. 12 Monate.

Erste Erkenntnisse

Die Einführung eines neuen Steuerungsinstrumentes in einem Großbetrieb ist ein hartes Brot. Die tagesaktuelle Information über Kundenwünsche, Strömungen und Trends erfordert die ständige Beschäftigung mit der Wirksamkeit eigener Maßnahmen. Dies wird voraussichtlich nicht von Allen wirklich gewünscht. Die langen Phasen der Einzelschritte - bedingt vor allem durch die vielschichtigen Entscheidungsprozesse und die Vielzahl der Beteiligten - kann zu Motivationsstörungen der Projektteammitarbeiter aber auch der Kundenbetreuer, denen in der Anfangsphase Mehrarbeit ohne Mehreinkommen aufgebürdet wird, führen.

Andererseits können sehr positive Erkenntnisse in Richtung Managementinformationen, Produktinnovationen und Verkauf abgeleitet werden. Auch die Funktionen Qualitätsmanagement und Beschwerdemanagement werden sich mit dem neuen Instrument bald anfreunden.

Autorenverzeichnis

Kurzprofile

Michael Angrick

Dr. Michael Angrick ist Direktor und Professor beim Umweltbundesamt und leitet dort seit 1998 die Abteilung "Dokumentation, Datenverarbeitung und Anwenderbetreuung".

Ralf Allwermann

Ralf Allwermann (46), Geschäftsführer Perot Systems GmbH, kam 1998 von IBM wo er Regional Manger für den Bereich Outsourcing war. Von 1990 bis 1995 war Herr Allwermann Berater bei Diebold Deutschland. Vorher nahm er verschiedene operative Aufgaben in der Informationsverarbeitung wahr (z.B. Deutsche Lufthansa und im Bankenumfeld).

Wolfgang Bosch

Wolfgang Bosch, 1954 geboren, ist seit 2000 Vorstand der IDS Scheer AG. Sein Verantwortungsbereich umfasst des Consulting sowie die IDS Kompetenzzentren Supply Chain Management, Customer Relationship Management, Management Consulting und Enterprise Management. Nach seinem Studium in Würzburg (Diplom-Kaufmann) arbeitete Wolfgang Bosch als Angestellter und selbständiger Unternehmensberater, zuletzt 1995 – 1999 als Managing Partner der Diebold Deutschland GmbH.

Kirsten Buffo

Ausbildung zur Speditionskauffrau und Studium der Betriebswirtschaftslehre/Marketing & Merchandising an den Universitäten Hamburg und UCLA Los Angeles. Von 1990 – 1992 Unternehmensberaterin in Berlin für Existenzgründungen. In den Jahren 1993 bis 1999 übernahm sie bei der World Trans Speditions GmbH/Transfair Luftfracht GmbH den Bereich Supply Chain Management für Reedereien/Cruise Liner. 2000 wechselte sie zur Systemetics AG in das Consulting, wo sie als Senior Consultant bei der C_sar AG im Bereich New Business tätig ist.

Lothar Dietrich

Dr. Lothar Dietrich studierte Wirtschaftsingenieurwesen an der TU-Berlin und promovierte in der Fachrichtung Maschinenbau zum Dr.-Ing. Bereits in dieser Zeit leitete er Projekte in der Industrie u. a. bei Continental und Bosch-Siemens. Für den Krupp-Konzern und für Krauss-Maffei war er mehrere Jahre im Rahmen der Industrieberatung tätig, bevor er zu Siemens-Nixdorf wechselte und dort für strategische Großprojekte zuständig war. Unter anderem war er aktiv beteiligt an der Fusion beider Unternehmen.
In den Jahren 1991 bis 1999 verantwortete er den IT- und Planungsbereich eines Zulieferers der Automobilindustrie und stellte dort in insgesamt 7 Gesellschaften die IT-Systeme im Bereich technischer (CAD) und kommerzieller Systeme auf Standards u. a. mit SAP R/3 um. Seine Schwerpunkterfahrungen hat Dr. Dietrich aus diversen Beratungsprojekten, die er seit dem 1. Juni 2000 als CIO (Chief Information Officer) des Babcock-Borsig-Konzerns umsetzt. Hier hat er mit seinem Team erfolgreich in mehr als 20 Gesellschaften SAP R/3 eingeführt und er ist ebenfalls für das Thema e-Business ein anerkannter Gesprächspartner.

Johannes Ehrhardt

Prof. Dr. Johannes Ehrhardt, Leiter der Forschungsstelle Kommunikationskultur, Communication Culture Research (CCR) und des Lehrgebiets Bildungstheorie im Institut für Erziehungswissenschaft der Universität Hannover. Forschungs-, Lehr- und Beratungserfahrungen in Frankreich und den USA. Kern seiner Arbeit sind die aktiven Auseinandersetzungen mit den wirtschaftlichen, kulturellen und sozialen Auswirkungen des Übergangs zur Wissensgesellschaft. Prof. Dr. Johannes Ehrhardt hat bereits weit über hundert einschlägige Veröffentlichungen herausgegeben.

Sebastian Fairhurst

Sebastian Fairhurst, LL.M. (Brüssel), nach dem Studium der Rechtswissenschaften und Philosophie in Regensburg und München absolvierte er ein Postgraduate Studium an der Freien Universität zu Brüssel (VUB) im Jahre 1999/2000. Das Programm hat Internationales, Europäisches und Vergleichendes Recht zum Schwerpunkt (Master in International and Comparative Law, LL.M.). Seit 2000 ist er Büroleiter und wissenschaftlicher Mitarbeiter von Erika Mann, MdEP, im Europäischen Parlament in Brüssel/Straßburg. Er befasst sich schwerpunktmäßig mit Telekommunikationspolitik, elektronischem Handel, Datenschutzrecht und internationalem Handel (WTO).

Jörg Gerigk

Dr. Jörg Gerigk, Jahrgang 1967, promovierte im Anschluss an ein Studium der Wirtschaftswissenschaften 1997 an der Universität Graz über die Gestaltung von IT-Outsourcing-Beziehungen. Anschließend arbeitete er als Berater für die PricewaterhouseCoopers Unternehmensberatung und die PA Consulting Group Frankfurt, wo er der Global IT Consulting Group angehört. Sein Branchenschwerpunkt sind Finanzdienstleister, bei denen er in Projekten in einem Spektrum von E-Strategieentwicklungen über die Integration von Web-basierter Software in bestehende Host-Architekturen bis hin zum Risikomanagement von Banken tätig ist.

Onnen Godow

Onnen Godow, Jahrgang 1972, Studium der Medienberatung (Dipl.), Geschichte und Musikwissenschaft an der Technischen Universität Berlin. Die Abschlussarbeit seines Studiums befasste sich mit der Thematik der Methoden der Online-Marktforschung. Während seines Studiums war er als Projektassistent in Projekten zum Einsatz multimedialer Informations- und Kommunikationstechnologien bei der TEKO New Media GmbH tätig. Seit Anfang 2002 ist er Berater und Innovationsassistent bei der TEKO New Media GmbH. Seine Schwerpunkte liegen in der Beratung zum Einsatz neuer Informations- und Kommunikationsmedien sowie Informationstechnologien.

Walter Gora

Studium der Informatik und der Betriebswirtschaftslehre (Dr.-Ing.), anschließend wissenschaftlicher Mitarbeiter und Promotion. Von 1988 bis 1990 war er für die Philips Kommunikations-Industrie tätig und baute dort die Abteilung „Consulting" auf. Danach wechselte er zur Diebold Deutschland GmbH, wo er zuletzt einen Fachbereich leitete. Seit 1993 bis 2002 war Dr. Gora geschäftsführender Gesellschafter von Gora, Hecken & Partner (seit 2002 Merger der CITAG und GHP zur C_sar AG) und in Projekten mit den Schwerpunkten Organisation und Informations- und Kommunikationstechnik tätig. Er war alleiniger Vorstand der Consulting, solutions and results AG (C_sar AG), die als EDS-Tochterunternehmen den Fokus auf Management- und Technologieberatung hat. Seit 2003 hat er die Position eines EDS Vice President in der Global Industry Practice Government EMEA inne. Dr. Gora hat ferner einen Gastprofessor am Institute of Electronic Business (IEB) in Berlin.

Rudi Grimm

Rudi Grimm, Jahrgang 1947, Dipl.-Ing., Studium der Elektrotechnik, Fachrichtung Nachrichtentechnik und Regelungstechnik. Von 1972 bis 1985 war er als wissenschaftlicher Mitarbeiter des Fraunhofer-Instituts für Informations- und Datenverarbeitung (IITB) tätig, wo er von 1979 bis 1985 die Abteilung „Programmsystem-Produktionsmittel, Mensch-Rechner-Systeme" leitete. Von 1985 bis 1992 war er als Leiter der Abteilung „Wissenschaftliche Dienste, I- und K-Systeme" in der Zentralverwaltung der Fraunhofer-Gesellschaft verantwortlich für die Einführung der I- und K-Technik deutschlandweit in sämtlichen Einrichtungen der Fraunhofer-Gesellschaft. Seit 1992 ist Rudi Grimm geschäftsführender Gesellschafter der TEKO Ingenieurbüro GmbH, seit Dezember 1998 auch bei der neu gegründeten TEKO New Media GmbH und in Projekten mit Schwerpunkten Kommunikation-, Medien- und Sicherheitstechnik tätig.

Ulrike Hausmann

Ulrike Hausmann begann nach ihrer betriebswirtschaftlichen Ausbildung im Marketing und Vertrieb bei der Bausparkasse Mainz AG. Von 1992 bis 1997 war sie bei der Linotype – Hell AG in Frankfurt am Main und Kiel als Leiterin des internationalen Ordermanagements tätig. Für die Heidelberger Druckmaschinen AG war Frau Hausmann von 1998 bis 2000 in Amerika in Atlanta und Rochester im Einsatz. Dort absolvierte sie auch ein Studium zum MBA. Seit Dezember 2001 leitet sie in der Zentrale der Heidelberger Druckmaschinen AG das globale Marketing (Marketing Intelligence & CRM).

Stefan Herzog

Diplom-Volkswirt, Jahrgang 1971. Studium der Volkswirtschaftslehre an der Universität des Saarlandes, Saarbrücken und der FU Berlin. Seit 2001 Associate Consultant bei der C_sar AG (vormals Gora, Hecken & Partner) im Geschäftsbereich Public Sector mit den Schwerpunkten Projektmanagement, Qualitätssicherung und Wirtschaftlichkeitsanalysen. Vorherige Erfahrungen in den Bereichen Strategie- und Organisationsberatung.

Hansjörg Höltkemeier

Hansjörg Höltkemeier, Jahrgang 1964, zeichnet als Partner des EDS-Tochterunternehmens "C_sar Consulting - solutions and results AG" (www.csar-ag.com) für die lösungsorientierte Beratung in den Bereichen Government, Pharma und Media in Zentraleuropa verantwortlich. Dabei begleitet er mit seinen Teams sowohl traditionelle (Groß-) Unternehmen und Behörden als auch Start-Up-Companies bei der Entwicklung und Implementierung innovativer Strategien und Systeme für eine erfolgreiche Positionierung und Marktbehauptung in der Digital Economy. Seine berufliche Laufbahn begann er nach dem Studium der Betriebswirtschaftslehre an der WWU Münster und an der Rotterdam School of Management als Consultant und späterer Berliner Niederlassungsleiter der debis Marketing Services GmbH sowie nachfolgend als Marketingleiter der Q-Bus GmbH. Es folgten - ebenfalls im Umfeld des Internet - leitende Tätigkeiten in der Contact Consulting Services (Inhaber, Partner) und bei der gedas GmbH (Leiter Neue Medien). Seit 1995 beschäftigt sich Herr Höltkemeier zudem parallel auch wissenschaftlich und in der Lehre mit den Auswirkungen der Informationstechnologie und des Internet auf Marketing und Management. 1999 gehörte er zu den Gründern des Institute of Electronic Business (www.ieb.net), welches heute als Institut der Universität der Künste in Berlin in der Forschung und der Ausbildung aktiv ist.

Edzard van Hülsen

Edzard van Hülsen, Jahrgang 1944, Dipl.-Ing., Studium der Elektrotechnik. Mit seinem Eintritt 1969 in die IBM Deutschland GmbH war er in dem Bereich Quality Engineering für die Qualitätssicherung von Test- und Fertigungseinrichtungen für Großrechner tätig. Seit 1973 trug er als Berater und Projektleiter in zahlreichen IBM Kundenprojekten die Verantwortung für die Entwicklung komplexer Anwendungssysteme im Zentralrechnerbereich. Im IBM Vertriebszentrum in Hamburg war er verantwortlich für die Vermarktung von Büroautomationslösungen. Bei der IBM Europa in Paris war er mehrjährig als Program Manager verantwortlich für die Entwicklung und Koordination des Service Geschäfts in Zentraleuropa und war danach als leitender Market Manager für das Service Geschäft der IBM in Norddeutschland mit Schwerpunkt auf systemnahe IT Services verantwortlich. Edzard van Hülsen wechselte 2000 als Senior Berater zur damaligen neu gegründeten Consulting, Innovation und Technology AG (CITAG) und leitete erfolgreich mehrere Beratungsprojekte mit den Schwerpunkten Bewertung und Optimierung von Systems Management Prozessen in Großrechenzentren. Nach dem Merger der Management- und Technologieberatung Gora, Hecken & Partner (GHP) mit der CITAG AG im April 2002 ist er auch bei der jetzigen C_sar – Consulting, solutions and results AG in diesem Bereich tätig.

Ulf Jasser

Duales Studium der Informationstechnologie (Dipl.-Ing) an der Berufsakademie Stuttgart über IBM Deutschland. Von 1997 bis 1998 bei IBM Deutschland im Bereich CRM als Systems Engineer tätig. Danach wechselte er zum Hamburger IT-Dienstleister Systematics und gestaltete den Aufbau des Projektmanagementbereichs und des späteren „e-Consultings" der Systematics mit. Seit 2000 ist Ulf Jasser Seniorberater der C_sar AG (Merger der Systematics-Beratungstöchter CITAG und Gora, Hecken & Partner) und nach zahlreichen Projekten im Handels-/Versandhandelsumfeld nun überwiegend in Projekten mit den Schwerpunkten Service Management, sowie Integrations- und Beschaffungslösungen tätig.

Jürgen Karad

Jürgen Karad, Dipl.-Volkswirt, Jahrgang 1947, Lohmar. Ehemals Referatsleiter Bundesvereinigung der Deutschen Arbeitgeberverbände, Leiter "Organisation und Verwaltung" beim Weissen Ring und seit mehr als 10 Jahren selbständiger Unternehmensberater mit dem Schwerpunktthema "Informationsmanagement" (http://www.karad.de). In dieser Zeit u.a. Projektleiter der "Internationalen Tele-Universität", einem Gemeinschaftsprojekt der Universitäten Freiburg, Heidelberg, Karlsruhe und Mannheim und des Landes Baden-Württemberg zum Aufbau einer virtuellen Aus- und Weiterbildungseinrichtung auf Hochschulniveau sowie Projektleiter zur Gründung einer Multimediatochtergesellschaft des SWF.

Barbara Kozok

Dr. Barbara Kozok: 39 Jahre, Diplom-Politologin und Personalreferentin. Lehr- und Forschungstätigkeit an der Universität – Gesamthochschule Kassel; Promotion zur Erklärungsfunktionalität wissensbasierter Systeme. Tätigkeit als Beraterin in der Personal- und Betriebsräteberatung. Seit Oktober 2001 bei der BerlinDat Gesellschaft für Informationsverarbeitung und Systemtechnik mbH. Arbeitsschwerpunkte: Change Management; partizipative Technik-, Arbeits- und Organisationsentwicklung.

Eckard Lau

Dipl.-Verwaltungswirt (FH) Eckard Lau ist seit 1973 im Landesdienst auf verschiedenen Dienstposten. Ab 1984 Durchführung von Organisations- und Wirtschaftlichkeitsuntersuchungen im Geschäftsbereich des Nds. Innenministeriums, Mitarbeit in Arbeitsgruppen zur Modernisierung der Landesverwaltung und Aufgabenreduzierung. Seit 1997 Mitarbeit an dem Verwaltungsreformprojekt P 53 - Haushaltsvollzugsreform in verschiedenen Funktionen – zuletzt als stellvertretender Projektleiter und Vertreter des Leiters der zentralen Verfahrenspflege im Nds. Finanzministerium. Nach Projektabschluss zuständig für Organisation und IuK-Technik im Landesliegenschaftsfond Niedersachsen.

Erika Mann

Erika Mann (SPD) ist Europaabgeordnete des Europäischen Parlamentes seit 1994. Sie ist unter anderem Mitglied des Industrieausschusses und Wirtschafts- und Währungsausschusses und führende Expertin im Bereich der Telekommunikations- und Informationspolitik sowie der Transatlantischen Beziehungen.

Michael Neubauer

Dr. Michael Neubauer ist Diplom-Informatiker und seit zwei Jahrzehnten in der IT tätig. Er war zunächst wissenschaftlicher Assistent am Lehrstuhl für Schaltungsentwurf. Anschließend war er als Entwicklungsleiter bei der DOSIS GmbH für Simulation von Fahrzeugelektronik zuständig und arbeitete in dieser Funktion für verschiedene deutsche Automobilkonzerne. In der Zeit von 1991 bis 1999 war er als Bereichleiter bei der Dr. Materna GmbH beschäftigt. Dort leitete er zunächst den Unternehmensbereich Dokumentenmanagement und anschließend den Bereich Unternehmensberatung. Heute ist er Geschäftsführer bei der KDVZ Hellweg-Sauerland.

Ralf Othmer

Ralf Othmer studierte Maschinenbau und Wirtschaftswissenschaften in Hannover. Von 1984 bis 1994 war er für die Bull AG tätig, zunächst als Berater, dann in verschiedenen Management-Positionen in der System- und Organisationsberatung. Als Geschäftsbereichsleiter der Deutschen Messe AG in Hannover war Ralf Othmer von 1994 bis 1998 ergebnisverantwortlich für die Konzeption, Akquisition und Organisation von internationalen Leitmessen in unterschiedliche Branchen.1998 kam er zu Baan. Er zeichnete dort als Vice President für das Government-Geschäft, später für alle Vertriebsaktivitäten in der Kundenbasis verantwortlich. Seit Mai 2002 ist Ralf Othmer Geschäftsführer der Baan Deutschland GmbH.

Michael Radtke

Dipl. Ing. M. Radtke ist seit 2001 bei der DVZ Consulting GmbH in Schwerin tätig. Nach seinem Studium zur Informationstechnik im Maschinenwesen sammelte er mehrere Jahre Erfahrung im Bereich Programmentwicklung, Systemanalyse und Systemadministration. Als Verantwortlicher für den Bereich IT-Strategieentwicklung der DVZ Consulting GmbH ist er jetzt für die Konzeption, Weiterentwicklung und Durchführung von IT-Strategieprojekten verantwortlich.

Holger Reichardt

Holger Reichardt wurde am 17. März 1954 in Kiel geboren. Er ist verheiratet und hat zwei Kinder. 1975 absolvierte er ein Studium der Luft- und Raumfahrttechnik sowie der Wirtschaftswissenschaften an den Universitäten Stuttgart, Kiel und Bremen mit dem Abschluss: Diplomökonom. 1982 machte er bei IBM eine Assistentenausbildung. 1983 war er bei IBM im Beratungs- und Marketingumfeld als System-, Ingenieur und Vertriebsbeauftragter im Großkundenumfeld der Telekommunikationsindustrie tätig. 1988 wechselte der als Vertriebsleiter zur IBM Niederlassung Kiel. 1990 war er Produktmanager Insurance Industry, Paris. 1991 übernahm er die Aufgabe des persönlichen Assistenten von Hans-Olaf Henkel, Präsident IBM Niederlassung Düsseldorf. 1992 wurde Herr Reichardt Direktor Vertrieb mit dem Fachbereich Handel der IBM Niederlassung Düsseldorf. 1993 wechselte er als executive Assistant zu Ned Lautenbach, Senior Vize President World Trade, IBM Headquarter, Armonk USA. 1995 kehrte er als Generalbevollmächtigter Vertriebswege Strategie zur IBM Deutschland GmbH, Stuttgart zurück. 1997 Generalbevollmächtigter S/390 Server Central Europe, Mitglied im Entscheidungsteam der IBM Deutschland GmbH, Stuttgart. Seit 1998 ist Herr Reichardt Vorstand Marketing der Heidelberger Druckmaschinen AG.

Alfons Rissberger

Alfons Rissberger ist seit 1993 Geschäftsführer der DVZ Datenverarbeitungszentrum Mecklenburg-Vorpommern GmbH in Schwerin und seit 2001 zusätzlich Geschäftsführer der DVZ Consulting GmbH. Er ist seit über 20 Jahren lehrend und leitend im Schul- und Hochschulbereich sowie in der Weiterbildung mit dem Schwerpunkt Angewandte Informatik tätig. Er war 8 Jahre bei der Landesregierung Rheinland-Pfalz in Mainz verantwortlich für „Neue Informations- und Kommunikationstechniken" im Bildungswesen. Seit 1980 ist er als Berater und Referent zum Thema Computer-Einsatz in Management und Weiterbildung tätig. Herr Rissberger ist Ideengeber und Vorstandsmitglied der INITI@TIVE D21.

Stefanie Röttger-Gerigk

Stefanie Röttger-Gerigk, Dipl.-Ing. Jahrgang 1972, Studium des Bauingenieurwesens an der TU Darmstadt, Zertifikat der Betriebswirtschaftslehrer des Instituts für Wirtschaftswissenschaftliche Forschung und Weiterbildung e.V. der Fernuniversität Hagen. Während des Studiums Tätigkeit bei der Firma Dorsch Consult im Bereich der Organisation, Durchführung und Auswertung zahlreicher Verkehrsuntersuchungen. Seit 1999 als Senior-Beraterin im Bereich Projektmanagement, Organisations- und allgemeiner IT-Beratung für die C_sar AG tätig.

Maria Sackarendt

Diplom-Volkswirtin Maria Sackarendt, Jahrgang 1967, studierte Volkswirtschaftslehre an der WWU Münster. Seit Juni 1998 arbeitet sie als Beraterin für Organisationsberatung, DMS und Qualitätssicherung bei der Management- und Technologieberatung Gora, Hecken & Partner, die im April 2002 mit einem weiteren Beratungsunternehmen zur C_sar - Consulting, solutions and results AG fusionierte. Seit August 2000 ist sie als Wissensmanagerin des Unternehmens verantwortlich für die Konzeption und Umsetzung des Knowledge Managements. Darüber hinaus studiert sie derzeit berufsbegleitend Knowledge Management (Master) an der TU Chemnitz.

Georg Schäfer

Georg Schäfer, Dipl.-Math., (52), kam 1981 aus der Privatwirtschaft in den öffentlichen Dienst. Seit 1988 ist er Leiter des Bereichs IuK-Technik der Stabsstelle für Verwaltungsreform im Innenministerium Baden-Württemberg. Dort werden die technischen Standards des Landessystemkonzepts Baden-Württemberg erarbeitet und die IuK-Vorhaben koordiniert.
Der Bundesrat benannte Hr. Schäfer als seinen Beauftragten für die Gruppe Hoher Beamter mit Verantwortung für die Einführung der Telematik in den Verwaltungen der Mitgliedstaaten (TAC). Hr. Schäfer ist außerdem Verwaltungsrat der Datenzentrale Baden-Württemberg.
Herr Schäfer ist Autor der Bücher „Datenstrukturen und Datenbanken", Vieweg Verlag „Mit Sicherheit erfolgreich", Schriftenreihe Verwaltungsinformatik R.v.Decker, „Kleine Philosophie des Erfolgs", Kreuz Verlag.

Edgar Schäfer

Edgar Schäfer, Jahrgang 1955, begann seine berufliche Laufbahn nach einem Maschinenbaustudium im Jahre 1981 bei der ADAM OPEL AG im Bereich Systemplanung. Dort gewann er praktische Erfahrung in der Planung und Implementierung neuer Systeme sowie der zugehörigen Ablauforganisation. 1986 wechselte er zum Unternehmen EDS. Im Rahmen seiner Beratungstätigkeit hat er umfangreiche Erfahrungen im Bereich Unternehmens- und IT-Strategiedefinition gesammelt. Diese beinhalten auch die Umsetzung der Strategien im Sinne von nachvollziehbaren, messbaren Erfolgen.

Silvia Schmid

Dipl.-Psych. Dipl.-Volkswirtin, Jahrgang 1962, Seit 2001 Consultant bei der C_sar AG (vormals Gora, Hecken & Partner) im Geschäftsbereich Transport/Telematics mit den Schwerpunkten Mobilitäts- und Verkehrsmanagement sowie Projektmanagement.

Cornelius Schulz-Wolfgramm

Studium der Betriebswirtschaft in Köln und Hamburg 1958. Anschließend Eintritt in den Vertrieb der IBM Deutschland GmbH. Im Rahmen der langjährigen Tätigkeit bei IBM übernahm er verschiedenste Managementaufgaben im Marketing im In- und Ausland, so die Geschäftsstellenleitung Hannover, die Leitung der Abteilung Marketing Planning im New Yorker Headquarter und in Tokio, er war Regionalleiter Nord in Hamburg und mehr als 10 Jahre Vertriebschef. 1992 gründete er die IBM Unternehmensberatung GmbH (UBG), als Tochtergesellschaft der IBM, und führte sie bis Mitte 2000 erfolgreich unter die Top 15 der Deutschen Unternehmensberatungen. Kernkompetenz der UBG ist die Beratung im Bereich IT-Management. C. Schulz-Wolfgramm selbst agierte in verschiedensten Beratungsprojekten als Vorstandsberater und Coach. Mitte 2000 gründete er die CITAG-Consulting Innovation & Technology AG, als Tochtergesellschaft der Systematics AG, ebenfalls mit Fokus auf der Beratung für IT Management. Nach der Fusion mit der Schwestergesellschaft Gora, Hecken & Partner übernahm er ein Aufsichtsratsmandat der hieraus neu entstandenen C_sar - Consulting, solutions and results AG.

Frank Spirgatis

Frank Spirgatis, Jahrgang 1962, Dipl.-Ing., Dipl.-Kfm., Studium der Nachrichtentechnik in Hamburg. Von 1985 bis 1994 Tätigkeit als technischer Berater für die Luftwaffe im Bereich der Systemintegration bei fliegenden Waffensystemen. Nach Abschluss des Fernstudiums der Wirtschaftswissenschaften in Hagen 1994 Tätigkeit als Serviceleiter für ein international agierendes Bremer Unternehmen der Industrieelektronik. Seit 1996 ist Frank Spirgatis bei der Höft & Wessel AG in Hannover tätig, derzeit als Leiter des Geschäftsbereiches Handel und Logistik. Aktuelle Tätigkeitsschwerpunkte sind der Organisationsaufbau sowie strategische Technologieintegration.

Michael Stark

Studium der Betriebswirtschaftslehre (Dipl. Betriebswirt). Von 2000 bis 2001 war er für die Systematics AG tätig und arbeitete dort in dem Bereich „e-Consulting – Handel und Logistik". Danach wechselte er im Verbund der EDS Systematics zur Consulting Tochter CITAG, Consulting Innovation & Technology AG, wo er zuletzt im Bereich Handel und Logistik sowie Finanzdienstleistung Projekte im Beschaffungsmanagement durchführte. Seit 2002 ist Herr Stark Consultant bei der neu gegründeten Consulting Unit der EDS Systematics C_sar AG, Consulting, solutions and results AG und in Projekten mit den Schwerpunkten Purchasing- und Integration Solutions tätig

Arend Steenken

Arend Steenken wurde am 18. September 1940 in Oldenburg geboren. Er ist verheiratet und hat zwei erwachsene Söhne. Nach der Grundschule und dem Gymnasium absolvierte er seinen Wehrdienst als Fallschirmjäger. Er studierte an der Johannes-Gutenberg-Universität in Mainz Volkswirtschaftslehre und arbeitete danach im Landesamt für Datenverarbeitung und Statistik Nordrhein-Westfalen (LDS NRW) in Düsseldorf als Dezernent und Gruppenleiter in unterschiedlichen Arbeitsgebieten. Als DDR-Beauftragter des LDS NRW wurde er 1990 zu den Statistischen Bezirksämtern Potsdam, Cottbus und Frankfurt (Oder) abgeordnet und war ab 1991 stellvertretender Leiter des Aufbaustabes zur Errichtung eines Statistischen Landesamtes Brandenburg. Er leitete das Landesamt für Datenverarbeitung und Statistik erst kommissarisch und von 1992 bis 2000 als Direktor. Seit dem 01.01.2001 ist er der Präsident des Landesbetriebes für Datenverarbeitung und Statistik (LDS). Mit dem endgültigen Wechsel nach Brandenburg gab er seine langjährigen nebenberuflichen Tätigkeiten als Dozent für Volkswirtschaftslehre und Statistik an der Fachhochschule für Öffentliche Verwaltung Nordrhein-Westfalen und Dozent für Volkswirtschaftslehre an der Akademie des Handwerks in Düsseldorf auf. Als Landeswahlleiter ist er seit 1994 für die Durchführung von Wahlen und Abstimmungen im Land Brandenburg verantwortlich.

Bernd Steinke

Nach Abschluss seines Studiums arbeitete Bernd Steinke mehrere Jahre als Projektleiter und Entwicklungsingenieur in einem Industrieforschungszentrum. Anschließend war er als IT-Manager verantwortlich für Aufbau und Betrieb der dezentralen Informationsverarbeitung einer Krankenversicherung. Danach sammelte er mehrjährige Erfahrungen in zwei internationalen Unternehmensberatungen. Heute ist Bernd Steinke Partner im Bereich Management Consulting IT der EDS C_sar Consulting solutions and results AG. Der Bereich unterstützt Führungskräfte interner und externer IT Service Provider in strategischen, organisatorischen und wirtschaftlichen Themen. Die Schwerpunkte von Bernd Steinke sind Wirtschaftlichkeit und Effizienz des IT Einsatzes und Post Merger Integration von IT Organisationen.

Oliver Trübestein M.A.

Berufsausbildung zum Industriekaufmann und anschließend im Bereich Marketing Controlling tätig. Es folgte ein Studium der Linguistik und Anglistik mit Schwerpunkt Text- und Dialogorganisation; wissenschaftlicher Mitarbeiter und Forschugnsaufenthalte in USA und Israel. Ein Band mit drei von ihm verfassten Theaterstücken erschien 1999. Seit 2001 ist er bei der TMK Thomas Mack Kommunikation GmbH im Bereich Öffentlichkeitsarbeit und Dokumentation tätig. Derzeit arbeitet er an seiner Dissertation zum Thema Kommunikationsoptimierung in Projekten.

Robby Wirth

Robby Wirth (Dipl.-Ing./Dipl.-kfm.) ist seit mehr als 15 Jahren in verschiedenen Funktionen im den Bereichen Informationstechnologie und Telekommunikation tätig. 1992 trat er in die KRONE AG Berlin in den Geschäftsbereich Netztechnik als Projektierungs-ingenieur für Netzwerktechnologien ein. Ab 1996 leitete er das weltweite Marketing/ Produktmanagement der Krone AG im Geschäftsfeld Private Netze, um 1997 die weltweite Leitung dieses Geschäftsfeldes zu übernehmen. Bereits während dieser Zeit entwickelte Wirth unterschiedliche Methoden zur Kosten- und Leistungsverrechnung in heterogenen Netz-Infrastrukturen und erwarb dabei umfangreiches Know-how sowohl der betriebs-wirtschaftlichen als auch der informationstechnischen Systeme und Prozesse in Unternehmen. Bevor er im November 2000 die ACENT AG gründete, war Robby Wirth als Geschäftsführer der Sydios IT Solutions GmbH tätig, einem der führenden Full-Service-Anbieter von IT-Lösungen in Berlin. Ausgehend von den dortigen Erfahrungen und Projekten zur Prozesskostenoptimierung und Kostenreduzierung gründete Robby Wirth die ACENT AG, die Unternehmen und IT-Service Providern bei der Implementierung von Lösungen und Systemen zum IT-Controlling unterstützt.

Herbert Wohlfarth

Dr.–Ing. Herbert Wohlfarth, Jahrgang 1955, trat nach dem Studium der Elektrotechnik 1982 bei der Vereinigte Elektrizitätswerke Westfalen AG ein. Bis 1998 nahm er verschiedene Stabs- und Linienfunktionen zu Planung, Bau und Betrieb elektrischer Energieversorgungsnetze war. Von 1999 bis zur Fusion mit der RWE Energie AG im Oktober 2000 leitete er das Geschäftsfeldcontrolling und Veränderungsmanagement. Seit diesem Zeitpunkt leitet Herr Dr. Wohlfarth das Informationsmanagement der RWE Net AG.

Indexverzeichnis

Index